二十四史

精华

三十四史

中华传世藏书

【图文珍藏版】

[西汉]司马迁 等·原著

姜涛·主编

线装书局

欧阳询传

【题解】

欧阳询（557~641），字信木，潭州临湘（今湖南省属县）人。早年在隋朝任官，曾仕至太常博士。入唐，历任给事中、太子率更令、弘文馆学士。

欧阳询

欧阳询是我国唐代著名书法家。他初学王羲之，但用笔险劲，结字严整，笔画刚劲，形成自己的独特书风，世称为"率更体"。他的书法，唐高祖李渊、唐太宗李世民都很喜爱。高丽国专门派使者来中原购求他的书法作品。欧阳询学书法，刻苦专心，他曾在索靖所书碑前，精心揣摩，三日三夜，终于成为书法名家。他的书法作品，传世的有《九成宫醴泉铭》《皇甫诞碑》《卜商帖》《张翰帖》等。

欧阳通，字通昕，欧阳询第四子。唐高宗时任中书舍人，武则天时以司礼卿、判纳言事为相。因反对立武承嗣为太子，被武氏诸人陷害，处死。

欧阳通幼承母教，刻意学习乃父的书体，最终有成，与乃父齐名，世称"大小欧阳体"。

【原文】

欧阳询字信木，潭州临湘人。父纥，陈广州刺史，以谋反诛。询当从坐，匿而免。江总以故人子，私养之。貌寝侻，敏悟绝人。总教以书记，每读辄数行同尽，遂博贯经史。仕隋，为太常博士。高祖微时，数与游，既即位，累擢给事中。

询初仿羲之书，后险劲过之，因自名其体。尺牍所传，人以为法。高丽尝遣使求之，帝叹曰："彼观其书，固谓形貌魁梧邪？"尝行见索靖所书碑，观之，去数步复返，及疲，乃布坐，至宿其傍，三日乃得去。其所嗜类此。

贞观初，历太子率更令、弘文馆学士，封渤海男。卒，年八十五。

子通，仪凤中累迁中书舍人。居母丧，诏夺哀。每入朝，徒跣及门。夜直，藉藁以寝。非公事不语，还家辄号恸。年饥，未克葬，居庐四年，不释服。冬月，家人以毡絮潜置席下，通觉，即彻去。迁累殿中监，封渤海子。天授初，转司礼卿，判纳言事。辅政月余，会凤阁舍人张嘉福以武承嗣为太子，通与岑长倩等固执，忤诸武意。及长倩下狱，坐大逆死，来俊臣并引通同谋，通虽被惨毒无异词，俊臣代占，诛之。神龙初，追复官爵。

通早孤，母徐教以父书，惧其堕，尝遗钱使市父遗迹，通乃刻意临仿以求售，数年，书亚于询，父子齐名，号"大小欧阳体"。褚遂良亦以书自名，尝问虞世南曰："吾书何如智永?"答曰:"吾闻彼一字直五万,君岂得此?"曰:"孰与询?"曰:"吾闻询不择纸笔,皆得如志,君岂得此?"遂良曰:"然则何如?"世南曰:"君若手和笔调,固可贵尚。"遂良大喜。通晚自矜重,以狸毛为笔,复以兔毫,管皆象犀,非是未尝书。

【译文】

欧阳询字信木,是潭州临湘人。父亲欧阳纥,为南朝陈广州刺史,因谋反被杀。按法律规定,欧阳询也应治罪,因逃藏而得免。江总因他是老朋友的儿子,便私自收养了他。欧阳询相貌丑陋,但聪明悟性过人。江总教他读书,他能一目十行,过目不忘,因此他博通经史诸书。在隋朝做官,为太常博士。唐高祖李渊还没有发迹的时候,和他不断交往,李渊登上皇帝的宝座,他多次升迁,至提拔为给事中。

欧阳询最初临摹王羲之的书体,后来用笔险涩刚劲,超过了王羲之,因而自成其体。他随意书写的书信,流传在世上,被人们效法。高丽国曾专门派遣使者,购求他的书法作品,皇帝李渊慨叹说:"高丽人看到他的书法作品,一定会以为他相貌魁伟、仪表堂堂呢!"他曾经在路上看到晋人索靖所书的石碑,详细观看,走出几步,又返回细看,站着看得疲劳了,坐下来再看,最后索性睡在石碑旁边,三天三夜才离去。他对书法艺术的爱好,竟达到这种地步。

唐太宗贞观初年,历任太子率更令、弘文馆学士,封爵渤海男。死时年八十五岁。

欧阳询的儿子欧阳通,唐高宗仪凤年间历升至中书舍人。母死,应在家守孝,皇帝下令照旧任官供职,不许在家守孝。欧阳通每次上朝都光着脚走路,直至朝门。夜里值班,睡觉只铺一张草席。不为公事,概不说话,回家以后就放声大哭。因遇上灾荒年,母亲的灵柩未能下葬,在丧室中守了四年,从未脱去孝服。在冬天,家人偷偷地在他睡的草席下铺上毛毡和棉絮,欧阳通发现,立即撤去。后来他历升为殿中监,封爵渤海子。武则天天授初年,转为司礼卿、判纳言事。任辅政大臣一个多月,正逢凤阁舍人张嘉福奏请武承嗣为太子,欧阳通和岑长倩坚持反对,因此得罪了武氏诸人。岑长倩被投入监狱,以大逆不道的罪名判了死刑,酷吏来俊臣诬告欧阳通与岑长倩同谋,欧阳通虽被毒刑拷打,始终不肯承认,于是来俊臣替他拟供词,把他处死。中宗神龙初年,追复原来的官爵。

欧阳通早年死了父亲,他母亲徐氏教他学习父亲的书法,怕他不能继承父业,曾给他钱让他去购买父亲的手迹,于是欧阳通刻意模仿,以求得功名,过了几年,他的书法水平仅仅次于父亲欧阳询,因此父子齐名,号称"大小欧阳体"。褚遂良也以书法著名,褚遂良曾问虞世南:"我的书法比智永怎么样?"虞世南回答说:"我听说智永的字,一字值五万钱,你的字怎么能达到这一点?"褚遂良又问:"比欧阳询怎么样?"虞世南回答:"我听说欧阳询写字,不论纸笔好坏,都能写出他的水平,你怎么能达到这一点?"褚遂良说:"那么我的书法到底怎样?"虞世南说:"你若写顺了手,笔也合适,写出字来,也是可贵的作品。"褚遂良非常高兴。欧阳通晚年更加矜持持重,用狸毛作笔尖,外面再加一层兔毛,笔管都是用象牙犀牛角做的,若不是这样的笔,从不肯动手书写。

王勃传

【题解】

王勃(649或650~675或676),初唐诗人。字子安,绛州龙门(今山西河津)人。祖父王通是隋末著名学者,号文中子。王勃少有文名,仕途却屡屡失意,曾任沛王府,后任虢州参军,因罪革职。渡海赴交趾省之时,溺水而死。

王勃与杨炯、卢照邻、骆宾王并称"初唐四杰"。他的文学主张崇尚实用,反对当时"争构纤微,竞为雕刻"的绮靡诗风。其创作体现了南朝余风向唐朝新声的过渡。他的诗清新质朴,以离别怀乡之作最为出色;赋和文多是骈体,《滕王阁序》堪称绝唱。此外,他还写作了大量学术著作,涉及天文、医学、哲学等许多方面。

作品大多散佚,今存《王子安集》。

王勃

【原文】

王勃字子安,绛州龙门人。六岁善文辞,九岁得颜师古注《汉书》读之,作《指瑕》以擿其失。麟德初,刘祥道巡行关内,勃上书自陈,祥道表于朝,对策高第。年未及冠,授朝散郎,数献颂阙下。沛王闻其名,召署府修撰,论次《平台秘略》。书成,王爱重之。是时,诸王斗鸡,勃戏为文檄英王鸡,高宗怒曰:"是且交构。"斥出府。

勃既废,客剑南。尝登葛愤山旷望,慨然思诸葛亮之功,赋诗见情。闻虢州多药草,求补参军。倚才陵藉,为僚吏共嫉。官奴曹达抵罪,匿勃所,惧事泄,辄杀之。事觉当诛,会赦除名。父福畤,繇雍州司功参军坐勃故左迁交趾令。勃往省,度海溺水,疾而卒,年二十九。

初,道出锺陵,九月九日都督大宴滕王阁,宿命其婿作序以夸客,因出纸笔遍请客,莫敢当,至勃,泛然不辞。都督怒,起更衣,遣吏伺其文辄报。一再报,语益奇,乃矍然曰:"天才也!"请遂成文,极欢罢。勃属文,初不精思,先磨墨数升,则酣饮,引被覆面卧,及寤,援笔成篇,不易一字,时人谓勃为腹稿。尤喜著书。

初,祖通,隋末居白牛溪,教授门人甚众。尝起汉、魏尽晋作书百二十篇,以续古《尚书》,后亡其序,有录无书者十篇,勃补完缺逸,定著二十五篇。尝谓人子不可不知医,时长安曹元有秘术,勃从之游,尽得其要。尝读《易》,夜梦若有告者曰:"《易》有太极,子勉思之。"寤而作《易发挥》数篇,至《晋卦》,会病止。又谓:"王者乘土王,世五十,数尽千年;乘金王,世四十九,数九百年;乘水王,世二十,数六百年;乘木王,世三十,数八百年;

乘火王，世二十，数七百年。天地之常也。自黄帝至汉，五运适周，土复归唐，唐应继周、汉，不可承周、隋短祚。"乃斥魏、晋以降非真主正统，皆五行沴气。遂作《唐家千岁历》。

武后时，李嗣真请以周、汉为二王后，而废周、隋，中宗复用周、隋。天宝中，太平久，上言者多以诡异进，有崔昌者采勃旧说，上《五行应运历》，请承周、汉，废周、隋为闰，右相李林甫亦赞佑之。集公卿议可否，集贤学士卫包、起居舍人阎伯玙上表曰："都堂集议之夕，四星聚于尾，天意昭然矣。"于是玄宗下诏以唐承汉，黜隋以前帝王，废介、酅公，尊周、汉为二王后，以商为三恪，京城起周武王、汉高祖庙。授崔昌太子赞善大夫，卫包司虞员外郎。杨国忠为右相，自称隋宗，建议复用魏为三恪，周、隋为二王后，酅、介二公复旧封，贬崔昌乌雷尉，卫包夜郎卫，阎伯玙涪川尉。

【译文】

王勃，字子安，绛州龙门（今山西河津）人。六岁时就很会写文章，九岁读颜师古注的《汉书》，并作《指瑕》一文，指出《汉书》中失误之处。麟德（664～665）初年，右相刘祥道巡视关内，王勃上书自荐；祥道上表报告朝廷，王勃于是入朝面试，对答治国方略，果中高第。年纪不满二十岁，还未戴成人的帽子，王勃就被授予朝散郎之职，并且几次献上他自作的赋颂给朝廷。沛王听说他很有文名，就召他到府署担任写作，编著《平台秘略》。书编完了，沛王很重视疼爱他。那时候，诸王都爱斗鸡之戏。王勃为沛王写了一篇带开玩笑的傲文，声讨英王的鸡。高宗知道后，非常愤怒，说："这是在诸王之间挑拨离间制造矛盾。"于是将他逐出沛王府。

王勃既已被废，便客游剑南。曾登上葛愦山遥望，感慨万端，油然思念起三国蜀汉诸葛亮的功劳，并写诗表达了这种感情。听说虢州（今河南灵宝南）有很多草药，便请求补为虢州参军。他自恃才高，凌驾于他人之上，所以甚为众同僚官吏所嫉恨。有官奴名叫曹达，犯罪当抵偿，躲藏在王勃的住所；王勃生怕事情败露，竟将他杀掉。王勃私杀官奴的事被发觉，论罪当斩。正好遇到大赦，没有处死，只是免掉他的官职。

王勃的父亲王福畤，官职是雍州（今陕西彬县）司功参军，因受王勃的牵累，被贬谪到交趾，（在今越南）当县令。王勃到交趾省亲，中途渡海，沉溺于海水中，因惊恐而引起心悸，以至死亡。他死时才二十九岁。

其初，王勃曾途经锺陵（今江西南昌），正逢九月九日重阳节，都督阎公大宴宾客于滕王阁，他也赴宴。都督事先叫他女婿作篇序文，准备在宴会上向宾客夸耀。为了表示客气，在筵席上取出纸笔，一个个比过去，请客人写序，没有一个敢担当此任的；及至请到王勃，王勃却反而不推辞。都督有些生气了，站了起来，换了件衣服，又派一名小吏去偷看王勃写序文，并让他及时回报。一报，再报，都督听了小吏报告，觉得王勃的序文愈往后写，文句愈是奇警精采，于是惊讶地说道："真是天才呀！"便让王勃当即将文章写完，尽欢而罢。

王勃写文章，其初并不太用心精思，先磨墨几升，接着便痛痛快快地喝酒，然后拉被盖着脸，卧床而睡，等醒过来，拿起笔就写，下笔成文，不改动一个字。当时人们说王勃写文先打"腹稿"。他尤其喜欢著书。

原先，王勃的祖父王通，隋朝末年，居住在白牛溪，教授很多学生。曾著书一百二十篇,记汉魏至晋朝的事,用以续古《尚书》。后来书的序文丢失了,有目录而无正文的十篇,王勃补完缺佚的部分,并定著二十五篇。他曾说人子不可不通晓医术,当时长安曹元有秘方,王勃和他交游,学得他的全部要旨。他读《易》经,曾夜梦有人告诉他:"《易》有太极,你勤思之。"醒来就撰写《易发挥》几篇,写至《晋卦》,碰上染病,才中止写作。他又说:"为王者,因土德而王,五十世,尽千年之数;因金德而王,四十九世,有九百年之数;因水德而王,二十世,有六百年之数;因木德而王,三十世,有八百年之数;因火德而王,二十世,有七百年之数。这是天地之常规。自黄帝至汉朝,五德运转,正好一个周期。今天土德复归于唐朝,唐朝应继周朝和汉朝,不可承北周和隋朝之短命。"因此斥责魏、晋以来,不是真主君临天下,也不是承继先朝正统,都属于土、金、水、木、火五行之中的不祥之气。于是著《唐家千岁历》一书。

武则天当皇帝时,李嗣真建议以周朝、汉朝二代帝王的后裔为"二王后",而废除此前以北周、隋朝二代;及至唐中宗时,又恢复北周、隋朝二代后裔为"二王后"。天宝(742~756)中,太平日久,向皇帝进言的,多说些迷信的鬼话,有一个叫崔昌的,采用王勃的旧说,以五德终始推算王朝寿数,写成并献上《五行应运历》一书,请以唐朝直接继承周朝和汉朝,将北周和隋二朝作为"闰",就像闰月那样。右丞相李林甫表示赞同并支持这种说法。于是召集公卿大臣讨论可行或不可行,集贤学士卫包、起居舍人阎伯玙上表说:"在都堂集中讨论《五行应运历》及以周、汉为'二王后'时,这夜四星聚集在尾宿,天意昭昭然。"于是唐玄宗下诏书,声称以唐朝直接承接汉朝,而废隋以前各代帝王,废介公、酅公,而以周、汉为"二王后",以周之前的商代后裔为"三恪",在都城长安建造周武王、汉高祖的祀庙,授予崔昌以太子赞善大夫之职,授予卫包以司虞员外郎之职。后来,杨国忠当宰相,他自称是隋朝帝王杨氏的宗室之后,建议复用北魏后裔为"三恪",而仍以北周、隋朝二代后裔为"二王后",酅公、介公恢复旧封,贬崔昌为乌雷县尉,贬卫包为夜郎县尉,贬阎伯玙为涪川县尉。

李邕传

【题解】

李邕(678~747),字泰和,扬州江都(今属江苏省扬州市)人。其父李善,是著名的《文选》学家。李邕聪明博学,少年即有文名。武则天时,任左拾遗,后历任左台殿中侍御史、户部员外郎、陈州刺史,后为汲郡、北海郡太守,被李林甫所杀。因其最后任北海太守,故人称其为"李北海"。因李邕生性刚直激烈,加之细节不检点,屡遭贬斥、诬陷,以致最后被害。

李邕在当时文名甚著,尤其擅长撰写碑传墓铭。书法亦很著名,最初学王羲之,后来不为王书所拘,自成一体,别具风格,人称"书中仙手"。因他长于碑铭文字,又长于书法,由他撰文或书丹的碑刻很多,传世的碑刻拓本多种,著名的如《麓山寺碑》《东林寺碑》《云麾将军李思训碑》《叶慧明碑》、《婆罗树碑》等。

【原文】

李邕字泰和，扬州江都人。父善，有雅行，淹贯古今，不能属辞，故人号"书簏"。显庆中，累擢崇贤馆直学士兼沛王侍读。为《文选注》，敷析渊洽，表上之，赐赉颇渥。除潞王府记室参军，为泾城令，坐与贺兰敏之善，流姚州，遇赦还。居汴、郑间讲授，诸生四远至，传其业，号"《文选》学"。

邕少知名。始善注《文选》，释事而忘意。书成以问邕，邕不敢对，善诘之，邕意欲有所更，善曰："试为我补益之。"邕附事见义，善以其不可夺，故两书并行。既冠，见特进李峤，自言读书未遍，愿一见秘书。峤曰："秘阁万卷，岂时日能习邪？"邕固请，乃假直秘书。未几辞去，峤惊，试问奥篇隐帙，了辩如响，峤叹曰："子且名家！"

峤为内史，与监察御史张廷珪荐邕文高气方直，才任谏诤，乃召拜左拾遗。御史中丞宋璟劾张昌

李邕《晴热帖》（局部）

宗等反状，武后不应，邕立阶下大言曰："璟所陈社稷大计，陛下当听。"后色解，即可璟奏。邕出，或让曰："子位卑，一忤旨，祸不测。"邕曰："不如是，名亦不传。"

中宗立，郑普思以方伎幸，擢秘书监。邕陈曰："陛下躬政日浅，有九重之严，未闻道路横议。今藉藉皆言普思冯诡惑，说妖祥，陛下不知，猥见驱使。孔子曰：'《诗》三百，一言以蔽之，曰：思无邪。'陛下诚以普思术可致长生，则爽鸠氏且因之永有天下，非陛下乃今可得；能致神人邪，秦、汉且因之永有天下，非陛下乃今可得；能致佛法邪，梁武帝且因之永有天下，非陛下乃今可得；能鬼道邪，墨翟、干宝且各献其主，永有天下，非陛下乃今可得。自古尧、舜称圣者，臣观所行，皆在人事，敦睦九族，平章百姓，不闻以鬼神道治天下，惟陛下省察。"不纳。

五王诛，坐善张柬之，出为南和令，贬富州司户参军事。韦氏平，召拜左台殿中侍御史，弹劾任职，人颇惮之。谯王重福谋反，邕与洛州司马崔日知捕支党，迁户部员外郎。岑羲、崔湜恶日用，而邕与之交，玄宗在东宫，邕及崔隐甫、倪若水同被礼遇，羲等忌之，贬邕舍城丞。玄宗即位，召为户部郎中。张廷珪为黄门侍郎，而姜皎方幸，共援邕为御史中丞。姚崇疾邕险躁，左迁括州司马，起为陈州刺史。

帝封太山还，邕见帝汴州，诏献辞赋，帝悦。然矜肆，自谓且宰相。邕素轻张说，与相恶。会仇人告邕赃贷枉法，下狱当死。许昌男子孔璋上书天子曰：

明主举能而舍过，取才而弃行，烈士抗节，勇者不避死，故晋用林父不以过，汉任陈平不以行，禽息殒身不祈生，北郭碎首不爱死。向若林父诛，陈平死，百里不用，晏婴见逐，是晋无赤狄之土，汉无天子之尊，秦不强，齐不霸矣。伏见陈州刺史邕，刚毅忠烈，难不苟

免。往者折二张之角，挫韦氏之锋，虽身受谪屈，而奸谋诅解，即邕有功于国。且邕所能者，拯孤恤穷，救乏赒惠，家无私聚。今闻坐赃下吏，死在旦夕。臣闻生无益于国者，不若杀身以明贤。臣愿以六尺之躯膏铁钺，以代邕死。臣与邕生平不款曲，臣知有邕，邕不知有臣，臣不逮邕明矣。走知贤而举，仁也；任人之患，义也。获二善以死，臣又何求？伏惟陛下宽邕之死，使率德改行。兴林父、曲逆之功，臣得瞑目；附禽息、北郭之迹，大愿毕矣。若以阳和方始，重行大戮，则臣请伏剑，不敢烦有司，皇天后土，实闻臣言。昔吴、楚反，汉得剧孟则不忧，夫以一贤而敌七国之众，伏惟敷含垢之道，弃遐之义，远思剧孟，近取于邕。况告成岱宗，天地更新，赦而复论，人谁无罪，惟明主图之。臣闻士为知己者死，臣不为死者所知，而甘之死者，非特惜邕贤，亦以成陛下矜能之慈。

疏奏，邕得减死，贬遵化尉，流瘴岭南。邕妻温，复为邕请戍边自赎，曰：

邕少习文章，疾恶如仇，不容于众，邪佞切齿，诸儒侧目。频谪远郡，削迹朝端，不啻十载。岁时叹恋，闻者伤怀。属国家有事泰山，法驾旋路，邕献牛酒，例蒙恩私。妾闻正人用则佞人忧，邕之祸端，故自此始。且邕比任外官，卒无一毁，天意暂顾，罪过旋生。谚曰："士无贤不肖，入朝见疾。"惟陛下明察。邕初蒙讯责，便系牢户，水不入口者逾五日，气息奄奄，惟吏是听。事生吏口，迫邕手书。贷人蚕种，以为枉法；市罗贡奉，指为奸赃。于时瓯使朝堂，守捉严固，号天诉地，谁肯为闻？泣血去国，投骨荒裔，永无还期。妾愿使邕得充一卒，效力王事，膏涂朔边，骨粪沙壤，成邕夙心。

表入不省。

邕后从中人杨思勖讨岭南贼有功，徙澧州司马。开元二十三年，起为括州刺史，喜兴利除害。复坐诬枉，且得罪，天子识其名，诏勿劾。后历淄、滑二州刺史，上计京师。始，邕早有名，重义爱士，久斥外，不与士大夫接。既入朝，人间传其眉目瑰异，至阡陌聚观，后生望风内谒，门巷填隘。中人临问，索所为文章，且进上。以谗媚不得留，出为汲郡、北海太守。

天宝中，左骁卫兵曹参军柳勣有罪下狱，邕尝遗勣马，故吉温使引邕尝以休咎相语，阴赂遗。宰相李林甫素忌邕，因傅以罪。诏刑部员外郎祁顺之、监察御史罗希奭就郡杖杀之，时年七十。代宗时，赠秘书监。

邕之文，于碑颂是所长，人奉金帛请其文，前后所受巨万计。邕虽诎不进，而文名天下，时称李北海。卢藏用尝谓："邕如干将、莫邪，难与争锋，但虞伤缺耳。"后卒如言。杜甫知邕负谤死，作《八哀诗》，读者伤之。邕资豪放，不能治细行，所在贿谢，畋游自恣，终以败云。

【译文】

李邕字泰和，扬州江都县人。父亲李善，品行高雅，博通古今，但却不善于写文章，因此人称他为"书橱"。唐高宗显庆年间，历升为崇贤馆直学士兼沛王侍读。他作《文选注》，注释详尽、准确，进呈给皇帝，得到优厚的赏赐。又升李善为潞王府记室参军，又任泾城县令，因他和贺兰敏之是好朋友，贺兰敏之犯罪，他被流放到姚州，遇上大赦，回到中原。他在汴州、郑州之间讲学，从学的人从四面八方远道而来，教授他专精的学问，称为"《文选》学"。

李邕从小就有文名。他父亲李善注释《文选》，注重词句和史实，而忽略了文辞的主旨。书注成以后，他问李邕质量如何，李邕不敢说，李善追问，李邕表示想改变一下注释的体例，李善说："你替我补充补充吧。"李邕就注释的史实，道出文章的宗旨，李善也认为李邕的阐释不可或缺，于是两书并传于世。李邕二十岁时，去觐见大官特进李峤，说明来意，称："有些书我还没读到，希望看看内阁的藏书。"李峤说："内阁藏书上万卷，哪能短时间读完？"李邕坚持要看，于是就暂时让他在内阁藏书处值班。没过多久，就辞职而去，李峤很吃惊，便拿藏书中的深奥、冷僻书籍考问他，李邕随问即答，不加思索，李峤赞叹说："你将来要成为专家！"

李峤任内史，和监察御史张廷珪推荐李邕文章写得好，为人又正直，是谏官的材料，于是李邕被任为左拾遗。御史中丞宋璟检举张昌宗等人谋反事实，武则天不理睬，李邕立在殿阶下大声说道："宋璟所奏，事关国家命运，陛下您应该听从。"武则天神色稍微缓和，当时就批准了宋璟的奏章。李邕退出宫殿，有人责备他说："你的官位低，如果违背了皇帝的意旨，会大祸临头的。"李邕说："不这样做，就不能闻名。"

唐中宗即位，郑普思凭借方术爱宠幸，被提拔为秘书监。李邕劝诫说："陛下您亲政的时间尚短，因有天子的威严，听不到社会上的议论。现在外边沸沸扬扬，都说郑普思凭借他的各种诱惑，陈说种种怪异，陛下您不明白，被他驱使。孔子说：'《诗》三百篇，用一句话来概括，即是没有邪恶的念头。'陛下您如果真的认为郑普思的方术能够使人长生不老的话，那么爽鸠氏将会永远统治天下，陛下您的皇帝宝座，现在就不可能得到；如果他的方术能招致神仙，秦朝和汉朝会因此而永远拥有天下，陛下您今天也做不了皇帝；如果他的方术能使人成佛，那么梁武帝会因此而永远拥有天下，今天陛下您的皇帝也做不成；如果他的方术能役鬼施展邪术，那么墨子、干宝会将这种办法献给他们的君主，从而永远拥有天下，今天陛下您也做不了皇帝。自古尧、舜之所以被尊为圣人，我观察他们的所言所行，都是时事人伦，使人家族和睦，百姓安居乐业，没听说用鬼神来治理天下，希望陛下您认真考虑。"中宗不接受他的意见。

张柬之、敬晖、崔玄晫、袁恕己、桓彦范等五位郡王遭贬降，李邕因与张柬之是好朋友，亦被贬出，任南和县令，再贬为富州司户参军事。韦氏之乱被平定，召任李邕为左台殿中侍御，他尽职弹劾不法官员，人们都对他惧怕三分。谯王李重福谋反，李邕和洛州司马崔日知搜捕谯王余党，升任为户部员外郎。岑羲、崔湜与崔日用交恶，李邕却和崔日用来往；玄宗在东宫为太子时，李邕和崔隐甫、倪若水都受到玄宗的礼遇，岑羲等人十分嫉妒，于是贬降李邕为舍城县丞。玄宗即皇帝位，召任李邕为户部郎中。当时张廷珪为黄门侍郎，姜皎又受皇帝的宠幸，二人共同推荐李邕任御史中丞。宰相姚崇讨厌李邕轻薄躁进，把他降为括州司马，后又升为陈州刺史。

玄宗去泰山祭祀返回，李邕在汴州觐见皇帝，玄宗令他献呈歌颂泰山封禅的词赋，看了以后，玄宗很高兴。但是李邕傲慢放肆，自以为将要做宰相。李邕向来看不起丞相张说，二人关系很坏。又遇上仇人告发李邕在官贪赃枉法，李邕被逮捕入狱，判为死罪。许昌人孔璋给天子上书说：

开明的君主，提拔有才能的人，对他的过错，却不去计较，只用其才，而不管他的行为如何，壮烈之士坚持节操，勇敢之士不怕死，因此，晋国任用荀林父，不计较他的过失，汉朝任用陈平，并不计较他的品行，秦国的禽息为荐贤不惜弃生，齐国的北郭骚为劝留晏婴自刎，不惜一死。如果荀林父因有过错被杀，陈平因偷嫂被处死，百里奚因得不到推荐而被弃，晏婴被驱逐，那么晋国得不到赤狄的地盘，汉朝就不会取得天下，秦国也不会强大，齐国也不可能称霸。我听说，陈州刺史李邕，是个刚毅忠烈、不苟且避祸的人。以前为除掉张昌宗、张易之，为摧毁韦氏之乱，虽然受委屈被贬降，但坏人的阴谋被瓦解，李邕对国家是有功的。再说，李邕在官位上，能做到的都做了，他拯救孤寡，抚恤穷人，解救贫乏，普施恩惠，而且不聚集私产。现在听说他因贪赃而被投入监狱，不日就要被处死。我崇仰这样的信条：人生在世上如不能做出对国家有益的事情，不如舍弃生命，为贤人申明冤屈。我情愿用我的六尺之身服刑而死，代替李邕。我和李邕一向没有交往，我知道有个李邕，李邕却不知道有孔璋这个人，我比不上李邕，这是明摆着的。知道他是贤人加以举荐，这是仁的表现；能替人承担祸患，这是义的表现。能以一死得到仁义的好名声，我还想得到什么？我希望陛下您宽免李邕的死罪，让他改过自新，去建立荀林父、陈平那样的功业，我死也瞑目了；让他象禽息、北郭骚那样为国家舍生忘死，我的愿望也就达到了。如果陛下刚刚即位就杀戮大臣，我请求伏剑自刎，不敢麻烦行刑官。皇天在上，会听从我的忠直之言的。过去吴、楚等七国之乱，汉朝得到剧孟这员战将，就不必担心，以一员战将能抵挡七国的兵众，我以为，君主应该宽容大度，不计较小节的失误，这样就会得到人才，远有剧孟，近有李邕。况且陛下已封禅泰山，向上天报告了成功，天下面目为之一新，如把已赦免了的罪人重新判罪，那谁会没有罪过呢？希望贤明的陛下认真考虑。我听说过"士为知己者死"这句古训，被判死罪的李邕并不了解我，我之所以甘心替他而死，不只是出于可惜李邕的才能，也想成全陛下您爱护人才的慈悲之心。

　　这封书信上奏给皇帝，结果李邕免去死罪，贬降为遵化县尉，孔璋被流放到岭南。李邕的妻子温氏，又向朝廷请求，让李邕去守卫边境，以此来赎罪，她说：

　　李邕年少时读书习文，养成疾恶如仇的性格，因此不被众人所容，邪恶的人对他恨得咬牙切齿，读书人因嫉妒对他怒目而视。他多次被贬降到边远地区，朝廷中再没有他的踪迹，这样度过了十多年。他时时刻刻为离开朝廷而伤叹，使人听了以后，也替他伤心。陛下去泰山封禅，圣驾返回的路上，李邕向皇帝贡献牛酒，受到皇帝的恩赐。我听说过，正人君子被任用，奸恶小人就担忧，李邕的灾难，就发端于此。再者李邕连年在外地任官，没有一个人出来毁谤他，但是一旦陛下对他产生好感，马上就被加上种种罪名。常言说："不管是贤才或者不肖之徒，只要进入朝廷，就被人嫉妒。"这一点请陛下您明辨是非。李邕刚被审讯，就投入监狱，五天五夜，汤水未进，被折磨得只剩一口气，只有听从狱吏的摆布。罪名由狱吏口述，逼迫李邕亲笔书写。贷给百姓蚕种，被说成是枉法；收购丝罗贡献给朝廷，被诬告为贪赃。当时的投诉衙门，被严密封锁，尽管你呼天唤地，谁肯替他上诉？他满怀悲愤，离开京师，投身边地，且永远没有归还的日期。我希望让李邕充当一名军卒，在边境为国家效力，血染边壤，身埋黄沙，以成全李邕平生报国之心。

　　这封书信送上去，没有被理睬。

　　后来李邕跟随内臣杨思勖征伐岭南的盗贼，立了功，升任澧州司马。开元二十三年，又起用为括州刺史。因他喜欢兴利除害，又被诬告，将要判罪，因皇帝记住了他的名字，下令不要弹劾。后来李邕历任淄、滑二州刺史，进京述职。起初，李邕很早就出了名，重义气，爱惜人才，因长年被贬在外地，与京师的官员没有接触。他进京以后，人们传说他的长相特别怪异，在道路上围观他，年轻的后生，闻风纷纷去拜访，街巷都挤满了人。朝廷的内臣也来问候，并索取他的文章，将要呈送皇帝。因遭受谗言、嫉妒，不能留在京师，外任为汲郡、北海太守。

天宝年间，左骁卫兵曹参军柳勣有罪被逮捕入狱，因李邕曾赠送给他一匹马，于是吉温逼迫柳勣供出李邕，说李邕曾向他陈说朝廷的吉凶祸福，并暗中贿赂他财物。宰相李林甫一向忌恨李邕，便趁机给他加以罪名。传旨刑部员外郎祁顺之、监察御史罗希奭去北海郡就地处死李邕。时年七十岁。唐代宗时，追赠秘书监衔。

李邕的文章，擅长作碑铭颂文，人们拿黄金丝帛为礼请他撰文，前后所收的润笔钱，以万万计。李邕虽然官运不通，却以文章闻名天下，当时人称他为"李北海"。卢藏用曾说："李邕的为人，好像宝剑干将、莫邪，人们很难和他争锋，但担心宝剑会断刃。"李邕的下场，正和卢藏用说的那样。杜甫知道李邕是被诽谤而死，为此作了《八哀诗》，读者也为李邕伤心。李邕生性豪放，不拘细节，他所到之处，接受贿赂酬谢，任意打猎游玩，最终因此而败亡。

李白传

【题解】

李白（701～762），唐代大诗人。字太白，号青莲居士。祖籍陇西成纪（今甘肃秦安），出生于碎叶（今苏联托克马克），后迁绵州昌隆（今四川江油）青莲乡。少年时即显露才华，博学广览，吟诗作赋。二十多岁出蜀，漫游长江、黄河流域。天宝元年，受玉真公主推荐，被唐玄宗召为翰林供奉。不久辞官，继续过漫游隐居生活。安史之乱时，曾从永王李璘起兵，为唐肃宗所败。李白因此获罪，长席夜郎，遇赦东归。晚年流落江南一带，病逝于当涂。

李白是中国诗歌史上一位伟大诗人，今存诗九百余首。在诗中，他表现出蔑视权贵的傲岸精神，对当时的黑暗政治作了深刻批判，抒发了建功立业、报效国家的理想。李白"一生好入名山游"，写下大量描绘自然风景的诗篇，表达出对祖国河山的热爱。李白还写了大量歌唱爱情和友谊的诗篇，感情真挚，具有很强的艺术感染力。

李白

由于李白受儒、道及纵横家的思想影响很深，他的某些诗作宣扬人生若梦，表现及时行乐的虚无思想和宗教迷信思想。

李白在各种诗歌体裁的创作上都取得了很高的成就，尤擅形式比较自由的古诗和绝句。他的诗风雄奇豪放，想象丰富，语言朴素自然，善于运用夸张的手法、生动的比喻来表现他热烈奔放的思想感情。他善于从民歌、神话中吸取营养，构成其特有的瑰玮绚烂的色彩，是屈原以来积极浪漫主义诗歌的新高峰。

李白的诗歌影响深远，其散文和词的创作也留下若干佳作。有多种《李白文集》传世。

【原文】

李白字太白，兴圣皇帝九世孙。其先隋末以罪徙西域，神龙初，遁还，客巴西。白之生，母梦长庚星，因以命之。十岁通诗书，既长，隐岷山。州举有道，不应。苏颋为益州长史，见白异之，曰："是子天才英特，少益以学，可比相如。"然喜纵横术，击剑，为任侠，轻财重施。更客任城，与孔巢父、韩准、裴政、张叔明、陶沔居徂来山，日沉饮，号"竹溪六逸"。

天宝初，南入会稽，与吴筠善，筠被召，故白亦至长安。往见贺知章，知章见其文，叹曰："子，谪仙人也！"言于玄宗，召见金銮殿，论当世事，奏颂一篇。帝赐食，亲为调羹，有诏供奉翰林。白犹与饮徒醉于市。帝坐沉香子亭，意有所感，欲得白为乐章，召入，而白已醉，左右以水颒面，稍解，授笔成文，婉丽精切，无留思。帝爱其才，数宴见。白尝侍帝，醉，使高力士脱靴。力士素贵，耻之，摘其诗以激杨贵妃，帝欲官白，妃辄沮止。白自知不为亲近所容，益骜放不自修，与知章、李适之、汝阳王琎、崔宗之、苏晋、张旭、焦遂为"酒八仙人"。恳求还山，帝赐金放还。白浮游四方，尝乘月与崔宗之自采石至金陵，著宫锦袍坐舟中，旁若无人。

安禄山反，转侧宿松、匡庐间，永王璘辟为府僚佐。璘起兵，逃还彭泽；璘败，当诛。初，白游并州，见郭子仪，奇之。子仪尝犯法，白为救免。至是子仪请解官以赎，有诏长流夜郎。会赦，还寻阳，坐事下狱。时宋若思将吴兵三千赴河南，道寻阳，释囚辟为参谋，未几辞职。李阳冰为当涂令，白依之。代宗立，以左拾遗召，而白已卒，年六十余。

白晚好黄老，度牛渚矶至姑孰，悦谢家青山，欲终焉。及卒，葬东麓。元和末，宣歙观察使范传正祭其冢，禁樵采。访后裔，惟二孙女嫁为民妻，进止仍有风范，因泣曰："先祖志在青山，顷葬东麓。非本意，"传正为改葬，立二碑焉。告二女，将改妻士族，辞以孤穷失身，命也，不愿更嫁。传正嘉叹，复其夫徭役。

文宗时，诏以白歌诗、裴旻剑舞、张旭草书为"三绝"。

【译文】

李白，字太白，兴圣皇帝第九代孙。他的祖先于隋朝末年因罪被流放到西域。神龙（705～707）初年，他的父辈从西域逃回来，客居于巴西（在今四川江油）。

李白诞生的时候，他母亲梦见太白星，因而取其字为太白。十岁时就通读诗书，及至长大成人，隐居于岷山。当时所在州郡以有道科举荐他，他没有应举。苏颋为益州（今四川成都）长史时，见到李白，感到惊异，说："这个青年天才英特，如果再稍加努力，增加点

《李诗选集》书影

学问，便可以同汉代的司马相如相比。"然而李白喜欢纵横家的那一套术数，学击剑，想当个游侠之士，轻财好施。

后来，李白又客居任城（今山东济宁），和孔巢父、韩准、裴政、张叔明、陶沔居于徂来山，成日酣饮沉醉，当时号称"竹溪六逸"。

天宝初年，李白南游到会稽（今浙江绍兴），和吴筠友善。吴筠被召入京，所以李白也到了长安。

李白在长安，去拜见贺知章；贺知章见到他的诗文，感叹地说："您，是个天上贬下人间的仙人啊。"并在玄宗面前说起，玄宗于是在金銮殿召见李白，论当代的大事，献上一篇赋颂。玄宗皇帝赐李白吃的东西，并亲自为他调羹，下诏命他为翰林供奉。李白和酒徒还在街市中醉酒，玄宗皇帝坐在沉香子亭。忽然意有所感，想要听演奏歌唱李白的歌词，于是召李白入宫，而李白已经醉倒，左右侍从用水洗他的面，酒醉稍醒，拿笔给他，他提起笔一挥而就，下笔成文，辞章婉转华丽，意精旨切，一气呵成，不留余思。玄宗皇帝爱他的才华，几次召见宴请。李白曾经陪玄宗皇帝饮酒，醉了，让高力士为他脱鞋。高力士平素为朝中显贵，当替李白脱鞋，深以为耻，于是挑剔他诗中的毛病，并加以附会，以激怒杨贵妃。玄宗皇帝想让李白当官，杨贵妃总是从中作梗加以阻止。

李白自己知道不被玄宗的亲近所容忍，愈加桀骜不群，放荡不羁，和贺知章、李适之、汝阳王李琎、崔宗之、苏晋、张旭、焦遂并称为"酒中八仙人"。李白恳求引退还山，玄宗皇帝也就赐给他金帛，让他回去。

李白浮游漂泊于四方，曾经于夜间借着月色，和崔宗之乘船从采石矶至金陵（今江苏南京），身上穿着皇帝所赐宫锦袍，坐在船中，旁若无人。

安禄山起兵造反，天下大乱，李白辗转于宿松（今属安徽）和匡庐（今江西庐山）之间。永王李璘聘请他到幕下当僚佐，及至永王起兵，心怀不轨，他即逃回彭泽（今属江西）；永王失败了，李白论罪当斩。其初，李白游并州（今山西太原）曾见郭子仪，暗暗称奇。当时郭子仪曾犯法，应受处罚，李白救了他，他才免受处罚。及至李白论罪当诛的时候，郭子仪愿解除官职以赎李白之罪，于是他得免于一死，朝廷下诏，把他长期流放夜郎。正好碰上大赦，又回浔阳（今江西九江），因事获罪下狱。那时宋若思率领吴地之兵三千人将赴河南（今河南洛阳），道经浔阳，将李白释放了，并聘请他为行军参谋，没多久，又辞去参谋之职。李阳冰任当涂（今属安徽）县令，李白去投奔他。代宗即帝位后，召李白任左拾遗

高力士为李白脱靴

之职，而这时李白已经逝世了，终年六十余岁。

李白晚年颇好黄老之学，经牛渚矶来到姑孰（今安徽当涂），喜欢谢朓终老的青山，他也想在此地终老。等他死了，先葬在龙山东麓。元和末年，宣歙观察使范传正到姑孰祭奠他的墓，并下令禁止在李白坟墓周围采樵和放牧。范传正访问李白的后裔，只有嫁给平民为妻的两个孙女，行为举止仍然保持着斯文世家的风范。她们见了范传正，哭泣地说："先祖志在青山，临时葬在龙山东麓，不是他的本意。"于是改葬于青山，并立了两通石碑。他还告诉李白的两位孙女，要将她们改嫁给士族为妻；两位孙女辞谢说孤独穷苦而失身于平民，是命该如此，不愿再嫁。范传正嘉奖感叹不已，免除其夫的徭役。

唐文宗时，下诏以李白的歌诗，斐旻的剑舞，张旭的草书，合称为"三绝"。

张旭传

【题解】

张旭，字伯高，苏州吴县（今江苏苏州市）人。因他曾任左率府长史，因此世称他为"张长史"。他是唐代著名书法家，以草书最为驰名，被人称为"草圣"。他往往醉后作书，被人称为"张颠"。他的草书气势跌宕，连绵缠绕，富于神韵。僧怀素继承了他的笔法，发展为狂草，怀素自称他"以狂继颠"（见其《自叙帖》），人称"颠张醉素"。唐文宗称李白的诗歌、裴旻的舞剑和张旭的草书为"三绝"。传世碑刻拓本有《尚书省郎官石记》，墨迹有《草书古诗四帖》等。

【原文】

旭，苏州吴人。嗜酒，每大醉，呼叫狂走，乃下笔，或以头濡墨而书，既醒自视，以为神，不可复得也，世呼张颠。

张旭《草书古诗四帖》（局部）

初，仕为常熟尉，有老人陈牒求判，宿昔又来，旭怒其烦，责之。老人曰："观公笔奇妙，欲以藏家尔。"旭因问所藏，尽出其父书，旭视之，天下奇笔也，自是尽其法。旭自言，始见公主檐夫争道，又闻鼓吹，而得笔法意，观倡公孙舞《剑器》，得其神。后人论书，欧、虞、褚、陆皆有异论，至旭，无非短者。传其法，唯崔邈、颜真卿云。

【译文】

张旭，是苏州吴县人。嗜酒如命，经常喝得大醉，醉后大声呼叫，发疯一样来回狂跑，在这种情况下，才下笔作字。或者手攥自己的头发蘸墨挥洒，酒醒以后，自己审视，认为是神力所书，再也写不出这样的字来了，因此人们称他为"张颠"。

当初，张旭任常熟县尉时，有一个老头儿手拿状纸，求张旭写判词，过了两天，老头儿又来求写，张旭对老人的啰唆感到厌烦而责备他。老头儿说："我看大人您的笔法奇妙无比，我只不过想收藏您的书法作品罢了。"张旭问他家里还有什么收藏品，老头儿把他父亲的书法作品全拿出来，张旭仔细观看，真是天下的绝妙笔墨，从此尽得其用笔之法。张旭曾说,他看到公主和挑担人争路,又听到乐队的吹打声,从中悟出用笔的意境,欣赏艺人公孙大娘跳《剑器》舞,从中悟出用笔的神韵。后人评论前辈书法成就,对欧阳询、虞世南、褚遂良、陆东之等人都有不同意见,说到张旭,众口一词,没人能指出他的不足之处。能继承他的书法艺术的人,只有崔邈和颜真卿。

列女传

【题解】

《唐书·列女传》所收的列女有不少跟《旧唐书》有许多相同之处,内容大体上与《旧唐书》类似。

【原文】

李德武妻裴,字淑英,安邑公矩之女,以孝闻乡党。德武在隋,坐事徙岭南,时嫁方逾岁,矩表离婚。德武谓裴曰:"我方贬,无还理,君必俪它族,于此长决矣。"答曰:"夫,天也,可背乎?愿死无它。"欲割耳誓,保姆持不许。夫姻媾,岁时朔望裴致礼惟谨。居不御薰泽。读《列女传》,见述不更嫁者,谓人曰:"不践二廷,妇人之常,何异而载之书?"后十年,德武未还,矩决嫁之,断发不食,矩知不能夺,听之。德武更娶尒朱氏,遇赦还,中道闻其完节,乃遗后妻,为夫妇如初。

杨庆妻王者,世充兄之女,庆以河间王子为郇王,守荥阳,陷于世充,故世充妻之,用为管州刺史。太宗攻洛阳,庆谋与王归唐,谢曰:"郑以我奉箕帚者,缀公之心,今负恩背义,自为身谋,可何为?至长安,则公家婢耳,愿送我还东都。"庆不听,王谓左右曰:"唐胜则郑灭,郑安则吾夫死,若是,生何益?"乃饮药死。庆入朝,官宜州刺史。

房玄龄妻卢,失其世。玄龄微时,病且死,诿曰:"吾病革,君年少,不可寡居,善事后人。"卢泣入帷中,剔一目示玄龄,明无它。会玄龄良愈,礼之终身。

王兰英者,独孤师仁之姆。师仁父武都谋归唐,王世充杀之。师仁始三岁,免死禁锢,兰英请髡钳得保养,许之。时丧乱,饿死者藉藉,游丐道路以食师仁,身啖土饮水。后诈为采薪,窃师仁归京师。高祖嘉其义,诏封兰英永寿乡君。

樊会仁母敬,蒲州河东人,字象子。筓而生会仁。夫死,事舅姑祥顺。家以其少,欲嫁之,潜约婚于里人,至期,阳为母病。使归视。敬至,知见绐,乃外为不知者,私谓会仁曰:"吾媚处不死者,以母老儿幼,今舅将夺吾志,汝云何?"会仁泣,敬曰:"儿毋啼!"乃伺隙遁去,家追及半道,以死自守,乃罢。会仁未冠卒,时敬母又终,既葬,谓所亲曰:"母死子亡,何生为!"不食数日死,闻者怜之。

卫孝女,绛州夏人,字无忌。父为乡人卫长则所杀,无忌甫六岁,无兄弟,母改嫁。逮长,志报父仇。会从父大延客,长则在坐,无忌抵以甓,杀之。诣吏称父冤已报,请就刑。巡察使褚遂良以闻,太宗免其罪,给驿徙雍州,赐田宅。州县以礼嫁之。

郑义宗妻卢者,范阳士族也。涉书史,事舅姑恭顺。夜有盗持兵劫其家,人皆匿窜,惟姑不能去，卢冒刃立姑侧，为贼捽搰几死。贼去，人问何为不惧，答曰："人所以异鸟兽者，以其有仁义也。今邻里急难尚相赴，况姑可委弃邪？若百有一危，我不得独生。"姑曰："岁寒然后知松柏后凋，吾乃今见妇之心。"

刘寂妻夏侯，滑州胙城人，字碎金。父长去为盐城丞，丧明。时刘已生二女矣，求与刘绝，归侍父疾。又事后母以孝称。五年父亡，毁不胜丧，被发徒跣，身负土作冢，庐其左，寒不帛、日一食者三年。诏赐物二十段、粟十石，表异门间。后其女居母丧，亦如母行，官又赐粟帛，表其门。

楚王灵龟妃上官者，下邽士族也。灵龟出继哀王后，而舅姑在，妃朝夕侍奉，谨甚，凡珍美，非经献不先尝。灵龟卒，将葬，前妃无近族，议者欲不举，妃曰："逝者有知，魂可无托乎？"乃备礼合葬。闻者嘉叹。丧除，兄弟共谕："妃少，又无子，可不有行。"泣曰："丈夫以义，妇人以节，我未能殉沟壑，尚可御妆泽、祭他胙乎？"将自劓刵，众遂不敢强。

杨绍宗妻王，华州华阴人。在襁而母亡，继母鞠爱。父征辽殁，继母又卒，王年十五，乃举二母柩而立父象，招魂以葬，庐墓左。永徽中，诏："杨氏妇在隋时，父殁辽西，能招魂克葬至祖父母茔隧队，亲服板筑，哀感行路。"因赐物段并粟，以阙表门。

樊彦琛妻魏者，扬州人。彦琛病，魏曰："公病且笃，不忍公独死。"彦琛曰："死生，常道也。幸养诸孤使成立，相从而死，非吾取也。"彦琛卒，值徐敬业难，陷兵中。闻其知音，令鼓筝，魏曰："夫亡不死，而逼我管弦，祸由我发。"引刀斩其指。军伍欲强妻之，固拒不从，乃刃拟颈曰："从我者不死。"魏厉声曰："狗盗，乃欲辱人，速死，吾志也！"乃见害，闻者伤之。

李畬母者，失其氏。有渊识。畬为监察御史，得禀米，量之三斛而赢，问于史，曰："御史米，不概也。"又问车庸有几，曰："御史不偿也。"母怒，敕归余米，偿其庸，因切责畬。畬乃劾仓官，自言状，诸御史闻之，有惭色。

汴女李者，年八岁父亡，殡于堂十年，朝夕临。及笄，母欲嫁之。断发，丐终养。居母丧，哀号过人，自庀葬具，州里送葬千余人。庐于墓，蓬头，跣而负土，以完园茔，蒔松数百。武后时，按察使薛季昶表之，诏树阙门间。

崔绘妻卢者，鸾台侍郎献之女。献有美名。绘丧，卢年少，家欲嫁之，卢称疾不许。女兄适工部侍郎李思冲，早亡。思冲方显重，表求继室，诏许，家内外姻皆然可。思冲归币三百舆，卢不可，曰："吾岂再辱于人乎？宁没身为婢。"是夕，出自窦，粪秽蔑面，还崔舍，断发自誓。思冲以闻，武后不夺也，诏为浮屠尼以终。

坚贞节妇李者，年十七，嫁为郑廉妻。未逾年，廉死，常布衣蔬食，夜忽梦男子求为妻，初不许，后数数梦之。李自疑容貌未衰丑所召也，即截发，麻衣，不薰饰，垢面尘肤，自是不复梦。刺史白大威钦其操，号坚贞节妇，表旌门阙，名所居曰节妇里。

符凤妻某氏，字玉英，尤姝美。凤以罪徙儋州，至南海，为獠贼所杀，胁玉英私之，对曰："一妇人不足事众男子，请推一长者。"贼然之。乃请更衣，有顷，盛服立于舟，骂曰："受贼辱，不如死！"自沉于海。

高睿妻秦。睿为赵州刺史，为默啜所攻。州陷，睿仰药不死，至默啜所，示以宝带异袍，曰："降我，赐尔官；不降，且死。"睿视秦，秦曰："君受天子恩，当以死报，贼一品官安足荣？"自是皆瞑目不语。默啜知不可屈，乃杀之。

王琳妻韦者，士族也。琳为眉州司功参军，俗僭侈盛饰，韦不知有簪珥。训二子坚，冰有法，后皆名闻。琳卒时，韦年二十五，家欲强嫁之，韦固拒，至不听音乐，处一室，或终日不食。卒年七十五，著《女训》行于世。

卢惟清妻徐，淄州人，世客陈留。惟清仕历校书郎。徐女兄之夫李宜得以罪斥，惟清坐僚姻，贬播川尉。徐还乡里，粝食，斥铅膏，采绨不御。会大赦，徐间关迎惟清，至荆州，闻惟清死，二髯奴将劫徐归下江，徐知之，数其罪，奴不敢逼，劫其赀去。徐倍道行至播川，足茧流血，得惟清尸，以丧还，阅岁至洛阳。既葬，以无子，终服还陈留。汴州刺史齐浣高其节，颂而诗之。

饶娥字琼真，饶州乐平人。生小家，勤织纴，颇自修整。父勣，渔于江，遇风涛，舟覆，尸不出。娥年十四，哭水上，不食三日死。俄大震电，水虫多死，父尸浮出，乡人异之，归赗具礼，葬父及娥鄱水之阴。县令魏仲光碣其墓。建中初，黜陟使郑淑则表旌其闾，河东柳宗元为立碑云。

窦伯女、仲女，京兆奉天人。永泰中，遇贼行剽，二女自匿山谷，贼迹而得之，将逼以私。行临大谷，伯曰："我岂受污于贼！"乃自投下，贼大骇。俄而仲亦跃而坠。京兆尹第五琦表其烈行，诏旌门闾，免其家繇役，官为庀葬。

高愍女名妹妹，父彦昭事李正己。及纳拒命，质其妻子，使守濮阳。建中二年，挈城归河南都统刘玄佐，纳屠其家。时女七岁，母李怜其幼，请免死为婢，许之。女不肯，曰："母兄皆不锡，何赖而生？"母兄将被刑，遍拜四方。女问故，答曰："神可祈也。"女曰："我家以忠义诛，神尚何知而拜之！"问父在所，西向哭，再拜就死。德宗骇叹，诏太常谥曰愍。诸儒争为之诔。

彦昭从玄佐救宁陵，复汴州，累功授颍州刺史。朝廷录其忠，居州二十年不徙，卒赠陕州都督。

杨烈妇者，李侃妻也。建中末，李希烈陷汴，谋袭陈州。侃为项城令，希烈分兵数千略定诸县，侃以城小贼锐，欲逃去，妇曰："寇至当守，力不足，则死焉。君而逃，尚谁守？"侃曰："兵少财乏，若何？"妇曰："县不守，则地贼地也，仓廪府库皆其积也，百姓皆其战士也，于国家何有？请重赏募死士，尚可济。"侃乃召吏民入廷中曰："令诚若主也，然满岁则去，非如吏民生此土也，坟墓存焉，宜相与死守，忍失身北面奉贼乎？"众泣，许诺。乃徇曰："以瓦石击贼者，赏千钱；以刀矢杀贼者，万钱。"得数百人。侃率以乘城，妇身自爨以享众。报贼曰："项城父老义不下贼，得吾城不足为威，宜亟去；徒失利，无益也。"贼大笑。侃中流矢，还家，妇责曰："君不在，人谁肯固？死于外，犹愈于床也。"侃遽登城。会贼将中矢死，遂引去，县卒完。诏迁侃太平令。

先是万岁通天初，契丹寇平州，邹保英为刺史，城且陷，妻奚率家僮女丁乘城，不下贼，诏封诚节夫人。默啜攻飞狐，县令古玄应妻高能固守，虏引去，诏封徇忠县君。史思明之叛，卫州女子侯、滑州女子唐、青州女子王，相与歃血赴行营讨贼，滑濮节度使许叔冀表其忠，皆补果毅。虽敢决不忘于国，然不如杨烈妇慷慷知君臣大义云。

贾直言妻董。直言坐事，贬岭南，以妻少，乃诀曰："生死不可期，吾去，可亟嫁，无须也。"董不答，引绳束发，封以帛，使直言署，曰："非君手不解。"直言贬二十年乃还，署帛宛然，及汤沐，发堕无余。

李孝女者，名妙法，瀛洲博野人。安禄山乱，被劫徒它州。闻父亡，欲间道奔丧，一子不忍去，割一乳留以行。既至，父已葬，号踊请开父墓以视，宗族不许。复持刀刺心，乃为开。见棺，舌去尘，发治拭之。结庐墓左，手植松柏，有异鸟至。后，母病，或不食饮，女终日未尝视匕箸，及亡，刺血书于母臂而葬，庐墓终身。

李湍妻某氏。湍籍吴元济军，元和中，自拔归乌重胤，妻为贼缚而脔食之，将死，犹号湍曰："善事乌仆射！"观者叹泣。重胤请以其事属史官，诏可。

王孝女，徐州人，字和子。元和中，父兄皆防秋屯泾州，吐蕃寇边，并战死。和子年十七，单身被发徒跣缞裳抵泾屯，日丐贷，护二丧还，葬于乡，植松柏，翦发坏容，庐墓所。节度使王智兴白状，诏旌其门。

段居贞妻谢，字小娥，洪州豫章人。居贞本历阳侠少年，重气决，娶岁余，与谢父同贾江湖上，并为盗所杀。小娥赴江流，伤脑折足，人救以免。转侧丐食至上元，梦父及夫告所杀主名，离析其文为十二言，持问内外姻，莫能晓。陇西李公佐隐占得其意，曰："杀若父者必申兰，若夫必申春，试以是求之。"小娥泣谢。诸申，乃名盗亡命者也。小娥诡服为男子，与佣保杂。物色岁余，得兰于江州，春于独树浦。兰与春，从兄弟也。小娥托佣兰家，日以谨信自效，兰浸倚之，虽包苴无不委。小娥见所盗段、谢服用故在，益知所梦不疑。出入二期，伺其便。它日兰尽集群偷酾酒，兰与春醉，卧庐。小娥闭户，拔佩刀斩兰首，因大呼捕贼。乡人墙救，擒春，得赃千万，其党数十。小娥悉疏其人上之官，皆抵死，乃始自言状。刺史张锡嘉其烈，白观察使，使不为请。还豫章，人争娉之，不许。祝发事浮屠道，垢衣粝饭终身。

杨含妻萧，父历，为抚州长史，以官卒，母亦亡。萧年十六，与媵皆韶淑，毁貌，载二丧还乡里，贫不能给舟庸，次宣州战鸟山，舟子委枢去。萧结庐水滨，与婢穿圹纳棺成坟，莳松柏，朝夕临，有驯乌、缟兔、菌芝之祥。长老等为立舍，岁时进粟缣。丧满不释缞，人高其行。或请昏，女曰："我弱不能北还，君诚为我致二枢葬故里，请事君子。"于是，含以高安尉罢归，聘之，且请如素。萧以亲未葬，许其载，辞其采。已葬，乃释服而归杨云。

韦雍妻萧。张弘靖镇幽州也，表雍在幕府。朱克融乱，雍被劫。萧闻难，与雍皆出，左右格之，不退。雍临刃，萧呼曰："我苟生无益，愿今日死君前。"刑者断其臂，乃杀雍。萧意象晏然，观者哀叹。是夕死。大和中，杨志诚表其烈，诏赠兰陵县君。

衡方厚妻程。大和中，方厚为邕州录事参军。招讨使董昌龄无状，方厚数争事，昌龄怒，将执付吏，辞以疾，不免，即以死告，卧棺中。昌龄知之，使阖棺甚牢。方厚闭久，以爪攫棺，爪尽乃绝。程惧并死，不敢哭。昌龄恬不疑，厚遣其丧。程徒行至阙下，叩右银台门，自刭陈冤，下御史鞫治有实，昌龄乃得罪。文宗诏封程武昌县君，赐一子九品正员官。

殷保晦妻封，敖孙也，名绚，字景文。能文章、草隶。保晦历校书郎。黄巢入长安，共匿兰陵里。明日，保晦逃。贼悦封色，欲取之，固拒。贼诱说万词，不答。贼怒，勃然曰："从则生，不然，正膏我剑！"封骂曰："我，公卿子，守正而死，犹生也，终不辱逆贼手！"遂遇害。保晦归，左右曰："夫人死矣！"保晦号而绝。

窦烈妇者，河南人，朝邑令毕某妻。初，同州军乱，逐节度使李璈走河中，令匿望仙里，不知所舍乃仇家也。夜半盗入，捽令首，欲杀之，窦泣蔽捍，苦持贼袂，至中刀不解，令得脱走不死，贼亦去。京兆闻之，归酒帛医药，几死而愈。

　　李拯妻卢者，美姿，能属文。拯字昌时，咸通末擢进士，迁累考功郎中。黄巢乱，避地平阳，僖宗召为翰林学士。帝出宝鸡，陷于嗣襄王煴。煴败，拯死，卢伏尸哭。王行瑜兵逼之，不从，胁以刃，断一臂死。

　　山阳女赵者，父盗盐，当论死，女诣官诉曰："迫饥而盗，救死尔，情有可原，能原之邪？否则请俱死。"有司义之，许减父死。女曰："身今为官所赐，愿毁服依浮屠法以报。"即截耳自信，侍父疾，卒不嫁。

　　周迪妻某氏。迪善贾，往来广陵。会毕师铎乱，人相掠卖以食。迪饥将绝，妻曰："今欲归，不两全。君亲在，不可并死，愿见卖以济君行。"迪不忍，妻固与诣肆，售得数千钱以奉。迪至城门，守者谁何，疑其绐，与迪至肆问状，见妻首已在枅矣。迪裹余体归葬之。

　　朱延寿妻王者，当杨行密时，延寿事行密为寿州刺史，恶行密不臣，与宁国节度使田頵谋绝之以归唐。事泄，行密以计召延寿，欲与扬州，延寿信之。将行，王曰："今若得扬州，成宿志，是兴衰在时，非系家也，然愿日一介为验。"许之。及为行密所杀，介不至，王曰："事败矣。"即部家仆，授兵器。方阖扉而捕骑至，遂出私帑施民，发百燎焚牙居，呼天曰："我誓不为雠人辱！"赴火死。

【译文】

　　李德武的妻子裴氏，字淑英，安邑公裴矩的女儿，以孝顺闻名乡里。李德武在隋朝，因犯罪被流放岭南，当时裴氏出嫁才满一年，裴矩上表要求离婚。李德武对裴氏说："我刚遭贬斥，不可能活着回来，你一定会嫁给别人，这就永远诀别了。"她回答说："丈夫是天，怎么能背离呢？宁愿死也不改嫁。"想割下耳朵发誓，保姆抱住不让割。对丈夫的父亲妹妹，每年节日每月初一、十五裴氏都恭敬地施行礼仪。平时不用薰香涂脂。读《列女传》时，见叙述不改嫁的故事，对人说："不踏进第二户家门，是女人的正常事情，怎么惊奇而把它写进书中呢？"十年内，李德武没能回家，裴矩坚决要她改嫁，剪断头发不吃饭，裴矩不能改变她的志愿，就由她。李德武又娶了佘朱氏为妻，遇到大赦回家，半路上听说她保全节操，就休了后妻，他们像当初那样成为夫妻。

　　杨庆的妻子姓王，是王世充哥哥的女儿。杨庆因为是河间王的儿子所以做了郇王，驻守荥阳，被王世充攻陷，因此，王世充把她嫁给他，任命为管州刺史。唐太宗进攻洛阳，杨庆跟王氏商量归顺唐朝，她拒绝说："郑国公让我到您家侍候，目的是笼络您的心，现在忘恩负义，替自己考虑，我怎么办？到长安去，就会成为您家的女仆人罢了，希望把我送回东都。"杨庆不同意，王氏对身边的人说："唐朝廷胜了郑国就灭亡，郑国安全我的丈夫就要死，像这样，活着又有什么好处？"于是服毒药死了。杨庆进唐朝后，任宜州刺史。

　　房玄龄的妻子卢氏，身世不详。房玄龄地位低下时，病得快要死了，对她推托说："我病得很重，你年纪还小，不要寡居，好好对待以后的丈夫。"卢氏哭着进到帷中，刺了一只眼给房玄龄看，表明没有别的志向。正好房玄龄病好了，终身都以礼待她。

　　王兰英是独孤师仁的保姆。师仁的父亲独孤武都图谋归附唐朝廷，王世充杀了他。师仁才三岁，免去处死但受到禁锢，兰英请求剃发钳脖去抚养，被同意了。当时局势丧乱，饿死的人很多，她到处在路上乞讨食物来喂养师仁，而自己吃土喝水。后来谎称去砍柴，把师仁偷到京师。唐高祖称赞她的义气，下诏令封兰英为永寿乡君。

樊会仁的母亲敬,蒲州河东人,字象子。成年后生了会仁。丈夫死后,侍奉公婆祥明和顺。她家里因为她还年轻,想改嫁她,悄悄地与一同里人约好婚,到了那日子,佯说母亲有病,让她回家。敬到家,知道被骗了,于是表面上装出像不明白的样子,暗地里对会仁说:"我寡居不去死掉,是因为母亲年老儿子幼小,现在舅舅要把我改嫁,你说怎么办?"会仁哭了起来,敬说:"儿子不要哭!"于是瞅个空隙逃了回去,家里人在半路追了上来,她用死来捍卫自己,才作罢。会仁没成年就死了,当时敬的母亲又去世了,埋葬完后,她对亲近的人说:"母死子亡,活着干什么!"几天没吃饭后死了,听到的人都很同情她。

卫孝女,绛州夏人,字无忌。她父亲被同乡人卫长则杀死,无忌才六岁,没有弟兄,母亲又改嫁了。等到长大,立志报父仇。正好叔父大宴宾客,卫长则也在座,无忌用礕子砸他,将他杀死。然后去找官吏说父亲的冤仇已经报了,请求处罚她。巡察使褚遂良把这事报告了朝廷,唐太宗免除了她的罪责,拨给驿车把她迁移到雍州,赏赐给田地住宅。州县根据礼仪把她嫁了出去。

郑义宗的妻子卢氏,范阳的大家族。涉猎书籍史书,侍奉公婆恭敬孝顺。一天夜里有强盗拿着兵器抢劫她家,别人都藏匿逃走了,只有婆婆没能离开,卢氏冒着刀刃站在婆婆身边,被贼人摔打差点死去。贼人离开后,别人问她为什么不害怕,回答:"人之所以区别于鸟兽,是因为有仁义之心。现在邻居有急难的事情都去帮助,更何况是婆婆,能扔下不管吗?万一有个不测,我也没法一个人活着。"婆婆说:"岁寒然后知松柏之后凋,我现在才明白媳妇的心了。"

刘寂的妻子夏侯氏,滑州胙城人,字碎金。父亲夏侯长云任盐城县丞,双目失明。当时刘寂已经生了两个女儿了,她请求跟刘寂离婚,回到家里侍候父亲的疾病。并且侍奉后母以孝顺闻名。五年后父亲去世,她毁坏身体受不了哀伤,披散着头发赤着双脚,亲自背着泥土修建坟墓,在坟的左边造小屋居住,冷天不穿棉衣,一天吃一顿饭,这样过了三年。朝廷下令赏赐物品二十段、粟十石,表扬门庭。官府又赏赐粟帛,表扬门庭。

楚王灵龟的妃子上官氏,下邽的贵族。灵龟出来继哀王王位后,而公婆在家,妃子早晚侍奉,非常恭谨,所有珍美物品,不先献给公婆,决不先要。灵龟死后,准备下葬,前妃没有亲近的族人。商量的人想不给他们合葬,妃子说:"死去的人是有知觉的,鬼魂怎么可以无所依托呢?"于是完全根据礼仪合葬。听说的人都赞叹。服丧期满后,弟兄一同劝她:"王妃年轻,又没有孩子,可以离开他家。"她哭着说:"丈夫用道义做人,妻子用节操做人,我没能死在山沟里,却要施妆涂脂、替别人上祭品吗?"想要自己割掉鼻子耳朵,众人才不敢强迫她。

杨绍宗的妻子王氏,华州华阴人。当她还在襁褓中时,母亲已经去世了,由继母抚养她。父亲出征辽时死了,不久继母又去世了,当时王氏十五岁,于是安置了两位母亲的灵柩,立了父亲的画像,招了父亲的魂来一起合葬,造小屋住在墓的左旁。永徽年间,朝廷下诏令说:"杨氏的妻子在隋时,父亲死在辽西,能够招魂归葬到祖父祖母的墓地,亲自服役筑造,哀情感动了路过的人"。就赏赐物段和粟,树了牌坊来表扬门庭。

樊彦琛的妻子魏氏,扬州人。彦琛生病,魏氏说:"您病得很重,我不忍心您一个人去死。"彦琛说:"死生是正常规律。希望你抚养几位孩子使他们长大成人,跟着我一起死,不是我所需要的。"彦琛去世后,正值徐敬业发难,她陷落在军中。听说她懂得音乐,让她弹筝，魏氏说："丈夫去世了我没有死，却逼迫我弹奏乐曲，祸灾是因为我才发生的。"拿刀斩断了她的手指。军队里一军官想强迫她嫁给他做妻子，她坚决拒绝不答应，就用刀子架在她脖子上说："顺从我就可以不死。"魏氏厉声说："狗强盗，你想污辱人，赶快死去是我的志愿！"就被杀害了，听说的人都为她惋惜。

李畲的母亲，不知道姓什么。有深刻的见识。李畲任监察御史，得到官方供给的米，一量有三斛还多，她问官吏，说："供给御史的米，量时是不刮平斗斛的。"又问驾车的佣人，说："御史得到米是不用偿还的。"母亲愤怒了，下令把多余的米拿回去，偿还给用人，因此严厉责备李畲。李畲于是弹劾管仓库的官吏，说了自己的情况，各位御史听后，脸上有惭愧的表情。

汴梁女子李氏，八岁时父亲亡故，盛殓在堂屋里十年，她早晚去看。到成人时，母亲想嫁了她。她剪断头发，乞求终身奉养。母亲去世，守孝期间悲哀喊叫超过别人，自己准备丧葬器具，州里送葬的有一千多人。在墓旁造小屋居住，蓬乱着头发，赤脚背泥土，修建坟园，种植了数百棵松树。武则天时，按察使薛季昶表奏了她的事，朝廷诏令在她家的里巷树立牌坊。

崔绘的妻子卢氏，鸾台侍郎卢献的女儿。卢献有好的名声。崔绘死后，卢氏还年轻，她家里想再嫁了她，卢氏以有病推辞。她姐姐嫁给工部侍郎李思冲，早死。李思冲当时显赫尊贵，上书皇帝要求娶继室，诏令同意，家族内外的亲戚都赞成他。李思冲赠送钱币三百车，卢氏不答应，说："我岂能再嫁给别人而受污辱？宁愿被没收做女仆。"当晚，她从洞中钻出，大粪污秽涂满脸面，回到崔家，剪断头发表明志愿。李思冲把这事上奏，武后不剥夺她的志向，诏令为浮屠尼姑度过一辈子。

坚贞节妇李氏，十七岁，嫁作郑廉的妻子。不满一年，郑廉死去，她时常穿粗布衣服吃粗糙的饭食。有一夜忽然梦见有一男子求她做妻子，开始的时候她不答应，后来一次次地梦见。李氏怀疑是自己容貌没有衰老变丑所造成的，就剪断头发，穿上麻衣，不薰香不妆饰，垢面尘肤，从此就不再做梦了。刺史白大威钦佩她的节操，称她为坚贞节妇，上书皇帝给她家的里巷树立牌坊，把她住的地方命名为节妇里。

符凤的妻子某姓，字玉英，特别美貌。符凤因犯罪被流放到儋州，到南海时，被獠人杀死，胁迫玉英要与他私通，她回答说："一个女人不能够服侍众多男子，请推选出一名年长的人。"贼人答应了她。于是请求更衣，一会儿，穿着盛装站在船上，骂道："受贼人的污辱，不如死！"自沉在海里。

高睿的妻子秦氏。高睿任赵州刺史时，被默啜围攻，州城陷落，高睿服了毒药却没有死掉，到了默啜的地方，给他看宝带和珍奇的衣袍，说："投降我们，赏赐给你官做；不投降，只有死。"高睿看着秦氏，秦氏说："你受到天子的恩宠，应当用死来报答，贼人的一品官有什么荣耀的？"从此都闭着眼睛不说话。默啜明白不能让他们屈服，就杀了他们。

王琳的妻子韦氏，是贵族出身。王琳任眉州司功参军，当地风俗僭越奢侈服饰华丽，而韦氏竟不知道有簪子耳饰。她教导两个儿子王坚、王冰很有办法，后来都很有名气。王琳死时，韦氏二十五岁，她家里想强迫她改嫁，韦氏坚决拒绝，甚至不听音乐，住在一间屋里，有时整天都不吃饭。七十五岁去世，写了《女训》在世上流行。

卢惟清的妻子徐氏，淄州人，世代客居陈留。卢惟清曾做过校书郎。徐氏的姐姐的丈夫李宜得因为犯罪被贬斥,卢惟清因为是同僚的亲家,贬官播川县尉。徐氏回到乡里,吃粗粮做的食物,卸掉铅粉脂膏,彩色的细布都不穿。遇到大赦,徐氏悄悄地过关去迎接卢惟清,到荆州,听说卢惟清已经死了,两个多须的男仆人想劫持徐氏回到下江,徐氏知道这件事后,数落他们的罪过,奴仆不敢强迫,抢劫了她的钱财后离去。徐氏走反了方向到了播川,脚都长茧流血,得到卢惟清的尸体,扶丧而回,经过一年到了洛阳。埋葬完毕后,因为没有孩子,服丧期满后回到陈留。汴州刺史齐浣推崇她的节操,赞颂她并写成诗。

饶娥字琼真,饶州乐平县人。出生在普通人家,勤于纺织缝纫,比较能够修整自己。父亲饶勣,在江上打鱼,遇到风暴,船翻了,尸体没有出现。饶娥当时十四岁,在水上哭泣,三天没有吃饭后死去。不久,大规模地打雷,水虫死了很多,父亲的尸体浮了出来,同乡人为之惊异,回去就各人赠送礼物,在鄱水的北边埋葬了父亲和娥。县令魏仲光为坟墓树立了碑石。建中初年,黜陟使郑淑则为她的里门立了牌坊,河东人柳宗元为她立碑。

窦伯女、仲女,京兆奉天人。永泰年中,遇上贼人抢劫,两位女子藏匿在山谷里,贼人追踪后找到了她们,想强迫她们私通。走近大山谷时,伯女说:"我岂能受贼人污辱!"就自己跳了下去,贼人都很惊骇。一会儿仲女也跳了下去,京兆尹第五琦赞扬她们的壮烈行为,下令为她们的里门树牌坊,免除了她们家的徭役,官府替她们埋葬。

高愍女名妹妹,父亲高彦昭侍奉李正己。等到李纳抗拒命令,把他的妻子儿女当作人质,让他驻守濮阳。建中二年,连带城市归附河南都统制刘玄佐,李纳屠杀了他的家。当时女子才七岁,母亲李氏同情她年幼,请求免死作为女仆,同意了她。女子不答应,说:"母亲哥哥都不免死,我靠谁活着?"母亲和哥哥快被动刑时,向四个方向拜揖。女子问什么缘故,回答说:"神可以祈祷。"女子说:"我家是因为忠义被诛杀,神还有什么知觉而要拜它!"问父亲在什么地方,向西哭,拜了两拜然后就死了。唐德宗骇叹,诏令太常谥"愍",各位儒生争相为她作诔文。

高彦昭跟随玄佐援救宁陵,收复了汴州,积累功绩授颍州刺史。朝廷记录了他的忠诚,住在颍州二十年没有迁徙,死后赠陕州都督。

杨烈妇,是李侃的妻子。建中末年,李希烈攻破汴,企图袭击陈州。李侃任项城县令,李希烈分兵数千掠夺了各县,李侃因为城小贼人锐利,想要逃走,他妻子说:"贼寇来了应当防守,力量不足,就死了。您都逃走了,还有谁来防守?"李侃说:"兵员少,财物又贫乏,怎么办?"妻子说:"县城守不住,那么地方就是贼人的地方了,仓库都成了他们的积累,百姓都成了他们的战士,对国家有什么好处?请用重赏来招募不怕死的战士,还有可能解救危难。"李侃于是召集了官吏和百姓来到办公的厅堂中说:"县令的确是人们的掌管,但是年头满了就要离开,不像你们出生在这块土地上,祖上的坟墓在这里,应该一起死守,怎么能忍受丧失自己的尊严面朝北方侍奉贼人呢?"众人都哭了,同意他的要求。于是告诉大家:"用瓦片石块打贼人的,赏一千钱;用刀剑杀贼人的,赏一万钱。"得到了数百人。李侃率领他们去守城,他妻子亲手做饭给大家吃。告诉贼人说:"项城父老为道义是不会投降你们贼人的,得到我这座城也没什么威风的,最好还是快点回去;只会失利,没有什么好处。"贼人大笑。李侃中了乱箭,回到家里,他妻子责备他说:"您不在,谁愿意坚守?死在外面,还是比死在床上好。"李侃马上登上城墙。正好贼将中箭而死,就退走了，县城终于得到保全。朝廷下诏令升李侃为太平县令。

比这稍早的万岁通天年初，契丹侵犯平州，邹保英任刺史，城快要陷落，他妻子率领家里的男仆和年轻女子上城墙，不投降贼人，被诏封为诚节夫人。默啜进攻飞狐，县令古玄应的妻子高氏能够坚守，强盗退去，诏封徇忠县君。史思明叛乱时，卫州的女子侯氏、滑州的女子唐氏、青州的女子王氏，在一起歃血为盟奔赴行营讨伐贼人，滑濮节度使许叔冀表扬她们的忠勇，都补为果毅（军队衔职）。虽然她们也勇敢果断不忘国家，但不如杨烈妇慷慨明白君臣的大道理。

贾直言的妻子董氏。贾直言犯罪，被贬到岭南，因为妻子年轻，于是诀别说："究竟是生还是死没法说，我去以后，你可以马上嫁人，没有必要等待。"董氏不答，拿了绳子来捆住头发，用布帛包起来，让贾直言在上边写上字，说："不是您的手不解开。"贾直言被贬二十年后才回家，写了字的布帛依然如旧。等到洗头时，头发全部脱落了。

李孝女，名妙法，瀛州博野人。安禄山叛乱，她被劫持到别的州。听说父亲去世，她想抄近路回家奔丧，因有一个儿子不忍心离开，便割了一只乳房留下上路。到家后，父亲已经埋葬，喊叫跳跃着请求打开父亲的坟墓看一看，同宗族的人不同意。又拿着刀子刺自己的心，只好为她打开。见到棺材，用舌头舔去尘土，用头发擦拭它。在坟墓的左旁造屋居住，亲手种植松柏，有奇异的鸟飞来。后来，母亲生病，有时候不能吃饭喝水，女儿整天都没有看一眼勺子和筷子，等到去世，刺出血来在母亲手臂上写了字才埋葬，在坟旁住了一辈子。

李湍的妻子某氏，李湍被没收在吴元济军队中，元和年间，他自己跑出去归附乌重胤，他妻子被贼人捆绑起来从身上割肉吃，临死时，还在喊着李湍说："好好跟随乌仆射！"看的人叹息哭泣。乌重胤请求把她的事迹让史官记录，诏令同意。

王孝女，徐州人，字和子。元和年中，父亲哥哥都被派往西北镇守，驻扎在泾州，吐蕃侵犯边疆，都战死了。和子十七岁，单身一人披散着头发赤脚穿着孝衣步行到了泾州驻地，每天靠乞讨借贷，护送两个死者回家，葬在家乡，种植了松柏，剪了头发毁坏面容，居住在墓旁。节度使王智兴写状报告，朝廷诏令在她家门前树牌坊。

段居贞的妻子谢氏，字小娥，洪州豫章人。段居贞本来是历阳县的侠义少年，重义气，为人果决，结婚一年多后，跟谢氏的父亲一起在江湖上做买卖，都被强盗杀害了。小娥跳进江水中，伤了头脑折断了腿，别人把她救活了。辗转要饭来到上元，梦见父亲及丈夫告诉杀他们的人的名字，把他们的名字拆成十二个字，她拿着去问远近的亲戚，没有人能明白。陇西李公佐暗中猜出了其中的意思，说："杀你父亲的一定是申兰，杀你丈夫的一定是申春，你拿这话去验证一下。"小娥哭着道谢。几名姓申的人，就是有名的不要命的强盗。小娥化装成男子，跟下等佣人混在一起。寻找了一年多，在江州找到申兰，在独树浦找到申春。申兰与申春，是堂兄弟。小娥到申兰家里做佣人，每日做事谨慎有信用，申兰慢慢地依赖他，即使是厨房里的事情也无不委托他做。小娥看见他们所盗窃的段、谢的衣服器用还在，更加明白梦见的是真的。等了两整年，等待着合适的时机。有一天申兰召集了所有的盗贼喝酒，申兰与申春都喝醉了，睡在屋里。小娥关了门，拔出佩刀斩了申兰的头，接着大喊捉贼。乡人们翻墙来支援，抓住了申春，找到赃物千万，同伙几十人。小娥把他们送进官府，都被判死刑，这才说出自己的事情来。刺史张锡赞扬她的刚烈,跟观察使说了,观察使不为她请功。她回到豫章,人们争着要娶她,都不答应。剪了头发在浮屠道做尼姑,穿着脏衣服吃着粗粝的饭食度过一生。

杨含的妻子萧氏,父亲萧历,任抚州长史,死在任上,母亲也去世了。当时萧氏十六岁,与她的妹妹都美好贤淑,毁坏形貌,载运两位死者回家乡去,穷得付不起船钱和佣人的工钱,停泊在宣州战鸟山时,驾船的人扔下棺材走了。萧氏在水边造屋居住,跟女仆一道挖坑放进棺材筑成坟墓,种了松柏,早晚看望,有驯顺的乌鸦、白色的野兔、菌类芝草等吉祥的东西出现。舶公们为她们建造房舍,按时供给粟米布匹。服丧期满后,她仍不脱下孝服,人们都尊崇她的品行。有人请求结婚,女子说:"我软弱没法回到北方,您真的为我把两具灵柩埋葬在家乡,就让我侍奉您。"于是,杨含从高安县尉任上辞职回家,聘了她,并且履行前言。萧氏因为亲人没有下葬,同意坐在车上,拒绝了穿彩色的衣服。埋葬完后,才脱下孝服嫁给了杨含。

韦雍的妻子萧氏。张弘靖镇守幽州时,上表推荐韦雍到幕府做事。朱克融叛乱,韦雍被劫持。萧氏听说这一灾难,跟韦雍一起出去,旁边的人拦住他们,他们没有后退。韦雍快被杀头时,萧氏大喊说:"我苟且活着没有好处,宁愿今日死在您前面。"行刑的人砍断她的手臂,就杀了韦雍。萧氏样子很安详,看的人为之哀叹。她当夜也死了。大和年中,杨志诚上表报告了她的刚烈,朝廷诏令赠她为兰陵县君。

衡方厚的妻子程氏。大和年间,衡方厚任邕州录事参军。招讨使董昌龄治理无方,衡方厚多次为事争辩,董昌龄发怒,要把他抓起来交给官吏,衡以有病推辞,不同意免除,就告诉董昌龄,衡方厚死了,躺在棺材中。董昌龄知道后,让人把棺盖牢牢地钉住。衡方厚因为封闭太久,用指甲扣挖棺材,指甲掉尽才死了。程氏害怕一起死,不敢哭泣。董昌龄一点也不怀疑她,隆重地发送了丧事。程氏步行来到宫殿下,敲右银台的门,自己割了耳朵陈述冤情,皇帝令御史调查核实,董昌龄于是算犯了罪。唐文宗诏令封程氏为武昌县君,赏赐一个儿子正九品的官。

殷保晦的妻子封氏,是封敖的孙女,名绚,字景文。会写文章、草书隶书。殷保晦曾任校书郎。黄巢攻入长安,他们一起藏身在兰陵里。第二天,殷保晦逃走了。贼人喜欢封氏的美色,想要娶她,被坚决拒绝。贼人劝诱了很多话,不答应。贼人生气,勃然大怒说:"顺从就有活命,不然,只润滑了我的宝剑!"封氏骂道:"我是公卿的后代,守着刚正的品德死去,跟活着一样,决不受辱在逆贼手里!"于是遇害。殷保晦回到家里,身边人说:"夫人死了!"殷保晦喊叫着也死了。

窦烈妇,河南人,朝邑县令毕某的妻子。当初,同州军叛乱,把节度使李琤赶到河中地方,县令藏在望仙居,不知道住的是他仇人的家里。半夜盗贼冲进来,扭住他的头,想杀了他,窦氏哭着保护,死死抓住贼人的衣袖,被刺进刀子还不放手,县令得以逃脱没死掉,贼人也离去了。京兆尹听说这事后,赠送酒帛医药,差点死去而被救活。

李拯的妻子卢氏,姿色美好,会写文章。李拯字昌时,咸通末年擢为进士,累次升迁到考功郎中。黄巢作乱,逃到平阳躲避,唐僖宗征召为翰林学士。皇帝从宝鸡出来,被嗣襄王煴捉住。煴失败后,李拯去世,卢氏伏在尸体上哭泣。王行瑜的士兵逼迫她,不服从,用刀子威胁她,砍断一只手臂后死去。

山阳女子姓赵的,父亲偷了盐,应该判死罪,女子到官府申诉说:"被饥饿所迫去偷盗,不过是为了救死,情有可原,能原谅他吗?否则请求让我一起去死。"有关官吏认为她很有情义,答应减去她父亲的死罪。女子说:"性命既然是官府所恩赐的,我愿意毁坏服饰皈依佛教以报答。"于是割了耳朵来证明,服侍父亲的疾病,最终没有嫁人。

周迪的妻子某氏。周迪善于做生意,往来于广陵。遇上毕师铎叛乱,人们互相掠夺出卖来吃。周迪快饿死时,妻子说:"现在想回去,不可能两个人都活下来。你的亲人都健在,不能都死掉,希望把我卖掉来接济你以便回去。"周迪不忍心,他妻子坚持跟他一起到市场去,卖了几千钱给他。周迪来到城门,守门人盘问他是谁,怀疑他哄骗他们,跟周迪到市场上问明情况,见他妻子的头已经在案板上了。周迪包裹了其余的身体回去埋葬了。

朱延寿的妻子王氏,在杨行密时,朱延寿跟随杨行密任寿州刺史,恨杨行密不遵守做臣的道理,跟宁国节度使田頵商议与他断绝关系投降唐朝。事情泄露后,杨行密设计谋召还朱延寿,说是要给他扬州,朱延寿相信了他。准备走的时候,王氏说:"现在如果得到扬州,完成向来志愿,是兴盛的好机会,不会拘囚家人的,但我希望每天派个送信的人作为证明。"他答应了她。等到被杨行密杀害,送信人没来,王氏说:"事情失败了。"于是分派家里的仆人,发给兵器。刚刚关上门而巡捕的人就骑马到了,于是把自己家的钱币散给百姓,发了上百把火燎焚烧官署的房屋,呼天道:"我发誓不被仇人污辱!"蹈火死了。

高力士传

【题解】

高力士,唐潘州人,冯盎曾孙,自幼被阉,由岭南进贡宫中,武则天命给事左右。宦官高延福收为养子,遂改姓高。平定韦氏集团后擢内给事。玄宗时,因诛除萧至忠、岑羲等人的功劳,得知内省事,极得宠信。四方奏请,先省后进,朝臣承风附会者不可胜计,李林甫、杨国忠、安禄山等人皆厚相结,踵至将相,肃宗在东宫时以兄事之。自建佛寺道观,与宴公卿扣钟一下,送礼十万钱。出租水磨,日得租价为粮食三百斛。安史之乱起,随玄宗入蜀。返京后,旋流配巫州。宝应元年,见到赦诏,痛哭呕血而卒。

【原文】

高力士,冯盎曾孙也。圣历初,岭南讨击使李千里上二阉儿,曰金刚,曰力士,武后以其强悟,敕纶事左右。坐累逐出之,中人高延福养为子,故冒其姓。善武三思,岁余,复得入禁中,禀食司宫台。既壮,长六尺五寸,谨密,善传诏令,为宫闱丞。

玄宗在藩,力士倾心附结。已平韦氏,乃启属内坊,擢内给事。先天中,以诛萧、岑等功,为右监门卫将军,知内侍省事。于是四方奏请皆先省后进小事即专决,虽洗沐未尝出,眠息殿帷中,侥幸者愿一见如天人然。帝曰:"力士当上,我寝乃安。"当是时,宇文融、李林甫、盖嘉运、韦坚、杨慎矜、王铼、杨国忠、安禄山、安思顺、高仙芝等虽以才宠进,然皆厚结力士,故能踵至将相,自余承风附会不可计,皆得所欲。中人若黎敬仁、林昭隐、尹凤

翔、韩庄、牛仙童、刘奉廷、王承恩、张道斌、李大宜、朱光辉、郭全、边令诚等，并内供奉，或外监节度军，修功德，市鸟兽，皆为之使，使还，所哀获，动巨万计，京师甲第池园、良田美产，占者什六，宠与力士略等，然悉借力士左右轻重乃能然。肃宗在东宫，兄事力士，它王、公主呼为翁，戚里诸家尊曰耆者，帝或不名而呼将军。

高力士

力士幼与母麦相失，后岭南节度使得之泷州，迎还，不复记识。母曰："胸有七黑子在否？"力士袒示之，如言。母出金环，曰"儿所服者"，乃相持号恸。帝为封越国夫人，而追赠其父广州大都督。延福与妻，及力士贵时故在，侍养与麦均。金吾大将军程伯献约力士为兄弟，后麦亡，伯献缞经受吊。河间男子吕玄晤吏京师，女国姝，力士娶之，玄晤擢刀笔史至少卿，子弟仕皆王傅。玄晤妻死，中外赠赙送葬，自第至墓，车徒背相望不绝。

始，李林甫、牛仙客知帝惮幸东都，而京师漕不给，乃以赋粟助漕，及用和籴法，数年国用稍充。帝斋大同殿，力士侍，帝曰："我不出长安且十年，海内无事，朕将吐纳导引，以天下事付林甫，若何？"力士对曰："天子顺动，古制也。税入有常，则人不告劳。今赋粟充漕，臣恐国无旬月蓄。和籴不止，则私藏竭，逐末者众。又天下柄不可假人，威权既振，孰敢议者！"帝不悦；力士顿首自陈"心狂易，语谬当死"。帝为置酒，左右呼万岁。由是还内宅，不复事。加累骠骑大将军，封渤海郡公。于来廷坊建佛祠，兴宁坊立道士祠，珍楼宝屋，国赀所不逮。钟成，力士宴公卿，一扣钟，纳礼钱十万，有佞悦者至二十扣，其少亦不减十。都北堰澧列五硙，日僦三百斛直。

有袁思艺者，帝亦爱幸，然骄倨甚，士大夫疏畏之，而力士阴巧得人誉。帝初置内侍省监二员，秩三品，以力士、思艺为之。帝幸蜀，思艺遂臣贼，而力士从帝，进齐国公。帝闻肃宗即位，喜曰："吾儿应天顺人，改元至德，不忘孝乎，尚何忧？"力士曰："两京失守，生人流亡，河南汉北为战区，天下痛心，而陛下以为何忧，臣不敢闻。"从上皇还，进开府仪同三司，实封户五百。

上皇徙西内，居十日，为李辅国所诬，除籍，长流巫州。力士方逃疟功臣阁下，辅国以诏召，力士趋至阁外，遣内养授谪制，因曰："臣当死已久，天子哀怜至今日。愿一见陛下颜色，死不恨。"辅国不许。

宝应元年赦还，见二帝遗诏，北向哭呕血，曰："大行升遐，不得攀梓宫，死有余恨。"恸而卒，年七十九。代宗以护卫先帝劳，还其官，赠扬州大都督，陪葬泰陵。

初，太子瑛废，武惠妃方嬖，李林甫等皆属寿王。帝以肃宗长，意未决，居忽忽不食。力士曰："大家不食，亦膳羞不具耶？"帝曰："尔，我家老，揣我何为而然？"力士曰："嗣君未定耶？推长而立，孰敢争？"帝曰："尔言是也。"储位遂定。

天宝中，边将争立功。帝尝曰："朕春秋高，朝廷细务付宰相，蕃夷不龚付诸将，宁不暇耶?"对曰:"臣间至阁门,见奏事者言云南数丧师,又北兵悍且强,陛下何以制之? 臣恐祸成不可禁。"其谓盖指禄山。帝曰:"卿勿言,朕将图之。"十三年秋大雨,帝顾左右无人,即曰:"天方灾,卿宜言之。"力士曰:"自陛下以权假宰相,法令不行,阴阳失度,天下事庸可复安? 臣之钳口,其时也。"帝不答。明年禄山反。

力士善揣时事势候相上下,虽亲昵,至当覆败,不肯为救力,故生平无显显大过。议者颇恨宇文融以来权利相贼,阶天下之祸,虽有补益,弗相除云。

【译文】

高力士是冯盎的曾孙。圣历初年,岭南讨击使李千里献上两个阉过的小孩,一名金刚,一名力士,由于他们非常颖悟,武后命令留在身边供职。力士因受到牵连,被赶出宫,宦官高延福收养为子,所以改姓高。高力士与武三思关系很好,一年多后,再次得以进入皇宫,由司宫台供给衣食。长大后,他身高六尺五寸,办事谨慎周密,善于传达诏令,当了宫闱丞。

玄宗在王府时,高力士一心依附。平定韦氏后,他陈请归属内坊,被提升为内给事。先天年间,由于诛灭萧至忠、岑羲等人的功劳,他担任右监门卫将军,主持内侍省事务。于是各地的奏疏请示先由他过目,然后才进献上去,小事就由他独自决定,即使沐浴,也从不出宫,每天就在殿内的帷帐里就寝歇息,侥幸求利之徒希望见他一面,就像去见天上之人。玄宗说:"力士值班,我才睡得安稳。"当此时,虽然宇文融、李林甫、盖嘉运、韦坚、杨慎矜、王鉷、杨国忠、安禄山、安思顺、高仙芝等人凭着才能和受宠才得到进用,但是都与高力士深深结纳,所以才能很快官至将相,其余承其风旨、顺从依附的人不可胜计,都达到了目的。宦官如黎敬仁、林昭隐、尹凤翔、韩庄、牛仙童、刘奉廷、王承恩、张道斌、李大宜、朱光辉、郭全、边令诚等人,都在内廷供职,或者出任节度使的监军。修功德,购鸟兽,都要让这些人担任使者,使者回来后搜刮到的财物动不动就数以万万计。京城的上等宅第、池塘园林、良田美产,被他们占了十分之六,受到的宠爱大致与高力士相等,但他们全靠高力士把握轻重,才能如此。肃宗在东宫时,把高力士当作老兄,其他诸王公主称他为高翁,皇戚各家尊称他为阿翁,玄宗有时不叫他的名字,而称他将军。

高力士幼年与母亲麦氏失散,后来岭南节度使在泷州找到她。迎接回来后,高力士记不住也认不出母亲。母亲说:"你胸上是不是有七个黑点?"高力士袒胸一看,一如所言。母亲拿出金环,说"这是我儿佩带的",便相抱放声痛哭。玄宗封他母亲为越国夫人,追赠他父亲为广州大都督。高延福和妻子在高力士显贵时仍然活着,受到的奉养与麦氏相同。金吾大将军程伯献与高力士结为兄弟,后来麦氏亡故,程伯献身穿孝服,接受吊唁。河间男子吕玄晤在京城担任吏职,儿女有国色,高力士娶了她,吕玄晤由刀笔吏被提升到少卿,子弟都官为王傅。程玄晤的妻子去世,朝廷内外赠送助丧的财物,为她送葬,从住处到墓地,车马人力前后相望,络绎不绝。

起初,李林甫、牛仙客知道玄宗怕因前往东都致使京城漕运供给不足,便采用征粮的办法佐助漕运。及至采用和籴法,几年后国家用度逐渐充实。玄宗在大同殿斋戒,高力士身边侍候。玄宗说:"我将近十年没离开长安,天下太平无事,朕准备吐纳导引,把天下事务交给李林甫,你看怎样?"高力士回答:"天子顺时而动,是古代的遗制。税收有常法,人民就不会诉说劳苦。现在征粮充实漕运，我担心会使国家连十天一月的积蓄都没有了。不停止和籴，私人的储存就会耗尽，追逐末业的人就会为数众多。而且天下大权不能交给别人，威势和权力把握好了，谁敢妄加评议！"玄宗不悦，高力士伏地叩头，说自己"精神失常，说的不对，该当死罪"。玄宗设宴相待，侍臣高呼万岁。从此，高力士回到内廷的住处，不再办事。高力士历经升迁，成了骠骑大将军，封为渤海郡公。他在来廷坊修建寺院，在兴宁坊设立道观，用珍宝装饰楼阁屋宇，连国家也拿不出这么多资财。钟铸成了，高力士宴请公卿，敲一下钟，要交十万贺礼钱。有些谄媚讨好的人敲钟多达二十下，敲得少的，也不少于十下。他还在京城北面的沣水上筑堰，设下五盘水磨，每天的租价为粮食三百斛。

有个叫袁思艺的，也深受玄宗的宠爱。然而，他非常傲慢，士大夫都怕他，疏远他。而高力士阴柔机巧，受人称誉。起初，玄宗设置内侍省监两员，职位三品，让高力士和袁思艺充任。玄宗逃往蜀地时，袁思艺向叛军称臣，而高力士跟随玄宗，晋升为齐国公。玄宗得知肃宗即位，高兴地说："我儿上应天意，下顺民心，改年号为至德，不忘孝顺，我还有什么可愁的！"高力士说："东西两京失守，百姓流散逃亡，黄河以南、汉水以北地区成为战场，天下人为之痛心，陛下却认为无可忧虑，臣不敢苟同。"随太上皇返回京城后，晋升为开府仪同三司，实封五百户。

太上皇搬到太极宫，才过了十天，受李辅国的诬陷，高力士被削除名籍，远远流放到巫州。高力士正在功臣阁下发疟疾，李辅国以诏书来召高力士，高力士快步来到阁外，李辅国打发内宫杂职人员把贬逐制书交给他，他便说："我早该死了，只是天子可怜我到今天。希望见陛下一面，死不遗憾。"李辅国没有允许。

宝应元年，高力士遇赦回京，见到玄宗、肃宗的遗诏，面向北方，哭得吐了血。他说："皇上去世，我不能摸一摸棺木，死有遗恨。"便痛哭而死，当时七十九岁。由于他护卫先帝的劳绩，代宗为他官复原位，追赠扬州大都督，陪葬泰陵。

起初，太子李瑛被废，武惠妃正受宠爱，李林甫等人都属意寿王，玄宗因肃宗年长，没拿定主意，平时意绪惆怅，不思进食。高力士说："陛下不吃饭，是由于没有美食吗？"玄宗说："你是我家的老人了，猜我为什么这样？"高力士说："是嗣君没有决定吧，推举长子，立为嗣君，谁敢争议！"玄宗说："你说得对。"于是决定了谁当太子。

天宝年间，边防将领争着立功，玄宗有一次说："朕年纪大了，朝廷小事交给宰相去办，异邦外族不恭交给诸将去管，难道不清闲吗！"高力士回答："我近来前往阁门，看见奏事人说云南屡次损兵折将，加之北方军队剽悍强盛，陛下拿什么去控制他们？我怕祸患酿成，难以制止。"他的意思大概说的是安禄山。玄宗说："你别说了，朕将计议此事。"天宝十三载秋天，天降大雨，玄宗见身边没人，就说："现在正在大雨成灾，你应该说说看法。"高力士说："自从陛下把权力交给宰相后，法令不行，阴阳失调，天下的事情怎会重归安宁？我闭口不言，是时代的原因。"玄宗没有答话，第二年安禄山反叛。

高力士善于揣测时运，侍奉权势，观察朝廷上下的态度。即使是自己亲昵的人，到他垮台时，也不肯出力搭救，所以一生没有明显的重大过失。议事者深惜宇文融以来权利倾轧，成为天下大祸的根由，而高力士虽有补益，却没有将他除去。

田令孜传

【题解】

田令孜,字仲则,蜀人,本姓陈。僖宗即位后升任左神策军中尉,专权横暴,卖官鬻爵,致使朝无贤人,同时有意引导僖宗耽于逸乐。黄巢军攻陷洛阳后,奉僖宗逃至成都,逼反"黄头军",贬杀直言极谏者孟昭图。回长安后,与河中节度使王重荣不和,王荣重联合李克用进逼长安,乃劫持僖宗外逃至兴元,不得已自署剑南监军使赴成都。昭宗即位后,王建割据西川,进围成都,将他杀死。

【原文】

田令孜,字仲则,蜀人也,本陈氏。咸通时,历小马坊使。僖宗即位,擢令孜左神策军中尉,是时西门匡范位右中尉,世号"东军""西军"。

帝冲呆,喜斗鹅走马,数幸六王宅、兴庆池与诸王斗鹅,一鹅至五十万钱。与内园小儿尤昵狎,倚宠暴横。始,帝为王时,与令孜同卧起。至是,以其知书,能处事,又帝资狂昏,故政事一委之,呼为"父"。而荒酣无检,发左藏、齐天诸库金币,赐伎子歌儿者日巨万,国用耗尽。令孜语内园小儿尹希复、王士成等,劝帝籍京师两市蕃旅、华商宝货,举送内库,使者监阅柜坊茶阁,有来诉者,皆杖死京兆府。

令孜知帝不足惮,则贩鬻官爵,除拜不待旨,假赐绯紫不以闻。百度崩弛,内外垢玩。既所在盗起,上下相掩匿,帝不及知。是时贤人无在者,惟佞鄙沓贪相与备员,偷安噤默而已。左拾遗侯昌蒙不胜愤,指言竖尹用权乱天下,疏入,赐死内侍省。

宰相卢携素事令孜,每建白,必阿邑倡和。初,黄巢求广州,愿罢兵,携欲宠高骈,使有功,不听贼。因又易置关东诸节度,贼乘之,陷东都。令孜急,归罪携,奉帝西幸,步出金光门,至咸阳沙野,军十余骑呼曰:"巢为陛下除奸臣,乘舆今西,秦中父老何望?愿还宫。"令孜叱之,以羽林骑驰斩,即以羽林白马载帝,昼夜驰,舍骆谷。时陈敬瑄方节度西川,令孜兄也,故请帝幸蜀。有诏以令孜为十军十二卫观军容制置左右神策护驾使。至成都,进左金吾卫上将军,兼判四卫事,封晋国公。帝见蜀狭陋,稍郁郁,日与嫔侍博饮,时时攘袂北望,怊然流涕。令孜伺间开释,呼万岁,帝为怡悦,因盛称郑畋、王铎、程宗楚、李钲、敬瑄方并力,贼不足虞。帝曰:"善。"

初,成都募陈许兵三千,服黄帽,名"黄头军",以捍蛮。帝至,大劳将士,扈从者已赐,而不及黄头军,皆窃怨令孜。令孜置酒会诸将,以黄金樽行酒,即赐之。黄头将郭琪不肯饮,曰:"军容能易偏惠,均众士,诚大愿也。"令孜目曰:"君有功耶?"答曰:"战党项,薄契丹,数十战,此琪之功。"令孜嘻怒曰:"知之。"密以鸩注酒中琪饮已,驰归,杀一婢,吮血得解。因夜烧营,剽城邑,敬瑄讨败之,奔广都,遂走高骈所。

帝闻变,与令孜保东城自守,群臣不得见。左拾遗孟昭图请对,不召,因上疏极陈:"君与臣一体相成,安则同宁,危则共难。昔日西幸,不告南司,故宰相、御史中丞、京兆尹悉碎于贼,唯两军中尉以扈乘舆得全。今百官之在者,率冒重险出百死者也。昨昔黄头乱,火照前殿,陛下惟与令孜闭城自守,不召宰相,不谋群臣,欲入不得,求对不许。且天下者,高祖、太宗之天下,非北司之天下;陛下固九州天子,非北司之天子。北司岂悉忠于南司?廷臣岂无用于救使?文宗时,宫中灾,左右巡使不到,皆被显责,安有天子播越,而宰相无所豫,群司百官弃若路人?已事诚不足谏,而来者冀可追也。"疏入,令孜匿不奏,矫诏贬昭图嘉州司户参军,使人沉于蟆颐津。初,昭图知正言必见害,谓家隶曰:"大盗未殄,宦竖离间君臣,吾以谏为官,不可坐观覆亡。疏入必死,而能收吾骸乎?"隶许诺,卒葬其尸。朝廷痛之。

贼平,令孜以王铎为儒臣,且无功,而首谋召沙陀者,杨复光也,欲归重北司,故罢铎都统,以复光功第一。又忌复光且逼己,故薄其赏。自谓帷幄决胜,系王室轻重,出入倨甚。会复光死,大喜,即罢复恭枢密使。中人曹知悫者,富家子,颇沉鸷。贼在长安,知悫以清、浊二谷之人倚山为屯,不屈贼。阴教士卒变衣服、言语与贼类者,夜入长安攻贼营,贼大惧。帝闻,赐金紫,擢内常侍。闻帝将还,因大言:"我且拥众大散关下,阅群臣可归者纳之。"令孜谓然,密令王行瑜以邠州兵度嵯峨山,袭杀其众。由是益自肆,禁制天子,不得有所主断。帝以其专,语左右辄流涕。

复光部将鹿晏弘、王建等,以八都众二万取金、洋等州,进攻兴元,节度使牛顼奔龙州,晏弘自为留后,以建及张造、韩建等为部刺史。帝还,惧见讨,引兵走许州。王建率义勇四军迎帝西县,复以建及韩建等主之,号"随驾五都"。令孜以复光故,才授诸卫将军,皆养为子。别募神策新军,以千人为都,凡五十四都,分左右为十军统之。又遣亲信觇诸镇,不附己者,以罪除徙。

养子匡佑宣慰河中,王重荣厚为礼,匡佑傲甚,举军怒。重荣因数令孜罪,责其无礼,监军和解,乃去。匡佑还,诉令孜,且劝图之。令孜白以两盐池归盐铁使,即自兼两池榷盐使。重荣不奉召,表暴令孜十罪。令孜自将讨重荣,率邠宁朱玫、凤翔李昌符,合鄜、延、灵、夏等兵凡三万,壁沙苑。重荣说太原李克用连和,克用上书请诛令孜、玫,帝和之不从。大战沙苑,王师败。玫走还邠州,与昌符皆耻为令孜用,还,与重荣合。神策兵溃还,略所过皆尽。克用逼京师,令孜计穷,乃焚坊市,劫帝,夜启开远门出奔。自贼破长安,火宫室、舍庐十七,后京兆王徽葺复粗完。至是,令孜唱曰:"王重荣反。"命火宫城,唯昭阳、蓬莱三宫仅存。

王建以义勇四军扈帝,夜乱牢水,遂次陈仓。克用还河中,玫畏克用且逼,与重荣连章请诛令孜,而驻凤翔。令孜请帝幸兴元,帝不从。令孜以兵入寝,逼帝夜出,群臣无知者,宰相萧遘等皆不及从。玫劝兴元节度使石君涉焚阁道,绝帝西意。遘恶令孜劫质天子,生方镇之难,使玫进迎乘舆。玫引兵追行在,败兴凤杨晟军。帝次梁、洋,稍引而南,玫兵及中营,左右被剽戮者不胜计。令孜惧人图己,蒙面以行。使王建长剑五百清道,襄传国玺授之。次大散关,道险涩,帝危及难数矣。分军守灵璧,亢追兵。玫长驱蹑帝,帝以阁道毁,走它道,困甚,枕王建膝,且寐,觉而饭,仅能至兴元。

玫、重荣表诛令孜,安慰群臣。诏以令孜为剑南监军使,留不去。重荣请幸河中,令孜沮而止。宰相遘率群臣在凤翔者,表令孜颛国煽祸,惑小人计,交乱群帅,请诛之。帝不及省,且诏重荣饷粮十五万斛给行在,重荣以令孜在,不奉命。玫乃奉嗣襄王熅即伪位。玫败,帝乃得还京师。

始,帝入蜀,诸王徒步以从。寿王至斜谷,不能进,令孜驱使前。王谢足且拘,得马可济。令孜怒抶王,强之行,王耻之。及帝病,中外属寿王。令孜入候帝曰:"陛下记臣否?"帝直视,不能语。令孜自署剑南监军使,阅拱宸奉銮军自卫,昼夜驰入成都,固表解官求医药,诏可。俄削官爵,长流儋州,然优依敬瑄不行。

王即位,是为昭宗。杨复恭代为观军容使,出王建为壁州刺史。建取利州,自署防御使,因略定阆、邛、蜀、黎、雅等州,诏即置永平军,拜建节度使。令孜谋与建连衡亢朝廷,且曰"吾子也",书召之。建喜,将至,复却之。建怒,进围成都。令孜登城,谢建曰:"老夫久相厚,何见困?"答曰:"父子恩,何敢忘!顾父自绝朝廷,苟改图,则父子如初。"令孜曰:"吾欲面计事。"建然许,令孜夜负印节授建。明日入成都,囚令孜碧鸡坊。

始,右神策统军宋文通为诸军所疾,令孜因事召见,欲杀之。既见,乃欣然更养为子,名彦宾,即李茂贞也,故独上书雪其罪,诏为湖南监军。凡二岁,与敬瑄同日死。临刑,裂帛为绲,授行刑者曰:"吾尝位十军容,杀我庸有礼!"因教缢人法。既死,而色不变。乾宁中,诏复官爵。

【译文】

田令孜,字仲则,蜀地人,原来姓陈。咸通年间,历任小马坊使。僖宗即位,提升田令孜为左神策军中尉,这时西门匡范位居右神策军中尉,世称"东军""西军"。

僖宗从小是个白痴,喜欢斗鹅骑马,屡次前往六王宅、兴庆池,与诸王斗鹅,一只鹅贵到五十万钱。他与内官园圃的杂役尤其亲近,这些人便恃宠横行霸道。起初,僖宗为王时,与田令孜同起同卧。到这时,由于田令孜识文断字,会办事,加之僖宗癫狂昏惑,所以把所有政务都交给他去办,喊他为"父"。同时,僖宗荒淫贪杯,毫不检点,拨用左藏、齐天各库的钱财赐给艺人歌手,每天数以万万计,国家的资财消耗一空。田令孜告诉内宫园圃的杂役尹希复、王士成等人,劝僖宗向京城尔西两市国内外客商的宝物资财征税,送交内宫府库,派使者监督闾柜坊的茶楼,如有前来审诉的,都用棍棒打死在京兆府。

田令孜知道僖宗无足忌惮,就卖官鬻爵,任命官员不等圣旨下达,赐给绯紫等色朝服不用上报僖宗,所有的法度为之败坏松弛,内外污浊,玩忽职守。各地盗贼蜂起后,上下互相遮掩隐瞒,僖宗全然不知。这时没有贤人在朝,只有一群奸佞卑下、猥琐贪婪的人聚在一起充数,苟且偷安,闭口无所建言。左拾遗侯昌蒙不胜愤怒,指斥小臣的头目滥用权力,乱了天下,奏疏报上后,命令他在内侍省自杀。

宰相卢携一向侍奉田令孜,每次陈述己见时,总是阿谀逢迎,一味附和。起初,黄巢要求得到广州,愿意停止用兵。卢携打算使高骈受宠,建立功勋,不肯接受黄巢的建议。于是卢携改任关东诸节度使,黄巢军乘机攻破东都洛阳。田令孜急了,把罪过推给卢携,拥奉僖宗西行。走出金光门,来到咸阳沙野时,军中有十多名骑兵高呼说:"黄巢为陛下铲除奸臣,如今车驾西行,秦巾父老还有什么指望!希望陛下回宫。"田令孜大声呵斥,派羽林骑兵赶紧把他们杀掉,便让僖宗骑在羽林军的一匹白马上,昼夜急驰,赶到骆谷住下。当时,陈敬瑄正担任西川节度使,他是田令孜的哥哥,所以田令孜才请僖宗前往蜀地。有诏书任命田令孜为十军十二卫观军容制置左右神策护驾使。抵达成都后,田令孜晋升为左金吾卫上将军，兼判四卫事，封为晋国公。僖宗见蜀地狭窄荒僻，渐觉郁闷，每天与嫔妃侍女赌博喝酒，经常捋袖奋起，远望北方，怅然流泪。田令孜找机会慰解僖宗，大呼万岁，僖宗这才高兴起来。于是田令孜极力称许郑畋、王铎、程宗楚、李锤、陈敬瑄正专力对付黄巢，贼寇不足挂虑。

起初，成都招募陈许地区的三千士兵，戴黄色的帽子，称作"黄头军"，用来抵御蛮人。僖宗来列成都，对将士大加慰劳，随从出走的将士已加赏赐，却没有沾润到黄头军，黄头军都暗中怨恨田令孜。田令孜摆下酒宴，招待诸将，用黄金酒杯巡行劝酒，当即把酒杯赏给喝酒的人。黄头军将领郭琪不肯喝酒，说："假如军容使能把不公正的恩惠均给众将士，就是我最大的心愿了。"田令孜看着他说："你有功吗？"郭琪回答说："征战党项，进逼契丹，历经数十次战斗，这就是我的功劳。"田令孜用嬉笑掩饰住怒气说："我知道。"便暗中把毒药洒到酒里。郭琪喝完酒，急忙骑马赶回，杀了一个婢女喝了她的血，终于得救，便连夜烧毁军营，抢劫城邑，陈敬瑄将他打败，他奔赴广都，于是逃到高骈那里。

傅宗听说事变发生，与田令孜守卫东城自保，群臣无法来见。左拾遗孟昭图请求陈述对策，僖宗不肯召见，他便上疏极力陈述："君臣一体，互相补充，安定时同享安宁，危险时共度祸难。前些日子陛下西行，没有告诉南衙，所以宰相、御史中丞、京兆尹都死在敌军手里，只有神策左右两军中尉因随从陛下得以活命。如今在朝的百官都是甘冒重重危险，百死一生之人。不久前黄头军变乱，火光照亮前殿，陛下只跟田令孜闭城自守，没有召见宰相，没有跟群臣商量，群臣打算进城已不可能，要求陈述意见又不许可。况且天下是高祖、太宗的天下，不是北司的天下；陛下本来是九州的天子，不是北司的天子。难道北司人人都向南衙忠诚？难道朝臣比敕使还要无用？文宗时，宫中发生火灾，左右巡使没有赶到，都受到严厉的责备。哪有天子流亡，宰相事先毫无准备，丢开各部门百官，就像路人一般的？诚然往事已不可改变，但希望将来的事情还能补救。"奏疏进呈后，田令孜隐瞒不奏，以诏书的名义将孟昭图贬为嘉州司户参军，派人把他投入蟆颐津淹死。起初，孟昭图知道据理直言准遭杀害，对家仆说："大盗还没消灭，宦官离间君臣。我担任谏官，不能坐观国家灭亡。我的奏疏进呈后死定了，你能为我收尸吗？"家仆答应下来，后来安葬了他的尸首，朝廷为之痛心。

黄巢平定后，田令孜因王铎是一介书生，并且没有功劳，而第一个策划召用沙陀兵的是杨复光，便打算推重北司，所以免去王铎的都统职务，让杨复光的功劳排在首位，又怕杨复光将会胁迫自己，所以减少对他的奖赏，认为自己在宫廷的帷帐里决策取胜，维系着王室的命运，因此出入往来非常傲慢。适逢杨复光死去，田令孜大喜，立即免去杨复恭枢密使的职务。宦官曹知悫是富家子弟，颇为深沉勇猛。黄巢在长安时，曹知悫率清、浊二谷居民依山屯驻，不向黄巢军屈服。他暗中让口音与黄巢军近似的士兵变换服装，在夜间进入长安，攻打黄巢军的营房，黄巢军大为恐惧。僖宗得知后，赐给他紫色的朝服和金鱼袋，提升为内常侍。他听说僖宗准备回京，就夸口说："我将率兵开进到大散关下，挑选可以回京的群臣，护送他们回去。"田令孜口说同意，却密令王行瑜率邠州军队翻过嵯峨山，实行偷袭，杀死他的部众。从此，田令孜更加为所欲为，不允许天子做出任何裁断。由于田令孜专横，僖宗与侍臣交谈时总是流泪。

杨复光的部将鹿晏弘、王建等人，率领八都部众两万人占领金、洋等州，进攻兴元，节度使牛项逃往龙州,鹿晏弘自任为留后,任命王建以及张造、韩建等人为部下刺史。僖宗回京后,害怕遭到征讨,领兵逃到许州。王建率领四支义勇军在西县迎接僖宗,又使王建以及韩建等人主军,号称"随驾五都"。田令孜因杨复光的缘故,才任命他们为各卫将军,都收为养子,同时另外募集神策新军,以一千人组成一都,共有五十四都,分左右建成十军,由自己统领。他还派亲信刺探各军镇的情况,对不依附自己的人加以罪名,或免官,或调离。

养子田匡佑担任河中宣慰使,王重荣厚加礼遇,田匡佑非常傲慢,惹得全军恼怒。王重荣乘机历数田令孜的罪行,指责他待人无礼,监军从中和解,田匡佑离开河中。田匡佑回去告诉了田令孜,并且劝田令孜打王重荣的主意。田令孜建议把两处盐池划归盐铁使管理,便亲自兼任两盐池的榷盐使。王重荣不肯接受诏命,上表揭露田令孜的十条罪状。田令孜亲自领兵讨伐王重荣,率领邠宁朱玫、凤翔李昌符,汇合鄜、延、灵、夏各州军队共三万人,在沙苑起营垒。王重荣劝说太原李克用与自己联合起来,李克用上书要求诛杀田令孜和朱玫,僖宗为双方和解。王重荣不肯接受,双方在沙苑交战,结果朝廷军队战败,朱玫逃回邠州。他与李昌符都把受田令孜的调遣视为耻辱,回来后反而与王重荣联合。神策军的士兵溃逃而回,把经过的地方抢劫一空。李克用进逼京城,田令孜无计可施,便烧了坊市,劫持僖宗,连夜打开开远门出逃。自从黄巢军攻破长安,烧掉宫室、房屋的十分之七,后来京兆尹王徽大致修复完备。到这时,田令孜带头说:"王重荣反了。"命令火烧宫城,只有昭阳、蓬莱等三宫仅存。

王建率领义勇四军跟随僖宗出走,夜间在牢水乱了一阵,于是在陈仓住下。李克用回到河中,朱玫害怕李克用即将进逼陈仓,与王重荣联名上奏,请求杀死田令孜,驻兵凤翔。田令孜请僖宗前往兴元,僖宗不肯听从。田令孜率兵进入寝室,逼迫僖宗连夜出走,群臣无人知道,宰相萧遘等人都来不及随行。朱玫进军,劝兴元节度使石君涉烧毁栈道,断去僖宗西行的想法。萧遘憎恶田令孜劫持天子为人质,引发方镇的祸难,让朱玫去迎接僖宗。朱玫领兵追赶行在,打败兴凤杨晟的军队。僖宗在梁州、洋州一带住下,逐渐向南退去。朱玫军赶上了僖宗的中营,被抢劫、被杀害的侍臣不计其数。田令孜害怕别人打自己的主意,便蒙着脸赶路。他派王建部下五百人手握长剑开道,把传国玺印放在袋子里交给他。在大散关停留时,由于道路崎岖难行,僖宗已经屡经危难了。田令孜分兵防守灵璧,抵抗追兵。朱玫长驱直入,追踪僖宗。由于栈道已毁,僖宗改走其他道路,途中非常困倦,枕在王建的膝头打瞌睡,到醒来吃饭时,只抵达兴元。

朱玫、王重荣上表要求杀死田令孜,安慰群臣,僖宗颁诏任命田令孜为剑南监军使,仍然留下,不用离去。王重荣请求僖宗前往河中,田令孜从中阻止,没有成行。宰相萧遘率领跟在凤翔的群臣上表揭露田令孜专擅国政,促成祸难,以小人之计惑人,引起各军主帅间的纷乱,请求将他杀掉。僖宗没有看到奏表,还颁诏命令王重荣供给行在军饷五十万斛。王重荣因田令孜尚在,没有接受命令。于是朱玫拥立嗣襄王李煴即伪皇帝位,朱玫垮台后,僖宗才得以返回京城。

起初,僖宗入蜀,诸王徒步跟随。抵达斜谷时,寿王走不动了,田令孜驱赶寿王往前走,寿下说脚快抽筋厂,骑马才能上路。田令孜大怒,鞭打寿王,强迫寿王赶路,寿王深以为耻。及至僖宗得病后,朝廷内外归心寿王。田令孜进宫看望僖宗说:"陛下还记得我吗?"僖宗两眼直视,不能说话。于是田令孜自任剑南监军使,拣选拱宸奉銮军自卫,昼夜急驰,进入成都,再三上表要求解除官职,求医治病,有诏应允。不久,田令孜被削去官职爵位,远远流放到儋州,但是他仍然住在陈敬瑄那里,没有前去。

寿王即位,这就是昭宗。杨复恭取代田令孜担任观军容使,王建被外放为壁州刺史。王建占领利州,自任防御使,就势攻占阆、邛、蜀、黎、雅等州,有诏命令就地设置永平军,任命王建为节度使。田令孜阴谋与王建联合抗拒朝廷,还说,"王建是我儿",便写信去召王建,王建大喜。王建即将到来时,田令孜又让王建撤退。王建大怒,进兵围困成都。田令孜登上城头向王建道歉,还说:"老夫历来待你不薄,你为什么使我陷入困境?"王建回答说:"父子之恩,怎敢忘怀! 但是父亲自绝于朝廷。如能改弦更张,我们就仍然是父子。"田令孜说:"我想和你当面议事。"王建许诺。田令孜在夜间背上印信符节,交给王建。第二天,王建进入成都,把田令孜囚禁在碧鸡坊。

起初,右神策统军宋文通为各军所痛恨,田令孜通过别的事召见宋文通,打算杀他。见面后,田令孜却欣然把他收为养子,起名田彦宾,这就是后来的李茂贞。所以只有他上书为昭雪田令孜的罪行辩护,有诏任命他为湖南监军。一共过了两年,他与陈敬瑄同日死去。临刑时,田令孜撕裂丝绸,拧成粗绳,交给行刑人说:"我曾经位居十军观军容使,哪有杀我的礼法!"便教那人勒人的方法。田令孜死后,面色不改。乾宁年间,昭宗下诏恢复他的官职爵位。

杨复恭传

【题解】

杨复恭,字子恪,闽人。本姓林,为宦官杨云翼的养子,杨复光的堂兄。懿宗时,与庞勋作战有功,升为枢密使。僖宗时,代田令孜任左神策军中尉、六军十二卫观军容使。昭宗时,因拥立功得赐铁券,渐专权横行。诸子多任刺史、节度使,号称"外宅郎君",养子六百人率多监军。昭宗用其养子杨守立(赐名李顺节)以均其势,随后收其兵权。旋为李顺节等率军相攻,出走兴元。继为李茂贞等率军讨伐,逃至阆州。后欲北趋商山,在乾元被俘,送至京城枭首。

【原文】

杨复恭,字子恪,本林氏子,杨复光从兄也。宦父玄翼,咸通中领枢密,世为权家。复恭略涉学术,监诸镇兵。庞勋乱,战有功,自河阳监军入拜宣徽使,擢枢密使。黄巢盗京师,令孜颛威福,斨丧天下,中外莫敢亢,惟复恭屡与争得失,令孜怒,下迁飞龙使,复恭乃卧疾蓝田。僖宗出居兴元,复为枢密使,制置经略,多更其手。车驾还,遂代令孜为左神策中尉、六军十二卫观军容使,封魏国公,实户八百,赐号"忠贞启圣定国功臣"。

帝崩,定册立昭宗,赐铁券,加金吾上将军,稍攘取朝政。帝尝曰:"朕不德,尔援立我矣,当减省侈长示天下。我见故事,尚衣上御服日一袭,太常新曲日一解,今可禁止。"复恭顿首称善。帝遂问游幸费，对曰："闻懿宗以来，每行幸，无虑用钱十万，金帛五车，十部乐工五百，犊车、红纲朱纲画香车百乘，诸卫士三千。凡曲江、温汤，若畋猎曰大行从，宫中、苑中曰小行从。"帝乃诏类减半。

于是宰相韦昭度、张浚、杜让能等为帝言大中故事，抑宦官不假借，帝亦稍厌复恭横恣。王瑰者，惠安太后弟，求节度使。帝问复恭，对曰："产、禄倾汉，三思危唐，后族不可封拜。陛下诚爱瑰，任以它职可也，不宜假节外藩，恐负势颛地不可制。"帝乃止。瑰闻，怒甚，至禁中见复恭诟辱之，遂居中任事。复恭不欲分己权，白为黔南节度使，道兴元，而兄子守亮方领节度，阴勒利州刺史覆瑰舟于江，宗属宾客皆死，以舟自败闻。帝知复恭谋，由是深衔之。

复恭以诸子为州刺史，号"外宅郎君"，又养子六百人，监诸道军，天下威势，举归其门。守立为天威军使，本胡弘立也，勇武冠军，人畏之。帝欲斥复恭，惧为乱，乃好谓曰："卿家胡子安在？吾欲令卫没内。"复恭以守立见帝，赐姓李，名顺节，使掌六军管钥，光宠甚。既势均，遂与复恭争恨相中伤，暴发其私。

复恭常肩舆抵太极殿。宰相对延英，论叛臣事，孔纬曰："陛下左右有将反者。"帝瞿然。纬指复恭，复恭曰："臣岂负陛下者？"纬曰："复恭，陛下家奴，而肩舆至前殿。广树不逞皆姓杨，非反邪？"复恭曰："欲收士心辅天子。"帝曰："诚欲收士心，胡不假李姓乎？"复恭无以对。会纬出守江陵，乃使人劫之长乐坡，斩其旌节，赀贮皆尽，纬仅免。

复恭子守贞为龙剑节度使，守忠洋州节度使，皆自擅贡赋，上书讪薄朝政。大顺二年，罢复恭兵，出为凤翔监军，不肯行，因丐致仕。诏可，迁上将军，赐几杖。使者还，遣心腹杀使者于道，遁居商山。俄入居昭化坊第，第近玉山营，而子守信为军使，数省候出入。或告父子且谋乱，时顺节遥领镇海军节度使、同中书门下平章事，诏与神策军使李守节率卫兵攻复恭，治杀使者罪，帝御延喜楼须之。家人拒战，守信亦率兵至昌化里，阵以待。会日入，复恭与守信举族出奔，遂走兴元。

顺节已斥复恭，则横暴，出入以兵从，两军中尉刘宣景、西门重遂察其意非常，以状闻。有诏召顺节，辄以甲士三百入，至银台门，何止之，景宣引顺节坐殿庑，部将嗣光审出斩之，从者大噪，出延喜门，剽永宁里，尽夕止。贾德晟与顺节皆为天威军使，顺节诛，颇嗟愤，重遂亦奏诛之。

于是凤翔李茂贞、邠州王行瑜、华州韩建、同州王行约、秦州李茂庄同劾守亮纳叛臣，请出兵讨罪，军饷不仰度支。茂贞请假山南招讨使。宦尹惜类，执不可，帝亦谓茂贞得山南必难制，诏两解之。茂贞劾复恭自谓隋诸孙，以恭帝禅唐，故名复恭，逆状明白，且请削守亮官爵。遂擅与行瑜出讨，自号兴元节度使，诒宰相书，慢悖不臣。帝为下诏，令茂贞、行瑜讨之。景福元年，破其城，复恭、守亮、守信奔阆州，茂贞以子继密守兴元。诏吏部尚书徐彦若为凤翔节度使，而以茂贞帅兴元，不拜，请继密为留后。帝不得已，授以节度使，自是茂贞始强大。

复恭与守亮自阆州将北奔太原，趋商山，至乾元，为韩建逻士所禽，即斩复恭、守信，槛车送守亮京师，枭首长安市。茂贞上复恭与守亮书曰："承天门者，隋家旧业也，儿但积粟训兵，何进奉为？吾披荆榛，立天子，既得位，乃废定策国老，奈负心门生何！"门生谓天子也，其不臣类此。假子彦博奔太原，收葬其尸，李克用为申雪，诏复官爵。

【译文】

　　杨复恭，字子恪，原来是林姓的后人，杨复光的堂兄。他的宦官养父杨玄翼在咸通年间兼任枢密使，世代都是权贵。杨复恭对学问稍有涉猎，先后担任各军镇的监军。庞勋作乱，杨复恭作战有功，由河阳监军进京担任宣徽使，提升为枢密使。黄巢占领京城后，田令孜恃势弄权，伤耗天下，朝廷内外没有人敢反抗，只有杨复恭屡次与他争论得失。田令孜大怒，把杨复恭降为飞龙使，他便在蓝田卧病不起。僖宗出居兴元时，杨复恭再次担任枢密使，朝廷的经营谋划多经其手。僖宗回京后，杨复恭便取代田令孜担任左神策中尉、六军十二卫观军容使，被封为魏国公，实封八百户，得赐"忠贞启圣定国功臣"的称号。

　　僖宗去世，杨恭复决策拥立昭宗，得赐铁券，晋升金吾上将军，逐渐窃取朝政。昭宗曾经说："朕没有什么德行，是你扶立了我，我应该永远省除奢侈，昭示天下。我见惯例，尚衣局每天进献御服一套，太常寺每天进献新曲一叠，从今可以禁止。"杨复恭叩头称善。于是昭宗询问出游的费用，杨复恭回答："听说懿宗以来每次出行大概花销十万钱，金银丝绸五车，十部乐工五百人，犊车、红绸朱绷画香车一百辆，诸卫士三千人。凡是前往曲江、温泉，如果打猎，就叫'大行从'，在宫中、园林中游玩叫'小行从'。"昭宗便颁诏各类费用一律减半。

　　这时，宰相韦昭度、张浚、杜让能等为昭宗陈述大中年间的旧事，说那时抑制宦官，从不宽容，昭宗也逐渐厌恨杨复恭肆意专横。王瑰是惠安太后的弟弟，他请求担任节度使，昭宗去问杨复恭的意见，杨复恭回答说："吕产、吕禄倾覆汉朝，武三思危害唐室，所以皇后宗族人员不能授任此职。如果陛下喜欢王瑰，任命别的职务就行了，不应该让他持节前往藩镇，恐怕这会使他凭借地势，专擅一方，难以控制。"昭宗这才没任命王瑰。王瑰听了非常恼怒，到宫中去见杨复恭，把他辱骂了一顿，于是在朝中任职办事。杨复恭不想让他分去自己的权力，提请王瑰担任黔南节度使。就任此职须途经兴元，而这时杨复光哥哥的儿子杨守亮正在兼任节度使，他暗中集合利州刺史将王瑰的船只翻在江中，使其宗族宾客全部死去，却以船只自毁上报。昭宗知道这是杨复恭策划的，由此对他深为怀恨。

　　杨复恭让儿子们担任各州刺史，号称"外宅郎君"，还让养子六百人，担任各道监军，天下的权势统统归于他的门下。杨守立担任天威军使，他原来名叫胡弘立，勇猛有力，全军第一，人们都害怕他。昭宗打算排斥杨复恭，又怕他作乱，便好言对他说："你家那姓胡的儿子在哪里？我想让他护卫宫殿。"杨复恭带杨守立去见昭宗，昭宗赐他名叫李顺节，让他掌管六军锁钥，非常荣宠。势力平分后，李顺节便与杨复恭争狠斗气，互相中伤，揭发对方的隐私。

　　有一次，杨复恭坐轿抵达太极殿，当时宰相在廷英殿与昭宗议事，谈论叛臣问题。孔纬说："陛下身边有准备造反的人。"昭宗惊慌扫视，孔纬指了指杨复恭。杨复恭说："臣岂是辜负陛下的人！"孔纬说："杨复恭，你是陛下的家奴，却坐轿来到前殿。你多方扶植不逞之徒，这些人一概姓杨，这不是谋反吗！"杨复恭说："我打算收揽人心，辅佐天子。"昭宗说："如果你想收揽人心，为什么不让他们姓李？"杨复恭无言以对。适逢孔纬离京守卫江陵，杨复恭便让人在长乐坡劫掠孔纬，砍断他的旌节，抢光财物积蓄，孔纬仅仅没有被杀。

　　杨复恭的儿子杨守贞担任龙剑节度使，杨守忠担任洋州节度使，都专擅贡赋，上书诽谤朝政。大顺二年，昭宗免去杨复恭的兵权，将他外放为凤翔监军。杨复恭不肯前去，便请求解官归居，昭宗颁诏许可，改任他为上将军，赐给几案和手杖。使者返回时，杨恭复打发心腹半途杀死使者，自己逃到商山居住。不久，杨复恭入京住进昭化坊的宅第里，住宅临近玉山营，其子杨守信担任该营军使，多次前来探望问候，出入其宅，有人告发杨氏父子即将策划作乱。当时，李顺节遥兼镇海军节度使、同平中书门下平章事，有诏命令他与神策军使李守节率领卫兵攻打杨复恭，惩治杀害使者的罪行，昭宗前往延喜楼等候消息。杨复恭的家人作战抵抗，杨守信也率领军队赶到昌化里，列阵以待。时值太阳落山时分，杨复恭与杨守信全族出逃，于是逃至兴元。

李顺节排斥杨复恭后，就蛮横残暴起来，出出进进时都率兵相随。神策左右两军中尉刘景宣、西门重遂察觉他的意向不同寻常，便把情况上报。有诏书召见李顺节，李顺节就率领三百名甲士进宫。来到银台门时，甲士被喝令止步，刘景宣领着李顺节来到大殿廊房中坐下，部将嗣光审站出来将李顺节杀死。随从前来的甲士大声喧噪，出了延喜门，抢劫永宁里，天亮时才归止息。贾德晟与李顺节都是天威军使，李顺节被杀后，颇有感叹愤怒地表示，西门重遂也上奏将他杀死。

这时，凤翔李茂贞、邠州王行瑜、华州韩建、同州王行约、秦州李茂庄共同弹劾杨守亮收容叛臣，请求出兵讨伐他的罪行，不需要度支供给军饷，李茂贞请求暂署山南招讨使。宦官首领怜惜同类，坚持不肯答应，昭宗也认为李茂贞拥有山南地区，必然难以控制，便颁诏使双方和解。李茂贞弹劾杨复恭认为自己是隋朝的后人，因隋恭帝向唐朝禅让帝位，所以起名复恭，叛逆的情形很明白，同时请求削去杨守亮的官职爵位。于是李茂贞擅自与王行瑜出兵征讨，自称兴元节度使，写信给宰相，傲慢狂悖，不守臣礼，昭宗为此颁诏，命令李茂贞、王行瑜讨伐杨守亮。景福元年，攻破兴元，杨复恭、杨守亮、杨守信逃往阆州，李茂贞派儿子李继密守卫兴元。有诏任命吏部尚书徐彦若为凤翔节度使，李茂贞为兴元节度使，李茂贞不接受任命，却请求任命李继密为留后。昭宗不得已，任命李继密为节度使，从此李茂贞开始强大起来。

杨复恭与杨守亮等人准备从阆州向北逃往太原，奔赴商山，来到乾元时，被韩建的巡逻将士捉获。韩建立即杀死杨复恭和杨守信，用囚车把杨守亮押送到京城，杨守亮被杀，在长安街市上悬首示众。李茂贞献上杨复恭写给杨守亮的书信，内云："承天门是隋朝旧日的基业，我儿只需积粮练兵，何必进献！我披荆斩棘，扶立天子，他得了帝位后却废黜决策拥奉自己的国家元老，对负心的门生真没办法！"门生指天子，他不守臣礼的行为都与此类似。养子杨彦博赶往太原收葬饬复恭的尸首，李克用为他申诉昭雪，有诏书命令恢复他的官职爵位。

来俊臣传

【题解】

来俊臣（651～697），京兆府万年县（今陕西西安）人。因告密，受到武则天的信任，历任侍御史、左台御吏中丞等职。他撰《罗织经》一篇，教门徒如何罗织罪名，使被告人无法自辩。后代的"罗织"一词即起源于此。又制造多种可怕刑具，使本来无罪的被告因忍受不住酷刑而宁愿自认有罪。来俊臣前后杀灭一千余家，个人品质也极为恶劣，是武则天一朝为害时间最长、民愤最大的一个酷吏。

【原文】

来俊臣

来俊臣，京兆万年人。父操，博徒也，与里人蔡本善。本负博数十万不能偿，操因纳其妻，先已娠而生俊臣，冒其姓。

天资残忍，喜反覆，不事产。客和州为奸盗，捕送狱，狱中上变，刺史东平王续按讯无状，杖之百。天授中，续以罪诛，俊臣上书得召见，自陈前上琅邪王冲反状，为续所抑。武后以为谅，擢累侍御史，按诏狱，数称旨。后阴纵其惨，胁制群臣，前后夷千余族。生平有纤介，皆入于死。拜左御史中丞，中外累息，至以目语。

俊臣乃引侯思止、王弘义、郭弘霸、李仁敬、康昳、卫遂忠等，阴啸不逞百辈，使飞语诬蔑公卿，上急变，每擿一事，千里同时辄发，契验不差，时号为"罗织"，牒左署曰："请付来俊臣或侯思止推实必得。"后信之，诏于丽号门别置狱，敕俊臣等颛按事，百一不贷。弘义戏谓丽景门为"例竟"，谓入者例皆尽也。俊臣与其属朱南山、万国俊作《罗织经》一篇，具为支脉纲由，咸有首末，按以从事。俊臣鞫囚，不问轻重皆注醯于鼻，掘地为牢，或寝于偃溺，或绝其粮，因至啮衣絮以食，大抵非死终不得出。每赦令下，必先杀重囚乃宣诏。又作大枷，各为号：一、定百脉，二、喘不得，三、突地吼，四、著即臣，五、失魂胆，六、实同反，七、反是实，八、死猪愁，九、求即死，十、求破家。后以铁为冒头，被枷者宛转地上，少选而绝。凡囚至，先布械于前示囚，莫不震惧，皆自诬服。

如意初，诬告大臣狄仁杰、任令晖、李游道、袁智弘、崔神基、卢献等下狱。俊臣颛以夷诛大臣为功，乃奏囚降制，一问而服者同首，法得减死。仁杰等已论死，待日而决，稍挺之，仁杰乃遣子持帛书称枉。后见愕然，责谓俊臣，对曰："是囚不褫巾服，何肯服罪？"后遣通事舍人周綝往视，遽假仁杰袚带立西厢，綝惧俊臣，东视唯唯去，莫敢闻。先是，宰相乐思晦为俊臣夷其家，有子九岁隶司农，上变，得召见，言："俊臣凶惨，罔上不道，若陛下假条反状付之，无大小皆如诏。臣父死族夷，不求生，但惜陛下法为俊臣所弄耳！"后意寤，由是仁杰六族皆免。又按大将军张虔勖、内侍范云仙，虔勖不堪枉，讼于大理徐有功，俊臣使卫士乱斫之，云仙自陈事先帝，命截其舌，皆即死，人人胁息。

久之，俊臣纳贾人金，为御史纪履忠所劾，下狱当死。后忠其上变，得不诛，免为民。长寿中，还授殿中丞，坐赃贬同州参军事，暴纵自如，夺同僚妻，又辱其母。俄召为合宫尉，擢洛阳令，进司仆少卿，赐司农奴婢十人。以官户无面首，闻吐蕃酋阿史那斛瑟罗有婢善歌舞，令其党告以谋反，而求其婢，诸蕃长数十人，割耳鏒面讼冤，仅得解。綦连耀等有异谋，吉顼以白俊臣，杀数十族。既欲擅发奸功，即中顼以法，顼大惧，求见后自直，乃免。俊臣诬司刑史樊戬，以谋反诛，其子诉阙下，有司无敢治，因自刳腹。秋官侍郎刘如璇为流涕，俊臣奏与同恶，如璇自诉年老而涕，吏论以绞，后为宥死，流汉州。万岁通天中，上巳，与其党集龙门，题搢绅名于石，抵而仆者先告，抵李昭德不能中。或以告昭德，昭德谋绳其恶，未发。卫遂忠虽无行，颇有辞辩，素与俊臣善。始王庆诜女适段简而美，俊臣娇诏强娶之。它日，会妻族，酒酣，遂忠诣之，阍者不肯通，遂忠直入嫚骂，俊臣耻妻见辱，已命驱而缚于廷，既乃释之，自此有隙，妻亦惭，自杀。简有妾美，俊臣遣人示风旨，简惧，以妾归之。

俊臣知群臣不敢斥己，乃有异图，常自比石勒，欲告皇嗣及庐陵王与南北衙谋反，因得骋志。遂忠发其谋。初，俊臣屡掎摭诸武、太平公主、张昌宗等过咎，后不发。至是诸武怨，共证其罪。有诏斩于西市，年四十七，人皆相庆，曰："今得背著床瞑矣！"争抉目、擿肝、醢其肉，须臾尽，以马践其骨，无子馀，家属籍没。

方俊臣用事，托天官得选者二百余员，及败，有司自首，后责之，对曰："臣乱陛下法，身受戮；忤俊臣，覆臣家。"后赦其罪。

【译文】

来俊臣，京兆府万年县人。父亲来操是个赌徒，与同乡蔡本要好。蔡本欠来操赌债数十万钱无法偿还，来操于是就娶了蔡本的妻子，她到来家以前先已怀孕，生下了俊臣，所以俊臣冒用来操的姓。

来俊臣天性残忍，喜好反复无常，不从事生产。客居和州干违法犯禁的偷盗勾当，被逮捕入狱，在狱中向朝廷密告谋反叛乱事件，经和州刺史东平王李续审查讯问没有事实根据，李续于是用刑杖打了来俊臣一百下。武则天天授年间，李续因犯罪被杀，来俊臣上书受到武则天的召见，他在武则天面前自称从前向朝廷密告琅邪王李冲谋反的实情，受到了李续的压制。武后认为他的话可信，经多次提拔让他当了侍御史，负责审问奉诏令特设的监狱里的囚犯，多次审讯都符合武后的旨意。武后暗中放任来俊臣的残酷，以威力控制群臣，他前后杀灭了一千多家。有生以来与他有细微仇恨的人，全被他杀害。来俊臣被提拔为左台御史中丞，朝廷内外官吏都吓得不敢呼吸，以至于在路上相遇时不敢交谈，只用眼睛示意。

来俊臣于是带领侯思止、王弘义、郭弘霸、李仁敬、康暐、卫遂忠等人，暗中招集为非作歹之徒百人，指使他们用流言蜚语诬蔑公卿大夫，向朝廷上密告有关谋反叛乱紧急情况的文书。每揭发一件事，总是在千里范围内几处同时告发，一查验几处说法都一样，当时人称为"罗织"，又都在告密文书的左边写道："请交给来俊臣或者侯思止追问，一定能得到实情。"武后相信他们的话，下诏在丽景门另外设置监狱，命令来俊臣等人专门审查谋反事件，一百人中也没有一个人能得到宽赦。王弘义戏称丽景门为"例竟门"，意思是说进入这门的人照例都得死。来俊臣同他的部属朱南山、万国俊编写《罗织经》一篇，教自己的门徒如何罗织罪名，文中陈述主脉支脉、大纲由来，全有头有尾，门徒可依此行事。来俊臣审问囚犯，不问轻罪重罪都用醋灌鼻，挖地为牢关押囚犯，或者让囚犯睡在满是屎尿的地方，或者不给囚犯饭吃，囚犯甚至啃衣服里的棉絮充饥，大概不是死亡就终究无法出狱门。每次武后发布赦令，来俊臣必定先杀掉重罪囚犯然后才传达赦令。来俊臣又制造大枷，各有名称：一叫"定百脉"，二叫"喘不得"，三叫"突地吼"，四叫"著即臣"，五叫"失魂胆"，六叫"实同反"，七叫"反是实"，八叫"死猪愁"，九叫"求即死"，十叫"求破家"。后来又在枷上加一个用铁做的盖头，披上枷戴上铁盖头的人直在地上打滚，一会儿便被闷死了。凡囚犯到监狱，都先在他面前陈列各种刑具，囚犯见了无不震惊恐惧，全都无罪而自动认罪。

武则天如意初年，来俊臣诬告朝廷大臣狄仁杰、任令晖、李游道、袁智弘、崔神基、卢献等人，将他们关进监狱。来俊臣专门把杀戮大臣当成功劳，于是奏请武则天为囚犯的事而下诏，一问就服罪的人同自首一样，依法可减罪免死。狄仁杰等人已判处死刑，等待日子执行刑罚，来俊臣等人对他们的看管略微放松一些，狄仁杰于是派自己的儿子拿着自己写在丝织物上的书信到武后那里诉说冤枉。武则天见信后很惊讶，责问来俊臣，来俊臣回答说："没有剥夺这个囚犯的官帽官服，如果不是确实有罪，为什么肯服罪？"武则天派通事舍人周綝到监狱里看狄仁杰，来俊臣马上借给狄仁杰帽子腰带命他穿戴好站立于西厢，周綝畏惧来俊臣，只往东看了看便唯唯诺诺地退下，不敢有所见闻。在这以前，宰相乐思晦被来俊臣杀灭全家，有个儿子九岁没入官府为奴，隶属于司农寺，他向朝廷说有非常情况要报告，得到了武则天的召见，对武则天说道："来俊臣凶恶狠毒，欺骗君上，大逆不道，如果陛下虚假地逐条列出谋反罪状交给来俊臣审理，事无大小全会弄假成真按照陛下列出的罪状结案。臣父死家灭，不求活命，只可惜陛下的法律被来俊臣所玩弄！"武则天醒悟，因此狄仁杰等六家都得以免死。来俊臣又审问大将军张虔勖、内侍范云仙，张虔勖受不住冤枉向大理寺徐有功告状，来俊臣让卫士用乱刀砍张虔勖，范云仙自述曾侍奉先帝，来俊臣下令割掉他的舌头，两人都当即死亡，人人吓得不敢喘气。

过了很久，来俊臣接受商人的金银，被御史纪履忠弹劾，关进监狱，罪该处死。武则天认为他向朝廷密告谋反叛乱事件很忠诚，没有处死他，而将他免职为民。武则天长寿年间，来俊臣被召回朝廷，授殿中丞职务。又因犯贪污罪被贬为同州参军事，在同州暴虐放肆，不受拘束，强夺同僚的妻子，又侮辱他的母亲。不久被召回任合宫县尉，又提拔为洛阳县令，升任司仆少卿，武后赐给他司农寺的官奴婢十人。来俊臣认为司农寺的官奴婢没有长得漂亮的，听说西突厥（原误作"吐蕃"）酋长阿史那斛瑟罗有个婢女擅长歌舞，便让自己的党羽诬告阿史那斛瑟罗谋反，以求得到他家的婢女，各族酋长数十人，到皇宫门前用刀割耳划脸替阿史那斛瑟罗诉冤，阿史那斛瑟罗才得以免罪。綦连耀等人有反叛的图谋，吉顼把这事告诉来俊臣，于是杀灭了数十家。来俊臣想要独占揭发坏人的功劳，就借助法律来陷害吉顼，吉顼非常害怕，请求见武则天为自己申冤，才得以免罪。来俊臣诬告司刑史樊戬，樊戬以谋反罪被杀，他的儿子到皇宫前诉冤，有关官吏无人敢于受理，于是自己剖腹而死。秋官侍郎刘如璿看见后为他而流泪，来俊臣上奏说刘如璿偏袒、同情坏人，刘如璿申诉说自己是因年老而流泪，官吏判处刘如璿绞刑，武则天赦免他的死罪，将他流放到汉州。武后万岁通天年间，三月三日上巳节，来俊臣和他的党羽一起聚集于龙门，分别把士大夫的名字写在许多立着的石板上，然后从远处扔石块打这些石板，谁的石板先被击倒就先告发谁，他们掷打写有李昭德名字的石板没有击中。有人把这事告诉李昭德，李昭德谋划检举来俊臣的罪恶，但还没有付诸实行。卫遂忠虽然行为不端，但是能言善辩,一向同来俊臣要好。起初王庆诜的女儿嫁给段简,她长得很美,来俊臣诈称皇帝的命令强娶她为妻。有一天来俊臣同妻子娘家的人在自己家里聚会,酒正喝得高兴,卫遂忠来看来俊臣,看门的人不肯替他通报,卫遂忠直接闯进屋里肆意辱骂,来俊臣因妻子被侮辱而感到羞耻,命人将卫遂忠赶出屋,绑在院子里,最后又放了他,从此两人结下怨仇,来俊臣的妻子也感到惭愧,自杀身亡。段简有一个妾长得漂亮,来俊臣想要,派人向他暗示,段简害怕,把妾送给了来俊臣。

来俊臣知道群臣不敢指责自己,于是有了反叛的图谋,常常把自己比成石勒,准备诬告皇嗣(唐睿宗)和庐陵王(唐中宗)与南衙各卫及北衙禁军一起图谋造反,希望因此得以展露自己的心志。卫遂忠揭发了来俊臣的阴谋。起初,来俊臣多次指摘武氏诸王、武后的女儿太平公主、张昌宗等人的过错,武后不采取行动。到这时候武氏诸王怨恨来俊臣,一起证实他的罪恶。武后下令在西市将来俊臣处斩,当时他四十七岁,人们都相互庆贺,说道:"现在能够背挨着床睡觉了!"大家争着挖他的眼睛、摘他的肝、将他的肉剁成肉酱,一会儿功夫肉都被割尽,又用马踩他的骨头,最后什么也没剩下。他的家属被没入官府为奴。

来俊臣正当权的时候,嘱托吏部选授了二百多名官员,等到来俊臣败亡,有关官员都向朝廷自首,武后责备他们,他们回答说:"我们违犯了陛下的法令,自身被杀;如果违背了来俊臣的意思,就得全家覆灭。"武后赦免了他们的罪过。

黄巢传

【题解】

黄巢(? ~884),曹州冤句(今山东菏泽市西南)人,唐末农民起义领袖。家中世代贩卖私盐,富有资产。看到唐朝廷极度腐朽和民众普遍反唐,于乾符二年(875)聚众数千人响应王仙芝起义。乾符五年(878),王仙芝败死,其残部归附黄巢,众人推举黄巢为王,号冲天将军。不久黄巢率军南下,先后攻陷虔州、吉州、建州、福州、广州,起义军力量得到了很大发展。乾符六年(879),黄巢率军北上,转战各地。广明元年(880),攻陷东都洛阳,接着进入长安,唐僖宗逃往成都,黄巢在长安即皇帝位,建立大齐政权。由于起义军始终采取流动作战方式,所经之地,不曾留兵防守,所以进入长安后不久,即陷入唐军的四面包围之中。中和三年(883),沙陀族李克用军联合唐各方镇军队攻入长安,黄巢率军逃往河南,第二年兵败自杀。

作为起义军领袖的黄巢,几次想放弃起义旗

黄巢

帜，与唐朝廷妥协，没有在政治上采取任何争取广大民众拥护的革新措施，不知乘起义军力量强大的时候攻占州县，建立后方，加上称帝后追求享乐，内部分裂，终于把轰轰烈烈的农民大起义引上了败亡的道路。但是，在农民大起义的冲击下，腐朽的唐王朝崩溃加速，没过多久便灭亡了。

【原文】

黄巢，曹州冤句人。世鬻盐，富于赀。善击剑骑射，稍通书记，辩给，喜养亡命。

咸通末，仍岁饥，盗兴河南。乾符二年，濮名贼王仙芝乱长垣，有众三千，残曹、濮二州，俘万人，势遂张。仙芝妄号大将军，檄诸道，言吏贪沓，赋重，赏罚不平。宰相耻之，僖宗不知也。其票帅尚君长、柴存、毕师铎、曹师雄、柳彦璋、刘汉宏、李重霸等十余辈，所在肆掠。而巢喜乱，即与群从八人，募众得数千人以应仙芝，转寇河南十五州，众遂数万。

帝使平卢节度使宋威与其副曹全晸数击贼，败之，拜诸道行营招讨使，给卫兵三千、骑五百，诏河南诸镇皆受节度，以左散骑常侍曾元裕副焉。仙芝略沂州，威败贼城下，仙芝亡去。威因奏大渠死，擅纵麾下兵还青州；群臣皆入贺。居三日，州县奏贼故在。时兵始休，有诏复遣，士皆忿，思乱。贼间之，趣郏城，不十日破八县。帝忧迫近东都，督诸道兵检遏，于是凤翔、邠宁、泾原兵守陕、潼关，元裕守东都，义成、昭义以兵卫宫。

仙芝去攻汝州，杀其将，刺史走，东都大震，百官脱身出奔。贼破阳武，围郑州，不克，蚁聚邓、汝间。关以东州县，大抵皆畏贼，婴城守，故贼放兵四略，残郢、复二州，所过焚剽，生人几尽。官军急追，则遗赀布路，士争取之，率逗桡不前。贼转入申、光，残隋州，执刺史，据安州自如，分奇兵围舒，击卢、寿、光等州。

时威老且暗，不任军。阴与元裕谋曰："昔庞勋灭，康承训即得罪。吾属虽成功，其免祸乎？不如留贼，不幸为天子，我不失作功臣。"故蹑贼一舍，完军顾望。帝亦知之，更以陈许节度使崔安潜为行营都统，以前鸿胪卿李琢代威，右威卫上将军张自勉代元裕。

贼出入蕲、黄，蕲州刺史裴渥为贼求官，约罢兵。仙芝与巢等诣渥饮。未几，诏拜仙芝左神策军押衙，遣中人慰抚。仙芝喜，巢恨赏不及己，询曰："君降，独得官，五千众且奈何？丐我兵，无留。"因击仙芝，伤首。仙芝惮众怒，即不受命，劫州兵，渥、中人亡去。贼分其众：尚君长入陈、蔡；巢北掠齐、鲁，众万人，入郓州，杀节度使薛崇，进陷沂州，遂至数万，缭颍、蔡保嵁岈山。

是时柳彦璋又取江州，执刺史陶祥。巢引兵复与仙芝合，围宋州。会自勉救兵至，斩贼二千级，仙芝解而南，度汉，攻荆南。于是节度使杨知温婴城守，贼纵火焚楼堞，知温不出，有诏以高骈代之。骈以蜀兵万五千赍糒粮，期三十日至，而城已陷，知温走，贼不能守。于是诏左武卫将军刘秉仁为江州刺史，勒兵乘单舟入贼栅，贼大骇，相率迎降，遂斩彦璋。

巢攻和州，未克。仙芝自围洪州，取之，使徐唐莒守。进破朗、岳，遂围潭州，观察使崔瑾拒却之，乃向浙西，扰宣、润，不能得所欲，身留江西，趣别部还入河南。

帝诏崔安潜归忠武，复起宋威、曹元裕，以招讨使还之，而杨复光监军。复光遣其属吴彦宏以诏谕贼。仙芝乃遣蔡温球、楚彦威、尚君长来降，欲诣阙请罪，又遗威书求节度。威阳许之，上言"与君长战，禽之"。复光固言其降。命侍御史与中人驰驿即讯，不能明。

卒斩君长等于狗脊岭。仙芝怒，还攻洪州，入其郛。威自将往救，败仙芝于黄梅，斩贼五万级，获仙芝，传首京师。

当此时，巢方围亳州未下，君长弟让率仙芝溃党归巢，推巢为王，号"冲天大将军"，署拜官属，驱河南、山南之民十余万掠淮南，建元王霸。

曾元裕败贼于申州，死者万人。帝以威杀尚君长非是，且讨贼无功，诏还青州，以元裕为招讨使，张自勉为副。巢破考城，取濮州，元裕军荆、襄，援兵阻，更拜自勉东北面行营招讨使，督诸军急捕。巢方掠襄邑、雍丘，诏滑州节度使李峄壁原武。巢寇叶、阳翟，欲窥东都。会左神武大将军刘景仁以兵五千援东都，河阳节度使郑延休兵三千壁河阴。巢兵在江西者，为镇海节度使高骈所破；寇新郑、郑、襄城、阳翟者，为崔安潜逐走；在浙西者，为节度使裴璩斩二长，死者甚众。巢大沮畏，乃诣天平军乞降，诏授巢右卫将军。巢度藩镇不一，未足制己，即叛去，转寇浙东，执观察使崔璆。于是高骈遣将张璘、梁缵攻贼，破之。贼收众逾江西，破虔、吉、饶、信等州，因刊山开道七百里，直趋建州。

初，军中谣曰："逢儒则肉，师必覆。"巢入闽，俘民给称儒者，皆释，时六年三月也。俛路围福州，观察使韦岫战不胜，弃城遁，贼入之，焚室庐，杀人如蓺。过崇文馆校书郎黄璞家，令曰："此儒者，灭炬弗焚。"又求处士周朴，得之，谓曰："能从我乎？"答曰："我尚不仕天子，安能从贼？"巢怒斩朴。是时闽地诸州皆没，有诏高骈为诸道行营都统以拒贼。

巢陷桂管，进寇广州，诒节度使李迢书，求表为天平节度，又胁崔璆言于朝，宰相郑畋欲许之，卢携、田令孜执不可。巢又丐安南都护、广州节度使，书闻，右仆射于琮议："南海市舶利不赀，贼得益富，而国用屈。"乃拜巢率府率。巢见诏大诟，急攻广州，执李迢，自号"义军都统"，露表告将入关，因诋宦竖柄朝，垢蠹纪纲，指诸臣与中人赂遗交构状，铨贡失才，禁刺史殖财产，县令犯赃者族，皆当时极敝。

天子既惩宋威失计，罢之，而宰相王铎请自行，乃拜铎荆南节度使、南面行营招讨都统，率诸道兵进讨。铎屯江陵，表泰宁节度使李系为招讨副使、湖南观察使，以先锋屯潭州，两屯烽驿相望。曾贼中大疫，众死什四，遂引北还。自桂编大桴，沿湘下衡、永，破潭州，李系走朗州，兵十余万讖焉，投骴蔽江。进逼江陵，号五十万。铎兵寡，即乘城。先此，刘汉宏已略地，焚庐屋，人皆窜山谷。俄而系败问至，铎弃城走襄阳，官军乘乱纵掠，会雨雪，人多死沟壑。

其十月，巢据荆南，胁李迢草表报天子，迢曰："吾腕可断，表不可为。"巢怒，杀之。欲进蹑铎，会江西招讨使曹全晸与山南东道节度使刘巨容壁荆门，使沙陀以五百骑钉辔藻鞯望贼阵纵而遁，贼以为怯。明日，诸将乘以战，而马识沙陀语，呼之辄奔还，莫能禁。官兵伏于林，斗而北，贼急追，伏发，大败之，执贼渠十二辈。巢惧，度江东走，师促之，俘什八。铎招汉宏降之。或劝巨容穷追，答曰："国家多负人，危难不吝赏，事平则得罪，不如留贼冀后福。"止不追，故巢得复整，攻鄂州，入之。全会将度江，会有诏以段彦謩代其使，乃止。

巢畏袭，转掠江西，再入饶、信、杭州，众至二十万。攻临安，戍将董昌兵寡，不敢战，伏数十骑莽中，贼至，伏弩射杀贼将，下皆走。昌进屯八百里，见舍媪曰："有追至，告以临安兵屯八百里矣。"贼骇曰："向数骑能困我，况军八百里乎！"乃还，残宣、歙等十五州。

广明元年，淮南高骈遣将张璘度江败王重霸，降之。巢数却，乃保饶州。众多疫。别部常宏以众数万降，所在戮死。诸军屡奏破贼，皆不实，朝廷信之，稍自安。巢得计，破杀张潾，陷睦、婺二州，又取宣州，而汉宏残众复奋，寇宋州，掠申、光、来与巢合，济采石，侵扬州。高骈按兵不出。诏衮海节度使齐克让屯汝州。拜全晸天平节度使兼东面副都统。贼方守滁、和，全晸以天平兵败于淮上。宰相豆卢瑑计："救师未至，请假巢天平节度使，使无得西，以精兵戍宣武，塞汝、郑路，贼首可致矣。"卢携执不可，请"召诸道兵壁泗上，以宣武节度统之，则巢且还寇东南，徘徊山浙，救死而已。"诏可。前此已诏天下兵屯溵水，禁贼北走。于是徐兵三千道许，其帅薛能馆徐众城中，许人惊谓见袭，部将周岌自溵水还，杀能，自称留后。徐军闻乱，列将时溥亦引归，囚其帅支详。衮海齐克让惧下叛，引军还兖州，溵水屯皆散。

巢闻，悉众度淮，妄称"率土大将军"，整众不剽掠，所过惟取丁壮益兵。李罕之犯申、光、颍、宋、徐、兖等州，吏皆亡。巢自将攻汝州，欲薄东都。当是时，天子冲弱，怖而流泪，宰相更共建言，悉神策并关内诸节度兵十五万守潼关。田令孜请自将而东，然内震扰，前说帝以幸蜀事。帝自幸神策军，擢左军骑将张承范为先锋，右军步将王师会督粮道，以飞龙使杨复恭副令孜。于是募兵京师，得数千人。

当是时，巢已陷东都，留守刘允章以百官迎贼，巢入，劳问而已，里闾晏然。帝饯令孜章信门，赍遗丰优。然卫兵皆长安高赀，世籍两军，得禀赐，侈服怒马以诧权豪，初不知战，闻料选，皆哭于家，阴出赀雇贩区病坊以备行阵，不能持兵，观者寒毛以慄。承范以强弩三千防关，辞曰："禄山率兵五万陷东都，今贼众六十万，过禄山远甚，恐不足守。"帝不许。贼进取陕、虢，檄关戍曰："吾道淮南，逐高骈，如鼠走穴，尔无拒我！"神策兵过华，裹三日粮，不能饱，无斗志。

十二月，巢攻关，齐克让以其军战关外，贼少却。俄而巢至，师大呼，川谷皆震。时士饥甚，潜烧克让营，克让走入关。承范出金谕军中曰："诸君勉报国，救且至。"士感泣，拒战。贼见师不继，急攻关，王师矢尽，飞石以射，巢驱民内堑，火关楼皆尽。始，关左有大谷，禁行人，号"禁谷"。贼至，令孜屯关，而忘谷之可入。尚让引众趋谷，承范惶遽，使师会以劲弩八百邀之，比至，而贼已入。明日，夹攻关，王师溃。师欲自杀，承范曰："吾二人死，孰当辨者？不如见天子以实闻，死未晚。"乃羸服逃。始，博野、军过渭桥，见募军服鲜燠，怒曰："是等何功，遽然至是！"更为贼乡导，前贼归，焚西市。帝类郊祈哀。会承范至，具言不守状，帝黜宰相卢携。方朝，而传言贼至，百官奔，令孜以神策兵五百奉帝趋咸阳，惟福、穆、潭、寿四王与妃御一二从，中人西门匡范统右军以殿。

巢以尚让为平唐大将军。盖洪、费全古副之。贼众皆被发锦衣，大抵辎重自东都抵京师，千里相属。金吾大将军张直方与群臣迎贼灞上，巢乘黄金舆，卫者皆绣袍、华帻，其党乘铜舆以从，骑士凡数十万先后之。陷京师，入自春明门，升太极殿，宫女数千迎拜，称黄王。巢喜曰："殆天意欤！"巢舍田令孜第。贼见穷民，抵金帛与之。尚让即妄晓人曰："黄王非如唐家不惜尔辈，各安毋恐。"甫数日，因大掠，缚箠居人索财，号"淘物"。富家皆跣而驱，贼酋阅甲第以处，争取人妻女乱之，捕得官吏悉斩之，火庐舍不可赀，宗室侯王屠之无类矣。

巢斋太清宫，卜日舍含元殿，僭即位，号大齐。求衮冕不得，绘弋绨为之；无金石乐，击大鼓数百，列长剑大刀为卫。大赦，建元为金统。王官三品以上停，四品以下还之。因自陈符命，取"广明"字，判其文曰："唐去丑口而著黄，明黄当代唐，又黄为土，金所生，盖天启"云。其徒上巢号承天应运启圣睿文宣武皇帝，以妻曹为皇后，以尚让、赵璋、崔璆、杨希古为宰相，郑汉璋御史中丞，李俦、黄谔、尚儒为尚书，方特谏议大夫，皮日休、沈云翔、裴渥翰林学士，孟楷、盖洪尚书左右仆射兼军容使，费传古枢密使，张直方检校左仆射，马祥右散骑常侍，王璠京兆尹，许建、米实、刘瑭、朱温、张全、彭攒、李逐等为诸将军、游弈使，其余以次封拜。取骁伟五百人号"功臣"，以林言为之使，比控鹤府。下令军中。禁妄杀人，悉输兵于官。然其下本盗贼，皆不从。召王官，无有至者，乃大索里闾。豆卢瑑、崔沆等匿永宁里张直方家。直方者，素豪桀，故士多依之。或告贼纳亡命者，巢攻之，夷其家，瑑、沆及大臣刘邺、裴谂、赵濛、李溥、李汤死者百余人。将作监郑綦、郎官郑系举族缢。

是时，乘舆次兴元，诏促诸道兵收京师，遂至成都。巢使朱温攻邓州，陷之，以扰荆、襄。遣林言、尚让寇凤翔，为郑畋将宋文通所破，不得前。畋乃传檄召天下兵，于是诏泾原节度使程宗楚为诸军行营副都统，前朔方节度使唐弘夫为行营司马。数攻贼，斩万级。邠将朱玫阳为贼将王玫哀兵，俄而杀玫，引军入于王师。弘夫进屯渭北，河中王重荣营沙苑，易定王处存次渭桥，鄜延李孝昌、夏州拓拔思恭壁武功。弘夫拔咸阳，栅渭水，破尚让军，乘胜入京师。巢窃出，至石井。宗楚入自延秋门，弘夫傅城舍，都人共谍曰："王师至！"处存选锐卒五千以白鬐自志，夜入杀贼，都人传言巢已走，邠、泾军争入京师，诸军亦解甲休，竞掠货财子女，市少年亦冒作鬐，肆为剽。

巢伏野，使觇城中弛备，则遣孟楷率贼数百掩邠、泾军，都人犹谓王师，欢迎之。时军士得珍贿，不胜载，闻贼至，重负不能走，是以甚败。贼执弘夫害之，处存走营。始，王璠破奉天，引众数千随弘夫，及诸将败，独一军战尤力。巢复入京师，怒民迎王师，纵击杀八万人，血流于路可涉也，谓之"洗城"。诸军退保武功，于是中和二年二月也。

其五月，昭义高浔攻华州，王重荣与并力，克之。朱玫以泾、岐、麟、夏兵八万营兴平，巢亦遣王璠营黑水，玫战未能胜。郑畋将窦玫夜率士燔都门，杀逻卒，贼震惧。于时畿民栅山谷自保，不得耕，米斗钱三十千，屑树皮以食，有执栅民鬻贼以为粮，人获数十万钱。士人或卖饼自业，举奔河中。

李孝昌、拓拔思恭徙壁赤渭桥，收水北垒。数月，贼帅朱温、尚让涉渭败孝昌等军。高浔击贼李详，不胜，贼复取华州，巢即授华州刺史，以温为同州刺史。贼又袭孝昌，二军引去。贼破陈敬瑄兵，走南山。齐克俭营兴平，为贼所围，决河灌之，不克。有题尚书省户讥贼且亡，尚让怒，杀吏，辄剔目悬之，诛郎官阍卒凡数千人，百司逃，无在者。

天子更以王铎为诸道行营都统，崔安潜副之，周岌、王重荣为左右司马，诸葛爽、康实为左右先锋，平州儒为后军，时溥督漕赋，王处存、李孝章、拓拔思恭为京畿都统，处存直左，孝章在北，思恭直右。西门思恭为铎都监，杨复光监行营，中书舍人卢胤征为克复制置副使。于是铎以山南、剑南军营灵感祠，朱玫以岐、夏军营与平，重荣、处存营渭北，复光以寿、沧、荆南军合岌营武功，孝章合拓拔思恭营渭桥，程宗楚营京右。

朱温以兵三千掠丹、延南鄙，趋同州，刺史米逢出奔，温据州以守。六月，尚让寇河中，使朱温攻西关，败诸葛爽，破重荣数千骑于河上，爽闭关不出，让遂拔郃阳，攻宜君垒，大雨雪盈尺，兵死什三。

七月，贼攻凤翔，败节度李昌言于涝水，又遣强武攻武功、槐里，泾、邠兵却，独凤翔兵固壁。拓拔思恭以锐士万八千赴难，逗留不进。河中粮艘三十道夏阳，朱温使兵夺艘，重荣以甲士三万救之，温惧，凿沉其舟，兵遂围温。温数困，又度巢势蹙，且败，而孟楷方专国，温丐师，楷沮不报，即斩贼大将马恭，降重荣。帝进拓拔思恭为京四面都统，敕朱玫军马嵬。温既降，重荣遇之厚，故李详亦献款，贼觉，斩之于赤水，更以黄思邺为刺史。

十月，铎浚壕于兴平，左抵马嵬，使将薛韬董之；由马嵬、武功入斜谷，以通盩厔，列屯十四，使将梁璩主之。置关于沮水、七盘、三溪、木皮岭，以遮秦、陇。京左行营都统东方逵禽贼锐将李公迪，破堡三十。华卒逐黄思邺，巢以王遇为刺史，遇降河中。

明年正月，王铎使雁门节度使李克用破贼于渭南，承制拜东北行营都统。会铎与安潜皆罢，克用独引军自岚、石出夏阳，屯沙苑，破黄揆军，遂营乾坑。二月，合河中、易定、忠武等兵击巢。巢命王璠、林言军居左，赵璋、尚让军居右，众凡十万，与王师大战梁田陂。贼败，执俘数万，僵胔三十里，敛为京观。璠与黄揆袭华州，据之，遇亡去。克用掘堑环州，分骑屯渭北，命薛志勤、康君立夜袭京师，火屋聚，俘贼而还。

巢战数不利，军食竭，下不用命，阴有遁谋，即发兵三万搤蓝田道，使尚让援华州。克用率重荣迎战零口，破之，遂拔其城，揆引众出走。泾原节度使张钧说蕃、浑与盟，共讨贼。是时，诸镇兵四面至。四月，克用遣部将杨守宗率河中将白志迁、忠武将庞从等最先进，击贼渭桥，三战，贼三北。于是诸节度兵皆奋，无敢后，入自光泰门。克用身决战，呼声动天，贼崩溃，逐北至望春，入升阳殿闼。巢夜奔，众犹十五万，声趋徐州，出蓝田，入商山，委辎重珍赀于道，诸军争取之，不复追，故贼得整军去。

自禄山陷长安，宫阙完雄；吐蕃所燔，唯衢弄庐舍；朱泚乱定百余年，治缮神丽如开元时。至巢败，方镇兵互入虏掠，火大内，惟含元殿独存；火所不及者，止西内、南内及光启宫而已。杨复光献捷行在，帝诏陈许、延州、凤翔、博野军合东西神策二万人屯京师，命大明宫留守王徽卫诸门，抚定居人。诏尚书右仆射裴璩修复宫省，购辇辂、仗卫、旧章、秘籍。豫败巢者：神策将横冲军使杨守亮、蹑云都将高周彝、忠顺都将胡真、天德将顾彦朗七十人。

巢已东，使孟楷攻蔡州，节度使秦宗权迎战，大败，即臣贼，与连和。楷击陈州，败死，巢自围之，略邓、许、孟、洛，东入徐、兖数十州。人大饥，倚死墙堑，贼俘以食，日数千人，乃办列百巨碓，糜骨皮于臼，并啖之。时朱全忠为宣武节度使，与周岌、时溥帅师救陈，赵犨亦乞兵太原。巢遣宗权攻许州，未克。于是粮竭，木皮草根皆尽。

四年二月，李克用率山西兵由陕济河而东，会关东诸镇壁汝州。全忠击贼瓦子堡，斩万余级，诸军破尚让于太康，亦万级，获械铠马羊万计，又败黄邺于西华，邺夜遁。巢大恐，居三日，军中相惊，弃壁走，巢退营故阳里。其五月，大雨震电，川谿皆暴溢，贼垒尽坏，众溃，巢解而去。全忠进戍尉氏。克用追巢，全忠还汴州。

巢取尉氏，攻中牟，兵度水半，克用击之，贼多溺死。巢引残众走封丘，克用追败之，还营郑州。巢涉汴北引，夜复大雨，贼惊溃，克用闻之，急击巢河濒。巢度河攻汴州，全忠拒守，克用救之，斩贼骁将李周、杨景彪等。巢夜走胙城，入冤句。克用悉军穷蹑，贼将李谠、杨能、霍存、葛从周、张归霸、张归厚往降全忠，而尚让以万人归时溥。巢愈猜忿，屡杀大将，引众奔衮州。克用追至曹，巢兄弟拒战，不胜，走兖、郓间，获男女牛马万余、乘舆器服等,禽巢爱子。克用军昼夜驰,粮尽不能得巢,乃还。巢众仅千人,走保太山。

六月,时溥溃将陈景瑜与尚让追战狼虎谷,巢计蹙,谓林言曰:"我欲讨国奸臣,洗涤朝廷,事成不退,亦误矣。若取吾首献天子,可得富贵,毋为他人利。"言,巢出也,不忍。巢乃自刭,不殊,言因斩之,及兄存、弟邺、揆、钦、秉、万通、思厚,并杀其妻子,悉函首,将诣溥。而太原博野军杀言,与巢首俱上溥,献于行在,诏以首献于庙。徐州小吏李师悦得巢伪符玺,上之,拜湖州刺史。

巢从子浩众七千,为盗江湖间,自号"浪荡军"。天复初,欲据湖南,陷浏阳,杀略甚众。湘阴强家邓进思率壮士伏山中,击杀浩。

【译文】

黄巢是曹州冤句县人。家中世代卖盐,富有资财。他擅长击剑和骑马射箭,略通文书,能言善辩,喜欢收养逃亡的人。

唐懿宗咸通末年,连年饥荒,盗贼在河南兴起。唐僖宗乾符二年,濮州有名的盗贼王仙芝在长垣发动叛乱,有徒众三千人,残害曹、濮二州,他们抓走上万人,势力于是逐渐扩大。王仙芝自己妄称大将军,传送檄文到各道,说官吏贪得无厌,赋税繁重,赏罚不公。宰相为此感到耻辱,而僖宗则根本不知道王仙芝起兵的事。王仙芝的骠悍将领尚君长、柴存、毕师铎、曹师雄、柳彦璋、刘汉宏、李重霸等十余人,到处肆意抢掠。而黄巢喜欢天下大乱,便与兄弟八人,招募部众得到数千人,起兵响应王仙芝,黄巢辗转攻掠河南十五个州,部下于是达到数万人。

唐僖宗指派平卢节度使宋威和他的副使曹全晸多次攻打贼寇,击败了他们,任命宋威为诸道行营招讨使,给他禁卫军三千名、骑兵五百名,下诏令河南各镇都接受他的指挥调度,又任命左散骑常侍曾元裕为招讨副使。王仙芝攻打沂州,宋威在沂州城下击败贼寇,王仙芝逃走。宋威于是上奏朝廷说大头目王仙芝已死,擅自放部下的士兵回青州;群臣都入朝贺喜。过了三天,州县上奏说王仙芝还在。当时士兵刚开始休整,天子又下诏派他们出征,士兵们都感到愤怒,有谋乱之心。贼寇钻这个空子,奔赴郏城,不到十天就攻陷了八个县。皇帝担心贼寇逼近东都,督促各道军队阻遏贼寇,于是命凤翔、邠宁、泾原三镇军队防守陕州、潼关,曾元裕守卫东都,义成、昭义两镇派兵保卫东都皇宫。

王仙芝攻打汝州,杀死汝州守将,汝州刺史逃走,东都洛阳非常震动,百官多离城出逃。贼寇攻陷阳武,包围郑州,没有攻下,聚集于邓州、汝州之间。潼关以东的州县,大致都畏惧贼寇,各自环城据守,因此贼寇便纵兵四出掠夺,残害郢、复二州,所过之地,焚烧房屋,抢劫财物,百姓几乎逃光。官军迅速追击他们,他们就将许多财物扔在路上,官军士兵争相夺取财物,一般都逗留不前。贼寇辗转进入申州、光州,残害隋州,捉住隋州刺史,占据安州,行动自如,又出奇兵包围舒州,攻打庐、寿、光等州。

当时宋威既年老又昏庸,担负不了军事重任,私下同曾元裕商议道:"从前庞勋灭亡,康承训便获罪。我们即使成功,能免除灾祸吗?不如留下贼寇,不幸贼寇当了天子,我们也还能作功臣。"所以宋威紧随贼寇之后,总是保持三十里的距离,力求保全自己的军队,常常观望不前。皇帝也知道他无意讨贼,于是另外任命陈许节度使崔安潜为行营都统,任命原鸿胪卿李琢替代宋威为诸道行营招讨使,右威卫上将军张自勉替代曾元裕为招讨副使。

贼寇出入于蕲州、黄州,蕲州刺史裴渥替贼寇向朝廷求官,双方约定停战。王仙芝和黄巢等人到裴渥那里喝酒。没多久,天子下诏任命王仙芝为左神策军押衙,又派宦官前来安抚慰问。王仙芝很高兴,黄巢怨恨朝廷没赏赐自己,骂王仙芝说:"你投降,独自得官,五千名将士将怎么办?把士兵给我,你不要留下他们。"于是殴打王仙芝,击伤了他的头。王仙芝害怕引起大家发怒,便不接受朝廷的任命,带领贼寇劫夺蕲州的士兵,裴渥和宦官都逃走。贼寇将他们的军队分为两部:尚君长进入陈、蔡一带;黄巢北上劫掠齐、鲁一带,率部众万人,进入郓州,杀死节度使薛崇,又攻陷沂州,部队于是发展到数万人,接着率众经由颍州、蔡州而至嵖岈山据守。

这时柳彦璋夺取江州,捉住江州刺史陶祥。黄巢领兵又与王仙芝会合,一起围攻宋州。正好张自勉带领救援部队到达宋州,杀死贼寇两千人,王仙芝于是解除对宋州的包围率部南下,渡过汉水,进攻荆南。荆南节度使杨知温环城自守,贼寇纵火焚烧城楼,杨知温不出战,天子下诏任命高骈替代杨知温为节度使。高骈率领蜀兵一万五千人携带干粮,约定三十天到达荆南,而等到达时荆南城已被贼寇攻陷,杨知温逃走,但贼寇也未能守住荆南城。天子下诏任命左武卫将军刘秉仁为江州刺史,刘秉仁带兵乘一只大船进入贼寇的营寨,贼寇大惊,一起出迎并向刘秉仁投降,于是柳彦璋被处斩。

黄巢进攻和州,没有攻下。王仙芝自己围攻洪州,拿下了它,派徐唐莒守卫。又进兵攻陷朗州、岳州,于是包围潭州,潭州观察使崔瑾抵御并击退了王仙芝,于是王仙芝率众奔向浙西,骚扰宣州、润州,但没能得到想得到的东西,于是自己留在江西,催促手下的另一支部队返回河南。

皇帝命令崔安潜回忠武镇,又起用宋威、曾元裕,仍让他们担任招讨使与招讨副使,而派杨复光任监军。杨复光派他的部属吴彦宏用皇帝的命令告谕贼寇,王仙芝于是派蔡温球、楚彦威、尚君长前来投降,准备到朝廷请罪,又给宋威写信要求当节度使。宋威假装答应他,但上报朝廷说"同尚君长作战,抓到了他"。杨复光坚持说尚君长等人是自己前来投降的。天子命侍御史与宦官速乘驿车前去审问,但竟然弄不清楚谁对谁错。最后在狗脊岭将尚君长等人斩首。王仙芝大怒,再次进攻洪州,进入洪州外城。宋威亲自带兵援救洪州,在黄梅击败王仙芝,杀死贼寇五万人,俘获王仙芝,将他的首级传送到长安。

存这个时候,黄巢正包围亳州还没有攻下,尚君长的弟弟尚让率领王仙芝的残余部队归附黄巢,推举黄巢为王,号称"冲天大将军",设置并任命属官,驱使河南、山东的百姓十多万人侵掠淮南,设立王霸的年号。

曾元裕在申州击败贼寇,杀死的人有一万。皇帝认为宋威杀死尚君长不对,而且讨伐贼寇无功,命令他回青州,而任用曾元裕为招讨使,张自勉为招讨副使。黄巢攻陷考城,夺取濮州,曾元裕驻扎在荆州、襄州,派兵救援的道路遥远、阻隔,因此朝廷另外任命张自勉为东北面行营招讨使,督促各军迅速追捕黄巢。黄巢正夺取襄邑、雍丘,皇帝命滑州节度使李峰在原武扎营。黄巢进犯叶县、阳翟,想窥伺东都。恰巧左神武大将军刘景仁领兵五千救援东都,河阳节度使郑延休的三千军队驻扎在河阴。黄巢在江西的军队,被镇海节度使高骈击破;进犯新郑、郑城、襄城、阳翟的部队,被崔安潜赶跑;在浙西的军队,被浙西节度使裴璩杀掉两个头目,死的人很多。黄巢非常沮丧和惶恐,于是向唐天平军求降,朝廷授给黄巢右卫将军的官号。黄巢考虑藩镇不齐心,不足以制服自己,便又叛离朝廷,转而进犯浙东,捉住浙东观察使崔璆,于是高骈派将领张潾、梁缵进攻贼寇,打败了他们。黄巢收聚部众越过江西,攻陷虔、吉、饶、信等州,于是凿山开路七百里,直趋建州。

起初,黄巢军中有谚语说:"遇儒生便杀,军队必定覆灭。"黄巢进入闽地,俘获百姓而骗人说是儒生,都加以释放,当时是乾符六年三月。黄巢走捷径围攻福州,福州观察使韦岫迎战失败,弃城逃走,贼寇进入福州,焚烧居民住宅,杀人犹如割草一般。经过崇文馆校书郎黄璞的家,黄巢下令说:"这是儒者,熄灭火炬不许焚烧。"又寻找处士周朴,得到了他,黄巢对他说:"你能追随我吗?"周朴回答说:"我尚且不做天子的官,怎么能追随贼寇?"黄巢发怒,杀掉周朴。当时闽地各州全部沦陷,天子下诏任命高骈为诸道行营都统以抵御贼寇。

黄巢攻陷桂管,进犯广州,给节度使李迢写信,要求他上表朝廷让自己当天平节度使,又胁迫浙东观察使崔璆将这事向朝廷报告,宰相郑畋打算同意,卢携、田令孜坚决不赞成。黄巢又请求当安南都护、广州节度使,他的上书进呈天子后,尚书右仆射于琮议论道:"南海的对外通商之利极大,贼寇得到这样的利益会更富,而国家的费用将枯竭。"于是任命黄巢为率府率。黄巢见到任命他为率府率的诏令后大骂,马上进攻广州,抓住李迢,自称"义军都统",上公开的表章,宣告自己将进入潼关,接着表中诋毁宦官执掌朝政,污染、败坏国家法度,指出朝臣与宦官彼此赠送财物相互勾结的情况,又说铨选、贡举制度埋没人才,必须禁止刺史繁殖资产,县令犯贪污罪的应杀灭全家,这些都是当时的最大弊端。

天子既已责罚宋威的失策,免去了他的招讨使职务,宰相王铎于是自己请求率军出征,天子任命王铎为荆南节度使、南面行营招讨都统,带领各道军队进兵讨伐贼寇。王铎驻守江陵,上表推荐泰宁节度使李系为招讨副使、湖南观察使,充任先锋驻守潭州,江陵、潭州间用烽火、驿站相互联络。恰巧贼寇的部队中发生大瘟疫,十分之四的士兵死亡,黄巢于是自岭南领兵北返。他们在桂州编大木筏,沿湘江顺流而下攻陷衡州、永州,又攻陷潭州,李系逃往朗州,官军十多万被消灭,扔进江中的死尸遮蔽江面。贼寇进逼江陵,号称五十万人。王铎军队少,便登城防守。在这以前,刘汉宏已在江陵夺取土地,焚烧房屋,百姓都逃窜列山谷中。没多久李系失败的消息传来,王铎便弃城逃往襄阳,官军乘乱肆意抢掠,恰巧下大雪,百姓多冻死在山沟里。

乾符六年十月,黄巢占据荆南,胁迫李迢草拟表章上报天子,李迢说:"我的手腕可砍断,表章不能写。"黄巢发怒,杀死李迢。黄巢想进兵追击王铎,恰巧江西招讨使曹全晸与山南东道节度使刘巨容驻扎于荆门,让沙陀兵将五百匹配有装饰华丽的辔头和坐垫的马往贼阵里放然后逃走,贼寇以为官军胆怯。第二天,贼军将领们骑上这些马作战,这些马能听懂沙陀语,沙陀兵一喊它们,就都跑回官军这边,贼寇无法禁止。官军先在树林里布下伏兵,与贼寇作战假装败逃,贼寇迅速追击,伏兵突然出现,大败贼寇,捉住贼将十二名。黄巢害怕,渡过长江往东逃跑,官军逼近黄巢的部队,俘虏了它的十分之八的士兵。王铎招抚刘汉宏,刘汉宏投降了王铎。有人劝说刘巨容穷追贼寇,刘巨容回答说:"国家多辜负人,有危难时不吝惜赏赐,变故平定后则往往获罪,不如且留下贼寇以期望日后的幸福。"停下来不追击，所以黄巢能够再次整顿队伍，进攻鄂州，进入鄂州城。曹全晸正要渡江追击，恰巧天子下诏让段彦暮替代他任招讨使，于是也停止进兵。

黄巢害怕官军袭击，转而侵掠江西，再次进入饶州、信州、杭州，部众达到二十万人。董昌进攻临安，临安守将董昌兵少，不敢与黄巢作战，埋伏数十名骑兵于丛生的草木中，贼寇来到，暗藏的弩弓放箭射死贼将，贼将手下的人都逃走。黄巢进驻八百里这个地方，见到旅馆的一个老妇说道："有追兵来到，告诉他们临安的军队已屯驻八百里了。"贼寇听了老妇的话后吃惊地说道："过去几名骑兵尚且能让我们受挫，更何况军队屯驻八百里呢！"于是撤回去，残害宣、歙等十五州。

僖宗广明元年，淮南高骈派将领张潾渡过长江击败王重霸，逼使他投降。黄巢多次败退，于是据守饶州，士兵多染上瘟疫。贼寇的另一支部队的首领常宏率领数万人投降唐朝，投降的人到处被杀戮。唐朝各军多次上报击败贼寇，都不符合事实，但朝廷相信他们的话，自己稍微觉得平安。黄巢如愿以偿，乘机击败和杀死张潾，攻陷睦、婺二州，又夺取宣州，而刘汉宏的残部又兴起，他们进犯宋州，侵掠申州、光州，前来与黄巢会合，一起在采石渡江，侵犯扬州。高骈按兵不出。天子下诏命兖海节度使齐克让驻守汝州，任命曹全晸为天平节度使兼东面副都统。贼寇正守卫滁州、和州，曹全晸率天平镇兵在淮河边与贼寇作战，被击败。宰相豆卢瑑计议道："救兵未到，请给黄巢天平节度使的官职，让他不能西进，然后派精兵守卫宣武，堵住汝州、郑州的道路，贼寇的首级就能得到了。"卢携坚决不赞成，请求："调集各道的军队驻扎泗水之上，让宣武节度使统领这些军队，那么黄巢就将回去劫掠东南一带，徘徊于会稽山、浙江，只能挽救自己的死亡而已。"天子赞成他的意见。在这以前天子已命令全国的军队驻守潊水，制止贼寇北行。于是徐州的士兵三千路过许州，许州的统帅薛能安排徐州的士兵住进城里，许州人吃惊地以为受到袭击，薛能的部将周岌自潊水回到许州，杀死薛能，自称节度使留后。徐州的军队见许州内乱，部将时溥也领兵回徐州，囚禁了徐州的统帅支详。兖海节度使齐克让害怕部下反叛，也领兵回兖州，潊水的驻军于是全部散去。

黄巢听到消息后，带领全部人马渡过淮河，自己妄称"率土大将军"，整顿部队不许抢劫，所经之地只选取少壮男子以扩充军队。李罕之进犯申、光、颍、宋、徐、兖等州，官吏都逃亡。黄巢自己率领部队进攻汝州，想进逼东都。这时候，天子年幼，吓得直流眼泪，宰相们一起建议，全部调集神策军和关内各节度使的兵马共十五万守卫潼关。田令孜请求由自己统领军队赴潼关，但内心惊恐慌乱，上前劝说皇帝到蜀地避难。皇帝亲自到神策军中，提拔左军骑将张承范为先锋，右军步将王师会负责督察运粮通道，命令飞龙使杨复恭辅助田令孜。于是在京师招募兵士，得到数千人。

这时候，黄巢已攻陷东都，唐东都留守刘允章率领百官迎接贼寇，黄巢进入东都，只是慰问官吏百姓而已，街市里巷平安。皇帝在章信门为田令孜饯行，给予他的赏赐很丰厚。但禁卫军都是长安富家子弟，世代入左右神策军籍，得到朝廷丰厚的赏赐，便着奢华的服饰纵马疾驰，以向权贵豪门夸耀，本来并不懂得作战，等到得知被选进出征的队伍，都在家中啼哭，他们私下出钱雇用市场上的小贩和病坊里的贫民，以代替他们凑足军队之数，这些人有的拿不住兵器，看到的人都感到吃惊，全身寒毛竖起。张承范率强弩手三千人防守潼关，辞别天子说："安禄山率领五万军队攻陷东都，现在贼寇的部队有六十万，大大超过安禄山的军队,潼关恐怕守不住。"皇帝不同意他的话。贼寇进兵夺取陕州、虢州,发檄文给潼关守军说:"我路过淮南,追赶高骈,他就像老鼠逃入地洞一样,你们不要抵抗我!"神策军经过华州,带了三天的粮食,士兵们吃不饱饭,没有斗志。

十二月,黄巢进攻潼关,齐克让带领他的军队在关外作战,贼寇略微后退。一会儿黄巢到关下,贼寇全军大声呼喊,川谷都为之震动。当时齐克让的士兵肚子都很饿,暗地里放火焚烧齐克让的营地后逃散,齐克让逃入关内。张承范拿出金子告谕军中士兵说:"各位努力报效国家,救兵即将到达。"士兵无不感动流泪,于是阻击贼寇。贼寇见官军没有后援,急速攻关,官军的箭已全用尽,就扔石块打击贼寇,黄巢驱赶百姓进入关外的壕沟,让他们挖土填平壕沟,又放火将关楼全部烧光。起初,潼关左边有一条大谷,禁止行人来往,称为"禁谷"。贼寇到来,田令孜驻守潼关,却忘记由禁谷也能进入关内。尚让领兵奔往禁谷,张承范非常惊慌,急忙派王师会带领八百名强弩手到禁谷阻截贼寇,等到王师会抵达禁谷,贼寇已进入禁谷。第二天,贼寇前后夹攻潼关,官军溃败。王师会想自杀,张承范说:"我们两人死了,谁承担辨别是非的事情?不如见了天子以实情相告,再死不迟。"于是换上穷人的衣着逃跑。起初,博野、凤翔镇的军队经过渭桥,见从京师招募来的新军衣服漂亮暖和,发怒道:"这些人有什么功劳,一下子就到了这样!"反过来给贼寇当向导,走在贼寇前面返回长安,焚毁了长安西市。皇帝在郊外祭天祈求上天怜悯。恰巧张承范到长安,向天子一一陈述了潼关失守的情况,天子罢免了卢携的宰相职务。群臣正在上朝,传说贼寇已经到来,官吏们争着逃跑,田令孜率领神策军五百士兵侍奉皇帝奔赴咸阳,只有福王、穆王、潭王、寿王和妃嫔一二人跟随,宦官西门匡范统率右军殿后。

黄巢任命尚让为平唐大将军,盖洪、费全古辅助他。贼寇部众都散发着锦衣,装载物资的车辆自东都抵长安,千里不绝,唐金吾大将军张直方和群臣在灞上迎接贼寇,黄巢乘以黄金为饰的车子,卫士都着绣袍、华丽的头巾,他的党羽乘以铜为饰的车子跟随,有数十万骑兵在黄巢的前后护卫。黄巢攻陷京师,由春明门进入长安,登上太极殿,有数千名宫女跪迎黄巢,称他为黄王。黄巢高兴地说:"这大概是天意吧!"黄巢住在田令孜的宅第里。贼寇见到穷苦百姓,就扔钱和丝织物给他们。尚让当即妄自晓喻百姓说:"黄王不像唐家不爱惜你们,大家各自安居,不要害怕。"刚过了几天,贼寇便大肆劫掠,捆绑、鞭打居民索取财物,号称"淘物"。富家都光着脚被赶出家门,贼寇头目察看头等宅第居住,争相夺取百姓的妻女与她们淫乱,抓到官吏全部处斩,焚烧的房屋数量很大,损失无法用钱计算,在长安的李唐宗室侯王都被屠戮,无一幸存。

黄巢在太清宫斋戒,择日入居含元殿,越分即皇帝位,国号大齐。即位时没找到皇帝的礼服礼帽,便在黑色丝织物上画各种图案制成皇帝的礼服;没有钟磬等乐器的演奏,用敲击数百面大鼓代替,又陈列长剑大刀作为仪仗。发布大赦令,立年号为金统。投降的唐官凡三品以上都停职,四品以下留任原职。于是黄巢自述得天命的符瑞,拿唐僖宗的年号"广明"两字分析判断说:"唐字去掉丑口而加黄字为广,表明黄应当替代唐,又黄就是土,金生于土,这大概是上天的启示吧"等等。黄巢的同伙进上黄巢的尊号为承天应运启圣睿文宣武皇帝。黄巢立妻子曹氏为皇后,任命尚让、赵璋、崔璆、杨希古为宰相,郑汉璋为御史中丞,李俦、黄谔、尚儒为尚书,方特为谏议大夫,皮日休、沈云翔、裴渥为翰林学士,孟楷、盖洪为尚书左右仆射兼军容使,费传古为枢密使,张直方为检校左仆射,马祥为右散骑常侍，王璠为京兆尹，许建、米实、刘瑭、朱温、张全、彭攒、李逯等人为诸卫将军、游奕使，其余的人也按等级封官。又选取勇健魁梧的人五百名，称为"功臣"，派林言作他们的长官，犹如武则天时的控鹤府。黄巢下令军中，禁止乱杀人，兵器都交给官府。但黄巢的部下原是盗贼，都不从命。黄巢招引唐朝的官吏，没有人前来，于是在长安的街市里巷进行大搜索，豆卢瑑、崔沆等人藏于永宁里张直方家。张直方一向是个豪杰，所以士人多依附于他。有人向贼寇告发张直方收纳逃亡的人，黄巢进攻张直方的住宅，杀死他全家人，豆卢瑑、崔沆及唐朝大臣刘邺、裴谂、赵濛、李溥、李汤等一百多人被杀。唐将作监郑綦、郎官郑系全家自缢而死。

这时候，唐僖宗停留于兴元，下诏催促各道军队收复京师，接着到达成都。黄巢派朱温进攻邓州，打下了它，依靠这里来骚扰荆州、襄州。又派林言、尚让侵犯凤翔，被郑畋的将领宋文通击败，不能前进。郑畋于是传送文书征召全国的军队，命令泾原节度使程宗楚为诸军行营副都统，原朔方节度使唐弘夫为行营司马。他们多次进攻贼寇，杀敌一万人。邠宁将领朱玫假装为贼将王玫搜罗兵士，没多久杀掉王玫，带领部队加入官军。唐弘夫进驻渭北，河中王重荣扎营沙苑，易定王处存留驻渭桥，鄜延李孝昌、夏州拓拨思恭驻守武功。唐弘夫攻下咸阳，在渭水编木筏，击败尚让的军队，乘胜进入长安。黄巢暗中出城，到了石井。程宗楚自延秋门进入长安，唐弘夫接近京城的房屋，长安人一起喊叫道："官军到了！"王处存挑选精锐士兵五千人用白巾束发作为标志，晚上进入长安杀贼，长安人传说黄巢已逃走，邠宁、泾原的军队争相进入长安，官军各部队都脱下铠甲休息，竞相劫掠财物、女子，长安坊市少年也用白巾束发假冒官军，肆意进行抢劫。

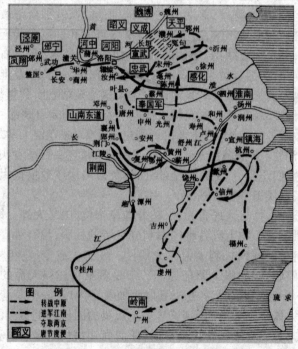

黄巢起义军进军路线示意图

黄巢潜伏在野外，派人侦察到长安城中放松戒备，就派孟楷率领贼寇数百人突袭邠宁、泾原的军队，长安人仍以为是官军，高兴地迎接他们。当时官军士兵抢到贵重财物，多得承载不了，听见贼寇到来，因身上背的东西太重无法逃跑，因此大败。贼寇捉住弘夫并杀害了他，处存逃回营中。起初，王璠攻陷奉天，带领部下数千人跟随唐弘夫，等到诸位将领战败，唯独王璠一军作战特别尽力。黄巢又进入长安，对百姓迎接官军感到很生气，放纵部下杀死八万百姓，血流到路上成为河流，称为"洗城"。各军退守武功，这时是唐僖宗中和二年二月。

这年五月，昭义镇高浔攻打华州，王重荣与他合力进击，打下了华州。朱玫率泾州、岐州、麟州、夏州的军队八万屯驻兴平，黄巢也派王璠屯驻黑水，朱玫与王璠作战未能取胜。郑畋的将领窦玫每夜带领士兵放火焚烧长安城门，杀死巡逻的敌兵，贼寇震惊。这时候京城附近地区的百姓，都在山谷中立寨栅自保，不能种地，米每斗三十千钱，百姓把树皮捣碎了当饭吃，有人捕捉山寨居民卖给贼寇当食粮，一人可卖得几十万钱。士人有的以卖饼为职业，都奔赴河中。

李孝昌、拓拨思恭移驻东渭桥，夺取了渭水北边的营垒。几个月后，贼帅朱温、尚让领兵蹚过渭水击败李孝昌等人的军队。高浔袭击贼寇李详，没有取胜，贼寇又夺取了华州，黄巢当即任命李详为华州刺史，任命朱温为同州刺史。贼寇又袭击李孝昌，李孝昌、拓拨思恭两支军队退走。贼寇击败陈敬瑄的军队，败兵逃往终南山。齐克俭屯驻兴平，被贼寇包围，克俭决开堤岸引河水淹贼寇，贼寇未能攻下兴平。有人在尚书省门上题诗讥讽贼寇即将灭亡，尚让发怒，杀害官也，都挖去眼珠倒吊而死，共杀郎官和看门士兵数千人，各部门官吏都逃走，没有在衙门办公的。

唐天子另外任命王铎为诸道行营都统，崔安潜为副都统，周岌、王重荣为左右司马，诸葛爽、康实为左右先锋，平师儒为后军统领，时溥负责督察漕运租赋，王处存、李孝章、拓拨思恭为京畿都统，王处存任东面都统，李孝章任北面都统，拓拨思恭任西面都统。西门思恭为王铎的行营都监，杨复光为行营监军，中书舍人卢胤征为克复制置副使。于是王铎率领山南、剑南的军队屯驻灵感祠，朱玫率领岐州、夏州的军队屯驻兴平，王重荣、王处存屯驻渭北，杨复光率领寿州、沧州、荆南的军队与周岌一起屯驻武功，李孝章与拓拨思恭一起屯驻渭桥，程宗楚屯驻京西。

朱温领兵三千侵掠丹州、延州南部边境，趋赴同州，同州刺史米逢出逃，朱温据守同州。同年六月，尚让进犯河中，派朱温攻河中西门，击败诸葛爽，又在黄河边击败王重荣的数千骑兵，诸葛爽闭门不出，尚让于是拿下郃阳，又进攻宜君的营寨，恰巧下大雪，有一尺厚，贼兵冻死十分之三。

七月，贼寇进攻凤翔，在涝水击败凤翔节度使李昌言，又派强武进攻武功、槐里，泾原、邠宁的军队退却，只有凤翔的军队坚守营垒。拓拨思恭带领精锐士兵一万八千趋救凤翔的危难，但逗留不前。河中镇的粮船三十艘路过夏阳，朱温派兵夺取粮船，王重荣率士兵三万前来解救，朱温害怕，凿沉粮船，官军于是包围朱温，朱温多次被困，又估量黄巢势力缩减，即将失败，而孟楷正独揽国家大权，朱温请求增派军队，孟楷加以阻止，不报告黄巢，于是便杀死贼寇大将马恭，投降了王重荣。唐僖宗晋升拓拨思恭为京城四面都统，命令朱玫驻扎于马嵬。朱温投降后，王重荣厚待他，所以李详也表露归顺之意，贼寇发觉，在赤水将他杀死，另外任命黄思邺为华州刺史。十月，王铎在兴平疏通壕沟，左方到达马嵬，派将领薛韬督察这项工程，由马嵬、武功进入斜谷，与盩厔（周至）相通，其间并列军营十四处，派将领梁瓘主持这项工程。在沮水、七盘、三溪、木皮岭设关，以遏制秦陇之地。京东行营都统东方逵擒获贼寇的猛将李公迪，攻破城堡三十个。华州士兵驱逐黄思邺，黄巢任命王遇为华州刺史，王遇投降了河中镇。

僖宗中和三年正月，王铎派雁门节度使李克用在渭南击败贼寇，王铎奉诏任命李克用为东北面行营都统。恰巧王铎与崔安潜都被免去行营都统和副都统的职务，李克用便独自领兵自岚州、石州出夏阳，屯驻沙苑，击败黄揆的军队，接着进驻乾坑。二月，李克用联合河中、易定、忠武等镇的军队攻打黄巢。黄巢命令王璠、林言的军队居左方，赵璋、尚让的军队居右方，共十万人，与官军在梁田陂大战。贼寇战败，被俘数万人，死尸布满三十里地，后尸体被收集到一块，封土筑成京观。王璠与黄揆袭击华州，占领了它，王遇逃走。李克用在华州四周挖壕沟，分派骑兵屯驻渭北，命令薛志勤、康君立夜袭长安，放火烧仓库，俘获贼寇而回。

黄巢作战多次失利，军粮用尽，部下不服从命令，于是暗中有逃跑的计划，立即调兵三万控制蓝田的通道，派尚让援救华州。李克用率王重荣领兵在零口迎战尚让，击败了他，于是攻下华州，黄揆带领部下逃走。泾原节度使张钧劝说异族人参与订盟，共同讨贼。这时候，各镇的军队从四面八方到达关中。四月，李克用派部将杨守宗率领河中将领白志迁、忠武将领庞从等人冲在最前面，到渭桥攻击贼寇，三战三捷。于是各节度使的军队无不振奋，不敢落后，争相从光泰门进入长安。李克用亲自参加决战，喊声震天，贼寇崩溃，官军追赶败逃的敌人，到瞭望春宫，进入升阳殿门。黄巢连夜逃走，部众仍有十五万，声称趋赴徐州，实际出蓝田，进入商山，贼寇将各种财宝物资扔在路上，官军争相夺取，不再追击，所以贼寇得以整顿军队从容离去。

自安禄山攻陷长安后，宫阙仍完整雄伟；吐蕃所焚毁的，只是大街小巷的房舍；朱泚之乱平定后一百余年，宫阙经修缮已像开元时那样神奇壮丽。到黄巢失败，方镇军队交相进入长安抢掠，放火烧毁大明宫，只有含元殿还保存下来；没有被焚烧的，只有太极宫、兴庆宫和光启宫罢了。杨复光向天子报捷，天子下诏命陈许、延州、凤翔、博野镇的军队加上东西神策军共两万人驻守京师，命大明宫留守王徽守卫各门，安抚京师居民。命令尚书右仆射裴瓘修复宫殿，购置御辇、仪仗、典章、秘籍。参与击败黄巢的人还有：神策军将领横冲军使杨守亮、蹋云都将领高周彝、忠顺都将领胡真、天德镇将领顾彦朗等七十人。

黄巢东行后，派孟楷进攻蔡州，蔡州节度使秦宗权领兵迎战，被贼寇打得大败，便向贼寇称臣，与贼寇联合、讲和。孟楷攻打陈州，失败被杀，黄巢亲自包围陈州，劫掠邓州、许州、孟州、洛州，向东进入徐、兖等数十州。这时百姓极为饥饿，身倚墙壁堑壕而死，贼寇取走这些死人当食粮，每天有数千人，于是准备数百个大石碓，把死人放在石碓中捣碎，连骨头带皮肉一起吃。当时朱全忠（朱温）任宣武节度使，与周岌、时溥一起领兵援救陈州，陈州刺史赵犨也向太原求派援兵。黄巢派秦宗权攻打许州，没有攻下。这时粮食用尽，树皮草根全吃光。

中和四年二月，李克用率领山西的军队自陕州渡过黄河东行，与关东各镇的军队会合驻扎于汝州。朱全忠在瓦子堡进攻贼寇，杀死一万多人，各军联合在太康击败尚让，也杀死一万多人，缴获贼寇的兵器、铠甲、马、羊以万计算，又在西华击败黄邺，黄邺连夜逃走。黄巢非常害怕，过了三天，贼寇军中惊恐，士兵弃营而走，黄巢于是退兵驻守陈州城北的故阳里。这年五月，暴雨雷电交加，河流暴涨，贼寇的营垒全被水冲坏，徒众溃散，黄巢于是解除对陈州的包围率兵离去。朱全忠进驻尉氏。李克用追击黄巢，朱全忠领兵回到汴州。

黄巢夺取尉氏，进攻中牟，有一天黄巢的军队正渡河，刚渡过一半，李克用乘机进击，贼寇士兵多被水淹死。黄巢带领残余部队逃往封丘，李克用追赶并击败了黄巢，然后回师驻守郑州。黄巢越过汴河北去，刚好晚上又下大雨，贼寇惊散，李克用得到消息，迅速到汴河边攻打黄巢。黄巢渡过汴河进攻汴州，朱全忠守卫汴州，李克用领兵援救他，杀死贼寇的骁将李周、杨景彪等人。黄巢连夜逃往胙城，进入冤句。李克用率全军紧追不舍，贼将李谠、杨能、霍存、葛从周、张归霸、张归厚前往汴州投降朱全忠，而尚让率领一万人归顺时溥。黄巢愈加猜疑和愤怒，屡次杀死大将，带领部下奔往兖州。李克用追击黄巢到了曹州，黄巢兄弟抵抗，没有打胜，逃往兖州、郓州之间，李克用得到贼寇的男女、牛马一万余以及皇帝用的器物衣服等，并捉住黄巢的爱子。李克用的军队日夜驰驱，粮食用尽尚未能抓到黄巢，于是回师。黄巢的部下只剩下一千人，逃入太山据守。

六月，时溥派将领陈景瑜与尚让追击黄巢于狼虎谷，黄巢无计可施，对林言说："我想讨伐国家的奸臣，清除朝廷的污垢，但事成不引退，这也错了。你拿走我的首级献给天子，可获取富贵，不要让他人得利。"林言是黄巢的外甥，不忍心杀黄巢。黄巢于是自刎，还没有死，林言便接着杀了他，又杀黄巢的哥哥黄存、弟弟黄邺、黄揆、黄钦、黄秉、黄万通、黄思厚，连他们的妻子儿女也一起杀死，全部把首级装进匣里，准备到时溥那里进献。而太原博野军又杀了林言，将他的首级与黄巢的首级一起献给时溥，时溥又将这些首级献给住在成都的天子，天子下诏将这些首级献到太庙。徐州小吏李师悦得到黄巢的伪皇帝印信，献给天子，被任命为湖州刺史。

黄巢的侄儿黄浩有徒众七千，在江湖间当盗贼，自称"浪荡军"。唐昭宗天复初年，黄浩想占据湖南，攻陷了浏阳，杀死和劫掠了很多人。湘阴豪强邓进思率领壮士埋伏于山中，杀死了黄浩。

二十四史

旧五代史·新五代史

导　读

　　《旧五代史》是由宋太祖诏令编纂的官修史书，全书共一百五十卷，包括本纪六十一卷，列传七十七卷，志十二卷。它原名《五代史》，又称《梁唐晋汉周书》，后来为了区别于《新五代史》，前面冠一"旧"字。

　　唐哀帝天祐四年（907 年），朱温夺取了最高统治权，建立了后梁。以后五十多年间，中原地区相继出现了后唐、后晋、后汉、后周几朝封建政权。中原以外有吴、南唐、吴越、楚、闽、南汉、前蜀、后蜀、南平、北汉等十个割据政权，史称"五代十国"。《旧五代史》记载了这段历史的演变。

　　《旧五代史》按五代断代为书，梁书二十四卷，唐书五十卷，晋书二十四卷，汉书十一卷，周书二十二卷。五书的后面，有《世袭列传》二卷，记载李茂贞、马殷、钱镠等人。他们割据一方，但名义上仍向中原称臣，所以特地给他们创立《世袭列传》。另外，还有《僭伪列传》三卷，记载杨行密、李升、王审知等人。他们独霸一方，称王称帝，不用中原正朔，作者认为这是"僭伪"政权，把他们列入《僭伪列传》。

　　《旧五代史》在整理史料和文字润色方面，没有下过多少功力。但与《新五代史》相比，它又独具长处。薛居正经历了梁、唐、晋、汉、周，熟悉当时的历史，搜集史料有许多便利条件。所以《旧五代史》叙事比较确切详尽，史料相当丰富。

　　《新五代史》，原名《五代史记》，是唐代设馆修史以后唯一的私修正史，北宋欧阳修撰，全书共七十四卷，包括本纪十二卷，列传四十五卷，考三卷，世家及年谱十一卷，四夷附录三卷。

　　《新五代史》与《旧五代史》体例不同，后者取法《三国志》，一朝一史，自成体系；前者则学习《南史》《北史》，打破朝代界限，把五朝的纪、传综合在一起，按时间先后编排。列传部分一律采用类传，分立《家人》《臣》《死节》《死事》《一行》《唐六臣》《义儿》《伶官》《宦者》等传，历官数朝的人，编在《杂传》。这与各史列传大不相同。

　　《新五代史》有《司天考》《职方考》，实际上就是《旧五代史》的《天文志》和《郡县志》。本来《旧五代史》有《礼》《乐》《食货》《刑法》《选举》《职官》等志，虽然内容比较单薄，但毕竟反映了五代时期社会生活的各个侧面，《新五代史》却全部删去。

　　书中的《世家》，专记十国政权的兴衰。《十国世家年谱》，表列各国政权建立和传袭的年代，极为粗疏。《四夷附录》主要叙述我国契丹等民族的历史。这些例目，都是《旧五代史》所没有的。

　　欧阳修写《新五代史》，非常注意"褒贬义例"，大搞什么"春秋笔法"，用规定有特定含义的一二字表示对人和事的抑扬，如两个地位平行的封建国家或政治集团互相作战叫"攻"，皇帝亲自率节作战叫"征"，无罪被杀叫"杀"，有罪当杀称"伏诛"，"讨"某某表示被讨伐的一方有罪。欧阳修企图以此宣扬儒家思想，维护"君君、臣臣、父父、子子"的封建秩序。这是《新五代史》最不可取的地方。但是，经过欧阳修的笔削加工，《新五代史》的文笔确实在《旧五代史》之上。徐无党的注，侧重解释书法义例，旨趣与《新五代史》相同，对读者帮助不大。

葛从周传

【题解】

葛从周(？~916)，五代时期后梁大将。字通美，濮州鄄城(今属山东)人。最初参加黄巢起义军，累至军校。唐中和四年(884)，率部归降朱温。历任怀州刺史、徐州两使留后、兖州节度使、左金吾上将军、太子太师等职。末帝继位后，又授他为潞州节度使、检校太师、兼侍中，封陈留郡王。贞明初年病卒。

【原文】

葛从周，字通美，濮州鄄城人也。曾祖阮，祖遇贤，父简，累赠兵部尚书。从周少豁达，有智略，初入黄巢军，渐至军校。唐中和四年三月，太祖大破巢军于王满渡，从周与霍存、张归霸昆弟相率来降。七月，从太祖屯兵于西华，破蔡贼王夏寨。太祖临阵马踣，贼众来追甚急，从周扶太祖上马，与贼军格斗，伤面，矢中于肱，身被数枪，奋命以卫太祖。赖张延寿回马转斗，从周与太祖俱免。退军溵水，诸将并削职，唯擢从周、延寿为大校。其从入长葛、灵井，大败蔡贼，至斥沟、汜河，杀铁林三千人，获九寨虞侯王涓。

太祖遣郭言募兵于陕州，有黄花子贼据于温谷，从周击破之。又破秦贤之众于荥阳，寻佐朱珍收兵于淄、青间。时兖州齐克让军于任城，从周败之，擒其将吕全真。淄人不受制，复与之战，获其骁将巩约。会青州以步骑万余人列三寨于金岭，以扼要害，从周与朱珍大歼其众，掳其将杨昭范五人而还。至大梁，不解甲，径至板桥击蔡贼，破卢瑭寨，瑭自溺而死。又于赤堈杀蔡军二万余人。从讨谢殷于亳州，擒之。回袭曹州，掳刺史丘弘礼以归。与兖、郓军遇于临濮之刘桥，杀数万人，朱瑄、朱瑾仅以身免，擒都将邹务卿已下五十人。从太祖至范县，复与朱瑄战，掳尹万荣等三人，遂平濮州。未几，与朱珍击蔡贼于陈、亳间，获都将石璠。

文德元年，魏博军乱，乐从训来告急，从太祖渡河，拔黎阳、李固、临河等镇，至内黄，破魏军万余众，获其将周儒等十人。李罕之引并入围张全义于河阳，从周与丁会、张存敬、牛存节率兵赴援，大破并军，杀蕃汉二万人，解河阳之围，以功表授检校工部尚书。从朱珍讨徐州，拔丰县，败时溥于吴康，得其辎重，加检校刑部尚书。佐庞师古讨孙儒于淮南，略地至庐、寿、滁等州，下天长、高邮，破邵伯堰。回军攻濠州，杀刺史魏勋，得饷船十艘。

大顺元年八月，并帅围潞州，太祖遣从周率敢死之士，夜衔枚犯围而入，会王师不利于马牢川，即弃上党而归。其年十二月，与丁会诸将讨魏州，连收十邑。明年正月，大破魏军于永定桥，魏军五败，斩首万余级。十月，佐丁会攻宿州，从周雍水灌其城，刺史张筠以郡降。从讨兖州，破朱瑾之军于马沟。景福二年二月，与诸将大破徐、兖之兵于石佛山。八月，与庞师古同攻衮州。

乾宁元年三月，军至新太县，朱瑾令都将张约、李胡椒率三千人来拒战，师古遣从周、张存敬掩袭,生擒张约、李胡椒等都将数十人。二年十月,围兖州,兖人不出,从周诈扬言并人、郓人来救,即引军趋高吴,夜半却潜归寨。朱瑾果出兵攻外壕,我军士突出,掩杀千余人,生擒都将孙汉筠。从周累立战功,自怀州刺史历曹、宿二州刺史,累迁检校左仆射。

三年五月,并帅以大军侵魏,遣其子落落率二千骑屯洹水,从周以马步两千人击之,杀戮殆尽,擒落落于阵,并帅号泣而去。遂自洹水与庞师古渡河击郓。四年正月,下之。从周乘胜伐兖,会朱瑾出师在徐境,其将康怀英以城降,以功授兖州留后、检校司空。复领兵万余人渡淮讨杨行密,至濠州,闻庞师古清口之败,遽班师。光化元年四月,率师经略山东,时并帅以大军屯邢、三名,从周至钜鹿与并军遇,大破之,并帅遁走。我军追袭至青山口,数日之内,邢、三名、磁三州连下,斩首二万级,获将吏一百五十人,即以从周兼领邢州留后。十月,复破并军五千骑于张公桥。晋将李嗣昭急攻邢州,阵于城门外,从周大破之,擒番将贡金铁、慕容腾百余人。

二年春,幽州刘仁恭率军十万寇魏州,屠贝郡。从周自邢台驰入魏州,燕军突上水关,攻馆陶门。从周与贺德伦率五百骑出战,谓门者曰:"前有敌,不可返顾!"命阖其门。从周等极力死战,大败燕人,擒都将薛突厥、王邰郎等。翊日,破其八寨,追击至临清,刘仁恭走沧州,从周授宣义军行军司马。五月,并人讨李罕之于潞州,太祖以丁会代罕之,令从周驰入上党。七月,并人陷泽州,太祖召从周,令贺德伦守潞州,德伦等寻弃城而归。三年四月,领军讨沧州,先攻德州,下之。及进攻浮阳,幽州刘仁恭大举来援,时都监蒋玄晖谓诸将曰:"吾王命我护军,志在攻取,今燕帅来赴,不可外战,当纵其入壁,聚食困廪,力屈粮尽,必可取也。"从周对曰:"兵在机,机在上将,非督护所言也。"乃令张存敬、氏叔琮守其寨,从周逆战于乾宁军老鸦堤,大破燕军,斩首三万,获将佐马慎交已下百余人,夺马三千匹。八月,并人攻邢、三名,从太祖破之,从周追袭至青山口,斩首五千级,获其将王邰郎、杨师悦等,得马千匹,表授检校太保兼徐州两使留后,寻为兖州节度使。

天复元年三月,与氏叔琮讨太原,从周以兖、郓之众,自土门路入,与诸军会于晋阳城下,以粮运不给,班师。顷之,从周染疾,会青州将刘郭陷兖州,太祖命之,遂力疾临戎。三年十一月,郭举城降,以功授检校太傅。太祖以从周抱疾既久,命康怀英代之,授左金吾上将军,以风恙不任朝谒,改右卫上将军致仕,养疾偃师县亳邑乡之别墅。顷之,授太子太师,依前致仕。末帝即位,制授潞州节度使,令坐食其俸,加开府仪同三司、检校太师、兼侍中,封陈留郡王,累食邑至七千户,命近臣赉旌节就别墅以赐之。贞明初,卒于家。册赠太尉。

【译文】

葛从周,字通美,濮州鄄城人。曾祖父葛阮、祖父葛遇贤、父亲葛简,都先后被追赠为兵部尚书。从周少年时代性情豁达,富有智谋。最初参加黄巢军队,逐渐升到军校。唐中和四年三月,梁太祖在王满渡大破黄巢军队,从周与霍存、张归霸兄弟相继前来投降。七月,跟随太祖屯兵于西华,击破蔡州贼军王夏寨。太祖亲临阵地时战马跌倒,贼众趁机赶来,万分危急。从周扶太祖上马,与贼军拼死格斗,脸受了伤,胳膊被箭射中,身上被刺了好几枪,但他仍然奋不顾身地保卫太祖。幸好张延寿回马赶来厮杀,从周和太祖才幸免于难。部队撤退到溵水附近,其他将领均被削职,唯独擢升葛从周和张延寿为大校。

随后，他跟随太祖进军长葛、灵井一带，大败蔡州贼军，到斥沟、浥河时，杀死铁林三千人，活捉了九寨都虞候王涓。

太祖派郭言去陕州招兵，有一股称作黄花子的土匪盘踞在温谷，从周打败了他们。又在荥阳击败了秦贤的队伍。不久帮助朱珍在淄、青一带募集兵员。这时兖州的齐克让驻扎在任城，从周击败了他，生擒其将领吕全真。淄州人不服从管制，于是从周同他们重新开战，俘获了他们的猛将巩约。正好青州人把一万多步兵、骑兵分成三寨列阵于金岭，用来扼守要害之处，从周与朱珍将其歼灭大半，俘虏了杨昭范等五个将领，随后班师。回到大梁，连盔甲都没有解开，直接奔赴板桥攻击蔡州贼军，攻破卢瑭营寨，卢瑭自己投水而死。又在赤坰消灭蔡军两万多人。跟着从太祖在亳州讨伐谢殷，将其擒获。然后又迂回袭击曹州，抓住了刺史丘弘礼而回师。途中与兖、郓军队遭遇于临濮的刘桥，歼灭他们数万人，朱瑄、朱瑾只身逃脱，活捉都将邹务卿以下五十人。又随太祖进军范县，又一次与朱瑄交

葛从周

战，生俘尹万荣等三人，于是平定了濮州。没过多久，与朱珍一起出兵进击蔡州贼军于陈州、亳州之间，俘获敌军都将石璠。

文德元年，魏博镇军队兵变，乐从训前来告急求援，葛从周跟随太祖渡过黄河，接连攻克黎阳、李固、临河等镇，进至内黄，击败魏博军一万多人，俘获其将领周儒等十人。李罕之带领并州军把张全义围困在河阳，从周与丁会、张存敬、牛存节率领部队赶去增援，大败并州军，杀死蕃汉兵两万人，解了河阳之围。由于这次战功，从周被授为检校工部尚书。后又随同朱珍讨伐徐州，攻克丰县，大败时溥于吴康，缴获了他的辎重，又被加官为检校刑部尚书。辅助庞师古在淮南讨伐孙儒，攻入庐州、寿州、滁州等地，攻克天长、高邮，毁坏了邵伯堰。回师攻打濠州，击毙刺史魏勋，并缴获饷船十艘。

大顺元年八月，并州军主帅发兵围攻潞州，梁太祖派葛从周率领敢死队员深夜偃旗息鼓地突破敌人包围圈进入潞州。这时正赶上梁军在马牢川失利，从周随即放弃上党回师。这年的十二月，与丁会等将讨伐魏州，连续收复十座城邑。第二年正月，在永定桥大败魏军，魏军五战五败，被斩首一万余级。十月，协助丁会攻打宿州，从周蓄水灌城，迫使刺史张筠下令全州投降。随从征讨兖州，在马沟击败了朱瑾的部队。景福二年二月，与其他将领一起大败徐州、兖州军队于石佛山。八月，与庞师古会同进攻兖州。

乾宁元年三月，进军至新太县，朱瑾命令都将张约、李胡椒率兵三千人前来阻击，庞师古派葛从周、张存敬乘其不备，突然袭击，生擒了张约、李胡椒等都将数十人。二年十月，围攻兖州，兖州守军拒不击战，从周故意散布并州军、郓州军前来救援的消息，然后率军奔赴高吴，半夜却又秘密返回营寨。朱瑾果然派出军队攻打外壕，从周指挥士兵突然出击，乘势歼灭敌军一千余人，生擒敌都将孙汉筠。从周多次立下赫赫战功，自怀州刺史

起，历住曹、宿二州刺史，逐渐升迁至检校左仆射。

乾宁三年五月，并州军主帅率领大批人马侵犯魏博镇，派他的儿子落落率二千名骑兵驻扎在洹水，从周指挥二千骑兵和步兵进击敌军，几乎全歼敌人，在阵前生擒落落，并州帅号啕大哭而去。于是与庞师古从洹水渡过黄河出击郓州，四年正月，攻下来了，跟着，从周乘胜讨伐兖，恰遇朱瑾出兵在徐州境内，他的部将康怀英献城出降。从周以此功劳被授为兖州留后、检校司空。又领兵一万余人渡过淮河讨伐杨行密，进至濠州，得知庞师古在清口战败，于是火速回师。光化元年四月，率军建设巩固山东地区，这时并州军主帅正统领大军屯聚于邢、三名一带，从周进至巨鹿时与并州军遭遇，大败敌军，并州军主帅逃去。梁军追赶至青山口，几天之内，连续攻克邢、三名、磁三州，斩敌军首级两万，俘获敌将吏一百五十人。随后，从周被任命兼领邢州留后。十月，再次于张公桥击败并州军五千骑兵。晋将李嗣昭猛烈反攻邢州，在城门外摆下战阵，从周又大败了来敌，生擒番将贡金铁、慕容腾等一百多人。

光化二年春，幽州的刘仁恭率卜万大军侵犯魏州，屠灭了贝郡。从周自邢台火速援救魏州，燕军突破上水关，攻打馆陶门，从周与贺德伦率五百名骑兵出战，对把守城门的军兵说："只要前面还有敌人，就绝不能让我们的人退回城门！"下令将城门关闭。从周等人拼力死战，大败燕军，生擒敌都将薛突厥、王邻郎等。第二天，攻破燕军八座营寨，一直追击到临清，刘仁恭逃向沧州。从周因功被授为宣义军行军司马。五月，并州军进攻潞州的李罕之，太祖用丁会代替李罕之，命令从周迅速援救上党。七月，并州军攻陷泽州，太祖召回从周，命令贺德伦守卫潞州，德伦等人不久弃城而归。三年四月，从周率军讨伐沧州，首先攻打德州，拿下了该城。等到进攻浮阳时，幽州刘仁恭出兵大举来援。这时都监蒋玄晖对众位将领说："梁王命令我来监军，意图在于攻取沧州，现在燕军主帅赶来支援，我们不能与他们在外面作战，应当放他们进入我军的壁垒，消耗他们的粮仓，等他们力疲粮尽时，一定能够取得胜利。"从周回答说："战争的奥秘在于及时抓住战机，而能否抓住战机则在于主将，并不是像督护你所说的那样。"于是命令张存敬、氏叔琮留守营寨，从周率军迎战于乾宁军老鸦堤，大败燕军，斩首三万级，俘获敌军部将马慎交以下一百多人，夺得战马三千匹。八月，并州军进攻邢州、三名州，从周随太祖击败敌军，一直追击到青山口，斩首五千级，俘获敌军将领王邻郎、杨师悦等，缴获战马一千匹，被授为检校太保兼徐州两使留后，不久任兖州节度使。

天复元年三月，同氏叔综讨伐太原。从周率领兖、郓二州的部队，从土门路进发，与各路人马会师于晋阳城下，因粮供应不上而撤回。不久，从周患病，正好青州军将领刘鄩攻陷兖州，太祖命令从周前去征讨，于是抱病出征。三年十一月，刘鄩率全城投降，从周因功授检校太傅。太祖考虑到从周患病已久，便命康怀英接替他的职务，授他为左金吾上将军，又因他得了中风病不能上朝，又改授为右卫上将军，让他退休养病于偃师县亳邑乡的别墅。不久，授为太子太师，依旧退休。末帝继位后，又授他为潞州节度使，享受此职的俸禄，加官开府仪同三司、检校太师，兼侍中，封为陈留郡王，多次封给他的食邑达到七千户。皇帝还命令近臣捧着节度使的旌节到他居住的别墅赐给他。贞明初年，病逝于家，朝廷追赠他为太尉。

王彦章传

【题解】

王彦章（863~923），五代时期后梁大将。字贤明，郓州寿张（今属山东阳谷、河南范县）人。少年从军，跟随梁太祖朱全忠征讨，屡立战功，军中号称"王铁枪"。历任行军先锋马军使、检校司空、汝州防御使、匡国军节度使、北面行营招讨使，封开国侯。龙德三年（923）十月，唐军大举攻梁，王彦章领数千保銮骑士防守东路，在中都战败被俘。后不屈被杀。

【原文】

王彦章，字贤明，郓州寿张县人也。祖秀，父庆宗，俱不仕，以彦章贵，秀赠左散骑常侍，庆宗赠右武卫将军。彦章少从军，隶太祖帐下，以骁勇闻。稍迁军职，累典禁兵。从太祖征讨，所至有功，常持失枪冲坚陷阵。开平二年十月，自开封府押牙、左亲从指挥使授左龙骧军使。三年，转左监门卫上将军，依前左龙骧军使。乾化元年，改行营左先锋马军使，又加金紫光禄大夫、检校司空，依前左监门卫上将军。二年，庶人友珪篡位，加检校司徒。三年正月，授濮州刺史、本州马步军都指挥使，依前左先锋马军使。未几，改先锋步军都指挥使。四年，为澶州刺史，进封开国伯。

五年三月，朝廷议割魏州为两镇，虑魏人不从，遣彦章率精骑五百屯邺城，驻于金波亭，以备非常。是月二十九日夜，魏军作乱，首攻彦章于馆舍，彦章南奔。七月，晋人攻陷澶州，彦章举家陷没。晋王迁其家于晋阳，待之甚厚，遣细人间行诱之，彦章即斩其使以绝之。后数年，其家被害。九月，授汝州防御使、检校太保，依前行营先锋步军都指挥使。贞明二年四月，改郑州防御使。三年十二月，授西面行营马军都指挥使，加检校太傅，依前郑州防御使。顷之，授行营诸军左厢马军都指挥使。五年五月，迁许州两使留后，军职如故。六年正月，正授许州匡国军节度使，充散指挥都头都军使，进封开国侯。未几，授北面行营副招讨使。七年正月，移领滑州。

王彦章

龙德三年四月晦，晋师陷郓州，中外大恐。五月，以彦章代戴思远为北面招讨使。拜命之日，促装以赴滑台，遂自杨村砦浮河而下，水陆俱进，断晋人德胜之浮梁，攻南城，拔之，晋人遂弃北城，并军保杨刘。彦章以舟师沿流而下，晋人尽撤北城，析屋木编筏，置步军于其上，与彦章各行一岸，每遇转滩水汇，即中流交斗，流矢雨集，或舟筏覆没，比及杨刘，凡百余战。彦章急攻杨刘，昼夜不息，晋人极力固守，垂陷者数四。六月，晋王亲援其城，彦章之军，重壕复垒，晋人不能入。晋王乃于博州东岸筑垒，以应郓州。彦章闻之，驰军而至，急攻其栅，自旦及午，其城将拔，会晋王以大军来援，彦章乃退。七月，晋王至杨刘，彦章军不利，遂罢彦章兵权，诏令归阙，以段凝为招讨使。

先是，赵、张二族扰乱朝政，彦章深恶之，性复刚直，不能缄忍。及授招讨之命，因谓所亲曰："待我立功之后，回军之日，当尽诛奸臣，以谢天下。"赵、张闻之，私相谓曰："我辈宁死于沙陀之手，不当为彦章所杀。"因协力以倾之。时段凝以贿赂交结，自求兵柄，素与彦章不协，潜害其功，阴行逗挠，遂至王师不利，竟退彦章而用段凝，未及十旬，国以之亡矣。

是岁秋九月，朝廷闻晋人将自兖州路出师，末帝急遣彦章领保銮骑士数千于东路守捉，且以郓州为敌人所据，因图进取，令张汉杰为监军。一日，彦章渡汶，以略郓境，至递坊镇，为晋人所袭，彦章退保中都。十月四日，晋王以大军至，彦章以众拒战，兵败，为晋将夏鲁奇所擒。鲁奇尝事太祖，与彦章素善，及彦章败，识其语音，曰："此王铁枪也。"挥稍刺之，彦章重伤，马踣，遂就擒。

晋王见彦章，谓之曰："尔常以孺子待我，今日服未？"又问："我素闻尔善将，何不保守兖州？此邑素无城垒，何以自固？"彦章对曰："大势已去，非臣智力所及。"晋王恻然，亲赐药以封其创。晋王素闻其勇悍，欲全活之，令中使慰抚，以诱其意。彦章曰："比是匹夫，本朝擢居方面，与皇帝十五年抗衡，今日兵败力穷，死有常分，皇帝纵垂矜宥，何面目见人！岂有为臣为将，朝事梁而暮事晋乎！得死幸矣。"晋王又谓李嗣源曰："尔宜亲往谕之，庶可全活。"时彦章以重伤不能兴，嗣源至卧内以见之，谓嗣源曰："汝非邈佶烈乎？"邈佶烈，盖嗣源小字也，彦章素轻嗣源，故以小字呼之。既而晋王命肩舆随军至任城，彦章以所伤痛楚，坚乞迟留，遂遇害，时年六十一。

彦章性忠勇，有膂力，临阵对敌，奋不顾身。居尝谓人曰："李亚子斗鸡小儿，何足顾畏！"初，晋王闻彦章授招讨使，自魏州急赴河上，以备冲突，至则德胜南城已为所拔。晋王尝曰："此人可畏，当避其锋。"一日，晋王领兵迫潘张寨。大军隔河，未能赴援，彦章援枪登船，叱舟人解缆，招讨使贺瑰止之，不可。晋王闻彦章至，抽军而退，其骁勇如此。及晋高祖迁都夷门，嘉彦章之忠款，诏赠太师，搜访子孙录用。

【译文】

王彦章，字贤明，郓州寿张县人。他的祖父王秀、父亲王庆宗，都没有做官。后来因为王彦章显贵，朝廷追赠王秀为左散骑常侍，追赠王庆宗为右武卫将军。王彦章少年时投身军旅，隶属梁太祖朱全忠帐下，以骁勇善战闻名。在军队中逐渐升迁职务，多次主管皇帝的亲兵。跟随梁太祖征战讨伐，所到之处都立有战功。经常手持铁枪冲锋陷阵。开平二年十月，王彦章从开封府押牙、左亲从指挥使迁至左龙骧军使。开平三年，升任左监门卫上将军，仍然担任左龙骧军使。乾化元年，改任行营左先锋马军使，加封为金紫光禄大夫、检校司空，兼任左监门卫上将军。乾化二年，梁太祖的儿子朱友珪杀父篡位，加授王彦章为检校司徒。乾化三年正月，又被授为濮州刺史、濮州马步军都指挥使，仍然兼任左先锋马军使。不久，改任先锋步军都指挥使。乾化四年，又被任命为澶州刺史，晋封为开国伯。

乾化五年三月，朝廷决定将魏州划分为两镇，担心魏州人不从命，派遣王彦章率精锐骑兵五百人防守邺城，驻扎在金波亭，以备万一。这个月二十九日夜里，魏州军队举行兵变，首先围攻王彦章的寓所，王彦章向南急走而逃脱。七月，晋人攻陷澶州，王彦章全家人均落入晋人之手。晋王把他家迁移到晋阳，给予非常优厚的待遇，同时派遣密使偷偷地前来劝诱王彦章，王彦章当即斩杀使者，断绝了晋人的招降企图。几年以后，王彦章全家被杀害。乾化五年九月，王彦章被授为汝州防御使、检校太保，兼领行营先锋步军都指挥使。贞明二年四月，改任郑州防御使。三年十二月，任西面行营马军都指挥使，加封检校太傅，同时兼任郑州防御使。随后，又被任命为行营诸军左厢马军都指挥使。五年五月，调任许州两使留后，其军职未变。六年正月，正式被授为许州匡国军节度使，充散指挥都头都军使，晋封为开国侯。不久，任北面行营副招讨使。七年正月，移防滑州。

　　龙德三年四月的最后一天，晋王军队攻陷郓州，朝野上下惊恐不安。五月，朝廷派王彦章取代戴思远出任北面招讨使。受命就职的当天，就匆忙整理行装赶赴滑台。于是从杨村砦出发，顺黄河飘浮而下，水陆两军同时进击，截断了晋人在德胜架设的浮桥，攻打南城并占领了它。晋人于是放弃北城，收拢兵力保守杨刘。王彦章督率水军顺流而下。这时，全部撤离北城的晋人，拆房劈木编造成许多大木筏，让步兵站在上面，与王彦章的水军在黄河中各沿一侧齐头并行，每当遇到转折的水滩和水流会合之处，双方就在水上交战厮杀，飞箭象下雨一样密集，有的舟筏就此沉没。等到双方船队抵达杨刘，已经打了一百多次仗。王彦章指挥军队猛攻杨刘，昼夜不停，晋人竭力固守，差一点就被攻克的危急局面达四次之多。六月，晋王亲自率军支援杨刘，王彦章的军队设置了重重的壕沟和营垒，使晋王军队始终无法越过防线。晋王于是下令在博州东岸修筑高墙，以策应郓州。王彦章听到此讯，率军飞驰而来，猛攻晋人的寨墙，从清晨到中午，眼看就要攻克，正好晋王率大军赶来增援，王彦章不得已而后退。七月，王晋王赶到杨刘，王彦章的军队失利，梁末帝于是罢免了彦章的兵权，下诏命令他回朝，任命段凝为招讨使。

　　在此之前，赵岩、张汉杰两个家族扰乱朝政，王彦章对他俩深恶痛绝，加上生性刚正直率，遇事不能沉默和忍耐，等到受任招讨使之际，就对身边亲近之人说："待我立功以后，班师回朝之日，一定杀尽奸臣，答谢天下。"赵岩、张汉杰两人听说后，私下里互相说："我们宁可死在沙陀人之手，也不能被王彦章所杀。"因此合谋陷害王彦章。这时，段凝用贿赂手段交结朝中权贵，为自己谋求军权，平日与王彦章不和，背地里忌妒他的功劳，暗中多行阻挠之事，以至于后梁军队失利。终于使末帝罢免了王彦章的兵权而起用段凝，然而还不到十个月，国家就因此而灭亡了。

　　这年秋天九月，朝廷探知晋人将要从兖州路出兵，末帝急忙派遣王彦章率领，保銮骑士几千人去东路驻防把守。而且认为郓州被敌人占据，计划趁此机会进兵攻取，命令张汉杰为监军。一天，王彦章率领军队横渡汶水，攻略郓州疆界，部队行进到递坊镇，被晋人偷袭，彦章退守中都。十月四日，晋王率大军来到，彦章率众应战，不幸失败，被晋军将领夏鲁奇擒获。夏鲁奇曾经在梁太祖手下供职，与王彦章十分要好。彦章兵败时，夏鲁奇在乱军中听出了他的说话声音，说："这是王铁枪啊！"挥矛便刺，彦章被刺成重伤，战马跌倒，于是被俘获。

　　晋王看到王彦章，对他说："你经常把我比做小孩子，今天服不服？"又问："我早听说你是一员良将,为什么不守住兖州? 这座城本来就没有城墙,用什么才能固守呢?"王彦章答道:"大势已去,这不是我的智慧和能力所办到的。"晋王听罢,面露同情之色。亲自赐给他药来敷住伤口。晋王久闻王彦章勇猛强悍的大名,想保全他的性命,便派宦官安抚他,以试探他的想法。王彦章说:"你这个宫中服役的微贱之人,我们朝廷提升我为独当一面的封疆大吏,同你们皇帝抗衡相争了十五年,今天兵败力穷,死也是常份,纵使皇帝怜悯宽恕了我,我还有什么脸面见人! 哪里有做大臣、当大将的,早晨为梁做事,晚上就为晋效劳的呢? 我能以死报国是很幸运的事。"晋王又对李嗣源说:"你应该亲自去告诉他,还有保全性命的可能。"当时,王彦章因为伤势过重已经不能起床,李嗣源径直走进他的卧室内才见到他。王彦章对李嗣源说:"你不是邈佶烈吗?"邈佶烈,是李嗣源的小名,王彦章一贯轻视李嗣源,所以故意用小名来称呼他。不久,晋王下令用肩舆抬着王彦章跟随军队到任城去,王彦章以伤势痛苦难忍为由,坚持要留下,于是被杀害。这年他六十一岁。

王彦章天性忠诚、勇敢,体力过人。每当临阵对敌,奋勇向前,不惜生命。平日曾经对别人讲:"李亚子不过是个只会斗鸡的小孩子,对他有什么顾忌和害怕的?"当初,晋王听说王彦章担任招讨使,便从魏州急忙赶赴河上,以防备王彦章的军队向前突击。等到赶到时德胜南城已被王彦章攻克。晋王曾经说:"这个人令人害怕,应当避开他的锋芒。"有一天,晋王指挥部队逼近潘张寨,梁军主力隔着黄河无法赶赴支援,王彦章手持铁枪登上战船,喝令船工解开缆绳开船,招讨使贺瑰阻止他,他也不听。晋王听说王彦章赶到,慌忙抽兵撤退。他的骁勇善战达到了这种地步。后来晋高祖把国都迁到夷门,为嘉奖王彦章的忠心与赤诚,下诏追赠他为太师,查访他的子孙录用为官。

周德威传

【题解】

周德威(? ~918)五代时期后唐大将。字镇远,朔州马邑(今山西朔县)人。初事李克用,为帐下骑督,英勇善战,胆智过人。多次率领部队战胜后梁军队,以勇闻天下。历任代州刺史、内外蕃汉马步军都指挥使、振武节度使、同中书门下平章事、蕃汉马步总管、卢龙节度使。贞明四年(918),与后梁军大战,战死于阵。

【原文】

周德威,字镇远,小字阳五,朔州马邑人也。初事武皇为帐中骑督,骁勇便骑射,胆气智数皆过人,久在云中,谙熟边事,望烟尘之警,悬知兵势。乾宁中,为铁林军使,从武皇讨王行瑜,以功加检校左仆射,移内衙军副。光化二年三月,汴将氏叔琮率众逼太原,有陈章者,以骁勇知名,众谓之"夜叉",言于叔琮曰:"晋人所恃者周陌五,愿擒之,请赏以郡。"陈章尝乘骢马朱甲以自异。武皇戒德威曰:"我闻陈夜叉欲取尔求郡,宜善备之。"德威曰:"陈章大言,未知鹿死谁手。"他日致师,戒部下曰:"如阵上见陈夜叉,尔等但走。"德

威微服挑战，部下伪退，陈章纵马追之，德威背挥铁树击堕马，生获以献，由是知名。

天复中，我师不利于蒲县，汴将朱友宁、氏叔琮来逼晋阳。时诸军未集，城中大恐，德威与李嗣昭选募锐兵出诸门，攻其垒，擒生斩馘，汴人枝梧不暇，乃退。天祐三年，与李嗣昭合燕军攻潞州，降丁会，以功加检校太保、代州刺史，代嗣昭为蕃汉都将。李思安之寇潞州也，德威军于余吾。时汴军十万筑夹城，围潞州，内外断绝，德威以精骑薄之，屡败汴人，进营高河，令游骑邀其刍牧。汴军闭壁不出，乃自东南山口筑甬道树栅以通夹城，德威之骑军，倒墙堙堑，日数十战，前后俘馘，不可胜纪。梁有骁将黄角鹰、方骨仑，皆生致之。

周德威

五年正月，武皇疾笃，德威退营乱柳。武皇厌代，四月，命德威班师。时庄宗初立，德威外握兵柄，颇有浮议，内外忧之。德威既至，单骑入谒，伏灵柩哭，哀不自胜，由是群情释然。是月二十四日，从庄宗再援潞州。二十九日，德威前军营横碾，距潞四十五里。五月朔，晨雾晦暝，王师伏于三垂岗下，翌日，直趋夹城，斩关破垒，梁人大败，解潞州之围。初，德威与李嗣昭有私憾，武皇临终顾谓庄宗曰："进通忠孝不负我，重围累年，似与德威有隙，以吾命谕之，若不解重围，殁有遗恨。"庄宗达遗旨，德威感泣，由是励力坚战，竟破强敌，与嗣昭欢爱如初。以功加检校太保、同平章事、振武节度使。

六年，岐人攻灵夏，遣使来求助，德威渡河以应之，师还，授蕃汉马步总管。七年十一月，汴人据深、冀，汴将王景仁军八万次柏乡，镇州节度使王镕来告难，帝遣德威率前军出井陉，屯于赵州。十二月，帝亲征，二十五日，进薄汴营，距柏乡五里，营于野河上。汴将韩勍率精兵三万，铠甲皆被缯绮，金银炫曜，望之森然。我军惧形于色。德威谓李存璋曰："贼结阵而来，观其形势，志不在战，欲以兵甲耀威耳。我军人乍见其来，谓其锋不可当，此时不挫其锐，吾军不振矣！"乃遣存璋谕诸军曰："尔见此贼军否？是汴州天武健儿，皆屠沽佣贩，虚有表耳，纵被精甲，十不当一，擒获足以为资。"德威自率精骑击其两偏，左驰右决，出没数四。是日，获贼百余人，贼渡河而退。德威谓庄宗曰："贼骄气充盛，宜按兵以待其衰。"庄宗曰："我提孤军，救难解纷，三镇乌合之众，利在速战，卿欲持重，吾惧其不可使也。"德威曰："镇、定之士，长于守城，列阵野战，素非便习。我师破贼，唯恃骑军，平田广野，易为施功。今压贼营，令彼见我虚实，则胜负未可必也。"庄宗不悦，退卧帐中。德威患之，谓监军张承业曰："王欲速战，将乌合之徒，欲当剧贼，所谓不量力也。去贼咫尺，限此一渠水，彼若早夜以略彴渡之，吾族其为俘矣。若退军鄗邑，引贼离营，彼出则归，复以轻骑掠其刍饷，不逾月，败贼必矣。"承业入言，庄宗乃释然。德威得降人问之，曰:"景仁下令造浮桥数日",果如德威所料。二十七日,乃退军保鄗邑。

八年正月二日,德威率骑军致师于柏乡,设伏于村坞间,令三百骑以压汴营。王景仁悉其众结阵而来,德威转战而退,汴军因而乘之,至于鄗邑南。时步军未成列,德威阵骑河上以抗之。亭午,两军皆阵,庄宗问战时,德威曰:"汴军气盛,可以劳逸制之,造次较力,殆难与敌。古者师行不逾一舍,盖虑粮饷不给,士有饥色。今贼远来决战,纵挟糗糒,亦不遑食。晡晚之后,饥渴内侵,战阵外迫,士心既倦,将必求退。乘其劳弊,以生兵制之,纵不大败,偏师必丧。以臣所筹,利在晡晚。"诸将皆然之。时汴军以魏、博之人为右广,宋、汴之人为左广,自未至申,阵势稍却,德威麾军呼曰:"汴军走矣!"尘埃涨天,魏人收军渐退,庄宗与史建瑭、安金全等因冲其阵,夹攻之,大败汴军,杀戮殆尽,王景仁、李思安仅以身免,获将校二百八十人。八月,刘守光僭称大燕皇帝。十二月,遣德威率步骑三万出飞狐,与镇州将王德明、定州将程严等军进讨。九年正月,收涿州,降刺史刘知温。五月七日,刘守光令骁将单廷珪督精甲万人出战,德威遇于龙头岗。初,廷珪谓左右曰:"今日擒周阳五。"既临阵,见德威,廷珪单骑持枪躬追德威,垂及,德威侧身避之。廷珪少退,德威奋挝击坠其马,生获廷珪,贼党大败,斩首三千级,获大将李山海等五十二人。十二日,德威自涿州进军良乡、大城。守光既失廷珪,自是夺气。德威之师,屡收诸郡,降者相继。十年十一月,擒守光父子,幽州平。十二月,授德威检校侍中、幽州卢龙等军节度使。

德威性忠孝,感武皇奖遇,尝思临难忘身。十二年,汴将刘郭自洹水乘虚将寇太原,德威在幽州闻之,径以五百骑驰入土门,闻郭军至乐平不进,德威径至南宫以候汴军。初,刘郭欲据临清以扼镇、定转饷之路;行次陈宋口,德威遣将擒数十人,皆刲刃于背,纵而遣之。既至,谓刘郭曰:"周侍中已据宗城矣!"德威其夜急骑扼临清,刘郭乃入贝州。是时德威若不至,则胜负未可知也。

十四年三月,契丹寇新州,德威不利,退保范阳。敌众攻城仅二百日,外援未至,德威抚循士众,昼夜乘城,竟获保守。十五年,我师营麻口渡,将大举以定汴州。德威自幽州率本军至,十二月二十三日,军次胡柳陂。诘旦,骑报曰:"汴军至矣!"庄宗使问战备,德威奏曰:"贼倍道而来,未成营垒,我营栅已固,守备有余,既深入贼疆,须决万全之策。此去大梁信宿,贼之家属,尽在其间,人之常情,孰不以家国为念?以我深入之众,抗彼激愤之军,不以方略制之,恐难必胜。王但按军保栅,臣以骑军疲之,使彼不得下营,际晚,粮饷不给,进退无据,因以乘之,破贼之道也。"庄宗曰:"河上终日挑战,恨不遇贼,今款门不战,非壮夫也。"乃率亲军成列而出,德威不获已,从之。谓其子曰:"吾不知其死所矣!"庄宗与汴将王彦章接战,大败之。德威之军在东偏,汴之游军入我辎重,众骇,奔入德威军,因纷扰无行列。德威兵少,不能解,父子俱战殁。先是,镇星犯上将,星占者云,不利大将。是夜收军,德威不至,庄宗恸哭谓诸将曰:"丧我良将,吾之咎也。"

德威身长面黑,笑不改容,凡对敌列阵,凛凛然有肃杀之风,中兴之朝,号为名将。及其殁也,人皆惜之。同光初,追赠太师。天成中,诏与李嗣昭、符存审配飨庄宗庙廷。晋高祖即位,追封燕王。

子光辅,历汾、汝州刺史。

周德威,字镇远,小字阳五,朔州马邑人。起初在武皇李克用手下任帐中骑督,骁勇善战,尤其擅长骑马射箭,胆量、气魄、智慧和计谋都有过人之处。由于长期居住在云中地区,十分熟悉边境一带的事情。望见烟尘升起,便能料算到兵力多少。乾宁年间,担任铁林军使,跟随武皇征讨王行瑜,因功加官为检校左仆射,移任内衙军副。光化二年三月,汴将氏叔琮率军进逼太原,有一个名叫陈章的人,号称像猛虎一样凶猛,大家都称他"夜叉"。他对叔琮说:"晋军所依恃的人是周阳五,我愿生擒他,请赏给我刺史的官职。"陈章经常骑着一匹青白色的战马,披挂着鲜红色的铠甲来显示自己与众不同。武皇告诫周德威说:"我听说陈夜叉想活捉你来谋得刺史的官做,应当好生提防他。"周德威说:"陈章净说大话,还不知鹿死谁手呢。"隔几天来到部队,他叮嘱部下说:"如果在阵上看见陈夜叉,你们尽管跑开好了。"周德威穿着普通士兵的服装出马挑战,他的部下佯装退却,陈章拍马追来,周德威从背后挥动铁锤把他击落马下,活捉了陈章并将其献于武皇帐下。通过这一仗,周德威的名声大振。

天复年间,晋王军队在蒲县失利,汴将朱友宁、氏叔琮率军迫近晋阳。当时各支部队还没有集结,晋阳城中十分惊恐。周德威与李嗣昭仔细选拔了精锐士兵从几个城门同时出击,攻打敌军的营垒,抓住敌人就割下左耳,汴军招架不迭,就撤退了。天祐三年,周德威与李嗣昭会同燕军攻打潞州,梁将丁会投降,周德威因功加授检校太保,代州刺史,接替李嗣昭担任蕃汉都将。李思安侵犯潞州的时候,周德威的军队正驻扎在余吾。当时汴军十万人沿城筑起长围,围困潞州,断绝了城内城外的联系。周德威用精锐的骑兵逼近敌人,屡次打败汴梁军队。随后进至高河安营,命令游动的骑兵阻截出来割草放牧的敌人,于是汴军紧闭营门,拒不出战。又从东南山口修筑了一条两侧是墙并竖立栅栏的通道通往环城长围。周德威的骑兵推倒墙壁,填平壕沟,一天之内战斗几十次,前后活捉的俘虏和从敌尸上割下的耳朵,多得数不过来,梁军的猛将黄角鹰、方骨仑都被活捉。

五年正月,武皇病重,周德威退兵驻守在乱柳。武皇去世。四月,命周德威班师回朝。这时,庄宗刚刚即位,周德威在外地掌握兵权,招来许多流言和议论,朝廷上下对此十分担忧。周德威来到之后,一个人进朝拜谒,趴在武皇李克用的棺材上放声痛哭,控制不住自己的悲哀之情。于是大家的情绪才安稳下来。这个月二十四日,周德威跟随庄宗再度增援潞州。二十九日,周德威率领前锋部队进驻横碾,距离潞州有四十五里的路程。五月初一清晨,大雾弥漫、朦胧不清,庄宗的军队埋伏在三垂岗下面。第二天,直奔环城长围,砍开关门,摧毁营壁,梁军大败,终于解除了潞州之围。当初,周德威与李嗣昭有个人私怨,武皇临终前对庄宗说:"进通(嗣昭字)是个忠孝之人,不会背叛我,他身处重围中一年多了,好像与周德威有矛盾,你要把我的命令告诉周德威,倘若不解除重围,我死有遗恨。"庄宗转达了这一遗旨,周德威感动地流下了眼泪,因此奋勇作战,终于打败了强敌,与李嗣昭彼此和好如初。因功升任检校太保、同平章事、振武节度使。

六年,歧人进攻灵夏,派遣使者来请求援助。周德威渡过黄河去策应他们。部队回来,被授为蕃汉马步总管。七年十一月,汴军占据深、冀,他们的将领王景仁率领八万人马兵临柏乡,镇州节度使王镕赶来告急。庄宗派周德威率领先头部队从井陉出发,屯驻于赵州。十二月,庄宗亲自出征。二十五日,部队向前接近汴军营地,离柏乡五里安营扎寨于野河北面。汴军将领韩勍率精兵三万人,盔甲上都披挂着丝绸、金银装饰来炫耀军威,远远望去十分整齐森严,晋军见之害怕的变了脸色。周德威对李存璋说:"贼军布下阵势前来,看他们的样子,意图不在交战,只是想用兵甲来炫耀武力罢了。我军士兵刚刚看到他们来到,就说其兵锋不可阻挡,现在如果不挫败他们的锐气,我军就无法振作起来啦。"于是派李存璋通告全军说:"你们看见这些贼军了吗?这些所谓的汴州天武健儿,都是杀猪、卖酒、走卒、小贩之流,只有虚假的外表而已,尽管他们穿着精美的铠甲,十个人也赶不上我军一个人,捉住他们足以满足我们的费用。"周德威亲率精锐骑兵攻击梁军的两侧,左冲右突,出入敌军阵地四次。这一天,俘获敌人一百多人,敌军渡河撤退。周德威对庄宗说:"贼军骄傲的气势非常充沛强盛,应当按兵不动来等待他们的衰弱。"庄宗说:"我统领一支孤军来挽救危难解除纷乱,三镇之兵都是乌合之众,利在速战速决,你想要稳重行事,我却担心你的计策不能使用啊。"周德威说:"镇州、定州的人,擅长坚守城池,而布阵野战,本来他们就不习惯,我军击败敌军,只有依靠骑兵,平旷的田地和宽广的野外,正容易施展我们的长处。现在去逼近敌营,让他们知道我军的虚实情况,这样一来胜负就不一定了。"庄宗听了很不高兴,回身去帐中躺下。周德威对此十分着急,对监军张承业说:"大王想要速战,率领乌合之众,去面对厉害的贼军,这是不能正确估计自己的力量啊。离贼这么近,又仅有这么一条河水为阻隔,他们如果早晚造桥渡河过来,我们这些人就都成为他们的俘虏了。假如我们把部队撤退到鄗邑,引诱敌人离开营寨,他们出击我们则返回来,再用轻骑兵抢掠他们的粮草军需,不超过一个月,打败敌军是必然的。"张承业进去向庄宗陈述了周德威的意见,庄宗才高兴起来。周德威审问一个投降过来的人,这人回答:"王景仁下令建造浮桥已经几天了。"果然象周德威预料的一样。二十七日,撤军保卫鄗邑。

八年正月二日,周德威率骑兵进至柏乡,预先在村落中设置了埋伏,命令三百个骑兵迫近汴梁军营寨。王景仁率全部人马列阵应战,周德威且战且退,汴梁军趁机追赶。到了鄗邑城南,这时步兵还没有摆好队形,周德威把骑兵列阵于河边高地抵抗敌人。正午,两军各自摆好阵势,庄宗问出战的时机,周德威答道:"汴梁军气势昂盛,只能以逸待劳才能制服他们,轻易地与他们比试力量,几乎很难取胜。古时候军队行军一次不超过三十里,就是怕粮饷接应不上,战士们有饥饿的脸色。现在贼军自远方前来决战,纵使携带着干粮也没有空吃,从中午到晚上后,饥饿和干渴在内部侵袭,战阵又在外部施以压力,战士的士气既然懈怠,其将领一定谋划撤兵,趁着他们疲劳困苦,用我们的生力军去压制他们,敌人纵然不会溃败,也要丧失一部分部队。以我之见,最好的出战时机在傍晚。"众将都赞同这个看法。当时,汴梁军以魏、博的部队为右军,宋、汴的部队为左军,从未时到申时,阵势渐退。周德威指挥部下大声叫道:"汴梁军逃走了!"尘土扬天,魏人收缩兵力逐渐退却。庄宗与史进瑭、安金全等人趁机冲击他们的阵地,两下夹攻,汴梁军大败,几乎被全歼,王景仁、李思安仅以身免,俘获了将校二百八十人。

八月,刘守光自称大燕皇帝。十二月,庄宗派周德威率步骑三万人出飞狐,与德州将领王德明、定州将领程严进军讨伐。九年正月,收复涿州,刺史刘知温投降。五月七日,刘守光命令骁将单廷珪统领精兵一万出战,与周德威遭遇于龙头岗。开始,单廷珪对部

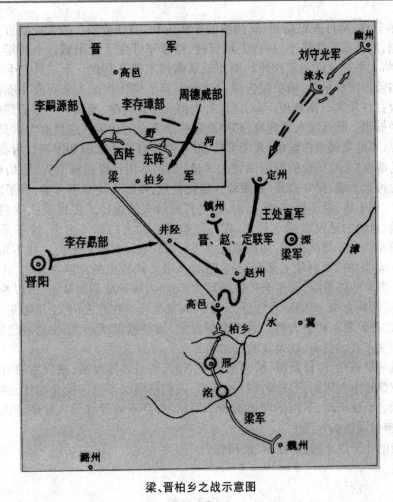

梁、晋柏乡之战示意图

下说:"今天一定要活捉周阳五。"随即来到阵前,看见周德威,单廷珪单枪匹马躬身来追周德威,等他接近时,周德威侧身避过,单廷珪稍微后退,周德威举起马鞭把他击落下马,生擒了单廷珪,贼众大败,斩首三千级,俘获大将李山海等五十二人。十二月,周德威自涿州进军良乡、大城;刘守光既然损失了单廷珪,从此丧失了勇气。周德威的军队接连收复了几个郡,投降的人相继不断。十年十一月,抓获了刘守光父子,平定了幽州。十二月,周德威被授为检校侍中、幽州卢龙等军节度使。

周德威天性忠心耿耿,崇尚孝义,感怀武皇李克用的奖掖与恩遇,常常想着一旦国家有难就奋不顾身。十二年,汴梁军将领刘鄩打算从洹水乘虚进犯太原,德威在幽州闻听此讯,立刻率五百名骑兵径直奔向土门,听说刘鄩的部队到了乐平就停止不前,周德威直接赶到南宫等候汴梁军。开始,刘鄩打算占据临清以扼守镇、定二州转运饷银的道路。行进至陈宋口,周德威派将领抓获了汴梁军几十人,用刀剑插入他们的后背,然后用绳子捆绑上放他们回去。这些人回去后,对刘鄩说:"周侍中已经占领宗城了!"周德威这天晚上率骑兵急速赶往临清扼守,刘鄩只得退入贝州。这个时候,周德威如果不来,那么胜败就很难预料了。

十四年三月,契丹进犯新州,周德威的军队失利,退守范阳。敌人攻城近二百天,援兵仍然未到,周德威安抚将士,昼夜上城督战,终于坚守住了范阳城。十五年,晋军屯驻麻口渡,即将大举进攻以平定汴州。周德威从幽州率部下赶到。十二月二十三日,部队在胡柳陂宿营。次日早晨,哨骑报告说:"汴梁军到了!"庄宗派人来问战斗准备情况,周德威回答说:"汴梁军日夜兼程而来,还没有来得及修筑营垒,而我军的营栅却已固立,坚守防备已经够用。既然深入到敌境,必须决定一个万全的计策。这里离大梁只有一天一夜的路程,敌军的家属全在城里,人之常情,谁不牵挂自己的家园和国家?用我们这些深入到敌境的部众,来对抗他们群情激愤的军队,如果不用计谋遏制敌人,恐怕难于必胜。晋王您只管按兵不动,保守营寨,我用骑兵骚扰他们,使其无法立下营寨,到了晚上,敌粮草供给不上,进不得,退不得,乘势出击,这是打败敌人的途径。"庄宗说:"我们在大河岸上整天挑战,遗憾的是没有遇上敌人,现在敲响敌人的大门却不出击,这不是壮士的行为!"然后就率领亲军排队出战,周德威没办法只好从命。对他儿子说:"我不知道将死在哪里呀。"庄宗与汴梁军将领王彦章交战,彦章大败。周德威的部队在东边,汴梁军的游动部队进入晋军的辎重中,晋军士兵惊恐万状,飞跑入周德威的部队中,所以纷纷扰扰不成队形,德威的兵力少,不能解救危急,父子二人都战死。在此之前,土星触犯了上将星,星象家说,这种天象不利于大将。这天夜里收兵,周德威没回来,庄宗悲哀已极,哭着对众将说:"损失了我的良将,这是我的过错啊。"

周德威身材魁伟,面目黝黑,笑起来容貌不改,每当临阵对敌,威风凛凛有一种肃杀的气度。在朝廷中兴时期,号称名将,他死后,人们都痛惜不已。同光初年,朝廷追赠周德威为太师。天成年间,下诏把周德威和李嗣昭、符存审的灵牌放入庄宗庙内。晋高祖即位后,又追封周德威为燕王。

周德威的儿子周光辅,历任汾、汝州刺史。

刘昫传

【题解】

刘昫(888~947),字耀远,涿州归义县(今河北雄县西北)人。后晋天福六年,高祖命张昭远、贾纬等人修撰唐史,由宰相赵莹监修。出帝开运二年,《唐书》撰成,因此时刘昫为监修宰相,所以此书由刘昫奏上,题为"刘昫等撰"。后来北宋欧阳修、宋祁撰《新唐书》,为与之区别,改名为《旧唐书》。

《旧唐书》二百卷,本纪二十卷,志三十卷,列传一百五十卷。记载了上起唐高祖武德元年(618),下迄哀帝天祐四年(907)唐代二百九十年的历史。宪宗以前主要依据唐代国史和实录。取舍较为得当,文字也简洁明了。而宪宗以后,则无本可据,皆由编者依搜集到的材料纂辑而成,内容较芜杂,也多有讹误。《旧唐书》的食货、礼仪、音乐、职官、刑法数志较好,这和唐一代注重典章制度的总结有关。尤其值得注意的是,《旧唐书》对国内外少数民族的记载,超过以前各正史,而且史料可靠,对研究少数民族史和中外关系史都有重要的史料价值。正因为《旧唐书》有这些长处，故《新唐书》问世，也不能取代它，两《唐书》并存。

【原文】

刘昫，字耀远，涿州归义人也。祖乘，幽府左司马；父因，幽州巡官。昫神彩秀拔，文学优赡，与兄暄、弟皞，俱有乡曲之誉。唐天祐中，契丹陷其郡，昫被俘至新州，逃而获免。后居上国大宁山，与吕梦奇、张麟结庵共处，以吟诵自娱。

会定州连帅王处直以其子都为易州刺史，署昫为军事衙推。及都去任，乞假还乡，都招昫至中山。会其兄暄自本郡至，都荐于其父，寻署为节度衙推，不逾岁，命为观察推官。历二年，都篡父位。时都有客和少微素嫉暄，构而杀之，昫越境而去，寓居浮阳，节度使李存审辟为从事。庄宗即位，授太常博士，寻擢为翰林学士，继改膳部员外郎，赐绯；比部郎中，赐紫。丁母忧，服阕，授库部郎中，依旧充职。明宗即位，拜中书舍人，历户部侍郎、端明殿学士。明宗重其风仪，爱其温厚。长兴中，拜中书侍郎兼刑部尚书、平章事。时昫入谢，遇大祠，明宗不御中兴殿，阁门曰："旧礼，宰相谢恩，须正殿通唤，请候来日。"枢密使赵延寿曰："命相之制，下已数日，中谢无宜后时。"因即奏之，遂谢于端明殿。昫自端明殿学士拜相，而谢于本殿，士子荣之。

清泰初，兼判三司，加吏部尚书、门下侍郎，监修国史。时与同列李愚不协，动至忿争，时论非之。未几，俱罢知政事，昫守右仆射，以张延朗代判三司。初，唐末帝自凤翔至，切于军用，时王玫判三司，诏问钱谷，玫具奏其数，及命赏军，甚愆于素。末帝怒，用昫代玫，昫乃搜索簿书，命判官高延赏计穷诘勾，及积年残租，或场务贩负，皆虚系赈籍，条奏其事，请可征者急督之，无以偿官者蠲除之。吏民相与歌咏，唯主典怨沮。及罢相之日，群吏相贺，昫归，无一人从之者，盖憎其太察故也。

天福初，张从宾作乱于洛阳，害皇子重乂，诏为东都留守，判河南府事，寻以本官判盐铁。未几，奉使入契丹，还迁太子太保兼左仆射，封谯国公，俄改太子太傅。开运初，授司空、平章事，监修国史，复判三司。契丹主至，不改其职。昫以眼疾乞休致，契丹主降伪命授昫守太保。契丹主北去，留于东京。其年夏，以病卒，年六十。汉高祖登极，赠太保。

初，昫避难河朔，匿于北山兰若，有贾少瑜者为僧，辍衾袍以温燠之。及昫官达，致少瑜进士及第，拜监察御史，闻者义之。

【译文】

刘昫，字耀远，涿州归义县人。祖父刘乘，为幽陵都督府左司马；父亲刘因，任幽州巡官，刘昫神采优秀而出色，文学造诣深厚，和哥哥刘暄、弟弟刘皞，都在乡里有好名声。唐天祐年间，契丹攻陷了涿州，刘昫被俘虏到新州，逃出而获得自由。后来住在上国大宁山，和吕梦奇、张麟构筑草屋住在一起，以吟诵诗文自得其乐。

适逢定州连帅王处直以他的儿子王都为易州刺史，王都让刘昫代理军事衙推。到王都卸任，刘昫请假回乡，王都又招刘昫到中山。正好他哥哥刘暄从本郡到此，王都把刘暄举荐给他的父亲，不久代理节度衙推，不到一年，命他为观察推官。过两年，王都篡夺了父亲的位置。当时王都有个门客叫和少微，一向嫉妒刘暄，结怨而杀刘暄，刘暄逃出此地,寄居在浮阳节度使李存审征辟刘昫为从事。庄宗即位,授予太常博士,不久升为翰林学士,继而任膳部员外郎,赐绯红袍;任比部郎中,赐紫袍。遭母丧,服丧期满,授予库部郎中,依旧任职。明宗即位,拜为中书舍人,历任户部侍郎、端明殿学士。明宗看重刘昫的风度仪态,喜爱他的温和敦厚。长兴年间,拜为中书侍郎兼刑部尚书、平章事。于是刘昫入朝谢恩,赶上最隆重的祭祀,明宗不御临中兴殿,阁门使告诉说:"按旧礼,宰相谢恩,须在正殿通报传唤,请等到明天。"枢密使赵延寿说:"任命宰相的制书,颁下已经好几天了,入朝谢恩不宜推后。"因此立即上奏明宗,于是在端明殿谢恩。刘昫从端明殿学士拜为宰相,而且又在本殿谢恩,士子以此为荣耀。

清泰初年,刘昫兼判三司,又加官吏部尚书、门下侍郎,监修国史。当时与同班的李愚不睦,一有事就争吵,当时的议论非难刘昫。不久,刘昫、李愚都免知政事,刘昫守右仆射,让张延郎代判三司。当初,唐末帝从凤翔来,急迫地需要军费,此时王玫判三司,朝廷下诏问他钱谷状况,王玫把钱谷的数目都奏于朝廷,到命令他出钱谷犒赏军队,却严重地失于空虚。末帝发怒,用刘昫取代王玫,刘昫就搜索记财物收支的账簿,命令判官高延赏仔细计款算查,连多年的残租,或者是市场的交易,都是虚付账籍,刘昫将这些情况具条成章上奏,请求对可以征收的人抓紧督收,没有能力偿还官府的人就免除,对此吏与百姓相与唱歌欢庆,只有主管的人怨恨沮丧。到刘昫罢相的时候,众官吏相庆贺,刘昫还乡,没有一个跟从他的人,大概憎恨他太苛察的缘故。

晋天福初年,张从宾在洛阳作乱,害皇子重乂,朝廷诏令刘昫为东都留守,判河南府事,不久以本官职判盐铁。没有多久,又奉命出使到契丹,回来任太子太保兼左仆射,封谯国公,不久改为太子太傅。开运初年,除授司空、平章事,监修国史,又判三司。契丹主太宗到洛阳,不改刘昫的官职,刘昫以眼病乞求退休,契丹太宗颁降伪命,授刘昫守太保。契丹太宗退回北方,刘昫留在东京。这年夏季,因病去世,终年六十。汉高祖登极,赠刘昫太保。

当初,刘昫在河朔避难,藏在北山的寺院里,有个叫贾少瑜的僧人,脱下自己的衾袍用来温暖刘昫。到刘昫官运通达,给予贾少瑜进士及第,拜监察御史,听说此事的人都认为刘昫仁义。

杨凝式传

【题解】

杨凝式(公元 873~954),字景度,号虚白、希维居士,或称癸巳人、关西老农,华阴(今陕西属县)人。唐相杨涉之子。杨凝式于唐昭宗时中进士,后历仕五代梁、唐、晋、汉、周五朝。在唐、后梁易代之际,杨凝式恐招祸,佯装疯癫,因此人称之为"杨疯子"。他虽然历仕五代,但并未受到重用,且不时以"心疾"免官。因他有才气声望,又善于以疯病保护自己,虽然处于政局动荡、政权不断易手的政局中,却能免祸寿终。

杨凝式是五代时期最著名的书法家。他的书法,远学二王,近师欧阳询、颜真卿,形成自己遒劲纵逸的书风,在当时就影响很大,洛阳的僧寺道观,杨凝式题壁殆遍,他的片语只字,人们都加以珍藏。当时人把他与颜真卿并列,称为"颜、杨"。他的书法,对后世影响很大,特别是宋元名家。明人董其昌以为,"宋四大家(苏、黄、米、蔡)并从杨少师津逮以造鲁公之室"。其中黄庭坚曾作诗称颂杨的书法:"俗书只识兰亭面,欲换凡骨无金丹,谁知洛阳杨风子,下笔便到乌丝阑。"他传世的书法作品有《韭花帖》《夏热帖》《神仙起居法》等。

杨凝式雕像

【原文】

杨凝式,华阴人也。父涉,唐末梁初,再登台席,罢相守左仆射卒。凝式体虽蕞眇,而精神颖悟,富有文藻,大为时辈所推。唐昭宗朝,登进士第,解褐授度支巡官,再迁秘书郎,直史馆。梁开平中,为殿中侍御史、礼部员外郎、三川守,齐王张宗奭见而嘉之,请以本官充留守巡官。梁相赵光裔素重其才,奏为集贤殿直学士,改考功员外郎。

唐同光初,授比部郎中、知制诰。寻以心疾罢去,改给事中、史馆修撰,判馆事。明宗即位,拜中书舍人,复以心疾不朝而罢。长兴中,历右常侍、工户二部侍郎,以旧恙免,改秘书监。清泰初,迁兵部侍郎。唐末帝按兵于怀覃,凝式在扈从之列,颇以心恙喧哗于军砦,末帝以其才名,优容之,诏遣归洛。

晋天福初,改太子宾客,寻以礼部尚书致仕,闲居伊、洛之间,恣其狂逸,多所干忤,自居守以降,咸以俊才耆德,莫之责也。晋开运中,宰相桑维翰知其绝俸,艰于家食,奏除太子少保,分司于洛。汉乾祐中,历少傅、少师。太祖总政,凝式候于军门,且以年老不任庶事上诉,太祖特为奏免之。广顺中,表求致政,寻以右仆射得请。显德初,改左仆射,又改太子太保,并悬车。元年冬,卒于洛阳,年八十五。诏赠太子太傅。

凝式长于歌侍,善于笔札,洛川寺观蓝墙粉壁之上,题纪殆遍,时人以其纵诞,有"风子"之号焉。

【译文】

杨凝式,华阴县人。他的父亲杨涉,在唐朝末年梁代初年,曾两次为台阁大臣,罢相后任为仆射,死于任上。杨凝式身体瘦小,却非常精神,非仕被任为度支巡官,又升为秘书郎,任职史馆。后梁开平年间,任殿中侍御史、礼部员外郎,三川太守,齐王张宗奭一见到他就满口嘉赏,请他的原职充任留守巡官。后梁丞相赵光裔一向重视杨凝式的才华,推荐他任集贤殿直学士,后改为考功员外郎。

后唐同光初年,任他为比部郎中、知制诰。不久因他神经有毛病,改任为给事中、史馆修撰,掌管史馆事务。后唐明宗即位,任他为中书舍人,又因犯神经病不能上朝而罢官。长兴年间,历任右常侍、工户二部侍郎,仍以旧病被免官,改任秘书监。清泰初年,升任兵部侍郎。后唐末帝率军驻扎在怀罤,杨凝式跟随在皇帝身边,不时因神经病复发在军营中大吵大闹,末帝因他有才有名,原谅了他,把他送回洛阳。

后晋天福初年,改任他为太子宾客,不久以礼部尚书的官衔退休,在伊水、洛水之间闲住,任意发疯发癫,得罪了不少人,从郡太守以下,人们因他有高才又是老资格,没人去责备他。后晋开运年间,宰相桑维翰知道他没有薪俸收入,吃饭也成了问题,上奏朝廷,任他为太子太保,在洛阳设立分支机构。后汉乾祐年间,历任少傅、少师。后周太祖郭威专擅军政,杨凝式在军营外等候郭威接见,诉说年岁已老不能再管日常事务,郭威为此上奏皇帝,免去他的日常杂务。后周广顺年间,上书请求去任,不久以右仆射的官衔准予退休。显德初年,改任左仆射,又改任太子太保,二任都是闲居在家,不管政事。显德元年冬天,杨凝式死于洛阳,时年八十五岁。朝廷赠给他太子太傅的荣衔。

杨凝式擅长作诗,又长于书法,洛川寺观的蓝墙红壁之上,遍是他的题字。当时人因他放纵怪诞,称之为"疯子"。

冯道传

【题解】

冯道(882~954),字可道,瀛洲景城(今河北献县东北)人,好学能文,生性廉洁。自从在后唐明宗时担任宰相以后,冯道历任后唐闵帝、末帝,后晋高祖、出帝,后汉高祖、隐帝,后周太祖、世宗朝宰相,居相位二十余年,自称"长乐老"。冯道处世"持重镇俗",不干涉地方诸侯事务,因此得以长久为相。在后唐明宗时,冯道能陈述民间疾苦;在后晋末能劝阻契丹王屠杀中原士民。特别是后唐明宗长兴三年(932),他组织人力,将《九经》雕版印行,成为中国古代官府刻印书籍的开端。宋初史学家对冯道毁誉参半,但到北宋中叶以后,史学家对冯道历事四朝、不忠于一姓一君的行为大多持批判态度。

【原文】

冯道,字可道,瀛洲景城人。其先为农为儒,不恒其业。道少纯厚,好学能文,不耻恶衣食。负米奉亲之外,唯以披诵吟讽为事,虽大雪拥户,凝尘满席,湛如也。天祐中,刘守光署为幽州掾。守光引兵伐中山,访于僚属,道常以利害箴之,守光怒,置于狱中,寻为人所救免。守光败,遁归太原,监军使张承业辟为本院巡官。承业重其文章履行,甚见待遇。时有周玄豹者,善人伦鉴,与道不洽,谓承业曰:"冯生无前程,公不可过用。"时河东记室卢质闻之曰:"我曾见杜黄裳司空写真图,道之状貌酷类焉,将来必副大用,玄豹之言不足信也。"承业寻荐为霸府从事,俄署太原掌书记。时庄宗并有河北,文翰甚繁,一以委之。

庄宗与梁军夹河对垒。一日,郭崇韬以诸校伴食数多,主者不办,请少罢减。庄宗怒曰:"孤为效命者设食,都不自由,其河北三镇,令三军别择一人为帅,孤请归太原以避贤路。"遽命道对面草词,将示其众。道执笔久之,庄宗正色促焉。道徐起对曰:"道所掌笔砚,敢不供职。今大王屡集大功,方平南寇,崇韬所谏,未至过当,阻拒之则可,不可以向来之言,喧动群议,敌人若知,谓大王君臣之不和矣。幸熟而思之,则天下幸甚也。"俄而崇韬入谢,因道之解焉,人始重其胆量。庄宗即位邺宫,除省郎,充翰林学士,自绿衣赐紫。梁平,迁中书舍人、户部侍郎。丁父忧,持服于景城。遇岁俭,所得俸余,悉赈于乡里,道之所居,唯蓬茨而已,凡牧宰馈遗,斗粟匹帛,无所受焉。时契丹方盛,素闻道名,欲掠而取之,会边人有备,获免。

"官场不倒翁"冯道

明宗入洛,遽谓近臣安重诲曰:"先帝时冯道郎中何在?"重诲曰:"近除翰林学士,"明宗曰:"此人朕素谙悉,是好宰相。"俄拜端明殿学士。端明之号,自道始也。未几,迁中书侍郎、刑部尚书平章事。凡孤寒士子,抱才业、素知识者,皆与引用,唐末衣冠,履行浮躁者,必抑而置之。有工部侍郎任赞,因班退,与同列戏道于后曰:"若急行,必遗下《兔园册》。"道知之,召赞谓曰:"《兔园册》皆名儒所集,道能讽之。中朝士子止看文场秀句,便为举业,皆窃取公卿,何浅狭之甚耶!"赞大愧焉。复有梁朝宰臣李琪,每以文章自擅,曾进《贺平中山王都表》,云"复真定之逆城"。道让琪曰:"昨来收复定州,非真定也。"琪昧于地理,顿至折角。其后百僚上明宗徽号凡三章,道自为之,其文浑然,非流俗之体,举朝服焉。道尤长于篇咏,秉笔则成,典丽之外,义含古道,必为远近传写,故渐畏其高深,由是班行肃然,无浇醨之态。继改门下侍郎、户部吏部尚书、集贤殿弘文馆大学士,加尚书左仆射,封始平郡公。一日,道因上谒既退,明宗顾谓侍臣曰:"冯道性纯俭,顷在德胜寨居一茅庵,与从人同器食,卧则刍藁一束,其心晏如也。及以父忧退归乡里,自耕樵采,与农夫杂处,略不以素贵介怀,真士大夫也。"

天成、长兴中,天下屡稔,朝廷无事。明宗每御延英,留道访以外事,道曰:"陛下以至德承天,天以有年表瑞,更在日慎一日,以答天心。臣每记在先皇霸府日,曾奉使中山,经井陉之险,忧马有蹶失,不敢怠于衔辔。及至平地,则无复持控,果为马所颠仆,几至于损。臣所陈虽小,可以喻大。陛下勿以清晏丰熟,便纵逸乐,兢兢业业,臣之望也。"明宗深然之。佗日又问道曰:"天下虽熟,百姓得济否?"道曰:"谷贵饿农,谷贱伤农,此常理也。臣忆得近代有举子聂夷中《伤田家诗》云:'二月卖新丝,五月粜秋谷,医得眼下疮,剜却心头肉。我愿君王心,化作光明烛,不照绮罗筵,偏照逃亡屋。'"明宗曰:"此诗甚好。"遽命侍臣录下,每自讽之。道之发言简正,善于裨益,非常人所能及也。时以诸经舛缪,与同列李愚委学官田敏等,取西京郑覃所刊石经,雕为印版,流布天下,后进赖之。明宗崩,唐末帝嗣位,以道为山陵使,礼毕,出镇同州,循故事也。道为政闲淡,狱市无挠。一日,有上介胡饶,本出军吏,性粗犷,因事诟道于牙门,左右数报不应。道曰:"此必醉耳!"因召入,开尊设食,尽夕而起,无挠愠之色。未几,入为司空。

及晋祖入洛,以道为首相。二年,契丹遣使加徽号于晋祖,晋祖亦献徽号于契丹,谓

中华传世藏书

二十四史

精华

四二十
史十四

旧五代史·新五代史

一八四六

道曰："此行非卿不可。"道无难色。晋祖又曰："卿官崇德重，不可深入沙漠。"道曰："陛下受北朝恩，臣受陛下恩，何有不可！"及行，将达西楼，契丹主欲效迎，其臣曰："天子无迎宰相之礼。"因止焉，其名动殊俗也如此。及还，朝廷废枢密使，依唐朝故事，并归中书，其院印付道，事无巨细，悉以归之。寻加司徒、兼侍中，进封鲁国公。晋祖曾以用兵事问道，道曰："陛下历试诸艰，创成大业，神武睿略，为天下所知，讨伐不庭，须从独断。臣本自书生，为陛下在中书，守历代成规，不敢有一毫之失也。臣在明宗朝，曾以戎事问臣，臣亦以斯言答之。"晋祖颇可其说。道尝上表求退，晋祖不之览，先遣郑王就省，谓曰："卿来日不出，朕当亲行请卿。"道不得已出焉。当时宠遇，无与为比。

晋少帝即位，加守太尉，进封燕国公。道尝问朝中熟客曰："道之在政事堂，人有何说？"客曰："是非相半。"道曰："凡人同者为是，不同为非，而非道者，十恐有九。昔仲尼圣人也，犹为叔孙武叔所毁，况道之虚薄者乎！"然道之所持，始终不易。后有人间道于少帝曰："道好平时宰相，无以济其艰难，如禅僧不可呼鹰耳。"由是出道为同州节度使。岁余，移镇南阳，加中书令。

契丹入汴，道自襄、邓召入，戎王因从容问曰："天下百姓，如何可救？"道曰："此时百姓，佛再出救不得，唯皇帝救得。"其后衣寇不至伤夷，皆道与赵延寿阴护之所至也。是岁三月，随契丹北行，与晋室公卿俱抵常山。俄而戎王卒，永康王代统其众。及北去，留其族解里以据常山。时汉军愤激，因共逐出解里，寻复其城。道率同列，四出按抚，因事从宜，各安其所。人或推其功，道曰："儒臣何能为，皆诸将之力也。"道以德重，人所取则，乃为众择诸将之勤宿者，以骑校白再荣权为其帅，军民由是帖然，道首有力焉。道在常山，见有中国士女为契丹所俘者，出橐装以赎之，皆寄予高尼精舍，后相次访其家以归之。又，契丹先留道与李崧、和凝及文武官等在常山，是岁闰七月二十九日，契丹有伪诏追崧，令选朝士十人赴木叶山行事。契丹麻答召道等至帐所，欲谕之，崧偶先至，知其旨，惧形于色。麻答将以明日与朝士齐遣之，崧乃不俟道，与凝先出，既而相遇于帐门之外，因与分手俱归。俄而李筠等纵火与契丹交斗，鼓鞞相及。是日若齐至，与麻答相见，稍或踌躇，则悉为俘矣。时论者以道布衣有至行，立公朝有重望，其阴报昭感，多此类也。

及自常出入觐，汉祖嘉之，拜守太师。乾祐中，道奉朝请外，平居自适。一日，著《长乐老自叙》云：

余世家宗族，本始平、长乐二郡，历代之名实，具载于国史家牒。余先自燕亡归晋，事庄宗、明宗、闵帝、清泰帝，又事晋高祖皇帝、少帝。契丹据汴京，为戎主所制，自镇州与文武臣僚、马步将士归汉朝，事高祖皇帝、今上。顾以久叨禄位，备历艰危，上显祖宗，下光亲戚。亡曾祖讳凑，累赠至太傅，亡曾祖母崔氏，追封梁国太夫人；亡祖讳炯，累赠至太师，亡祖母褚氏，追封吴国太夫人；亡父讳良建，秘书少监致仕，累赠至尚书令，母张氏，追封魏国太夫人。

余阶自将仕郎，转朝议郎、朝散大夫、银青光禄大夫、金紫光禄大夫、特进、开府仪同三司。职自幽州节度巡官、河东节度巡官、掌书记，再为翰林学士，改授端明殿学士、集贤殿大学士、太微宫使，再为弘文馆大学士，又充诸道盐铁转运使、南郊大礼使、明宗皇帝晋高祖皇帝山陵使，再授定国军节度、同州管内观察处置等使，一为长春宫使，又授武胜军节度、邓随均房等州管内观察处置等使。官自摄幽府参军、试大理评事、检校尚书祠部郎中兼侍御史、检校吏部郎中兼御史中丞、检校太尉、同中书门下平章事、检校太师、兼侍中，又授检校太师、兼中书令。正官自行台中书舍人，再为户部侍郎，转兵部侍郎、中书侍郎，再为门下侍郎、刑部吏部尚书、右仆射，三为司空，两在中书，一守本官，又授司徒、兼侍中，赐私门十六载，又授太尉、兼侍中，又授戎太傅，又授汉太师。爵自开国男至开国公、鲁国公，再封秦国公、梁国公、燕国公、齐国公。食邑自三百户至一万一千户，食实封自一百户至一千八百户。勋自柱国至上柱国。功臣名自经邦致理翊赞功臣至守正崇德保邦致理功臣、安时处顺守义崇静功臣、崇仁保德宁邦翊圣功臣。

先娶故德州户掾褚讳溃女，早亡；后娶故景州弓高县孙明府讳师礼女，累封蜀国夫人。亡长子平，自秘书郎授右拾遗、工部度支员外郎；次子吉，自秘书省校书郎授膳部金部职方员外郎、屯田郎中；第三亡子可，自秘书省正字授殿中丞、工部户部员外郎；第四子幼亡；第五子义，自秘书郎改授银青光禄大夫、检校国子祭酒兼御史中丞，充定国军衙内都指挥使，职罢改授朝散大夫、左春坊太子司议郎，授太常丞；第六子正，自协律郎改授银青光禄大夫、检校国子祭酒兼御史中丞，充定国军节度使，职罢，改授朝散大夫、太仆丞。长女适故兵部崔侍郎讳衍子太仆少卿名绚，封万年县君；三女子早亡。二孩幼亡。唐长兴二年敕，瀛洲景城县庄来苏乡改为元辅乡，朝汉里为孝行里。洛南庄贯河南府洛阳县三州乡灵台里，奉晋天福五年敕，三州乡改为上相乡，灵台里改为中台里，时守司徒、兼侍中；又奉八年敕，上相乡改为太尉乡，中台里改为侍中里，时守太尉、兼侍中。

静思本末，庆及存亡，盖自国恩，尽从家法，承训诲之旨，关教化之源，在孝于家，在忠于国，口无不道之言，门无不义之货。所愿者下不欺于地，中不欺于人，上不欺于天，以三不欺为素。贱如是，贵如是，长如是，老如是，事亲、事君、事长、临人之道，旷蒙天恕，累经难而获多福，曾陷蕃而归中华，非人之谋，是天之祐。六合之内有幸者，百岁之后有归所，无以珠玉含，当以时服敛，以籧篨葬，及择不食之地而葬焉，以不及于古人故。祭以特羊，戒杀生也，当以不害命之物祭。无立神道碑，以三代坟前不获立碑故。无请谥号，以无德故。又念自宾佐至王佐及领藩镇时，或有微益于国之事节，皆形于公籍。所著文章篇咏，因多事散失外，收拾得者，编于家集，其间见其志。知之者，罪之者，未知众寡矣。有庄、有宅、有群书，有二子可以袭其业。于此日五盥，日三省，尚犹日知其所亡，月无忘其所能。为子、为弟、为人臣、为师长、为夫、为父，有子、有犹子、有孙，奉身即有余矣。为时乃不足，不足者何？不能为大君致一统、定八方，诚有愧于历职历官，何以答乾坤之施。时开一卷，时饮一杯，食味别声被色，老安于当代耶！老而自乐，何乐如之！时乾祐三年朱明月长乐老序云。

及太祖平内难，议立徐州节度使刘赟为汉嗣，遣道与秘书监赵上交、枢密直学士王度等往迎之。道寻与赟自徐赴汴，行至宋州，会澶州军变。枢密使王峻遣郭崇领兵至，屯于衙门外，时道与上交等宿于衙内。是日，赟率左右甲士阖门登楼，诘崇所自，崇言太祖已副推戴。左右知其事变，以为道所卖，皆欲杀道等以自快。赵上交与王度闻之，皆惶怖不知所为，唯道偃仰自适，略无惧色，寻亦获免焉。道微时尝赋诗云："终闻海岳归明主，未省乾坤陷吉人。"至是，其言验矣。广顺初，复拜太师、中书令，太祖甚重之，每进对不以名呼。及太祖崩，世宗以道为山陵使。会河东刘崇入寇，世宗召大臣议欲亲征，道谏止之，世宗因言："唐初，天下草寇蜂起，并是太宗亲平之。"道奏曰："陛下得如太宗否？"世宗怒曰："冯道何相少也。"乃罢。及世宗亲征，不令扈从，留道奉太祖山陵。时道已抱疾。及山陵礼毕，奉神主归旧宫，未及祔庙，一夕薨于其第，时显德元年四月十七日也，享年七十有三。世宗闻之，辍视朝三日，册赠尚书令，追封瀛王，谥曰文懿。

道历任四朝，三入中书，在相位二十余年，以持重镇俗为己任，未尝以片简扰于诸侯。平生甚廉俭，逮至末年，闺庭之内，稍徇奢靡。其子吉，尤恣狂荡，道不能制，识者以其不终令誉，咸叹惜之。

【译文】

冯道，字可道，瀛州景城人。他家先祖曾务农或为儒，没有一定职业。冯道年少时，性情纯朴厚道，好学能文，不以衣食粗陋为耻，除奉养父母外，只是读书吟诗，即使大雪封门、尘垢满席，也依旧兴致盎然。天祐年间，刘守光任他为幽州掾。刘守光领兵讨伐中山，向僚属咨询，冯道常以利害规劝他。刘守光恼怒，把他投入牢狱，不久被人搭救，免遭不测。刘守光败亡，冯道逃归太原。监军使张承业用他做本院巡官。张承业看重他的文章道德，待他十分优厚。当时有个叫周玄豹的人，擅长给人看相，与冯道不和睦，便对张承业说："冯生没有前途，公不可以太重用他。"河东记室卢质得知后说："我曾见到过杜黄裳司空的画像，冯道的相貌酷似他，将来一定是做大事的，周玄豹的话不足为信。"张承业不久举荐他做了霸府从事，稍后又任太原掌书记。其时庄宗据有河北，文牍事务繁忙，统由冯道掌管。

庄宗军队与梁军隔黄河相对峙。一天，郭宗韬以诸将校会餐人数过多，主管人供应不起，请稍减员，庄宗发怒说："我想给那些为我效力的人管几顿饭，自己都做不得主，那么河北三镇就请三军另外选择一人任主帅，我请求回太原，以避贤让路。"随即命冯道当面草拟文书，以向部下宣告。冯道持笔呆了很久，庄宗严厉催促他，他缓缓起身答道："我的职责就是掌管笔墨文书，岂敢不奉命从事。如今大王您屡建大功，刚刚平定南方寇乱，崇韬所谏，未必失当，拒绝他可以，却不可用刚才那番话挑起众议。敌人若是得知，便会说大王您这里君臣不和了。希望再三考虑，那便是天下的万幸。"不久郭崇韬入朝致谢，因为冯道替他解了围。人们开始敬重冯道的胆识。庄宗在邺宫继位，授冯道省郎，充翰林学士，从绿衣(低品官)赐紫(高品官)。平定梁朝后，又升中书舍人、户部侍郎。后因父亲亡故，在景城守丧。时逢年景不好，他把节余的俸禄，全部用来振济乡里百姓，他的住所不过是茅屋陋室。凡地方官的赠物，即便是一斗谷、一匹帛也不受纳。其时正当契丹国势强盛，他们久闻冯道声名，预谋要把他劫走，因边地民众已有防备，冯道才得以免祸。

明宗入主洛阳后，立刻问近臣安重海说："先帝在位时的冯道郎中在什么地方？"安重海回答："不久前授翰林学士。"明宗说："此人我久已熟知，是好宰相。"很快便拜冯道为端明殿学士。"端明"之号就是从冯道开始设立的。不久冯道迁中书侍郎、刑部尚书平章事。凡贫困微贱无所依恃却有才干、有抱负，又与他素来相知的士人，他一律拔用；唐朝末年世族中行为浮躁的人，他必定贬抑不用。有位工部侍郎名叫任赞，退朝时，和同僚在后面嘲笑冯道说："他若快走，一定会掉下《兔园册》。"冯道听说此事，召来任赞对他说："《兔园册》的文章都是名儒编集的，我可以背诵。旧朝廷一些士子，不过读了些考场上的华丽辞藻，就去应试，都是窃取公卿的名位，真是何等浅薄、狭隘。"任赞十分惭愧。又有梁朝宰相李琪,常以文章自诩。曾进呈《贺平中山王都表》,文中有"复真定之逆城"一句,冯道批评他说:"昨日收复的是定州,而非真定。"李琪不通地理,顿受挫辱。其后百官上明宗徽号的奏文共有三章,都由冯道一人写成,文笔浑然天成,绝非一般文体,满朝文武都心悦诚服。冯道尤其长于诗文,提笔一挥而就,不仅文词典丽,而且内蕴古义,必定为远近传抄。时人因此逐渐敬畏他才学高深,从此朝廷间也风气肃然,不再有浅薄放肆的举止。继而冯道改任门下侍郎、户部、吏部尚书、集贤殿弘文馆大学士,又加尚书左仆射,封始平郡公。一天冯道上朝退下后,明宗望着他对侍臣说:"冯道生性纯厚俭朴,最近在德胜寨住一处草房,与随从同器吃饭,睡则是刍藁一捆,但他却心安理得。及至为守父丧退居乡里,他自己种田、砍柴、采集,与农夫们杂处,并不介意自己往日的高贵身份,这才真是士大夫啊。"

天成、长兴年间,天下连年丰收,朝廷无事。明宗坐朝廷英殿,留冯道向他询问朝廷外面的事。冯道说:"陛下以至上的道德承受天命,上天以丰年昭示祥瑞,陛下更要日日谨慎,以酬答上天之心。臣常忆起在先帝霸府任职时,曾奉命出使中山,过井陉险地时,唯恐马匹失蹄,不敢放松缰绳,等到平地,便不再控制,结果被马摔下,几乎致残。臣所说的这件事虽小,却可以比喻大事。陛下不要因为天下清明安定,连年丰收,便无节制地享乐。兢兢业业,是臣对陛下的希望。"明宗非常赞同。改日明宗又问冯道:"天下虽然丰收,但百姓是否就能获益?"冯道回答:"粮食太贵农民挨饿,粮食太贱农民受损害,这是普通的道理。臣记得近世有位举子叫聂夷中,做了一首《伤田家诗》,诗中写道:'二月卖新丝,五月粜秋谷,医得眼下疮,剜却心头肉。我愿君王心,化作光明烛,不照绮罗筵,偏照逃亡屋。'"明宗说:"这首诗非常好。"即刻令侍臣抄下,时常自己背诵。冯道讲话简练切题,善于使听者获益,这方面一般人难以与他相比。当时各部经书谬误甚多,为此冯道和同僚李愚一起,委派学官田敏等人,取西京长安郑覃刊刻的石经,雕刻成印版,使经书得以流行于天下,后辈学者都仰赖这些书籍。明宗去世后,唐末帝继位,任命冯道为山陵使。丧礼结束,又遵循旧例,派他出镇同州。冯道执政清静淡泊,不干预狱讼,不扰乱市易。有个叫胡饶的州府属官,军吏出身,性格粗犷,一天因事在官署门口谩骂冯道。手下人屡次向冯道通报,他都不予理睬,说"此人一定醉了。"后把他召入官署,摆酒设宴,款待了一个晚上才起身离去,没有一点儿怒色。不久,冯道入朝任司空。

及至晋祖入主洛阳,任冯道为首相。次年,契丹派遣使臣给晋祖加徽号,晋祖也要给契丹献徽号,对冯道说:"此行非你不可。"冯道没有为难。晋祖又说:"你官高德崇,不可以深入沙漠。"冯道回答:"陛下受北方契丹朝廷的恩泽,臣受陛下的恩泽,有什么不可以呢!"上路后,快行至西楼时,契丹国主要到郊外迎接,手下大臣说:"哪有天子迎接宰相的礼节。"于是未去。冯道的名声就这样,大到影响异邦礼俗的地步。还朝后,朝廷废除枢密使,援照唐朝成例,把它归并到中书,枢密院官印交付冯道,大小事务也全部由他掌管。不久,冯道加官司徒、兼侍中,晋封为鲁国公。晋祖曾就如何用兵征询冯道的意见。冯道回答:"陛下历经磨难,创成大业,雄才大略闻名天下。讨伐不义,必须听从一人决断。臣本是一介书生,为了陛下才在中书省效力,恪守历代成规,不敢有丝毫差池。臣在明宗朝时,明宗也曾问过臣军事,臣也是以这番话作答的。"晋祖十分赞同他的话。冯道曾七表请求引退,晋祖不看,而是先派郑王去探望他,并对他说:"你明日若不复出,朕就会亲自晋少帝继位,加冯道守太尉,晋封为燕国公。冯道曾问朝廷中一位熟悉的门客说:"我在政事堂,人们对我有什么议论?"门客说:"是非参半。"冯道说:"一般人都是对与自己意见相同的人就加以肯定,不同的就加以否定。否定我的恐怕十人中有九人。古昔的孔仲尼是圣人,尚且要被叔孙武叔诋毁,更何况我这样微小的人物呢!"尽管如此,冯道仍坚持自己的处世之道,始终不改。而后有人离间冯道和少帝的关系,在少帝面前说:"冯道不过是太平时的好宰相,遇到时世艰难就无济于事了。就像坐禅的僧人不可以用他来呼鹰一样。"由此少帝让冯道离开朝廷出任同州节度使,经过一年多,又改任南阳节度使,加中书令。

契丹进入汴京,冯道自襄、邓奉召入汴,契丹王从容问道:"天下百姓,怎样才能得救?"冯道回答:"现在的百姓,即使佛祖再世也救不了,只有皇帝能救他们。"其后官宦士绅没有受到伤害,这都是冯道和赵延寿暗地保护的结果。当年三月,冯道随契丹王北上,与晋室公卿一同到达常山。不久契丹王死,永康王代替他统率部众。到永康王北上之后,留下同族人解里据守常山。这时后汉军队愤激,与城内配合,一同赶走了解里。不久收复常山城。冯道率同僚四出巡查抚慰,处事得当,百姓各安其所。有人将功劳推许冯道,他说:"我一介儒臣有什么作为,都是各位将士的功劳。"冯道以德高望重作众人表率,于是为众人从诸将中挑选勤谨老成的将领,以骑校白再荣暂做他们的统率。军民由此安定,冯道最有功劳。冯道在常山,见有中原士女被契丹俘获的,便出珠玉宝物把她们赎回,都安置在僧尼庵院寄居,尔后又寻找到她们的家人,使她们回到家里。再有,契丹人先前留下冯道、李崧、和凝,以及文武官员在常山,当年闰七月二十九日,契丹下伪诏追叫李崧,命令他挑选朝廷大臣十人,到木叶山参加葬礼。契丹麻答召冯道等人到他的营帐,要告诉他们。李崧偶尔先到一步,得知契丹麻答的命令,面露惧色。麻答想让他们明日与朝廷大臣一齐去,李崧于是不等冯道,与和凝先出营帐,继而在帐门外遇见冯道,于是同他分手后都返回住所。不一会儿,李筠等人纵火与契丹交战,鼓声相闻,兵器相接。当日几个人若一齐列营帐与麻答相见,或稍有迟疑,就会悉数被俘获了。当时人认为冯道做平民时有至善的德行,在朝做官又有众望,因此时常会有像这样的阴间之助和好报应。

待到从常山回京朝觐,后汉高祖对他十分赞赏,拜为守太师。乾祐年间,冯道除了上朝之外,安居自乐。一天,作《长乐老自叙》说:

我的宗族家世,源于始平、长乐二郡。历代先人的姓名和作为都记载在国史和家谱中。我先从燕逃归晋,侍奉庄宗、明宗、闵帝、清泰帝,又侍奉晋高祖皇帝、少帝。契丹占据汴京后,我被契丹国主辖制,从镇州与文武臣僚、马军步兵将士一起回归汉朝,侍奉高祖皇帝和当今皇上。因久居禄位,历尽艰危,而得以对上显扬祖宗,对下光耀亲戚。已故曾祖父的名讳是凑,屡经升迁官至太傅,已故曾祖母崔氏,追封为梁国太夫人;已故祖父的名讳是炯,累进官至太师,已故祖母褚氏,追封为吴国太夫人,亡父名讳良建,以秘书少监退休,追赠官至尚书令;母亲张氏,追封为魏国太夫人。

我的阶位从将仕郎开始,转升朝议郎、朝散大夫、银青光禄大夫、金紫光禄大夫、特进、开府仪同三司。"职"从幽州节度巡官、河东节度巡官、掌书记开始,再迁翰林学士、改授端明殿学士,集贤殿大学士、太微宫使,再迁弘文馆大学士,又充任诸道盐铁转运使、南郊大礼使、明宗皇帝晋高祖皇帝山陵使，再任定国军节度、同州管内观察处置等使，一任长春宫使，又授武胜军节度、邓、随、均、房等州管内观察处置等使。"官"自代理幽府参军开始，任试大理评事、检校尚书祠部郎中兼侍御史、检校吏部郎中兼御史中丞、检校太尉、同中书门下平章事、检校太师、兼侍中，又授检校太师、兼中书令。"正官"从行台中书舍人开始，任户部侍郎，转任兵部侍郎、中书侍郎，再转为门下侍郎、刑部、吏部尚书、右仆射，三次任司空，两次任中书，一次守本官，又授司徒、兼侍中，赐私家门前立十六支戟，再授太尉、兼侍中，任契丹太傅，任后汉太师。爵位自开国男至开国公、鲁国公，再封秦国公、梁国公、燕国公、齐国公。封邑自三百户至一万一千户，实封自一百户至一千八百户。勋位自柱国至上柱国。功臣名从经邦致理翊赞功臣到守正崇德保邦致理功臣、安时处顺守义崇敬功臣、崇仁保德宁邦翊圣功臣。

我先娶原德州户掾褚潢女儿为妻，妻子早亡；又娶原景州弓高县孙明府师礼女儿为妻。妻子累封蜀国夫人。已故长子冯平，先任秘书郎，后授右拾遗、工部度支员外郎；次子冯吉，先任秘书省校书郎，后授膳部金部职方员外郎、屯田郎中；已故三子冯可，先任秘书省正字，后授殿中丞、工部户部员外郎；第四子幼年夭折；第五子冯义，先任秘书郎，改授银青光禄大夫、检校国子祭酒兼御史中丞，充定国军衙内都指挥使，职务停罢后，改授朝散大夫、左春坊太子司议郎，又授太常丞；第六子冯正，先任协律郎，改授银青光禄大夫、检校国子祭酒兼御史中丞，充定国军节度使，职务停罢后，改授朝散大夫、太仆丞。长女嫁给前兵部侍郎崔衍的儿子、太仆少卿崔绚，封为万年县君。三个女儿早亡，两个孙子幼年夭折。奉后唐长兴二年敕令，瀛洲景城县庄所属来苏乡改称元辅乡，朝汉里改称孝行里。洛南庄原属于河南府洛阳县三州乡灵台里，奉后晋天福五年敕令，三州乡改称上相乡，灵台里改称中台里，当时我任守司徒、兼侍中。又奉天福八年敕令，上相乡改为太尉乡，中台里改为侍中里，当时我任守太尉、兼侍中。

静思我的一生，庆幸能够生存至今而没有死亡，这都是因为有来自国家的恩惠，也因为完全依从家法、仰承训导教诲的意旨，领悟教化的本源。于是在家尽孝，在国尽忠，口不讲不合乎道统的言论，家门内没有不义之财。我所希望的是下不欺于地，中不欺于人，上不欺于天。以这三不欺作为一贯的准则，贫贱如此，富贵如此，年壮如此，年老也如此。这种侍奉父母、侍奉君王、侍奉上级、对待下级的处世之道，蒙受上天莫大的宽恕，虽屡经危难而能多次获福，曾身陷番邦而终又回归中华，这些都非人尽力谋救所能达到的，而是上天的佑助。普天之下我是幸运的，百年之后我有葬身之地，不要在我口中含珠玉，只当用平常的衣物装殓，以粗席裹尸，选荒芜的地方下葬，因为我比不上古人。以牛羊祭礼，不要宰杀生灵，应以无生命之物祭祀。不要立神道碑，因为祖上三代均未能立碑。不请求加赠谥号，因为没有德行的缘故。又想到从幕府僚佐到帝王臣僚、及至任藩镇节度使时，或许稍有对国家有益的事情、操行，都记载在国家文书中。所写文章诗篇，除去在事故变迁中散失掉之外，收拾其余还可以得到的，编在自家文集中，那里面表现了我的志向。理解它与责难它的人，我不知哪个多，哪个少。家有庄田、有宅屋、有藏书，有两个儿子可以继承这些家业。在这里每日王次盥洗，三次反省，还能每日知道失掉的是什么，每月不忘自己有什么才能。身为人子、兄弟、人臣、师长、丈夫、父亲，有子、有侄、有孙，奉养自身已绰绰有余。但现在也有不足，不足的是什么呢？未能为国君统一天下、平定八方，实在有愧于担当的职务和官位,该拿什么来答谢天地的惠施呢?只是时而披阅一卷书,时而浅酌一盅酒,品尝美味,辨别声乐,环拥美色,年老而安然度日于当代呀!人虽老而自得其乐,还有什么快乐能与它相比!

乾祐三年夏月长乐老自序。

待到后周太祖平定内乱,提议立徐州节度使刘赟为后汉嗣君,派冯道与秘书监赵上交以及枢密直学士王度等人前去迎接。冯道不久便和刘赟从徐州赴汴京。走到宋州时,正值澶州兵变,枢密使王峻派郭崇率兵赶到,驻扎在衙门外。当时冯道和赵上交等一起住在衙门内。当天,刘赟带领随从卫士关闭衙门登上门楼,盘问郭崇从什么地方来。郭崇回答说:“后周太祖已受拥戴登基。”刘赟身边的人明白发生了事变,以为他们被冯道出卖,都想杀掉冯道以图心头痛快。赵上交和王度知道后,都惶恐不知所措,只有冯道行为自如,毫无恐惧之色,不久也就得以免祸。冯道尚未闻达时曾写一首诗:“终闻海岳归明主,未省乾坤陷吉人。”至此,诗中的话真正得到应验。广顺初年,冯道再次被拜为太师、中书令。太祖对他十分器重,每次他入朝应对,都不称呼他的名字。太祖去世时,世宗任冯道为山陵使。恰逢河东刘崇进犯,世宗要率军亲征,召集大臣讨论,冯道加以劝阻。世宗因此说:“唐朝初年,天下草寇蜂拥而起,都是唐太宗亲自扫平的。”冯道上奏说:“陛下能比得上唐太宗吗?”世宗恼怒地说:“冯道你为什么小看我!”冯道于是不再进言。待到世宗亲征时,没有让冯道扈行,留他奉祭太祖陵,这时他已患病。祭山陵礼仪完毕后,冯道护送太祖神像回旧时宫殿,还未等到送进太庙附祭,当晚便在家中去世,时间是显德元年四月十七日,享年七十三岁。世宗得知,三日不上朝,册书赠冯道为尚书令,追封瀛王,加谥号文懿。

冯道历仕四朝,三次做中书令,在宰相位前后二十余年,以行为持重、镇抚风俗为自己的责任,从未以一纸一字扰乱诸侯。平生十分廉洁俭朴,一直到他晚年,家中才稍见奢侈。他的儿子冯吉非常狂放不羁,他管束不住。有见识的人都因他未能把美好的声誉保持到底而感叹惋惜。

高祖皇后李氏传

【题解】

李氏,生卒年不详,是后汉高祖刘知远的皇后。她虽然出身农家,却颇有见识,为后汉高祖、隐帝提了不少好建议,而隐帝不肯听从,终致败亡。

【原文】

高祖皇后李氏,晋阳人也,其父为农。高祖少为军卒,牧马晋阳,夜入其家劫取之。高祖已贵,封魏国夫人,生隐帝。

开运四年,高祖起兵太原,赏军士,帑藏不足充,欲敛于民。后谏曰:“方今起事,号为义兵。民未知惠而先夺其财,殆非新天子所以救民之意也。今后宫所有,请悉出之,虽其不足,士亦不以为怨也。"高祖为改容谢之。高祖即位,立为皇后。高祖崩,隐帝册尊为皇太后。

帝年少,数与小人郭允明、后赞、李业等游戏宫中,后数切责之。帝曰:"国家之事,外有朝廷,非太后所宜言也。"太常卿张昭闻之,上疏谏帝,请:"亲近师博,延问正人,以开聪明。"帝益不省。其后,帝卒与允明等谋议,遂至于亡。

初,帝与允明等谋诛杨邠、史弘肇等,议已定,入白太后。太后曰:"此大事也,当与宰相议之。"李业从旁对曰:"先皇帝平生言,朝廷大事,勿问书生。"太后深以为不可,帝拂衣而去,曰:"何必谋于闺门!"邠等死,周太祖起兵向京师,慕容彦超败于刘子陂,帝欲出自临兵,

后汉高祖刘知远

太后止之曰:"郭威本吾家人,非其危疑,何肯至此!今若按兵无动,以诏谕威,威必有说,则君臣之际,庶几尚全。"帝不从以出,遂及于难。

周太祖入京师,举事皆称太后诰。已而议立湘阴公赟为天子,赟未至,太祖乃请太后临朝。已而太祖出征契丹,军士拥之以还。太祖请事太后为母。太后诰曰:"侍中功烈崇高,德声昭著,剪除祸乱,安定邦家,讴歌有归,历数攸属,所以军民推戴,亿兆同欢。老身未终残年,属此多难,唯以衰朽,托于始终。载省来笺,如母见待,感认深意,涕泗横流。"于是迁后于太平宫,上尊号曰昭圣皇太后。显德元年春崩。

【译文】

汉高祖的皇后李氏是晋阳人,她父亲是农民。高祖年轻时当兵,在晋阳放马,晚上偷偷到李氏家带她出走。后来高祖成了贵人,封她为魏国夫人,生了隐帝。

开运四年,高祖从太原起兵反叛后晋。要犒赏军队,但库藏的钱不够,想从老百姓处征集。李氏劝阻说:"我们现在刚刚起义,号称仁义之师。老百姓还没有得到我们的恩惠,就先抢他们的钱,这不符合新天子起义救民的本意。请把后宫里所有的钱财全拿出来。虽然不多,士兵们也不会有什么怨言。"高祖为此恭敬地感谢李氏。高祖当皇帝后,封李氏为皇后。高祖死后,隐帝又尊封皇后为皇太后。

隐帝年幼,经常同郭允明、后赞、李业等势利小人在宫中游戏玩耍,李氏多次严厉地责备他。隐帝回答说:"国家大事有朝廷管理,不是太后可以随便干涉的。"主管宗教礼仪的官吏张昭听说后,上书给隐帝,说:"亲近师傅,不断请教正直的人,可以启发聪明才智。"隐帝还是不觉悟。后来,始终与郭允明等人商议朝事,终于导致后汉灭亡。

起初,隐帝同郭允明等人密谋杀害杨邠、史弘肇一伙人。计划商定后,就告诉了李太后。太后说:"这是件大事,应该同宰相商量一下。"李业在旁边对答:"先皇帝在世时总是说,朝廷大事不要同读书人商量。"李太后深感不应该这样做,隐帝不高兴地离去,还说:

"何必同妇人家商量！"杨邠等人被害死后，周太祖郭威起义，带兵来打京师，在刘子坡打败了慕容彦超，隐帝要亲自领兵出击，李太后劝阻他说："郭威本来是我们一家人，他如果不是到了危难之际，怎么会这么干呢？现在你如果按兵不动，下诏晓谕郭威，他肯定会来申诉的，这样你们君臣之间的关系，差不多就可以保住了。"隐帝不听从李太后的劝告，仍然要出击，因此有了死难。

周太祖进入京城，凡事都说是太后的命令。后来商议要立湘阴公刘赟当皇帝，刘赟还没有到来，太祖就请李太后临朝听政。以后，太祖又出兵征讨契丹，取胜后被将士簇拥着凯旋而归。太祖请求把李太后当母亲侍奉。太后下诏说："郭侍中功劳崇高，美名传扬。铲除祸乱，使国泰民安。载誉而归，始终称臣。因此军民拥护，举国同欢。我人已老，生未死，在此多难之秋，只有始终依靠你。你不是亲自来看望，就是写信来问候，对待我像对待母亲一样。深感你的好意，让我高兴得老泪横流。"于是太祖把李太后迁到了太平宫，还尊封为昭圣皇太后。显德元年春天，李太后去世。

景延广传

【题解】

景延广（892～947），五代时期后晋将领。字航川，陕州（今河南陕县）人。初事梁，入晋，累官至马步军都指挥使。出帝时，独自反对向契丹称臣，为契丹所痛恨。后出任河南尹、西京留守。开运三年（946）冬，契丹军灭后晋时被生俘，押解契丹途中自杀身亡。

【原文】

景延广字航川，陕州人也。父建善射，尝教延广曰："射不入铁，不如不发。"由是延广以挽强见称。事梁邵王友诲，友诲谋反被幽，延广亡去。后从王彦章战中都，彦章败，延广身被数创，仅以身免。

明宗时，朱守殷以汴州反，晋高祖为六军副使，主诛从守殷反者。延广为汴州军校当诛，高祖惜其才，阴纵之使亡，后录以为客将。高祖即位，以为侍卫步军都指挥使，领果州团练使，徙领宁江军节度使。天福四年，出镇义成，又徙保义，复召为侍卫马步军都虞候，徙镇河阳三城，迁马步军都指挥使，领天平。

高祖崩，出帝立，延广有力，颇伐其功。初，出帝立，晋大臣议告契丹，致表称臣，延广独不肯，但致书称孙而已，大臣皆知其不可而不能夺。契丹果怒，数以责晋，延广谓契丹使者乔莹曰："先皇帝北朝所立，今天子中国自册，可以为孙，而不可为臣。且晋有横磨大剑十万口，翁要战，则来，佗日不禁孙子，取笑天下。"莹知其言必起两国之争，惧后无以取信也，因请载于纸，以备遗忘。延广敕史具载以授莹，莹藏其书衣领中以归，具以延广语告契丹，契丹益怒。

天福八年秋，出帝幸大年庄还，置酒延广第。延广所进器服、鞍马、茶床、椅榻皆裹金银，饰以龙凤。又进帛五千匹，绵一千四百两，马二十二匹，玉鞍、衣袭、犀玉、金带等，请赐从官，自皇弟重睿，下至伴食刺史、重睿从者各有差。帝亦赐延广及其母、妻、从事、押衙、孔目官等称是。时天下旱、蝗，民饿死者岁十数万，而君臣穷极奢侈以相夸尚如此。

明年春，契丹入寇，延广从出帝北征为御营使，相拒澶、魏之间。先锋石公霸遇虏于戚城。高行周、符彦卿兵少不能救，驰骑促延广益兵，延广按兵不动。三将被围数重，帝自御军救之，三将得出，皆泣诉。然延广方握亲兵，恃功恣横，诸将皆由其节度，帝亦不能制也。契丹尝呼晋人曰："景延广唤我来，何不速战？"是时，诸将皆力战，而延广未尝见敌。契丹已去，延广独闭壁不敢出。自延广一言而契丹与晋交恶，凡号令征伐一出延广，晋大臣皆不得与，故契丹凡所书檄，未尝不以延广为言。契丹去，出帝还京师，乃出延广为河南尹，留守西京。明年，出帝幸澶渊，以延广从，皆无功。

延广居洛阳，郁郁不得志。见晋日削，度必不能支契丹，乃为长夜之饮，大治第宅，园置妓乐，惟意所为。后帝亦追悔，遣供奉官张晖奉表称臣以求和，德光报曰："使桑维翰、景延广来，而割镇、定与我，乃可和。"晋知其不可，乃止。契丹至中渡，延广屯河阳，闻杜重威降，乃还。

德光犯京师，行至相州，遣骑兵数千杂晋军渡河趋洛，以取延广，戒曰："延广南奔吴，西走蜀，必追而取之。"而延广顾虑其家，未能引决，虏骑奄至，乃与从事阎丕驰骑见德光于封丘，并丕见锁。延广曰："丕，臣从事也，以职相随，何罪而见锁？"丕乃得释。德光责延广曰："南北失欢，皆因尔也。"召乔莹质其前言，延广初不服，莹从衣领中出所藏书，延广乃服。因以十事责延广，每服一事，授一牙筹，授至八筹，延广以面伏地，不能仰视，遂叱而锁之。将送之北行，至陈桥，止民家。夜分，延广伺守者殆，引手扼吭而死，时年五十六。汉高祖时，赠侍中。

【译文】

景延广字航川，陕州人。他的父亲景建擅长射箭，曾经教导景延广说："射箭如果射不进铁里，就不如不发箭。"因此延景广以善于力挽强弓而见称于世。在后梁邵王朱友诲手下做事，朱友诲图谋反叛被囚禁，景延广逃走。后来跟从王彦章在中都作战，王彦章兵败，景延广身负数伤，勉强逃脱一死。

后唐明宗时，朱守殷率汴州反叛，晋高祖石敬瑭担任六军副使，主持诛杀参加朱守殷叛乱的人员。景延广是汴州军校，理应被杀，但高祖怜惜他的才干，暗中放了他使他逃去。后来录用他为客将。晋高祖即位后，又任命他担任侍卫步军都指挥使，兼领果州团练使，调任宁江军节度使。天福四年，出京镇守义成，又调任保义，重新被召回担任侍卫马步军都虞候，调往镇守河阳三城，升任马步军都指挥使，兼领天平。

高祖去世，出帝继承王位，景延广出了不少力，所以总是夸耀自己的这份功劳。起初，出帝立为皇帝时，后晋大臣们商议报告契丹，送表向他们称臣，景延广独自不肯，仅仅在信上自称为孙子，大臣们都知道这样做不行但又无法使他改变主意。契丹果然大怒，屡次以此事谴责后晋。景延广对契丹的使者乔莹说："先皇帝是你们契丹所拥立的，现在的天子是中国自己册立的，可以做你们的孙子，但不能做你们的臣子。况且晋朝有横磨大剑十万口，老爷子要开战，那就来吧，他日约束不住孙子，一定会受到天下人的取笑。"乔莹知道他的这番话势必要挑起两国的争端，担心以后没有凭据，就请求他把这些话记录在纸上,以防备遗忘。景延广命令属史全部记录下后交给乔莹,乔莹将文书藏在衣领中带回去了,将景延广所说的话报告了契丹主,契丹主更加生气。

天福八年秋天,出帝巡幸大年庄返回,在景延广的府第摆置酒宴。景延广进献的器皿服装、鞍马、茶床、椅榻全包裹上了金银,雕饰着龙凤。还进献了帛五千匹,绵一千四百两,马二十二匹,以及玉鞍、衣袭、犀玉、金带等,请出帝将这些东西赐给随行的官员,上自皇弟重睿,下至一起吃饭的刺史,重睿的随从都有分别不等的赏赐。出帝也向景延广及其母亲、妻子、从事、押衙、孔目官等赏赐了相应的物品。当时天下旱灾、蝗灾并起,百姓饿死的一年有十几万,然而,他们君臣穷奢极欲来相互夸耀财富竟达如此地步。

第二年春天,契丹入侵,景延广跟随出帝北征担任御营使,与敌对峙于澶州、魏州之间。先锋石公霸与契丹遭遇于戚城,高行周、符彦卿兵力单薄不能赴援解救,飞骑前来催促景延广增加兵力,景延广却按兵不动。三位将领被敌军包围了好几层,出帝亲自率领部队去救他们,三位将领才得以冲出重围,一起向出帝哭诉。然而这时景延广正手握禁军,恃功恣意横行,众将都由他节制调度,出帝也无法制止他。契丹曾向晋军呼喊道:"景景延广叫我们来,为何不赶快出战?"当时,各位将领都拼力死战,然而景延广却连敌人都未曾见到。契丹已经撤走,只有景延广紧闭营门不敢出来。自从景延广一句话而使契丹与后晋交恶以后,凡是号令征伐都出自景延广一人,后晋大臣都无法参与,所以契丹的所有文书檄告,没有不针对景延广而说的。契丹离去,出帝回到京师,就调景延广出京担任河南尹,留守西京。第二年,出帝出巡澶渊,带着景延广随行,都没有立功。

景延广居住在洛阳,郁郁不得志。看到后晋日益衰落,估计无法抵挡住契丹,于是就整夜地饮酒,大兴土木,修治自家宅院,在花园里设置妓乐,为所欲为。后来,出帝也很后悔,派遣供奉官张晖带着表章向契丹称臣求和。契丹主耶律德光回答道:"让桑维翰、景景延广前来,并割让镇州、定州给我们,才可以议和。"后晋知道他们不肯答应,就停止了这个行动。契丹军队进至中渡,景延广屯守河阳,听到杜重威投降的消息,就返了回来。

耶律德光进犯京师,行至相州,派数千名骑兵混杂在晋军中度过黄河直奔洛阳,前去捉拿景延广,告诫道:"景延广无论是南奔吴或西逃蜀,一定要追上捉拿到。"然而景延广始终顾虑其家小,未能自杀。契丹骑兵突然赶到,就与从事阎丕驰马去封丘进见德光。连同阎丕一同上了枷锁,景延广说:"阎丕是我的从事,按着他的职责跟随我来,他有什么罪而上枷锁?"阎丕这才被释放。耶律德光斥责景延广说:"南北失知,都是因为你。"召乔莹前来,与他对质以前说的那些话,延广开始时不承认,乔莹从衣领中取出所藏文书,景延广才承认。然后又以十件事指责景延广,每承认一件事就给他一个象牙制的筹码,当给他第八个筹码时,延广把脸伏在地下,无法抬头仰视,于是喝令手下将他锁起来,准备把他送到契丹。走到陈桥,停宿于一百姓家中,夜半时分,景延广趁看守的人疲倦,伸手掐自己的喉咙而死,这年他五十六岁。后汉高祖时,追赠他为侍中。

张承业传

【题解】

张承业，字继元，唐僖宗时的宦官。本姓康，幼年被阉，为宦官张泰的养子。崔胤杀宦官时，被李克用藏在寺院里得免于死。李克用临终嘱以后事，李存勖兄事之，军国大事皆由他处理。李存勖称帝时，谏立唐后不听，绝食而死。

【原文】

张承业，字继元，唐僖宗时宦者也。本姓康，幼阉，为内常侍张泰养子。晋王兵击王行瑜，承业数往来兵间，晋王喜其为人。及昭宗为李茂贞所迫，将出奔太原，乃先遣承业使晋以道意，因以为河东监军。其后，崔胤诛宦官，宦官在外者，悉诏所在杀之。晋王怜承业，不忍杀，匿之斛律寺。昭宗崩，乃出承业，复为监军。

晋王病且革，以庄宗属承业曰：“以亚子累公等！”庄宗常兄事承业，岁时升堂拜母，甚亲重之。庄宗在魏，与梁战河上十余年，军国之事，皆委承业，承业亦尽心不懈。凡所以畜积金粟，收市兵马，劝课农桑，而成庄宗之业者，承业之功为多。自贞简太后、韩德妃、伊淑妃及诸公子在晋阳者，承业一切以法绳之，权贵皆敛手畏承业。

唐僖宗

庄宗岁时自魏归省亲，须钱蒲博、赏赐伶人，而承业主藏，钱不可得。庄宗乃置酒库中，酒酣，使子继岌为承业起舞，舞罢，承业出宝带、币、马为赠，庄宗指钱积呼继岌小字以语承业曰：“和哥乏钱，可与钱一积，何用带、马为也！”承业谢曰：“国家钱，非臣所得私也。”庄宗以语侵之，承业怒曰：“臣，老敕使，非为子孙计，惜此库钱，佐王成霸业尔。若欲用之，何必问臣？财尽兵散，岂独臣受祸也？”庄宗顾元行钦曰：“取剑来！”承业起，持庄宗衣而泣曰：“臣受先王顾托之命，誓雪家国之仇。今日为王惜库物而死，死不愧于先王矣！”阎宝从旁解承业手，令去，承业奋拳殴宝踣，骂曰：“阎宝，朱温之贼，蒙晋厚恩，不能有一言之忠，而反谄谀自容邪！”太后闻之，使召庄宗。庄宗性至孝，闻太后召，甚惧，乃酌两卮谢承业曰：“吾杯酒之失，且得罪太后。愿公饮此，为吾分过！”承业不肯饮。庄宗入内，太后使人谢承业曰：“小儿忤公，已答之矣。”明日，太后与庄宗俱过承业第，尉劳之。

卢质嗜酒傲忽，自庄宗及诸公子多见侮慢，庄宗深嫉之。承业乘间请曰：“卢质嗜酒无礼，臣请为王杀之。"庄宗曰："吾方招纳贤才，以就功业，公何言之过也！"承业起，贺曰："王能如此，天下不足平也！"质因此获免。

天祐十八年，庄宗已诺诸将即皇帝位。承业方卧病，闻之，自太原肩舆至魏，谏曰："大王父子与梁血战三十年，本欲雪家国之仇，而复唐之社稷。今元凶未灭，而遽以尊名自居，非王父子之初心，且失天下望，不可！"庄宗谢曰："此诸将之所欲也。"承业曰："不然，梁，唐，晋之仇贼，而天下所共恶也。今王诚能为天下去大恶，复列圣之深仇，然后求唐后而立之。使唐之子孙在，孰敢当之！使唐无子孙，天下之士，谁可与王争者？臣，唐家一老奴耳，诚愿见大王之成功，然后退身田里，使百官送出洛东门，而令路人指而叹曰'此本朝敕使，先王时监军也'，岂不臣主俱荣哉！"庄宗不听。承业知不可谏，乃仰天哭曰："吾王自取之！误老奴矣。"肩舆归太原，不食而卒，年七十七。同光元年，赠左武卫上将军，谥曰正宪。

【译文】

张承业，字继元，唐僖宗时的宦官。原来姓康，幼年被阉，成为内常侍张泰的养子。晋王的军队进击王行瑜，张承业多次在军队中往来，晋王喜欢他的为人。及至唐昭宗受到李茂贞的逼迫，准备出逃到太原，便先派张承业出使晋王处去说明意图，于是晋王让他担任河东监军。之后，崔胤诛杀宦官，在外地的宦官，一律下诏命令就地杀死。晋王可怜张承业，不忍心杀他，把他藏在斛律寺里。唐昭宗去世，晋王才让张承业露面，又当了监军。

晋王病得快死时，把庄宗托付给张承业说："让亚子拖累您了！"庄宗通常以老兄的礼数待他，每年按四季时令登堂拜望他的母亲，对他非常亲近器重。庄宗在魏州，与后梁在黄河边作战十余年，军队和国家大事，都交给张承业。张承业也毫不懈怠，尽心办事。太凡积蓄钱粮，收购兵器战马，劝民从事农桑，成就庄宗的基业，张承业出力最多。由贞简太后、韩德妃、伊淑妃以至留在晋阳的各位公子，张承业一律以法令加以约束，权贵都敬畏张承业。

庄宗每年按时令从魏州回来省亲，需要用钱赌博和赏赐伶人，却由于张承业掌管库存，因而得不到钱。于是庄宗在库房中摆下酒席，酒兴正浓时，让儿子李继岌为张承业起身演练武艺。表演完了，张承业拿出宝带、币、马相赠。庄宗手指钱堆，喊着李继岌的小名对张承业说："和哥缺钱，给他一堆钱就行了，宝带和币马有什用！"张承业谢罪说："国家的钱，不是臣能私用的！"庄宗出语冒犯，张承业生气地说："臣是唐朝的敕使，不想为子孙后代打算。珍惜这库中的钱，是要帮助大王成就霸业。如果大王想用这些钱，何必问臣？钱财一光，军队散伙，难道只有臣才遭受灾祸！"庄宗看着元行钦说："拿剑来！"张承业站起身来，拉着庄宗的衣服哭泣说："臣受先王的顾命属托，立誓为家国报仇。今天为大王珍惜钱库而死，对先王也问心无愧了！"阎宝从旁边拉开张承业的手，让张承业离开，张承业奋力举拳将阎宝打倒，骂道："阎宝，你是朱温属下的贼寇，蒙受晋国的厚恩，不能进一句忠言，反而献媚逢迎，以求容身吗！"太后闻讯，派人来叫庄宗。庄宗天性非常孝顺，听说太后来召，十分害怕，便斟了两杯酒，向张承业道歉说："我酒后有失，而且惹恼了太后，希望你喝下这杯酒，为我分担过错。"张承业不肯喝酒。庄宗进了内宫，太后派人向张承业谢罪说："小孩子家冒犯了您,我已把他打了。"第二天,太后与庄宗一起到张承业的住处去表示慰问。

卢质喜欢喝酒,目空一切,从庄宗到各位公子大多受到侮慢,庄宗深深恨他。张承业乘机请示说："卢质饮酒贪杯,傲慢无礼,请让臣为大王把他杀死。"庄宗说："我正在招揽贤才,以成就功业,您说得太过份了!"张承起身祝贺说："大王能这样做,天下不难平定!"卢质因此得以不死。

天祐十八年,庄宗已经答应诸将即位称帝。张承业正卧床生病,闻讯后,从太原坐骄来魏州,进谏说："大王父子与梁国血战三十年,本想为家为国报仇,恢复唐朝的社稷江山。现在元凶尚未消灭,却遽然自称皇帝,这不是大王父子当初的心愿,而且使天下失望,使不得!"庄宗歉然说:"诸将想要这样。"张承业说:"不然。梁国是唐、晋两国的仇敌,为天下人共同痛恨。现在,如果大王能为天下除去这一大元凶,去报列位先帝的大仇,应该找唐室的后人立为皇帝。只要唐朝的后人在位,谁敢称帝!假如唐室没有后人,天下之士有谁可以与大王相争?臣是唐室的一个老奴,的确愿意见到大王获得成功,然后臣就引退乡里。如果百官把臣送出洛阳东门,让路上的行人指着臣称赞说:"这人是本朝的敕使,先王在世时的监军,岂不是主上与臣下都很光彩吗!"庄宗不听。张承业知道无法谏阻,便仰天大哭说:"我王自己称帝去吧,误了老奴了。"坐轿返回太原,绝食而死,当时七十七岁。同光元年,庄宗追赠张承业为左武卫上将军,谥号为正宪。

马重绩传

【题解】

马重绩(880～944),其祖先为北方少数民族,后从军定居太原。后唐庄宗时开始在朝做官,石晋时担任司天监。由于战争,致使司天监漏刻制度发生混乱,规定太阳中午时,才作为午时的开始(午初)。马重绩发现这种算法不合中国传统的计时原则,于天福三年(938)上报朝廷,重新将日中改为午正。

天福四年(939),又造新历,进呈给石晋政府,经过考校后,于第二年颁行,定名为《调元历》。经近年研究发现,《调元历》源于曹士芴著的《符天历》,受到西域天文学的影响。马重绩原为北方少数民族,可能受到西域文化的影响,他将西域系统的《符天历》进献给朝廷,也是事出有因的。近世历法史家朱文鑫在《历法通志》中曾严厉地批评刘羲叟在《司天考》中囿于成见,不加细察而弃之,任其淹没,并肯定《调元历》《宣明历》,《崇元历》三家之长,尤具特识,未必不如王朴的《钦天历》)。

【原文】

马重绩字洞微,其先出于北狄,而世事军中。重绩少学数术,明太一、五纪、八象、《三统大历》,居于太原。唐庄宗镇太原,每用兵征伐,必以问之,重绩所言无不中,拜大理司直。明宗时,废不用。

晋高祖以太原拒命,废帝遣兵围之,势甚危急,命重绩筮之,遇《同人》,曰:"天火之象,乾健而离明。健者君之德也,明者南面而向之,所以治天下也。同人者人所同也,必有同我者焉。《易》曰:'战乎乾。'乾,西北也。又曰:'相见乎离。'离,南方也。其同我者自北而南乎? 乾,西北也,战而胜,其九月十月之交乎?"是岁九月,契丹助晋击败唐军,晋遂有天下。拜重绩太子右赞善大夫,迁司天监。明年,张从宾反,命重绩筮之,遇《随》,曰:"南瞻析木,木不自续,虚而动之,动随其覆。岁将秋矣,无能为也!"七月而从宾败。高祖大喜,赐以良马、器、币。

天福三年,重绩上言:"历象,王者所以正一气之元,宣万邦之命。而古今所纪,考审多差,《宣明》气朔正而星度不验,《崇玄》五星得而岁差一日,以《宣明》之气朔,合《崇玄》之五星,二历相参,然后符合。自前世诸历,皆起天正十一月为岁首,用太古甲子为上元,积岁愈多,差阔愈甚。臣辄合二历,创为新法,以唐天宝十四载乙未为上元,雨水正月中气为气首。"诏下司天监赵仁锜、张文皓等考覆得失。仁琦等言:"明年庚子正月朔,用重绩历考之,皆合无舛。"乃下诏班行之,号《调元历》。行之数岁辄差,遂不用。

重绩又言:"漏刻之法,以中星考昼夜为一百刻,八刻六十分刻之二十为一时,时以四刻十分为正,此自古所用也。今失其传,以午正为时始,下侵未四刻十分而为午。由是昼夜昏晓,皆失其正,请依古改正。"从之。

重绩卒年六十四。

【译文】

马重绩,字洞微,他的祖先原来是北狄人,历代在军队里服务。马重绩年轻时学习天文历术,熟悉太一、五纪、八象、《三统历》,居住在太原。后唐庄宗(李存勖)镇守太原时,每次用兵征讨的时候,都必定询问他出兵的吉凶状况,马重绩每次所答的话都没有不中的,所以让他做大理司直的官。后唐明宗孝嗣原的时候,罢免了他的官职,而不重用。

后晋高祖石敬瑭占据太原,反抗后唐的统治,后唐的末代皇帝派兵围困他,形势很危急,他就让马重绩占卜,卜到《同人》这一卦,说:"天火之象,乾健而离明。'健'的意思指君子的德行,'明'的意思是面向着南面的意思,这些都是治理天下的象征。'同人'的意思是人心相同,所以必定有与我有同心的人。《易经》又说:'战乎乾。''乾'指西北方,又说:'相见乎离。''离'指南方。这个与我同道的人难道是从北面往南而来吗? '乾'是西北方,作战而取得胜利,是九月和十月之间吗?"这一年九月,契丹人帮助后晋打败后唐的军队,于是后晋就取得了统治地位,并授予马重绩太子右赞善大夫这个官职,又任命为司天监。第二年,张从宾叛乱,皇帝又让马重绩占卜,占卜到《随》这一卦,说:"向南边看到析木这个星次,木不能自己延续下去,空虚而动,动了之后就倾覆。节气快到秋天了,无所作为了。"到七月的时候张从宾就失败了。高祖非常高兴,赏赐给他好马、用具和钱币。

在天福三年的时候,马重绩上书说:"历法和天象,是国君树立一气的原始,显示对万邦的命令的。但是自古至今所记载的,对其进行考核审查,多有差误:《宣明历》的节气和朔望是与天象相符合的,但所推五星的行度却与测验不合;《崇玄历》所推得的五星行度与天相合,但所推节气却有一日之差。如果以《宣明历》推气朔的方法,配合《崇玄历》的步五星原理,二种历法相参考,就都与天象相符合。以前的各种历法,都以天正十一月为岁首,以远古甲子为上元,积年越来越多,而误差却越来越大。我当臣子的参考这两种历法,创造出一种新法,以大唐天宝十四年乙未为上元,正月中气雨水为气首。"皇帝就下诏书到钦天监,让赵仁琦、张文皓等检测符合的情况。赵仁锜等上复说:"第二年庚子正月朔,用重绩的历法检测,都与天象相合无差。"于是便颁布诏书使用新历,并定名为《调元历》。颁行了数年因出现了误差,就废而不用。

马重绩又说:"漏刻的使用方法,以中星考定,以一昼夜为一百刻。以八又六十分之二十刻为一个时辰。每个时辰又以四刻十分以后为时正的开始。这是自古以来一直所用的方法,但现在却失传了,以午正为一个时辰的开始,直到未四刻十分还仍然为午时。由于这个原因,昼夜昏晓,都偏离了正确的时辰,请求依古法改正过来。"政府听从了他的意见。

马重绩去世时享年六十四岁。

李煜传

【题解】

李煜(937~978),五代词人,南唐国君。字重光,初名从嘉。徐州(今属江苏)人,一说湖州(今属浙江)人。建隆二年(961)继位,史称李后主。后宋军攻克金陵,南唐灭亡,李煜被俘至汴京,后被毒死。

李煜工书法,善绘画,精通音律,诗文均有一定造诣,词的成就尤高。其前期作品多写宫廷生活,风格柔靡,后期作品写亡国之憾;带有浓重感伤情绪,形象鲜明,语言生动,在题材与意境上突破了唐五代词以艳情为主的窠臼。

后人将李煜词与其父中主李景词合编为《南唐二主词》。

李煜

【原文】

煜字重光,初名从嘉,景第六子也。煜为人仁孝,善属文,工书画,而丰额、骈齿,一目重瞳子。自太子冀已上,五子皆早亡,煜以次封吴王。建隆二年,景迁南都,立煜为太子,留监国。景卒,煜嗣立于金陵。母锺氏,父名泰章。煜尊母曰"圣尊后";立妃周氏为国后;封弟从善韩王,从益郑王,从谦宜春王,从度昭平郡公,从信文阳郡公。大赦境内。遣中书侍郎冯延鲁修贡于朝廷,令诸司四品已下无职事者，日二员待制于内殿。

三年，泉州留从效卒。景之称臣于周也，从效亦奉表贡献于京师，世宗以景故，不纳。从效闻景迁洪州，惧以为袭己，遣其子绍基纳贡于金陵，而从效病卒，泉人因并送其族于金陵，推立副使张汉思。汉思老不任事，州人陈洪进逐之，自称留后，煜即以洪进为节度使。乾德二年，始用铁钱，民间多藏匿旧钱，旧钱益少，商贾多以十铁钱易一铜钱出境，官不可禁，煜因下令以一当十。拜韩熙载中书侍郎、勤政殿学士。封长子仲遇清源公，次子仲仪宣城公。

五年，命两省侍郎、给事中、中书舍人、集贤勤政殿学士，分夕于光政殿宿直，煜引与谈论。煜尝以熙载尽忠，能直言，欲用为相，而熙载后房妓妾数十人，多出外舍私侍宾客，煜以此难之，左授熙载右庶子，分司南都。熙载尽斥诸妓，单车上道，煜喜留之，复其位。已而诸妓稍稍复还，煜曰："吾无如之何矣！"是岁，熙载卒，煜叹曰："吾终不得熙载为相也。"欲以平章事赠之，问前世有此比否？群臣对曰："昔刘穆之赠开府仪同三司。"遂赠熙载平章事。熙载，北海将家子也，初与李谷相善。明宗时，熙载南奔吴，谷送至正阳，酒酣临诀，熙载谓谷曰："江左用吾为相，当长驱以定中原。"谷曰："中国用吾为相，取江南如探囊中物尔。"及周师之征淮也，命谷为将，以取淮南，而熙载不能有所为也。

开宝四年，煜遣其弟韩王从善朝京师，遂留不遣。煜手疏求从善还国，太祖皇帝不许。煜尝怏怏以国蹙为忧，日与臣下酣宴，愁思悲歌不已。

五年，煜下令贬损制度。下书称教，改中书、门下省为左、右内史府，尚书省为司会府，御史台为司宪府，翰林为文馆，枢密院为光政院，诸王皆为国公，以尊朝廷。煜性骄侈，好声色，又喜浮图，为高谈，不恤政事。

六年，内史舍人潘佑上书极谏，煜收下狱，佑自缢死。

七年，太祖皇帝遣谯遂诏煜赴阙，煜称疾不行，王师南征，煜遣徐铉、周惟简等奉表朝廷求缓师，不答。八年十二月，王师克金陵。九年，煜俘至京师，太祖赦之，封煜违命侯，拜左千牛卫将军。其后事具国史。

【译文】

李煜，字重光，初名从嘉，是李景的第六个儿子。李煜为人仁而且孝，善于做诗文，又善于写字作画。他额头很宽，前齿两个并成一个，有一只眼睛两个瞳仁。从太子李冀以上五个哥哥都早死，李煜按顺序被封为吴王。宋建隆二年（961），李景迁于南都（今江苏南京），立李煜为太子，留京监国。李景死，李煜继帝位于金陵。母亲钟氏，其父名泰章。李煜尊他母亲为"圣尊后"；立他的妃子周氏为皇后；封他的弟弟李从善为韩王，李从益为郑王，李从谦为宜春王，李从度为昭平郡公，李从信为文阳郡公。大赦境内。派中书侍郎冯延鲁准备贡礼送给宋朝廷，令各司四品以下的官员没有任务的，每日二人奉陪于内殿。

建隆三年（962），泉州（今属福建）留从效死。李景向周朝称臣的时候，留从效也奏表章贡品献到京师，宋世宗因为李景的缘故，不接受。留从效听说李景迁到洪州（今江西南昌），怕李景来袭击，于是派他儿子留绍基到金陵（今江苏南京）去纳贡，而留从效已病死，泉州人于是将他的族人一并送到金陵，另推立副使张汉思。张汉思年岁大了，不能胜任职务之事，泉州人陈洪进把他赶走，自己称"留后"，李煜便以陈洪进为节度使。乾德二年

（964），开始使用铁钱，民间多私藏旧钱，旧钱更加少了，商人很多用十个铁钱换一个铜钱带出州境，官家无法禁止，李煜因此下令以一枚铜钱当十枚铁钱用。李煜任韩熙载为中书侍郎、勤政殿学士，封其长子韩仲遇为清源公，封其次子韩仲仪为宣城公。

　　建隆五年（964），李煜命令两省侍郎、给事中、中书舍人、集贤殿勤政殿学士，分批于光政殿值夜班，和他们谈论。李煜曾因韩熙载尽忠，能率直说真话，想起用为宰相，而韩熙载后房有妓女侍妾数十人，多到外舍私陪宾客，李煜因此觉得难以为相，于是降而授予韩熙载右庶子之职，分司南都。韩熙载将众妓女尽行斥逐，自己单车上路，李煜很高兴，把他留下来，恢复他的职位。不久，众妓女又渐渐回来了，李煜说："我真是无可奈何啊！"这一年，韩熙载死了，李煜感叹地说："吾始终不得让韩熙载为宰相啊。"他想以平章事追赠，问前代可有这样的事例？群臣答道："以前刘穆之曾追赠开府仪同三司。"遂追赠韩熙载为平章事。韩熙载，是北海（今山东益都）武将之家的孩子，初时和李谷相友善。后唐明宗时，韩熙载南奔吴地，李谷送他到正阳（今河南汝阳），酒酣话别，韩熙载对李谷说："江左如果任用我为宰相，我一定长驱北上，以平定中原。"李谷说："中原如果用我为宰相，我直取江南，就像探囊取物而已。"及至周朝之师南征淮河一带，任命李谷为将，率军以攻取淮南，而韩熙载却不能有所作为。

　　开宝四年（971），李煜派他弟弟韩王李从善入朝宋京，李从善被扣留不让回去。李煜亲手写信求宋朝让他弟弟从善回南唐，宋太祖还是不允许他回去。李煜因为国家日益困窘而怏怏不乐，满怀忧愁，成天和臣下饮酒，愁思悲歌，不能自已。开宝五年（972），李煜下令贬损国家制度的规格，下书称为"教"，改中书、门下省为左、右内史府，尚书省为司会府，御史台为司宪府，翰林院为文馆，枢密院为光政院，诸王为国公，以尊于宋朝。李煜性骄矜奢侈，喜爱声色，又喜奉佛教，爱高谈阔论，不理政事。

　　开宝六年（974），内史舍人潘佑上书进谏，李煜把他抓起来，投入狱中。潘佑自缢身死。

　　开宝七年（973），宋太祖派使者持诏书宣李煜赴宋京，李煜推托有病，不肯入宋京。宋朝大军南征，李煜派徐铉、周惟简等人奉表向宋朝请求暂缓军事进攻，宋太祖不答复，开宝八年（975）十二月，宋师攻克金陵（今江苏南京）。开宝九年（976），李煜被俘至宋京，宋太祖赦免他，封他为"违命侯"，官拜左千牛卫将军。他的后事均见于《宋史》。

二十四史

宋史

导　读

　　《宋史》是一部记载中国宋史事的纪传体史书,全书共四百九十六卷,包括本纪四十七卷,志一百六十二卷,表三十二卷,列传二百五十五卷。记载了宋朝赵匡胤建隆元年(960年)至赵昺祥兴二年(1279年)共三百多年的历史。

　　元世祖至元十六年(1279年),曾下令撰写宋、辽、金三史,后来仁宗、文宗也曾下诏,但各史都没确修成。当时朝廷内部对修史体例分为两派,一派主张"以宋为世纪,辽、金为载记";一派坚持"以辽、金为北史,宋太祖至靖康为宋史,建炎以后为南宋史。"这场有关王朝正统的论战,影响了三史的编写工作。到元顺帝至正三年(1343年),决定宋、辽、金三朝各为一史,命执政大臣脱脱为都总裁,铁木儿塔识、贺惟一、张起岩、欧阳玄、吕思诚、揭奚斯等为总裁官,主持修史,实际上的总负责人是欧阳玄。当时元政权已处于风雨飘摇之中,不允许各史的编写旷日持久,加上宋代史料极为繁富,又有前人的书稿为基础,所以只用了两年多的时间就完成了《宋史》。

　　《宋史》是《二十五史》中篇幅最多的一史。这是因为赵宋政权存在的三百多年间,经济、文化有所发展,政治制度日臻完备。雕版印刷已被广泛采用,活字版的发明,又大大促进了书籍的印制和广泛流传。元朝编修《宋史》时存世的有关史料,如编年体的历朝实录、纪传体国史和宋人文集、笔记等又相当丰富。所以,《宋史》才有可能撰成鸿篇巨制。据粗略统计,列传中有传的达二千余人,仅《食货志》就有十四卷之多,《礼志》二十八卷,相当于《二十五史》中其他各史《礼志》的总和。

　　在《宋史》中,志的分量庞大,占全书的三分之一。它系统而又详细地叙述了赵宋一代的典章制度,如《食货志》按经济类别叙述了宋朝的农业、盐业、茶业、手工业概貌和货币制度、赋役制度,我们可以从中看到宋代劳动人民创造物质财富的丰功伟绩和他们所遭受的封建剥削,《选举志》《职官志》系统地记载了宋朝官僚的选拔考课制度和官僚机构的组织情况。《兵志》分述了宋朝军队种类和招募、拣选、廪给、训练、屯戍、器甲等制度。从这三篇志中,我们可以了解到为了加强对劳动人民的统治,地主阶级的封建国家机器是多么严密而庞大。

　　宋朝统治阶级提倡道学,作为统治人民的精神枷锁。《宋史》创立了《道学传》,并置于《儒林传》之前。对道学的代表人物,如周敦颐、程颢、程颐、邵雍、朱熹等都立了专传,加以颂扬。《宋史》全书,把道学奉为判断是非的标准,这反映了地主阶级意识形态的日益没落和封建统治的腐朽性。

宋太祖纪

【题解】

宋太祖赵匡胤(927~976),涿州(今河北涿州市)人,后唐天成二年(927)生于洛阳(今河南洛阳市)夹马营。后汉乾祐元年(948),枢密使郭威征讨李守真,应募从军。后周显德元年(953),高平之战有功,拜殿前都虞候,三年,任殿前都指挥使,不久,拜定国军节度使。四年,拜义成军节度使。五年,改忠武军节度使。六年,升任殿前都点检,掌握禁军。恭帝七岁即位,"主少国疑",而赵匡胤自殿前都虞候至殿前都点检,掌管禁军大权六年,引人注目。七年正月元旦,镇州(今河北正定)、定州(今河北定县)边报,契丹与北汉联合入侵,奉命率领禁军御敌,至开封东北四十里的陈桥驿,发动兵变,取代后周,因曾任宋州归德军节度使,定国号为宋,改元建隆。同年平定后周旧臣李筠、李重进叛乱,稳定了政局。赵匡胤君臣有统一天下的志向,制定了统一天下的先南后北、先易后难的策略,先后消灭了荆南、后蜀、南汉、南唐等割据政权,基本上结束了五代十国五十多年的混乱局面。在从事统一战争的同时,采取各种措施强化中央集权。设参知政事为副相,以枢密使掌兵,三司使主财,以分宰相之权。废除殿前都点检之职,将禁军分统于三帅,而发兵权归枢密院,又以"杯酒释兵权"的方法,解除了禁军高级将领的兵权。选拔地方厢军中的精壮士兵充当禁军,以削弱地方兵力。立更戍法,使兵将不能互知,以防武将拥兵自重。京城内外驻军大体相当,使内外相维。州设通判,与知州相牵制,又派文臣京朝官出任知县、知州,罢黜支郡,扭转了五代时期军人控制州县的局面。设转运使掌管地方财权,并以监司身份监察地方官员。颁布《宋刑统》,整顿并加强司法权。重视兴修水利,奖励农桑,鼓励垦荒,整治以开封为中心的河道。这一系列政策、制度的实施,加强了专制主义中央集权的统治,为宋王朝的长期统治奠定了基础。开宝九年(976)去世,终年五十岁,在位十七年。

【原文】

太祖启运立极英武睿文神德圣功至明大孝皇帝,讳匡胤,姓赵氏,涿郡人也。高祖朓,是为僖祖,仕唐历永清、文安、幽都令。朓生珽,是为顺祖,历藩镇从事,累官兼御史中丞。珽生敬,是为翼祖,历营、蓟、涿三州刺史。敬生弘殷,是为宣祖。周显德中,宣祖贵,赠敬左骁骑卫上将军。

宣祖少骁勇,善骑射,事赵王王镕,为镕将五百骑援唐庄宗于河上有功。庄宗爱其勇,留典禁军。汉乾祐中,讨王景於凤翔,会蜀兵来援,战于陈仓。始合,矢集左目,气弥盛,奋击大败之,以功迁护圣都指挥使。周广顺末,改铁骑第一军都指挥使,转右厢都指挥,领岳州防御使,从征淮南,前军却,吴人来乘,宣祖邀击,败之。显德三年,督军平扬州,与世宗会寿春。寿春卖饼家饼薄小,世宗怒,执十余辈将诛之,宣祖固谏得释。累官检校司徒、天水县男,与太祖分典禁兵,一时荣之。卒,赠武清军节度使、太尉。

太祖，宣祖仲子也，母杜氏。后唐天成二年，生於洛阳夹马营，赤光绕室，异香经宿不散，体有金色，三日不变。既长，容貌雄伟，气度豁如，识者知其非常人。学骑射，辄出人上，尝试恶马，不施衔勒，马逸上城斜道，额触门楣坠地，人以为首必碎，太祖徐起，更追马腾上，一无所伤。又尝与韩令坤博土室中，雀斗户外，因竞起掩雀，而室随坏。

汉初，漫游无所遇，舍襄阳僧寺，有老僧善术数，顾曰："吾厚赆汝，北往则有遇矣。"会周祖以枢密使征李守真，应募居帐下。广顺初，补东西班行首，拜滑州副指挥。世宗尹京，转开封府马直军使。

世宗即位，复典禁兵。北汉来寇，世宗率师御之，战于高平。将合，指挥樊爱能等先遁，军危，太祖麾同列驰马冲其锋，汉兵大溃。乘胜攻河东城，焚其门，左臂中流矢，世宗止之。还，拜殿前都虞候，领严州刺史。

三年春，从征淮南，首败万众于涡口，斩兵马都监何延锡等。南唐节度皇甫晖、姚凤众号十五万，塞清流关，击走之。追至城下，晖曰："人各为其主，愿成列以决胜负。"太祖笑而许之。晖整阵出，太祖拥马项直入，手刃晖中脑，并姚凤禽之。宣祖率兵夜半至城下，传呼开门，太祖曰："父子固亲，启闭，王事也。"诘旦，乃得入。韩令坤平扬州，南唐来援，令坤议退，世宗命太祖率兵二千趋六合。太祖下令曰："扬州兵敢有过六合者，断其足。"令坤始固守。太祖寻败齐王景达于六合东，斩首万余级。还，拜殿前都指挥使，寻拜定国军节度使。

四年春，从征寿春，拔连珠砦，遂下寿州。还，拜义成军节度、检校太保，仍殿前都指挥使。冬，从征濠、泗，为前锋。时南唐砦于十八里滩，世宗方议以橐驼济师，而太祖独跃马截流先渡，麾下骑随之，遂破其砦。因其战舰乘胜攻泗州，下之。南唐屯清口，太祖从世宗翼淮东下，夜追至山阳，俘唐节度使陈承昭以献，遂拔楚州。进破唐人于迎銮江口，直抵南岸，焚其营栅，又破之于瓜步，淮南平。唐主畏太祖威名，用间于世宗，遣使遗太祖书，馈白金三千两，太祖悉输之内府，间乃不行。五年，改忠武军节度使。

六年，世宗北征，为水陆都部署。及莫州，先至瓦桥关，降其守将姚内斌，战却数千骑，关南平。世宗在道，阅四方文书，得韦囊，中有木三尺余，题云"点检作天子"，异之。时张永德为点检，世宗不豫，还京师，拜太祖检校太傅、殿前都点检，以代永德。恭帝即位，改归德军节度、检校太尉。

七年春，北汉结契丹入寇，命出师御之。次陈桥驿，军中知星者苗训引门吏楚昭辅视日下复有一日，黑光摩荡者久之。夜五鼓，军士集驿门，宣言策点检为天子，或止之，众不听。迟明，逼寝所，太宗入白，太祖起。诸校露刃列于庭，曰："诸军无主，愿策太尉为天子。"未及对，有以黄衣加太祖身，众皆罗拜，呼万岁，即掖太祖乘马。太祖揽辔谓诸将曰："我有号令，尔能从乎？"皆下马曰："唯命。"太祖曰："太后、主上，吾皆北面事之，汝辈不得惊犯；大臣皆我比肩，不得侵凌；朝庭府库、士庶之家，不得侵掠。用令有重赏，违即孥戮汝。"诸将皆载拜，肃队以入。副都指挥使韩通谋御之，王彦升遽杀通于其第。

太祖进登明德门，令甲士归营，乃退居公署。有顷，诸将拥宰相范质等至，太祖见之，呜咽流涕曰："违负天地，今至于此！"质等未及对，列校罗彦瑰按剑厉声谓质等曰："我辈无主，今日须得天子。"质等相顾，计无从出，乃降阶列拜。召文武百僚，至晡，班定。翰林承旨陶谷出周恭帝禅位制书于袖中，宣徽使引太祖就庭，北面拜受已，乃掖太祖升崇元殿，服衮冕，即皇帝位。迁恭帝及符后于西宫，易其帝号曰郑王，而尊符后为周太后。

建隆元年春正月乙巳，大赦，改元，定有天下之号曰宋。赐内外百官军士爵赏，贬降者叙复，流配者释放，父母该恩者封赠。遣使遍告郡国。丙午，诏谕诸镇将帅。戊申，赐书南唐，赠韩通中书令，命以礼收葬。己酉，遣官告祭天地社稷。复安州、华州、兖州为节度。辛亥，论翊戴功，以周义成军节度使、殿前都指挥使石守信为归德军节度使、侍卫亲军马步军副都指挥使，江宁军节度使、侍卫亲军马军都指挥使高怀德为义成军节度使、殿前副都点检，武信军节度使、侍卫亲军步军都指挥使张令铎为镇安军节度使、侍卫亲军马步军都虞候，殿前都虞候王审琦为泰宁军节度使、殿前都指挥使，虎捷右厢都虞候张光翰为江宁军节度使、侍卫亲军马军都指挥使，龙捷右厢都指挥使赵彦徽为武信军节度使，余领军者并进爵。壬子，赐宰相、枢密、诸军校袭衣、犀玉带、鞍马有差。癸丑，放南唐降将周成等归国。乙卯，遣使分振诸州。丁巳，命周宗正郭玘祀周陵庙，仍以时祭享。己未，宰相表请以二月十六日为长春节。癸亥，以周天雄军节度使、魏王符彦卿守太师，雄武军节度使王景守太保、太原郡王，定难军节度使、守太傅、西平王李彝殷守太尉，荆南节度使高保融守太傅，余领节镇者并进爵。甲子，赐皇弟殿前都虞候匡义名光义。己巳，立太庙。镇州郭崇报契丹与北汉军皆遁。

二月乙亥，尊母南阳郡夫人杜氏为皇太后。以周宰相范质依前守司徒、兼侍中，王溥守司空、兼门下侍郎、同中书门下平章事，魏仁浦为尚书右仆射、兼中书侍郎、同中书门下平章事，枢密使吴廷祚同中书门下二品。丙戌，长春节，赐群臣衣各一袭。

三月乙巳，改天下郡县之犯御名、庙讳者。丙辰，南唐主李景、吴越王钱俶遣使以御服、锦绮、金帛来贺。宿州火，遣使恤灾。壬戌，定国运以火德王，色尚赤，腊用戌。癸亥，命武胜军节度使宋延渥等率舟师巡江徼。是春，均、房、商、洛鼠食苗。

夏四月癸酉，窦俨上二舞十二乐曲名、乐章。乙酉，幸玉津园。遣使分诣京城门，赐饥民粥。丙戌，浚蔡河。癸巳，昭义军节度使李筠叛，遣归德军节度使石守信讨之。

五月己亥朔，日有食之。庚子，遣昭化军节度使慕容延钊、彰德军节度使王全斌将兵出东道，与守信会讨李筠。壬寅，窦俨上太庙舞曲名。癸卯，石守信败李筠于长平。甲辰，命诸道进讨。丙午，幸魏仁浦第视疾。己酉，西京作周六庙成，遣官奉迁。丁巳，诏亲征，以枢密使吴廷祚留守上都，都虞候光义为大内都点检，命天平军节度使韩令坤屯兵河阳。己未，发京师。丁卯，石守信、高怀德破筠众于泽州，禽伪节度范守图，杀北汉援兵之降者数千人，筠遁入泽州。戊辰，王师围之。

六月癸酉，有星赤色出心。辛未，拔泽州，筠赴火死。命埋胔骼，释河东相卫融，禁剽掠。甲申，免泽州今年租。有星赤色出太微垣，历上相。乙酉，伐上党。丁亥，筠子守节以城降，赦之。上如潞。辛卯，大赦，减死罪，免附潞三十里今年租，录阵殁将校子孙，丁夫给复三年。甲午，永安军节度使折德扆破北汉沙谷砦。

秋七月戊申，上至自潞。壬子，幸范质第视疾。甲子，遣工部侍郎艾颖拜嵩、庆陵。乙丑，南唐进白金，贺平泽、潞。丁卯，南唐进乘舆御服物。

八月戊辰朔，御崇元殿，行入阁仪。辛未，遣郭玘飨周庙。壬申，复贝州为永清军节度。甲戌，命宰相祷雨。辛巳，以周武胜军节度使侯章为太子太师。壬午，以光义领泰宁军节度，依前殿前都虞候。甲申，立琅邪郡夫人王氏为皇后。戊子，南唐进贺平泽潞金银九月壬寅,昭义军节度使李继勋焚北汉平遥县。癸卯,三佛齐国遣使贡方物。丙午,奉玉册谥高祖曰文献皇帝,庙号僖祖,高祖妣崔氏曰文懿皇后;曾祖曰惠元皇帝,庙号顺祖,曾祖妣桑氏曰惠明皇后;祖曰简恭皇帝,庙号翼祖,祖妣刘氏曰简穆皇后;皇考曰武昭皇帝,庙号宣祖。己酉,幸宜春苑。中书舍人赵逢坐从征避难,贬房州司户参军。己未,淮南节度李重进以扬州叛,遣石守信等讨之。甲子,归太原俘。

冬十月丁卯朔,赐内外文武官冬衣有差。壬申,定县为望、紧、上、中、下,令三年一注。壬午,河决厌次。乙酉,晋州兵马钤辖荆罕儒袭北汉汾州,死之;龙捷指挥石进二十九人坐不救弃市。丁亥,诏亲征扬州,以都虞侯光义为大内都部署,枢密使吴廷祚权上都留守。戊子,诏诸道长贰有异政,众举留请立碑者,委参军验实以闻。庚寅,发京师。

十一月丁未,师傅扬州城,拔之,重进尽室自焚。戊申,诛重进党,扬州平。命诸军习战舰于迎銮,南唐主惧甚。其臣杜著、薛良因诡迹来奔,帝疾其不忠,斩著下蜀市、配良庐州牙校。己酉,振扬州城中民人米一斛,十岁以下者半之。胁隶为军者,赐衣屡遣还。庚戌,给攻城役夫死者绢三匹,复三年。乙卯,南唐主遣使来犒师。庚申,遣其子从镒来朝。

十二月己巳,驾还。丁亥,上至自扬。辛卯,泉州节度使留从效称藩。

二年春正月丙申朔,上诣太后宫门称庆。庚子,占城国王遣使来朝。壬寅,幸造船务,观习水战。戊申,以扬州行宫为建隆寺。太仆少卿王承哲坐举官失实,责授殿中丞。壬子,商州鼠食苗,诏免赋。谓宰臣曰:"比命使度田,多邀功弊民,当慎其选,以见朕意。"丁巳,导蔡水入颍。己未,遣郭飨周庙。灵武节度使冯继业献马五百、橐驼百、野马二。甲子,泽州刺史张崇诂坐党李重进弃市。

二月丙寅,幸飞山营阅砲车。壬申,疏五丈河。癸酉,有司奏进士合格者十一人。荆南高保勖进黄金什器。甲戌,幸城南,观修水匮。丁丑,南唐进长春节御衣、金带及金银器。己卯,赐天雄军节度符彦卿粟。禁春夏捕鱼射鸟。己丑,定窃盗律。

三月丙申,内酒坊火,酒工死者三十余人,乘火为盗者五十人,擒斩三十八人,余以宰臣谏获免。酒坊使左承规、副使田处严以酒工为盗,坐弃市。

闰月己巳,幸玉津园,谓侍臣曰:"沉湎非令仪,朕宴偶醉,恒悔之。"壬辰,南唐进谢赐生辰金器、罗绮。丁丑,金、商、房三州饥,振之。癸未,幸迎春苑宴射。

夏四月癸巳朔,日有食之。壬寅,诏郡国置前代帝王、贤臣陵冢户。己酉,无棣男子赵遇诈称皇弟,伏诛。己未,商河县令李瑶坐赃杖死,左赞善大夫申文纬坐失觉察除籍。庚申,班私铸货易盐及货造酒麹律。

五月癸亥朔,以皇太后疾,赦杂犯死罪已下。乙丑,天狗坠西南。丙寅,三佛齐国来献方物。丁丑,以安邑、解两池盐给徐、宿、郓、济。庚寅,供奉官李继昭坐盗卖官船弃市。诏诸道邮传以军卒递。

六月甲午,皇太后崩于滋德殿。乙丑,群臣请听政,从之。庚子,以太后丧,权停时享。辛丑,见百官於紫宸殿门。壬子,祈雨。庚申,释服。

秋七月壬戌,以皇太后殡,不受朝。辛未,晋州神山县谷水泛出铁,方园二丈三尺,重七千斤。壬申,以光义为开封府尹,光美行兴元尹。己卯,陇州进黄鹦鹉。

八月壬辰朔,不视朝。壬寅,诏诸大辟送所属州军决判。甲辰,南唐主李景死,子煜嗣,遣使请追属帝号,从之。己酉,执易定节度使、同平章事孙行友,削官勒归私第。辛亥,幸崇夏寺,观修二门。女直国遣使来朝献。大名府永济主薄郭颋坐赃弃市。庚申,《周世宗实录》成。

九月壬戌朔,不御殿。南唐遣使来进金银、缯䌽。甲子,契丹解利来降。荆南节度使高保勗遣其弟保寅来朝。戊子,遣使南唐赙祭。

冬十月癸巳,南唐遣其臣韩熙载、田霖来会皇太后葬。丙申,遣枢密承旨王仁赡赐南唐礼物。戊戌,禁边民盗塞外马。辛丑,丹州大雨雹。丙午,葬明宪皇太后于安陵。

十一月辛酉朔,不视朝。甲子,太后祔庙。己巳,幸相国寺,遂幸国子监。癸酉,沙州节度使曹元忠、瓜州团练使曹延继等遣使献玉鞍勒马。

十二月壬申,回鹘可汗景琼遣使来献方物。乙未,李继勋败北汉军,俘辽州刺史傅廷彦,弟勋来献。辛丑,幸新修河仓。庚戌,畋于近郊。癸丑,遣使赐南唐吴越马、羊、橐驼有差。

三年春正月庚申朔,以丧不受朝贺。己巳,淮南饥,振之。庚午,幸迎春苑宴射。甲戌,广皇城。诏郡国长吏劝民播种。丙子,瓜沙归义节度使曹元忠献马。庚辰,女直国遣使只骨来献。诏郡国不得役道路居民。癸未,幸国子监。

二月丙辰,复幸国子监,遂如迎春苑宴从官。庚寅,诏文班官举堪为宾佐、令录者各一人,不当者比事连坐。甲午,诏自今百官朝对,须陈时政利病,无以触讳为惧。乙未,滑州节度使张建丰坐失火免官。己亥,更定窃盗律。壬午,上谓侍臣曰:"朕欲武臣尽读书以通治道,何如?"左右不知所对。甲寅,北汉寇潞、晋,守将击走之。

三月戊午朔,厌次霄霜杀桑。壬戌,三佛齐国遣使来献。癸亥,祷雨。丁卯,幸太清观,遂使开封尹后园宴射。己巳,大雨。诏申律文谕郡国,犯大辟者刑部审覆。乙亥,遣使赐南唐主生辰礼物。丁丑,女直国遣使来献。丁亥,命徙北汉降人于邢、洛夏四月乙未,延州大雨雪,赵、卫二州旱。丙申,宁州大雨雪,沟洫冰。戊戌,幸太清观。庚子,回鹘阿督等来献方物。壬寅,丹州雪二尺。乙巳,赠兄光济为邕王,弟光赞为夔王,追册夫人贺氏为皇后。

五月甲子,幸相国寺祷雨,遂幸迎春苑宴射。乙亥,海州火。开太行运路。癸未,命使检河北诸州旱。甲申,诏均户役,敢蔽占者有罪。复幸相国寺祷雨。乙酉,广大内。齐、博、德、相、霸五州自春不雨,以旱减膳彻乐。

六月辛卯,振宿州饥。癸巳,吴廷祚以雄武军节度使罢。乙未,赐酒国子监。丁酉,幸太清观。己亥,减京畿、河北死罪以下。壬寅,京师雨。壬子,蕃部尚波于等争采造务,以兵犯渭北,知秦州高防击走之。乙卯,一幸迎春苑宴射。黄陂县有象自南来食稼。

秋七月庚申,南唐遣其臣翟如璧谢赐生辰礼,贡金银、锦绮千万。壬戌,放南唐降卒弱者数千人归国。乙丑,免舒州菰蒲新税。丁卯,潞州大雨雹。索内外军不律者配沙门岛。己卯,北汉捉生指挥使路贵等来降。辛巳,遣从臣十人检河北旱。癸未,兖、济、德、磁、洺五州蝗。

八月癸巳,蔡河务纲官王训等四人坐以糠土杂军粮,磔于市。乙未,用知制诰高锡言,诸行赂获荐者许告讦,奴婢邻亲能告者赏。诏注诸道司法参军皆以律疏试判。诏尚书吏部举书判拔萃科。

九月庚午,吐蕃尚波于等归伏羌县地。壬申,修武成王庙。丙子,占城国来献。禁伐桑枣。

冬十月乙酉朔,赐百官冬服有差。丙戌,幸太清观,遂幸造船务,观习水战。己亥,幸岳台,命诸军习骑射,复幸玉津园。辛丑,以枢密副使赵普为枢密使。辛亥,畋近郊。

十一月癸亥,禁奉使请托。县令考课以户口增减为黜陟。丙寅,南唐遣其臣顾彝来朝。丙子,三佛齐国遣使李丽林等来献,高丽国遣李兴祐等来朝。己卯,畋于近郊。壬午,赐南唐建隆四年历。

十二月丙戌,诏县置尉一员,理盗讼;置弓手,视县户为差。戊戌,蒲、晋、慈、隰、相、卫六州饥,振之。庚子,班捕盗令。甲辰,衡州刺史张文表叛。

是岁,周郑王出居房州。

乾德元年春正月甲寅朔,不御殿。乙卯,发关西乡兵赴庆州。丁巳,修畿内河隄。己未,遣使赐南唐吴越马、橐驼、羊有差。庚申,遣山南东道节度使慕容延钊率十州兵以讨张文表。乙丑,幸造船务,观造战船。甲戌,诏荆南发水卒三千应延钊于潭。己卯,女直国遣使来献。

二月壬辰,周保权将杨师璠枭文表于朗陵市。甲午,慕容延钊入荆南,高继冲请归朝,得州三,县十七。乙未,克潭州。辛亥,澶、滑、卫、魏、晋、绛、蒲、孟八州饥,命发廪振之。

三月辛未,幸金凤园习射,七发皆中。符彦卿等进马称贺,乃遍赐从臣名马、银器有差。壬申,高继冲籍其钱帛刍粟来上。癸酉,班新定律。戊寅,慕容延钊破三江口,下岳州,克复朗州,湖南平,得州十四,监一,县六十六。

夏四月,旱。甲申,遍祷京城祠庙,夕雨。减荆南朗州、潭州管内死罪一等,卤掠者给主。乙酉,遣使祭南岳。丁亥,幸国子监,遂幸武成王庙,宴射玉津园。庚寅,出内钱募诸军子弟凿习战池。辛卯,《建隆应天历》成,御制序。壬辰,赏湖南立功将士。癸巳,幸玉津园。丙申,兵部郎中曹匪躬弃市,海陵、盐城屯田副使张蔼除名,并坐不法。庚子,荆南节度使高继冲进助宴金银、罗纨、柱衣、屏风等物。癸卯,辰、锦、叙等州归顺。甲辰,诏疏凿三门。禁泾、原、邠、庆等州补蕃人为边镇将。夏西平王李彝兴献犛牛一。乙巳,幸玉津园,阅诸军骑射。丙午,免湖南茶税,禁峡州盐井。辛庆,贷澶州及种食。

五月壬子朔,祷雨京城。甲寅,遣使祷雨岳渎。乙丑,广大内。庚午,给荆南管内符印。癸酉,幸玉津园。

六月乙酉,免潭州诸县无名配敛。壬辰,暑,罢营造,赐匠衫履。乙未,诏:荆南兵愿归农者听。丙申,诏历代帝王三年一飨,立汉光武、唐太宗庙。乙亥,澶、濮、曹、绛蝗,命以牢祭。庚子,百官三上表请举乐,从之。减左右仗千牛员。丙午,雨。诏蜡祀、庙、社皆用戌腊一日。己酉,命习水战于新池。

秋七月辛亥朔,定州县所置杂职、承符、厅子等名数。甲寅,以湖湘殁王事靳彦朗男承勋等三十人补殿直。丙辰,幸新池,赐役夫钱,遂幸玉津园。丁巳,安国军节度使王全斌等率兵入太原境,以俘来献,给钱米以释之。己未,诏民有疾而亲属遗去者罪之。癸亥,湖南疫,赐行营将校药。丁卯,幸武成王庙,遂幸新池,观习水战。己巳,朗州贼将汪端寇州城,都监尹重睿击走之。诏免荆南管内夏税之半。甲戌,释周保权罪。乙亥,诏缮朗州城，免其管内夏税。丁丑，分命近臣祷雨。己卯，班《重定刑统》等书。

八月壬午，殿前都虞侯张琼以陵侮军校史珪、石汉卿等，为所诬谮，下吏，琼自杀。丙戌，遣给事中刘载朝拜安陵。丁亥，王全斌攻北汉乐平县，降之。辛卯，以乐平县为平晋军，降卒千八百人为效顺军，人赐钱帛。壬辰，诏《九经》举人下第者再试。癸巳，女直国遣使献名马。蠲登州沙门岛民税，令专治船渡马。丙申，北汉静阳十八砦首领来降。泉州陈洪进遣使来朝贡。齐州河决。京师雨。己亥，契丹幽州歧沟关使柴廷翰等来降。癸卯，宰相质率百官上尊号，不允。

九月甲寅，三上表请，从之。丙寅，宴广政殿，始用乐。丁卯，责宣徽南院使兼枢密副使李处耘为淄州刺史。戊辰，女直国遣使献海东青名鹰。丙子，禁朝臣公荐贡举人。赐南唐羊万口。磔汪端于朗州。戊寅，北汉引契丹兵攻平晋，遣洺州防御使郭进等救之。

冬十月庚辰，诏州县征科置簿籍。己亥，畋近郊。丁未，吴越国王进郊祀礼金银、珠器、犀象、香药万计。

十一月乙卯，荆南节度使高继冲进郊祀银万两。甲子，有事南郊，大赦，改元乾德。百官奉玉册上尊号曰应天广运仁圣文武至德皇帝。丙寅，南唐进贺南郊、尊号银绢万计。丁卯，赐近臣袭衣、金带、器币、鞍马有差。乙亥，畋近郊。

十二月庚辰，殿前祗候李璘以父雠杀员僚陈友，王璘自首，义而释之。辛巳，开封府尹光义、兴元尹光美各益食邑，赐功臣号；宰相质、溥、仁浦并特进，易封，益食邑；枢密使普加光禄大夫，易功臣号；文武臣僚各进阶、勋、爵、邑。甲申，皇后王氏崩。辛卯，罢登州都督。己亥，泉州陈洪进遣使贡白金千两，乳香、茶药皆万计。己巳，南唐主上表乞呼名，诏不允。

闰月己酉朔，校医官，黜其艺不精者二十二人。甲寅，命近臣祈雪。丁卯，覆试拔萃科，田可封、宋白、谭利用等称旨，赐予有差。辛未，卜安陵于巩县。乙亥，折德扆败北汉军于府州城下，禽其将杨璘。以太常议，奉赤帝为感生帝。

二年春正月辛巳，谕郡国长吏劝农耕作。有象入南阳，虞人杀之，以齿革来献。京师雨雪，雷。癸未，幸迎春园宴射。甲申，诏著四时听选式。回鹘遣使献方物。戊子，质以太子太傅、溥以太子太保、仁浦仍尚书左仆射罢。庚寅，以赵普为门下侍郎、同中书门下平章事，李崇矩枢密使。壬辰，诏亲试制举三科，不限官庶，许直诣阁门进状。甲辰，诏诸道狱词令大理、刑部检详，或淹留差失致中书门下改正者，重其罪。乙巳，幸玉津园宴射。丁未，诏县令、簿、尉非公事毋至村落。令、录、簿、尉诸职官有耄耋笃疾者举劾之。

二月戊申朔，北汉辽州刺史杜延韬以城来降。癸丑，遣使振陕州饥。导滹水入京。丁巳，治安陵，隧坏，役兵压死者二百人，命有司瘗恤。庚午，府州俘北汉卫州刺史杨璘来献。甲戌，南唐进改葬安陵银绫绢各万计。浚汴河。

三月辛巳，幸教船池，赐水军将士衣有差，还幸玉津园宴射。乙未，北汉耀州团练使周审玉等来降。丁酉，遣使祈雨于五岳。禁臣僚往来假官军部送。辛丑，遣摄太尉光义奉册宝上明宪皇太后谥曰昭宪，皇后贺氏谥曰孝惠，王代谥曰孝明。

夏四月丁未朔，策贤良方正直言极谏科，博州判官颖贽中第。戊申，振河中饥。己酉，免诸道今年夏税之无苗者。乙卯，葬昭宪皇太后、孝明皇后于安陵。乙丑，始置参知政事，以兵部侍郎薛居正、吕余庆为之。己巳，灵武饥，转泾粟以饷。壬申，祔二后于别庙。徙永州诸县民之畜蛊者三百二十六家于县之僻处，不得复齿於乡。

五月己卯，知制诰高锡坐受藩镇赂，贬莱州司马。辛巳，宗正卿赵砺坐赃杖、除籍。癸未，幸玉津园宴射。

六月己酉，以光义为中书令，光美同中书门下平章事，子德昭贵州防御使。庚申，幸相国寺，遂幸教船池、玉津园。辛未，河南北及秦诸州蝗，惟赵州不食稼。

秋七月乙亥，春州暴水溺民。庚辰，邰阳雨雹。辛巳，幸玉津园，还幸新池，观习水战。辛卯，诏翰林学士陶谷、窦仪等举堪为藩郡通判者各一人，不当者连坐。

九月甲戌朔，《周易》博士奚屿责乾州司户，库部员外王贻孙责左赞善大夫，并坐试任子不公。戊子，延州雨雹。乙未，幸北郊观稼。辛丑，太子太傅质薨。壬寅，潘美等克彬州。

冬十月戊申，周纪王熙谨薨，辍视朝。

十一月甲戌，命忠武军节度使王全斌为西川行营前军兵马都部署，武信军节度崔彦进副之，将步骑三万出凤州道；江宁军节度使刘光义为西川行营前军兵马副都部署，枢密承旨曹、彬副之，将步骑两万出归州道以伐蜀。乙亥，宴西川行营将校于崇德殿，示川峡地图，授攻取方略，赐金玉带、衣物各有差。壬辰，畋近郊。

十二月乙巳，释广南彬州都监陈瑨等二百人。戊申，刘光义拔夔州，蜀节度高彦俦自焚。丁巳，蠲归、峡秋税。辛酉，王全斌克万仞、燕子二砦，下兴州，连拔石馈等二十余砦。甲子，光义拔巫山等砦，斩蜀将南光海等八千级，禽其战櫂都指挥袁德宏等千二百人。全斌先锋史进德败蜀人于三泉砦，禽其节度使韩保正、李进等。南唐进银两万两、金银器皿数百事。庚午，诏招复山林聚匪。辛未，畋北郊。

三年春正月癸酉朔，以出师不御殿。甲戌，王全斌克剑门，斩首万余级，禽蜀枢密使王昭远、泽州节度赵崇韬。乙亥，诏瘗征蜀战死士卒，被伤者给缯帛。壬午，全斌取利州。乙酉，蜀主孟昶降。得州四十五、县一百九十八、户五十三万四千三十有九。高丽国王遣使来朝献。戊子，吏部郎中邓守中坐试吏不当，责本曹员外郎。癸巳，刘光义取万、施、开、忠四州，遂州守臣陈愈降。乙未，诏抚西川将吏百姓。丙申，赦蜀，归俘获，除管内逋赋，免夏税及沿征物色之半。

二月癸卯，南唐、吴越进长春节御衣、金银器、锦绮以千计。甲辰，遣皇城使窦思俨迎劳孟昶。丁未，全州大水。庚申，王全斌杀蜀降兵二万七千人於成都。

三月癸酉，诏置义仓。是月，两川贼群起，先锋都指挥使高彦晖死之，诏所在攻讨。

夏四月乙巳，回鹘遣使献方物。癸丑，职方员外郎李岳坐赃弃市。南唐进贺收蜀银绢以万计。戊午，遣中使给蜀臣鞍马、车乘于江陵。癸亥，募诸军子弟导五丈河，通皇城为池。

五月辛未朔，诏还诸道幕职、令录经引对者，以涉途远近，差减其选。壬申，幸迎春苑宴射。乙亥，遣开封尹光义劳孟昶於玉津园。丙戌，见孟昶於崇元殿，宴昶等於大明殿。丁亥，赐将士衣服钱帛。戊子，大赦，减死罪一等。壬辰，宴孟昶及其子弟於大明殿。

六月甲辰，以孟昶为中书令、秦国公，昶子弟诸臣锡爵有差。庚戌，孟昶薨。

秋七月，珍州刺史田景迁内附。壬辰，追封孟昶为楚王。丁酉，幸教船池，遂幸玉津园宴射。

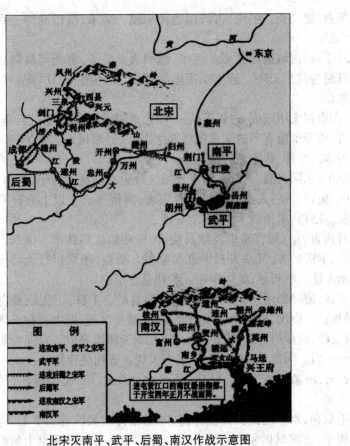

北宋灭南平、武平、后蜀、南汉作战示意图

八月戊戌朔，诏籍郡国骁勇兵送阙下。癸卯，河决阳武县。庚戌，诏王全斌等廪蜀亡命兵士家。乙卯，河溢河阳，坏民居。戊午，殿直成德钧坐赃弃市。己未，郓州河水溢，没田。辛酉，寿星见。

九月己巳，阅诸道兵，以骑军为骁雄，步军为雄武，并隶亲军。壬申，诏蜀诸郡各置克宁军五百人。辛巳，河决澶州。戊子，幸西水砲。

十月丁酉朔，大雾。己未，太子中舍王治坐受赃杀人，弃市。丙寅，济水溢邹平。

十一月丙子，甘州回鹘可汗遣僧献佛牙、宝器。乙未，剑州刺史张仁谦坐杀降，贬宋州教练。

十二月丁酉朔，诏妇为舅姑丧者齐、斩。己亥，诏西川管内监军、巡检毋预州县事。戊午，甘州回鹘可汗、于阗国王等遣使来朝，进马千匹、橐驼五百头、玉五百团、琥珀五百斤。

四年春正月丙子，遣使分诣江陵、凤翔，赐蜀群臣家钱帛。丁亥，命丁德裕等率兵巡抚西川。己丑，幸迎春苑宴射。

二月癸卯，视皇城役。丙辰，于阗国王遣其子德从来献。安国军节度使罗彦瑰等败北汉于静阳，擒其将鹿英。辛酉，试下第举人。甲子，免西川今年夏税及诸征之半，田不得耕者尽除之。岳州火。

三月癸酉，罢义仓。甲戌，占城国遣使来献。癸未，僧行勤等一百五十七人，各赐钱三万，游西域。

夏四月丁酉，占城遣使来献。丙午，潭州火。壬子，罢光州鹰鹞。丁巳，契丹天德军节度使于延超与其子来降。进士李蔼坐毁释氏，辞不逊，黥杖，配沙门岛。庚申，幸燕国长公主第视疾。

五月，南唐贺文明殿成，进银万两。甲戌，光禄少卿郭玘坐赃弃市。乙亥，阅蜀法物、图书。丁丑，诏蜀郡敢有不省父母疾者罪之。辛巳，潭州火。壬午，澶州进麦两歧至六歧者百六十五本。辛卯，荧惑犯轩辕。

六月甲午，东阿河溢。甲辰，河决观城。月犯心前星。丙午，澧州刺史白全绍坐纵纪网规财部内，免官。诏：人臣家不得私养宦者，内侍年三十以上方许养一子，士庶敢有阉童男者不赦。己酉，果州贡禾，一茎十三穗。

秋七月丙寅，诏：蜀官将吏及姻属疾者，所在给医药钱帛。戊辰，西南夷首领董皓等内附。己巳，幸造船务，又幸开封尹北园宴射。癸酉，赐西川行营将士钱帛有差。庚辰，罢剑南蜀米麦征。华州旱，免今年租。给州县官奉户。

八月丁酉，诏除蜀倍息。庚子，水坏高苑县城。壬寅，诏宪臣及吏、刑部官三周岁满日，即转授加恩。庚戌，枢密直学士冯瓒、绫锦副使李美、殿中侍御史李楩为宰相赵普陷，以赃论死；会赦，流沙门岛，逢恩不还。辛亥，幸玉津园宴射。京兆府贡野蚕茧。壬子，衡州火，乙卯，录囚。丙辰，河决滑州，坏灵河大堤。普州兔食稼。

闰月乙丑，河溢入南华县。己巳，衡州火。乙亥，诏：民能树艺、开垦者不加征，令佐能劝来者受赏。

九月壬辰朔，水。虎捷指挥使孙进、龙卫指挥使吴瑰等二十七人，坐党吕翰乱伏诛，夷进族。庚子，占城献训象。乙巳，幸教船池，遂幸玉津园观卫士骑射。丙午，诏吴越立禹庙于会稽。

冬十月辛酉朔，命太常复二舞。癸亥，诏诸郡立古帝王陵庙，置户有差。己巳，禁吏卒以巡察扰民。

十二月庚辰，妖人张龙儿等二十四人伏诛，夷龙儿、李玉、杨密、聂赟族。

五年春正月戊戌，治河隄。丁未，合州汉初县上青樛木，中有文曰"大连宋"。甲寅，王全斌等坐伐蜀黩货杀降，全斌责崇义军节度使，崔彦进责昭化军节度使，王仁赡责右卫大将军。丙辰，诏伐蜀将校有受蜀人钱物者，并即还主。丁巳，赏伐蜀功，曹彬、刘光义等进爵有差。

二月庚申朔，幸造船务，遂幸城西观卫士骑射。甲子，薛居正、吕余庆并为吏部侍郎，依、前参知政事。己丑，幸教船池。

三月甲辰，诏翰林学士、常参官於幕职、州县及京官内各举堪任常参官者一人，不当者连坐。乙巳，诏诸道举部内官吏才德优异者。丙午，以普为尚书左仆射兼门下侍郎、同中书门下平章事，崇矩检校太傅。是日，幸教船池，又幸玉津园宴射。丙辰，北汉石盆砦招收指挥使阎章以砦来降。五星聚奎。

夏五月乙巳，赐京城贫民衣。北汉鸿唐砦招收指挥使樊晖以砦来降。甲寅，王溥为太子太傅。

六月戊午朔，日有食之。辛巳，幸建隆观，遂幸飞龙院。丁亥，牂牁顺化王子等来献方物。

七月丁酉，禁毁铜佛像。己酉，免水旱灾户今年租。

八月甲申，河溢入卫州城，民溺死者数百。

九月壬辰，仓部员外郎陈郾坐赃弃市。甲午，西南蕃顺化王子部才等遣使献方物。己酉，畋近郊。

十一月乙酉朔，工部侍郎毋守素坐居丧娶妾免。供奉武仁海坐枉杀人弃市。

十二月丙辰，禁新小铁镴等钱、疏恶布帛入粉药者。癸酉，升麟州为建宁军节度。赵普以母忧去位，丙子，起复。

开宝元年春正月甲午，增治京城。陕之集津、绛之垣曲、怀之武陟饥，振之。己亥，北汉偏城砦招收指挥使任恩等来降。

三月庚寅，班县令、尉捕盗令。癸巳，幸玉津园。乙巳，有驯象自至京师。

夏四月乙卯，幸节度使赵彦征第视疾。

五月丁未，赐南唐米麦十万斛。

六月癸丑朔，诏民田为霖雨、河水坏者，免今年夏税及沿征物。癸亥，诏：荆蜀民祖父母、父母在者，子孙不得别财异居。丁丑，太白昼见；戊寅，复见。龙出单父民家井中，大风雨，漂民舍四百区，死者数十人。

秋七月丙申，幸铁骑营，赐军钱羊酒有差。北汉颖州砦主胡遇等来降。丙午，幸铁骑营，遂幸玉津园。戊申，坊州刺史李怀节坐强市部民物，责左卫率府率。北汉主刘钧卒，养子继恩立。

八月乙卯，按鹘于近郊，还幸相国寺。戊午，又按鹘于北郊，还幸飞龙院。丙寅，遣客省使卢怀忠等二十二人率禁军会潞州。戊辰，命昭义军节度使李继勋等征北汉。

九月辛巳朔，禁铁出塞。癸未，监察御史杨士达坐鞫狱滥杀弃市。庚子，李继勋败北汉於铜温河。己酉，北汉供奉官侯霸荣弒其主继恩，继元立。

冬十月己未，畋近郊，还幸飞龙院。丙子，吴越王遣其子惟浚来朝贡。

十一月癸卯，日南至，有事南郊，改元开宝，大赦，十恶、杀人、官吏受赃者不原。宰相普等奉玉册、宝，上尊号曰应天广运大圣神武明道至德仁孝皇帝。

十二月甲子，行庆，自开封兴元尹、宰相、枢密使及诸道蕃侯，并加勋爵有差。乙丑，大食国遣使献方物。

二年春正月己卯朔，以出师，不御殿。

二月乙卯，命昭义军节度使李继勋为河东行营前军都部署，侍卫步军指挥使党进副之，宣徽南院使曹彬为都监，棣州防御使何继筠为石岭关部署，建雄军节度使赵赞为汾州路部署，以伐北汉。宴长春殿。命彰德军节度使韩仲赟为北面都部署，彰义军节度使郭延义副之，以防契丹。戊午，诏亲征。己酉，以开封尹光义为上都留守，枢密副使沈义伦为大内部署，判留司三司事。甲子，发京师。乙亥，雨，驻潞州。

三月壬辰，发潞州。乙未，李继勋败北汉军於太原城下。戊戌，驾傅城下。庚子，观兵城南，筑长连城。辛丑，幸汾河，作新桥。发太原诸县丁数万集城下。癸卯，北汉史昭文以宪州来降。乙巳，临城南，谓汾水可以灌其城，命筑长隄壅。决晋祠水注之。遂砦

四月戊申,幸城东观筑隄。壬子,复幸城东。已未,何继筠败契丹於阳曲,斩首数千级,俘武州刺史王彦符以献,命陈示所获首级、铠甲于城下。壬戌,幸汾河观造船。戊辰,幸城西上生院。丙子,复幸城西。

五月癸未,韩仲赟败契丹於定州北。自戊子至庚寅,命水军载弩环攻,横州团练使王廷义、殿前都虞侯石汉卿死之。甲午,北汉赵文度以岚州来降。甲辰,都虞侯赵廷翰奏,诸军欲登城以死攻,上愍之,不允。

闰月戊申,雉坁,水注城中,上遽登隄观。已酉,右仆射魏仁浦薨。壬子,以太常博士李光赞言,议班师。已未,命兵士迁河东民万户于山东。庚申,分命使臣率兵赴镇、潞。壬戌,驾还。戊辰,驻跸於镇州。

六月丙子朔,发镇州。癸巳,至自太原。曲赦京城囚。

秋七月丁巳,幸封禅寺。诏镇、深、赵、邢、洺五州管内镇、砦、县悉城之。甲子、大宴。赐宰相、枢密使、翰林学士、节度、观察使袭衣金带。戊辰,西南夷顺化王子武才等来献方物。癸酉,幸新水砲。汴决下邑。乙亥,寿星见。

八月丁亥,诏川峡诸州察民有父母在而别籍异财者,论死。

九月乙巳朔,幸武成王庙。壬戌,幸玉津园宴射。

冬十月戊子,畋近郊。庚寅,散指挥都知杜延进等谋反伏诛,夷其族。诏:相、深、赵三州丁夫死太原城下者,复其家。庚子,以王溥为太子太师,武衡德为太子太傅。癸卯,西川兵马都监张延通、内臣张屿、引进副使王珏为丁德裕所潜,延通坐不逊诛,屿、珏并杖配。

十一月丙午,幸镇宁军节度使张令铎第视疾。甲寅,畋近郊,还幸金凤园。庚中,回鹘、于阗遣使来献方物。

十二月癸未,幸中书视宰相赵普疾。已亥,右赞善大夫王昭坐监大盈仓,其子与仓吏为奸赃,夺两任,配隶汝州。丁德裕诬奏西川转运使李铉指斥,事既直,犹坐酒失,责授右赞善大夫。

三年春正月癸卯朔,雨雪,不御殿。癸丑,增河堤。辛酉,诏:民五千户举孝弟彰闻、德行纯茂者一人,奇才异行不拘此限,里闾郡国递审连署以闻,仍为治装诣阙。

二月庚寅,幸西茶库,遂幸建隆观。

三月庚戌,诏阅进士十五举以上司马浦等百六人,并赐本科出身。辛亥,赐处士王昭素国子博士致仕。丙辰,殿中丞张颙坐先知颍州政不平,免官。已未,幸宰相赵普第视疾。

夏四月辛未朔,日有食之。丁亥,幸寺观祷雨。辛卯,雨。甲午,幸教船池。已亥,罢河北诸州盐禁。诏郡国非其土产者勿贡。

五月丁未,禁京城民畜兵器。癸丑,幸城北观水砲。癸亥,赐诸班营舍为雨坏者钱有差。

六月乙未,禁诸州长吏亲随人掌厢镇局务。

秋七月乙巳,立报水旱期式。壬子,诏蜀州县官以户口差第省员加禄,寻诏诸路亦如之。戊辰，章教船池，又幸玉津园宴射。

八月戊子，幸教船池，又幸玉津园。

九月己亥朔，命潭州防御使潘美为贺州道兵马行营都部署，朗州团练使尹崇珂副之。遣使发十州兵会贺州，以伐南汉。甲辰，诏：西京、凤翔、雄耀等州，周文、成、康三王，秦始皇，汉高、文、景、武、元、成、哀七帝，后魏孝文，西魏文帝，后周太祖，唐高祖、太宗、中宗、肃宗、代宗、德、顺、文、武、宣、懿、僖、昭诸帝，凡二十七陵，尝被盗发者，有司备法服、常服各一袭，具棺椁重葬，所在长吏致祭。己酉，幸开宝寺观新钟。丙辰，女直国遣使赍定安国王烈万华表，献方物。丁卯，潘美等败南汉军万众於富州，下之。

十月庚辰，克贺州。

十一月壬寅，下昭、桂二州。乙巳，减桂阳岁贡白金额。癸丑，右领军卫将军石延祚坐监仓与吏为奸赃弃市。癸亥，定州驻泊都监田钦祚败契丹於遂城。丙寅，以曹州举德行孔蟾为章丘主薄。

十二月壬申，潘美等下连州。辛卯，大败南汉军万余於韶州，下之。癸巳，增河隄。

春正月戊戌朔，以出师，不视朝。丙午，罢诸道州县摄官。丁未，右千牛卫大将军桑赃弃市。癸丑，潘美等取英州、雄州。

丁亥，南汉刘鋹遣其左仆射萧辐等以表来上。己丑，潘美克广州，俘刘鋹，广南平。得州、十、县二百十四、户十七万二百六十三。辛卯，大赦广南，免二税，伪署官仍旧。

三月乙未，幸飞龙院，赐从臣马。丙申，诏：广南有买人男女为奴婢转佣利者，并放免；伪政有害于民者具以闻，除之。增前代帝王守陵户二。

夏四月丙寅朔，前左监门卫将军赵玭诉宰相赵普，坐诬毁大臣，汝州安置。丁卯，三佛齐国遣使献方物。己巳，诏禁岭南商税、盐、麴，如荆湖法。辛未，幸永兴军节度使吴廷祚第视疾。癸未，幸开宝寺。辛卯，南唐遣其弟从谦来朝贡。发厢军千人修前代陵寝之在秦者。壬辰，监察御史闾丘舜卿坐前任盗用官钱，弃市。

五月乙未朔，御明德门受刘鋹俘，释之；斩其柄臣龚澄枢、李托、恭崇誉。大宴於大明殿，鋹预焉。丁酉，赏伐广南功，潘美、尹崇珂等进爵有差。

六月癸酉，遣使祀南海。丁丑，命翰林试南汉官，取书判稍优者，授令、录、簿、尉。壬午，以孝子罗居通为延州主薄。封刘鋹为恩赦侯。乙酉，罢贺州银场。赐刘鋹月奉外钱五万、米麦五十斛。河决原武，汴决谷熟。

秋七月戊戌，赐开封尹光义门戟十四。庚子，幸新修水砠，赐役人钱帛有差。戊午，复著内侍养子令。癸亥，幸建武军节度使何继筠第视疾。汴决宋城。

八月壬申，文武百官上尊号，不允。辛卯，景星见。

冬十月癸亥朔，日有食之。己巳，诏伪作黄金者弃市。庚午，太子洗马王元吉坐赃弃市。辛巳，除广南旧无名配敛。甲申，诏十月后犯强窃盗者郊赦不原。戊戌，放广南民驱充军者。

十一月癸巳朔，南唐遣其弟从善，吴越国王遣其子惟浚，以郊祀来朝贡。南唐主煜表乞去国号呼名，从之。庚戌，诏诸道所罢摄官三任无遗阙者以闻。河决澶州，通判姚恕坐不即上闻弃市。己未，日南至，有事南郊，大赦，十恶、故劫杀、官吏受赃者不原。诏置诸州幕职官奉户。壬戌，蜀班内殿直四十人，援御马直例乞赏，遂挝登闻鼓，命各杖二十；翌日,悉斩于营,都指挥单斌等皆杖、降。

十二月癸亥朔,赐南郊执事官器币有差。丁卯,行庆,开封尹光义、兴元尹光美、贵州防御使德昭、宰相赵普并益食邑。己巳,内外文武官递进勋爵。辛未,赐九经李符本科出身。壬午,畋近郊。

五年春正月壬辰朔,雨雪,不御殿。禁铁铸浮屠及佛像。庚子,前卢氏县尉鄢陵许永年七十有五,自言父琼年九十九,两兄皆八十余,乞一官以便养。因召琼厚赐之,授永鄢陵令。壬寅,省州县小吏及直力人。乙巳,罢襄州岁贡鱼。

二月丙子,诏沿河十七州各置河隄判官一员。庚辰,以凤州七房银冶为开宝监。庚寅,以兵部侍郎刘熙古参知政事。

闰月壬辰,礼部试进士安守亮等诸科共三十八人,召对讲武殿,始放榜。庚戌,升密州为安化军节度。

三月庚午,赐颍州龙骑指挥使仇兴及兵士钱。辛未,占城国王波美税遣使来献方物。壬申,幸教船池习战。乙酉,殿中侍御史张穆坐赃弃市。

夏四月庚寅朔,三佛齐国主释利乌耶遣使来献方物。丙午,遣使检视水灾田。丙寅,遣使诸州捕虎。

五月庚申,赐恩赦侯刘铱钱一百五十万。乙丑,命近臣祈晴。并广南州十三、县三十九。丙寅,罢岭南采珠媚川都卒为静江军。辛未,河决濮阳,命颍州团练使曹翰往塞之。甲戌,以霖雨,出后宫五十余人,赐予以遣之。丁亥,河南、北淫雨,澶、滑、济、郓、曹、濮六州大水。

六月己丑,河决阳武,汴决谷熟。丁酉,诏:淫雨河决,沿河民田有为水害者,有司具闻除租。戊申,修阳武隄。

秋七月己未,右拾遗张恂坐赃弃市。癸未,邕、容等州獠人作乱。

八月庚寅,高丽国王王昭遣使献方物。己亥,广州行营都监朱宪大破獠贼於容州。癸卯,升宿州为保静军节度,罢密州仍为防御。

九月丁巳朔,日有食之。癸酉,李崇矩以镇国军节度使罢。

冬十月庚子,幸河阳节度使张仁超第视疾。甲辰,试道流,不才者勒归俗。

十一月己未,李继明、药继清大破獠贼於英州。癸亥,禁僧道习天文地理。己巳,禁举人寄应。庚辰,命参知政事薛居正、吕余庆兼淮、湖、岭、蜀转运使。

十二目乙酉朔,祈雪。己亥,畋近郊。开封尹光义暴疾,遂如其第视之。甲寅,内班董延谔坐监务盗刍粟,杖杀之。诏合入令录者引见后方注。乙卯,大雨雪。

是岁,大饥。

六年春正月丙辰朔,不御殿。置蜀水陆转运计度使。癸酉,修魏县河。

二月丙戌朔,棣州兵马监押、殿直傅延翰谋反伏诛。丙申,曹州饥,漕太仓米两万石振之。己亥,吴越国进银装花舫、金香师子。

三月乙卯朔,周郑王殂于房州,上素服发哀,辍朝十日,谥曰恭帝,命还葬庆陵之侧,陵曰顺陵。己未,复密州为安化军节度。庚申,复试进士於讲武殿,赐宋准及下第徐士廉等诸科百二十七人及第。乙亥,赐宋准等宴钱二十万。大食国遣使来献。翰林学士、知贡举李昉坐试人失当,责授太常少卿。试朝臣死王事者子陆坦等,赐进士出身。丙子,幸相国寺观新修塔。

夏四月丁亥,召开封尹光义、天平军节度使石守信等赏花习射於苑中。辛丑,遣卢多逊为江南国信使。甲辰,占城国王悉利陀盘印茶遣使来献方物。丙午,黎州保塞蛮来归。戊申,诏修《五代史》。

五月庚申,刘熙古以户部尚书致仕。诏:中书吏檀权多奸赃,兼用流内州县官。己巳,交州丁琏遣使贡方物。幸玉津园观刈麦。辛巳,杀右拾遗马适。

六月辛卯,阅在京百司吏,黜为农者四百人,癸巳,占城国遣使献方物。隰州巡检使李谦溥拔北汉七砦。癸卯,雷有邻告宰相赵普党堂吏胡赞等不法,赞及李可度并杖、籍没。庚戌,诏参知政事与宰相赵普分知印押班奏事。

秋七月壬子朔,诏诸州府置司寇参军,以进士、明经者为之。丙辰,减广南无名率钱。

八月乙酉,罢成都府伪蜀嫁装税。辛卯,赐布衣王泽方同学究出身。丁酉,泗州推官侯济坐试判假手,杖、除名。甲辰,赵普罢为河阳三城节度使、同平章事。辛酉,幸都亭驿。

九月丁卯,余庆以尚书左丞罢。己巳,封光义为晋王、兼侍中,德昭同中啼门下平章事,薛居正为门下侍郎、同平章政事,户部侍郎、枢密副使沈义伦为中书侍郎、同平章事,石守信兼侍中,卢多逊中书舍人、参知政事。壬申,诏晋王光义班宰相上。

冬十月甲申,葬周恭帝,不视朝。丁亥,幸玉津园观稼。戊子,流星出文昌、北斗。甲辰,特赦诸官吏奸赃。

十一月癸丑,诏常参官进士及第者各举文学一人。

十二月壬午,命近臣祈雪。丙午,前中书舍人,参知政事多逊起复视事。行《开宝通礼》。限度僧法,诸州僧帐及百人岁许度一人。

七年春正月庚戌,不御殿。庚申,占城国王波美税遣使献方物。齐州野蚕成茧。癸亥,左拾遗秦宣,太子中允吕鹄并坐赃,宥死,杖、除名。

二月庚辰朔,日有食之。丙戌,日有二黑子。癸卯,命近臣祈雨。诏:《诗》《书》《易》三经学究,依《三经》《三传》资叙入官。乙巳,太子中舍胡德冲坐认官钱,弃市。

三月乙丑,三佛齐国王遣使献方物。

夏四月丙午,遣使检岭南民田。

五月戊申朔,殿中侍御史李莹坐受南唐馈遗,责授右赞善大夫。甲寅,以布衣齐得一为章丘主簿。乙丑,诏市二价者以枉法论。丙寅,幸讲武池观习水战。丙子,又幸讲武池,遂幸玉津园。

六月丙申,河中府饥,发粟三万石振之。己亥,淮溢入泗州城;壬寅、安阳河溢,皆坏民居。

秋七月壬子,幸讲武池观习水战,遂幸玉津园。丙辰,南丹州溪洞酋帅莫洪燕内附。诏减成都盐钱。庚午,太子中允李仁友坐不法,弃市。

八月戊寅,吴越国王遣使来朝贡。丁亥,谕吴越伐江南。戊子,陈州贡芝草,一本四十九茎。己丑,幸讲武池,赐习水战军士钱。戊戌,殿中丞赵象坐擅税,除名。甲辰,幸讲武池观习水战,遂幸玉津园。

九月癸亥,命宣策南院使、义成军节度使曹彬为西南路行营马步军战櫂都部署、山南东道节度使潘美为都监,颍州团练使曹翰为先锋都指挥使,将兵十万出荆南,以伐江南。将行,召曹彬、潘美戒之曰:"城陷之日,慎无杀戮;设若困斗,则李煜一门,不可加害。"丁卯,以知制诰李穆为江南国信使。

冬十月甲申,幸迎春苑,登汴隄观战舰东下。丙戌,又幸迎春苑,登汴隄观诸军习战,遂幸东水门,发战艑东下。江南进绢数万,御衣、金带、器用数百事。壬辰,曹彬等将舟师步骑发江陵,水陆并进。丁酉,命吴赵王钱俶为升州东南行营招抚制置使。己亥,曹彬收下峡口。获指挥使王仁震、王宴、钱兴。

闰月己酉,克池州。丁巳,败江南军于铜陵。庚申,命宰相、参知政事更知日历。壬戌,彬等拔芜湖、当涂两县,驻军采石。癸亥,诏减湖南新制茶。甲子,薛居正等上新编五代史,赐器币有差。丁卯,彬败江南军于采石,擒兵马部署杨收、都监孙震等千人,为浮梁以济。

十一月癸未,黥李从善部下及江南水军一千三百九十人为归化军。甲申,诏省剑南、山南等道属县主簿。丁亥,秦、晋旱,免蒲、陕、晋、绛、同、解六州逋赋,关西诸州免其半。己丑,知汉阳军李恕败江南水军于鄂。甲午,曹彬败江南军於新林砦。辛丑,命知雄州孙全兴答涿州修好书。壬寅,大食国遣使献方物。

十二月己酉,彬败江南军於白鹭洲。辛亥,命近臣祈雪。甲子,吴越王帅兵围常州,获其人马,寻拔利城砦。丙寅,彬败江南军於新林港。己巳,左拾遗刘祺坐受赇,黥面、杖配沙门岛。庚午,北汉寇晋州,守臣武守琦败之於洪洞。壬申,吴越王败江南军於常州北界。

八年春正月甲戌朔,以出师,不御殿。丙子,知池州樊若水败江南军於州界;田钦祚败江南军於溧水,斩其都统使李雄。乙酉,御长春殿,谓宰相曰:"朕观为臣者比多不能有终,岂忠孝薄而无以享厚福耶?"宰相居正等顿首谢。庚寅,曹彬拔升州城南水砦。

二月癸丑,彬败江南军於白鹭洲。乙卯,拔升州关城。丁巳,太子中允徐昭文坐抑人售物,除籍。甲子,知扬州侯陟败江南军於宣化镇。戊辰,复试进士於讲武殿,赐王嗣宗等三十一人,诸科纪自成等三十四人及第。

三月乙酉,赐王嗣宗等宴钱二十万。己丑,命祈雨。庚寅,彬败江南军於江中。己亥,契丹遣使克沙骨慎思以书来讲和。知潞州药继能拔北汉鹰涧堡。辛丑,召契丹使於讲武殿观习射。壬寅,遣内侍王继恩领兵赴升州。大食国遣使来朝献。

夏四月乙巳,幸东水砲。癸丑,幸都亭驿阅新战船。丁巳,吴越王拔常州。壬戌,彬等败江南军於秦淮北。戊辰,幸玉津园观种稻,遂幸讲武池观习水战。庚午,诏岭南盗赃满十贯以上者死。幸西水砲。

五月壬申朔,以吴越国王钱俶守太师、尚书令,益食邑。知桂阳监张侃发前官隐没羡银,追罪兵部郎中董枢、右赞善大夫孔璘,杀之,太子洗马赵瑜杖配海岛;侃受赏,迁屯田员外郎。辛巳,祈晴。甲申,江南宁远军及沿江砦并降。乙酉,诏武冈、长沙等十县民为贼卤掠者蠲其逋租,仍给复一年。甲午,安南都护丁琏遣使来贡。辛丑,河决濮州。

六月壬寅,曹彬等遣使言,败江南军於其城下。丁未,宋州观察判官崔绚、录事参军马德休并坐赃弃市。辛亥,河决澶州顿丘。甲子,彗出柳,长四丈,辰见东方。

秋七月辛未朔,日有食之。庚辰,遣阁门使郝崇信、太常丞吕端使契丹。癸未,西天

宋代科举考试图

东印土王子穰结说啰来朝献。甲申,诏吴越王班师。己亥,山后两林鬼主、怀化将军勿尼等来朝献。

八月乙卯,幸东水硇观鱼,遂幸北园。辛酉,诏权停今年贡举。壬戌,契丹遣左卫大将军耶律霸德等致御衣、玉带、名马。西南蕃顺化王子若废等来献名马。癸亥,丁德裕败润州兵於城下。

九月壬申,狩近郊,逐兔、马蹶坠地,因引佩刀刺马杀之。既而悔之,曰:"吾为天下主,轻事畋猎,又何罪马哉!"自是遂不复猎。戊寅,润州降。

冬十月己亥朔,江南主遣徐铉、周惟简来乞缓师。辛亥,诏郡国令佐察民有孝悌力田、奇才异行或文武可用者遣诣阙。丁巳,修西京宫阙。江南主贡银五万两、绢五万匹,乞缓师。戊午,改润州镇海军节度为镇江军节度。幸晋王北园。己未,曹彬遣都虞侯刘遇破江南军於皖口,擒其将朱令赟、王晖。

十一月辛未,江南主遣徐铉等再奉表乞缓师,不报。甲申,曹彬夜败江南军於城下。丙戌,以校书郎宋准、殿直邢文庆充贺契丹正旦使。乙未,曹彬克升州,俘其国主煜,江南平,凡得州十九、军三、县一百八十、户六十五万五千六十。临视新龙兴寺。

十二月庚子,幸惠民河观筑堰。辛丑,赦江南,复一岁;兵戈所经,二岁。戊申,三佛齐遣使来献方物。己酉,幸龙兴寺。辛亥,免开封府诸县今年秋租十之三。己未,以恩赦侯刘铱为彭城郡公。甲子,契丹遣使耶律乌正来贺正旦。丁卯,吴越国王乞以长春节朝觐,从之。

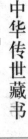

九年春正月辛未，御明德门，见李煜于楼下，不用献俘仪。壬申，大赦，减死罪一等。乙亥，封李煜为违命侯，子弟臣僚班爵有差。己卯，江南昭武军节度使留后卢绛焚掠州县。庚辰，诏郊西京。癸巳，晋王率文武上尊号，不允。

二月癸卯，三上表，不允。庚戌，以曹彬为枢密使。辛亥，命德昭迎劳吴越国王钱俶於宋州。契丹遣使耶律延颎以御衣、玉带、名马、散马、白鹊来贺长春节。乙卯，吴越国王奏内客省使丁德裕贪很，贬房州刺史。丁巳，观礼贤宅。戊午，以卢多逊为吏部侍郎，仍参知政事。己未，吴越国王钱俶偕子惟浚等朝於崇德殿，进银绢以万计。赐俶衣带鞍马，遂以礼贤宅居之，宴於长安殿。壬俶进贺平升州银绢、乳香、吴绫、绁绵、钱茶、犀象、香药，皆亿万计。甲子，召晋王、吴越国王并其子等射於苑中，俶进御衣、寿星、通犀带及金器。丁卯，幸礼贤宅，赐俶金器及银绢倍万。

三月己巳，俶进助南郊银绢、乳香以万计。庚午，赐俶剑履上殿，诏书不名。癸酉，以皇子德芳为检校太保、贵州防御使，中书侍郎、同平章事沈义伦为大内都部署，右卫大将军王仁赡权判留司、三司兼知开封府事。丙子，幸西京。己卯，次巩县、拜安陵，号恸陨绝者久之。庚辰，赐河南府民今年田租之半，奉陵户复一年。辛巳，至洛阳。庚寅，大雨，分命近臣诣诸祠庙祈晴。辛卯，幸广化寺，开无畏三藏塔。

夏四月己亥，雨霁。庚子，有事圜丘，回御五凤楼大赦，十恶、故杀者不原，贬降责免者量移叙用，诸流配及逋欠悉放，诸官未赠恩者悉覃赏。壬寅，大宴，赐亲王、近臣、列校袭衣金带鞍马器币有差。丙午，驾还。辛亥，上至自洛。丁巳，曹翰拔江州，屠之，擒牙校宋德明、胡则等。诏益晋王食邑，光美、德昭并加开府仪同三司，德芳益食邑，薛居正、沈义伦加光禄大夫，枢密使曹彬、宣徽北院使潘美加特进，吴越国王钱俶益食邑，内外文武臣僚咸进阶封。己未，著令旬假为休沐。丙寅，大食国王珂黎拂遣使蒲希密来献方物。

五月己巳，幸东水硙，遂幸飞龙院，观渔金水河。甲戌，遣司勋员外郎和岘往江南路采访。杀卢绛。庚辰，幸讲武池，遂幸玉津园观稼。宋州大风，坏城楼官民舍几五千间。甲申，以阁门副使田守奇等充贺契丹生辰使。晋州以北汉岚、石、宪三州巡检使王洪武等来献。

六月庚子，步至晋王邸，命作机轮，辁金水河注邸中为池。癸卯，吴越王进银、绢、绵以倍万计。乙卯，荧惑入南斗。

秋七月戊辰，幸晋王第观新池。丙子，幸京兆尹光美第视疾。戊寅，再幸光美第。泉州节度使陈洪进乞朝觐。丙戌，命近臣祈晴。丁亥，命修先代帝王及五岳四渎祠庙。庚寅，幸光美第。

八月乙未朔，吴越国王进射火箭军士。己亥，幸新龙兴寺。辛丑，太子中允郭思齐坐赃弃市。乙巳，幸等觉院，遂幸东染院，赐工人钱。又幸控鹤营观习射，赐帛有差。又幸开宝寺观藏经。丁未，遣侍卫马军都指挥使党进、宣徽北院使潘美伐北汉。丙辰，遣使率兵分五道入太原。

九月甲子，幸绫锦院。庚午，权高丽国事王伷遣使来朝献。党进败北汉军於太原城北。辛巳，俩忻、代行营都监郭进迁山后诸州民。庚寅，幸城南池亭，遂幸礼贤宅，又幸晋王第。

冬十月甲午朔旦，赐文武百官衣有差。丁酉，兵马监押马继恩率兵入河东界，焚荡四十余砦。己亥,幸西教场。庚子,镇州巡检郭进焚寿阳县,俘九千人。辛丑,晋、隰巡检穆彦璋入河东,俘二千余人。党进败北汉军於太原城北。己酉吴越王献驯象。癸丑夕,帝崩于万岁殿,年五十,殡于殿西阶,谥曰英武圣文神德皇帝,庙号太祖。太平兴国二年四月乙卯,葬永昌陵。大中祥符元年,加上尊谥曰启运立极英武睿文神德圣功至明大孝皇帝。

帝性孝友节俭,质任自然,不事矫饰。受祥之初,颇好微行,或谏其轻出。曰:"帝王之兴,自有天命,周世宗见诸将方面大耳者皆杀之,我终日侍侧,不能害也。"既而微行愈数,有谏,辄语之曰:"有天命者任自为之,不汝禁也。"

一日,罢朝,坐便殿,不乐者久之。左右请其故。曰:"尔谓为天子容易耶?旱作乘快误决一事,故不乐耳。"汴京新宫成,御正殿坐,令洞开诸门,谓左右曰:"此如我心,少有邪曲,人皆见之。"

吴越钱俶来朝,自宰相以下咸请留俶而取其地,帝不听,遣俶归国。及辞,取群臣留俶章疏数十轴,封识遣俶,戒以涂中密观,俶届途启视,皆留己不遣之章也。俶自是感惧,江南平,遂乞纳土。南汉刘鋹在其国,如置酖以毒臣下,既归朝,从幸讲武池,帝酌卮酒赐鋹,鋹疑有毒,棒杯泣曰:"臣罪在不赦,陛下既待臣以不死,愿为大梁布衣,观太平之盛,未敢饮此酒。"帝笑而谓之曰:"朕推赤心於人腹中,宁肯尔耶?"即取鋹酒自钦,别酌以赐鋹。

王彦升擅杀韩通,虽预佐命,终身不与节钺。王全斌入蜀,贪恣杀降,虽有大功,即加贬绌。

宫中苇帘,缘用青布;常服之衣,浣濯至再。魏国长公主襦饰翠羽,戒勿复用,又教之曰:"汝生长富贵,当念惜福。"见孟昶宝装溺器,掊而碎之,曰:"汝以七宝饰此,当以何器贮食?所为如是不亡何待?"

晚好读书,尝读二典,叹曰:"尧、舜之罪四凶,止从投窜,何近代法纲之密乎!"谓宰相曰:"五代诸侯跋扈,有枉法杀人者,朝廷置而不问。人命至重,姑息藩镇,当若是耶?自今诸州决大辟,录案闻奏,付刑部复视之。"遂著为令。

乾德改元,先谕宰相曰:"年号须择前代所未有者。"三年,蜀平,蜀宫人入内,帝见其镜背有志'乾德四年铸'者,召窦仪等诘之。仪对曰:"此必蜀物,蜀主尝有此号。"乃大喜曰:"作相须读书人。"由是大重儒者。

受命杜太后,传位太宗。太宗尝痛疾,帝往视之,亲为灼艾,太宗觉病,帝亦取艾自灸。每对近臣言:太宗龙行虎步,生时有异,他日必为太平天子,福德吾所不及云。

【译文】

太祖启运立极英武睿文神德圣功至明大孝皇帝,名匡胤,姓赵氏,涿郡人。高祖赵朓,就是赵匡胤称帝后尊加庙号的僖祖,在唐朝做官时历任永清、文安、幽都三县的县令。赵朓的儿子赵珽,就是后来追加庙号的顺祖,历官藩镇从事,累官兼御史中丞。赵珽的儿子赵敬,就是后来追加庙号的翼祖,历任营州、蓟州、涿州三州刺史。赵敬的儿子赵弘殷,就是后来追加庙号的宣祖。后周显德年间,宣祖显贵之际,后周皇帝追赠他的父亲赵敬为左骁骑卫上将军。

宣祖年轻时十分骁勇，擅长骑马射箭，在赵王王镕帐下供职，为王镕率领五百名骑兵在黄河沿岸增援后唐庄宗立有战功。庄宗喜爱他勇猛善战，留他掌管禁军。后汉乾祐年间，宣祖前往凤翔征讨王景，恰逢后蜀军队来援救王景，在陈仓大战。刚刚交兵，宣祖左眼中箭，但他的气势更旺盛，奋勇攻击，把敌军打得大败，因功升任护圣都指挥使。后周太祖广顺末年，改任铁骑第一军都指挥使，转任右厢都指挥，遥领岳州防御使。跟随后周世宗柴荣出征淮南，前军战斗不力而退却，吴兵乘机进攻，宣祖率领军队拦腰攻击吴兵，把他们打败。显德三年，统率军队攻打扬州，与周世宗在寿春会合。寿春卖饼店的饼既薄又小，世宗大怒，捉拿了十几个卖饼人将要处死他们，宣祖坚持进谏才获得释放。累官至检校司徒、天水县男，和儿子赵匡胤分别执掌禁军，是当时荣耀的事情。宣祖逝世，后周朝廷追赠他为武清军节度使、太尉。

赵匡胤

太祖，是宣祖的二儿子，母亲杜氏。后唐天成二年，出生在洛阳夹马营，当时红光绕室，奇异的香气一夜没有消散，身体上有金黄颜色，三天没有变。长大后，太祖相貌雄伟，气度豁达自如，有见识的人知道他绝非一般人。学习骑马射箭，则在常人之上。曾经试骑一匹脾气凶恶的烈马，不用嚼口马鞍，烈马奔上登城楼的坡道，太祖的额头撞在门框的横木而从马上摔到地下，人们都认为太祖的脑袋一定撞碎了，只见太祖慢慢站起来，再次追赶烈马飞身跳上，一处也没受伤。又曾经和韩令坤在一间土屋中赌博，麻雀在屋子外面互相啄斗，因此二人争着起身到屋子外捕捉麻雀，而土屋随即坍塌了。

后汉初年，太祖四处漫游却没有获得机遇，在襄阳寺庙中借住，有位老和尚擅长看相算命，看了太祖后说："我给你足够的旅费，你朝北走就会有机遇了。"正好周太祖以后汉枢密使的身份征讨李守真，太祖应募在周太祖军帐下供职。后周广顺初年，太祖补为禁军东西班行首，任滑州副指挥。周世宗任开封尹时，太祖转任开封府马直军使。

周世宗即位当了皇帝，太祖又执掌禁兵。北汉来侵犯，周世宗率领军队抵御来犯之敌，在高平摆开战场。战斗将要展开的时候，指挥樊爱能等人首先逃跑，周军十分危急。太祖指挥自己的同伴催马迅速冲向敌人前锋，北汉军队大败溃逃。太祖乘胜进攻河东城，焚烧城门，左臂被流箭射中，周世宗制止他再攻城。回到京城后，太祖被任命为殿前都虞侯、遥领严州刺史。

显德三年春天，太祖跟随周世宗征伐淮南，首战在涡口打败南唐军万余人，斩杀南唐兵马都监何延锡等人。南唐节度使皇甫晖、姚凤率领号称十五万的军队,驻扎在清流关,太祖率领军队把他们打走了。太祖追到城下,皇甫晖说:"我们各自为了自己的主人,我希望双方布好阵式以决胜负。"太祖笑着回答说可以。皇甫晖摆好阵式出来迎战,太祖抱着马脖子一直冲入敌军阵内,手中兵刃砍中皇甫晖的脑袋,并把姚凤一起擒获。宣祖率领军队半夜时来到城下,传呼开门,太祖说:"父子诚然是至亲,但是城门开关,却是国家的事情。"等到天亮,宣祖才得以进城。韩令坤攻下扬州,南唐派军队来取,韩令坤主张退兵,周世宗命令太祖率兵二千赶往六合。太祖下令说:"扬州兵敢有过六合的,砍断他们的脚。"韩令坤才固守扬州。太祖不久在六合东面打败南唐齐王李景达,斩杀一万多人。回来后,太祖被任命为殿前都指挥使,不久又被委任为定国军节度使。

显德四年春天,跟随周世宗出征寿春,攻克连珠寨,乘势攻下寿州。还军后,太祖拜义成军节度使、检校太保,仍旧担任殿前都指挥使。这年冬天,跟随周世宗征伐濠州、泗州,充当前锋。当时南唐在十八里滩扎寨,周世宗刚刚商议用骆驼摆渡军队时,而太祖已率先独自单骑横渡而过,他的部下骑兵也紧随他渡过了河,因而攻破南唐军寨。又用缴获的南唐战舰乘胜进攻泗州,攻克了泗州。南唐在清口驻屯军队,太祖跟世宗两翼分兵沿淮河东下,连夜追到山阳,俘虏南唐节度使陈承昭献给周世宗,因而攻下楚州。乘胜进军,在迎銮江口打败南唐军,直抵南岸,烧毁敌军营寨,又在瓜步攻破南唐军,淮南平定。南唐主畏惧太祖的威名,在周世宗那里使用离间计,派遣使臣送给太祖一封信,馈赠三千两白金,太祖把白金全部送到内府,南唐的离间计失败。显德五年,太祖改任忠武军节度使。

显德六年,周世宗北伐,太祖担任水陆都部署。到达莫州,先到瓦桥关,守将姚内斌投降,打退几千名敌军骑兵,关南平定。周世宗在行军路上,审阅各地所上文书,得到一只皮口袋,袋中有一块三尺多长的木板,上面写着"点检作天子",周世宗感到这件事十分奇怪。当时张永德任点检,世宗卧病,回到京城,任命太祖为检校太傅、殿前都点检,用来代替张永德。周恭帝即位当皇帝,太祖改任归德军节度使、检校太尉。

显德七年春天,北汉勾结契丹进犯后周,朝廷命令太祖率领军队抵御敌人。大军到达陈桥驿,军中懂得天文的苗训招呼门吏楚昭辅看太阳下面还有一个太阳,黑光来回摇动了很长时间。这天下半夜,军中将士集中在驿门前,传布策立点检做皇帝的话给人们,有人劝阻将士,大家也不听。天快亮的时候,将士们来到太祖寝室外,太宗进入房间向太祖报告外面发生的事情,太祖起身。军校们手里拿着兵器排列在庭院中,说:"现在军队没有主人,我们愿意策立太尉当皇帝。"太祖还没有来得及答话,就有人把黄袍加在太祖身上,大家围着他下拜,高喊万岁,立即扶太祖上马。太祖拉住马缰绳对将领们说:"我的号令,你们能够听从吗?"众将下马答道:"一定听从命令。"太祖说:"太后、皇帝,我都北面侍奉他们,你们这些人不能惊扰冒犯;各位大臣都是我的平辈同事,你们不得侵犯凌侮;朝廷的府库、官宦百姓的家庭,不得侵犯掠夺。听从命令有重赏,违抗命令就杀你们的头。"将领们都再次下拜,严整队伍返回开封城。后周副都指挥使韩通计划抵抗,王彦升情急之下把韩通杀死在他家中。

太祖进城登上明德门,命令将士回到军营去,自己也回到官署。过了不久,将领们拥着宰相范质等人前来,太祖见了他们,低声哭泣着说:"我违背天地,今天到了这种地步!"

范质等人还没有来得及答话，列校罗彦瑰手按宝剑高声对范质等人说："我们这些人没有主人，今天一定要有天子。"范质等人互相看看，没有什么办法可想，于是退到台阶下列队下拜。太祖召集文武百官，到了黄昏时，文武官员已排定了位置。翰林承旨陶谷从袍袖中拿出周恭帝的禅位制书，宣徽使引导太祖到了殿前庭里，北面下拜接受制书后，又扶着太祖登上崇元殿，换上皇帝的衣帽，登上皇帝宝座。把周恭帝和符太后迁到西宫，把恭帝改为郑王，而尊奉符太后为周太后。

建隆元年春正月乙巳，大赦天下，改用新纪元，定国号为宋。赐给朝廷内外文武百官和军士爵位与奖赏，贬官降职的人恢复原职，发配流放的人一律释放，文武百官的父母亲按照应该得到的恩典加以封赠。派遣使臣通告全国各地州郡。丙午，太祖下诏告知各地将帅。戊申，赐给南唐书信。追赠韩通为中书令，下令按照礼仪收殓安葬。己酉，派遣官员祭告天地社稷。恢复安州、华州、兖州为节度州。辛亥，论定拥戴太祖为皇帝的有功人员，任命后周义成军节度使、殿前都指挥使石守信为归德军节度使、侍卫亲军马步军副都指挥使，江宁军节度使、侍卫亲军马军都指挥使高怀德为义成军节度使、殿前副都点检，武信军节度使、侍卫亲军步军都指挥使张令铎为镇安军节度使、侍卫亲军马步军都虞侯，殿前都虞侯王审琦为泰宁军节度使、殿前都指挥使，虎捷右厢都虞侯张光翰为江宁军节度使、侍卫亲军马军都指挥使，龙捷右厢都指挥使赵彦徽为武信军节度使，其余统兵将领也一律提升爵位。壬子，赐给宰相、枢密使、禁军各部将领整套衣服、用犀玉带、配好马鞍的骏马多少不等。癸丑，释放南唐投降的将领周成等人回国。乙卯，派遣使臣分别赈济各地州县。丁巳，命令后周宗正少卿郭玘祭祀后周的皇陵和太庙，仍旧和后周一样按时祭祀供献。己未，宰相上表请以二月十六日为长春节。癸亥，任命后周天雄军节度使、魏王符彦卿守太师，雄武军节度使王景守太保、太原郡王，定难军节度使、守太傅、西平王李彝殷守太尉，荆南节度使高保融守太傅，其余领节度使的人一律提升了爵位。甲子，赐皇弟殿前都虞候赵匡义改名为光义。己巳，建立太庙。镇州郭崇报告契丹和北汉军队都退回去了。

二月乙亥，太祖尊奉母亲南阳郡夫人杜氏为皇太后。任命后周宰相范质和从前一样守司徒、兼侍中，王溥守司空、兼门下侍郎、同中书门下平章事，魏仁浦为尚书右仆射、兼中书侍郎、同中书门下平章事，枢密使吴廷祚同中书门下二品。丙戌，长春节，太祖赐给大臣们衣服各一套。

三月乙巳，修改全国触犯太祖名字、已死皇帝名字的州县名称。丙辰，南唐主李景、吴越王钱俶派遣使臣送来皇帝衣服、锦绮、金帛表示祝贺。宿州发生火灾，太祖派遣使者抚恤灾区。壬戌，决定国运以火德王，颜色崇尚红色，年终岁末祭祀百神的腊日用戌这一天。癸亥，太祖命令武胜军节度使宋延渥等人率领水军在长江巡查。这年春天，均州、房州、商州、洛阳田鼠吃庄稼幼苗。

夏四月癸酉，窦俨进上两种舞蹈十二种乐曲的名称、乐章。乙酉，太祖亲临玉津园。派遣使臣分别到京城各门，赐给饥民粥。丙戌，疏浚蔡河。癸巳，昭义军节度使李筠叛乱，太祖派遣归德军节度使石守信讨伐他。

五月己亥初一，日食。庚子，太祖派遣昭化军节度使慕容延钊、彰德军节度使王全斌率领军队从东路出兵，和石守信会合讨伐李筠。壬寅，窦俨进上太庙舞曲名称。癸卯，石守信在长平打败李筠。甲辰,太祖下令各路兵马进军讨伐李筠。丙午,太祖亲临魏仁浦的府第探视他的病情。己酉,西京洛阳建成后周六祖的宗庙,太祖派官员把后周六祖的神位由京城开封迁往西京安奉。丁巳,太祖下诏亲征,派枢密使吴廷祚留守京城,都虞候赵光义任大内都点检,命令天平军节度使韩令坤屯兵河阳。己未,太祖从京城出发。丁卯,石守信、高怀德在泽州打败李筠军队,擒获李筠所部节度范守图,杀掉北汉援救李筠而降宋的士兵几千人。李筠逃入泽州城。戊辰,宋军包围泽州城。

六月癸酉,有一颗红色星从心宿处出现。辛未,攻克泽州,李筠自焚而死。太祖下令掩埋死尸,释放北汉宰相卫融,禁止士兵抢劫掠夺。甲申,免征泽州今年的田租。有一颗红色星从太微垣星处出现,经过上相星。乙酉,讨伐上党。丁亥,李筠的儿子李守节在上党投降,太祖赦免了他的罪过。太祖到潞州。辛卯,大赦天下,死罪犯人减刑,免除潞州城附近三十里内地区今年的田租,录用阵亡将士的子孙,随军丁夫免除三年徭役。甲午,永安军节度使折德扆攻下北汉沙谷寨。

秋七月戊申,太祖自潞州回到京城开封。壬子,太祖亲临范质府第探视他的病情。甲子,派遣工部侍郎艾颖朝拜嵩陵、庆陵。乙丑,南唐进贡白金,祝贺平定泽州、潞州叛乱。丁卯,南唐进贡皇帝乘坐的车子、衣服等物。

八月戊辰初一,太祖到崇元殿,举行入阁仪式。辛未,太祖派遣郭玘祭祀后周的太庙。壬申,恢复贝州为永清军节度。甲戌,命令宰相祈祷降雨。辛巳,任命后周武胜军节度使侯章为太子太师。壬午,任命赵光义领泰宁军节度,仍旧担任殿前都虞候。甲申,太祖立琅琊郡夫人王氏为皇后。戊子,南唐进贡数以千计的金银器具、罗绮祝贺平定泽州、潞州叛乱。

九月壬寅,昭义军节度使李继勋火烧北汉平遥县。癸卯,三佛齐国派遣使臣进贡当地特产。丙午,太祖手捧玉册给祖先加谥号,高祖被尊为文献皇帝,庙号僖祖,高祖母崔氏被尊为文懿皇后;曾祖父被尊为惠元皇帝,庙号顺祖,曾祖母桑氏被尊为惠明皇后;祖父被尊为简恭皇帝,庙号翼祖,祖母刘氏被尊为简穆皇后;父亲被尊为武昭皇帝,庙号宣祖。己酉,太祖亲临宜春苑。中书舍人赵逢因跟随太祖征讨李筠时逃避艰险,被贬为房州司户参军。己未,淮南节度使李重进占据扬州发动叛乱,太祖派遣石守信等人率军讨伐他。甲子,归还北汉俘虏。

冬十月丁卯初一,太祖赏赐朝廷内外文武官员冬衣多少不等。壬申,决定县分为望、紧、上、中,下几个等级,规定每三年注册一次。壬午,黄河在厌次决口。乙酉,晋州兵马钤辖荆罕儒袭击北汉汾州,他死于这次战斗;龙捷指挥使石进等二十九人因没有去援救荆罕儒而在闹市被斩首示众。丁亥,太祖下诏亲征扬州,派都虞候赵光义为大内都部署,枢密使吴廷祚权上都留守。戊子太祖下诏各个道的正副长官有优异政绩,百姓公举请求留任而立碑的人,由参军考察查实后上报朝廷。庚寅,太祖率军从京城出发。

十一月丁未,宋军到达扬州城下,攻克扬州,李重进全家自焚而死。戊申,处死李重进的同党,扬州平定。太祖命令各军在迎銮操练战舰,南唐主十分恐惧。南唐臣僚杜著、薛良也因恐惧而用欺骗手段逃离南唐来投奔,太祖憎恨他们没有忠义之心,在下蜀闹市把杜著斩首,流放薛良为庐州牙校。己酉,赈济扬州城里百姓每人米一斛,十岁以下的儿童减少一半。被李重进胁迫而当兵的人,太祖赐给他们衣服鞋子遣散回家。庚戌,给因攻城服役而死的丁夫每人绢三匹，死者家属免除三年徭役。乙卯，南唐主派遣使臣来慰劳征伐扬州的宋军。庚申，南唐主派遣儿子李从镒来朝拜太祖。

十二月己巳，太祖起驾回京城。丁亥，太祖从扬州回到京城开封。辛卯，泉州节度使留从效归宋称臣。

建隆二年春正月丙申初一，太祖到杜太后居住的宫门祝贺新春。庚子，占城国王派遣使臣来朝拜。壬寅，太祖到造船务，检阅水军作战演习。戊申，将扬州行宫改为建隆寺。太仆少卿王承哲因举荐官员失实，贬为殿中丞。壬子，商州田鼠吃庄稼幼苗，下诏免征赋税。太祖对宰相说："每次派遣使臣查看庄稼受灾程度，多数使臣只为自己邀功而使百姓受害，今后应当慎重选用使臣，以便让百姓了解我的爱民之意。"丁巳，疏蔡水流入颍河。己未，派遣郭玘祭祀后周太庙。灵武节度使冯继业进献五百匹马、一百头骆驼、二匹野马。甲子，泽州刺史张崇诂因是李重进同党在闹市被斩首示众。

二月丙寅，太祖到飞山营检阅炮车。壬申，疏浚五丈河。癸酉，经办部门报告有十一人进士合格。荆南高保勖进贡黄金器皿。甲戌，太祖到城南，视察修建水匮。丁丑，南唐进祝贺长春节的皇帝衣服、金带以及金银器皿。己卯，太祖赐给天雄军节度使符彦卿粮食。禁止春夏两季捕鱼射鸟。己丑，制定窃盗律。

三月丙申，内酒坊失火，酒工三十多人被烧死，乘火灾之机进行偷盗的五十人，被抓住斩首的有三十八人，其余人因宰相进谏而免于死刑。酒坊使左承规、副使田处岩因酒工行盗在闹市被斩首示众。

闰三月己巳，太祖到玉津园，对侍从大臣说："沉湎于酒不是好榜样，我在宴席上偶然醉倒，常常为之后悔。"壬辰，南唐进奉金器、罗绮用来回谢对他生日的赏赐。丁丑，金、商、房三州发生饥荒，救济那里的百姓。癸未，太祖到迎春苑举行宴会射箭。

夏四月癸巳初一，日食。壬寅，诏令州县设置看守前代帝王、贤臣陵墓的陵冢户。己酉，无棣县男子赵遇谎说自己是皇帝的弟弟，被处死刑。己未，商河县令李瑶因罪杖死，左赞善大夫申文纬因没能觉察李瑶赃罪被削官为民。庚申，颁布私自炼盐贸易盐及私自贩酒造酒曲的法律。

五月癸亥初一，因皇太后病，赦免杂犯死罪以下囚犯。乙丑，天狗星在西南方向堕落。丙寅，三佛齐国来进贡当地土产。丁丑，用解州安邑、解县两池盐供给徐州、宿州、郓州、济州。庚寅，供奉官李继昭因盗卖官船罪在闹市被斩首示众。诏令各道的邮传用军卒递送。

六月甲午，皇太后在滋德殿逝世。己亥，大臣们请求太祖治理国事，太祖听从了他们的请求。庚子，因太后逝世，暂停祭祀太庙。辛丑，太祖在紫宸殿门接见百官。壬子，祈求降雨。庚申，太祖脱去丧服。

秋七月壬戌，因为杜太后殡，太祖不受朝拜。辛未，晋州神山县山谷水中流出铁块，方圆二丈三尺，重七千斤。壬申，太祖任命赵光义为开封府尹，赵光美任兴元府尹。己卯，陇州进贡黄鹦鹉。

八月壬辰初一，太祖不上殿处理政事。壬寅，太祖下诏罪至死刑的重犯送所属州军决判。甲辰，南唐主李景逝世，儿子李煜继位当皇帝，派遣使臣请求太祖追尊李景皇帝称号，太祖同意了他的请求。己酉，拘捕易定节度使、同平章事孙行友，削去官爵，押回私宅。辛亥，太祖到崇夏寺，参观修建三门。女真国派遣使臣来朝拜献礼物。大名府永济县主簿郭颢因贪赃罪在闹市被斩首示众。庚申，《周世宗实录》撰修完成。

九月壬戌初一，太祖不上殿处理政事。南唐派遣使者来进贡金银、缯彩。甲子，契丹解利来投降。荆南节度使高保勖派遣他的弟弟高保寅来朝拜太祖。戊子，太祖派遣使者去南唐赠送财物以助办丧事并祭奠李景。

冬十月癸巳，南唐派遣使臣韩熙载、田霖来参加皇太后的葬礼。丙申，太祖派遣枢密承旨王仁赡去南唐赏赐礼物。戊戌，禁止边境地区的百姓偷盗塞外马匹。辛丑，丹州下大雨冰雹。丙午，将明宪皇太后安葬在安陵。

十一月辛酉初一，太祖不上朝处理政事。甲子，把皇太后的神主牌位送入太庙祭祀。己巳，太祖到相国寺，于是又到了国子监。癸酉，沙州节度使曹元忠、瓜州团练使曹延继等人派遣使者进献戴着用玉镶嵌的马鞍、马笼头的骏马。

十二月壬申，回鹘可汗景琼派遣使者来进贡当地土产。乙未，李继勋打败北汉军队，俘虏辽州刺史傅廷彦、他的弟弟傅勋献给朝廷。辛丑，太祖到新修河仓视察。庚戌，太祖在近郊打猎。癸丑，太祖派遣使者赐给南唐、吴越马匹、羊只、骆驼多少不等。

建隆三年春正月庚申初一，因皇太后丧不受百官朝贺新春。己巳，淮南发生饥荒，救济那里的灾民。庚午，太祖到迎春苑宴会射箭。甲戌，扩建皇城。太祖诏令地方官员劝说百姓春天播种。丙子，瓜沙归义节度使曹元忠进献马匹。庚辰，女直国派遣使者只骨来献礼物。诏令各地不得役使道路居民。癸未，太祖到国子监视察。

二月丙辰，太祖再次视察国子监，于是又到迎春苑设宴款待陪从官员。庚寅，诏令文班官员推荐可以担任宾佐、令录官各一名，举荐不当者比拟被推荐人所犯过失一并治罪。甲午，太祖下诏从现在起百官上朝奏对，必须讲述时政的对与错，不要因为触犯忌讳而惧怕。乙未，滑州节度使张建丰因失火罪被免官。己亥，改定窃盗律。壬午，太祖对侍臣说："我希望武将们都读书以懂得治理国家的道理，怎么样？"左右侍臣不知如何答对。甲寅，北汉军队进犯潞州、晋州，守城将领把他们打走。

三月戊午初一，厌次县下霜冻死桑树。壬戌，三佛齐国派遣使者来贡献礼物。癸亥，祈祷降雨。丁卯，太祖亲临太清观，于是又到开封府尹赵光义的后园举行宴会射箭。己巳，大雨。太祖下诏申明法律条文通告各地州郡，犯有死罪的人送刑部复审。乙亥，太祖派遣使臣赐给南唐主李煜生日礼物。丁丑，女直国派遣使臣来贡献礼品。丁亥，太祖下令把北汉投降的人迁徙到邢州、洺州。

夏四月乙未，延州下大雨夹雪，赵州、卫州发生旱灾。丙申，宁州下大雨夹雪，沟渠水都结成冰。戊戌，太祖亲临太清观。庚子，回鹘阿督等人来进贡当地土产。壬寅，丹州降雪深达二尺。乙巳，太祖追赠哥哥赵光济为邕王，弟弟赵光赞为夔王，追册夫人贺氏为皇后。

五月甲子，太祖亲自到相国寺祈祷降雨，于是又到迎春苑举行宴会射箭。乙亥，海州发生火灾。在太行山开辟运送物资的道路，癸未，命令使者检查河北各州的旱情。甲申，太祖下诏均衡户役，敢于蔽占的人有罪。太祖再次亲自到相国寺祈祷降雨。乙酉，扩建皇宫。齐、博、德、相、霸五州从春天至今没有下雨，太祖因为旱灾减少肴馔和停奏音乐。

六月辛卯，赈济宿州饥荒。癸巳，任命吴廷祚为雄武军节度使，免去他的枢密使职务。乙未,太祖赐酒给国子监。丁酉,太祖亲临太清观。己亥,京城附近、河北地区犯有死罪以下罪行的囚犯减刑。壬寅,京城下雨。壬子,蕃部尚波于等人来争采造务,用军队进犯渭北,秦州知州高防把他们打败赶走。乙卯,太祖亲临迎春苑举行宴会射箭。黄陂县有大象从南面来吃庄稼。

秋七月庚申,南唐派遣大臣翟如璧谢太祖赐给南唐主李煜的生辰礼物,进贡金银、锦绮以千万计。壬戌,释放南唐投降士兵中几千名体弱的人回国。乙丑,免征舒州茭白香蒲新税。丁卯,潞州下大雨夹冰雹。搜索京城内外军队中不守法的人流放到沙门岛。己卯,北汉捉生指挥使路贵等人来投降。辛巳,太祖派遣十名从臣检查河北旱情。癸未,兖、济、德、磁、洺五州没有生翅膀的小蝗虫吃庄稼。

八月癸巳,蔡河务纲官王训等四人因将糠土掺杂进军粮中,在闹市被分尸。乙未,采用知制诰高锡建议,凡是行贿获得推荐的人允许知情者揭发检举,奴婢邻居亲属能揭发检举的给予奖赏。太祖下诏凡按资叙授各道司法参军时都先要用正律和疏出题考试判案。诏令尚书吏部奏上恢复书判拔萃科的条文。

九月庚午,吐蕃尚波于等人归还伏羌县土地。壬申,修建武成王庙。丙子,占城国来进献礼物。禁止砍伐桑树、枣树。

冬十月乙酉初一,太祖赐给百官冬天衣服多少不等。丙戌,太祖亲临太清观,于是又去造船务,检阅水战演习。己亥,太祖到岳台,命令各军操练骑马射箭,又亲临玉津园。辛丑,任用枢密副使赵普为枢密使。辛亥,太祖到近郊打猎。

十一月癸亥,禁止奉命出使各道时私相嘱托。考核县令政绩以辖区百姓户口增减为升降依据。丙寅,南唐派遣使臣顾彝来朝拜。丙子,三佛齐国派遣使臣李丽林等人来进献礼物,高丽国派遣李兴祐等人来朝拜。己卯,太祖在近郊打猎。壬午,赐给南唐建隆四年历。

十二月丙戌,太祖下诏让各县设置县尉一名,主管盗窃诉讼;设置弓手,弓手的数量根据各县户数多少不等。戊戌,蒲、晋、慈、隰、相、卫六州发生饥荒,救济灾区百姓。庚子,颁布捕盗令。甲辰,衡州刺史张文表叛乱。

这一年,周郑王离开京城去房州居住。

乾德元年春正月甲寅初一,太祖不上殿听政。乙卯,征发关西乡兵前往庆州。丁巳,修筑京城开封辖区内的黄河河堤。己未,派遣使臣赐给南唐、吴越马匹、骆驼、羊多少不等。庚申,太祖派遣山南东道节度使慕容延钊率领十州军队去讨伐张文表。乙丑,太祖亲临造船务,视察建造战船。甲戌,太祖诏令荆南发三千名水兵往潭州接应慕容延钊。己卯,女直国派遣使者来进献礼物。

二月壬辰,周保权的将领杨师璠在朗陵闹市把张文表斩首示众。甲午,慕容延钊进入荆南,高继冲请求归顺朝廷,得到三个州、十七个县。乙未,攻克潭州。辛亥,澶、滑、卫、魏、晋、绛、蒲、孟八州发生饥荒,太祖命令开仓救济灾民。

三月辛未,太祖到金凤园练习射箭,七箭都中靶子。符彦卿等人进献马匹表示祝贺,太祖于是遍赏随从大臣名马、银器多少不等。壬申,高继冲登记荆南所有的钱财丝帛、粮食草料来上报给太祖。癸酉,颁布新定的法律。戊寅,慕容延钊攻破三江口,攻克岳州,收复朗州,湖南平定,得到十四个州,一个监,六十六个县。

夏四月，发生旱灾。甲申，在京城所有的祠观庙宇祈祷降雨，傍晚时分下雨。荆南朗州、潭州管辖内的死罪囚犯减刑一等，抢劫掠夺的财物归还原主。乙酉，太祖派遣使者祭祀南岳衡山。丁亥，太祖亲临国子监，于是又去了武成王庙，在玉津园设宴射箭。庚寅，太祖拿出内库钱币招募各军的子弟挖凿练习水战的池塘。辛卯，《建隆应天历》编成，太祖亲自作序。壬辰，赏赐平定湖南的立功将士。癸巳，太祖到玉津园。丙申，兵部郎中曹匪躬在闹市被斩首示众，海陵、盐城屯田副使张蔼除去官籍，都是因为违法犯罪。庚子，荆南节度使高继冲进贡助宴的金银、罗绮、柱衣、屏风等物品。癸卯，辰、锦、叙等州归顺宋朝。甲辰，太祖下诏开凿疏浚黄河三门。禁止泾、原、庆等州补充少数民族人担任镇守边境的将领。夏西平王李彝兴进献一头牦牛。乙巳，太祖亲临玉津园，检阅各军骑马射箭。丙午，免征湖南的茶税，禁止峡州盐井。辛亥，借贷种子粮食给澶州百姓。

五月壬子初一，太祖在京城祈祷降雨。甲寅，太祖派遣使臣到五岳四渎祈祷降雨。乙丑，扩建皇宫。庚午，把符印发给荆南管辖内的官吏。癸酉，太祖到玉津园。

六月乙酉，免除潭州所属各各县的无名摊派聚敛。壬辰，天气大热，停止营造工程，赐给工匠衣衫鞋子。乙未，太祖下诏，原荆南兵愿意回乡务农的可以回去。丙申，诏历代帝王每三年祭献一次，建立汉光武帝、唐太宗庙。己亥，澶州、濮州、曹州、绛州发生蝗灾，太祖命令用牛羊猪三牲祭祀。庚子，百官三次上表请求太祖同意奏乐，太祖同意了他们的请求。太祖减少左右的禁卫官员。丙午，下雨。太祖下诏年终祭祀百神的腊祭、庙祭、社祭都在举行腊祭的戌这一天进行。己酉，太祖命令在新挖成的水池中演习水战。

秋七月辛亥初一，规定州县所设置的杂职、承符、厅子等人数。甲寅，将平定湖湘时死于公事的靳彦朗的儿子靳承勋等三十人补为殿直。丙辰，太祖到新挖成的水池，赐给役夫钱，于是又到玉津园。丁巳，安国军节度使王全斌等人率领军队进入太原境内，把俘虏献给朝廷，太祖赐给俘虏钱和米后释放他们。己未，太祖下诏百姓如生病而亲属把他抛弃以犯罪论处。癸亥，湖南发生瘟疫，太祖赐药给行营将校。丁卯，太祖亲临武成王庙，于是又去了新挖的水池，检阅水战演习。己巳，朗州贼将汪端进犯州城，都监尹重睿把他们打败赶走。太祖下诏免征荆南一境的一半夏税。甲戌，免究周保权的罪行。乙亥，诏命修缮朗州城，免征朗州全境的夏税。丁丑，太祖分别命令身边亲近大臣祈祷降雨。己卯，颁布《重定刑统》等书。

八月壬午，殿前都虞候张琼因欺侮军校史珪、石汉卿等人，被他们所诬陷，交法官审讯，张琼自杀。丙戌，太祖派遣给事中刘载朝拜安陵。丁亥，王全斌攻打北汉乐平县，降伏了它。辛卯，把乐平县改为平晋军，一千八百名投降士兵编为效顺军，赐给每个人钱帛。壬辰，诏《九经》举人落榜以后允许再次参加考试。癸巳，女直国派遣使者进献名马。免去登州沙门岛百姓赋税，命令他们专门治理船只渡送马匹。丙申，北汉静阳十八寨首领来投降。泉州陈洪进派遣使者来朝拜进贡。黄河在齐州决口。京城下雨。己亥，契丹幽州岐沟关使柴廷翰等人来投降。癸卯，宰相范质率领文武百官给太祖上尊号，太祖不接受。

九月甲寅，文武百官三次上表请求太祖接受尊号，太祖答应了他们的请求。丙寅，太祖在广政殿设宴，开始演奏音乐。丁卯，贬责宣徽南院使兼枢密副使李处耘为淄州刺史。戊辰，女直国派遣使者来进献名鹰海东青。丙子，禁止知举官将去贡院时大臣们向他保荐人。赐给南唐羊一万只。在朗州把汪端分尸。戊寅,北汉引诱契丹军队进攻平晋军,太祖派遣洺州防御使郭进等人援救平晋军。

冬十月庚辰,太祖下诏州县征收赋税要造册登记。己亥,太祖在近郊打猎。丁未,吴越国进贡南郊大礼的礼物金银、珍珠器皿、犀象、香药等都以万计。

十一月乙卯,荆南节度使高继冲进贡南郊大礼的银子一万两。甲子,太祖在南郊祭祀天地,大赦天下,改年号为乾德。文武百官奉玉册进上尊号为应天广运仁圣文武至德皇帝。丙寅,南唐进贡祝贺南郊、尊号的礼物银绢以万计。丁卯,太祖赐给左右亲近大臣衣服、金带、器币、带鞍的马匹多少不等。乙亥,太祖在近郊打猎。

十二月庚辰,殿前祗候李璘因为父仇杀死员僚陈友,李璘自首,太祖被他的孝义所感动而释放了他。辛巳,开封府尹赵光义、兴元府尹赵光美分别增加封地,赐给功臣号;宰相范质、王溥、魏仁浦都升为特进,易换封号,增加食邑;枢密使赵普加官为光禄大夫,易换功臣号;文武臣僚分别提升官阶、勋位、封爵、增加食邑户数。甲申,皇后王氏逝世。辛卯,废除登州都督。己亥,泉州陈洪进派遣使者进贡白金一千两,乳香、茶药都以万计算。己巳,南唐主李煜上表请求直呼其名,太祖下诏不同意。

闰十二月己酉初一,考核医官,退去其中医术不精的二十二人。甲寅,太祖命令左右近臣祈祷降雪。丁卯,拔萃科举行复试,田可封、宋白、谭利用等人符合太祖旨意,太祖赏赐他们多少不等。辛未,安陵选择在巩县。乙亥,折德扆在府州城下打败北汉军队,擒获北汉军队将领杨璘,因为太常建议,奉赤帝为感生帝。

乾德二年春正月辛巳,太祖诏谕州县地方长官劝勉农民及时耕作播种。有大象进入南阳,掌管山泽田猎的官员杀死了大象,把大象皮和象牙拿来献给太祖。京城下雨夹雪,打雷。癸未,太祖到迎春苑设宴射箭。甲申,太祖下诏编著四时听选式。回鹘派遣使者进献当地土产。戊子,范质为太子太傅、王溥为太子太保、魏仁浦仍为尚书左仆射,三人同时被免去了宰相职务。庚寅,任命赵普为门下侍郎、同中书门下平章事,李崇矩为枢密使。壬辰,太祖下诏亲自考试制举的三个科目,不限官员百姓,都可以直接到阁门投进书札自荐。甲辰,太祖下诏各道所上狱词令大理寺检断、刑部详复,如有滞留差错失误以致中书门下省加以改正的案件,从重处罚两个机构的责任者。乙巳,太祖到玉津园设宴射箭。丁未,太祖下诏命令县令、主簿、尉没有公事不得下乡。令、录、簿、尉等职官有年老病重的人允许检举弹劾。

二月戊申初一,北汉辽州刺史杜延韬以辽州来降。癸丑,太祖派遣使臣赈济陕州饥荒。疏导㳅水流入京城。丁巳,修建安陵时,隧道坍落,压死役夫士兵二百人,太祖命令有关机构掩埋死尸并抚恤死者家庭。庚午,府州俘虏北汉卫州刺史杨璘来献给朝廷。甲戌,南唐进贡改葬安陵的银绿绢各以万计。疏浚汴河。

三月辛巳,太祖到教船池,赐给水军将士衣服多少不等,回宫时到玉津园设宴射箭。乙未,北汉耀州团练使周审玉等人来投降,丁酉,太祖派使者去五岳祈祷降雨。禁止臣僚出外或返京时借官军按部护送。辛丑,太祖派遣摄太尉赵光义手捧宝册上明宪皇太后的谥号为昭宪、皇后贺氏谥号为孝惠,王氏谥号为孝明。

夏四月丁未初一,贤良方正直言极谏科考试策问,博州判官颖贽中第。戊申,赈济河中地区饥荒。己酉,免征各道播种而无禾苗地区的今年夏税。乙卯,在安陵安葬昭宪皇太后、孝明皇后。乙丑，开始设置参知政事，任命兵部侍郎薛居正、吕余庆担任这个职位。己巳，灵武发生饥荒，转运泾州粮食进行救济。壬申，把两位皇后的神主牌位安奉在一个宗庙的两个室中。迁徙永州各县百姓中发生牲畜蛊毒的三百二十六家到县所在的僻静地区，不得再在乡里饲养牲畜。

五月己卯，知制诰高锡因接受藩镇贿赂，贬为莱州司马。辛巳，宗正卿赵砺因贪赃受杖刑、官籍除名。癸未，太祖到玉津园设宴射箭。

六月己酉，任命弟赵光义为中书令，弟赵光美为同中书门下平章事，儿子赵德昭为贵州防御使。庚申，太祖到相国寺，于是又去了教船池、玉津园。辛未，黄河南北以及陕西各州发生蝗灾，只有赵州蝗虫不吃庄稼。

秋七月乙亥，春州突然发生的大水淹死了百姓。庚辰，邰阳下冰雹。辛巳，太祖到玉津园，回宫时去了新池，视察水战训练。辛卯，太祖下诏让翰林学士陶谷、窦仪等人各自推荐一名能够胜任州郡通判职务的人，推荐不当的连同获罪。

九月甲戌初一，《周易》博士奚屿贬为乾州司户，库部员外郎王贻孙贬为左赞善大夫，都是因为考试品官子弟时不公正。戊子，延州下冰雹。乙未，太祖到京城北郊视察庄稼。辛丑，太子太傅范质逝世。壬寅，潘美等人攻克郴州。

冬十月戊申，周纪王柴熙谨逝世，太祖停止上朝处理政事。

十一月甲戌，太祖命令忠武军节度使王全斌为西川行营前军兵马都部署，武信军节度使崔彦进任他的副手，率领步兵骑兵三万人从凤州道出发；江宁军节度使刘光义为西川行营前军兵马副都部署，枢密承旨曹彬任他的副手，率领步兵骑兵两万人从归州道出发讨伐后蜀。乙亥，太祖在崇德殿设宴招待西川行营将校，出示川峡地图，传授将领们攻取后蜀的措施方法，赐给每人金带、玉带、衣物多少不等。壬辰，太祖在近郊打猎。

十二月乙巳，释放广南郴州都监陈瑄等二百人。戊申，刘光义攻克夔州，后蜀节度使高彦俦自焚。丁巳，免征归州、峡州秋税。辛酉，王全斌攻克万仞、燕子两寨，攻下兴州，接连攻克石圌等二十几个营寨。甲子，刘光义攻克巫山等营寨，斩杀后蜀将领南光海等八千人，擒获后蜀战棹都指挥袁德宏等一千二百人。王全斌的先锋史进德在三泉寨打败后蜀军队，擒获后蜀节度使韩保正、李进等人。南唐进贡白银二万两、金银器皿几百件。庚午，太祖下诏招抚在山林中聚集藏匿的人。辛未，太祖在北郊打猎。

乾德三年春正月癸酉初一，因为军队出征太祖不上殿听政。甲戌，王全斌攻克剑门，杀死后蜀军一万多人，擒获后蜀枢密使王昭远、泽州节度使赵崇韬。乙亥，太祖下诏埋葬出征后蜀战死的士兵，受伤的士兵赐给丝帛。壬午，王全斌攻取利州。乙酉，后蜀皇帝孟昶投降，得到四十五个州、一百九十八个县、百姓五十三万四千零三十九户。高丽国王派遣使臣来朝奉献礼品。戊子，吏部郎中邓守中因考试吏员不当而获罪，贬为吏部员外郎。癸巳，刘光义攻取万、施、开、忠四州，遂州守臣陈愈投降。乙未，太祖下诏抚恤西川将士官吏百姓。丙申，赦免后蜀全境，虏获的牲口归还原来主人，免除原后蜀管辖地区内拖欠的赋税，免征一半夏税和沿纳征收物品。

二月癸卯，南唐、吴越进贡长春节御衣、金银器皿、锦绮一千多件。甲辰，派遣皇城使窦思俨迎接慰问孟昶。丁未，全州发大水。庚申，王全斌在成都杀死后蜀投降的士兵二万七千人。

三月癸酉，太祖下诏设置义仓。这个月，两川地区盗贼群起，先锋都指挥使高彦晖被盗贼杀死，太祖下诏所在地区攻击讨伐盗贼。

夏四月乙巳，回鹘派遣使臣进献当地土产。癸丑，职方员外郎李岳因赃罪在闹市被斩首示众。南唐进献祝贺收复蜀地的银绢以万计。戊午，太祖派遣中使在江陵赐给后蜀官员鞍马、车辆。癸亥，招募各军子弟疏导五丈河，河水贯通皇城流入内庭池塘。

五月辛未初一，太祖诏令放还各道幕职、令录已经引入问对过的官员，根据离京路程的远近，差等减少选限。壬申，太祖到迎春苑设宴射箭。乙亥，派遣开封尹赵光义在玉津园慰劳孟昶。丙戌，太祖在崇元殿接见孟昶，在大明殿宴请孟昶等人。丁亥，太祖赐给将士衣服钱帛、戊子，大赦天下，死罪囚犯减刑一等。壬辰，在大明殿宴请孟昶以及他的子弟。

六月甲辰，任命孟昶为中书令、秦国公，赐给孟昶的子弟及臣僚不等的官爵。庚戌，孟昶逝世。

秋七月，珍州刺史田景迁归附宋朝。壬辰，追封孟昶为楚王。丁酉，太祖到教船池，于是又到玉津园设宴射箭。

后蜀宫妓图

八月戊戌初一，太祖下诏登记州郡中骁勇的士兵并把他们送到京师。癸卯，黄河在阳武县决口。庚戌，太祖诏令王全斌等人发粮食给后蜀逃亡士兵家庭。乙卯，黄河在河阳溢出河道，毁坏百姓房屋。戊午，殿直成德钧因贪赃受贿在闹市被斩首示众。己未，黄河在郓州溢出河道，淹没田地。辛酉，寿星出现。

九月己巳，太祖检阅各道军队，把骑兵编为骁雄军，步兵编为雄武军，全都隶属侍卫亲军。壬申，诏令蜀地各州郡各自建立五百人的克宁军。辛巳，黄河在澶州决口。戊子，太祖到西水砣视察。

十月丁酉初一，大雾。己未，太子中舍王治因接受贿赂杀人，在闹市被斩首示众。丙寅，济水在邹平溢出河道。

十一月丙子，甘州回鹘可汗派遣和尚进献佛牙、宝器。乙未，剑州刺史张仁谦因杀死投降的人而获罪，贬为宋州教练。

十二月丁酉初一，太祖下诏已嫁女子在舅父、姑母去世时穿用熟麻布做成的缉边缝齐的丧服、粗生麻布做成的左右和下边不缝的丧服。己亥，太祖下诏西川管辖区内的监军、巡检不得干预州县事务。戊午，甘州回鹘可汗、于阗国王等派遣使臣来朝拜，进贡一千匹马、五百头骆驼、五百团玉、五百斤琥珀。

乾德四年春正月丙子，太祖派遣使臣分赴江陵、凤翔，赐给后蜀官员家庭钱帛。丁亥，命令丁德裕等人家领军队巡行安抚西川。己丑，太祖到迎春苑设宴射箭。

二月癸卯，太祖视察皇城工程。丙辰，于阗国王派遣他的儿子李德从来进贡。安国军节度使罗彦瑰等部在静阳打败北汉军队，擒获北汉将领鹿英。辛酉，考试落榜的举人。甲子，免征西川今年的夏税以及各种应征物品的一半，田地未能得到耕种的全部免征。岳州发生火灾。

三月癸酉，废除义仓。甲戌，占城国派遣使臣来进贡，癸未，僧行勤等一百五十七人，太祖赐给每人三万贯钱，去西域游历。

夏四月丁酉，占城国派遣使臣来朝进贡。丙午，潭州发生火灾，壬子，停止光州进贡老鹰鹞子。丁巳，契丹天德军节度使于延超和他的儿子来投降。进士李蔼因诋毁佛教获罪，说话又不谦虚恭敬，被刺面服杖刑，流放沙门岛。庚申，太祖到燕国长公主府第看望她的病情。

五月，南唐祝贺文明殿建成，进贡一万两银子。甲戌，光禄少卿郭玘因贪赃罪在闹市被斩首示众。乙亥，太祖观看后蜀皇帝仪仗队所用的器物、图书。丁丑，太祖下诏蜀郡敢有不探视父母疾病的人以犯罪论处。辛巳，潭州发生火灾。壬午，澶州进贡有两处分蘖至六处分蘖的小麦一百六十五株。辛卯，火星侵犯轩辕星。

六月甲午，黄河水在东阿溢出河道。甲辰，黄河在观城决口。月亮侵犯心前星。丙午，澧州刺史白全绍因破坏法纪在管辖区内聚敛财物，被免去官职。太祖下诏：大臣们家中不得私自养阉人，年龄在三十岁以上的内侍当允许收养一个儿子，官吏和百姓敢有阉割童男的人决不赦废罪行。己酉，果州进贡水稻，一株稻上有十三棵穗。

秋七月丙寅，诏令：后蜀文武官吏以及他们的亲属有生病的人，所在地区的官府给他们医药钱吊。戊辰，西南夷首领董恳等人归附。己巳，太祖到造船务，又到开封尹赵光义的北园设宴射箭。癸酉，赐给西川行营将士数量不等的钱帛。庚辰，免去后蜀在剑南地区的米麦征敛。华州旱灾，免去华州今年的田租。给州县官员俸户。

八月丁酉，太祖下诏废除蜀地加倍的利息。庚子，大水冲坏高苑县城。壬寅，太祖下诏御史以及吏部、刑部官员任满三周年时，就可以根据原任官职转官或加恩。庚戌，枢密直学士冯瓒、绫锦副使李美、殿中侍御史李楫被宰相赵普陷害，以贪赃定为死罪；恰好大赦，被流放到沙门岛，遇到朝廷施恩时也不得回来。辛亥，太祖到玉津园设宴射箭。京兆府进贡野蚕茧。壬子，衡州火灾。乙卯，审察记录囚徒的罪状。丙辰，黄河在滑州决口，冲坏灵河大堤。普州野兔吃庄稼。

闰八月乙丑，黄河水溢出河道流入南华县。己巳，衡州发生火灾。乙亥，太祖下诏：百姓能广栽桑枣树、开垦荒田者不加租税，令佐官员能招复逃亡农户和劝勉农户载桑植枣树的受赏。

九月壬辰初一，发大水。虎捷指挥使孙进、龙卫指挥使吴瑰等二十七个人，因参与吕翰叛乱被处以死刑，孙进被灭族。庚子，占城国进贡受过驯养的大象。乙巳，太祖亲临教船池，于是又到玉津园观看卫士骑马射箭。丙午，太祖下诏吴越国在会稽建立大禹庙。

冬十月辛酉初一，命令太常恢复文德、武功二舞。癸亥，诏各个州郡修建古代帝王的陵墓和宗庙，安排不同数量的民户护陵。己巳，禁止吏员士兵借口巡察骚扰百姓。

十二月庚辰，妖人张龙儿等二十四人被处死刑，张龙儿、李玉、杨密、聂赟被灭族。

乾德五年春正月戊戌,修治黄河堤。丁未,合州汉初县上贡青檞木,木头中有文字写着"大连宋"。甲寅,王全斌等人因征伐后蜀时贪污受贿杀死投降的士兵而获罪,王全斌被贬为崇义军节度使,崔彦进被贬为昭化军节度使,王仁赡被贬为右卫大将军。丙辰,诏令征伐后蜀的将校军官中有接受后蜀钱财物品的,都要立即归还原主。丁巳,赏赐征伐后蜀有功的将士,曹彬、刘光义等人不同程度地提升了官爵。

二月庚申初一,太祖亲临造船务,到城西观看卫士骑马射箭。甲子,薛居正、吕余庆一起任吏部侍郎,仍担任参知政事。己丑,太祖亲临教船池。

三月甲辰,太祖下诏翰林学士、常参官在幕职、州县官员以及京官内各自推荐一名能够担任常参官的人员,被推荐人不称职,推荐人将连同获罪。乙巳,太祖下诏让各道推举所属官吏中才能德行优异的人。丙午,任命赵普为尚书左仆射兼门下侍郎、同中书门下章事,李崇矩为检校太傅。这一天,太祖到教船池,又到玉津园举行宴会射箭。丙辰,北汉石盆寨招收指挥使阎章以本寨来投降。金、木、水、火、土五颗行星在奎宿星处相聚。

夏五月乙巳,太祖赐给京城里的贫苦百姓衣服。北汉鸿唐寨招收指挥使樊晖以本寨来投降。甲寅,任命王溥为太子太傅。

六月戊午初一,日食。辛巳,太祖到建隆观,于是又到飞龙院。丁亥,牂牁顺化王子等人来进献当地土产。

七月丁酉,禁止毁坏铜佛像。己酉,免征遭受水旱灾害的农户今年的租税。

八月甲申,黄河水溢出河道流入卫州城,溺死百姓数百人。

九月壬辰,仓员外郎陈郾因贪赃犯法在闹市被斩首示众。甲午,西南蕃顺化王子部才等人派遣使臣进献当地土产。己酉,太祖在近郊打猎。

十一月乙酉初一,工部侍郎毋守素因在父丧期中娶妾被免官。供奉武仁海因滥杀无辜在闹市被斩首示众。

十二月丙辰,禁止使用新铸的小铁镴等钱、涂粉加药质地稀疏低劣的布帛。癸酉,升麟州为建宁军节度,宰相赵普因母亲去世而离任。丙子,赵普服丧期未满重新被起用为宰相。

开宝元年春正月甲午,扩大修治京城。陕州的集津、绛州的垣曲、怀州的武陟发生饥荒,下诏救济这些地区。己亥,北汉偏城寨招收指挥使任恩等人来投降。

三月庚寅,颁布县令、尉捕盗令。癸巳,太祖亲临玉津园。乙巳,有驯养的大象自行来到京城。

夏四月乙卯,太祖到节度使赵彦徽的府第探视他的病情。

五月丁未,赐给南唐大米小麦十万斛。

六月癸丑初一,太祖下诏百姓田地被连绵大雨、河水淹坏的,免征今年的夏税和因袭征收的杂税。癸亥,太祖下诏:荆蜀地区百姓中有祖父母、父母在世的人,他们的子孙不准分开财产另外居住。丁丑,太白星白天出现;戊寅,太白星再次出现。辛巳,在单父县百姓家中的水井里有龙出来,伴随着大风大雨。淹没百姓房屋四百间,死亡几十人。

秋七月丙申,太祖到铁骑营,赐给将士钱羊酒多少不等。北汉颍州寨主胡遇等人来投降。丙午,太祖到铁骑营,于是到玉津园。戊申,坊州刺史李怀节因强行购买辖区百姓的物品,贬为左卫率府率。北汉主刘钧去世,养子刘继恩即位当皇帝。

八月乙卯,太祖在近郊打鹘鸟,回宫时到相国寺。戊午,太祖又在北郊打鹘鸟,回宫时到飞龙院。丙寅,派遣客省使卢怀忠等二十二人领禁军在潞州会合。戊辰,太祖命令昭义军节度使李继勋等人征伐北汉。

九月辛巳初一,禁止钱币运出边境。癸未,监察御史杨士达因审案滥杀无辜在闹市被斩首示众。庚子,李继勋在铜温河打败北汉军队。己酉,北汉供奉官侯霸荣杀死北汉皇帝刘继恩,刘继元继位当皇帝。

冬十月己未,太祖在近郊打猎,回宫时到飞龙院。丙子,吴越王派遣儿子钱惟浚朝贡。

十一月癸卯,冬至日,太祖在南郊举行祭祀,改年号为开宝,大赦天下,犯有十恶、杀人、贪污受贿的官吏不赦罪。宰相赵普等人进奉玉册、宝,进上太祖尊号为应天广运大圣神武明道至德仁孝皇帝。

十二月甲子,进行庆祝活动,从开封尹、兴元尹、宰相、枢密使到各个道的蕃侯,都不同程度地加勋晋爵。乙丑,大食国派遣使臣进贡当地土产。

开宝二年春正月己卯初一,太祖因军队出征,不上殿听政。

二月乙卯,任命昭义军节度使李继勋为河东行营前军都部署,侍卫步军指挥使党进担任他的副手,宣徽南院使曹彬为都监,棣州防御使何继筠为石岭关部署,建雄军节度使赵赞为汾州路部署,以征伐北汉。太祖在长春殿设宴款待。任命彰德军节度使韩仲赟为北面都部署,彰义军节度使郭延义担任副职,以防备契丹。戊午,太祖下诏亲征。己酉,任命开封尹赵光义为上都留守,枢密副使沈义伦为大内部署、判留司三司事。甲子,太祖率领大军从京城出发。乙亥,下雨,大军驻扎在潞州。

三月壬辰,太祖在潞州出发。乙未,李继勋在太原城下打败北汉军队。戊戌,太祖来到靠近太原城下的地方。庚子,在太原城南检阅军队显示军威,修筑长连城。辛丑,太祖到汾河,修建一座新桥。征发太原附近各县的几万名男丁集中在太原城下。癸卯,北汉史昭文在宪州投降,乙巳,太祖到太原城南,说汾河水可以淹灌太原城,命令筑起长堤阻塞汾水。决引晋祠水淹灌太原城。于是又在太原城四周建立营寨,李继勋军队在太原城南,赵赞军队在太原城西,曹彬军队在太原城北,党进军队在太原城东,再从北面引汾水入新堤淹灌太原城。辛亥,派遣海州刺史孙方进率领军队包围汾州。

四月戊申,太祖到太原城东观看修建堤坝。壬子,太祖又来到太原城东。己未,何继筠在阳曲打败契丹,斩杀几千人,把俘虏的武州刺史王彦符献给太祖,太祖命令把所缴获的首级、铠甲在太原城下陈列出来。壬戌,太祖亲临汾河边视察造船。戊辰,太祖到太原城西上生院。丙子,又来到城西。

五月癸未,韩仲赟在定州北面打败契丹。自戊子到庚寅,太祖命令水军驾船载着强弩四围攻太原城,横州团练使王廷义、殿前都虞候石汉卿战死。甲午,北汉赵文度在岗州投降。甲辰,都虞候赵廷翰奏,各军要求冒死攻击登上太原城,太祖怜惜将士,不允许进攻。

闰五月戊申,太原城墙坍塌,河水灌注进城内,太祖马上登上长堤观察。己酉,右仆射魏仁浦去世。壬子,因太常博士李光赞提议,讨论大军班师回朝。己未,命令士兵把河东万户百姓迁徙到山东。庚申,太祖分别命令使臣率领军队去镇州、潞州。壬戌,太祖起驾回京。戊辰,太祖在镇州停留。

六月丙子初一,太祖车驾从镇州出发。癸巳,太祖从太原回到京城。赦免京城里的囚犯。

秋七月丁巳,太祖亲临封禅寺。下诏镇、深、赵、邢、洺五个州管辖内的镇、寨、县都要修建城墙。甲子,举行盛大宴会。赐给宰相、枢密使、翰林学士、节度使、观察使成套衣裳和金带。戊辰,西南夷顺化王子武才等人来进贡当地土产。癸酉,太祖来到新建的水硙视察。汴河在下邑决口。乙亥,寿星出现。

八月丁亥,太祖诏川峡各州检察百姓中有父母在世而本人分家另住的,以死罪论处。

九月乙巳初一,太祖亲临武成王庙。壬戌,太祖到玉津园设宴射箭。

冬十月戊子,太祖在近郊打猎。庚寅,散指挥都知杜延进等人谋划作乱被处死,杜延进被灭族。太祖下诏:相、深、赵三州丁夫死于太原城下的人,免除各家的赋税和徭役。庚子,任命王溥为太子太师,武衡德为太子太傅。癸卯,西川兵马都监张延通、内臣张屿、引进副使王珏被丁德裕在太祖面前进谗言,张延通以大不敬获罪被杀,张屿、王珏都服杖刑并被流放。

十一月丙午,太祖到镇宁军节度使张令铎府第探视张令铎的病情。甲寅,太祖在近郊打猎,回宫时到金凤园。庚申,回鹘、于阗派遣使臣来进贡当地土产。

十二月癸未,太祖亲临中书省探视宰相赵普病情。己亥,右赞善大夫王昭因监大盈仓,儿子和仓吏勾结贪污,被剥夺两任官职,流放到汝州服役。丁德裕上奏诬陷西川转运使李铉指斥皇上,冤枉已经得伸,李铉还是因为酒醉的过失,被贬为右赞善大夫。

开宝三年春正月癸卯初一,降雨雪,太祖不上殿处理政务。癸丑,增筑黄河堤。辛酉,太祖下诏:百姓每五千户推举一名孝顺父母敬爱兄长名声显著的人、德行善美优秀的人,才能卓越、行为优异出众的人不受这条限制,里巷州郡逐级审查联名签署后呈报朝廷,依旧为被推荐人赴朝廷准备行装。

二月庚寅,太祖到西茶库,于是又到建隆观。

三月庚戌,太祖下诏选取参加进士考试十五次以上的司马浦等一百零六人,都赐给本科出身。辛亥,赐给处士王昭素国子博士以后让他退休。丙辰,殿中丞张颤因为在以前担任颍州知州时处理政务不公允,被免去官职。己未,太祖亲临赵普府第看望他的病情。

夏四月辛未初一,日食。丁亥,太祖亲临寺观祈祷下雨。辛卯,下雨。甲午,太祖亲临教船池。己亥,废除河北各个州的盐禁。太祖下诏州郡不是当地的土产不要进贡朝廷。

五月丁未,禁止京城百姓积贮兵器。癸丑,太祖到城北观看水硙。癸亥,赐给营房被雨水淋坏的各班钱多少不等。

六月乙未,禁止各州长吏的亲随人员执掌厢镇局务。

秋七月乙巳,建立报告水旱灾害期限的法令。壬子,太祖下诏蜀地州县官员根据管辖户口数多少不等地减少官吏和增加俸禄,不久又下诏各路也按照蜀地办法减员增俸。戊辰,太祖到教船池,又亲临玉津园举行宴会射箭。

八月戊子,太祖到教船池,又到了玉津园。

九月己亥初一，任命潭州防御使潘美为贺州道兵马行营都部署，朗州团练使尹崇珂担任他的副手。派遣使者征发十个州的军队到贺州会合，以讨伐南汉。甲辰，太祖下诏：西京、凤翔、雄州、耀州等州，周文王、成王、康王三位周王，秦始皇，汉高祖、文帝、景帝、武帝、元帝、成帝、哀帝七位汉朝皇帝，后魏孝文帝，西魏文帝，后周太祖，唐高祖、太宗、中宗、肃宗、代宗、德顺，文、武、宣、懿、僖、昭各位唐代帝王，一共二十七座陵墓，其中曾经被盗挖过的陵墓，有关机构准备礼法规定的衣服、平常的衣服各一套，备好棺椁重新安葬，所在地区的长吏祭祀。己酉，太祖亲临开宝寺观看新钟。丙辰，女直国派遣使臣带着安定国王烈万华的表章，贡献当地土产。丁卯，潘美等人在富州打败一万多名南汉军队，攻克富州。

十月庚辰，攻克贺州。

十一月壬寅，攻克昭、桂二州。乙巳，减少桂阳每年进贡的白金数额。癸丑，右领军卫将军石延祚因为利用监仓身份和管库的吏员勾结贪污在闹市被斩首示众。癸亥，定州驻泊都监田钦祚在遂城打败契丹。丙寅，任命曹州所荐德行善美的孔蟾为章丘主簿。

十二月壬申，潘美等人攻克连州。辛卯，在韶州把一万多名南汉军队打得大败，攻克韶州。癸巳，加筑黄河堤坝。

开宝四年春正月戊戌初一，因军队出征，太祖不上朝处理政事。丙午，罢免各道州县原有的代理官员。丁未，右千牛卫大将军桑进兴因贪赃在闹市被斩首示众。癸丑，潘美等人攻克英州、雄州。

二月丁亥，南汉刘钑派遣他的左仆射萧淮等人带着表章来上。己丑，潘美攻克广州，俘虏刘钑，平定广南。得到六十个州、二百十四个县、百姓十七万零二百六十三户。辛卯，大赦广南，免征夏秋二税，原来南汉政权的官吏留任。

三月乙未，太祖亲临飞龙院，赐给随从官员马匹。丙申，太祖下诏：广南地区有买人家子女作奴婢而转雇给他人以获利的人，一律释放；原来广南政权有损害百姓的政策措施都要汇报朝廷，加以废除。增加前代帝王各个陵墓的守陵户二户。

夏四月丙寅初一，前任左监门卫将军赵批控告宰相赵普，因诬蔑诋毁大臣而获罪，被安置到汝州。丁卯，三佛齐国派遣使者进贡当地土产。己巳，太祖下诏禁止岭南地区商税、盐、麹，按荆湖地区法令执行。辛未，太祖亲临永兴军节度使吴廷祚府第探视他的病情。癸未，太祖到开宝寺。辛卯，南唐派遣皇弟李从谏来朝贡，征发一千名厢军修缮在陕西地区的前代帝王陵墓。壬辰，监察御史闾丘舜卿因为以前当官时盗用官钱，在闹市被斩首示众。

五月乙未初一，太祖亲临明德门行受俘刘钑礼，赦免刘钑罪；把他的权臣龚澄枢、李托、薛崇誉斩首。太祖在大明殿举行盛大宴会，刘钑也参加了。丁酉，太祖奖赏征伐广南的有功人员，潘美、尹崇珂等人晋升爵位不等。

六月癸酉，派遣使者祭祀南海。丁丑，命令翰林院考试南汉官员，选取书判稍优的人，授予令、录、簿、尉的官职。壬午，任命孝子罗居通为延州主簿。封刘钑为恩赦侯。乙酉，撤销贺州银场。在刘钑每月俸禄之外另赐给五万贯钱、米麦五十斛。黄河在原武决口，汴河在谷熟决口。

秋七月戊戌，太祖赐给开封尹赵光义十四把门戟。庚子，太祖亲临新修建的水砲，赐给工匠役人钱财布帛多少不等。戊午，重新签署内侍养子令。癸亥，太祖亲临建武军节度使何继筠府第探视他的病情。汴水在宋城决口。

八月壬申，文武百官给太祖上尊号，太祖不允许。辛卯，景星出现。

冬十月癸亥初一，日食。己巳，太祖下诏凡伪造黄金者都将在闹市被斩首示众。庚午，太子洗马王元吉因贪赃在闹市被斩首示众。辛巳，免除了广南地区原有的无名摊派苛敛。甲申，太祖下诏十月后犯有强行盗窃抢劫罪行的人在南郊大赦时也不能得到赦免。丙戌，释放被强行驱赶充军的广南百姓。

十一月癸巳初一，南唐皇帝派遣弟弟李从善，吴越国王派遣儿子钱惟浚，因太祖在郊外祭祀天地而来朝贡。南唐主李煜上表要求去掉国号和直呼其名，太祖同意了他的请求。庚戌，太祖下诏各道把罢免的代理官员中三任没有什么过失的人报告上来。黄河在澶州决口，通判姚恕因没有立即上报朝廷在闹市被斩首示众。己未，冬至日，在南郊举行祭祀典礼，大赦天下，犯有刑律规定的十恶罪犯、故意抢劫杀人犯、贪污受贿的官吏不赦。太祖下诏设置各州幕职官俸户。壬戌，四十名蜀班内殿直，援引御马直的例子要求赏赐，竟敲登闻鼓请愿；太祖下令各杖二十；第二天，全部在营中斩首，都指挥单斌等人都被处以杖刑、降官。

十二月癸亥初一，赐给南郊祭祀时的执事官器皿钱财多少不等。丁卯，举行庆祝活动，开封尹赵光义、兴元尹赵光美、贵州防御使赵德昭、宰相赵普都增加了食邑。己巳，朝廷内外的文武官员分别递升了勋爵。辛未，赐给考试《九经》的李符本科出身。壬午，太祖到近郊打猎。

开宝五年春正月壬辰初一，降雪，太祖不上殿处理政事。禁止用铁铸造宝塔和佛像。庚子，前任卢氏县尉鄢陵人许永年龄七十五岁，自己说父亲许琼年龄九十九岁，两位哥哥都有八十多岁了，请求朝廷委派他一个官职以便奉养父兄。因此太祖召见许琼并厚厚的赏赐了他。任命许永为鄢陵县令。壬寅，减少州县小吏和为衙门服役的人。乙巳，停止襄州每年进贡鱼。

二月丙子，太祖下诏沿黄河的十七个州各设立河堤判官一名。庚辰，在凤州七房冶炼银子的地方设立开宝监。庚寅，任命兵部侍郎刘熙古为参知政事。

闰二月壬辰，礼部考试合格进士安守亮和诸科共三十八人，太祖召他们到讲武殿回答题问，然后才张榜公布。庚戌，把密州升为安化军节度。

三月庚午，赐钱给颍州龙骑指挥使仇兴和他的士兵。辛未，占城国王波美税派遣使臣来进贡当地土产。壬申，太祖亲临教船池进行作战演习。乙酉，殿中侍御史张穆因贪赃在闹市被斩首示众。

夏四月庚寅初一，三佛齐国主释利乌耶派遣使臣来进贡当地土产。丙午，太祖派遣使臣查看遭受水灾的田地。丙寅，派遣使臣到各个州郡捕捉老虎。

五月庚申，赐给恩赦侯刘铱一百五十万贯钱。乙丑，太祖命令亲近大臣祈祷天气放晴。合并掉广南十三个州，三十九个县。丙寅，废除岭南专门采集珍珠的媚川都，并把原有士兵改编为静江军。辛未，黄河在濮阳决口，太祖命令颍州团练使曹翰前去堵塞决口。甲戌，因为阴雨连绵，放出后宫五十多名宫女，赏赐后把她们送回家。丁亥，河南、河北接连下大雨，澶、滑、济、郓、曹、濮六个州发大水。

六月己丑，黄河在阳武决口，汴水在谷熟决口。丁酉，太祖下诏说：大雨连绵，黄河决口，黄河沿岸百姓农田有遭水灾的地方，有关机构全部报告朝廷免除田租。戊申，修复阳武地区的黄河河堤。

秋七月己未，右拾遗张恂因贪赃在闹市被斩首示众。癸未，邕、容等州郡的獠人发生叛乱。

八月庚寅，高丽国王王昭派遣使臣来进贡当地土产。己亥，广州行营都监朱宪在容州大破獠人贼寇。癸卯，把宿州升为保静军节度，停止密州安化军节度，仍旧为防御州。

九月丁巳初一，日食。癸酉，李崇矩被免去枢密使，出任镇国军节度使。

冬十月庚子，太祖亲临河阳节度使张仁超府第探视他的病情。甲辰，举行道士考试，学业不够格的人勒令还俗。

十一月己未，李继明、药继清在英州大破獠贼。癸亥，禁止僧人道士学习天文地理。己巳，禁止举人寄住他处参加进士科举考试。庚辰，任命参知政事薛居正、吕余庆兼任淮、湖、岭、蜀转运使。

十二月乙酉初一，祈祷降雪。己亥，太祖到近郊打猎。开封尹赵光义突然生病，太祖于是到他府第探视病情。甲寅，内班董延谔因监守自盗草料粮食，处以杖死之刑。太祖下诏符合条件担任令录的人引对之后才能按才拟定官职。乙卯，降大雪。

这一年，发生大饥荒。

开宝六年春正月丙辰初一，太祖不上殿处理政事。设置蜀水陆转运计度使。癸酉，修缮魏县境内的黄河堤。

二月丙戌初一，棣州兵马监押、殿直傅延翰谋划反叛被处死刑。丙申，曹州发生饥荒，运京师太仓大米二万石救济灾荒地区。己亥，吴越国进贡用银子装饰的花舫、用黄金香料装饰的狮子。

三月乙卯初一，后周郑王在房州逝世，太祖穿素色衣服发布哀丧，停止上朝十天，赐谥号为恭帝，命令把棺木运回来葬在庆陵的旁边，称为顺陵。己未，恢复密州为安化军节度。庚申，太祖在讲武殿复试进士，赐给宋准以及落第的徐士廉等诸科考生一百二十七人及第。乙亥，赐给宋准等人宴会钱二十万贯。大食国派遣使臣来进贡。翰林学士、知贡举李昉因考试举人不得当，贬为太常少卿。考试朝廷官员中因公事死亡人员的儿子陆坦等人，赐给他们进士出身。丙子，太祖亲临相国寺观看新修建成的宝塔。

夏四月丁亥，太祖召来开封尹赵光义、天平军节度使石守信等人在御苑中赏花练习射箭。辛丑，派遣卢多逊为江南国信使。甲辰，占城国王悉利陀盘印茶派遣使臣来进献当地土产。丙午，黎州保塞蛮来归顺朝廷。戊申，太祖下诏撰写《五代史》。

五月庚申，刘熙古以户部尚书的身份退休。太祖下诏说：中书吏人揽权又大多贪赃受贿，现在兼用人流的州县官员担任堂吏。己巳，交州丁琏遣使进贡当地土产。太祖亲临玉津园观看收割小麦。辛巳，杀右拾遗马适。

六月辛卯，太祖召试在京各个机构的吏员，把其中的四百人罢黜为农民。癸巳，占城国派遣使臣进贡当地土产。隰州巡检使李谦溥攻克北汉的七个寨子。癸卯，雷有邻控告宰相赵普祖护堂吏胡赞等人违法，胡赞和李可度都受杖刑、登记抄没家产。庚戌，太祖下诏让参知政事和宰相赵普分别掌管宰相印信，上朝时分别领班启奏政事。

秋七月壬子初一，太祖下诏各州府设置司寇参军，让考中进士、明经科的人担任这个职务。丙辰，减免广南地区无名率钱。

八月乙酉，废除成都府后蜀时期的嫁妆税。辛卯，赐给平民王泽方同学究出身。丁酉，泗州推官侯济因在考试据律断案时让别人顶替自己，被处以杖刑，除名。甲辰，罢免赵普宰相职务，任命他为河阳三城节度使，同平章事。辛酉，太祖亲临都亭驿。

九月丁卯，吕余庆任尚书左丞，免去他的参知政事职务。已巳，太祖封赵光义为晋王、兼任侍中，封赵德昭同中书门下平章事，任命薛居正为门下侍郎、同平章事，任命户部侍郎、枢密副使沈义伦为中书侍郎、同平章事，任命石守信兼任侍中，任命卢多逊为中书舍人、参知政事。壬申，太祖下诏晋王赵光义班位在宰相之上。

冬十月甲申，安葬周恭帝，太祖不上朝处理政务，丁亥，太祖亲临玉津园视察庄稼。戊子，流星在文昌星、北斗星处出现。甲辰，太祖特赦隐瞒贪污受贿的官吏。

十一月癸丑，太祖命令自己左右的大臣祈祷降雪。丙午，前任中书舍人、参知政事卢多逊服丧期没满又被起用处理政事，推行《开宝通礼》，颁布限数剃度平民为僧的法令，规定各州据僧帐现管数目满百人每年准许剃度一人出家。

开宝七年春正月庚戌，太祖不上殿处理政务。庚申，占城国王波美税派遣使臣进贡当地土产。齐州的野蚕结出蚕茧。癸亥，左拾遗秦壹、太子中允吕鹄因贪污受贿，免于死刑，服杖刑、取消他们的原有身份。

二月庚辰初一，日食。丙戌，太阳中出现二颗黑子。癸卯，太祖命令身边的大臣祈求降雨。太祖下诏：《诗》《书》《易》三经学究，依照《三经》《三传》资格按规定的等级次第授予官职。乙巳，太子中舍胡德冲因为隐没官钱，在闹市被斩首示众。

三月乙丑，三佛齐国王派遣使臣进贡当地土产。

夏四月丙午，太祖派遣使臣检查岭南地区百姓的田地。

五月戊申初一，殿中侍御史李莹因为接受南唐馈赠的礼物，贬为右赞善大夫。甲寅，任命平民齐得一为章丘县主簿。乙丑，太祖下诏自今买卖官物不得与时价不同，如有抬高或压低价钱的以违法论处。丙寅，太祖亲临讲武池视察水战训练。丙子，太祖又到讲武池，于是又去了玉津园。

六月丙申，河中府发生饥荒，调运三万石谷子救济受灾地区。已亥，淮河水溢出河道流入泗州城；壬寅，黄河水在安阳溢出河道，这两次水灾都淹坏了百姓房屋。

秋七月壬子，太祖亲临讲武池视察水战训练，于是又到玉津园。丙辰，南丹州溪洞首领统帅莫洪燕归顺朝廷。太祖下诏降低成都府盐价。庚午，太子中允李仁友因为犯法，在闹市被斩首示众。

八月戊寅，吴越国王派遣使臣来朝拜进贡。丁亥，太祖通知吴越出兵讨伐江南。戊子，陈州进贡芝草，一根草有四十九条茎。已丑，太祖亲临讲武池，赐钱给进行水战训练的将士。戊戌，殿中丞赵象因为擅自收税，被取消原有身份。甲辰，太祖亲临讲武池视察水战训练，于是又到了玉津园。

九月癸亥，太祖任命宣徽南院使、义成军节度使曹彬为西南路行营马步军战棹都部署，山南东道节度使潘美为都监，颍州团练使曹翰为先锋都指挥使，率领十万大军从荆南出发，征伐江南。大军即将出发时，太祖召曹彬、潘美来，告诫他们说："攻陷升州的时候，重要的是不要杀戮;假如守军作困兽犹斗的话,那么李煜一家,不可以杀害。"丁卯,派知制诰李穆担任江南国信使。

冬十月甲申,太祖亲临迎春苑,登上汴水河堤观看战舰顺水东下。丙戌,太祖又亲临迎春苑,登上汴水河堤视察各军作战训练,于是又到了东水门,命令战舰出发顺水东下。江南进贡几万定绢,皇帝的御衣、金带、几百件器皿用品。壬辰,曹彬等人率领水军、步兵、骑兵从江陵出发,水陆并进。丁酉,太祖任命吴越王钱俶为升州东南行营招抚制置使。己亥,曹彬攻克峡口,俘虏江南指挥使王仁震、王宴、钱兴。

闰十月己酉,攻克池州。丁巳,在铜陵击败江南军队。庚申,太祖命令宰相、参知政事交替主持按日记载朝政事务的日历工作。壬戌,曹彬等人攻克芜湖、当涂两个县,在采石驻扎军队。癸亥,太祖下诏减免湖南新制茶叶。甲子,薛居正等人进上新编的《五代史》,太祖赐给他们器皿钱财多少不等。丁卯,曹彬在采石打败江南军队,活捉江南兵马部署杨收、都监孙震等一千人,在长江上架设浮桥让大军渡过长江。

十一月癸未,在李从善部下以及江南水军一千三百九十人脸上刺字,编为归化军。甲申,太祖下诏减省剑南、山南等道属县的主簿。丁亥,秦、晋地区干旱,免除蒲、陕、晋、绛、同、解六个州拖欠的赋税,关西地区各州减免一半。己丑,知汉阳军李恕在鄂州击败江南水军。甲午,曹彬在新林寨击败江南军队。辛丑,太祖命令知雄州孙全兴回信答复契丹涿州守臣重新和好的书信。壬寅,大食国派遣使臣进贡当地土产。

十二月己酉,曹彬在白鹭洲打败江南军队。辛亥,太祖命令身边的亲近大臣祈祷降雪。甲子,吴越王率领军队包围常州,俘获一些江南守军人马。不久攻克利城寨。丙寅,曹彬在新林港打败江南军队。己巳,左拾遗刘祺因接受贿赂,被脸上刺字、服杖刑流放沙门岛。庚午,北汉侵犯晋州,晋州守臣武守琦在洪洞打败北汉军队。壬申,吴越王在常州北界打败江南军队。

开宝八年春正月甲戌初一,太祖因军队出征,不上殿处理政事。丙子,知池州樊若水在沁州附近打败江南军队;田钦祚在溧水打败江南军队,斩杀江南军都统使李雄。乙酉,太祖在长春殿听政时,对宰相说:"我看做臣子的人大都不能把名节保持到晚年,难道是他们忠孝很薄因而没法享受厚福吗?"宰相薛居正等人叩头感谢教诲。庚寅,曹彬攻克升州城南水寨。

二月癸王,曹彬在白鹭洲打败江南军队。乙卯,攻克升州关城。丁巳,太子中允徐昭文因抑制百姓出售货物获罪,从簿籍上除去姓名。甲子,知扬州侯陟在宣化镇打败江南军队。戊辰,太祖在讲武殿举行进士复试,赐给进士王嗣宗等三十一人、纪自成等诸科三十四人及第。

三月乙酉,赐给王嗣宗等人宴会钱二十万贯。己丑,太祖命令祈求降雨。庚寅,曹彬在长江中打败江南军队。己亥,契丹派遣使臣克沙骨慎思带着国书来讲和。知潞州药继能攻克北汉鹰涧堡。辛丑,太祖召契丹使臣到讲武殿观看演习射箭。壬寅,太祖派遣太监王继恩率领军队赴升州。大食国派遣使臣来朝拜进贡。

夏四月乙巳,太祖亲临东水磨视察。癸丑,太祖到都亭驿检阅新造的战船。丁巳,吴越王攻克常州。壬戌,曹彬等人在秦淮北面打败江南军队。戊辰,太祖亲临玉津园观看种植水稻。于是又亲临讲武池视察水军作战训练。庚午,太祖下诏岭南地区盗窃赃物满十贯钱偷以上的处以死刑。太祖亲临西水磨视察。

五月壬申初一,任命吴越国王钱俶守太师、尚书令,增加食邑。知桂阳监张侃揭发前任官隐瞒并吞没多余的银子,追究处罚兵部郎中董枢、右赞善大夫孔璘,斩首,太子洗马赵瑜服杖刑,流放海岛;张侃受到赏赐,升任屯田员外郎。辛巳,祈祷天气放晴。甲申,江南宁远军和沿江营寨投降。乙酉,太祖下诏武冈、长沙等十县百姓遭盗贼掠夺的人家减免拖欠的田租,并免除一年徭役。甲午,安南都护丁琏派遣使臣来进贡。辛丑,黄河在濮州决口。

六月壬寅,曹彬等人派遣使者报告说,在升州城下打败江南军队。丁未,宋州观察判官崔绚、录事参军马德休都因贪赃受贿在闹市被斩首示众。辛亥,黄河在澶州顿丘决口。甲子,彗星在柳宿出现,四丈长,辰时出现在东方。

秋七月辛未初一,日食。庚辰,太祖派遣阁门使郝崇信、太常丞吕端出使契丹。癸未,西天东印土王子穰结说啰来朝贡。甲申,太祖诏令吴越王钱俶班师。己亥,山后两林鬼主、怀化将军勿尼等人来朝贡。

八月乙卯,太祖亲临东水磨观赏游鱼。于是又去了北园。辛酉,太祖下诏暂停今年的科举考试。壬戌,契丹派遣左卫大将军耶律霸德等人送来皇帝穿的衣服、玉带、名马。西南蕃顺化王子若废等人来进贡名马。癸亥,丁德裕在润州城下打败守军。

九月壬申,太祖在近郊打猎,骑马追赶兔子时,马突然跌倒,太祖摔在地上,因此太祖拔出佩刀刺死了这匹马。立刻就又后悔做了这件事,说:"我是天下的主人,轻率地出来

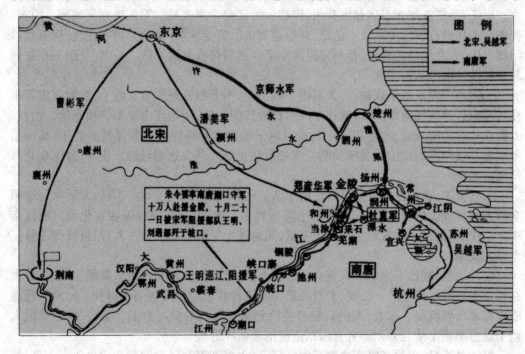

北宋五路出师,灭南唐示意图

打猎,又为什么要处罚马匹呢!"于是自此以后不再打猎。戊寅,润州投降。

冬十月己亥初一，江南主派遣徐铉、周惟简来朝乞求宋军暂缓进攻。辛亥，太祖下诏州县令佐官员察举百姓中孝顺父母敬爱兄长努力耕种田地、具有非凡才能和优异行为或者文武才能可以任用的人送到朝廷。丁巳，修建西京宫殿。江南国主李煜进贡银子五万两、绢五万匹，乞求暂缓进攻。戊午，改润州镇海军节度为镇江军节度。太祖亲临晋王赵光义的北园。己未，曹彬派遣都虞候刘遇在皖口击溃江南军队，擒获江南军将领朱令赟、王晖。

十一月辛未，江南主李煜派遣徐铉等人再次带着表章乞求宋军暂缓进攻，没有给他答复。甲申夜里，曹彬在升州城下打败江南军队。丙戌，任命校书郎宋准、殿直邢文庆担任贺契丹正旦使。乙未，曹彬攻克升州，俘虏江南国主李煜，江南平定，一共得到十九个州、三个军、一百八十个县、百姓六十五万五千零六十户。太祖亲临视察新建的龙兴寺。

十二月庚子，太祖亲临惠民河视察修筑堤堰。辛丑，在江南地区实行大赦，免除一年徭役；经过战争的地区，免除两年徭役。戊申，三佛齐派遣使者来进贡当地土产。己酉，太祖亲临龙兴寺。辛亥，减免开封府所属各县今年十分之三的秋租。己未，任命恩赦侯刘铱为彭城郡公。甲子，契丹派遣使臣耶律乌正来朝廷祝贺正旦。丁卯，吴越国王钱俶请求在长春节来朝见太祖，太祖同意了他的请求。

开宝九年春正月辛未，太祖来到明德门，在楼下接见李煜，没有用进献俘虏的仪式。壬申，大赦天下，犯有死罪的减刑一等。乙亥，太祖封李煜为违命侯，他的子弟和臣僚也都封爵不等。己卯，江南昭武军节度使留后卢绛焚烧并掠夺州县。庚辰，太祖下诏在西京举行祭祀活动。癸巳，晋王赵光义率领满朝文武官员进上尊号，太祖不允许。

二月癸卯，三次上表进尊号，太祖还是不同意。庚戌，任命曹彬为枢密使。辛亥，太祖命令赵德昭在宋州迎接慰劳吴越国王钱俶。契丹派遣使臣耶律延颔带着御衣、玉带、名马、散马、白鹘来庆贺长春节。乙卯，吴越国王钱俶上奏朝廷指责内客省使丁德裕贪婪凶狠，丁德裕被贬为房州刺史。丁巳，太祖视察礼贤宅。戊午，任命卢多逊为吏部侍郎，仍旧担任参知政事。己未，吴越国王钱俶和他的儿子钱惟浚等人在崇德殿朝见太祖，进贡银绢数以万计。太祖赐给他衣带和鞍马，于是让钱俶等人住在礼贤宅，太祖在长安殿设宴款待他们。壬戌，钱俶进贡庆贺平定升州的银绢、乳香、吴绫、丝绢、钱茶、犀象、香药，都以亿万计。甲子，太祖召晋王赵光义、吴越国王钱俶以及他的儿子等人在御苑中射箭，钱俶进上皇帝的御衣、寿星、通犀带以及金器。丁卯，太祖亲临礼贤宅，赐给钱俶金器以及银绢数万。

三月己巳，钱俶进贡帮助南郊祭祀的银绢、乳香数以万计。庚午，太祖赐钱俶可以佩剑穿履朝见皇帝，诏书中不写他的名字。癸酉，任命皇子赵德芳为检校太保、贵州防御使，中书侍郎、同平章事沈义伦为大内都部署，右卫大将军王仁赡权判留司、三司兼知开封府事。丙子，太祖去西京。己卯，太祖在巩县停留，朝拜安陵，痛哭悲号很长时间。庚辰，太祖赐河南府百姓今年田租减免一半，侍奉陵墓的百姓家庭免除一年的徭役。辛巳，太祖到达洛阳。庚寅，大雨，太祖分别命令左右亲近大臣到各个祠观庙宇祈祷天晴。辛卯，太祖亲临广化寺，正式开放无畏三藏塔。

夏四月己亥，雨停。庚子，太祖在圜丘祭天，回来时到五凤楼大赦天下，十恶、故意杀人者不赦免，贬谪降官受责免官的人酌情移近安置分级进用，各种流放以及拖欠赋税的人全部释放免于追究，官吏中没有得到赠恩的人也都广泛地得到赏赐。壬寅，太祖举行盛大宴会，赐给亲王、左右亲近大臣、将帅们一套衣裳、金带、带鞍的马匹、器皿、钱币多少不等。丙午，太祖起驾回京。辛亥，太祖从洛阳回到开封。丁巳，曹翰攻克江州，屠城，擒获牙校宋德明、胡则等人。太祖下诏增加晋王赵光义的食邑，赵光美、赵德昭都加封开府仪同三司，增加赵德芳食邑，薛居正、沈义伦加封光禄大夫，枢密使曹彬、宣微北院使潘美加封为特进，吴越国王钱俶增加食邑，朝廷内外的文武官员都得到封赏，提升了官阶。己未，太祖立官吏每十天休假一天以休息沐浴的诏令。丙寅，大食国王珂黎拂派遣使者蒲希密来进贡当地土产。

五月己巳，太祖亲临东水磨视察，于是又到了飞龙院，观看在金水河中捕鱼。甲戌，太祖派遣司勋员外郎和岘前往江南路采访民情，处死卢绛。庚辰，太祖亲临讲武池，于是又到玉津园视察庄稼。宋州大风，吹坏城楼官民房屋近五千间。甲申，任命阁门副使田守奇等人担任贺契丹生辰使。晋州把北汉岚、石、宪三州巡检使王洪武等人送来献给朝廷。

六月庚子，太祖步行来到晋王赵光义的府邸，命令建造抽水的机轮，汲取金水河水灌注到赵光义府邸形成池塘。癸卯，吴越国王钱俶进贡银两、绢帛、丝绵以数万计。乙卯，火星进入南斗。

秋七月戊辰，太祖亲临晋王赵光义府邸视察新挖成的池塘。丙子，太祖亲临京兆尹赵光美府第探视他的病情。戊寅，太祖再次亲临赵光美府第。泉州节度使陈洪进请求来朝廷觐见太祖。丙戌，命令左右亲近大臣祈祷天晴。丁亥，太祖命令修建先代帝王以及五岳四渎的祠庙。庚寅，太祖亲临赵光美府第。

八月乙未初一，吴越国王钱俶进献会发射火箭的军士。己亥，太祖亲临新建的龙兴寺。辛丑，太子中允郭思齐因贪赃在闹市被斩首示众。乙巳，太祖到等觉院，于是又去了东染院，赐给工人钱币。又到控鹤营视察将士练习射箭，赐给将士布帛多少不等。又亲临开宝寺观看藏经。丁未，太祖派遣侍卫马军都指挥使党进、宣徽北院使潘美征伐北汉。丙辰，派遣西上阁门使等率领军队分五路进攻太原。

九月甲子，太祖亲临绫锦院。庚午，权高丽国事王俶派遣使臣来朝拜进贡。党进在太原城北击败北汉军队。辛巳，太祖命令忻、代二营都监郭进迁徙山后各州的百姓。庚寅，太祖亲临城南池亭，于是又到了礼贤宅，又去了晋王赵光义的府第。

冬十月甲午初一，太祖赐给文武百官衣服多少不等。丁酉，兵马监押马继恩率领军队进入河东境内，焚烧扫荡了四十多处营寨。己亥，太祖亲临西教场。庚子，镇州巡检郭进焚烧寿阳县，俘虏九千人。辛丑，晋、隰巡检穆彦璋进入河东，俘虏二千多人。党进在太原城北击败北汉军队。己酉，吴越国王钱俶进贡经过驯养的大象。癸丑晚上，太祖在万岁殿逝世，终年五十岁，灵柩停放在进万岁殿的西甬道中，谥号为英武圣文神德皇帝，庙号为太祖。太宗太平兴国二年四月乙卯，安葬在永昌陵。真宗大中祥符元年，加上尊崇太祖的谥号为启运立极英武睿文神德圣功至明大孝皇帝。

太祖皇帝天性孝顺父母，友爱兄弟，节约俭省，秉性任其自然，不故意矫揉造作以掩饰自己。接受后周禅让的初期，很喜欢便装出行，有人劝说他不要轻易出去。太祖说："帝王的兴起。自有天命，周世宗看到将领中有方脸大耳的人都把他们杀死，我整天侍奉在他身边,他也不能危害我。"这之后便装出宫的次数更加多了,有人规劝他,就对规劝的人说:"享有天命的人任他自己做事,你不要禁止。"

有一天,太祖退朝下来,坐在便殿中不高兴了很长时间。左右侍从问太祖为了什么事,太祖说:"你们认为当天子是件容易的事吗?我在早朝时乘一时高兴而错误地处理了一件事,因此不高兴。"汴京新建的宫殿落成,太祖来到正殿坐下,命令把殿门全部打开,对左右说:"这好比是我的内心,很少有不正的地方,人们都可以看见的。"

宋太宗赵光义

吴越国王钱俶来朝廷,自宰相以下的文武官员都请求太祖留下钱俶而收取他的土地,太祖不听这种意见,放他回国。等到钱俶辞行的时候,太祖取来大臣们请求留下钱俶的几十件章疏,密封后交给他,告诉他在路上秘密观看。钱俶到途中启封阅读,都是要求太祖把自己留下而不要遣还吴越的奏章。他从这件事之后既感激又恐惧,江南平定,于是请求把国土归宋。南汉刘𬬭在自己的国家里,好在酒中放毒药毒死臣下,不久归顺朝廷,跟着太祖来到讲武池,太祖倒了一杯酒赐给刘𬬭,刘𬬭怀疑酒中有毒药,捧着杯子哭泣着说:
"我犯的罪是在不赦之列的,陛下既然不以死罪对待我,我愿意做一名大梁的平民百姓,亲眼看看太平盛世,我不敢饮下这杯酒。"太祖笑着对他说:"我把自己的一颗赤诚之心放到别人的胸膛里,我怎么会这样做呢?"立即拿过刚给刘𬬭倒的酒自己喝了下去,另外倒了一杯酒赐给他。

王彦升擅自杀死韩通,虽然参与辅佐太祖建立王朝,但终身没有得到大将的符节和斧钺。王全斌进入四川,贪婪放纵屠杀降兵,虽然立有大功,也立即被贬官黜责。

皇宫中的苇帘,用青布包边;太祖经常穿的衣服,洗涤过多次还在穿。魏国长公主短袄上装饰着翠鸟的羽毛,太祖告诫她不要再用了,又教诲她说:"你生长在富贵之中,应当懂得珍惜福分。"看见孟昶用珠宝装饰的小便器具,就把它捣毁打碎,说:"你用七种宝石装饰便器,那么应该用什么器皿来盛放食物?你这样的所作所为,不亡国还等什么!"

太祖晚年喜好读书,曾经读《尚书》的《尧典》《舜典》,叹息说:"尧、舜处罚四个凶人,也仅仅把他们流放出去,为什么近代法网如此严密啊!"对宰相说:"五代时期诸侯骄横,有违法杀人的人,朝廷也置之不问。人命至关重要,姑息纵容藩镇,应当是这样的吗?自现在开始各州判处犯人死刑的,要记录好案情上奏朝廷,交给刑部重新审查复核。"于是立为法令。

乾德改年号,太祖事先告诉宰相说:"年号必须选择以前朝代没有使用过的文辞。"乾德三年,后蜀平定,后蜀宫女来到太祖内宫,太祖看到她们使用的铜镜背后铸有"乾德四年铸"这样的文字,把窦仪等人召来查问这件事。窦仪回答说:"这一定是后蜀的东西,后蜀皇帝曾经使用过这个年号。"太祖于是很高兴地说:"担任宰相的还应该是读书人。"自此以后十分器重读书人。

　　太祖接受杜太后之命,把皇位传给太宗。太宗曾经病得很重,太祖前去看望他,亲自为太宗用艾草灼烧穴位,太宗感到疼痛,太祖也拿艾草烧灼自己的穴位。他经常对左右亲近大臣们说:"太宗龙行虎步,出生时有奇异的现象发生,以后一定成为太平天子,论福分我不及他。"

英宗宣仁圣烈高皇后传

【题解】

　　宋英宗皇后高氏(1032～1093年),亳州蒙城(今安徽蒙城)人。她的曾祖父、祖父都为皇家立过大功。她的母亲曹氏是慈圣光献皇后的姐姐。她从小养育在宫中。治平二年,立为皇后。哲宗皇帝即位后,高氏以太皇太后的身份辅政,起用司马光,尽罢王安石所立新法,史称"元祐更化"。元祐八年,高太后病故。

【原文】

　　英宗宣仁圣烈高皇后,亳州蒙城人。曾祖琼,祖继勋,皆有勋王室,至节度使。母曹氏,慈圣光献后姊也,故后少鞠宫中。时英宗亦在帝所,与后年同,仁宗谓慈圣,异日必以为配。既长,遂成昏濮邸。生神宗皇帝、岐王颢、嘉王頵、寿康公主。治平二年册为皇后。

　　后弟内殿崇班士林,供奉久,帝欲迁其官,后谢曰:"士林获升朝籍,分量已过,岂宜援先后家比?"辞之。神宗立,尊为皇太后,居宝慈宫。帝累欲为高氏营大第,后不许。久之,但斥望春门外隙地以赐,凡营缮百役费,悉出宝慈,不调大农一钱。

　　元丰八年,帝不豫,浸剧,宰执王珪等入问疾,乞立延安郡王为皇太子,太后权同听政,帝领之。珪等见太后帘下。后泣,抚王曰:"儿孝顺,自官家服药,未尝去左右,书佛经以祈福,喜学书,已诵《论语》七卷,绝不好弄。"乃令之

宋英宗赵曙

出帝外见珪等,珪等再拜谢且贺。是日降制,立为皇太子。初,岐、嘉二王日问起居,至是,今毋辄入。又阴敕中人染惟简,使其妻制十岁儿一黄袍,怀以来,盖密为践阼仓卒备也。

　　哲宗嗣位,尊为太皇太后。驿召司马光、吕公著,未至,迎问今日设施所宜先,未及条上,已散遣修京城役夫,减皇城觇卒,止禁庭工技,废导洛司,出近侍尤无状者,戒中外毋

苛敛,宽民间保户马。事由中旨,王珪等弗预知。又起文彦博于既老,遣使劳诸途,谕以复祖宗法度为先务,且令亟疏可用者。

从父遵裕坐西征失律抵罪。蔡确欲献谀以固位,乞复其官。后曰:"遵裕灵武之役,涂炭百万,先帝中夜得报,起环榻行,彻旦不能寐,圣情自是惊悸,驯致大故,祸由遵裕,得免刑诛,幸免。先帝肉未冷,吾何敢顾私恩而违天下公议!"确悚栗而止。

光、公著至,并命为相,使同心辅政,一时知名士汇进于廷。凡熙宁以来政事弗便者,次第罢之,于是以常平旧式改青苗,以嘉佑差役参募役,除市易之法,官茶盐之禁,举边砦不毛之地以赐西戎,而宇内复安。契丹主戒其臣下,复勿生事于疆场,曰:"南朝尽行仁宗之政矣。"

蔡确坐《车盖亭诗》谪岭表,后谓大臣曰:"元丰之末,吾以今皇帝所书佛经出示人,是时惟王珪曾奏贺,遂定储极。且以子继父,有何间言?而确自谓有定策之大功,妄扇事端,规为异时眩惑地。吾不忍明言,姑托讪上为名逐之耳。此宗社大计,奸邪怨谤所不暇恤也。"

廷试举人,有司请循天圣故事,帝后皆御殿,后止之。又请受册宝于文德,后曰:"母后当阳,非国家美事,况天子正衙,岂所当御?就崇政足矣。"上元灯宴,后母当入观,止之曰:"夫人登楼,上必加礼,是由吾故而越典制,于心殊不安。"但令赐之灯烛,遂岁以为常。

佐公绘、公纪当转观察使,力遏之。帝请至再,仅迁一秩,终后之世不敢改。又以官冗当汰,诏损外氏恩四之一,以为宫掖先。临政九年,朝廷清明,华夏绥定。

宋用臣等既被斥,祈神宗乳媪入言之,冀得复用。后见其来,曰:"汝来何为?得非为用臣等游说乎?且汝尚欲如曩日,求内降挠国政耶?若复尔,吾即斩汝。"媪大惧,不敢出一言。自是内降遂绝,力行故事,抑绝外家私恩。文思院奉上之物,无问巨细,终身不取其一。人以为女中尧舜。

元祐八年九月,属疾崩,年六十二。后二年,章惇、蔡卞、邢恕始造为不根之谤,皇太后、太妃力辨其诬,事乃已。语在恕传。昭暴惇、卞、恕罪,褒录后家,赠曹夫人为魏、鲁国夫人,弟士逊、士林及公绘、公纪皆追王,擢重孙世则节度使。他受恩者,又十余人云。

【译文】

宋英宗宣仁圣烈皇后高氏是亳州蒙城(今安徽蒙城)人,曾祖父高求、祖父高继勋都为皇家立过大功,官至节度使。她的母亲曹氏是慈圣光献皇后的姐姐,所以高氏从小被养育在宫中。那时宋英宗也养育在宫中,正与高氏年龄一样大,宋仁宗告诉慈圣皇后,将来一定让他们成婚。长大以后,高氏与英宗结了婚,当时英宗还是濮王。高氏生有三子一女:神宗皇帝、岐王赵颢、嘉王赵頵和寿康公主。治平二年被册封为皇后。

高皇后的弟弟高士林官居内殿崇班,在这个职位上已经待了很长时间,英宗皇帝打算提升他,高皇后推辞说:"高士林能够当上朝官,已经超出他的本分了,不应该再援用已故皇太后家的先例了。"便拒绝了。神宗皇帝即位,尊高皇后为皇太后,在宝慈宫居住。神宗皇帝多次要为高家营建大宅第,高皇后不同意。又过了很长时间,她只是把望春门外的一块空地赐给了高家,而建造住宅的一切物料人工费用,都由宝慈宫高皇后供给,不用国家财政一分钱。

　　元丰八年，宋神宗患病，病势逐渐加重，宰相王珪等人入宫探视，请求立延安郡王为皇太子，让太后权且垂帘听政，神宗皇帝点头以示同意。王珪等人在帘子之外朝见高皇后，高皇后抚摸着延安郡王，哭着说："延安郡王很孝顺，自从神宗皇帝患病吃药以来，他从未离开皇帝身边，还亲自书写佛经，希望能为皇帝带来福气。他喜欢学习书法，已经能诵读《论语》的前七篇，一点儿也不贪玩。"当天便颁布诏令，立延安郡王为皇太子。起初，岐王和嘉王每天来询问神宗皇帝的病情，到了这时，高皇后便命令他们不要动不动就到宫里来。又暗地里命令宦官梁惟简，让他的妻子做一件十岁小孩穿的黄袍，带进宫来，为新皇帝突然即位作了准备。

　　宋哲宗即皇帝位后做了准备，尊高皇后为太皇太后。随即通过驿站传召司马光、吕公著二人进京。人还未到，又派人去问此时治理国家应该先做些什么。他们的条陈还没递上，这边已经遣散了修建京城的民夫，削减了巡视紫禁城的兵卒，停止了皇室御用工艺品的制造，废除了导洛司衙门，把一些过于胡作非为的太监赶出宫去，申戒朝内朝外不得过分搜刮老百姓的财物，放宽了在民间施行的保甲养马法。这些命令都是直接由皇帝下旨进行的，王珪等大臣没有预先知道。又召回文彦博，虽然他已岁数很大了，还派出使者在来京城的途中慰劳他，告诉他要把恢复祖宗的法度作为头等大事来办，还命令他赶快上疏推荐可用的人才。

　　高皇后的叔父高遵裕因为在西征中违反军律而犯罪，蔡确打算讨高皇后的欢心而巩固自己的地位，便请求恢复高遵裕的官职。高皇后回答说："高遵裕在灵武打了败仗，造成百万生灵涂炭，神宗皇帝半夜得到报告，起身绕床而走，直到天亮也不能入睡。神宗皇帝就是因为受了这次惊吓，才逐渐大病不起，祸根全在高遵裕，没有判死罪已经是他的运气了。现在神宗皇帝刚刚去世，尸骨未寒，我怎么敢为了本家的亲恩而触犯天下人的公论！"蔡确听后很害怕，不敢再提这件事。

　　在这之前，吕公著已来到京城，与司马光同为宰相，齐心辅理朝政，一时之间，知名人士都被任用于朝廷。凡是从神宗执政以来法制不当的都依次废除。于是以常平法换下青苗法，以仁宗嘉祐年间的差役法换下募役法，废除市易法，放宽了茶盐专营，把边疆不毛之地赐给西边的少数民族，这样使得天下恢复安定。契丹国主命令他的臣下不许在两国边界上生事，他说："南朝（指宋朝）已经全都恢复实行仁宗皇帝的政策。"

　　蔡确因为所作《车盖亭诗》的内容而得罪被贬到岭南，高皇后对大臣们说："元丰朝代末年，我把哲宗皇帝所写的佛经给人看，那时只有王珪曾经上奏称赞，哲宗随即被定为皇太子。而且以长子继承父亲，又有什么可说的呢？蔡确却自吹有帮助确立皇太子的大功，妄想煽起事端，打算以此作为将来迷惑皇帝的手段。我不愿意把话挑明，姑且以讥刺皇上的罪名把他驱逐出去。这是关系到国家的大事，奸邪小人为此有怨言谤词也顾不得了。"

　　举人上殿面试时，有关官员请求遵照仁宗天圣年间的办法，皇帝和太后一齐主持，高太后没有同意。又有人请求太后在文德殿接受册封，高皇后说："太后当政，对国家来说本来就不是好事，更何况文德殿是皇帝的正殿，在那里接受册封难道合适吗？在崇政殿就可以了。"

　　元宵节宫内张灯设宴，太后的母亲应当入宫观灯，但太后不同意，她说："老夫人如果来观灯，皇帝必定要厚加礼遇，那就是因为我的缘故而违背典章制度，会使我心里很不安。"于是便命令把彩灯蜡烛赏赐给高家，从此以后就每年这样做了。

太后的侄子高公绘、高公纪应当升转观察使的官职，太后极力阻止，经哲宗皇帝再次请求太后，只升了一级，而且太后在世之日再未升迁。因为官吏太多要加以裁撤，太后下令减少自己本家由于恩荫所应封官员数量的四分之一，以此作为宫廷诸人的榜样。太后临朝听政九年，朝政清明，国内安定。

宋用臣等人被斥逐后，请求神宗皇帝的奶妈进宫来说情，希望能重新被任用。太后见她来，便说："你来干什么？难道不是为宋用臣等人来说情的吗？你还想象当年一样，要内宫降旨来干扰朝政吗？要真是这样，我就下令杀了你。"神宗的奶妈非常害怕，一句话也不敢说。从此以后内宫降旨一类的事情便绝迹了。高太后尽力恢复旧制，减少或断绝对本家的私情照顾。文思院奉献来的东西，不问大小，从来没拿过一件。大家都把她当作女子中的尧舜。

元祐八年九月，高太后因病去世，享年六十二岁。两年之后，章惇、蔡卞、邢恕开始对她造谣诽谤。皇太后、皇太妃尽力为她分辩，事态才平息下去。所造的谣言记载在邢恕的传中。到宋高宗时，公布了章惇、蔡卞、邢恕的罪状，表彰了高皇后的家，追赠高皇后的母亲曹夫人为魏国、鲁国夫人，高皇后的弟弟高士逊、高士林以及侄子高公绘、高公纪都追封王爵、提升她的重孙高世则为节度使。此外受恩荫的，还有十余人。

赵普传

【题解】

赵普（922～992），字则平，幽州蓟县（今北京城西南）人。后迁河南洛阳。后周时，为赵匡胤幕僚，任掌书记，参与策划陈桥兵变，助其代周。北宋建立后，以佐命功，授右谏议大夫，充枢密直学士。建隆元年（960），劝说太祖兵贵神速，应立即平定李筠之乱，并自请从征。以功迁兵部侍郎、枢密副使。同年，又请速平李重进叛乱。三年，任枢密使、检授太保。乾德二年（964），代范质为宰相。参与谋划北宋初年的许多重大方针政策，如罢宿卫和节镇兵权，命文臣知州；各路置转运使、诸州置通判，以集中行政权和财政权；确定先南后北、先易后难的统一战略，以及对契丹采取守势等。太祖晚年，其宠渐衰，出为河阳三城节度使。太宗时两次入相，两度出为武胜军、山南东道节度使。淳化三年（992），因病辞职、封魏国公。死后追封真定王，真宗时改封韩王。谥忠献。其人智谋虽多，但学问不足，晚年常读《论语》，因而有"半部《论语》治天下"之说。

【原文】

赵普字则平，幽州蓟人。后唐幽帅赵德钧连年用兵，民力疲弊。普父迥举族徙常山，又徙河南洛阳，普沉厚寡言，镇阳豪族魏氏以女妻之。

周显德初，永兴军节度刘词辟为从事，词卒，遗表荐普于朝。世宗用兵淮上，太祖拔滁州,宰相范质奏普为军事判官。宣祖卧疾滁州,普朝夕奉药饵,宣祖由是待以宗分。太祖尝与语,奇之。时获盗百余,当弃市,普疑有无辜者,启太祖讯鞫之,获全活者众。淮南平,调补渭州军事判官。太祖领同州节度,辟为推官;移镇宋州,表为掌书记。

太祖北征至陈桥,被酒卧帐中,众军推戴,普与太宗排闼入告。太祖欠伸徐起,而众军擐甲露刃,喧拥麾下。及受禅,以佐命功,授右谏议大夫,充枢密直学士。

车驾征李筠,命普与吕余庆留京师,普愿扈从,太祖笑曰:"若胜冑介乎?"从平上党,迁兵部侍郎、枢密副使,赐第一区。建隆三年,拜枢密使、检校太保。

乾德二年,范质等三相同日罢,以普为门下侍郎、平章事、集贤殿大学士。中书无宰相署敕,普以为言,上曰:"卿但进敕,朕为卿署之可乎?"

赵普

普曰:"此有司职尔,非帝王事也。"令翰林学士讲求故实,窦仪曰:"今皇弟尹开封,同平章事,即宰相任也。"令署以赐普。即拜相,上视如左右手,事无大小,悉咨决焉。是日,普兼监修国史。命薛居正、吕余庆参知政事以副之,不宣制,班在宰相后,不知印,不预奏事,不押班,但奉行制书而已。先是,宰相兼敕,皆用内制,普相止用敕,非旧典也。

太祖数微行过功臣家,普每退朝,不敢便衣冠。一日,大雪向夜,普意帝不出。久之,闻叩门声,普亟出,帝立风雪中,普惶惧迎拜。帝曰:"已约晋王矣。"已而太宗至,设重裀地坐堂中,炽炭烧肉。普妻行酒,帝以嫂呼之。因与普计下太原。普曰:"太原当西、北二面,太原既下,则我独当之,不如姑俟削平诸国,则弹丸黑子之地,将安逃乎?"帝笑曰:"吾意正如此,特试卿尔。"

五年春,加右仆射、昭文馆大学士。俄丁内艰,诏起复视事。遂劝帝遣使分诣诸道,征丁壮籍名迭京师,以备守卫;诸州置通判,使主钱谷。由是兵甲精锐,府库充实。

开宝二年冬,普尝病,车驾幸中书。三年春,又幸其第抚问之,赐赉加等。六年,帝又幸其第。时钱王俶遣使致书于普,及海物十瓶,置于庑下。会车驾至,仓卒不及屏,帝顾问何物,普以实对,上曰:"海物必佳。"即命启之,皆瓜子金也。普惶恐顿首谢曰:"臣未发书,实不知。"帝叹曰:"受之无妨,彼谓国家事皆由汝书生尔!"

普为政颇专,廷臣多忌之。时官禁私贩秦、陇大木,普尝遣亲吏诣市屋材,联巨筏至京师治第,吏因之窃货大木,冒称普市货鬻都下。权三司使赵玭廉得以闻。太祖大怒,促令追班,将下制逐普,赖王溥奏解之。

故事,宰相、枢密使每候对长春殿,同止庐中。上闻普子承宗娶枢密侯李崇矩女,即令分异之,普又以隙地私易尚食蔬圃以广其居,又营邸店规利。卢多逊为翰林学士,因召对屡攻其短。会雷有邻击登闻鼓，讼堂后官胡赞、李可度受赇戕法及刘伟伪作摄牒得官，王洞尝纳赂可度，赵孚授西川官称疾不上，皆普庇之。太祖怒，下御史府按问，悉抵罪，以有邻为秘书省正字。普恩益替，始诏参知政事与普更知印、押班、奏事，以分其权。未几，出为河阳三城节度、检校太傅、同平章事。

太平兴国初入朝，改太子少保，适太子太保。颇为卢多逊所毁，奉朝请数年，郁郁不得志。会柴禹锡、赵镕等告秦王廷美骄恣，将阴谋窃发。帝召问，普言愿备枢轴以察奸变，退又上书，自陈预闻太祖，昭宪皇太后顾托之事，辞甚切至。太宗感悟，如见慰谕。俄拜司徒兼侍中，封梁国公。先是，秦王廷美班在宰相上，至是，以普勋旧，再登元辅，表乞居其下，从之。及涪陵事败，多逊南迁，皆普之力也。

八年，女为武胜军节度、检校太尉兼侍中。帝作诗以饯之。普奉而泣曰："陛下赐臣诗，当刻石，与臣朽骨同葬泉下。"帝为之动容。翌日，谓宰相曰："普有功国家，朕昔与游，今齿发衰矣，不容烦以枢务，择善地处之，因诗什以导意。普感激泣下，朕亦为之堕泪。"宋琪对曰："昨日普至中书，执御诗涕泣，谓臣曰：'此生余年，无阶上答，庶希来世得效犬马力。'臣昨闻普言，今复闻宣谕，君臣始终之分，可谓两全。"

雍熙三年春，大军出讨幽蓟，久未班师，普手疏谏曰：

伏睹今春出师，将以收复关外，屡闻克捷，深快舆情。然晦朔屡更，荐臻炎夏，飞挽日繁，战斗未息，老师费财，诚无益也。

伏念陛下自翦平太原，怀徕闽、浙，混一诸夏，大振英声，十年之间，遂臻广济。远人不服，处古圣王置之度外，何足介意。窃虑邪谄之辈，蒙蔽睿聪，致兴无名之师，深蹈不测之地。臣载披典籍，颇识前言，窃见汉武时主父偃、徐乐、严安所上书及唐相姚元崇献明皇十事，忠言至论，可举而行。伏望万机之暇，一赐观览，其失未远，虽悔可追。

臣窃念大发骁雄，动摇百万之众，所得者少，所丧者多。又闻战者危事，难保其必胜；兵者凶器，深戒于不虞。所系甚大，不可不思。臣又闻上古圣人，心无固必，事不凝滞，理贵变道。前书有"兵久生变"之言，深为可虑，苟或更图稽缓，转失机宜。旬朔之间，时涉秩序，边庭早凉，弓劲马肥，我军久困，切虑此际，或误指纵。臣方冒宠以守藩，曷敢兴言而沮众。盖臣已日薄西山，余光无几，酬恩报国，正在斯时。伏望速诏班师，无容玩敌。

臣复有全策，愿达圣聪。望陛下精调御膳，保养圣躬，挈彼疲兝，转之富庶。将见边烽不警，外户不扃，率土归仁，殊方异俗，相率向化，契丹独将焉往？陛下计不出此，乃信邪谄之徒，谓契丹主少事多，所以用武，以中陛下之意。陛下乐祸求功，以为万全，臣窃以为不可。伏愿陛下审其虚实，究其妄谬，正奸臣误国之罪，罢将士伐燕之师。非特多难兴王，抑亦从谏则圣也。古之人尚闻尸谏，老臣未死，岂敢面谀为安身之计而不言哉？

帝赐手诏曰：

朕昨者兴师选将，止令曹彬、米信等顿于雄、霸，裹粮坐甲以张军声。俟一、两月间山后平定，潘美、田重进等会兵以进，直抵幽州，然后控扼险固，恢复旧疆，此朕之志也。奈何将帅等不遵成算，各骋所见，领十万甲士出塞远斗，速取其郡县，更还师以援辎重，往复劳弊，为辽人所袭，此责在主将也。

况朕踵百王之末，粗致承平，盖念彼民陷于边患，将救焚而拯溺，匪黩武以佳兵，卿当悉之也。疆场这事，已为之备，卿勿为忧。卿社稷元臣，忠言苦口，三复来奏，嘉愧实深。

普表谢曰：

昨以天兵久驻塞外，未克恢复，渐及炎蒸，事危势迫，辄陈狂狷；甘俟宪章。陛下特鉴衷诚，亲纡宸翰，密谕圣谋。臣窃审命师讨罪，信为上策，将帅能遵成算，必可平定。惟其不副天心，由兹败事。令既边鄙有备，更复何虞。况陛下登极十年，坐隆大业，无一物之失所，见万国之咸宁。所宜端拱穆清，啬神和志，自可远继九皇，俯观五帝。岂必穷边极武，与契丹较胜负哉？臣素亏壮志，矧在衰龄，虽无功伐，愿竭忠纯。

观者成嘉其忠。四年，移山南东道节度，自梁国公改封许国公。会诏下亲耕籍田，普表求入觐，辞甚恳切。上恻然谓宰相曰："普开国元臣，朕所尊礼，宜从其请。"既至，慰抚数四，普呜咽流涕。陈王元僖上言曰：

臣伏见唐太宗有魏玄成、房玄龄、杜如晦，明皇有姚崇、宋璟、魏知古，皆任以辅弼，委之心膂，财成帝道，康济九区，宗祀延洪，史策昭焕，良由登用得其人也，今陛下君临万方，焦劳庶政，宵衣旰食，以民为心。历考前王，诚无所让，而辅相之重，未偕曩贤。况为邦在于任人，任人在乎公正，公正之道莫先于赏罚，期为政之大柄也。苟赏罚匪当，淑慝莫分，朝廷纪纲，渐致隳紊，必须公正之人典掌衡轴，直躬敢言，以辨得失，然后彝伦式序，庶务用康。

伏见山南东道节度使赵普，开国元老，参谋缔构，厚重有识，不妄希求恩顾以全禄位，不私徇人情以邀名望，此真圣朝之良臣也，窃闻恁巧之辈，朋党比周，众口嗷嗷，恶直丑正，恨不斥逐遐徼，以快其心。何者？盖虑陛下之再用普也。然公谠之人，咸愿陛下复委以政，启沃君心，羽翼圣化。国有大事，使之谋之；朝有宏纲，使之举之，四目未察，使之明之；四聪未至，使之达之。官人以材，则无幸禄，致君以道，则无苟容。贤愚洞分，玉石殊致，当使结朋党以弛骛声势者气索，纵巧佞以援引侪类者道消。沉冥废滞得以进，名儒懿行得以显，大政何患乎不举，生民何患乎不康，匪逾期月之间，可臻清静之治。臣知虑庸浅，发言鲁直。伏望陛下旁采群议，俯察物情，苟用不失人，实邦国大幸。

籍田礼毕，太宗欲相吕蒙正，以其新进，藉普旧德为之表率，册拜太保兼侍中。帝谓之曰："卿国之勋旧，朕所毗倚，古人耻其君不及尧、舜，卿其念哉。"普顿首谢。

时枢密副使赵昌言与胡旦，陈象舆、董俨、梁颢厚善。会旦令翟马周上封事，排毁时政，普深嫉之，奏流马同，黜昌言等。郑州团练使侯莫陈利用骄肆僭侈，大为不法，普廉得之，尽以条奏，利用坐流商州，普固请诛之。其嫉恶强直皆此类。

李继迁之扰边，普建议以赵保忠复领夏台故地，因令图之。保忠仅与继迁同谋为边患，时论归咎于普，颇为同列所窥，不得专决。

旧制，宰相以未时归第，是岁大热，特许普夏中至午时发私第。明年，免朝谒，止日赴中书视事，有大政则召对。冬，被疾请告，车驾屡幸其第省之，赐予加等。普遂称疾笃，三上表求致仕，上勉从之，以普为西京留守、河南尹，依前守太保兼中书令。普三表恳让，赐手诏曰："开国旧勋，惟卿一人，不同他等，无至固让，俟首涂有日，当就第与卿为别。"普捧诏涕泣，因力疾请对，赐坐移晷，颇言及国家事，上嘉纳之，普将发，车驾幸其第。

淳化三年春，以老衰久病，令留守通判刘昌言奉表求致仕，中使驰传抚问，凡三上表乞骸骨。拜太师，封魏国公，给宰相奉料，令养疾，俟损日赴阙，仍遣其弟宗正少卿安易赍诏书赐之。又特遣使普赐诏曰："卿顷属微疴，恳喜致仕，朕以居守之重，虑烦耆耋，维师之命，用表尊贤。伫闻有瘳，与朕相见。今赐羊酒如别录，卿宜爱精神，近医药，强饮食，以副朕眷遇之意"。七月卒，年七十一。

卒之先一岁，普生日，上遣其子承宗赍器币、鞍马就赐之。承宗复命，未几卒。次岁，普已罢中书令。故事，无生辰之赐，特遣普佳婿左正言、直昭文馆张秉赐之礼物。普闻之，因追悼承宗，秉未至而普疾笃。先是，普遣亲吏甄潜诣上清太平宫致祷，神为降语曰："赵普，宋朝忠臣，久被病，亦有冤累耳。"潜还，普力疾冠带，出中庭受神言，涕泗感咽，是夕卒。

上闻之震悼。谓近臣曰："普事先帝，与朕故旧，能断大事。向与朕尝有不足，众所知也。朕君临以来，每优礼之，普亦倾竭自效，尽忠国家，真社稷臣也，朕甚惜之。"因出涕，左右感动。废朝五日，为出次发哀。赠尚书令，追封真定王，赐谥忠献。上撰神道碑铭，亲八分书以赐之。遣右谏议大夫范杲摄鸿胪卿，护丧事，赙绢布各五百匹，米麦各五百石。葬日，有司设卤簿鼓吹如式。

二女皆异，普妻和氏言愿为尼，太宗再三谕之，不能夺。赐长女名志愿，号智果大师；次女名志英，号智圆大师。

初，太祖侧微，普从之游，既有天下，普屡以微时所不足者言之。太祖豁达，谓普曰："若尘埃中可识天子、宰相，则人皆物色之矣。"自是不复言。普少习吏事，寡学术，及为相，太祖常劝以读书。晚年手不释卷，每归私第，阖户启箧取书，读之竟日。及次日临政，处决如流。既薨，家人发箧视之，则《论语》二十篇也。

普性深沉有岸谷，虽多忌克，而能以天下事为己任。宋初，在相位者多龌龊循默，普刚毅果断，未有其比。尝奏荐某人为某官，太祖不用。普明日复奏其人，亦不用。明日，普又以其人奏，太祖怒，碎裂奏牍掷地，普颜色不变，跪而拾之以归。他日补缀旧纸，复奏如初。太祖乃悟，卒用其人。又有群臣当迁官，太祖素恶其人，不与。普坚以为请，太祖怒曰："朕固不为迁官，卿若之何？"普曰："刑以惩恶，赏以酬功，古今通道也。且刑赏，天下之刑赏，非陛下之刑赏，岂得以喜怒专之。"太祖怒甚，起，普亦随之。太祖入宫，普立于宫门，久之不去，竟得俞允。

太宗入饵德超之谗，疑曹彬不轨，属普再相，为彬辨雪保证，事状明白。太宗叹曰："朕听断不明，几误国事。"即日窜逐德超，遇彬如旧。

祖吉守郡为奸利，事觉下狱，案劾，爰书未具。郊礼将近，太宗疾其贪墨，遣中使谕旨执政曰："郊赦可特勿贷祖吉。"普奏曰："败官抵罪，宜正刑辟。然国家卜郊肆类，对越天地，告于神明，奈何以吉而黩陛下赦令哉？"太宗善其言，乃止。

真宗咸平初，追封韩王。二年，诏曰："故太师赠尚书令、追封韩王赵普，识冠人彝，才高王佐，翊戴兴运，光启鸿图，虽吕望肆伐之勋，肖何指纵之效，殆无以过也。自辅弼两朝，周旋三纪，茂岩廊之硕望，分屏翰之剧权，正直不回，始终无玷，谋猷可复，风烈如生。宜预享于大烝，永同休于宗祏。兹为茂典，以答旧勋，其以普配飨太祖庙庭。"

普子承宗，羽林大将军，知潭、郓二州，皆有声；承煦，成州团练使。弟固、安易。固至都官郎中。

赵普,字则平,幽州蓟县人。后唐幽州节度使德均连年用兵打仗,老百姓疲惫不堪。赵普的父亲赵回带领整个家族迁居常山,又迁移到河南洛阳。赵普为人沉稳厚道,不多言语,镇阳大族魏氏把女儿嫁给了他。

后周显德初年,永兴军节度使刘词召赵普为从事,刘词去世,留下遗表向朝廷推荐赵普。周世宗在淮河地区作战,太祖攻克滁州,宰相范质上奉任命赵普为军事判官。宣祖在滁州卧床生病,赵普早晚侍奉他服药吃饭,宣祖于是把赵普当同宗看待。太祖曾和他交谈,认为他是个奇才。当时捉住了一百多个盗贼,按律应当弃市处死,赵普担心里面有无辜的人,禀报太祖进行审讯,不少人得以活命。淮南平定后,赵普调任渭州军事判官。太祖任同州节度使,选赵普为推官;太祖移任宋州节度使,上表朝廷任命赵普为掌书记。

太祖率兵征伐北汉到了陈桥驿,喝酒后醉卧在军帐里,将士们要拥戴他做皇帝,赵普和太宗推门进来禀告。太祖打着呵欠,伸了个懒腰,慢慢起身,而将士们穿着盔甲、露出兵刃,吵吵嚷嚷地把太祖拥到军旗下面。等到太祖接受禅让做了皇帝,赵普因为辅佐有功,被任命为右谏议大夫,并充枢密直学士。

太祖亲征讨伐李筠,命令赵普和吕余庆留守京城,赵普愿意跟随太祖,太祖笑道:"你披得动盔甲吗?"赵普跟随太祖平定上党,升任兵部侍郎、枢密副使,得到一片住宅的赏赐。建隆三年,任枢密使、检校太保。

乾德二年,范质等三人同时被罢免宰相职务,朝廷任命赵普为门下侍郎、平章政事、集贤殿大学士。命令下达后,中书门下没有宰相签署书,赵普把这一情况告诉太祖,太祖说道:"你只管把敕书拿来,我为你签署怎么样?"赵普说:"这是官署的职能,不是帝王干的事情。"太祖命令翰林学士讨论研究以前的做法,窦仪说:"如今皇弟做开封府府尹、同平章事,就是宰相职务。"太祖于是命皇弟签署敕书赐给赵普。赵普做宰相后,太祖把他看作自己的左膀右臂,政事不论大小,都跟他商量决定。这时,赵普兼任监修国史。太祖命薛居正、吕余庆为参知政事辅勘赵普,参知政事不负责宣制,位列宰相之后,不掌印,不升政事堂议决政事,也不押班,只奉行制书而已。以前,宰相兼管敕书,都用内制,赵普为相只用敕,不是旧制。

太祖多次微服私访功臣之家,赵普每次退朝后都不敢穿便服。一天,大雪一直下到夜里,赵普以为皇帝不会出来了。过了一会儿,听到敲门声,赵普赶忙出来,见太祖正立在风雪之中,赵普慌忙叩拜迎接。太祖说:"我已经约了晋王了。"随后太宗也到了,在堂屋铺上双层垫褥,三人席地而坐,用炭火烤肉吃。赵普的妻子敬酒,太祖把她喊作嫂嫂。因而与赵普策划攻打太原。赵普说:"太原面对西、北两个方向,太原攻下来后,就要由我们来独挡北方的契丹了,不如暂且等到平定各国后,那么太原这样的弹丸棋子之地,还能逃得了吗?"太祖笑道:"我的想法正是这样,只是试探一下你罢了。"

乾德五年春,赵普加官为右仆射、昭文馆大学士。随后遭逢母丧,朝廷下诏起用他重新治理政事。于是劝太祖派遣使者到各道去,征集健壮的男丁注上名册送往京城,作为守卫的力量;在各州设置通判,负责钱粮的事务。从此兵甲精锐,府库充实。

开宝二年冬,赵普曾经生病,太祖御驾亲临中书探视。三年春,又到他家里安抚慰问，加倍赏赐。六年，太祖又到赵普家探访。当时吴越王钱俶派使者给赵普送来书信和十瓶海物，放在廊房下面。刚好太祖进来，仓促之间来不及把东西藏起来，太祖探问是什么东西，赵普告诉他实话。太祖说："海物一定不错。"就命令打开瓶子，全是瓜子金。赵普非常惶恐，叩头谢罪道："我没有打开书信，确实不知道。"太祖感叹道："收下也无妨，他们以为我国的事情都由你这个书生决定呢！"

赵普掌管政务十分专断，朝廷大臣对他都很忌讳。当时官府禁止私人贩卖秦、陇大木，赵普曾派亲信官吏去买建造房屋的木材，联成巨大的木筏运到京城修建住宅，官吏趁机偷偷贩卖大木，假冒赵普的名义在京城贩卖货物。权三司使赵玭暗中查得此事上报朝廷。太祖大怒，急令追赃，并将下令驱逐赵普，幸亏王溥上奏求情才得以排解。

按以前的制度，宰相、枢密使每次去长春殿候对奏事，同在一室等候；太祖听说赵普的儿子赵承宗娶了枢密使李崇矩的女儿，就命令候对时把他们分开。赵普又用空地私下换取尚食局的菜园来扩展他的住宅，又经营旅店谋利。卢多逊为翰林学士，利用应召答对的机会屡次攻击赵普的缺点。正逢雷有邻击登闻鼓，告发宰相府堂后官胡赞、李可度受贿枉法和刘伟伪造摄牒获得官职，王洞曾向李可度行贿，赵孚受命为西川官谎称有病不去上任，都是赵普包庇的。太祖发怒，下令御史台调查审问，有关的被告全都判罪，任命雷有邻为秘书省正字。赵普越发失宠，太祖开始诏令参知政事与赵普轮流知印、押班、奏事，以削减赵普的权力。不久，太祖把赵普派出去担任河阳三城节度使、检校太傅、同平章事。

太宗太平兴国初年回到朝廷，改封太子少保，升为太子太保。赵普深受卢多逊诋毁，在朝任职几年，抑郁不得志。正逢柴禹锡、赵镕等告发秦王赵廷美骄狂恣肆，将暗中图谋不轨。太宗召赵普询问此事，赵普说愿意备位枢密院以观察事态发展，退朝后又上书太宗，陈述自己参与并了解太祖和昭宪皇太后托付之事，言辞极为恳切。太宗感动醒悟，召见赵普慰勉了一番，随即授命赵普为司徒兼侍中，封为梁国公。在此以前，秦王赵廷美位在宰相之上，到现在，赵普以开国元勋的资历再次担任首相之职，仍上表请求位居秦王之下，得到准允。等到涪陵县公赵廷美的阴谋败露，卢多逊被流放到海南，都是赵普出的力。

太平兴国八年，赵普出任武胜军节度使、检校太尉兼侍中，太宗作诗为他饯行，赵普手捧皇帝的赐诗流泪道："陛下赐诗给我，理当刻在石上，与我的尸骨一起葬入黄泉。"太宗也为此动了感情。第二天，太宗对宰相说道："赵普有功于国家，我以前跟他交游过，如今他已经年老力衰了，不应当再用军国大事去打扰他，因而选择好地方安置他，写诗表达我的心意。赵普感激涕零，我也为此流下眼泪。"宋琪答道："昨天赵普来到中书门下，手捧御诗流泪哭泣，对我说：'我这一生剩下的时间，无法再报答皇上了，希望来世也许能效犬马之劳。'我昨日听了赵普的话，今天又听到皇上的肺腑之言，君臣之间善始善终的情分，可以说是两全了。"

雍熙三年春，宋朝大军攻伐辽朝幽蓟地区，很久仍没有班师回朝，赵普亲作奏疏规劝道：

微臣看到今年春天出兵，将要收复关外失地，多次听到战斗胜利的捷报，真是大快人心。但时间一天天过去了，炎热的夏季已经到来，我军伤亡日益增加，战斗无法停止，劳师伤财,真是没什么好处。

我想到陛下自从平定太原,招降闽、浙,统一华夏,英名大振,短时间里,就取得了巨大的成功。自古以来,境外的夷狄不服管辖,圣贤的帝王都置之度外,用不着介意。我担心奸邪谄媚之徒,蒙蔽皇上视听,以致发动无名之师,深入危险之地。我翻遍典籍,对以往的经验教训十分了解,看到汉武帝时主父偃、徐乐、严安的上书以及唐朝宰相姚元崇献给唐玄宗的十事奏疏,都是忠义之言、正确之论,可资借鉴。殷切希望陛下在百忙之余,阅读一下,现在失误还不算严重,后悔还来得及。

我想好勇斗狠,动用百万之众,所获得的少,而失去的会更多。又听说战争是危险的事情,很难保证一定取胜;兵刃是凶险的东西,必须严格防范不测之祸。事关重大,不可不慎重考虑。我又听说上古时代的圣人,想问题没有成见,做事情不呆板拘泥,道理贵在灵活变通。以前的典籍中有"战争旷日持久会出现变故"的话,必须慎重考虑,假如还想拖延,事情反而会更糟。再过一个月,时节将进入秋季,边境北面天气凉,敌人弓弩强劲、战马肥壮,我军困乏已久,就怕在这个时候,遭遇不测和挫败。微臣正蒙受恩宠担任藩镇之官,怎敢乱发议论妨碍大家的意图。只是因为我已经日薄西山,剩下的日子不多了,感恩报国,正在此时。我殷切期望皇上赶紧下诏班师,不要再跟敌军纠缠。

我还有一个周全的计策,想让陛下知道。希望陛下精心调理饮食,保养好身体,提携那些凋敝穷困的百姓,使他们生活富庶。就可以看到边境不会再有战斗警报,百姓门户不关,归附陛下的仁德,不同风俗的外族人也会相继归附大宋的教化,契丹还能到哪里去找立足之地呢?陛下不从这些方面考虑,反而轻信奸邪谄媚之徒,声称契丹国内君主年幼矛盾很多,所以应当出兵征伐,以迎合陛下的心意。陛下也幸灾乐祸想求得成功,以为这是万全之计,我私下认为这是不对的。希望陛下明察虚实,分辨错误,追究奸臣误国的罪行,罢撤攻打燕京的军队。不仅是多难时可以成就王霸之业,而且听从规劝也能成为圣明的君主啊!古人还听说有以死相谏的,老臣我还没死,怎敢当面逢迎,明哲保身而不向陛下说出自己的心里话呢?

太宗赐赵普亲笔诏书说:

我不久前派遣军队选拔将领,只命令曹彬、米信等人驻扎在雄州、霸州,满装粮食兵甲以伸张军威。等一两个月的时间山西平定后,潘美、田重进等率兵会合齐头并进,直抵幽州,然后控制险要地势,收复过去的疆土,这是我的意图。谁知将帅们不遵照我既定的战略方针,各行己见,带着十万人马离开边塞到远处作战,想迅速夺取敌人的州县,又回师拉运辎重,往返疲劳,被辽兵袭击,这是主将的责任。

何况我继历代帝王之后,大致已使天下太平,只是想到那里的百姓陷于边境的战乱,要把他们从水火之中拯救出来,并不是穷兵黩武、喜欢打仗,你应当清楚啊。战场上的事情,我已经做了安排,你不要担心。你是国家的元老重臣,苦口婆心进呈忠言,多次上奏,我真是非常赞赏和愧疚。赵普上表谢罪道:

前几天因为我朝军队久驻塞外,没能恢复失地,天气越发炎热,形势危急,所以就狂妄急躁地上疏进言,我甘愿受罚。陛下特意明察我的忠诚,亲自屈尊赐给我亲笔手诏,秘密告知陛下的意图。我私下明白兴兵讨伐契丹罪恶,确实是高明的计策,将帅们假如能遵循陛下既定的战略方针,必定能够取胜。只是因为他们辜负了陛下的一片苦心,所以才招致失败。现在既然边境已经做好防备,还有什么可担心的呢。何况陛下即位十年来,功业兴盛,没有一件事情做得不恰当,国泰民安,万邦太平。应当端正拱手,无为而治,凝神静志,自然可以远继九皇,俯视五帝。何必一定要在遥远的边陲大动干戈,跟契丹较量胜负呢? 微臣我素无壮志,况且又年老力衰,虽不能打仗,但愿意竭力奉献我的忠诚和善意。

看到赵普此文的人都赞叹他的忠诚。雍熙四年,移任山南东道节度使,自梁国公改封为许国公。正逢太宗下诏亲耕籍田,赵普上表请求进见,言辞极为恳切。太宗伤感地对宰相说:"赵普是开国元勋,我对他非常敬重,应当答应他的请求。"来到后,太宗对他一再劝慰安抚,赵普激动得呜咽流泪。

陈王赵元僖上言说:

我看到唐太宗有魏征、房玄龄、杜如晦,唐玄宗有姚崇、宋璟,都被委任为宰相执政,被皇帝看作心腹大臣,这样才得以成就帝王之业,仁德遍布九州,宗庙祭祀绵延兴盛,为史书增添了光彩,确实是由于用人得当。如今陛下主宰天下,为政事焦虑操劳,早起晚食,把老百姓放在心上。跟以前历代帝王相比,确实是有过之而无不及,但对宰相执政的信任和重用,却稍有逊色。何况治理国家在于任用人才,任用人才在于公平正直,公正之道则首先在于赏罚分明,这是治理政事的首要原则。假如赏罚不明,善奸不分,那么朝廷纲纪就要逐渐毁坏紊乱。一定要有公平正直的人来主持政务,刚直不阿,敢于发表意见,以辨明政事的得失,然后才能使天下井然有序,政治安定昌明。

我认为山南东道节度使赵普是开国元老,参与谋划国家大事,沉稳厚道很有见识,不随意企求恩宠照顾来保全自己的官位俸禄,不私自迎合人情世故来邀取名誉声望,这真是我朝的贤明大臣啊。我私下听说阴险狡诈之徒,结党营私,吵吵嚷嚷,嫌恶诋毁公平正直的赵普,恨不得把他贬斥驱逐到遥远偏僻的地方,以满足他们的心愿。这是为什么?就是担心陛下重新起用赵普啊。但公平正直的人们,都希望陛下重新任用赵普主持政务,向陛下提供竭诚忠告,以辅佐陛下成就至高无上的德行和功业。国家遇到大事,让他帮助谋划;朝廷要制定大政方针,让他提出建议;皇帝没有明察的事情,让他提醒告知;皇帝没有了解到的情况,让他及时反映。让有才之人担任官职,就不会有尸位素餐之徒;用天地正道来引导君主,就不会有因循苟且之徒。贤明和愚昧判然分明,宝玉和顽石迥然不同,这样就可以经常使结党营私、虚张声势的人孤立沮丧,阴险狡诈、狼狈为奸的人销声匿迹,埋没遗漏的人才得以进用,名儒的善行得以传扬,则国家大政何愁治理不好,庶民百姓何愁不平安快乐,用不着一个月的时间,就可以达到太平之治。我的想法平庸粗浅,说话鲁莽直率,殷切期望陛下能够博采大家的观点,俯察人情世态,如果能够用人得当,实在是国家的一大幸事。

亲耕籍田的礼仪结束后,太宗想任命吕蒙正为宰相,因为他是新提拔的,所以太宗想借赵普过去的品行作为他的表率,于是册封赵普为太保兼侍中,太宗对赵普说:"你是国家的功勋老臣,我对你十分依靠,古人因为自己的君主比不上尧、舜而感到羞耻,你可要多尽心呀!"赵普叩头谢恩。

当时枢密副使赵昌言与胡旦、陈象舆、董俨、梁颢关系密切。正好胡旦指使翟马周上封言事,诋毁朝政,赵普对此极为痛恨,上奏请求流放翟马周,罢免赵昌言等人的官职。

郑州团练使侯莫陈利用骄狂恣肆、奢侈越等，做了许多不法之事，赵普暗中查明情况，将他的罪行一一上奏朝廷，侯莫陈利用被判罪流放到商州，赵普坚决请求将他处死。赵普的疾恶如仇、刚强正直，都像这样。

李继迁骚扰边境，赵普建议用赵保忠重新统辖西夏旧地，进而命令他平定骚乱。赵保忠反而跟李继迁一起策划，制造边患，当时人都认为这是赵普的罪过，赵普因此很受同僚们的窥视和排挤，遇事不能专断。

按以前的制度，宰相到未时才能回家，这年天气很热，太宗特意准许赵普夏天在午时回家。第二年，太宗又让赵普不必上朝拜见，只需每天去宰相府处理政务，有重大事情则召他入朝奏对。冬天，赵普生病请假，太宗多次到他家中探视，加倍赏赐。赵普于是讲病得很厉害，三次上表请求退休，太宗勉强依从了他，任命他为西京留守、河南府府尹，跟以前一样守太保兼中书令。赵普再三恳切谦让，太宗赐亲笔手诏说："开国元勋，只有你一人了，跟其他人不一样，别再坚决推辞。等你出发那天，我要去你家告别。"赵普捧诏感激流泪，因而强撑病体请求入对，太宗赐他坐了很长时间，谈及许多国家大事，太宗予以嘉奖和采纳。赵普将要出发，太宗又到他家看望。

淳化三年春，赵普因为年老久病，让留守通判刘昌言带着他的奏章到朝廷请求归还政务，宫中使者很快就去传达了太宗安抚慰问的心意，赵普再三上表要求退休。太宗拜他为太师，封魏国公，供给宰相俸禄，让他养病，等病情减轻时再赴朝廷，并派赵普之弟宗正少卿赵安易带诏书赐给他。又特地派使者赐诏书给赵普说："您不久前得了小病，恳切请求归还政务，我以为留守的事务很繁重，担心麻烦您老人家，拜您为太师，以表示我尊敬贤能的心意。一直想听到您病好的消息，以便跟我相见。现在另外赐给您羊肉美酒，您应当养好精神，接受治疗，增强饮食，以符合我宠爱照顾的心意。"七月，赵普去世，终年七十一岁。

赵普去世的前一年，正逢他的生日，太宗派他的儿子赵承宗带着器物钱币和鞍马赏赐给他。赵承宗完成使命后回去向太宗汇报，不久去世。第二年，赵普已被免除中书令的称号，按照旧制，生日时没有赏赐，太宗又特意委派赵普的侄女婿左正言、直昭文馆张秉赐给他礼物。赵普听说后，因而追念和哀悼儿子赵承宗，张秉还没有到达，赵普就病危了。在此以前，赵普派亲信官吏甄潜去上清太平宫祈祷，神仙降话说："赵普，宋朝的忠臣，长期生病，也是有冤枉之事牵累罢了。"甄潜返回，赵普强支病体穿上衣冠，来到庭中拜受神明之言，呜咽感叹，涕泪横流，当天夜里去世。

太宗听到噩耗后震惊哀悼。对亲近大臣说："赵普侍奉先帝太祖，跟我是老朋友，能够决断大事。以前曾跟我关系不太好，这是大家都知道的。我当皇帝以来，常以优厚的礼节对待他，赵普也竭尽全力报效于我，为国尽忠，真是国家的重臣啊，我非常痛惜。"因而流下了眼泪，左右大臣都很感动。罢朝五日，超过等级为赵普发丧。追赠尚书令，封真定王，赐谥号为"忠献"。太宗撰写神遭碑铭文，用八分书亲笔书写赐给死者。派右谏议大夫范杲摄任鸿胪卿，主持丧事，赐绢、布各五百匹，米、麦各五百石。赵普下葬的那天，官府根据礼仪安排了仪仗队和吹鼓手。

两个女儿都已成年，赵普的妻子和氏讲她们希望出家为尼，太宗再三劝阻晓谕，不能改变她们的志愿。赐大女儿名志愿，法号智果大师；赐二女儿名志英，法号智圆大师。

当初，太祖地位卑贱时，赵普跟他交游，得了天下，赵普屡次谈起太祖卑贱时候的缺点。太祖性格豁达，对赵普说："假如在尘土中就可以辨识天子、宰相，那么人人都可以去访求了。"从此赵普不再谈论。赵普年轻时熟悉吏事，但没有学问，等做了宰相，太祖经常劝他读书，晚年手不释卷，每次回到家里，就关起门来开箱取书，整天阅读。等第二天处理政务，得心应手。他去世后，家里人打开箱子一看，原来是《论语》二十篇。

赵普性格深刻沉稳有城府，虽然很爱嫉妒别人，但能够以天下为己任。宋朝初年，当宰相的人大多心胸狭窄、因循保守，赵普刚毅果断，没人能与他相比。曾上奏推荐某人做某官，太祖不采纳。赵普第二天又上奏推荐这个人，还是没被采纳。过了一日，赵普再次奏荐此人，太祖发怒，把他的奏疏撕碎扔在地上，赵普脸色不变，跪下来把奏疏捡了回去。几天后把碎纸片修补好，象开始时一样再次上奏。太祖这才醒悟，终于任用了那个人。又有一名大臣应当升官，太祖一向讨厌他的为人，不答应升他的官。赵普坚决地为他请求，太祖发怒道："我就是不给他升官，你能怎么样？"赵普说："刑罚用来惩治罪恶，赏赐用来酬谢功劳，这是古往今来共通的道理。况且刑赏是天下的刑赏，不是陛下个人的刑赏，怎能凭自己的好恶而独断专行呢？"太祖更加愤怒，起身就走，赵普也紧跟在他身后。太祖进宫，赵普就站在宫门外等，过了很长时间也不离去，最终得到了太祖的认可。

太宗听信弭德超的谗言，怀疑曹彬行为不轨，正逢赵普再次担任宰相，为曹彬辩护担保，事情终于弄明白。太宗感叹："我听断不明，几乎坏了国家大事。"当天就驱逐流放了弭德超，象过去一样对待曹彬。

祖吉当郡守谋取不义之财，事情败露后被捕入狱，审讯弹劾，只是判决书还没准备好。郊祀之礼即将到来，太宗痛恨祖吉贪婪，派宫中使者向执政官传达旨意说："郊祀大赦时可以特地不赦免报吉。"赵普上奏说："贪污腐败的官吏触犯法律，应当给予严惩。但国家郊祀大礼是对着天地，向神明祈祷的，怎么能因为祖吉而破坏陛下的大赦令呢？"太宗认为他的话很对，这才作罢。

真宗咸平初年，追封赵普为韩王。二年，真宗下诏说："已故太师，赠中书令、追封韩王赵普，见识为群伦之首，才能超过帝王的辅佐，辅助拥戴先皇缔造基业，开创宏图，即使是吕望讨伐征战的功劳、萧何指挥谋划的成效，大概都比不上赵普。自从他辅助太祖、太宗两朝，历经三十多年，加强了朝廷的威望，削夺了藩镇的大权，正直不屈，自始至终没有污点，计策谋划仍昨，丰功伟烈宛如生前。应当把他的牌位供奉在太庙里面，与大宋宗室同享福祉。现在我制定盛典，以报答开国元勋，命令以赵普配享太祖庙庭。"

赵普的儿子赵承宗，为羽林大将军，先后担任潭州和郓州的知州，都赢得了声誉；赵承煦，为成州团练使。赵普的弟弟赵固、赵安易。赵固官至都官郎中。

薛居正传

【题解】

薛居正（912～981 年），字子平，开封府浚仪（今河南开封市）人。北宋开宝六年，太祖诏修梁、唐、晋、汉、周五代史,命薛居正负责监修,参加编修的有卢多逊、扈蒙、张澹、李昉、刘兼、李穆、李九龄等人,都是当时颇有造诣的史家。此书历时十八个月撰修完成,共一百五十卷,目录二卷,记十四帝,为本纪六十一卷,志十二卷,列传七十七卷。此本原名《五代史》,也称《梁唐晋汉周书》,后为与欧阳修撰《五代史》区别,故在名前冠以"旧"字,称之为《旧五代史》,与《新五代史》并行于世。金章宗泰和七年诏学官只用欧阳修《新五代史》,于是《旧五代史》渐微。清代修《四库全书》时,从《永乐大典》辑出《旧五代史》遗文,约得其十之八九,又采《册府元龟》《太平御览》《通鉴考异》《五代会要》诸书以补其缺,另外还参考《东都事略》《续资治通鉴长编》以及宋人文集,以资辅证,并注明引文出处,形成现行《旧五代史》,列入二十四史之中。《旧五代史》"多据累朝实录及范质《五代通录》为稿本",修《旧五代史》的人中还有私修过五代史的,所以《旧五代史》不仅能够在短期完成,而且能保存大量的资料,具有很高的史料价值。司马光撰《资治通鉴》,胡三省注《资治通鉴》,涉及五代史事,都参酌了《旧五代史》。

【原文】

薛居正字子平,开封浚仪人。父仁谦,周太子宾客。居正少好学,有大志。清泰初,举进士不第,为《遣愁文》以自解,寓意偶傥,识者以为有公辅之量。逾年,登第。

晋天福中,华帅刘遂凝辟为从事。遂凝兄遂清领邦计,奏署盐铁巡官。开运初,改度支推官。宰相李崧领盐铁,又奏署推官,加大理司直,迁右拾遗。桑维翰为开封府尹,奏署判官。

汉乾佑初,史弘肇领侍卫亲军,威权震主,残忍自恣,无敢忤其意者。其部下吏告民犯盐禁,法当死。狱将决,居正疑其不实,召诘之,乃吏与民有私憾,因诬之,逮吏鞫之,具伏抵法。弘肇虽怒甚,亦无以屈。

周广顺初,迁比部员外郎,领三司推官,旋知制诰。周祖征兖州,诏居正从行,以劳加都官郎中。显德三年,迁左谏议大夫,擢弘文馆学士,判馆事。六年,使沧州定民租。未几,以材干闻于朝,擢刑部侍郎,判吏部铨。

宋初,迁户部侍郎。太祖亲征李筠及李重进,并判留司三司,俄出知许州。建隆三年,入为枢密直学士,权知贡举。初平湖湘,以居正知朗州。会亡卒数千人聚山泽为盗,监军使疑城中僧千余人皆其党,议欲尽捕诛之。居正以计缓其事,因率众翦灭群寇,擒贼帅汪端,诘之,僧皆不预,赖以全活。

乾德初,加兵部侍郎。车驾将亲征太原,大发民馈运。时河南府饥,逃亡者四万家,上忧之,命居正驰传招集,浃旬间民尽复业。以本官参知政事。五年,加吏部侍郎。开宝五年,兼淮南、湖南、岭南等道郡提举三司水陆发运使事,又兼判门下侍郎事,监修国史;又监修《五代史》,逾年毕,锡以器币。六年,拜门下侍郎、平章事。八年二月,上谓居正等曰:"年谷方登,庶物丰盛,若非上天垂佑,何以及斯。所宜共思济物,或有阙政,当与振举,以成朕志。"居正等益修政事,以副上意焉。

太平兴国初,加左仆射、昭文馆大学士。从平晋阳还,进位司空。因服丹砂遇毒,方奏事,觉疾作,遽出。至殿门外,饮水升余,堂吏扶归中书,已不能言,但指庑间储水器。左右取水至,不能饮,偃阁中,吐气如烟焰,舆归私第卒,六年六月也,年七十。赠太尉、中书令，谥文惠。

居正气貌瑰伟，饮酒至数斗不乱。性孝行纯，居家俭约。为相任宽简，不好苛察，士君子以此多之。自参政至为相，凡十八年，恩遇始终不替。

先是，太祖尝谓居正曰："自古为君者鲜克正己，为臣者多无远略，虽居显位，不能垂名后代，而身陷不义，子孙罹殃，盖君臣之道有所未尽。吾观唐太宗受人谏疏，直诋其非而不耻。以朕所见，不若自不为之，使人无异词。又观古之人臣多不终始，能保全而享厚福者，由忠正也。"开宝中，居正与沈伦并为相，卢多逊参知政事，九年冬，多逊亦为平章事。及居正卒，而沈伦责授，多逊南流，论者以居正守道蒙福，果符太祖之言。

居正好读书，为文落笔不能自休。子惟吉集为三十卷上之，赐名《文惠集》。咸平二年，诏以居正配飨太宗庙庭。

【译文】

薛居正，字子平，开封府浚仪县人。父亲薛仁谦，在周朝为太子宾客。薛居正少年好学，有远大志向。后唐清泰初年，举进士而未考中，作《遣愁文》来自我解除愁闷，文章寓意卓越洒脱，读此文章的人认为薛居正有着三公辅相的能量。第二年，考中进士。

晋天福年间，华州节度使刘遂凝征召薛居正为从事。刘遂凝的哥哥刘遂清治理国家财政，奏明朝廷由薛居正代理盐铁巡官。开运初年，改任度支推官。宰相李崧掌管盐铁，又奏明朝廷由薛居正代理推官，又加大理司直，改右拾遗。桑维翰为开封府尹，奏明朝廷由薛居正代理判官。

汉乾祐初年，史弘肇统领侍卫亲军，他的威势权力令君主畏惧，残忍为所欲为，无人敢抵触他的意愿。史弘肇手下的官吏告百姓触犯盐禁，依法应当处死。狱案即将判决，薛居正怀疑此案有不真实处，召来审讯，原来是官吏和百姓有私仇，因而诬陷他，把官吏抓来审问，都依法处死。史弘肇虽然非常愤怒，也没有办法使薛居正屈服。

周广顺初年，调任比部员外郎，掌管三司推官，不久为知制诰。周太祖亲征兖州，诏令薛居正随行，因有劳而加都官郎中。显德三年，调任左谏议大夫，升为弘文馆学士，判馆事。六年，朝廷派薛居正到沧州制定百姓租税额。不久，因处事有才干而闻于朝廷，升为刑部侍郎，判吏部铨选。

宋朝初年，调为户部侍郎。太祖亲征李筠及李重进，薛居正并判留司与三司。不久出京城为许州知州。建隆三年，入朝廷为枢密直学士，代管贡举。开始平定湖湘，以薛居正为朗、州知州，适逢逃亡的兵卒几千人聚集在山泽为盗贼，监军使怀疑城中一千多僧人都是他们的同伙，商议想把他们都抓来杀掉。薛居正用计谋拖延此事，因此率领军队剿灭众盗贼，擒获贼帅汪端，审问他，得知众僧都没有参与其事，众僧依靠薛居正得以活命。

乾德初年，薛居正加官兵部侍郎。太祖将要亲征太原，大规模征发百姓运输军饷。当时河南府有饥荒，四万家逃亡，太祖忧虑此事，命令薛居正乘驿站的车急去招集百姓，十日间百姓就都恢复旧业。以本官职参知政事。五年，加官吏部侍郎。开宝五年，兼淮南、湖南、岭南等道郡提举三司水陆发运使事，又兼判门下侍郎事，监修国史；又监修《五代史》，第二年完成，朝廷赐以器物和财币。六年，拜薛居正门下侍郎、平章事。八年二月，太祖对薛居正等人说："今年谷物丰登，众物繁盛，如果不是上天给予帮助，怎能达到这地步。所应做的是共同考虑帮助人,如果有了不善的政事,应当给予振兴,以此完成朕的志向。"薛居正等人进一步整治政事,以此符合太祖的意愿。

太平兴国初年,薛居正加左仆射、昭文馆大学士。跟随太宗平定晋阳归来,进位司空。因为服用丹砂中毒,正在朝廷奏事,觉得病要发作,赶快出去。走到殿门外,喝了一升多水,堂吏搀他回到中书省,已经不能说话,只指着廊庑里的储水器。左右的人取水来到他面前,但已不能喝水,倒卧在阁中,吐气象火焰,乘车舆回到家中去世,时间是六年六月,终年七十。朝廷赐薛居正太尉、中书令,谥号为文惠。

薛居正气质容貌宏伟,饮酒饮数斗方寸也不乱。生性孝顺行为纯正,居家俭朴节约。做宰相讲信用,宽缓情实,不喜欢苛刻烦察,士人君子因此赞许他。薛居正从参与政事到做宰相,一共十八年,朝廷的恩遇始终不衰。

先前,太祖曾经对薛居正说:"自古以来为人君者很少有人能整饬自己,做人臣者大多数没有远略,虽然身居显赫的地位,不能留名后世,却身陷不义,子孙遭殃,大概是为君臣的事理还有所欠缺。我看唐太宗接受人臣的谏疏,直言诋毁他的过失而不以为耻。以朕之见,不如自己己不做,使他人没有不同的说法。又观察古代的人臣大多数有始无终,能保全自己而且享受厚福的人,是由于忠诚正直。"开宝年间,薛居正与沈伦同时为宰相,卢多逊参知政事,九年冬季,卢多逊也为平章事。到薛居正去世,然而沈伦贬官,卢多逊放逐到南方,议论的人认为薛居正守为臣的事理所以享受福禄,果然符合太祖的话。

薛居正喜欢读书,做文章落笔往往不能自己,必然一气呵成。薛居正的儿子惟吉将他的文章编集成三十卷呈上朝廷,赐名为《文惠集》。咸平二年,朝廷下诏以薛居正附祭于太祖庙庭。

寇准传

【题解】

寇准(961~1023),字平仲,华州下邽(今陕西渭南北)人。太平兴国年间进士,授大理评事、巴东县令、转成安县令,郓州通判。召试学士院,授右正言、直史馆,迁枢密直学士、判吏部东铨。敢于直谏,太宗比之为魏征。淳化初,授枢密副使,又同知枢密院事,因事罢为青州知州。五年(994),任参知政事。劝太宗立太子。至道年间,出任邓州知州。真宗即位,改为河阳知府、同州知州、凤翔知府。权知开封府,历三司使。景德元年(1004),拜同中书门下平章事。辽兵大举入侵,中外震骇,寇准力排众议,请真宗亲征,遂至澶州,和议而还。后为王钦若所诬。罢相,贬为陕州知州。天禧三年(1019)再相。真宗病,刘皇后临朝听政,寇准秘密奏请以太子监国,事泄,罢相,封莱国公。丁谓乘机倾轧诬陷,贬道州司马,再贬雷州司户参军,死于贬所。仁宗朝追谥忠愍,著有《寇莱公集》。

【原文】

寇准字平仲,华州下邽人也。父相,晋开运中,应辟为魏王府记室参军,准少英迈,通

《春秋》三传,年十九,举进士。太宗取人,多临轩顾问,年少者往往罢去。或教准增年,答曰:"准方进取,可欺君邪?"后中第,授大理评事,知归州巴东、大名府成安县。每期会赋役,未尝辄出符移,唯县乡里姓名揭县门,百姓莫敢后期。累迁殿中丞、通判郓州。召试学士院,授右正言、直史馆,为三司度支推官,转盐铁判官。会诏百官言事,而准极陈利害,帝益器重之。擢尚书虞部郎中、枢密院直学士,判史部东铨。尝奏事殿中,语不合,帝怒起,准辄引帝衣,令帝复坐,事决乃退,上由是嘉之,曰:"朕得寇准,犹文皇之得魏征也。"

淳化二年春,大旱,太宗延近臣问时政得失,众以天数对。准对曰:"《洪范》天人之际,应若影响,大旱之证,盖刑有所不平也。"太宗怒,起入禁中。顷之,召准问所以不平状,准曰:"愿召二府至,臣即言之。"有诏召二府入。准乃言曰:"顷者祖吉、王准皆侮法受赇,吉赃少乃伏诛;准以参政沔之弟,盗主守财至千万,止杖,仍复其官,非不平而何?"太宗以问沔,沔顿首谢,于是切责沔,而知准为可用矣。即拜准左谏议大夫,枢密副使,改同知院事。

准与知院张逊数争事上前。他日,与温仲舒偕行,道逢狂人迎马呼万岁,判左金吾王宾与逊雅相善,逊嗾上其事。准引仲舒为证,逊令宾独奏,共辞颇厉,且互斥其短。帝怒,谪逊,准亦罢知青州。

寇准

帝顾准厚,既行,念之,常不乐。语左右曰:"寇准在青州乐乎?"对曰:"准得善藩,当不苦也。"数日,辄复问。左右揣帝意且复召用准,因对曰:"陛下思准不少忘,闻准日纵酒,未知亦念陛下乎?"帝默然。明年,召拜参知政事。

自唐末,蕃户有居渭南者,温仲舒知秦州,驱之渭北,立堡栅以限其往来。太宗览奏不怿,曰:"古羌戎尚杂处伊、洛,彼蕃夷易动难安,一有调发,将重困吾关中矣。"准言:"唐宋璟不赏边功,卒致开元太平。疆场之臣邀功以稔祸,深可戒也。帝因命准使渭北,安抚族帐,而徙仲舒凤翔。

至道元年,加给事中。时太宗在位久,冯拯等上疏乞立储贰,帝怒,斥之岭南,中外无敢言者。初自青州召还,入见,帝足创甚,自襄衣以示准,且曰:"卿来何缓耶?"准对曰:"臣非召不得至京师。"帝曰:"朕诸子孰可以付神器者?"准曰:"陛下为天下择君,谋及妇人、中官,不可也;谋及近臣,不可也。唯陛下择所以副天下望者。"帝俯道久之,屏左右曰:"襄王可乎?"准曰:"知子莫若父,圣虑既以为可,愿即决定。"帝遂以襄王为开封尹,改封寿王,于是立为皇太子。庙见还,京师之人拥道喜跃,曰:"少年天子也。"帝闻之不怿,召准谓曰:"人心遽属太子,欲置我何地?"准再拜贺曰:"此社稷之福也"。帝入语后嫔,宫中皆前贺。复出,延准饮,极醉而罢。

二年,祠南郊,中外官皆进秩。准素所喜者多得台省清要官,所恶不及知者退序进之。彭惟节位素居冯拯下,拯转虞部员外郎,惟节转屯田员外郎,章奏列衔,惟节犹处其下。准怒,堂帖戒拯毋乱朝制。拯愤极,陈准擅权,又条上岭南官吏除拜不平数事。广东转运使康戬亦言:吕端、张洎、李昌龄皆准所引,端德之,洎能曲奉准,而昌龄畏懦,不敢与准抗,故得以任胸臆,乱经制。太宗怒,准适祀太庙摄事,召责端等。端曰:"准性刚自任,臣等不欲数争,虑伤国体"。因再拜请罪。及准入对,帝语及冯拯事,自辩。帝曰:"若廷辩,失执政体。"准犹力争不已,又持中书簿论曲直于帝前,帝益不悦,因叹曰:"鼠雀尚知人意,况人乎?"遂罢准知邓州。

真宗即位,迁尚书工部侍郎。咸平初,徙河阳,改同州。三年,朝京师,行次阌乡,又徙凤翔府。帝幸大名,诏赴行在所,迁刑部,权知开封府。六年,迁兵部,为三司使。时合盐铁、度支、户部为一使,真宗命准裁定,遂以六判官分掌之,繁简始适中。

帝久欲相准,患其刚直难独任。景德元年,以毕士安参知政事。逾月,并命同中书门下平章事,准以集贤殿大学士位士安下。是时,契丹内寇,纵游骑掠深、祁间,小不利辄引去,徜徉无斗意。准曰:"是狃我也。请练师命将,简骁锐据要害以备之。"是冬,契丹果大入。急书一夕凡五至,准不发,饮笑自如。明日,同列以闻,帝大骇,以问准。准曰:"陛下欲了此,不过五日尔。"因请帝幸澶州。同列惧,欲退,准止之,令候驾起。帝难之,欲还内。准曰:"陛下入则臣不得见,大事去矣,请毋还而行。"帝乃议亲征,召群臣问方略。

既而契丹围瀛洲,直犯贝、魏,中外震骇。参知政事王钦若,江南人也,请幸金陵;陈尧叟,蜀人也,请幸成都。帝问准,准心知二人谋,乃阳若不知,曰:"谁为陛下画此策者,罪可诛也。今陛下神武,将臣协和,若大驾亲征,贼自当遁去。不然,出奇以挠其谋,坚守以老其师,劳佚之势,我得胜算矣。奈何弃庙社欲幸楚、蜀远地,所在人心崩溃,贼趁势深入,天下可复保耶?"遂请帝幸澶州。

及至南城,契丹兵方盛,众请驻跸以觇军势。准固请曰:"陛下不过河,则人心益危,敌气未慑,非所以取威决胜也。且王超领劲兵屯中山以扼其亢,李继隆、石保吉分大阵以扼其左右肘,四方征镇赴援者日至,何疑而不进?"众议皆惧,准力争之,不决。出遇高琼于屏间,谓曰:"大尉受国恩,今日有以报乎?"对曰:"琼武人,愿效死。"准复入对,琼随立庭下,准厉声曰:"陛下不以臣言为然,盍试问琼等。"琼即仰奏曰:"寇准言是。"准曰:"机不可失,宜趣驾。"琼即麾卫士进辇,帝遂渡河,御北城门楼,远近望见御盖,踊跃欢呼,声闻数十里。契丹相视惊愕,不能成列。

帝尽以军事委准,准承制专决,号令明肃,士卒喜悦。敌数千骑乘胜薄城下,诏士卒迎击,斩获太半,乃引去。上还行宫,留准居城上,徐使人视准何为,准方与杨亿饮博,歌谑欢呼。帝喜曰:"准如此,吾复何忧,"相持十余日,其统军挞览出督战。时威虎军床张瑰守床子弩,弩撼机发,矢中挞览额,挞览死,乃密奉书请盟。准不从,而使者来请益坚,帝将许之。准欲邀使称臣,且献幽州地。帝厌兵欲羁縻不绝而已。有潜准幸兵以自取重者,准不得已许之。帝遣曹利用如军中议岁币,曰:"百万以下皆可许也。准召利用至幄,语曰:"虽有敕,汝所许毋过三十万,过三十万,吾斩汝矣。"利用至军,果以三十万成约而还。河北罢兵,准之力也,

准在相位,用人不以次,同列颇不悦。它日,又除官,同列因更持例簿以进。准曰:"宰相所以进贤退不肖也,若用例,一吏职尔。"二年,加中书侍郎兼工部尚书。准颇自矜

澶渊之功,虽帝亦以此待准甚厚。王钦若深嫉之。一日会朝,准先退,帝目送之,多若因进曰:"陛下敬寇准,为其有社稷功耶?"帝曰:"然。"钦若曰:"澶渊之役,陛下不以为耻,而谓准有社稷功,何也?"帝愕然曰:"何故?"钦若曰:"城下之盟,《春秋》之耻;澶渊之举,是城下之盟也。以万乘之贵而为城下之盟,其何耻如之!"帝愀然为之不悦。钦若曰:"陛下闻博乎?博者输钱欲尽,乃罄所有出之,谓之孤注。陛下,寇准之孤注也。斯亦危矣。"

由是帝顾准浸衰。明年,罢为刑部尚书,知陕州,遂用王旦为相。帝谓旦曰:"寇准多许人官,以为己恩,俟行,当深戒之。"从封泰山,迁户部尚书、知天雄军。祀汾阴,命提举贝、德、博、洺、滨、棣巡检捉贼公事,迁兵部尚书,入判都省。幸亳州,权东京留守,为枢密院使、同平章事。

林特为三司使,以河北岁输绢阙,督之甚急。而准素恶特,颇助转运使李士衡而沮特,且言在魏时曾进河北绢五万而三司不纳,到至阙供,请劾主史以下。然京师岁费绢百万,准所助才五万。帝不悦,哀王旦曰:"准刚忿如昔。"旦曰:"准好人怀惠,又欲人畏威,皆大臣所避,而准乃为己任,此其短也。"未几,罢为武胜军节度使、同平章事、判河南府。徙永兴军。

天禧元年,改山南东道节度使。时,巡检朱能挟内侍都知周怀政诈为天书,上以问王旦。旦曰:"始不信天书者准也。今天书降,须令准上之。"准从上其书,中外皆以为非。遂拜中书侍郎兼吏部尚书、同平章事、景灵宫使。

三年,祀南郊,进尚书右仆射、集贤殿大学士。时真宗得风疾,刘太后预政于内,准请间曰:"皇太子人所属望,愿陛下思宗庙之重,传以神器,择方正大臣为羽翼。丁谓、钱惟演,佞人也,不可以辅少主。"帝然之,准密令翰林学士杨亿草表,请太子监国,且欲援亿辅政。已而谋泄,罢为太子太傅,封莱国公。时怀政反侧不自安,且忧得罪,乃谋杀大臣,请罢皇后预政,奉帝为太上皇,而传位太子,复相准。客省使杨崇勋等以告丁谓,谓微服夜乘犊车增曹利用计事,明日以闻。乃诛怀政,降准为太常卿,知相州,徙安州,贬道州司马。帝初不知也,他日,问左右曰:"吾目中久不见寇准,何也?"左右莫敢对。帝崩时亦言惟准与李迪可托,其见重如此。

乾兴元年,再贬雷州司户参军。初,丁谓出准门至参政,事准甚谨。尝会食中书,羹污准须,谓起,徐拂之。准笑曰:"参政国之大臣,乃为官长拂须邪?"谓甚愧之,由是倾构日深。及准贬未几,谓亦南窜,道雷州,准遣人以一蒸羊逆境上。谓欲见准,准拒绝之。闻家僮谋欲报仇者,乃杜门使纵博,毋得出,伺谓行远,乃罢。

天圣元年,徙衡州司马。初,太宗尝得能天犀,命工为二带,一以赐准。及是,准遣人取自洛中,既至数日,沐浴,具朝服束带,北南再拜,呼左右趣设卧具,就榻而卒。

初,张泳在成都,闻准入相,谓其僚属曰:"寇公奇材,惜学术不足耳。"及准出陕,泳适自成都罢还,准严供帐,大为具待。泳将去,准送之郊,问曰:"何以教准?"泳徐曰:"《霍光传》不可不读也。"准莫谕其意,归取其传读之,至"不学无术",笑曰:"此张公谓我矣。"

准少年富贵,性豪侈。喜剧饮,每宴宾客,多阖扉脱骖。家未尝爇油灯,虽庖匽所在,必然炬烛。

在雷州逾年,既卒。衡州之命乃至,遂归葬西京。道出荆南公安,县人皆设祭哭于路,折竹植地,挂纸钱,逾月视之,枯竹尽生笋。众因为立庙,岁时享之。无子,以从子随

【译文】

寇准,字平仲,华州下邽人。父寇相,后晋开运年间,应征召担任魏王府记室参军。寇准年少时英俊超迈,通晓《春秋》三传,十九岁,参加进士考试。宋太宗选拔人才,多至殿前考问,年纪太轻的人经常被舍弃不用。有人教寇准增加年龄,他回答说:"我刚开始进取,怎可欺骗皇帝呀?"后来考中,授任大理评事,归州巴东、大名府成安两县县令。每逢定期征收赋役,没有立即出示官符文书,只是把乡里人的姓名贴在县城门口,百姓们都不敢延期。积官升至殿中丞、郓州通判。召试学士院,授为右正言、直史馆,任三司度支推官,转任盐铁判官。正逢朝廷诏令百官谈论政事,寇准极力陈述利弊,太宗更加器重他。升为尚书虞部郎中、枢密院直学士,判吏部东铨。曾经有一次在殿中奏事,言语不合皇帝的心意,太宗发怒起身要走,寇准立即拉住太宗的衣服,让他重新坐下,等事情决定后太宗才退下。太宗从此对他十分赞赏,说:"我得寇准,如同唐太宗得到魏征一样。"

淳化二年春,天气大旱,太宗延请近臣询问时政得失,众人都回答说是自然现象。寇准答道:"《洪范》讲天人之间,相互感应,十分灵验;之所以出现严重旱灾,是因为刑政有不公平的地方啊。"太宗发怒,起身回宫中。过了一会儿,又召寇准问有什么不公平的地方。寇准说:"请陛下把二府的大臣召来,我马上就说。"太宗下诏召二府大臣入宫,寇准于是说:"前不久祖吉、王淮都枉法受贿,祖吉收受的赃物较少却被处死,王淮因为是参知政事王沔的兄弟,所以虽然贪污了自己主管的钱财上千万,只被处以杖刑,并且仍然恢复他的官职,这不是不公平又是什么呢?"太宗责问王沔有无此事,王沔忙叩头谢罪,于是太宗严厉斥责了王沔,并知道寇准可资重用。随即任命寇准为左谏议大夫、枢密副使,又改任同和枢密院事。

寇准与知枢密院事张逊多次在朝中争论政事。有一天,寇准与温仲舒同行,在路上碰到一个疯子迎着他的坐骑直呼万岁。判左金吾王宾与张逊关系极好,张逊指使他揭发这件事情。寇准拉温仲舒做证,张逊则让王宾单独上奏,言辞十分严厉,并且互相指责对方的缺点。太宗大怒,贬斥张逊,寇准也被罢为青州知州。

太宗很看重寇准,寇准离京赴任后,常常想念他,心中不高兴。他对左右大臣说:"寇准在青州高兴吗?"大臣回答说:"寇准去的是条件好的州郡,应该不会有什么痛苦。"几天后,太宗又重新发问。左右大臣猜想太宗将再次召用寇准,因而对答道:"陛下想着寇准,一刻也不能忘怀,听说寇准每天酗酒,不知道是不是也想念陛下。"太宗沉默无语。第二年,召拜寇准为参知政事。

自唐末以来,外族民户有在渭南居住的,温仲舒任秦州知州,将他们驱赶到渭北,并且树立堡垒栅栏来限制他们的行动。太宗看了奏疏心中不悦,说:"古时候羌戎尚且杂处伊、洛一带,那些外族人喜欢移动不喜欢安定,一旦调遣,将重新困扰我关中地区了。"寇准说:"唐朝的宋璟不奖赏边境战功,终于导致开元年间的太平安宁。边境的武臣求取功劳而招来祸患,深可鉴戒。"太宗于是令寇准出使渭北,安抚那些外族民户,把温仲舒调到凤翔府。

至道元年，加官为给事中。当时太宗在位已久，冯拯等人上奏请求立皇太子，太宗大怒，把他们贬斥到岭南，朝廷内外没有人再敢谈论此事。寇准刚从青州被召回朝廷，入宫拜见，太宗的脚伤得很厉害，亲自撩起衣服给寇准看，并且说："你来得怎么这样迟缓？"寇准答道："不是陛下亲召，我无法来京师。"太宗说："我的儿子中谁可以继承皇位？"寇准说："陛下为天下选择君主，与妇人、宦官商议，不可以；与近臣商议，也不可以；只能由陛下亲自选择符合天下人心愿的。"太宗低头很久，屏退左右的人说："襄王可以吗？"寇准说："知子莫如做父亲的，陛下既然认为可以，希望就此确定下来。"太宗于是以襄王为开封府府尹，改封寿王，立为皇太子。太子拜谒太庙后回宫，京师里的人拥挤在路边欢欣跳跃，说："真是少年天子啊！"太宗听后不高兴，召见寇准对他说："人心这样快就归附太子，想把我放在什么位置？"寇准再拜祝贺道："这真是国家社稷的福分啊！"太宗回宫对后妃们讲，宫中之人都前来祝贺。太宗再次出来，请寇准喝酒，大醉而罢。

　　至道二年，祭祀南郊，内外官员都晋升官秩。寇准一向所喜欢的人多获得台省清要之官，不喜欢的和不认识的都排在后面晋升。彭惟节的官位一直在冯拯之下，冯拯转为虞部员外郎，彭惟节转为屯田员外郎，章奏上面排列官衔，彭惟节还是在冯拯之下。寇准大怒，以政事堂文书警告冯拯不要扰乱朝廷制度。冯拯十分愤怒，讲寇准专权，又上章揭发岭南官吏除拜不公平等几件事。广东转运使康戬也说："吕端、张洎、李昌龄都是寇准引荐的，吕端对他感恩戴德、张洎对他曲意奉承，而李昌龄则畏惧害怕，不敢跟寇准抗争，所以寇准得以随心所欲、破坏朝廷典制。"太宗发怒，寇准刚好正在主持祭祀太庙，太宗把吕端等人召来加以斥责。吕端说："寇准的性格刚愎自用，我们不想多跟他争论，是担心这样会有伤国家体统。"因而再拜请罪。等到寇准入朝应对，太宗跟他讲起冯拯的事情，寇准为自己辩护。太宗说："你在朝廷上争辩，有失执政官的体统。"寇准还是竭力不停地争辩，又拿着中书门下的文书在太宗面前争论是非曲直，太宗更加不高兴，因而叹息道："鼠雀还能知道人意，何况是人呢？"于是罢免寇准，让他出任邓州知州。

　　真宗即位，寇准升为尚书工部侍郎。咸平初年，移为河阳府知府，改任同州知州。咸平三年，到京师朝见，走到阌乡，又移任凤翔府。真宗巡幸大名府，诏寇准前往皇帝住所，升刑部，任代理开封知府。咸平六年，升兵部，任三司使。当时将盐铁、度支、户部三使合为一使，真宗命令寇准裁定制度，于是以六名判官分掌三司事务，繁简这才适中。

　　真宗很久想任命寇准为宰相，担心他刚毅直率难以独任。景德元年，任命毕士安为参知政事，过了一个月，都被任命为同中书门下平章事，寇准以集贤殿大学士位居毕士安之下。

　　当时，契丹入侵，派流动的骑兵在深州、祁州一带抢劫掠夺，稍有不利立即退走，往来自如没有斗意。寇准说："这是想让我们习以为常而不加注意。请陛下训练部队任命将领，挑选精锐部队扼守要害之地以防备敌人。"这年冬天，契丹果然大举入侵。告急的文书一夜之间送来五次，寇准全部扣下，照常饮酒说笑。第二天，同僚们告诉真宗，真宗大为惊恐，向寇准责问此事。寇准说："陛下想要了结此事，用不着五天的时间。"于是请真宗驾幸澶州。同僚们都很害怕，想要退下，寇准把他们拦住，让他们等待真宗起驾。真宗认为难以办到，想要回宫。寇准说："陛下回宫则我不能与陛下相见，那大事就完了，请陛下不要回宫，准备启程。"真宗这才商议亲征事宜，召集群臣询问方略。

不久，契丹包围瀛洲。直趋贝州、魏州，朝廷内外震惊恐惧。参知政事王钦若是江南人，请真宗巡幸金陵；陈尧叟是四川人，请求真宗驾幸成都。真宗询问寇准，寇准心中知道这两个人的打算，却假装不知，说："谁为陛下出的这种计策，罪该处死。如今陛下神明英武，将帅团结一致，如果御驾亲征，敌寇自然会逃走的。要不然，可以出奇兵打乱敌人的阴谋，坚持防守以使敌军疲乏困顿，以逸待劳，稳操胜券。为什么要抛弃宗庙社稷，巡幸楚、蜀遥远之地，使所到之处人心崩溃，敌人乘势长驱深入，天下还能保得住吗？"于是请求真宗巡幸澶州。

等到了澶州南城，契丹兵势正盛，众人请真宗停下来暗观战斗形势。寇准坚决请求道："陛下如果不渡过黄河，那么人心就会更加危急，敌军士气则没有受到震慑，这不是树立神威、争取胜利的做法。况且王超率领精兵屯驻在中山府以扼制敌人的咽喉部位，李继隆、石保吉分兵布阵以扼制敌人的左右肘臂，各地征战镇守的部队每天都有赶来援助的，为什么还有顾忌而不敢进呢？"众人都很畏惧，寇准力争，事情决定不下来。出来在照壁间碰到高琼，寇准对他说："太尉你蒙受国恩，今天有用来回报的吗？"高琼答道："我是一介武夫，愿意以死效国。"寇准再次进去奏对，高琼跟随其后站在庭下，寇准厉声说道："陛下对我的话不以为然，何不试着问问高琼等人。"高琼随即抬头奏道："寇准的话是对的。"寇准说："机不可失，陛下应当赶紧起驾。"高琼随即指挥卫士把御辇搬了进来，真宗于是渡过黄河，来到北城门楼，远近将士看见皇帝御盖，欢呼雀跃，声音传到几十里地之外。契丹人面面相觑，惊愕惶恐，不成队列。

真宗将军务全部委托给寇准，寇准秉承皇帝的旨意，专心决断，士兵喜悦。敌军骑兵几千人乘胜进逼城下，真宗诏令士兵迎战，杀敌大半，敌骑这才撤退。真宗回行宫，留寇准在城上，慢慢派人去看寇准在干什么，寇准正和杨亿饮酒赌博，唱歌说笑，欢快呼叫。真宗高兴地说道："寇准这样，我还有什么可担心的呢？"相持了十几天，契丹统军挞览出阵督战。当时威虎军军头张环守着床子弩，按弩发射，箭射中挞览前额，挞览死后，契丹暗中送来书信，请求结盟。寇准不答应，而契丹使者请和的态度更加坚决，真宗将要答应他。寇准想让契丹使者向宋称臣，并且献来幽州之地。真宗对打仗已经厌倦，只想把契丹笼络住、不断绝关系而已。有人诬陷寇准利用打仗以自重，寇准不得已答应契丹使者的请求。真宗派曹利用到契丹军营中商讨岁币之事，说："数目在百万以下都可以答应。"寇准把曹利用召到帐篷里，对他说："虽然有皇帝的敕令，你所答应的数目不准超过三十万，超过三十万，我杀了你。"曹利用到达契丹军营，果然以三十万订立和约归来。河北停止用兵，都是寇准出的力。

寇准当宰相，用人不按官位次序，同僚们很不高兴。过了几天，又要选授官职，同僚让堂吏持着条例文书而进。寇准说："宰相的职责在于进用贤人、罢黜不肖之徒，假如按照条例，只不过是堂吏的职能罢了。"景德二年，加授寇准为中书侍郎兼工部尚书。寇准对自己在澶渊之盟中的功劳十分自傲，即使是真宗也因此对他十分优待。王钦若对此非常嫉妒。有一天会朝，寇准先退，真宗目送他离去，王钦若趁机进奏道："陛下敬重寇准，是因为他对国家有功吗？"真宗说："是的。"王钦若说："澶渊之战，陛下不以为耻辱，反而认为寇准有社稷之功，为什么呢？"真宗吃惊道："这是什么缘故？"王钦若说："敌军兵临城下而被迫订立盟约，《春秋》认为这是耻辱；澶渊之举，就是城下之盟啊，以陛下至高无上的尊贵而签订城下之盟,还有什么耻辱能与之相比呢?"真宗脸色大变,很不高兴。王钦若又说:"陛下听说过赌博吗?赌博的人钱快输光了,于是把自己的所有财物都拿出来,称为孤注。陛下成了寇准赌博的孤注,这也太危险了。"

从此真宗对寇准的礼遇越来越少。第二年,罢寇准为刑部尚书、陕州知州,于是任命王旦为宰相。真宗对王旦说:"寇准多用官职许诺给别人,把它看作是自己的恩赐。等你做了宰相,一定要引以为戒。"跟随真宗封禅泰山,升为户部尚书、知天雄军。真宗祭祀汾阴,任命寇准为提举贝、德、博、洺、滨、棣巡检捉贼公事,升兵部尚书,入判尚书省。真宗巡幸亳州,命寇准权东京留守,任枢密使、同平章事。

林特任三司使,因河北每年所交纳的绢帛空缺,催得很急。而寇准素来厌恶林特,极力支持河北转运使李士衡而阻挠林特,并且讲在魏州时曾进交河北绢五万匹而三司不接收,所以才出现空缺。但京师每年要消耗绢百万匹,寇准所助交的才五万匹。真宗不高兴,对王旦说:"寇准刚强愤激的性格跟以前一样。"王旦说:"寇准喜欢别人记住他的好处,又想让人害怕他,这都是大臣应当回避的;而寇准却专门这样做,这是他的缺点。"不久,罢寇准为武胜军节度使、同平章事、判河南府。又移任永兴军。

天禧元年,寇准改任山南东道节度使,当时巡检官朱能协同内侍都知周怀政伪造天书,真宗向王旦询问此事。王旦说:"当初不相信天书的是寇准。如今天书降下,必须让寇准呈上来。"寇准跟着进呈天书,朝廷内外都认为不对。于是拜寇准为中书侍郎兼吏部尚书、同平章事、景灵宫使。

天禧三年,祭祀南郊,寇准升为尚书右仆射、集贤殿大学士。当时真宗得了中风,刘太后在宫内参与大政,寇准秘密奏请道:"皇太子是人心所向,希望陛下以宗庙社稷为重,把皇位传给他,选择正派的大臣辅佐他。丁谓、钱惟演,都是巧言谄媚之徒,不能让他们辅佐太子。"真宗认为很对。寇准暗中命令翰林学士杨亿起草奏章,请求皇太子监国,并且想拉杨亿共同辅政。随后图谋败露,寇准被罢为太子太傅,封莱国公。当时周怀政坐卧不安,而且担心获罪,于是阴谋杀害大臣,请求停止刘皇后参与政事,奉真宗为太上皇,把帝位传给太子,并且重新任命寇准为宰相。客省使杨崇勋等人将此事告诉丁谓,丁谓穿便服、乘牛车连夜去找曹利用商议对策,第二天将此事上报朝廷。于是处死周怀政,寇准被降为太常卿、相州知州,移安州,又贬为道州司马。真宗开始并不知道情况,过了几天,问左右大臣说:"我好久没有看到寇准,这是怎么回事?"左右大臣都不敢回答。真宗去世时也讲只有寇准和李迪可以托付大事,对寇准重视和信任到这种程度。

乾兴元年,寇准再次被贬为雷州司户参军。当初,丁谓出于寇准门下而当上参知政事,侍奉寇准十分谨慎。有一次在政事堂会餐,饭羹玷污了寇准的胡须,丁谓起身,慢慢为寇准拂拭干净,寇准笑道:"参知政事是国家重臣,怎么替长官拂起胡子来啦?"丁谓十分羞愧,于是对寇准倾轧排挤得越来越厉害。等到寇准被贬没有多长时间,丁谓也被流放到南方,经过雷州时,寇准派人带了一只蒸羊在境上迎接。丁谓想见寇准,寇准予以拒绝。听说家僮想要趁机报仇,寇准就把家门关上,让他们纵情赌博,不让他们出去,等丁谓走远了,这才停止。

仁宗天圣元年,移任衡州司马。当初,太宗曾获得通天犀,命工匠做成两条腰带,其中一条赐给寇准。这时,寇准派人从洛中取回来,几天之后,寇准沐浴全身,穿上官服和腰带,向北方跪拜两次,喊左右仆人搬好床具,躺在床上去世。

起初,张咏在成都,听说寇准入朝当了宰相,对自己的部属说:"寇公是个奇才,可惜学问不够。"等寇准出任陕州知州,张咏刚好从成都离任归来,寇准精心安置供帐,盛情招待张咏。张咏即将离开,寇准把他送到郊外,问道:"您以什么来教导我呢?"张咏慢慢说道:"《霍光传》不可不读啊。"寇准不明白他的意思,回来后取出《霍光传》阅读,读到"不学无术",寇准笑道:"这是张公在说我呢!"

寇准年纪轻轻就已经富贵,性格豪爽奢侈,喜欢狂饮,每次宴请宾客,都关上门户,卸下车马,尽欢而散。家里从来没有点过油灯,即使是厨房厕所,也必定燃用蜡烛。

在雷州一年多。去世之后,衡州的任命才到,于是归葬西京。过荆南公安时,县里的百姓都在路边设祭哀哭,把竹枝折断插在地上,挂满纸钱,过了一月再看,枯竹都生出了新笋。众人因而为寇准建立庙宇,每年供奉。寇准没有儿子,以侄儿寇随为继承人。寇准死后十一年,朝廷恢复他为太子太傅,赠中书令,莱国公,以后又赐谥号为"忠愍"。皇祐四年,诏翰林学士孙林撰写神道碑,仁宗亲自书写篆首,为"旌忠"。

狄青传

【题解】

狄青(1008~1057),北宋名将。字汉臣,汾州西河(今山西汾阳)人,行伍出身。宝元初年,应召戍边,任三班差使、延州指使。与西夏军队先后进行了二十五次战斗,负伤八处。所向披靡,人莫敢当。以功见重于名臣范仲淹,范授给他一部《左氏春秋》,从此,他刻苦攻读,精熟古今兵法,成为一代名将,深为皇帝所信赖。累升至彰化军节度使、枢密副使。皇祐四年(1052),狄青奉命率兵三万平定了侬智高之叛,次年升任枢密使。嘉祐元年(1056),去职,次年病逝。

【原文】

狄青字汉臣,汾州西河人。善骑射。初隶骑御马直,选为散直。

宝元初,赵元昊反,诏择卫士从边,以青为三班差使、殿侍、延州指使。时偏将屡为贼败,士卒多畏怯,青行常为先锋。凡四年,前后大小二十五战,中流矢者八。破金汤城,略宥州,屠咓咩、岁香、毛奴、尚罗、庆七、家口等族,燔积聚数万,收其帐二千三百,生口五千七百。又城桥子谷,筑招安、丰林、新砦、大郎等堡,皆扼贼要害。尝战安远,被创甚,闻寇至,即挺起驰赴,众争前为用。临敌被发、带铜面具,出入贼中,皆披靡莫敢当。

尹洙为经略判官,青以指使见,洙与谈兵,善之,荐于经略使韩琦、范仲淹曰:"此良将材也。"二人一见奇之,待遇甚厚。仲淹以《左氏春秋》授之曰:"将不知古今,匹夫勇尔。"青折节读书,悉通秦、汉以来将帅兵法,由是益知名。以功累迁西上阁门副使,擢秦州刺史、泾原路副都总管、经略招讨副使,又加捧日天武四厢都指挥使、惠州团练使。

仁宗以青数有战功,欲召见问以方略,会贼寇渭州,命图形以进。元昊称臣,徙真定路副都总管,历侍卫步军殿前都虞候、眉州防御使,迁步军副都指挥使,保大安远二军节度观察留后,又迁马军副都指挥使。

青奋行伍,十余年而贵,是时面涅犹存。帝尝敕青傅药除字,青指其面曰:"陛下以功擢臣不问门地,臣所以有今日,由此涅尔,臣愿留以劝军中,不敢奉诏。"以彰化军节度使知延州,擢枢密副使。

狄青

皇祐中,广源州蛮依智高反,陷邕州,又破沿江九州,围广州,岭外骚动。杨畋等安抚经制蛮事,师久无功。又命孙沔、余靖为安抚使讨贼,仁宗犹以为忧。青上表请行,翌日入对,自言:"臣起行伍,非战伐无以报国。愿得蕃落骑数百,益以禁兵,羁贼首致阙下。"帝壮其言,遂除宣徽南院使、宣抚荆湖南北路、经制广南盗贼事,置酒垂拱殿以遣之。时智高还据邕州,青合孙沔、余靖兵次宾州。

先是,蒋偕、张忠皆轻敌败死,军声大沮。青戒诸将毋妄与贼斗,听吾所为。广西钤辖陈曙乘青未至,辄以步卒八千犯贼,溃于昆仑关,殿直袁用等皆遁。青曰:"令之不齐,兵所以败。"晨会诸将堂上,揖曙起,并召用等三十人,按以败亡状,驱出军门斩之。沔、靖相顾愕眙,诸将股栗。

已而顿甲,令军中休十日。觇者还,以为军未即进。青明日乃整军骑,一昼夜绝昆仑关,出归仁铺为阵。贼既失险,悉出逆战。前锋孙节搏贼死山下,贼气锐甚,沔等惧失色。青执白旗麾骑兵,纵左右翼,出贼不意,大败之,追奔五十里,斩首数千级,其党黄师宓、依建中智中及伪官属死者五十七人,生擒贼五百余人,智高夜纵火烧城遁去。迟明,青按兵入城,获金帛钜万、杂畜数千,招复老壮七千二百尝为贼所俘胁者,慰遣之。枭黄师宓等邕州城下,敛尸筑京观于城北隅。时贼尸有衣金龙衣者,众谓智高已死,欲以上闻。青曰:"安知非诈邪?宁失智高,不敢诬朝廷以贪功也。"初,青之至邕也,会瘴雾昏塞,或谓贼毒水上流,士饮者多死,青殊忧之。一夕,有泉涌砦下,汲之甘,众遂以济。

复为枢密副使,迁护国军节度使、河中尹。还至京师,帝嘉其功,拜枢密使,赐第敦教坊,优进诸子官秩。初,青既行,帝每忧之曰:"青有威名,贼当畏其来。左右使令,非青亲信者不可;虽饮食卧起,皆宜防窃发。"乃驰使戒之。及闻青已破贼,顾宰相曰:"速议赏,缓则不足以劝矣。"

始,交阯愿出兵助讨智高,余靖言其可信,具万人粮于邕、钦待之。诏以缗钱三万赐交阯为兵费,许贼平厚赏之。青既至,檄余靖无通使假兵,即上奏曰:"李德政声言将步兵五万、骑一千赴援,非其情实。且假兵于外以除内寇,非我利也。以一智高而横蹂二广,力不能讨,乃假兵蛮夷,蛮夷贪得忘义,因而启乱,何以御之?请罢交阯助兵。"从之。贼平,人服其有远略。

青在枢密四年,每出,士卒辄指目以相矜夸。又言者以青家狗生角,且数有光怪,请出青于外以保全之,不报。嘉祐中,京师大水,青避水徙家相国寺,行止殿上,人情颇疑,乃罢青为同中书门下平章事,出判陈州。明年二月,疽发髭,卒。帝发哀,赠中书令,谥武襄。

青为人缜密寡言,其计事必审中机会而后发。行师先正部伍,明赏罚,与士同饥寒劳苦,虽敌猝犯之,无一士敢后先者,故其出常有功。尤喜推功与将佐。始,与孙沔破贼,谋一出青,贼既平,经制余事,悉以诿沔,退若不用意者。沔始叹其勇,既而服其为人,自以为不如也,尹洙以贬死,青悉力赒其家事。子谘、咏,并为阁门使。咏数有战功。

熙宁元年,神宗考次近世将帅,以青起行伍而名动夷夏,深沉有智略,能以畏慎保全终始,慨然思之,命取青画像入禁中,御制祭文,遣使赍中牢祠其家。

【译文】

狄青字汉臣,汾州西河人。善于骑马射箭,起初隶属骑御马直,被选为散直。

宝元初年,赵元昊反叛,皇帝下诏挑选卫士戍守边境;任命狄青为三班差使、殿侍、延州指使。当时宋军将佐屡屡被贼军打败,士兵们十分畏惧、胆怯,狄青每次行动经常担任先锋。一共四年时间,前后进行了大小二十五次战斗,身中流箭八次。攻克了金汤城,夺取了宥州,歼灭了哤咩、岁香、毛奴、尚罗、庆七、家口等部族,焚烧了他们聚集来的财物成千上万,收取了西夏人的营帐二千三百个,俘虏五千七百人。又在桥子谷修建城墙,修筑了招安、丰林、新寨、大郎等城堡,全都是扼制贼军的要害之处。曾经激战于安远,身负重伤,听到贼寇又到了,立即挺身而起,驰马赴敌,部下们争先恐后地跟随他前进。每当遇见敌人就披散着头发,戴着铜制面具,来回驰骋冲杀于贼阵中,所向披靡,没有人敢同他交锋。

尹洙担任经略判官,狄青以指使的身份拜见,尹洙同他谈论军事,认为他很出色,便向经略使韩琦、范仲淹推荐说:"这人有良将之才。"韩、范二人一见狄青就十分惊奇,非常热情周到地接待他。范仲淹把一部《左氏春秋》赠送给他说:"身为大将却不知古今历史,只是匹夫之勇罢了。"狄青从此改变了平日志向,发愤读书,系统掌握了秦汉以来将帅们的用兵之法。从此更加被世人所知。因功累迁至西上阁门副使,提升为秦州刺史、泾原路副都总管、经略诏讨副使,又加任捧日天武四厢都指挥使、惠州团练使。

宋仁宗看到狄青屡立战功,就想召见并垂问他有什么制敌策略,正好贼军侵犯渭州,便命令他画一份形势图进呈。赵元昊称臣降服后,调任真定路副都总管,历任侍卫步军殿前都虞候、眉州防御使,升任步军副都指挥使、保大安远二军节度观察留后,又升任马军副都指挥使。

狄青崛起于行伍之中,十几年时间取得了尊贵的地位,这时脸上刺的黑字还在。皇帝曾经下令让他敷上药物以除掉脸上的字迹,狄青指着自己的脸说:"陛下以军功提拔我,并没有看我的出身门第,我之所以有今天,都是因为有这个刺字啊。我情愿留着它来劝勉激励我的部下,不敢遵从您的诏令。"担任彰化军节度使出知延州,又被提升为枢密副使。

皇祐年间,广源州少数民族首领侬智高反叛,攻陷了邕州,又攻克沿江的九个州,围困广州,岭外动荡不宁。杨畋等人奉命去安抚节制这次少数民族的起事,出师许久却毫无建树。朝廷又命令孙沔、余靖等担任安抚使讨伐贼军,仁宗还是十分担忧。狄青上表请求让他提军出击,第二天入朝答对,自己说:"我出自行伍,不去攻战征伐就没有什么来报答国家,请给我数百名蕃族骑兵,再加上禁兵,一定能把贼军的头领捆来献给陛下。"皇帝认为他的话十分壮勇,于是任命他为宣徽南院使、宣抚荆湖南北路、经制广南盗贼事,并在垂拱殿设宴为他壮行。这时侬智高退据邕州,狄青会合孙沔、余靖的部队进军至宾州。

在此之前,蒋偕、张忠都是因为轻敌而兵败身死,大大损害了宋军的名誉。狄青告诫诸将,千万不要轻易地与敌人交战,一切听从他的安排。广西钤辖陈曙乘狄青未到之机,擅自率步兵八千人进击贼军,在昆仑关溃败,殿直袁用等人全逃走了。狄青说:"命令不被整齐一致地执行,是此次兵败的原因。"早上在堂上召集诸位将领,拱手请陈曙站起来,同时传唤袁用等三十人,查问了他们败逃的情况,拉出军门外斩杀了他们。孙沔、余靖两人面面相觑、目瞪口呆,部下众将都吓得双腿直颤。

随后整治兵甲,下令军中休息十天。前来侦察情况的蛮兵跑回去报告说宋军不会马上进攻。第二天狄青准备好骑兵,一昼夜横穿昆仑关,出现在归仁铺摆好了阵势。贼军已经失去了险要之地,不得不全体出动迎战宋军。前锋孙节与贼军搏战阵亡于山下,贼军的气势十分强悍,孙沔等人大惊失色。狄青手执白旗指挥骑兵从左右两翼冲出,出其不意,大败贼军,追杀五十里,斩首数千级,贼党黄师宓、侬建中、智中和伪官吏被杀者达五十七人,活捉贼兵五百余人。侬智高夜间放火焚城逃去。黎明时刻,狄青集合队伍入城,缴获了成千上万的金帛,各种牲畜数千,招集七千二百名被贼胁迫来的老人和壮丁,安抚并遣散了他们。把黄师宓等人的头砍下悬在邕州城下示众,收敛敌军死尸,在城北角修筑高冢以志军功。当时有一具贼尸身上穿着金龙衣,大家都说侬智高已经死亡,想把这个消息上报给朝廷,狄青说:"怎么才能证明这不是假的?宁肯让侬智高跑了,也不敢欺骗朝廷来贪图功名。"一开始,狄青率军来到邕州,正遇上瘴气弥漫天地,有人说贼军在上游水里下了毒,人喝了多会死亡,狄青对此非常忧虑。一天晚上,有一眼泉水在营寨下面喷涌而出,打上来的水是甘甜的,部队于是渡过了难关。

再次担任枢密副使,升任护国军节度使、河中尹。回到京师,皇帝嘉奖了他的功绩,授命他担任枢密使,在敦教坊赏赐给他一座府宅,优先提升了他的几个儿子的官职。当初,狄青已经出发,皇帝忧心忡忡地说:"狄青历来享有威名,贼军一定害怕他来。左右使唤之人,非狄青的亲信不可;虽然是饮食睡眠这些细节,都应该防备敌人暗中下手。"于是派使者飞马赶去告诫狄青。等到得知狄青已经击败贼军,回头对宰相说:"赶紧商议封赏,慢了就不足以表示鼓励了。"

起初,交阯国愿意出兵帮助宋朝讨伐侬智高,余靖说可以相信他们,并在邕、钦二地准备了供一万人食用的粮食等待交阯兵来。皇帝下诏用缯钱三万赐给交阯国作为军费,并许诺待贼平之后再重赏他们。狄青来到后,檄告余靖不能与阯国通使借兵,并立即上奏说:"李德政口口声声说用步兵五万、骑兵一千赶来支援,这并非是他的真实意图。而且从外国借兵来剿除内寇,绝非是我们的利益。因为一个侬智高横加蹂躏了两广之地,凭我们自己的力量不能讨平。就向蛮夷借兵,蛮夷贪利忘义,一旦发生变乱,将如何抵御他们?请停止交阯国出兵帮忙这件事。"皇帝听从了他的意见。贼被平定后,人们无不佩狄青在枢密院供职四年,每当出行,士兵们就指着他相互夸赞。又有人说狄青家养的狗长出了角,而且屡屡出现怪异的光象,奏请皇帝把狄青调到外地以保证朝廷的安全,皇帝没有答复这事。嘉祐年间,京师洪水泛滥,狄青为避水把家搬到相国寺,行止于殿上,人们对此议论纷纷,于是皇帝把他降职为同中书门下平章事,出任陈州。第二年二月,唇上毒疮发作,去世。皇帝为他举哀,追赠他为中书令,谥号是武襄。

狄青为人谨慎周密,沉默寡言。他计划某件事情一定先审时度势、切合机会才阐述出来。出师行军首先整饬部伍,赏罚严明,与士兵共同忍受饥寒劳苦,虽然遇到敌人突然袭击,也没有一个人敢落于人后,所以他率军出征常常立有战功。特别喜欢把功劳推让给手下将佐。起初,他与孙沔同力破贼,一切谋划均出自狄青,贼军已经平定,经营节制的其他方面事情,全部托付给孙沔,自己谦逊退让好像从来没有出谋划策似的。孙沔开始叹服他的勇猛,进而又钦佩他的为人,自己认为赶不上他。尹洙死于被贬官的境遇中,狄青倾其全力周济他的家属。儿子狄谘、狄咏同为阁门使。狄咏屡立战功。

熙宁元年,宋神宗逐个考察了近代的将帅,认为狄青出自行伍而名震中外,性格深沉而富有智慧谋略,能够以敬畏和谨慎的处世方式保全了一生始终,于是感慨万千,怀念狄青,下令取狄青的画像挂在禁中,亲笔撰写了祭文,派遣使者到他家中用御赐的猪、羊二牲祭祀狄青。

晏殊传

【题解】

晏殊(991~1055),北宋政治家、文学家。字同叔,抚州临川(今属江西)人。仕途通达,官至集贤殿学士、同平章事兼枢密使。卒谥元献。

晏殊与其子晏几道均为北宋著名词人。晏殊的诗、文、词,承继晚唐五代的传统,多表、现士大夫的诗酒生活,语言婉丽,情致闲远。其词多小令。今存有《珠玉词》和清人所辑《晏元献遗文》。

【原文】

晏殊字同叔,抚州临川人。七岁能属文,景德初,张知白安抚江南,以神童荐之。帝召殊与进士千余人并试廷中,殊神气不慑,援笔立成。帝嘉赏,赐同进士出身。宰相寇准曰:"殊江外人。"帝顾曰:"张九龄非江外人邪?"后二日,复试诗、赋、论,殊奏:"臣尝私习此赋,请试他题。"帝爱其不欺,既成,数称善,擢秘书有省正字,秘阁读书。命直史馆陈彭年察其所与游处者,每称许之。

明年,召试中书,迁大常寺奉礼郎。东封恩,迁光禄寺丞,为集贤校理。丧父,归临川,夺服起之,从祀太清宫。诏修宝训,同判太常礼院。丧母,求终服,不许。再迁太常寺丞,擢左正言、直史馆,为升王府记室参军。岁中,迁尚书户部员外郎,为太子舍人,寻知制诰，判集贤院。久之，为翰林学士，迁左庶子。帝每访殊以事，率用方寸小纸细书，已答奏，辄并稿封上，帝重其缜密。

仁宗即位，章献明肃太后奉遗诏权听政。宰相丁谓、枢密使曹利用，各欲独见奏事，无敢决其议者。殊建言："群臣奏事太后者，垂帘听之，皆毋得见。"议遂定。迁右谏议大夫兼侍读学士，太后谓东宫旧臣，恩不称，加给事中。预修《真宗实录》。进礼部侍郎，拜枢密副使。上疏论张耆不可为枢密使，忤太后旨。坐从幸玉清昭应宫从者持笏后至，殊怒，以笏撞之折齿，御史弹奏，罢知宣州。

晏殊

数月，改应天府，延范仲淹以教生徒。自五代以来，天下学校废，兴学自殊始。召拜御史中丞，政资政殿学士、兼翰林侍读学士、兵部侍郎、兼秘书监，为三司使，复为枢密副使，未拜，改参知政事，加尚书左丞。太后谒太庙，有请服衮冕者，太后以问，殊以《周官》后服对。太后崩，以礼部尚书罢知亳州，徙陈州，迁刑部尚书，以本官兼御史中丞，复为三司使。

陕西方用兵，殊请罢内臣监兵，不以阵图授诸将，使得应敌为攻守，及募弓箭手教之，以备战斗。又请出宫中长物助边费，凡他司之领财利者，悉罢还度支。悉为施行。康定初，知枢密院事，遂为枢密使。进同中书门下平章事。庆历中，拜集贤殿学士、同平章事，兼枢密使。

殊平居好贤，当世知名之士，如范仲淹、孔道辅皆出其门。及为相，益务进贤材，而仲淹与韩琦、富弼皆进用，至于台阁，多一时之贤。帝亦奋然有意，欲因群材以更治，而小人权幸皆不便。殊出欧阳修为河北都转运，谏官奏留，不许。孙甫、蔡襄上言。"宸妃生圣躬为天下主，而殊尝被诏志宸妃墓，没而不言。"已奏论殊役官兵治僦舍以规利。坐是，降工部尚书、知颍州。然殊以章献太后方临朝，故志不敢斥言；而所役兵，乃辅臣例宣借者，时以谓非殊罪。

徙陈州。又徙许州，稍复礼部、刑部尚书。祀明堂迁户部，以观文殿大学士知永兴军，徙河南府，迁兵部。以疾，请归京师访医药。既平，复求出守，特留侍经筵，诏五日一与起居，仪从如宰相。逾年，病寖剧，乘舆将往视之。殊即驰奏曰："臣老疾，行愈矣，不足为陛下忧也。"已而薨。帝虽临奠，以不视疾为恨，特罢朝二日，赠司空兼侍中，谥元献，篆其碑首曰："旧学之碑"。

殊性刚简，奉养清俭。累典州，吏民颇畏其捐急。善知人，富弼、杨察，皆其婿也。殊为宰相兼枢密使，而弼为副使。辞所兼，诏不许，其信遇如此。文章赡丽，应用不穷，尤工诗，闲雅有情思，晚岁笃学不倦。文集二百四十卷，及删次梁、陈以后名臣述作，为《集选》一百卷。子知止，为朝请大夫。

晏殊，字同叔，抚州临川（今属江西）人。七岁就能写文章，景德（1004～1007）初年，张知白做江南安抚使的时候，用神童的名义推荐了他。皇帝召晏殊和一千多个进士一同参加殿试，晏殊神态自若，毫无畏惧之色，提起笔来，立即写完了文章。皇帝非常赞赏，赐给他同进士出身。宰相寇准说："晏殊是江外人。"皇帝顾视左右说："张九龄不也是江外人吗？"过了二天，复试诗、赋和论，晏殊看了试题上奏说："我过去曾经学写过这篇赋，希望换个题目考试。"皇帝很喜欢他的诚实，考试结束，皇帝几次说好。擢秘书省正字，秘阁读书。还命令直史馆陈彭年了解他和那些人交往相处，常常称赞他。

第二年，召晏殊参加中书省的考试，考试结束后，迁晏殊为太常寺奉礼郎。东封恩，迁光禄寺丞，为集贤校理。因父亲去世，晏殊回到临川为父守丧。服丧的期限还没有满就被皇上召回朝廷，跟随皇上祭祀太清宫。皇上下诏命令晏殊修编宝训，同判太常礼院。不久，晏殊的母亲又去世了，晏殊要求为母亲守满三年丧，朝廷不同意。再迁太常寺丞，擢左正言、直史馆，担任升王府记室参军。在这一年里，迁尚书户部员外郎，为太子舍人，不久知制诰，判集贤院。很久以后，又担任翰林学士，迁左庶子。皇帝每次因事去询问晏殊，总是用一方寸大小的纸张写着细细的字，晏殊回答完后，总是把皇上的手稿密封后呈上，皇帝非常赞赏他处事的缜密。

仁宗即位，章献明肃太后奉真宗皇帝遗诏暂时听政。宰相丁谓、枢密使曹利用，都想请求太后能单独接见他们，听他们的汇报，朝中大臣没有一个敢对他们的提议做出决断的。晏殊就建议说："凡是朝中有臣子向太后奏事的，太后都垂帘听取，一概不要面见。"于是意见就这样决定了。后来晏殊又被迁为右谏议大夫兼侍读学士，太后说晏殊是仁宗皇帝为太子时的东宫旧臣，他现在的职务和皇上该赐的恩惠不相称，于是又加封为给事中。参与编修《真宗实录》。不久又晋封为礼部侍郎，拜枢密副使。晏殊上疏评论张耆不适合做枢密使，违逆了太后的旨意。后来因为跟从皇上驾临玉清昭应宫，有个从者持笏后到，晏殊大怒，用笏撞这个从者，把他的牙齿撞断了，御史因此弹劾他，结果被罢免枢密副使，外调到宣州（今安徽宣城）做太守去了。

几个月以后，又改调应天府（今江苏南京），在应天府的时候，晏殊聘请了范仲淹教授学生。从五代以来，天下的学校都被废弃了，学校的复兴就是从晏殊开始的。仁宗又下召拜晏殊为御史中丞，改资政殿学士、兼翰林侍读学士、兵部侍郎、兼秘书监、为三司使，再次担任枢密副使，还没有举行授官仪式，又改任为参知政事，加尚书左丞。太后要去拜谒太庙，有人上书说太后拜谒太庙应该服衮冕，太后以此问晏殊，晏殊就按照《周官》规定的太后应该穿的服饰回答了这个问题。太后去世后，晏殊就被免了参知政事等职，以礼部尚书的身份去主管亳州（今安徽亳县），后来又徙陈州（今河南淮阳），不久又迁刑部尚书，以本官兼御史中丞，再次担任三司使。

当时陕西正在用兵，晏殊要求罢去由太监去监督军队的旧例，建议不要用规定的阵图去教授束缚诸将，而要让他们能够按照敌我双方的具体情况决定攻守的策略；他又建议招募弓箭手教他们战技，以备战斗之需。又请求朝廷拿出宫中多余的东西来资助边防的军费，凡是其他部门管理财政的，统统归还度支司。结果是全部按照晏殊的意见实行了。康定(1040~1041)初年,晏殊主管枢密院事,担任了枢密使。进同中书门下平章事。庆历(1841~1848)中,拜集贤殿学士、同平章事、兼枢密使。

晏殊平时非常爱惜贤才,当代知名人士像范仲淹、孔道辅全都出自他的门下。等到他做了丞相,就更加认真地进用贤才,因而范仲淹和韩琦、富弼等都被进用,以致使当时的台阁,集中了很多当代的贤才。仁宗皇帝也奋然有改革朝政的愿望,他希望靠这些贤才来改革朝政,而小人、权贵、幸臣就都感到不便。晏殊建议派欧阳修担任河北都转运使,而谏官上奏留在京师,仁宗不许。孙甫、蔡襄上书说:"宸妃生了圣上,圣上是国家的君主,而晏殊曾经奉诏为宸妃写墓志铭,却抹去了这层关系不加说明。"又奏论晏殊派兵员管理租赁的房舍以此图利。为此降为工部尚书,知颍州(今安徽阜阳)。然而晏殊是因为章献太后刚临朝听政,所以在写墓志铭时不敢把这层关系指出来的,而关于派兵员管理租赁房金的事,乃是宰相按例可以借用的,时人认为这些都不是晏殊的过错。

后来晏殊被徙陈州,又徙许州(今河南许昌),过了不久又恢复了礼部、刑部尚书。祭祀明堂,迁户部,以观文殿大学士的身份知永兴军节度使,徙河南府(治所在今河南洛阳),迁兵部。后来因为病,请求回京都医治。病愈以后又要求出为外官,仁宗特留他侍经筵,并诏命晏殊每过五天才侍候一次仁宗的起居,仪仗、侍从等方面的待遇和宰相同。过了一年,晏殊的病情更加严重了,仁宗打算亲自去探望他。晏殊立即派人驰马送上奏书说:"我不过是年老体衰而生病,病很快就好了,皇上不必为我担忧。"不久就去世了。仁宗虽然亲临祭奠,但始终为没有在晏殊生前亲自去探病而感到遗憾,特罢朝二天。赠司空兼侍中,谥"元献",并在他的墓碑上部刻上"旧学之碑"四个大字。

晏殊生性刚直简约,自己的日常供养十分清俭。屡次主管州郡,官员和百姓很有点怕他的急躁。但他一生善于知人,富弼、杨察,都是他的女婿。晏殊做宰相兼枢密使时,富弼担任枢密副使,因此晏殊要求辞去他所兼的枢密使职务,仁宗不同意,他受到的信任和重用到了这样的程度。晏殊的文章写得十分富赡华丽,应用不穷,尤其精于作诗,他的诗闲适典雅而有情思,晚年更是好学不倦。文集二百四十卷,并编集了梁、陈以后名臣的著作,名为《集选》,共一百卷。儿子晏知止,是朝请大夫。

范仲淹传

【题解】

范仲淹(989~1052)是北宋著名的社会改革家,也是当时极优秀的统帅和文学家。他领导的"庆历革新"运动,成为后来"熙丰变法"的前奏;他对某些军事制度和战略设施的改善,使西线边防稳定了相当长的时期;他设置的"义庄",实为复活古代农村公社的创举;他倡导的"先天下之忧而忧,后天下之乐而乐"精神,开拓了弘扬华夏古典文明优秀传统的至高境界。

范仲淹以他凛然的大义,在十一世纪的官场上树起了一座风范之碑。碑上铭刻着廉节俭约、克己奉公、直言尽职、利泽生民等格言。正因为他在致力于改革社会的同时,不

断地提高自身品格的修养,他在当时和后世,都被奉为"天下第一流"的楷模人物。他的品格和思想,固然,不可能不带着时代的烙印,但这并不妨碍他在民间享有极高的声誉。千载迄今,各地有关范仲淹的众多遗迹,始终受到人们的纪念和保护。

《宋史·范仲淹传》的有关记述,基本上是真实可信的,文字也比较简洁。然而,其中某些地方的用语和表述,也存在明显的失误。如"依戚同文学",应是戚同文的后人;首次上书"凡万余言",实不足万字;"南面朝之",系"北面"之误;安抚江淮前"请间曰","间"乃"问"之误;"岁余徙苏州",实仅半岁即徙;"明年正月诏诸路入讨",实系当年十二月颁诏;将元昊答书"对来使焚之",其实暗留副,佯作尽焚;"与王兴、朱观为伍",应是"居方荣、刘兴

范仲淹

之下";"遂筑细腰、胡芦诸砦",乃两年以后之事;"复置陕西路"三使,"路"前脱一"四"字;"汉以三公分部六卿","六卿"乃"九卿"之误。如此等等。这些史实讹误之处,在译文中皆在括号内加以订正。

【原文】

范仲淹,字希文,唐宰相履冰之后。其先,邠州人也;后徙家江南,遂为苏州吴县人。

仲淹二岁而孤,母更适长山朱氏,从其姓,名说。少有志操;既长,知其家世,乃感泣辞母,去之应天府,依戚同文学。昼夜不息,冬月惫甚,以水沃面;食不给,至以糜粥继之。人不能堪,仲淹不苦也。

举进士第,为广德军司理参军,迎其母归养。改集庆军节度推官,始还姓,更其名。监泰州西溪盐税,迁大理寺丞,徙监楚州粮料院,母丧去官。

晏殊知应天府,闻仲淹名,召置府学。上书请择郡守,举县令,斥游惰,去冗僭,慎选举,抚将帅,凡万余言。服除,以殊荐,为秘阁校理。

仲淹泛通六经,长于《易》,学者多从质问,为执经讲解,亡所卷。尝推其奉以食四方游士,诸子至易衣而出,仲淹晏如也。每感激论天下事,奋不顾身,一时士大夫矫厉尚风节,自仲淹倡之。

天圣七年,章献太后将以冬至受朝,天子率百官上寿,仲淹极言之;且曰:"奉亲于内,自有家人礼,顾与有官同列,南面而朝之,不可为后世法。"且上书请太后还政,不报。寻通判河中府,徙陈州。时方建太一宫及洪福院,市材木陕西。仲淹言:"昭应,寿宁,天戒不远。今又侈土木,破民产,非所以顺人心,合天意也。宜罢修寺观,减常岁市木之数,以蠲除积负。"又言:"恩幸多以内降除官,非太平之政。"事虽不行,仁宗以为忠。

太后崩,召为右司谏。言事者多暴太后时事。仲淹曰:"太后受遗先帝,调护陛下者十余年;宜掩其小故,以全后德。"帝为诏中外,毋辄论太后时事。

初,太后遗诰:"以太妃杨氏为皇太后,参决军国事。"仲淹曰:"太后,母号也。自古无

因保育而代立者。今一太后崩，又立一太后，天下疑陛下不可一日无母后之助矣！"

岁大蝗旱。江、淮、京东滋甚。仲淹请遣使前行。未报，乃请间曰："宫掖中半日不食，当何如？"帝恻然，乃命仲淹安抚江、淮。所至开仓振之。且禁民淫祀，奏蠲庐、舒折役茶，江东丁口盐钱；条上救敝十事。

会郭皇后废，率谏官、御史伏阁争之。不能得。明日，将留百官揖宰相廷争；方至待漏院，有诏出知睦州。岁余，徙苏州。州大水，民田不得耕，仲淹疏五河，导太湖注之海。募人兴作，未就，寻徙明州。转运使凑留仲淹，以毕其役。许之。

拜尚书礼产员外郎，天章阁待制；召还，判国子监，迁吏产咒外郎、权知开封府。

时吕夷简执政，进用者多出其门。仲淹上《百官科》，指其次第曰："如此为序迁，如此为不次；如此为公，如此则私。况进退近臣，凡超格者，不宜全委之间相。"夷简不悦。他日，论建都之事。仲淹曰："洛阳险大，而汴为上战之地。太平宜居汴，即有事必居洛阳。当广储，缮宫室。"帝问夷简，夷简曰："此仲淹迂阔之论也。"仲淹乃为上论以献，大抵讥切时政。且曰："汉成帝信张禹，不疑发家，故有新莽之祸。臣恐今日亦有张禹，坏陛下家法。"夷简怒诉曰："仲淹离音陛下群臣，所引用，皆朋党也。"仲淹对益切，由是，罢知饶州。

殿中侍御史韩渎希宰相旨，请书仲淹朋党，揭之朝堂。於是，秘书丞余靖上言曰："仲淹以一言忤宰相，遽加贬窜。况前所言者在陛下母子夫妇之间乎？陛下既优容之矣，臣请追改前命。"太子中允尹洙，自讼与仲淹师友，且尝荐己；愿从降黜。馆阁校勘欧阳修，以高若讷在谏官，坐视而不言，移书责之。由是，三人者偕坐贬。

明年，夷简亦罢。自是，朋党之论兴矣。仲淹既去，士大夫为论荐者不已。仁宗谓宰相张士逊曰："向贬仲淹，为其密请建立皇太弟故也。今朋党称荐如此，奈何？"再下诏戒敕。

仲淹在饶州岁余，徙润州，又徙越州。元昊反，召为天章阁待制，知永兴军，改陕西都转运使。会夏竦为陕西经略安抚招讨使。进仲淹龙图阁直学士，以副之。夷简再入相，帝谕仲淹使释前憾。仲淹顿首谢曰："臣乡论盖国家事，於夷简无憾也。"延州诸寨多失守，仲淹自请行，迁户部郎中兼知延州。先是，诏分边兵：总管领万人，钤辖领五千人，都监领三千人。寇至御之，则官卑者先出。仲淹曰："将不择人，以官为先后，取败之首了。"于是，大阅州兵，得万八千人。分为六，各将三千人，分部教之。量贼众寡，使更出御贼。时塞门、承平诸寨既废，用种世衡策，城青涧以据贼冲；大兴营田，且听民得互市，以通有无。又以民远输劳苦，请建郦城为军，以河中、同、华中下户税租就输之，春夏徙兵就食，可省粲十之三，他所减不与。诏以为康定军。

明年正月，诏诸路入讨。仲淹曰："正月塞外大寒，我师暴露，不如俟春深入，贼马瘦人饥，势易制也。况边备渐修，师出有纪；贼虽猖獗，固已惴其气矣。郦、延、密迩美、夏；西羌必由之地也。第按兵不动，以观其衅，许臣稍以恩信招来之。不然，情意阻绝，臣恐偃兵无期矣。若臣策不效，当举兵先取绥、宥，据要害，纯兵营田，为持久计。则茶山、横山之民，必挈族来归矣。拓疆御寇，策之上也。"帝皆用其议。仲淹又请修承平、永平等寨，稍招还流亡，定堡障，通斥候，城十二寨。於是，羌汉之民，相踵归业。

久之，元昊归陷将高延德，因与仲淹约和。仲淹为书戒喻之。会任福败于好水川，元昊答书语不逊，仲淹对来使焚之。大臣以为，不当辄通书，又不当辄焚之。宋庠请斩仲淹。帝不听。降本曹员外郎，知耀州。徙庆州，迁左司郎中，为环庆路经略安抚缘边招讨使。

初，元昊反，阴诱属羌为助，而环庆酋长六百余人，约为乡道。事寻露。仲淹以其反复不常也，至部即奏行边，以诏书犒赏诸羌，阅其人马，为立条约："若仇已和断，辄私报之及伤人者，罚羊百、马二；已杀者斩。负债争讼，听告官为理；辄质缚平人者，罚羊五十、马一。贼马入界，追集不赴随本族，每户罚羊二。质其首领。贼大入，老幼入保本寨，官为给食；即不入寨，本家罚羊二；全族不至，质其首领。"诸羌皆受命，自是始为汉用矣。

改邠州观察使，仲淹表言："观察使，班待制下。臣守边数年，羌蛉颇亲爱臣，呼臣为'龙图老子'。今退而与王兴、朱观为伍，第恐为贼轻矣。"辞不拜。庆之西北马铺寨，当后桥川口，在贼腹中。仲淹欲城之，度贼必争，密遣子纯佑与蕃将赵明先据其地，引兵随之。诸将不知所向。行至柔远，始号令之。版筑皆具，旬日而城成，即大顺城是也。贼觉，以骑三万来战。佯北，仲淹戒勿追，已而果有伏。大顺既城，而白豹、金汤皆不敢犯。环庆自此寇益少。

明珠、灭臧，劲兵数万。仲泾原欲袭讨之，上言曰："二族道险，不可攻，前日高继嵩已丧师。平时且怀反侧，今讨之，必与贼表里，南入原州，西扰镇戎，东侵环州，边患未艾也。若北取细腰、胡芦众泉为堡障，以断贼路，则二族安，而环、镇戎径道通彻，可断贼路，则二族安，而环州、镇戎径道通彻，可无忧矣。"其后，遂筑细腰、胡芦诸寨。

葛怀敏败於定川，贼大掠至潘原。关中震恐，民多窜山谷间。仲淹率众六千，由邠、泾援之。闻贼已出塞，乃还。始，定川事闻，帝按图谓左右曰："若仲淹出援，吾无忧矣。"奏到，帝大喜曰："吾固知仲淹可用也。"进枢密直学士，右谏议大夫。仲淹以军出无功，辞不敢受命。诏不听。

时已命文彦博经略泾原。帝以泾原伤夷，欲对徙仲淹，遣五怀德喻之。仲淹谢曰："泾原地重，第恐臣不足当此路。与韩琦同径略泾原，并驻泾州，琦兼秦凤，臣兼环庆。泾原有警，臣与韩琦合秦凤、环庆之兵，掎角而进；若秦凤、环庆有警，亦可率泾原之师为援。臣当与韩琦练兵选将，渐复横山，以断贼臂。不数年间，可期平定矣。愿诏庞籍兼领环庆，以成首尾之势。秦州委文彦博，庆州用滕宗谅总之。孙沔亦可办集。渭州，一武臣足矣。"帝采用其言，复置陕西路安抚、经略、招讨使，以仲淹、韩琦、庞籍分领之。仲淹与琦开府泾州，而徙彦博帅秦，宗谅帅庆，张亢帅渭。仲淹为将，号令明白，爱抚士卒；诸羌来者，推心接之而不疑。故贼亦不敢辄犯其境。元昊请和，召拜枢密副使。王举正糯默不任事，谏官欧阳修等言仲淹有相材，请罢举正用仲淹。遂改参知政事。仲淹曰："执政可由谏官而得乎？"固辞不拜，愿与韩琦边。命为陕西宣抚使。未行，复除参知政事。会王伦寇淮南，州县官有不能守者，朝廷欲按诛之。仲淹曰："平时讳言武备，寇至而专责守臣死事，可乎？"守令皆得不诛。

帝方锐意太平，数问当世事，仲淹语人曰："上用我至矣，事有先后，久安之弊，非朝夕可革也。"帝再赐手诏，又为之开天章阁，召二府条对。仲淹皇恐，退而上十事：

一曰明黜陟。二府非有大功、大善者不迁，内外须在职满三年，在京百司非选举而授，须通满五年，乃得磨勘。庶几考绩之法矣。

二曰抑侥幸。罢少卿、监以上乾元节恩泽。正郎以下若监司、边任，须在职满二年，始得荫子。大臣不得荐子弟任馆阁职。任子之法无冗滥矣。

三曰精贡举。进士、诸科请罢糊名法，参考履行无阙者，以名闻。进士先策论，后诗赋，诸科取兼通经义者。赐第以上，皆取诏裁。余优等免选注官，次第入守本科选。进士之法，可以循名而贵实矣。

四曰择长官。委中书、枢密院先选转运使、提点刑狱、大藩知州。次委两制、三司、御史台、开封府官、诸路监司举知州、通判。知州、通判举知县、令。限其人数，以举主多者从中书选除。刺史、县令，可以得人矣。

五曰均公田。外官廪给不均，何以求其为善耶？请均其入，第给之，使有以自养，然后可以责廉节，而不法者可诛废矣。

六曰厚农桑。每岁预下诸路，风吏民言农田利害，堤堰渠塘，州县选官治之。定劝课之法以兴农利，减漕运。江南之圩田，浙西之河塘，堕废者可兴矣。

七曰修武备。约府兵法，募畿辅强壮为卫士，以助正兵。三时务农，一时教战，省给赡之费。畿辅有成法，则诸道皆可举行矣。

八曰推恩信。赦令有所施行，主司稽违者。重置于法。别遣使按视其所当行者。所在无废格上恩者矣。

九曰重命令。法度所以示信也，行之未风旋即厘改。请政事之臣参议可以久行者，删去烦冗，裁为特敕行下。命令不至于数变更矣。

十曰减徭役。户口耗少而供亿滋多。省县邑户少者为镇，并使、州两院为一，职官白直，给以州兵，其不应受役者，悉归之农。民无重困之忧矣。

天子方信向仲淹，悉采用之；宜著令者，皆以诏书画一颁下。独府兵法，众以为不可而止。

又建言："周制，三公分兼六官之职，汉以三公分部六卿，唐以宰相分判六曹。今中书，古天官冢宰也。枢密院，古夏官司马也。四官散于群有司，无三公兼领之重。而二府惟进拟差除，循资级，议赏罚，检用条例而已。上非三公论道之任，下无六卿佐王之职。非治法也，臣请仿前代。以三司、司农、审官、流内铨、三班院、国子监、太常、刑部、审刑、大理、群牧、殿前马步军司，各委辅臣兼判其事。凡官吏黜陟、刑法重轻、事有利害者，并从辅臣予夺。其体大者，二府佥议奏裁。臣请自领兵赋之职。如其无补，请先黜降。"章得象等皆曰不可。久之，乃命参知政事贾昌朝领农田，仲淹领刑法。然卒不果行。

初，仲淹以忤吕夷简，放逐者数年。士大夫持二人曲直，交指为朋党。及陕西用兵，天子以仲淹士望所属，拔用之。及夷简罢，召还，倚以为治。中外想望其功业。而仲淹以天下为己任，裁削幸滥，考覆官吏，日夜谋虑兴致太平。然更张无渐，规摹阔大。论者以为不可行。及按察使出，多所举劾，人心不悦。自任子这恩薄，磨勘之法密，侥幸者不便。于是，谤毁稍行，而朋党之论浸闻上矣。

会边陲有警，因与枢密副使富弼请行边。于是，以仲淹为河东、陕西宣抚使，赐黄金百两，悉分遣边将。麟州新罹大寇，言者多请弃之，仲淹为修故寨，招还流亡三千余户；蠲其税，罢榷酤予民。又奏免府州商税。河外遂安。比去，攻者益急。仲淹亦自请罢政事，乃以为资政殿学士，陕西四路安抚使，知邠州。其在中书所施为，亦稍稍沮罢。

以疾请邓州，进给事中。徙荆南，邓人遮使者请留。仲淹亦愿留邓，许之。寻徙杭

州。再迁户部侍郎,徙青州。会病甚,请颍州。未至而卒,年六十四。赠兵产尚书,谥文正。

初,仲淹病,帝常遣使赐药存问。既卒,嗟悼久之,又遣使在其家。既葬,帝亲书其碑曰:"褒贤之碑"。

仲淹内刚外和,性至孝。以母在时方贫,其后虽贵,非宾客不重肉。妻子衣食,仅能自充。而好施予,置义庄里中,以赡族人。泛爱乐善,士多出其门下。虽里巷之人,皆能道其名字。死之日,四方闻者,皆为叹息。为政尚忠厚,所至有恩。邠、庆二州之民与属羌,皆画像立生祠事之。及其卒,也羌酋数百人,哭之如父,斋三日而去。四子:纯佑、纯仁、纯礼、纯粹。

【译文】

范仲淹,字希文,是唐朝宰相范履冰的后代。他的祖先,原是陕西邠州人;后来迁往江南定居,就成了苏州吴县人。

仲淹刚两岁的时候,父亲便逝去了。母亲改嫁到淄州长山县朱家,他也就跟着姓了朱,名叫朱说。仲淹在少年时代就很有志气。当他渐渐长大起来,知道了自己家世的时候,深感悲苦;就流着眼泪,毅然辞别母亲,离开长山,独自前往应天府,投靠在戚同文(戚同文的后人)门下学习。他昼夜不停他苦读,冬天疲乏到了极点,竟用凉水浇脸,来驱除倦意。他的食物很不充裕,甚至不得不靠喝粥来度日。对于一般人来说是难以忍受的生活,范仲淹却从不叫苦。

他通过科举考试,成为进士,被任命为广德军的司理参军。这时,他把母亲接来,赡养侍奉。调任集庆军节度推官后,便恢复了原来的范姓,改名仲淹。仲淹前往泰州西溪镇盐仓作监税官,晋升为大理寺丞,又调移楚州粮料院做监官。这时,他的母亲去世,他便离职办理丧事。

应天府的知府晏殊,听说仲淹以好学闻名,便召请他到府学主持教务。他上书朝廷,提出一系列建议:选择贤明的人作州郡长官,举荐有成绩的人当县令,排除社会上的游散懒惰势力,裁汰冗员并取缔过度奢侈,严密选举制度,培育将帅以加强边防等。这封上书长达一万余字(实际不足万字)。待他服丧三年之后,因为得到晏殊的推荐,荣任馆职秘阁校理。

仲淹通晓六经,特别以通晓《易》经为专长。很多学习儒经的人,都来向他请教、问业。他捧着经书为人们讲解,从来不知疲倦。他还曾经用自己的俸禄购买饭食,供给前来求学的各地游士,以至自己的孩子们衣履不整,出门时不得不轮流更换一件较好的衣衫。而仲淹对此,竟处之泰然。每当谈论起天下大事,他都慷慨激动,奋不顾身。当时士大夫间注意品格修养和讲究节操的风尚,正是在范仲淹的倡导下开始形成的。

天圣七年,刘太后预备在冬至这天接受朝拜大礼;届时,仁宗皇帝将亲率文武百官,为太后上寿。范仲淹认为这事不妥,上疏详细论述了自己的意见,并且说:"宫中侍奉亲长,自当有家庭的礼法;但在朝廷上,皇帝与百官站在一起,面向南方(北方)去朝拜母后,却不可以开此例,让后世跟着这样办。"他还上疏请刘太后撤帘,将朝政大权交还仁宗皇帝。这奏疏没有得到答复。不久,他便受命离京,往河中府去做通判;后来又调到陈州做通判。那时,朝廷正从陕西征购木材,运往京师,建造太一宫和洪福院。仲淹上奏说:"不久以前,昭应宫、宁寿观接连毁于火灾。上天的惩戒过去才不久,如今又大兴土木,破费民产。这可不是顺人心,合天意的事情。应该停止修建寺观,减少平常年景征购木材的数量,以及免除民间在这方面的上供积欠。"他又说:"受到宠幸的人,不经过有关部门的任命手续,纷纷由皇宫里直接降敕授官,不是太平之政。"这些意见虽然未被采纳实行,仁宗却认为范仲淹心地忠诚。

刘太后死后,他被召回京师,做了右司谏。上疏议论国事的臣僚们,这时大多揭露刘太后生前听政时的过失。仲淹说:"先帝去世以来,太后养育和照护陛下十余年;应该替她遮掩小错,以成全她作太后的德誉。"于是,仁宗皇帝向朝廷内外降下诏令,戒谕臣僚们,不要随便论斥太后垂帘时的事情。

当初太后临终时,曾立过遗诰,嘱咐让太妃杨氏接替她作皇太后,参与军国大事的决策。范仲淹上奏说:"太后,是皇帝母亲的专用称号。自古以来,没有因保育皇帝有功便被他人替皇帝立做母亲的。如今一个太后去世,又立一个太后,天下人怕要怀疑陛下一天也离不开母后的扶助呀!"

这年闹大蝗灾、大旱灾,江南路、淮南路、京东路的灾情特别严重。仲淹奏请朝廷,派遣使臣前往灾区巡视。没有得到答复,就请问道:"宫廷中的人如果半日不吃饭,会怎么样呢?"仁宗听了,脸上现出悲哀的神情,便派仲淹去慰问江南路、淮南路灾区。仲淹所到之处,开仓赈济饥民,并禁止灾民滥设祠庙祭祀天地鬼神;还奏请朝廷减免庐州、舒州这年应该上供的折役茶,减免江南东路这年应该缴纳的丁口盐钱;而且呈上一篇《救弊十事》的奏札,逐条论述了朝政诸弊。

恰巧那时又发生郭皇后被废为妃的事,他率领谏官和御史,大家跪伏在垂拱殿门前,为反对废后而争谏。没有达到目的。第二天,他们准备在殿廷上留下百官,一同为此事与宰相辩论。可是,刚走到待漏院等候上朝,便已有诏旨传下,命他离开京师,去做睦州知州。过了一年多(半年),他被调到苏州做知州。苏州地区积水过大,许多民田不能耕种。仲淹募人开修五条河渠,疏导田间积水与太湖之水,将它们引入大海。他募人兴修的这些河渠还没能开通,忽然被调做明州知州;两浙路转运使奏请让仲淹暂留苏州任上,以便完成他业已开始的水利工程,朝廷又准许了转运使的奏请。

此后,他升阶为礼部员外郎、天章阁待制,被召回京师,判国子监;接着,又转官为吏部员外郎,任权知开封府事。

这时,宰相吕夷简执掌朝政。受到重用和提拔的官员,大都是走吕家门径或跟从过吕夷简的人。针对这种情况,仲淹向仁宗呈上一份《百官图》,指着上面开列的众官晋升顺序说:"像这样的晋升,是循序升迁;象那样的遽然晋升,是不合次序的提拔。如果说这些循序升迁是出于公道,那么,那些不合次序的遽然提拔,便是出于私意了。况且,大凡属于天子近臣的破格提拔和撤职贬降,也不该全都交付宰相去办。"夷简对此,很不高兴。另一天,朝中讨论迁建国都问题。仲淹说:"洛阳地势险要,城池坚固;而汴梁是四方战争必经之地。太平年月,天子适于居住汴梁;如有急难情事,必须西居洛阳。应当慢慢扩大洛阳的储备,修缮那里的宫室。"皇帝询问夷简关于迁都的意见,夷简说:"仲淹这种不切实际的说法,是迂腐的空论!"仲淹便又连写四篇论奏,献呈仁宗。这四篇论奏的内容,大都是指责当时的朝政状况。仲淹又说:"汉成帝由于过分相信了宰相张禹的话,不再怀疑母舅王氏家的政治野心,因而才招致舅家子王莽篡位的祸事。我恐怕今天也有张禹那样的人,破坏陛下的家法。"夷简大怒,向仁宗说:"仲淹这些话,是在有意破坏我们君臣之亲密关系。他所荐举和引用的人,都是他的一伙同党!"仲淹奏对争辩,词语越发急切。由此,他被罢免天章阁待制之职,贬往江西路饶州做知州。

殿中侍御史韩渎,为迎合宰相的旨意,奏请把仲淹同党的人名写成一榜,在朝廷上张贴公布。于是,秘书丞余靖上奏说:"仲淹因一句话得罪了宰相,竟立即遭到贬斥和流窜。况且前次他所议论的,是关于陛下母子、夫妇之间的事;陛下已然宽容了他,甚至还对他十分优遇。如今我请求陛下追回前诏,另加修改。"太子中允尹洙,上疏诉告自己与仲淹的关系,不仅是好友,平素以仲淹为师,而且仲淹还曾经称荐过自己;宁肯跟仲淹一起降职,受到贬黜。馆阁校勘欧阳修,鉴于谏官高若讷对范仲淹蒙冤被贬一事竟袖手旁观,身为言官而默默不言,便写信去责备他。因此,余、尹、欧三人,都共同为仲淹一案而被贬官。

第二年,夷简也被罢相。从此,围绕"朋党"的争论便兴起了。仲淹离京以后,士大夫们为他辩白、并荐举他回朝的奏疏,接连不断。仁宗对宰相张士逊说:"以前贬降仲淹,是因为他曾秘密地奏请要立一个皇太弟,作为皇位继承人。今天他的同党这样赞扬并荐举他,怎么办?"于是再次下诏,禁戒百官结党。

仲淹在饶州做了一年多知州后,调往润州;后又调到越州做知州。元昊反叛宋朝后,他被召入朝,恢复了天章阁待制之职,出任陕西路永兴军的知军州事,接着又改任陕西都转运使。那时,夏竦做陕西经略、安抚、招讨使,朝廷又提升仲淹,以龙图阁直学士之职做夏竦的副手。夷简这时也再度出任宰相。仁宗皇帝劝告仲淹,让他解除当年与夷简的怨恶。仲淹叩头回答说:"我以前的论奏都属于国家公事,对夷简个人是没有怨恨的。"

地处宋夏边境的陕西延州附近各寨,当时在夏军围攻中纷纷失守。仲淹主动请求到那里去;于是被升户部郎中,兼知延州事。以前,皇帝诏旨规定,各级将领分别统率一定数量的边防军:"总管"带领一万人,"钤辖"带领五千人,"都监"带领三千人。敌人若来侵犯,地位低的军官要先行出阵抵御。仲淹说:"战将不选择适当的人,只以官阶高低作为出阵先后的标准,这是自取失败的办法。"于是,他认真检阅了本州的厢兵,得到一万八千名合格士兵;把他们分成六部,让每个将领统率三千人,分别予以训练。临战时根据敌军多寡,调遣他们轮流出阵抗敌。那时,延州所属的塞门、承平等各寨,已被弃。他采纳种世衡的计策,筑起一座青涧城;以此来阻挡夏军的锋芒。他组织大批民户耕种官田;并开放民间贸易,以便边民互通有无。又因为当地百姓远陲输纳赋课,过于劳苦,便奏请将鄜城县升建为军一级的行政单位;让河中府、同州、华州的中下等户,就近送缴课税。在春夏季节,则调郎延兵马来鄜城这里,就近购食军粮;可以节省十分之三的买粮开支,还不算别的减省。皇帝诏命该军为康定军。

第二年正月(当年十二月),仁宗诏命陕西各路出兵讨伐西夏。仲淹说:"正月间塞外最冷,我军露天受冻,不如等待春季出兵,深入敌境。那时敌方马瘦人饥,我军就容易控制形势了。况且,那时边防军备逐渐加强,部队行动纪律严明;敌军就算猖獗,在气势上必已被我军震服了。鄜州、延州,紧邻着西夏的灵、夏二州,是边界西羌族的必经之地。

暂时只宜按兵不动,注意观察他们的破绽;让我慢慢用恩惠和信义招纳他们前来归附。不然,伤透了感情,我恐怕将来要罢兵休战,也没有日期了。假若我的招纳策略无效,就发兵先夺取绥州和宥州,占据要害地区,屯兵营田,作长久打算。那么,茶山、横山一带的人,必将带着全族来归顺的。既开拓疆土,又抵御敌寇,这是上策呵!"逐渐召回流亡寨外的人,巩固堡垒屏障,灵通敌情侦察,把十二座旧寨改建为城。于是,羌族与汉族的流散百姓陆续归来,恢复了旧业。

许久以后,西夏皇帝元昊将被俘宋将高延德送回,借此表示愿与仲淹停战议和。仲淹写信劝元昊彻底罢兵,莫再反宋。恰巧宋将任福在好水川吃了败仗,元昊给仲淹复信,用语很不客气,仲淹便当着来使的面,烧了那封信(其实暗留副本,佯作尽焚)。朝中大臣认为仲淹不该擅自与西夏通信,更不该随意把西夏书信烧毁。宋庠甚至奏请斩杀仲淹。仁宗皇帝没有听从他的意见,只将仲淹由户部郎中降为本部员外郎、知耀州。后来又调到庆州做知州,升阶为左司郎中,做环庆路经略、安抚使和缘边招讨使。当初元昊称帝时,曾秘密引诱归附宋朝的羌族人,协助他们侵宋。居住环庆路的六百多个羌族人头领,也答应作夏军的向导。这事不久就败露了。仲淹因为羌人对宋朝反复无常,在到达自己的防区时,就奏请赴边境巡察。他用宋朝皇帝诏命的名义,犒赏羌族各部,检阅他们的人马,还同他们约订了几项条规:"假若旧仇业已和解或了结,而又擅行报复并伤人的,罚羊一百头,马两匹;其中已杀了人的,要斩首。因欠债而引起的争讼,听凭当事人撤告官府来处理;随便扣押、捆缚无辜者的,罚羊五十头,马一匹,西夏军马侵入边界时,不随本族集合并追击敌军的,每户罚羊两头,扣押他们的首领。遇有敌军大举入侵时,老少进入本寨自卫,官府供给食粮。届时不入城寨的人家,罚羊两头;全族不到寨自卫,便扣押他们的首领。"羌族各部都服从了这些条规。从此,他们开始为宋朝效力了。

被改授邠州观察使的武职时,仲淹上表说:"观察使在朝班中的位次,在待制之下。我守边数年,羌族人对我十分亲爱,称呼我为'龙图老子'。今天降低到与部下王兴、朱观为同辈(居方荣、刘兴之下),只怕连敌军也会轻蔑的。"他没有接受这一新官。庆州西北的马铺寨,正当后桥川口,深处在西夏境内。仲淹想在那里筑城,料定敌军必来争夺,便秘密派儿子纯佑与将领赵明一起,先占据这一地区,自己引兵随后前往。出发时诸将并不知道行军的目的地,部队走到柔远寨,才发布筑城号令。版筑一类筑墙工具都已准备好,只用十天时间,就筑成一座新城。这就是那大顺城。敌军发觉了,派三万骑兵来攻,并在战斗中假装败退;仲淹告诫部下,不去追杀他们。后来知道,敌军果然有埋伏。大顺城建成后,白豹城、金汤寨一带的夏军都不敢再来侵犯,环庆路从此也很少敌踪。

宋、夏之间的明珠、灭臧两部族,拥有强兵数万。仲淹听说泾原路宋军想要袭击、讨伐这两族,便上奏朝廷说:"通往明珠、灭臧二族的道路很险恶,我军不可出击。前些时候,高继嵩的军队已经为此败亡。这二族平时尚且心怀二意,如今再讨伐他们,他们势必与敌军勾结,向南入侵我原州,向西骚扰我镇戎军,朝东入侵我环州,边患将难于止息了。若能在北部细腰、胡芦等处泉溪地带,建筑堡垒屏障,从而切断夏军与二族间的通路;那么,这两族既可安心归附,而环州与镇戎军之间被二族遮断的近路小道,也可以畅通无阻。这一带边防,就不用忧虑了。"此后,泾原路宋军便筑了细腰、胡芦等各寨(乃两年以后之事)。

葛怀敏在定川战败时，夏军大举侵掠，深入到渭州潘原县一带。整个关中都惊恐震动起来，百姓纷纷往山谷间逃窜。仲淹率领六千兵将，由邠州、泾州出发，去援救泾原路；听说敌军已撤出边寨，才率师返回。当初，定川战败等消息传到朝廷时，仁宗皇帝审视地图对身边大臣说："假若仲淹出兵援救，我就不愁了。"仲淹出援的奏报一到，仁宗大喜说："我原来就知道仲淹是可以信用的！"随即将仲淹晋升为枢密直学士、右谏议大夫。仲淹因为自己这次军出无功，上表辞让，不敢接受新的任命。但仁宗不听他辞让的意见，仍命他晋升新职。

那时，已经任命文彦博做泾原路经略、安抚、缘边招讨使。仁宗又认为泾原路在战火中伤残累累，想让仲淹、文彦博对调辖区，彼此换防；并派王怀德做使臣去传告此事。仲淹辞谢说："泾原路所处的地位很重要，只怕我承担不了这路的责任。请让我与韩琦共同负责泾原路的事务，并且一起驻扎在泾州。韩琦兼管秦凤路，我兼管环庆路，泾原路有警报，我与韩琦联合秦凤、环庆两路兵马，以犄角之势夹进应敌；若秦凤。环庆路有警报，我也可率领泾原路的兵马，去做援军。我一定与韩琦练兵选将，逐渐收复横山，从而斩断敌军之臂；用不了几年时间，就可以期望平定边患。希望皇上降诏，任命庞籍兼做环庆路统帅，以便造成头尾两端互相照应的形势。秦州，委派文彦博去做知州；庆州，用滕宗谅去总领其事；孙沔也可以完成这任务。至于渭州，有一员武臣负责就足够了。"仁宗皇帝采纳了他的建议，又重新设置了陕西路（"路"前脱一"四"字）安抚、经略、招讨使，让仲淹、韩琦、庞籍分别负责其职事。仲淹与韩琦在泾州开置帅府，而将彦博调做秦凤路的统帅，宗谅则做环庆路的统帅，张亢任渭州方面军队的统帅。

仲淹做将领时，军令严明，爱护士兵；对于前来归附的各部羌人，能诚恳接纳，信任不疑。所以，敌军便不敢轻易就来侵犯他统辖的地区。元昊请示停战议和以后，他被召回京师，升做枢密副使。王举正胆小而不敢直言，不能胜任副宰相的职事。谏官欧阳修等，奏称仲淹有宰相之才，请求朝廷罢免王举正而用仲淹代替他。于是，仲淹就被改任为参知政事。仲淹说："执政的官职，是可以由谏官的话而得到的吗？"他坚辞不受，表示愿与韩琦一同出京，去巡视边防。他被派做陕西宣抚使；但尚未出发，又再度受任为参知政事。这时，正好王伦起兵进袭淮南路，当地州县官中，有些不能坚守抵御的人，朝廷准备查明后处死他们。仲淹反对说："朝廷平日不讲究武备，敌军到来时，却一味责令州官以死殉职，这能办到吗？"那些未能坚守的州县官，因而都没有被处死。

仁宗皇帝这时正急于想要稳固政局，实现太平，屡次向大臣询问当世要事。仲淹对人说："皇上对待我，真够信用的了。不过，事情总有个先后缓急；以往长期安定局面中累积的弊病，绝非一朝一夕所能革除呵！"仁宗却再度赐给他亲笔写的诏书；为了同样的目的，又打开天章阁，将二府大臣召入，让他们当场奏对，条例已见。仲淹很感惶恐，在退归私第后，便呈上了《答手诏条陈十事》的奏疏：

一是严明官吏升降制度。没有大功劳和明显政绩的人，不得升任二府官职。京师内外的官员，必须在职任满三年，才可以磨勘升迁。没有通过选任和保举而在京师各个衙司任职的官员，必须累计任满五年，才能磨勘升迁。这样，差不多就算是考核政绩的制度了。

二是限制侥幸做官和升官的途径。取消乾元节这天照顾少卿、监以上官员子弟做官的恩泽；正郎以下官，包括路一级监司官、边远地区官员等，必须在职任满两年，方可享受恩荫任子的特权；大臣不得荐举自己的子弟充任三馆、秘阁的清要馆职。这样，任子之制就不至于太滥太繁了。

北宋文官

三是严密贡举制度。进士和诸科考试中，请取消试卷弥封法。除考核艺业外，也参考实际表现；将没有缺陷的考生姓名奏闻朝廷。进士科考试，先试策问和议论文，后考诗、赋诸科。要录取那些兼通经旨大义的人。"赐第"以上高等科名，都经由皇帝裁决宣布；其余成绩较好的，也优待授官，免除吏部铨选手续，注册为现任官职；以下成绩较差的人，则由该本科发给凭据，到吏部等候铨选任命。这样，进士之法，便可以依其名而求其实了。

四是选择长官。首先，由中书和枢密院选派路一级长官——转运使、提点刑狱，和大州郡的知州；其次，让两制、三司、御史台、开封府的官员和各路监司长官，荐举州一级的长官——知州、通判；知州和通判再荐举县一级长官——知县、县令。限制各级官员所荐举的人数，由中书宰执官在举主多的被荐人中选派官长。这样，刺史、县令等州县长官，便可以得到称职的人选了。

五是均衡公田。京师以外的官员廪食供给不均，怎能要求他们尽职办事呢？请朝廷均衡一下他们的职田收入；没有发给职田的，按等级发给他们，使他们有足够的衣食来养活自己。然后，便可以督责他们廉节为政；对那些违法的人，也可予以惩办或撤职了。

六是重视农桑等生产事业。每年预先给各路转运司降下诏令，让他们劝谕所属各州军官民人等,讲究农田利害。对于堤堰、陂塘、河渠之类水利工程,由各州县选派官吏,定期治理。再制定一套奖励、考核制度,大兴农利,减省漕运之费。这样,江南路的圩田,浙西路的河塘,这些已被废毁的水利事业,便又可以兴复了。

七是整治军备。大略参照府兵制度,在京师附近地区招募强壮男丁,充作京畿卫士,用来辅助正规军。这些卫士,每年大约用三个季度的时光务农,一个季度的时光教练战斗;可以节省给养之费。京师附近有了完备的制度,各地就都可以仿照施行了。

八是广泛落实朝廷的惠政和信义。主管部门有人拖延或违反赦令的施行,要依法从重处置。另外,还要向各路派遣使臣,巡察那些应当施行的各种惠政是否施行。这样,便处处都没有阻格皇恩的现象了。

九是要严肃对待和慎重发布朝廷命令。法度是要示信于民的;如今颁行不久便随即更改。请让执掌政事的大臣们,参与讨论那些可以长久推行的条令,删去繁杂冗赘的条款,裁定为皇帝制命和国家律令,颁布下去。这样,朝廷的命令便不至于经常变更了。

十是减轻徭役。如今户口已然减少,而民间对官府的供给,却更加繁重。应将户口少的县裁减为镇,将各州军的使院和州院衙署,并为一院;职官厅差人干的杂役,可派给一些州城兵士去承担;将那些本不该承担公役的人,全部放回农村。这样,民间便不再为繁重的困扰而忧愁了。

天子正专意信用仲淹,全部采用了这些奏议;其中适于写成诏令的,便都以诏书的形式统一颁布下去。只有府兵制一事,因众臣认为不能施行而作罢。

仲淹又建议说:"周代的制度,是三公分别兼任六官之职;汉代,由三公分别兼管六卿(九卿)职事;唐代,由宰相分别处理六曹事务。今日中书的职任,就是古代天官卿冢宰的职任;今日枢密院的职任,就是古代夏官卿司马的职任。其余四官负责的职事,如今分散于众官署去办理。这样,相当于三公兼掌的大权,如今都没有了。而实际上,今天二府的职事,只不过是草拟些授官文书去进呈,按资历、级别去评论赏罚;大抵查阅条例、照章办事而已。既不象三公那样,承担着论列天下是非大理的重任;也不象六卿那样,各自专有其辅佐君王的具体职责。这不是治国的办法!我请求效仿前朝之制,将如今的三司、司农寺、审官院、流内铨、三班院、国子监、太常寺、刑部、审刑院、大理寺、群牧司、殿前马步军司的职事,分别派宰辅大臣来兼管。凡属官吏升降、刑法轻重、事有利害的,都听凭宰辅大臣全权处理。其中事体重大的,由二府大臣共同商议,奏请皇帝裁决。我本人请求负责军事和财赋方面的职事。如果事情毫无起色,就请皇上先将我革职贬降。"宰相章得象等人,都说范仲淹的建议不能实行。许久以后,才任命参知政事贾昌朝兼管农田方面的事务,仲淹兼管刑法方面的事务;然而,终于都没能实际去管。

当初,仲淹由于得罪了吕夷简,被逐出京师,外任多年;士大夫们根据他们两人的是非曲直,彼此指骂对方是朋党。及至陕西路一带战争爆发,天子因为看到士大夫们一致敬仰仲淹。便提升和重用他。待到夷简罢相,又将仲淹召回京师,依靠他来治理国事。这时,朝里朝外都期待他创立一番功业,而仲淹本人,也把治理天下视为自己的责任。他裁抑侥幸,削减冗滥,调查并审核各路的官吏,日夜思虑和策划着怎样实现一个太平的政治局面。然而,他的改革没能稳步进行,改革的规模又嫌过于浩大。有人评论,认为他的改革措施无法实行。等到按察使派出,各种罪状被大量地检举揭发出来,人们心里便很不高兴。从减少任子做官的恩荫,到严密按资历升官的磨勘条规,希图侥幸的人,都深感不便。于是,恶毒的攻击慢慢散播开来,而指责改革者是"朋党"的议论,竟渐渐传到皇上的耳朵里去了。

恰巧这时边防地带有警报,仲淹便与富弼一起,请求去巡视边防。于是,派仲淹做河东路、陕西路宣抚使,赐给他一百两黄金。仲淹将这笔赏赐全部分赠予边防军将领。麟州因刚遭受过大规模的侵扰,一些向朝廷奏事的人,便大多都请求废弃该州的建置。仲淹为麟州修整了旧寨,召回了逃散流亡的三千余户居民,减免他们的课税,撤销了当地的榷酤政策,给予民户卖酒的自由,又奏请朝廷免除了府州的商税。黄河以外地区便安定下来。自从仲淹离京西去,朝中的反对派越发加紧攻击他。仲淹自己也奏请罢免他的参知政事职务。这样,他就被任命为资政殿学士、陕西四路安抚使、邠州知州。当初在中书时所推行的措施,也陆续被废止。

他因病请求到邓州去做知州,被晋升为给事中。调往荆南府时,邓州人拦住传旨使臣的路,要求让仲淹继续留任,仲淹也愿意留在邓州;朝廷便准许了他们的奏请。不久,他被调往杭州做知州;又升为户部侍郎,调任青州知州。适逢他病情加剧,奏请做颍州知州,但未能到达颍州便死去了;享年六十四岁。朝廷给他赠官为兵部尚书,谥称"文正"。

当初,仲淹患病期间,仁宗皇帝经常派使臣赐他药物,慰问他。他死后,仁宗悲伤了很久;又派使臣到他家中去慰问。安葬以后,仁宗皇帝亲笔为他的墓碑篆额,称为"褒贤之碑"。

仲淹内心刚强而外表却很温和,生性尤其孝顺父母。因为母亲在世时他正贫困,后来虽然富贵起来,没有宾客在场时,一餐仍不吃两份肉菜。妻子儿女的衣食,也只刚够吃用。然而,他喜欢将自己的钱财赠送给别人,在家乡还创置了"义庄",用来赡养和救济本宗族的人。他待人十分亲热敦厚,并乐于替人家办好事。当时的贤士,很多是在他的指导和荐拔下成长起来的。即使是乡野和街巷的平民百姓,也都能叫出他的名字。他死的时候,各地听到噩耗的人,都深为叹息。他处理政事,最讲究忠厚二字;所到之处,多有惠民的德政。邠州和庆州的百姓,与归附宋朝的羌族人民,都画了他的肖像,给他立生祠,来纪念他。待到他逝世时,羌族首领数百人聚众举哀,象死去父亲一样痛哭;斋戒了三天才散去。他有四个儿子:纯佑、纯仁、纯礼、纯粹。

包拯传

【题解】

包拯(999~1062),宋庐州合肥(今属安徽)人,字希仁。天圣朝进士。累迁监察御史,建议练兵选将、充实边备。奉使契丹还,历任三司户部判官,京东、陕西、河北路转运使。入朝担任三司户部副使,请求朝廷准许解盐通商买卖。改知谏院,多次论劾权幸大臣。授龙图阁直学士、河北都转运使,移知瀛、扬诸州,再召入朝,历权知开封府、权御史中丞、三司使等职。嘉裕六年(1061),任枢密副使。后卒于位,谥号"孝肃"。包拯做官以断狱英明刚直而著称于世。知庐州时，执法不避亲党。在开封时，开官府正门，使讼者得以直至堂前自诉曲直，杜绝奸吏。立朝刚毅，贵戚、宦官为之敛手，京师有。"关节不到，有阎罗包老"之语。后世则把他当作清官的化身。

【原文】

包拯，字希仁，庐州合肥人也。始举进士，除大理评事，出知建昌县。以父母皆老。辞不就。得监和州税，父母又不欲行，拯即解官归养。后数年，亲继亡，拯庐墓终丧，犹徘徊不忍去，里中父老数来劝勉。

久之，赴调，知天长县。有盗割人牛舌者，主来诉。拯曰："第归，杀而鬻之。"寻复有来告私杀牛者，拯曰："何为割牛舌而又告之？"盗惊服。徙知端州，迁殿中丞。端土产砚，前守缘贡，率取数十倍以遗权贵。拯命制者才足贡数，岁满不持一砚归。

寻拜监察御史里行，改监察御史。时张尧佐除节度、宣徽两使，右司谏张择行、唐介与拯共论之，语恳切。又曾建言曰："国家岁赂契丹，非御戎之策，宜练兵选将，务实边备。"又请重门下封驳之制，及废锢赃史、选守宰、行考试补荫弟子之法。当时诸道转运加按察使，其奏劾官吏多摭细故，务苛察相高尚，吏不自安，拯于是请罢按察使。

包拯

去使契丹，契丹令典客谓拯曰："雄州新开便门，乃欲诱我叛人，以刺疆事耶？"拯曰："涿州亦曾开门矣，刺疆事何必开便门哉？"其人遂无以对。

历三司户部判官，出为京东转运使，改尚书工部员外郎、直集贤院，徙陕西，又徙河北，入为三司户部副使。秦陇斜谷务造船材木，率课取于民；又七州出赋河桥竹索，恒数十万，拯皆奏罢之。契丹聚兵近塞，边郡稍警，命拯往河北调发军食。拯曰："漳河沃壤，人不得耕、邢、洺、赵三州民田万五千顷，率用牧马，请悉以赋民。"从之。解州盐法率病民，拯往经度之，请一切通商贩。

除天章阁待制、知谏院。数论斥权幸大臣，请罢一切内除曲恩。又列上唐魏郑公三奏，愿置之坐右，以为龟鉴。又上言天子当明听纳，辨朋党，惜人才，不主先入之说，凡七事；请除刻薄，抑侥幸，正刑明禁，戒兴作，禁妖妄。朝廷多施行之。

除龙图阁直学士、河北都转运使。曾建议无事时徙兵内地，不报。至是请："罢河北屯兵，分之河南兖、郓、齐、濮、曹、济诸郡，设有警，无后期之忧。借日戍兵不可遽减，请训练义勇，少给粮粮，每岁之用，不当屯兵一月之用，一州之赋，则所给者多矣。"不报。

徙知瀛洲，诸州以公钱贸易，积岁所负十余万，悉奏除之。以丧子乞便郡，知扬州，徙庐州，迁刑部郎中。坐失保任，左授兵部员外郎，知池州。

复官,徙江宁府,召权知开封府,迁右司郎中。

拯立朝刚毅,贵戚宦官为之敛手,闻者皆惮之。人以包拯笑比黄河清、童稚妇女,亦知其名,呼曰"包待制"。京师为之语曰:"关节不到,有阎罗包老。"旧制,凡讼诉不得径造庭下,拯开正门,使得至前陈曲直,吏不敢欺。中官势族筑园榭,侵惠民河,以故河塞不通,适京师大水,拯乃悉毁去。或持地券自言有伪增步数者,皆审验劾奏之。

迁谏议大夫、权御史中丞。奏曰:"东宫虚位日久,天下以为忧,陛下持久不决,何也?"仁宗曰:"卿欲谁立?"拯曰:"臣不才备位,乞预建太子者,为宗庙万世计也。陛下问臣欲谁立,是疑臣也。臣年七十,且无子,非邀福者。"帝喜曰:"徐当议之。"请裁抑内侍,减节冗费,务责诸路监司,御史府得自举属官,减一岁休暇日,事皆施行。

张方平为三司使,坐买豪民产,拯劾奏罢之;而宋祁代方平,拯又论之;祁罢,而拯以枢密直学士权三司使。欧阳修言:"拯所谓牵牛蹊田而夺之牛,罚已重矣,又贪其富,不亦甚乎?"拯因家居避命,久之乃出。其在三司,凡诸管库供上物,旧皆科率外郡,积以困民。拯特为置场和市,民得无扰。吏负钱帛多累系,间辄逃去,并械其妻子者,类皆释之。迁给事中、为三司使。数日,拜枢密副使。顷之,迁礼部侍郎,辞不受。寻以疾卒,年六十四。赠礼部尚书,谥孝肃。

拯性峭直,恶吏苛刻,务敦厚,而未曾不推以忠恕也。与人不苟合,不伪辞色悦人,平居无私书,故人、亲党皆绝之。虽贵,衣服、器用、饮食和布衣时。曾曰:"后世子孙仕宦,有犯赃者,不得放归本家,死不得葬大茔中。不从吾志,非吾子若孙也。"

初,有子名繶,娶崔氏,通判潭州,卒。崔守死,不更嫁,拯尝出其媵,在父母家生子,崔密抚其母,使谨视子。繶死后,取媵子归,名曰綖。有《奏议》十五卷。

【译文】

包拯,字希仁,庐州合肥人。最初考中进士,被授为大理评事,出任建昌县的知县。因为父母亲年纪都大了,包拯辞官不去赴任。得到监和州税的官职,父母又不想让他离开,包拯就辞去官职,回家赡养老人。几年之后,他的父母亲相继去世,包拯在双亲的墓旁筑起草庐,直到守丧期满,还是徘徊犹豫、不忍离去,同乡父老多次前来劝慰勉励。

过了很长时间,包拯才去接受调遣,担任了天长县的知县。有盗贼将人家牛的舌头割掉了,牛的主人前来上诉。包拯说:"你只管回家,把牛杀掉卖了。"不久又有人来控告,说有人私自杀掉耕牛,包拯道:"你为什么割了人家的牛舌还要来控告别人呢?"这个盗贼听罢又是吃惊又是佩服。移任端州知州,升为殿中丞。端州这地方出产砚台,他的前任知州假借上贡的名义,随意多征几十倍的砚台来送给权贵们。包拯命令工匠只按照上贡朝廷的数目制造。一年过去,他没有拿一块砚台回家。

不久,包拯被授为监察御史里行,改任监察御史。当时张尧佐被任命为节度使兼宣徽两院使,右司谏张择行、唐介和包拯一齐对此进行辩论,话语十分恳切。又曾建议说:"国家每年用岁币贿赂契丹,这并非防御戎狄的良策。应该训练士卒、选拔将领,致力于充实和巩固边防。"又请求朝廷重视门下省封驳制度,以及废罢和禁锢贪赃枉法的官吏,选拔地方长官,实行对补荫弟子进行考试的制度。当时各路转运使都兼任按察使,往往摘取无关紧要的小节来上奏弹劾官吏,专门以苛刻的考察来相互标榜、自诩高明,使得地方官吏十分不安,包拯于是请求朝廷废罢了按察使之职。

包拯出使契丹,契丹让典礼官对包拯说:"雄州城新开了一个便门,是不是想招诱我国叛逆之人以刺探边疆情报呀?"包拯说:"涿州城也曾经开过便门,刺探边境情报何必用开便门的方式呢?"那人于是无言以对。

历任三司户部判官,出任京东转运使,改授尚书工部员外郎、直集贤院,移任陕西,又移任河北,进京担任三司户部副使。秦陇斜谷专门置办造船用的木材,随意向老百姓摊派征取。而且这里的七个州负责提供造河桥用的竹索,常常多达几十万,包拯都上奏朝廷,停止了这些摊派。契丹在边境附近集结军队,边境的州郡逐渐紧张起来,朝廷命令包拯到河北调发军粮。包拯说:"漳河地区土地肥沃,百姓却不能耕种,邢、洛、赵三州有民田一万五千顷,都用来牧马,请求全部给老百姓耕种。"朝廷答应了他的请求。解州盐法往往给百姓造成负担,包拯前往经营治理,请求朝廷全部进行通商贸易。

包拯被任命为天章阁待制、知谏院。多次议论和斥责受宠信的权臣,请求朝廷废止所有内授官职等不正当的恩宠。又罗列上陈唐代魏征的三篇奏疏,希望皇帝把它们当作座右铭和借鉴。又上章陈述天子应当明智地听取和采纳臣下的意见,辨清结党营私的人,爱惜有才能的人,不能坚持先入为主的主观意见,一共是七件事;又请求去除刻薄的风气,抑制投机取巧的人,端正刑典,明确禁令,不要轻易大兴土木,禁止妖妄荒诞的事情,朝廷大多实施推行了这些意见。

包拯被任命为龙图阁直学士、河北都转运使。曾建议在边境无事时将军队移到内地,但没有得到答复。现在,包拯请求:"罢黜河北的屯兵,将他们分别安置在黄河以南的兖、郓、齐、濮、曹、济各州,即使边境告急,也无须担心来不及调遣。如果说边境的守兵不能一下子减少,那么就请求朝廷训练义勇,减少干粮,每年的花费,比不上屯兵一个月的费用,一州的财赋就很充足了。"没有得到答复。

移任瀛洲知州,各州用公家的钱进行贸易,每年累计亏损十多万,包拯上奏全部罢黜。因为儿子去世,包拯请求在方便的州郡任职,做扬州知州,又移任庐州,升为刑部郎中。因为保荐官员有失而获罪,被降为兵部员外郎、池州知州。

官复原职,移任江宁府知府,朝廷召任权知开封府,升为右司郎中。包拯在朝廷为人刚毅,贵戚宦官为之收敛,听说过包拯的人都很怕他。人们把包拯笑比黄河水清了,儿童妇女也知道他的大名,喊他为"包待制"。京城称他说:"关节不到,有阎王爷包老。"以前的制度规定,凡是告状不得直接到官署庭下。包拯打开官府正门,使告状的人能够直接到他面前陈述是非曲直,使胥吏不敢欺骗长官。朝中官员和势家望族私筑园林楼榭,侵占了惠民河,因而使河道堵塞不通,正逢京城发大水,包拯于是将那些园林楼榭全部毁掉。有人拿着地券虚报自己的田地数,包拯都严格地加以检验,上奏弹劾弄虚作假的人。

升任谏议大夫、权御史中丞。上奏说:"太子空缺的时间已经很久了,天下人都很担忧,陛下长时间犹豫不决,这是为什么?"仁宗说:"你想让谁立为太子呢?"包拯说:"微臣我没什么才能而担任朝廷官职,之所以请求皇上预立太子,是为国家长远着想。陛下问我想让谁做太子,这是怀疑我啊。我已年届七十,又没有儿子,并不是谋求好处的人。"皇帝高兴地说:"我会慢慢考虑这件事的。"包拯请求裁减内廷侍臣的人数,减损和节约浩大的开支,责成各路行政机构尽职尽责,御史府可以自行推荐属官,减少每年的休假日期,这些事情都得到了实行。

张方平任三司使，因购买豪民的财产而获罪，包拯上奏弹劾，罢免了张的官职；但宋祁取代张方平。包拯又加以指责；宋祁被罢免后，包拯以枢密直学士的身份权兼三司使。欧阳修说道："包拯真是《左传》中所说的'牵牛踩了别人的地而地的主人把牛抢夺过来'，这种惩罚已经过重了，又贪恋三司使的肥缺，不也太过分了吗！"包拯因此呆在家里回避，过了很长时间才出来。他在三司任职时，凡是各库的供上物品，以前都向外地的州郡摊派，老百姓负担很重、深受困扰。包拯特地设置榷场进行公平买卖，百姓得以免遭困扰。官吏负欠公家钱帛的多被拘禁，一有机会就逃走，又把他的妻儿抓起来，包拯都给放了。升给事中，担任三司使。几天后，被任命为枢密副使。随即又升为礼部侍郎，包拯推辞不受。很快因病去世，享年六十四岁。朝廷赠他为礼部尚书，谥号为"孝肃"。

包拯性格严厉正直，对官吏苛刻之风十分厌恶，致力于敦厚宽容之政，虽然疾恶如仇，但没有不以忠厚宽恕之道推行政务的，不随意附和别人，不装模作样地取悦别人，平时没有私人的书信往来。亲旧故友的消息都断绝了。虽然官位很高，但吃饭穿衣和日常用品都跟做平民时一样。他曾说："后世子孙做官，有犯贪污之罪的，不得踏进家门，死后不得葬入大墓。不遵从我的志向，就不是我的子孙。"当初，包拯有一个儿子，名叫"镱"，娶崔氏为妻，担任潭州通判时死了。崔氏为亡夫守节，不再改嫁。包拯曾经把她的陪嫁女送走，在娘家生孩子，崔氏暗中慰问她的母亲，让她好好照顾那个陪嫁女。包镱死后，崔氏把陪嫁女的儿子带回家，取名叫"包绖"。包拯有《奏议》十五卷。

欧阳修传

【题解】

欧阳修（1007~1072），北宋文学家、史学家，"唐宋八大家"之一。字永叔，号醉翁，晚号六一居士。吉州永丰（今属江西）人。曾任枢密副使，参知政事。早年支持范仲淹的改良运动；王安石实行新法时，曾上疏陈青苗法立弊。晚年辞官闲居，卒谥文忠。

欧阳修是北宋诗文革新运动的领袖，他主张文章应"明道"、致用，对宋初形式主义文风进行了批判。其文学成就以散文最高，诸体兼备，大都内容充实，气势雄健，风格平易自然，流畅婉转，在当时极有影响。其诗学习韩愈"以文为诗"，语言自然晓畅；部分诗作融叙事、议论、抒情于一体，写得沉郁顿挫，风格接近杜甫。欧阳修还善于论诗，《六一诗话》是中国文学史上第一部诗话。其词婉丽，有南唐遗风，多写恋情相思、酣饮醉歌、惜春、赏花等。欧阳修的赋也很出色，《秋声赋》变唐代以来的"律体"为"散体"，对赋的发展有开拓意义。

欧阳修于经学、史学、金石学也有很高的成就。他参加《新唐书》的修撰，自著《新五代史》，收集、整理周代至隋唐的金石碑刻，辑为《集古录》。有《欧阳文忠集》。

【原文】

欧阳修字永叔,庐陵人。四岁而孤,母郑守节自誓,亲诲之学,家贫,至以荻画地学书。幼敏悟过人,读书辄成诵。及冠,嶷然有声。宋兴且百年,而文章体裁,犹仍五季余习。锼刻骈偶,淟涊弗振,士因陋守旧,论卑气弱。苏舜元舜钦、柳开、穆修辈,咸有意作而张之,而力不足。修游随,得唐韩愈遗稿于废书簏中,读而心慕焉。苦志探赜,至忘寝食,必欲并辔绝驰而追与之并。

举进士,试南宫第一,擢甲科,调西京推官。始从尹洙游,为古文,议论当世事,迭相师友,与梅尧臣游,为歌诗相倡和,遂以文章名冠天下。入朝,为馆阁校勘。

范仲淹以言事贬,在廷多论救,司谏高若讷独以为当黜。修贻书责之,谓其不复知人间有羞耻事。若讷上其书,坐贬夷陵令,稍徙乾德令、武成节度判官。仲淹使陕西,辟掌书记。修笑而辞曰:“昔者之举,岂以为己利哉?同其退不同其进可也。”久之,复校勘,进集贤校理。庆历三年,知谏院。

时仁宗更用大臣,杜衍、富弼、韩琦、范仲淹皆在位,增谏官员,用天下名士,修首在选中。每进见,帝延问执政,咨所宜行。既多所张弛,小人翕翕不便。修虑善人必不胜,数为帝分别言之。

欧阳修

初,范仲淹之贬饶州也,修与尹洙、余靖皆以直仲淹见逐,目之曰“党人”。自是,朋党之论起,修乃为《朋党论》以进。其略曰:“君子以同道为朋,小人以同利为朋,此自然之理也。臣谓小人无朋,惟君子则有之。小人所归者利禄,所贪者财货,当其同利之时,暂相党引以为朋者,伪也。及其见利而争先,或利尽而反相贼害,虽兄弟亲戚,不能相保,故曰小人无朋。君子则不然,所守者道义,所行者忠信,所惜者名节。以之修身,则同道而相益,以之事国,则同心而共济,终始如一,故曰:惟君子则有朋。纣有臣亿万,惟亿万心,可谓无朋矣,而纣用以亡。武王有臣三千,惟一心,可谓大朋矣,而周用以兴。盖君子之朋,虽多而不厌故也。故为君但当退小人之伪朋,用君子之真朋,则天下治矣。”

修论事切直,人视之如仇,帝独奖其敢言,面赐五品服。顾侍臣曰:“如欧阳修者,何处得来?”同修起居注,遂知制诰。故事,必试而后命,帝知修,诏特除之。

奉使河东。自西方用兵。议者欲废麟州以省馈饷。修曰:“麟州天险不可废,废之,则河内郡县,民皆不安居矣。不若分其兵,驻并河内诸堡,缓急得以应援,而平时可省转输,於策为便。”由是州得存。又言:“忻、代、岢岚多禁地废田,愿令民得耕之,不然,将为敌有。”朝廷下其议,久乃行,岁得粟数百万斛。凡河东赋敛过重民所不堪者,奏罢十数事。

使还,会保州兵乱。以为龙图阁直学士、河北都转运使。陛辞,帝曰:“勿为久留计,有所欲言,言之。”对曰:“臣在谏职得论事,今越职而言,罪也。”帝曰:“第言之,毋以中外为间。"贼平，大将李昭亮、通判冯博文私纳妇女，修捕博文系狱，昭亮惧，立出所纳妇。兵之始乱也，招以不死，既而皆杀之，胁从两千人，分禁诸郡。富弼为宣抚使，恐后生变，将使同日诛之，与修遇于内黄，夜半，屏人告之故。修曰："祸莫大于杀已降，况胁从乎？既非朝命，脱一郡不从，为变不细。"弼悟而止。

方是时，杜衍等相继以党议罢去，修慨然上疏曰："杜衍、韩琦、范仲淹、富弼，天下皆知其有可用之贤，而不闻其有可罢之罪。自古小人谗害忠贤，其说不远。欲广陷良善，不过指为朋党，欲动摇大臣，必须诬以颛权，其故何也？去一善人，而众善人尚在，则未为小人之利；欲尽去之，则善人少过，难为一一求瑕，唯指以为党，则可一时尽逐。至如自古大臣，已被主知而蒙信任，则难以他事动摇，唯有颛权是上之所恶，必须此说，方可倾之。正士在朝，群邪所忌，谋臣不用，敌国之福也。今此四人一旦罢去，而使群邪相贺于内，四夷相贺于外，臣为朝廷惜之。"于是邪党益忌修，因其孤甥张氏狱傅致以罪，左行知制诰、知滁州。居二年，徙扬州、颍州。复学士，留守南京，以母忧去。服除，召判流内铨，时在外十一年矣。帝见其发白，问劳甚至。小人畏修复用，有诈为修奏，乞澄汰内侍为奸利者。其群皆怨怒，谮之，出知同州，帝纳吴充言而止。迁翰林学士，俾修《唐书》。奉使契丹，其主命贵臣四人押宴，曰："此非常制。以卿名重故尔。"知嘉祐二年贡举。时士子尚为险怪奇涩之文，号"太学体"，修痛排抑之，凡如是者辄黜。毕事，问之嚣薄者伺修出，聚噪于马首，街逻不能制；然场屋之习，从是遂变。

加龙图阁学士、知开封府，承包拯威严之后，简易循理，不求赫赫名，京师亦治。旬月，改群牧使。《唐书》成，拜礼部侍郎兼翰林侍读学士。修在翰林八年，知无不言。河决商胡，北京留守贾昌朝欲开横垄故道，四河使东流。有李仲昌者，欲导入六塔河，议者莫知所从。修以为："河水重浊，理无不淤，下流既淤，上流必决。以近事验之，决河非不能力塞，故道非不能力复，但势不能久耳。横垄功大难成，虽成将复决。六塔狭小，而以全河注之，滨、棣、德、博必被其害。不若因水所趋，增堤峻防，疏其下流，纵使入海，此数十年之利也。"宰相陈执中主昌朝，文彦博主仲昌，竟为河北患。台谏论执中过恶，而执中犹迁延固位。修上疏，以为"陛下拒忠言，庇愚相，为圣德之累"。未几，执中罢。狄青为枢密使，有威名，帝不豫，讹言籍籍，修请出之于外，以保其终，遂罢知陈州。修常因水灾上疏曰："陛下临御三纪，而储宫未建。昔汉文帝初即位，以群臣之言，即立太子，而享国长久，为汉太宗。唐明宗恶人言储嗣事，不肯早定，致秦王之乱，宗社遂覆。陛下何疑而久不定乎？"其后建立英宗，盖原于此。

五年，拜枢密副使。六年，参知政事。修在兵府，与曾公亮考天下兵数及三路屯戍多少、地理远近，更为图籍。凡边防久缺屯戍者，必加搜补。其在政府，与韩琦同心辅政。凡兵民、官吏、财利之要。中书所当知者，集为总目，遇事不复求之有司。时东宫犹未定，与韩琦等协定大议。英宗以疾未亲政，皇太后垂帘，左右交构，几成嫌隙。韩琦奏事，太后泣语之故。琦以帝疾为解，太后意不释，修进曰："太后事仁宗数十年，仁德著于天下。昔温成之宠，太后处之裕如；今母子之间，反不能容邪？"太后意稍和，修复曰："仁宗在位久，德泽在人。故一旦晏驾，天下奉戴嗣君，无一人敢异同者。今太后一妇人，臣等五六书生耳，非仁宗遗意，天下谁肯听从。"太后默然，久之而罢。

修平生与人尽言无所隐。及执政，士大夫有所干请，辄面谕可否，虽台谏官论事，亦必以是非诘之，以是怨诽益众。帝将追崇濮王，命有司议，皆谓当称皇伯，改封大国。修引《丧服记》，以为："'为人后者，为其父母报。'降三年为期，而不没父母之名，以见服可降而名不可没也。若本生之亲，改称皇伯，历考前世，皆无典据。进封大国，则又礼无加爵之道。故中书之议，不与众同。"太后出手书，许帝称亲，尊王为皇，三夫人为后。帝不敢当。于是御史吕诲等诋修主此议，争论不已，皆被逐。惟蒋子奇之说合修意，修荐为御史，众目为奸邪。子奇患之，则思所以自解。修妇弟薛宗孺有憾于修，造帷薄不根之谤摧辱之，展转达于中丞彭思永，思永以告子奇，子奇即上章劾修。神宗初即位，欲深谴修。访故宫臣孙思恭，思恭为辨释，修杜门请推治。帝使诘思永、子奇，问所从来，辞穷，皆坐黜。修亦力求退，罢为观文殿学士、刑部尚书、知亳州。明年，迁兵部尚书、知青州，改宣徽南院使、判太原府。辞不拜，徙蔡州。

修以风节自持，既数被汗蔑，年六十，即连乞谢事，帝辄优诏弗许。及守青州，又以请止散青苗钱，为安石所诋，故求归愈切。熙宁四年，以太子少师致仕。五年，卒，赠太子太师，谥曰文忠。

修始在滁州，号醉翁，晚更号六一居士。天资刚劲，见义勇为，虽机阱在前，触发之不顾。放逐流离，至于再三，志气自若也。方贬夷陵时，无以自遣，因取旧案反复观之，见其枉直乖错不可胜数，于是仰天叹曰："以荒远小邑，且如此，天下固可知。"自尔，遇事不敢忽也。学者求见，所与言，未常及文章，惟谈吏事，谓文章止于润身，政事可以及物。凡历数郡，不见治迹，不求声誉，宽简而不扰，故所至民便。或问："为政宽简，而事不弛废，何也？"曰："以纵为宽，以略为简，则政事弛废，而民受其弊。吾所谓宽者，不为苛意；简者，不为繁碎耳。"修幼失父，母常谓曰："汝父为吏，常夜烛治官书，屡废而叹。吾问之，则曰：'死狱也，我求其生，不得尔。'吾曰：'生可求乎？'曰：'求其生而不得，则死者与我皆无恨。夫常求其生，犹失之死，而世常求其死也。'其平居教他子弟，常用此语，吾耳熟焉。"修闻而服之终身。

为文天才自然，丰约中度。其言简而明，信而通，引物连类，折之于至理，以服人心。超然独骛，众莫能及，故一下翕然师尊之。奖引后进，如恐不及，赏识之下，率为闻人。曾巩、王安石、苏洵、洵子轼、辙，布衣屏处，未为人知，修即游其声誉，谓必显于世。笃于朋友，生则振掖之，死则调护其家。

好古嗜学，凡周、汉以降金石遗文、断编残简，一切掇拾，研稽异同，立说于左，的的可表证，谓之《集古录》。奉诏修《唐书》纪、志、表，自撰《五代史记》，法严词约，多取《春秋》遗旨。苏轼叙其文曰："论大道似韩愈，论事似陆贽，记事似司马迁，诗赋似李白。"识者以为知言。

……

论曰：三代而降，薄乎秦、汉，文章虽与时盛衰，而蔼如其言，晔如其光，皦如其音，盖均有先王之遗烈。涉晋、魏而弊。至唐韩愈氏振起之。唐之文，涉五季而弊，至宋欧阳修又振起之。挽百川之颓波，息千古之邪说，使斯文之正气，可以羽翼大道，扶持人心，此两人之力也。愈不获用，修用矣。亦弗克究其所为，可为世道惜也哉！

　　欧阳修,字永叔,庐陵(今江西吉安)人。四岁时父亲就去世了,母亲郑氏,立誓守节,亲自教导儿子读书,家境贫困,以至用芦管当笔在地上描画着学习写字。欧阳修自幼就聪敏颖悟,超过常人,书读过就能熟记背诵。一到成年,就有了很高的声望。

　　宋代立国将近百年,但文章的体裁,还是依然沿袭着五代的风气。文人们刻镂雕琢的都是骈偶之文,文坛污浊,文风不振,读书人因循陋习,墨守成规,评论卑下,气调柔弱。苏舜元、苏舜钦兄弟、柳开、穆修等人,都有意振作张扬正气,但力量不足。欧阳修游历随州(今属湖北),在废书篓中得到了唐朝韩愈的遗稿,读后万分钦慕。于是就苦心孤诣地探幽索隐,以致废寝忘食,他决心要同韩愈并驾齐驱、比肩齐名。

　　中进士,得南宫殿试第一,被选拔为甲科,调西京推官。开始和尹洙交游,和尹洙一起写作古文,议论当朝时政,互相都把对方看成是自己的教师和朋友,又同梅尧臣交往,相互作诗唱和,就这样,欧阳修凭着他的文章名满天下。不久,选进朝廷,为馆阁校勘。

　　范仲淹因为议论政事被贬了官,朝廷中很多官员都议论相救,只有司谏高若讷一个人认为当贬。欧阳修就写了封信责备他,指责他不复知人间还有羞耻事。高若讷把欧阳修写给他的信送给了皇上,欧阳修因此获罪,被贬为夷陵(今湖北宜昌)县令,不久又迁为乾德(今湖北光化)县令、武成(今河南滑县)节度判官。范仲淹出使陕西,征辟欧阳修执掌书记。欧阳修笑着推辞说:"从前我所以那样做,难道是为自己的私利吗? 还是同其退不同其进较好吧。"过了很久,朝廷又恢复了他的校勘职务,并被进举为集贤院校理。宋仁宗庆历三年(1043),主持谏院。

　　当时仁宗皇帝更换大臣,杜衍、富弼、韩琦、范仲淹都做了朝廷大臣,仁宗还决定增加谏官,起用天下名士,欧阳修第一个在被选之列。每次进见,仁宗都要征求每个大臣的意见,询问他们应该做些什么。因为朝中兴废的事多了,小人们的聚合趋附感到了很多的不便。欧阳修考虑到正直的好人必然不会得胜,多次向仁宗分别谈了自己的看法。

　　当初,范仲淹被贬饶州(治所在今江西波阳),欧阳修和尹洙、余靖都因为替范仲淹辩白申冤而被逐,且被看成是"党人"。从此,朋党的争论就开始了,欧阳修写了《朋党论》进呈仁宗。其大略的意思说:"君子和君子因为志同道合结成朋党,小人和小人因为私利相投结成朋党,这是自然的道理。但我说小人是没有朋党的,只有君子才有朋党。因为小人所喜好的是名利和厚禄,所贪图的是金钱和财物,当他们利害一致的时候,就暂时互相勾结拉拢成为朋党,这是虚伪的。等到有利可图的时候就互相争先,或者无利可图的时候就反而相互残害,虽然是兄弟亲戚,也不能互相保护,所以说小人是没有朋党的。君子就不是这样,他们所恪守的是道义,所奉行的是忠信,所珍惜的是名节。用它们来修身,就不仅志同道合而且还互相裨益,用它们来效忠国家,就不仅同心协力而且同舟共济,始终如一,所以说:只有君子才有朋党。商纣有臣子亿万个,就有亿万颗心,可说是没有朋党了吧,而商纣因此而亡国;周武王有臣子三千人,三千人只有一条心,可说是大的朋党了吧,而周王朝因此而兴。这是因为君子的朋党,虽然多也不会满足的缘故。所以做国君的人只该贬退小人的假朋党,起用君子的真朋党,那么天下就可大治了。"

　　欧阳修评议朝政严厉正直,小人们把他看成似仇人,而仁宗独夸奖他敢于说话,当面

欧阳修《自书诗文卷稿》

赐给他五品朝服,并且会看着侍臣们说:"像欧阳修这样的人,到哪里去找得来?"于是,提拔为同修起居注,又主管起草皇帝的诏令。按照先例,选拔主管起草皇帝诏令的官员一定要经过面试以后才能任命,因为仁宗了解欧阳修,下诏书特地任命欧阳修担任这个职务。

后来欧阳修奉命出使河东。自从朝廷对西方用兵以来,议论时政的人就想废除麟州(今陕西神木)以便节省军队的供给。欧阳修说:"麟州是天然的险要之地,不要废除,废除了麟州,那么河内这些郡县的百姓就不能安居了。不如分出麟州的军队,让他们进驻河内的各个要塞,遇到危急也可以互相得到接应和救援,而平时又可以省去转辗运输之劳,对于谋略来说,这样做比较有利。"由于欧阳修的这个建议,麟州得到了保存。他又说:"忻州(治所在今山西忻县)、代州(治所在今山西代县)、岢岚(今属山西)多的是禁地和废田,希望下命令让老百姓去开垦和种植,不然,就将被敌人占有了。"朝廷把欧阳修的提议交给有关部门讨论,直到很久以后才得以实行,结果是朝廷每年得到了几百万斛的粮食。凡是河东土地赋税过重,人民无法忍受的摊派,欧阳修上奏朝廷请求免除了十几项。

欧阳修出使回来,正值保州(今河北保定)屯兵作乱,欧阳修被授为龙图阁直学士、河北都转运使,他在向天子辞别的时候,仁宗对他说:"你不要做长久留在外面的打算,有什么想说的,说吧。"欧阳修回答说:"我在谏官任上就该评论朝政,现在我已经不做谏官了,再评议朝政就是越职了,这是有罪的。"仁宗说:"只管说,没关系,不要因为京官和外官而生出间隔来。"乱贼平定了,大将李昭亮、通判冯博文私藏妇女,欧阳修逮捕了冯博文把他囚禁在监狱里,李昭亮害怕了,马上放出了所有私藏的妇女。保州屯兵开始作乱的时候,官府曾经用投降不杀的诺言进行招安,等到叛乱平定后却统统把他们杀死了,另外尚有胁从的两千人,本来已经把他们分别编制、隶属到各个州郡里去了,当时富弼是宣抚使,担心这些被编的人以后会再生变故,所以又决定将他们在同一天里全部杀死。碰巧富弼和欧阳修在内黄(今属河南)这个地方相遇了,半夜里,富弼屏退左右,悄悄地把自己的这个打算告诉了欧阳修。欧阳修说:"灾祸没有比杀死已经投降的人更大的了,何况又是胁从的人呢? 既然不是朝廷的命令,如果有哪个州郡不服从你的这个命令,变故起来可不是小事呀!"富弼恍然大悟,因此中止了这个计划。

当时,杜衍等大臣因为党议一个接一个被罢了官,欧阳修愤慨地向朝廷上奏疏说:"杜衍、韩琦、范仲淹、富弼,天下人都知道他们是可以被举用的贤才,而没有听说他们有什么应该被免职的罪过。自古以来小人谗害忠贤,他们的说法其实也并不复杂。想大批地陷害忠良,不过就是指责他们是朋党,想动摇大臣的地位,就必须用专权来诬陷他们,这是什么原因呢? 因为除去一个好人,其他很多的好人还在,这对小人并不能带来多大的利益;想把好人一网打尽,但好人却又很少有过失,很难一一找到他们的缺点,只有指责他们结为朋党,那么就可以在同一个时间内全部贬逐他们。至于,自古以来那种已经被皇上了解,而且深得皇上信任的大臣,那么就难以用其他的事由来动摇他们了,只有专权是皇上最忌讳和憎恶的,所以,一定要用这种说法,方才可以打倒他们。正直的人士在朝廷,邪恶的小人就会有所避忌,谋臣不被举用,正是敌国的福气。现在这四个正直的大臣一旦罢免,一定会使邪恶的小人相互庆贺于内,四周的敌人相互称贺于外,我替朝廷可惜呀!"于是邪党更加憎恨欧阳修,就借他妹妹的孤女张化的案子罗织他的罪名,把他降为知制诰,出为滁州(今安徽滁县)知州。欧阳修在滁州住了二年,徙扬州(今属江苏)、颍州(今安徽阜阳)。不久,恢复了他龙图阁直学士的官衔,留守南京,因为母亲去世而去职。服丧期满,朝廷任命他为流内铨。当时,欧阳修在外已十一年了,仁宗看到他的头发都已发白,问候慰劳很是周到。小人们害怕欧阳修再次被重用,就有人假造欧阳修的奏章请求仁宗清洗内侍中挟持恩宠,为非作歹,用非法手段获取私利的奸徒。这样就激起了宦官们对欧阳修的深切怨怒,纷纷诬陷他,要把他外放同州(今陕西大荔),仁宗皇帝采纳了吴充的意见才得以中止。迁翰林学士,让他修纂《唐书》。欧阳修奉命出使契丹,契丹君主命令四个贵臣掌管宴会,并且对欧阳修说:"这种规格的接待并不是常规制度,只是因为你的名声大。所以才这样做的。"

嘉祐二年(1057),欧阳修主持贡举。当时应考的读书人喜欢写作险怪奇涩的文章,号为"太学体",欧阳修极力排斥,贬抑这种文体,凡是写作这种文章的人一概黜落。这件事结束后,从前那些轻狂浅薄的人侦候得欧阳修出门,聚集在一起气势汹汹地拦住欧阳修的马头高声责骂,街上的巡逻队无法制止;然而科举考试的风气,却从此得到了改变。

欧阳修被封龙图阁学士,知开封府。他继承包拯威严治政之后,用简明便易、遵循法制的原则治政,不求显赫的名声,京师也治理得很好。十个月以后,改充群牧使。《唐书》修撰完毕,欧阳修被任命为礼部侍郎兼翰林侍读学士。欧阳修在翰林院八年,真正做到了知无不言。当时黄河在商胡决口,北京(今河北大名)留守贾昌朝想掘开横垅故道,回折河水使它向东流。有个叫李仲昌的人,却主张把河水引入六塔河。议论的人不知听谁的好。欧阳修认为:"黄河水流多泥沙,按理说来没有不淤塞的,下流既然已经淤塞了,上流就一定会决口。用近来发生的事情去考察,黄河的决口并不是不能努力塞住,故道也不是不能努力恢复,但是这种做法都不是治本之道,因而势必不能保持久长。开掘横垅故道工程很大，但难以成功，即使成功了，最终还是要再次决口。而六塔河河床狭窄，令黄河水悉数倾注，滨、棣、德、博各州一定会遭到它的灾害。不如依循河水的走向，增高河堤，疏通它的下游，让黄河之水无所阻拦地流入大海，这才是几十年的长久利益呀。"当时的宰相陈执中主张贾昌朝的意见，文彦博主张李仲昌的意见，终于造成了河北的大灾难。

谏院论述陈执中的过失，但陈执中仍然拖延着企图稳住自己的官位。欧阳修上书皇帝，认为"皇上拒绝采纳忠告，庇护愚顽的宰相，给皇上带来了连累。"过了不久，陈执中被免去了宰相职位。狄青做了枢密使，很有威望，仁宗不高兴，谣言纷起，欧阳修请求出任外官，以保全自己得以善终。于是就免去了他的朝官而改任陈州（今河南淮阳）知州。欧阳修曾经因为水灾向仁宗上奏疏说："皇上君临天下已经三纪了，但至今东宫太子之位未定。从前汉文帝刚即位，因为臣子们的建议，马上立了太子，因此享国很久长，为汉太宗。唐明宗讨厌臣下议论接班人的事，不肯早早立定太子，因此造成秦王之乱，宗庙社稷由此倾覆。皇上为何犹豫而久久不选定太子呢？"此后的建立英宗，推究其源，就在于欧阳修的这次上书。

嘉祐五年（1060），欧阳修升任为枢密副使。嘉祐六年（1061），为参知政事。欧阳修在兵府时，曾经和曾公亮考核全国的军队数和三路驻守兵员的多少，地理的远近，重新制造了地图和簿籍。凡是边防长久以来没有派兵驻守的，一定进行检阅和补充。他在任执政大臣时，和韩琦同心辅助仁宗。凡是兵民、官吏、财利等中书省应当知晓的重要大事，编集成一个总目，碰到事情就不必临时匆忙地向有关部门了解。当时东宫太子的人选还没有决定，欧阳修就和韩琦等人对这样一件大事协商出了一个意见。宋英宗因为得了病，无法亲自处理朝政。皇太后垂帘听政，左右的人互相猜忌，制造矛盾，皇帝和皇太后几乎因此成为怨仇。在韩琦奏事的时候，太后哭着向韩琦说了英宗和自己的种种矛盾。韩琦用英宗有病来进行劝解，太后听了不高兴，欧阳修就进一步劝说道："太后侍奉仁宗皇帝已经几十年了，您的仁德昭示于天下。以前温成专宠，太后您处置得从容自如；现在母子之间，反而不能宽容吗？"太后的情绪稍稍和缓了些，欧阳修又劝说道："仁宗皇帝在位的时间很久，他德政的恩泽深深地留在人们心中，所以一旦驾崩，天下奉戴太子，没有一个人敢不赞成的。现在太后您只是一个妇人，而我们也只是五六个书生罢了，如果不是仁宗皇帝的遗意，天下谁人肯听从呢？"太后不作声，过了很久，母子之间的矛盾才逐渐平息了。

欧阳修平素和人相处总是坦率地说出自己要说的话，从不掩饰和隐瞒。等到他执政以后，士大夫们对他有所请求，他总是当面说明可以还是不可以的理由，就是谏院的官员议论政事，他也一定用是非作为标准来责问他们，因此怨恨他、说他坏话的人就更多了。英宗将追封尊崇濮王，下命令让有关部门讨论。都说应当称皇伯，改封一个大国。欧阳修引述《礼记·丧服记》，认为："身为人子的人，应该替他的父母实行'报祭'，降服丧三年为服丧一年，而不隐没父母的名字，可是丧服可以降等，但名字是决不可隐没的。如果出嗣的儿子把亲生的父亲改称为皇伯，这种例子就是遍考前代，都是没有根据的。晋封为大国的王，但礼制规定又没有加爵的道理，所以中书省的意见，和大家的意见不同。"最后太后写出了手书，允许英宗称濮王为亲，推尊濮王为皇考，三夫人为后。英宗不敢承当。于是御史吕诲等人毁谤说欧阳修主张这种意见，争论不休，后来吕诲等人都被贬逐出了御史台。只有蒋子奇的意见附和欧阳修的主张，所以欧阳修推荐他为监察御史，但是被御史台的很多人看成是奸佞邪恶的小人，蒋子奇为此十分害怕，就想使自己摆脱这种窘境。正好欧阳修的内弟薛宗孺和欧阳修有仇恨，他捏造了欧阳修家庭生活淫乱的谣言来诋毁欧阳修，这个谣言辗转相传，一直传到了御史中丞彭思永的耳中，彭思永又把这个谣言告诉了蒋子奇，蒋子奇就上奏章弹劾欧阳修。当时，神宗皇帝初即位，心里希望重重地谴责一下欧阳修，就去征求过去的宫臣孙思慕的意见，孙思慕替欧阳修辩白解释，欧阳修闭门不出，要求神宗对制造谣言的人治罪。神宗派人诘问彭思永、蒋子奇，追问谣言的出处，彭思永、蒋子奇回答不出来，结果都遭到了贬逐。欧阳修也坚决要求离开朝廷，结果罢为观文殿学士、刑部尚书、亳州（今安徽亳县）知州。第二年，迁兵部尚书、青州（今山东益都）知州，后来又改为宣徽南院使、兼任太原（今属山西）知府。欧阳修辞不受命，后又改徙蔡州（今河南汝南）。

欧阳修总是以风骨气节自我制约，但却屡屡遭到污蔑，且年纪已六十了，就一再上表要求辞去官职，神宗帝总是宽慰他，没答应他的辞官。及至出守青州，又因为请求停止散发青苗钱，被王安石所诋毁，因此要求放归的愿望益发急切。熙宁四年（1071），欧阳修以太子少师的身份退休。熙宁五年（1072）死，赠太子太师，谥号"文忠"。

欧阳修始在滁州时，自号为"醉翁"，晚年改号"六一居士"。他天资刚劲，见义勇为，虽然机关陷阱就在前面，但也能置触发之险于不顾。虽然一而再、再而三地被放逐流放，却仍旧是志气自若。当他被贬夷陵时，没有什么可以自我排遣，就取出积年的陈旧案牍反复观看，看到其中冤屈谬误的地方不可胜数，于是仰天长叹道："一个荒远的山城，尚且如此，天下冤屈谬误事之多就可想而知了。"自此以后，碰到狱讼之类的事就不敢有丝毫的懈怠疏忽。学者求见，和他们谈话，从来不论及文章，只谈官事，他认为文章只能润及自身，而政事却可以推及它物。他前后历任数郡的长官，不炫耀政绩，不追求声誉，为政宽缓简要而不扰民，所以，凡是他所到的州郡，人民都感到安适。有人问他："您老治政宽缓简要，而政事却并没有弛废，这是什么原因呢？"欧阳修说："如果以放纵为宽，以怠慢为简，那么政事就一定会弛废，而人民也一定会受其弊害。我这里所说的宽，是指政令不苛刻急迫，我所说的简，是指政令不繁杂琐碎。"欧阳修从小失去了父亲，母亲曾经对他说："你父亲做官的时候，常常秉烛夜读公文，屡屡停卷而叹。我问他，他就说：'这是个死狱啊，我想设法让他能活，不能啊！'我说：'生可求吗？'你父亲就说：'做官的人想方设法寻求使死狱者获生的办法而不得，那么死的人和我就都无恨了。而做官的人虽然常常存有使死狱者变活的愿望，尚且会不小心使他死了，何况世上不少做官的常常希望的是治民以死呢！'他平时教育他的子弟，也常常用这样的话来说，我耳朵都听得熟了。"欧阳修听后终身遵循父亲的这个教导。

欧阳修写的文章，自然天成，或丰满或简约，都符合标准。他的文辞简要，旨意明朗，立论有据，内容通博，旁征博引，引类列举，分析事理至深至透，因此很能折服人心。他趑然脱俗，独自奔驰，众人不能相及，所以天下的人都聚集在他的周围尊称他为师。欧阳修鼓励提携后进，犹恐不及，凡是被他赏识的人，大多成了有名望的人。曾巩、王安石、苏洵、苏洵的儿子苏轼、苏辙，当他们还是平民的时候，屏处乡里，不为人知，欧阳修就为他们游说，赞美他们的声誉，说他们一定会显名闻达于世。他对待朋友非常笃实，朋友在世

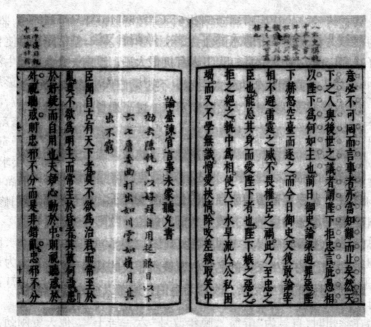

《欧阳修文钞》书影

的时候举拔扶持他们；朋友去世以后就调理保护他们的家族。

欧阳修喜好古文，爱好读书，凡是周、汉以来的金石遗文，断编残简，都要采集收拾起来，研究考核它们的异同，把自己的观点写在左边，明白、昭著可为表证，称之为《集古录》。奉诏修撰《唐书》纪、志、表，自撰《五代史记》，章法严谨，用词精约，多取《春秋》遗旨。苏轼论述欧阳修的文章时说："论大道时像韩愈，议政事时像陆贽，记史事像司马迁，作诗赋像李白。"有识之人以为这是真正了解欧阳修的话。

……

评论说：自从夏、商、周三代以来，一直到秦、汉，文章虽然跟着时代而有所盛衰，但它们的语言却都繁富滋润，它们的光泽都灿烂照人，它们的音节都清晰明亮，这是因为还都保留有先王遗留下来的功绩。经过晋、魏，文章就衰敝了，到唐代的韩愈手里，文章重新振兴起来。唐代的文章，经过五代又衰敝了，到宋代欧阳修手里，又再次振兴起来。挽回百川之颓波，平息千古的邪说，使这种文章的正气，可以辅佐大道，可以扶持人心，这都是韩愈、欧阳修两人所做的努力啊！韩愈在政治上没有得到重用，欧阳修得到了重用，但最终还是不能有所作为，这件事真应该被世道惋惜的啊！

曾巩传

【题解】

曾巩（1019～1083），宋代散文家，唐宋八大家之一。字子固，建昌军南丰（今属江西）

人。后居临川。嘉祐进士,曾奉诏编撰史馆书籍,官至中书舍人。

曾巩工散文,其文以议论见长,立论精策,说理曲折尽意,风格与欧阳修相近,历代享有盛誉。其诗质朴,略似其文。有《元丰类稿》。

【原文】

曾巩字子固,建昌南丰人。生而警敏,读书数百言,脱口辄诵。年十二,试作《六论》,援笔而成,辞甚伟。甫冠,名闻四方。欧阳修见其文,奇之。

中嘉祐二年进士第。调太平州司法参军,召编校史馆书籍,迁馆阁校勘、集贤校理,为实录检讨官。出通判越州,州旧取酒场钱给募牙前,钱不足,赋诸乡户,期七年止;期尽,募者志于多入,犹责赋如初。巩访得其状,立罢之。岁饥,度常平不足赡,而田野之民,不能皆至城邑。谕告属县,讽富人自实粟,总十五万石,视常平价稍增以予民。民得从便受粟,不出田里,而食有余,又贷之种粮,使随秋赋以偿,农事不乏。

曾巩

知齐州。其治以疾奸急盗为本。曲堤周氏拥赀雄里中,子高横纵,贼良民,污妇女,服器上僭,力能动权豪,州县吏莫敢洁,巩取寘于法。章丘民聚党村落间,号“霸王社”,椎剽夺囚,无不如志。巩配三十一人,又属民为保伍,使几察其出入,有盗则鸣鼓相援,每发辄得盗。有葛友者,名在捕中,一日,自出首。巩饮食冠裳之,假以骑从,辇所购金帛随之,夸徇四境。盗闻,多出自首。巩外视章显,实欲携贰其徒,使之不能复合也。自是外户不闭。

河北发民浚河,调及它路,齐当给夫二万。县初按籍三丁出夫一,巩括其隐漏,至于九而取一,省费数倍。又弛无名渡钱,为桥以济往来。徙传舍,自长清抵博州,以达于魏,凡省六驿,人皆以为利。

徙襄州、洪州。会江西岁大疫,巩命县镇亭传,悉储药待求。军民不能自养者,来食息宫舍,资其食饮衣衾之具,分医视诊,书其全失、多寡为殿最。师征安南,所过州为万人备。他吏暴诛亟敛,民不堪。巩先期区处猝集,师去,市里不知。加直龙图阁、知福州。

南剑将乐盗廖恩既赦罪出降,余众溃复合,阴相结附,旁连数州,尤桀者呼之不至,居人惧恐。巩以计罗致之,继自归者二百辈。福多佛寺,僧刹其富饶,争欲为主守,赇请公行。巩俾其徒相推择,识诸籍,以次补之。授帖于府庭,却其私谢,以绝左右缴求之弊。福州无职田,岁鬻园蔬收其直,自入常三四十万。巩曰:“太守与民争利,可乎?”罢之。后至者亦不复取也。

徙明、亳、沧三州。巩负才名,久外徙,世颇谓偃蹇不偶。一时后生辈锋出,巩视之泊如也。过阙,神宗召见,劳问甚宠,遂留判三班院。上疏议经费,帝曰:“巩以节用为理财之要,世之言理财者,未有及此。"帝以《三朝》《两朝国史》各自为书,将合而为一,加巩史馆修撰,专典之,不以大臣监总,既而不克成。会官制行,拜中书舍人。时自三省百职事,选授一新,除书日至十数,人人举其职,于训辞典约而尽。寻掌延安郡王笺奏。故事命翰林学士,至是特属之。甫数月,丁母艰去。又数月而卒,年六十五。

巩性孝友,父亡,奉继母益至,抚四弟、九妹于委废单弱之中,宦学婚嫁,一出其力。为文章,上下驰骋,愈出而愈工,本原《六经》,斟酌于司马迁、韩愈,一时工作文词者,鲜能过也。少与王安石游,安石声誉未振,巩导之于欧阳修,及安石得志,遂与之异。神宗常问:"安石何如人?"对曰:"安石文学行义,不减扬雄,以吝故不及。"帝曰:"安石轻富贵,何吝也?"曰:"臣所谓吝者,谓其勇于有为,吝于改过耳。"帝然之。吕公著尝告神宗,以巩为人行义不如政事,政事不如文章,以是不大用云。

【译文】

曾巩,字子固,建昌南丰(今江西南丰)人。从小就机警聪敏,读几百字的文章,脱口就能背诵。十二岁那年,曾经试着写作《六论》,结果是提笔立成,文辞很有气魄。刚成年,名声就已传播四方。欧阳修看了他的文章,十分惊奇。

嘉祐二年(1057),曾巩中了进士。被调太平州(今安徽当涂)司法参军,后来,仁宗皇帝又召命编校史馆书籍,迁馆阁校勘、集贤校理,任实录检讨官。不久外出通判越州(今浙江绍兴)。越州官府本来向酒场收税钱给官府中管理税收的官吏,因为酒场钱赋不足,就向那些乡户征取,期约是七年;七年期满之后,管理赋税的人希望收入多一些,所以仍旧按照旧约收税。曾巩了解了这个情况,立即禁止了这种做法。那一年是荒年,曾巩估计常平仓的储粮难以满足人民的需要,而乡下的百姓,又不能都到城里来购粮,就告示越州所属诸县,婉言劝说富人自己派人到外州县去采购粮食,总数共十五万石,然后可以比常平仓的粮价稍稍提高一些卖给人民。人民能够就近方便地买到粮食。这样就可以不离开自己的家乡,而做到饮食有余。曾巩又让官府贷给农民们种子,让他们和秋赋一起归还,农事因此不受影响。

曾巩在主管齐州(今山东济南)工作的时候,把迅速严厉打击奸邪和盗贼作为治理齐州政务的根本方针。曲堤有个姓周的人家,凭着自己拥有的巨大资产在乡里称霸,他家的儿子周高骄横放纵,残害良民,奸淫妇女,穿着和器用都越出了礼制规定的等级,但是他的能量很大,可以直接影响地方上的权贵和豪绅,因此州县的官吏都不敢追问他,曾巩把他逮捕起来依法进行了处置。章丘地方有人在乡里聚众结党,号称"霸王社",诸如杀人劫财,抢夺囚车,没有一桩不能如愿的。曾巩配备了三十一个捕快,又嘱咐百姓编制成保伍,命令他们侦察这些强盗的活动,有强盗就击鼓相互救援,所以每次发现强盗总能抓住他们。有个叫葛友的人,他的名字已列入被追捕者的名单里了,一天,这个人到官府自首,曾巩就招待他吃饭,并且送给他帽子和衣服,送给他车马和骑从,把买来的金银布帛装在车上跟着他到齐州的四境去夸耀。强盗们听说了,很多人都出来自首。从表面看来曾巩对他们很客气,骨子里实在是为了离间这些党徒,使他们不能再聚众结党。从此以后,齐州就做到了门户不闭。

河北征发百姓疏浚黄河,征调役夫的面涉及其他路、府,按规定齐州应当出役夫二万名。开始各县按照原来的簿册应该是三个成年男子中出一个役夫,曾巩搜求隐瞒和遗漏的户口,结果是九个成年男子中出一个役夫,这样就节省了几倍的费用。又取消了无名渡的渡钱,造了桥以引渡两岸的百姓。又重新改置驿站,从长清(今属山东)到博州(今山东聊城),一直到魏(今河南开封),一共省设了六个驿站,百姓们都认为是件好事。

后来徙襄州(今湖北襄樊)、洪州(今江西南昌)。这时正值江西发生大瘟疫,曾巩命令各县镇亭传,都要储备药品以备急用。凡是士兵和百姓中有不能自养的就收容到官舍来吃住,官舍资助他们饮食、衣被等用具,并且派医生分别替他们检查和治疗,再把他们是否全部失去生活能力,和失去生活能力的多少记录下来,然后再决定对他们治疗的先后次序。当时朝廷正发大军征讨安南,凡是部队所经过的州府都要做好供给一万人食宿的准备。其他州府的官员因此横征暴敛,极力搜刮,人民不堪忍受。曾巩则事先划出了一块供大军突然到来时吃和住的地方,因此部队开走了,城乡的老百姓还不知道。后来加直龙图阁,知福州(今属福建)。

南剑将乐地方的强盗廖恩,官府赦罪以后就投降了,他的余部本来已经散了,以后却又聚合起来,他们暗地里聚集在一起,牵连到好几个州。其中特别凶恶的匪徒连官府传呼也不去,百姓非常恐慌,曾巩用计策把他们抓了起来,此后陆续来归降的有二百多人。福州多佛寺,和尚们贪图它的富饶。争着想做寺庙的住持,就纷纷贿赂官府。曾巩让这些人互相推举,然后把名字登记在簿册中,按照登记的先后次第递补。凡是选中的人就在公庭上当堂发给他任命书,这样既停止了私下送谢礼,又杜绝了手下人借此进行勒索的流弊。福州太守没有禄米田,每年靠出卖公家果园蔬圃的出产收钱,常常自己可以有三四十万的收入。曾巩说:"太守和百姓争利,可以吗?"于是就把这个惯例取消了。后任的官员也就不再收取这项钱财。

后来徙明州(今浙江宁波)、亳州(今安徽亳县)、沧州(今河北沧县)。曾巩享有才名,却长期做地方官,世上很有些人认为他命运不好,时运不佳。而且就在曾巩外任地方官的时候,朝廷里一批年轻的后生们却被安置在重要地位,曾巩对这些却看得非常淡泊。在路过京城的时候,神宗召见了他,慰劳问候很是尊崇,就留任三班院。曾巩曾上书议论财政经济问题,神宗说:"曾巩把简省财政支出作为理财的根本方针,世上谈理财的人,却没有说到这一点。"神宗因为《三朝国史》《两朝国史》都是独立的一书,就想把它们合而为一,加曾巩为史馆修撰,专门负责主持这项工作,不用大臣监忌,后来没有完成。正值神宗推行新官制,曾巩被任命为中书舍人。当时中书省、门下省、侍中省的百官都被选授一新,曾巩执笔起草的任命诏书,每天有几十封,每个人都被封了官,任命诏书中写到神宗皇帝教导的话都写得极其典雅精练深透。不久掌管延安郡王佑奏。按惯例本来是翰林学士做的事,现在却都由曾巩承担了,但是曾巩只做了几个月,因为母亲去世而去了官。又过了几个月,曾巩就去世了,终年六十五岁。

曾巩天性孝顺友爱,父亲死后,他侍奉继母益加周到,在门庭衰落的情况下独自一人挑起了抚养四个弟弟、九个妹妹的重任,凡是弟妹们的读书、求功名、出嫁婚娶都是他独力承当。曾巩写作的文章,上下驰骋气势很盛,而且是愈往下写愈是精工,推其本原得自《六经》,而又受司马迁、韩愈的深刻影响,同时代的长于写作文辞的人,很少能超过他。曾巩年轻的时候同王安石交游,当时王安石的声誉还不大,曾巩就把他介绍给欧阳修。

等到王安石得志后，曾巩就和他逐渐疏远了。神宗曾经问曾巩："王安石是怎样的人？"他回答说："王安石的文章学问德行道义，不比扬雄差，因为'吝'，所以不如扬雄。"神宗又问："王安石视富贵如粪土，怎么说他'吝'呢？"曾巩回答道："我所说的'吝'，是他勇于作为，而'吝'于改正过错呀！"神宗赞同这个看法。吕公著曾经告诉神宗，认为曾巩的为人行义不及他办理政务的能力，而办理政务又不及他写文章的才能，所以曾巩才不被大用。

王安石传

【题解】

王安石（1021~1086），字介甫，号半山。抚州临川（今江西抚州）人。仁宗庆历二年（1042）进士。初知鄞县，起堤堰，决陂塘，兴修水利；贷谷与民，出息还官，减轻高利贷剥削。历舒州通判、群牧判官、常州知州。嘉祐三年（1058），移提点江东刑狱、入为三司度支判官，向仁宗上万言书，主张培养人才，变法革新。神宗即位，起知江宁府，召为翰林学士兼侍讲，上《本朝百年无事札子》，列举北宋建国以来各项制度的弊端，阐述改革的必要，与神宗意合。熙宁二年（1069），拜参知政事，设立制置三司条例司，主持变法，陆续颁行农田水利、青苗、均输、保甲、免役、市易、保马、方田等新法，以期富国强兵，史称"王安石变法"。次年，任同中书门下平章事。由于保守派的反对，新法推行迭遭阻碍。七年，罢相，以观文殿大学士出知江宁府。第二年，复相。九年，再次罢相，出知江宁府，退居江宁（今江苏南京）半山园。元丰二年（1079），复拜尚书左仆射、观文殿大学士，封荆国公。神宗死，太皇太后高氏听政，司马光为相，尽罢新法，王安石闭门不言政。哲宗元祐元年（1086）去世。赠太傅，谥号"文"。王安石博学多才，执政时曾与其子王雱及吕惠卿等人重新注释《周官》《尚书》《诗经》，颁之学官，不用先儒传注，时称《三经新义》。退居江宁时，又作《字说》，文字训诂也多与前人不同。擅长诗文，散文雄健峭拔。政论简洁有力，诗词亦清新高峻，为"唐宋八大家"之一。所著《字说》《钟山日录》等多已失传，今有《王文公文集》《临川先生文集》行世，后人并辑有《周官新义》《诗义钩沉》等。

【原文】

王安石，字介甫，抚州临川人。父益，都官员外郎。安石少好读书，一过目终身不忘。其属文动笔如飞，初若不经意，既成，见者皆服其精妙。友生曾巩携以示欧阳修，修为之延誉。擢进士上第，签书淮南判官。旧制，秩满许献文求试馆职，安石独否。再调知鄞县，起堤堰，决陂塘。为水陆之利；贷谷与民，出息以偿，俾新陈相易，邑人便之。通判舒州。文彦博为相，荐安石恬退，乞不次进用，以激奔竞之风。寻召试馆职，不就。修荐为谏官，以祖母年高辞。修以其须禄养言于朝，用为群牧判官，请知常州。移提点江东刑狱，入为度支判官，时嘉祐三年也。

安石议论高奇，能以辩博济其说，果于自用，慨然有矫世变俗之志。于是上"万言书"，以为："今天下之财力日以困穷，风俗日以衰坏，患在不知法度，不法先王之政故也。

法先王之政者,法其意而已。法其意,则吾所改易更革,不至于倾骇天下之耳目,嚣天下之口,而固已合先王之政矣。因天下之力以生天下之财,收天下之财以供天下之费,自古治世,未曾以财不足为公患也,患在治财无其道耳。在位之人财既不足,而闾巷草野之间亦少可用之才,社稷之托,封疆之守,陛人能久以天幸为常,而无一旦之忧乎?愿监苟且因循之弊,明诏大臣,为之以渐,期合于当世之变。臣之所称,流俗之所不,而议者以为迂阔而熟烂者也。"后安石当国,其所注措,大抵皆祖此书。

俄直集贤院。先是,馆阁之命屡下,安石屡辞。士大夫谓其无意于世,恨不识其面,朝廷每欲畀以美官,惟患其不就也。明年,同修起居注,辞之累日。阁门吏就付之,拒不受。吏随而拜之,则避于厕。吏置敕于案而去,又追还之;上章至八、九,乃受。遂知制诰,纠察在京刑狱,自是不复辞官矣。

王安石

有少年得斗鹑,其侪求之不与,恃与之昵辄持去,少年追杀之。开封当此人死,安石驳曰:"按律,公取、窃取皆为盗。此不与而彼携以去,是盗也;追而杀之,是捕盗也,虽死,当勿论。"遂劾府司失入。府官不伏,事下审刑、大理,皆以府断为是。诏放安石罪,当诣合阁门谢。安石言:"我无罪。"不肯谢。御史举奏之,置不问。

时有诏舍人院无得申请除改文字,安后争之曰:"审如是,则舍人不得复行其职,而一听大臣所为,自非大臣欲倾侧而为私,则立法不当如此。今大臣之弱者不敢为陛下守法;而强者则挟上旨以造令。谏官、御史无敢逆其意者,臣实惧焉。"语皆侵执政,由是益与之忤。以母忧去。终英宗世,召不起。

安石本楚士,未知名于中朝,以韩、吕二族为巨室,欲藉以取重。乃深与韩绛、绛弟维及吕公著交,三人更称扬之,名始盛。神宗在颍邸,维为记室,每讲说见称,辄曰:"此非维之说,维之友王安石之说也。"及为太子庶子,又荐自代。帝由是想见其人,甫即位,命知江宁府。数月,召为翰林学士兼侍讲。熙宁元年四月,始造朝。入对,帝问为治所先,对曰:"择术为先。"帝曰:"唐太宗何如?"曰:"陛下当法尧、舜,何以太宗为哉?尧、舜之道,至简而不烦,至要而不迂,至易而不难。但末世学者不能通知,以为高不可及耳。"帝曰:"卿可谓责难于君,朕自视眇躬,恐无以副卿此意。可悉意辅朕,庶同济此道。"

一日讲席,群臣退,帝留安石坐,曰:"有欲与卿从容议论者。"因言:"唐太宗必得魏征,刘备必得诸葛亮然后可以有为,二子诚不世出之人也。"安石曰:"陛下诚能为尧、舜,则必有皋、夔、稷、卨;诚能为高宗,则必有傅说。彼二子皆有道者所羞,何足道哉？以天下之大,人民之众,百年承平,学者不为不多。然常患无人可以助治者,以陛下择术未明,推诚未至,虽有皋、夔、稷、卨、傅说之贤,亦将为小人所蔽,卷怀而去耳。"帝曰:"何世无小人,虽尧、舜之时,不能无四凶。"安石曰:"惟能辨四凶而诛之,此其所以为尧、舜也。若使四凶得肆其谗慝,则皋、夔、稷、卨亦安肯苟食其禄以终身乎？"

登州妇人恶其夫寝陋,夜以刃斫之,伤而不死。狱上,朝议皆当之死,安石独援律辨证之,为合从谋杀伤,减二等论。帝从安石说,且著为令。

二年二月,拜参知政事。上谓曰:"人皆不能知卿,以为卿但知经术,不晓世务。"安石对曰:"经术正所以经世务,但后世所谓儒者,大抵皆庸人,故世俗皆以为经术未可施于世务耳。"上问:"然则卿所施设以何先？"安石曰:"变风俗,立法度,最方今之所急也。"上以为然。置制置三司条例司,命与知枢密院事陈升之同领之。安石令其党吕惠卿任其事。而农田水利、青苗、均输、保甲、免役、市易、保马、方田诸役相继并兴,号为新法,遣提举官四十余辈,颁行天下。

青苗法者,以常平籴本作青苗钱,散与人户,令出息二分,春散秋敛;均输法者,以发运之职改为均输,假以钱货,凡上供之物,皆得徙贵就贱,用近易远,预知在京仓库所当办者,得以便宜蓄买;保甲之法,籍乡村之民,二丁取一,十家为保,保丁皆授以弓弩,教之战阵;免役之法,据家财高下,各令出钱雇人充役,下至单丁、女户,本来无役者,亦一概输钱,谓之助役钱;市易之法,听人赊贷县官财货,以田宅或金帛为抵当。出息十分之二,过期不输,息外每月更加罚钱百分之二;保马之法,凡五路义保愿养马者,户一匹,以监牧见马给之,或官与其值,使自市,岁一阅其肥瘠,死病者补偿;方田之法,以东、西、南、北各千步,当四十一顷六十六亩一百六十步为一方,岁以九月,令、佐分地计量,验地土肥瘠,定其色号,分为五等,以地之等,均定税数。又有免行钱者,约京师百物诸行利入厚薄,皆令纳钱,与免行户祗应。自是四方争言农田水利,古陂废堰,悉务兴复。又令民封状增价以买坊场,又增茶盐之额,又设措置河北籴便司,广积粮谷于临流州县,以备馈运。由是赋敛愈重,而天下骚然矣。

御史中丞吕诲论安石过失十事,帝为出诲,安石荐吕公著代之。韩琦谏疏至,帝感悟,欲从之,安石求去。司马光答诏,有"士夫沸腾,黎民骚动"之语,安石怒,抗章自辩,帝为巽辞谢,令吕惠卿谕旨,韩绛又劝帝留之。安石入谢,因为上言中外大臣、从官、台谏、朝士朋比之情,且曰:"陛下欲以先王之正道胜天下之流俗,故与天下流俗相为重轻。流俗权重,则天下之人归流俗;陛下之权重,则天下之人归陛下。权者与物相为重轻,虽千钧之物,所加损不过铢两而移。今奸人欲败先王之正道,以沮陛下之所为。于是陛下流俗之权适争轻重之时,加铢两之力,则用力至微,而天下之权,已归于流俗矣,此所以纷纷也。"上以为然。安石乃视事,琦说不得行。

安石与光素厚,光援朋友责善之义,三致书反复劝之,安石不乐。帝用光副枢密,光辞未拜而安石出,命遂寝。公著虽为所引,亦以请罢新法出颍州。御史刘述、刘琦、钱𫖮、孙昌龄、王子韶、程颢、张戬、陈襄、陈荐、谢景温、杨绘、刘挚,谏官范纯仁、李常、孙觉、胡宗愈皆不得其言,相继去。骤用秀州推官李定为御史,知制诰宋敏求、李大临、苏颂封还词头,御史林旦、薛昌朝、范育论定不孝、皆罢逐。翰林学士范镇三疏言青苗,夺职致仕。惠卿遭丧去,安石未知所倚,得曾布,信任之,亚于惠卿。

三年十二月,拜同中书门下平章事。明年春,京东、河北有烈风之异,民大恐。帝批付中书,令省事安静以应天变,放遣两路募夫,责监司、郡守不以上闻者。安石执不下。

开封民避保甲,有截指断腕者,知府韩维言之,帝问安石,安石曰:“此固未可知,就令有之,亦不足怪。今士大夫睹新政,尚或纷然惊异,况于二十万户百姓,固有蠢愚为人所惑动者,岂应为此遂不敢一有所为邪?”帝曰:“民言合而听之则胜,亦不可不畏也。”

东明民或遮宰相马诉助役钱,安石白帝曰:“知县贾蕃乃范仲淹之婿,好附流俗,致民如是”又曰:“治民当知其情伪利病,不可示姑息。若纵之使妄经省台,鸣鼓邀驾,恃众侥幸,则非所以为政。”其强词背理率类此。

帝用韩维为中丞,安石憾曩言,指为善附流俗以非上所建立,因维辞而止。欧阳修乞致仕,冯京请留之,安石曰:“修附丽韩琦,以琦为社稷臣。如此人,在一郡则坏一郡,在朝廷则坏朝廷,留之何用?”乃听之。富弼以格青苗解使相,安石谓不足以阻奸,至比之共、鲧。灵台郎尤瑛言天久阴,星失度,宜退安石,即黥隶英州。唐炯本以安石引荐为谏官,因请对极论其罪,谪死。文彦博言市易与下争利,致华岳山崩。安石曰:“华山之变,殆天意为小人发。市易之起,自为细民久困,以抑兼并耳,于官何利焉?”阏其奏,出彦博守魏。于是吕公著、韩维,安石藉以立声誉者也;欧阳修、文彦博,荐已者也;富弼、韩琦,用为侍从者也;司马光、范镇,交友之善者也:悉排斥不遗力。

礼官议正太庙太祖东向之位,安石独定议还僖祖于桃庙,议者合争之,弗得。上元夕,从驾乘马入宣德门,卫士诃止之,策其马。安石怒,上章请逮治。御史蔡确言:“宿卫之士,拱扈至尊而已,宰相下马非其处,所应诃止。”帝卒为杖卫士,斥内侍,安石犹不平。王韶开熙河奏功,帝以安石主议,解所服玉带赐之。

七年春,天下久旱,饥民流离,帝忧形于色,对朝嗟叹,欲尽罢法度之不善者。安石曰:“水旱常数,尧、舜所不免,此不足招圣虑,但当修人事以应之。”帝曰:“此岂细事,朕所以恐惧者,正为人事之未修耳。今取免行钱太重,人情咨怨,至出不逊语。自近臣以至后族,无不言其害。两宫泣下,忧京师乱起,以为天旱更失人心。”安石曰:“近臣不知为谁,若两宫有言,乃向经、曹偁所为耳。”冯京曰:“臣亦闻之。”安石曰:“士大夫不逞者以京为归,故京独闻此言,臣未之闻也。”监安上门郑侠上疏,绘所见流民扶老携幼困苦之状,为图以献,曰:“旱由安石所致,去安石,天必雨。”侠又坐窜岭南。慈圣、宣仁二太后流涕谓帝曰:“安石乱天下。”帝亦疑之,遂罢为观文殿大学士、知江宁府,自礼部侍郎超九转为吏部尚书。

吕惠卿服阕,安石朝夕汲引之,至是,白为参知政事,又乞召韩绛代己。二人守其成模,不少失,时号绛“传法沙门”、惠卿为“护法善神”。而惠卿实欲自得政,忌安石复来,因郑侠狱陷其弟安国,又起李士宁狱以倾安石。绛觉其意,密白帝请召之。八年二月,复拜相,安石承命,即倍道来。《三经义》成,加尚书左仆射兼门下侍郎,以子雱为龙图阁直学士。雱辞,惠卿劝帝允其请,由是嫌隙愈著。惠卿为蔡承禧所击,居家俟命。雱风御史中丞邓绾复弹惠卿与知华亭县张若济为奸利事,置狱鞫之,惠卿出守陈。

十月,慧出东方,诏求直言,及询政事之未协于民者。安石率同列疏言:“晋武帝五年,慧出轸;十年,又有孛。而其在位二十八年,与《乙巳占》所期不合。盖天道远,先王虽有官占,而所信者人事而已。天文之变无穷,上下傅会,岂无偶合。周公、召公,岂欺成王哉?其言中宗享国日久,则曰'严恭寅畏天命自度,治民不敢荒宁'。其言夏、商多历年所,亦曰'德'而已。裨灶言火而验,欲禳之,国侨不听,则曰'不用吾言,郑又将火'。侨终不听,郑亦不火。有如裨灶,未免荒诞,况今星工哉!所传占书,又世所禁,誊写伪误,尤不可知。陛下盛德至善,非特贤于中宗,周、召所言,则既阅而尽之矣,岂须愚瞽复有所陈。窃闻两宫以为忧,望以臣等所言,力行开慰。"帝曰:"闻民间殊苦新法。"安石曰:"祁寒暑雨,民犹怨咨,此无庸恤。"帝曰:"岂若并祁寒暑雨之怨亦无邪?"安石不悦,退而属疾卧,帝慰勉起之。其党谋曰:"今不取上素所不喜者暴进用之,则权轻,将有窥人间隙者。"安石是其策。帝喜其出,悉从之。时出师安南,谍得其露布,言:"另作青苗,助役之法,穷困生民。我今出兵,欲相拯济。"安石怒,自草敕榜诋之。

华亭狱久不成,雱以嘱门下客吕嘉问、练亨甫共议,取邓绾所列惠卿事,杂他书下制狱,安石不知也。省吏告惠卿于陈,惠卿以状闻,且讼安石曰:"安石尽弃所学,隆尚纵横之末数,方命矫令,欺上要君。此数恶力行于年岁之间,虽古之失志倒行而逆施者,殆不如此。"又发安石私书曰"无使上知"者。帝以示安石,安石谢无有,归以问雱,雱言其情,安石咎之。雱愤患,疽发背死。安石暴绾罪,云"为臣子弟求官及荐臣婿蔡卞",与亨甫皆得罪。绾始以附安石居言职,安石与吕惠卿相倾,绾极力助攻惠卿。上颇厌安石所为,绾惧失势,屡留之于上,其言无所顾忌;亨甫险薄,诸事雱以进,至是皆斥。

安石之再相也,屡谢病求去。及子雱死,尤悲伤不堪,力请解几务。上益厌之,罢为镇南军节度使,同平章事,判江宁府。明年,改集禧观使,封舒国公。屡乞还将相印。元丰二年,复拜左仆射,观文殿大学士。换特进,改封荆。哲宗立,加司空。

元祐元年,卒,年六十六,赠太傅。绍圣中,谥曰"文",配享神宗庙庭。崇宁三年,又配食文宣王庙,列于颜、孟之次,追封舒王。钦宗时,杨时以为言,诏停之。高宗用赵鼎、吕聪问言,停宗庙配享,削其王封。

初,安石训释《诗》《书》《周礼》,既成,颁之学官,天下号曰"新义"。晚居金陵,又作《字说》,多穿凿附会,其流入于佛、老。一时学者,无敢不传习,主司纯用以取士,士莫得自名一说,先儒传注,一切废不用。黜《春秋》之书,不使列于学官,至戏目为"断烂朝报"。

安石未贵时,名震京师,性不好华腴,自奉至俭,或衣垢不濯,面垢不洗,世多称其贤。蜀人苏洵独曰:"是不近人情者,鲜不为大奸慝。"作《辩奸论》以刺之,谓王衍、卢杞合为一人。

安石性强愎,遇事无可否,自信所见,执意不回。至议变法,而在廷交执不可,安石傅经义,出己意,辩论辄数百言,众不能诎。甚者谓"天变不足畏,祖宗不足法,人言不足恤"。罢黜中外老成人几尽,多用门下儇慧少年。久之,以旱引去。洎复相岁余罢,终神宗世不复召,凡八年。

【译文】

王安石,字介甫,抚州临川人。父亲王益,任都官员外郎。王安石小时候喜好读书,一过目终身不忘。他写起文章来下笔如飞,初看好像漫不经心,完成后,见到的人都佩服他的文章精彩绝妙。朋友曾巩把他的文章带给欧阳修看,欧阳修为他扩大声誉。王安石考中进士,被选为上等,出任签书淮南判官。按照以前的制度,任职期满,允许进献文章要求考试馆阁职务,唯独王安石没有这样做。又调任鄞县的知县,修筑堤堰,疏治陂塘,兴修水利,方便水陆交通;将官谷借贷给农民,让他们秋后加些利息偿还,使官仓中的存谷能够以旧换新,鄞县的老百姓都觉得很方便。再任舒州通判。当时文彦博做宰相,向朝廷推荐王安石淡于名利,请求越级提拔,以此来遏止追逐名利的不良风气。不久,朝廷召王安石考试馆职,他没有参加。欧阳修推荐他做谏官,他又以祖母年事已高为理由而推辞。欧阳修对朝廷说王安石需要俸禄养家,于是朝廷任命他为群牧判官,他请求担任常州知州。调任提点江东刑狱,又进京担任度支判官,当时是宋仁宗嘉祐三年。

王安石的议论和主张高深新奇,善于用雄辩和旁征博引来维护自己的观点,敢于坚持按照自己的意见办事,慷慨激昂地立下了矫正世事、改变传统陋俗的志向。于是,他向仁宗皇帝上万言书,认为:"如今天下的财力一天比一天困乏,风俗一天比一天败坏,毛病就在于不知道法度、不遵循先王的政令。效法先王政令,在于效法先王政令的精神。只要效法先王政令的精神,那么我们所推行的改革变更就不至于惊扰天下人的视听,就不至于使天下舆论哗然、议论纷纷,也就必然符合先王的政令了。依靠天下的人力物力来生产天下的财富,征收天下的财富来供给天下的消费,自古以来的太平治世,不曾因为财富不足而造成国家的祸患,忧患是在于治理财政不得其法。居官任职的人才能既已不足,而城乡民间又缺少可以使用的人才,国家的重托,疆域的保持,陛下难道能够长久地依靠上天赐予的幸运作为常法,而不考虑万一出现忧患该怎么办吗?希望陛下能够明察朝政中因循苟且的弊端,明文诏令大臣,逐渐采取措施,革除这些弊端,以符合和适应当前世事的变化。我所讲的这些想法,那些沉溺在颓靡习俗中的人是不会谈论的,而且议论者还会认为这些都是迂腐疏阔、不切实际的老生常谈。"后来王安石执政,他所施行的各项政策措施,大体上都是以这份万言书为依据的。

随后不久,王安石任直集贤院。在此以前,朝廷多次委任他担任馆阁职务的命令,但王安石一再推辞。士大夫们都认为他不想显赫于世、对功名利禄十分淡漠,都恨不能跟他结识,朝廷多次想委派他担任名利优厚的高官,生怕他不肯接受。第二年,朝廷委任他同修起居注,王安石推辞了好几天。阁门吏带着委任状到他府上交给他,他拒不接受;阁门吏随即下拜,他却溜到厕所里躲避起来;阁门吏干脆把委任状放在桌上离去,王安石又追上去将委任状还给他;他连续上章辞谢了八、九次,才接受了这项任命。于是任知制诰,纠察京城的刑事狱讼,从此他不再辞官了。

有位少年得到了一只善斗的鹌鹑,他的同伴向他求取,他不给,同伴仗着跟他关系亲密就把鹌鹑拿走了,这个少年追上去把同伴杀了。开封府判决这个少年当处死刑,王安石反驳道:"按照刑律,公开的夺取和偷偷地窃取都是盗贼行为。一方不给而另一方拿之以去,就是盗窃;追上去把他杀死,是追捕盗贼,虽然把人杀死了也不应当追究。"于是弹劾开封府审判机构将不该判刑的人反而判了重刑,犯了失入的错误。开封府的官员不服,皇帝将这件事交给审刑院和大理寺再次审理,审刑院和大理寺都认为开封府的判决是正确的。皇帝下诏免于追究王安石的弹劾错误,但他应当到阁门前道歉。王安石说:"我没有罪!"不肯道歉。御史上章弹劾他,皇帝置之不问。

当时有诏令规定舍人院不得申请删改诏书文字，王安石争辩说："假如真是这样，那么舍人院就不再能够履行自己的职责，而听任大臣为所欲为，假如不是大臣为了私利而侵夺舍人职权，那么国家立法就不应当这样。如今大臣中软弱的人不敢为陛下执法守纪，而强硬蛮横的人则假借皇帝的旨意来制造命令，谏官和御史们都不敢违背他们的意志，我实在感到害怕。"王安石的这些话触犯了执政大臣，从此更加跟执政大臣相抵触。他因为母亲去世离任，直到英宗朝结束，朝廷多次召他，他都不肯赴任。

王安石本是楚人，在朝廷中没什么名气，因为韩、吕二姓是世家大族，所以他想借助韩、吕二族来取得别人对自己的尊重。于是就和韩绛、韩绛的弟弟韩维以及吕公著深交，这三人对王安石交相称赞。王安石的声望才开始显著。

宋神宗在颍王府时，韩维任记室，每当他的讲解议论得到神宗称赞时，就说："这不是我的说法，而是我的好友王安石的见解呀！"到他升任太子庶子时，韩维又推荐王安石代替自己。神宗于是很想见到王安石，刚即帝位，就任命他为江宁府知府。几个月后，又召王安石为翰林学士兼侍讲。熙宁元年四月，王安石才到朝廷。他进宫答对皇帝询问时，神宗问他治理国家首先应当做什么事，他回答说："首先应当选择治国的方法。"神宗问道："唐太宗怎么样？"王安石答道："陛下应当效法尧、舜，何必要学唐太宗呢？尧、舜的治国之道，极为简明而不烦琐，极为扼要而不迂阔，极为简易而不繁难。但后世学者不能通晓，所以才认为高不可及。"神宗说："你这可以说是让我勉为其难了，我自己认为跟尧、舜相比太过于渺小，恐怕无法跟你的这番好意相称。你可以尽心尽意地辅佐我，希望共同实现这一目标。"

有一天讲学，大臣们都退朝了，神宗皇帝让王安石留坐，说："我有事想跟你认真讨论。"于是说道："唐太宗必须得到魏征，刘备必须得到诸葛亮然后才能够有所作为，这两人确实不是每代都有的杰出人物啊。"王安石回答说："陛下果真能为尧、舜，那么必然会有皋、夔、稷、卨这样的人物来辅佐；果真能为商高宗，那么必然会有傅说。诸葛亮和魏征那两个人都是有识之士所羞于提及的，有什么值得称道的呢？凭借我大宋幅员之大，人民之多，百年治平相承，有学问的人不可以说不多。但经常忧虑没人可以帮助陛下治理国家，其原因在于陛下选拔人才的方法还不明确，诚意待人做得还不到家，即使有皋陶、后夔、后稷、卨和傅说这样的贤人，也会被小人遮蔽，藏身退隐而去。"神宗说："哪个朝代没有小人？即使是尧、舜的时代，也不能没有'四凶'。"王安石答道："正因为能够辨别'四凶'而加以惩处和铲除，尧、舜才能够成具为尧、舜。假如让'四凶'肆无忌惮、谗害忠害、为非作歹，那么皋陶、后夔、后稷、卨还肯因循苟且、贪图俸禄而虚度一生吗？"

登州有个妇人嫌恶自己的丈夫相貌丑陋，夜里用刀砍杀丈夫，丈夫受了伤，但没有死。这个案子上报朝廷后，朝中讨论都认为这个妇人应判死刑，唯独王安石依据法律辩驳证明，此案符合谋杀致伤的律条，应当减死刑二等论处。神宗同意王安石的意见，并且把它定为法律。

熙宁二年二月，王安石被任命为参知政事。神宗对他说："别人都不能了解你，以为你只懂经学，不明白现实事务。"王安石回答道："经学正是用来治理现实事务的，但后世的所谓儒生，大都是些平庸之辈，所以世俗才认为经学不能施用于治理现实事务。"神宗又问："既然这样，那么你首先要施行设置的是什么呢？"王安石回答说："改变风俗，建立法度,最是今天的当务之急。"神宗认为很对。于是设立制置三司条例司,任命王安石跟知枢密院事陈升之共同掌管。王安石命令他的党徒吕惠卿承担条例司的具体事务。随后,农田水利、青苗、均输、保甲、免役、市易、保马、方田等法相继问世,称为新法,朝廷派遣了四十多名提举官,到全国各地颁行新法。

青苗法,是把籴买常平粮的本钱作为青苗钱,散借给百姓,让他们出二分的利息偿还,每年春天借出、秋天收回。均输法,是把发运的职能改为均输,先由朝廷给予钱币和实物,凡是上供朝廷的物品,都必须离开价钱高的地区而到价钱便宜的地区购买,并用路程近的地区代替路程远的地区,预先了解京城仓库需要购买的物品,以便用便宜的价钱购买贮存。保甲法,就是把乡村的人口编入户籍簿,两名男丁取一人,十家为一保,挑选出来的保丁都发给弓弩、教给他们战斗阵法,维护地方治安。免役法,就是根据百姓家庭财产的多少,分别让他们出钱雇人充役,下至单丁户、女户等本来不用服役的家庭,也一律出钱,称为助役钱。市易法,允许私人向官府赊购或借贷货物钱款,以自己的田地、住宅或者金帛作为抵押,出十分之二的利息还官,超过期限没有交纳的,利息之外每月另加百分之二的罚金。保马法,凡是五路义勇保甲愿意养马的,每户养一匹,以牧马监现有的马匹给他们喂养,或者由官府给予买马的钱款,让他们自行购买,每年检查一次马的肥瘦,死亡的和生病的由养马户负责赔偿。方田法,以东、西、南、北各一千步,相当于四十一顷六十六亩一百六十步的田地作为一方,每年九月,县令、县佐分地丈量计算,检验土地肥瘠,确定这些土地的成色,分为五个等级,按照土地的等级,均定赋税数额。还有免行钱,规定京师各行各业根据获利多少,都要交钱,官府则给予免除行户的当差义务。自从这些法令推行以后,全国各地争相谈论农田水利,古代的陂塘和废弃的堤堰,都必须兴建修复。又下令平民百姓可以向官府投递密封状,增加价钱购买坊场,又增加茶、盐的税收数额,还设立了措置河北籴便司,在临近河流的州县大量囤积粮食,以备粮饷运输。从此赋税聚敛越来越重,而天下也骚动不安了。

御史中丞吕诲论说王安石有十大过失。神宗为此将吕诲调离朝廷到地方任职,王安石推荐吕公著取代吕诲任御史中丞。韩琦规劝神宗停止实行青苗法的奏疏送到朝廷,神宗感动醒悟,打算同意韩琦的意见,王安石立即要求辞职离去。司马光为神宗起草批答诏书,其中有"士大夫沸腾,臣民百姓骚动不安"的话,王安石大怒,上章为自己辩护,神宗不得不谦逊地向他道歉,派吕惠卿传达劝慰的旨意,韩绛又劝神宗挽留他。王安石入朝谢恩,因而对神宗说了朝廷内外大臣,侍从官、台谏官、朝士互相依附勾结的情形,并且说:"陛下想用先王的正道战胜天下流于颓靡风俗的人,所以跟他们较量轻重。流俗的势力大了,那么天下人就会归向流俗;陛下的力量强大了,那么天下人就会归依陛下。秤锤与物体较量轻重时,即使是重达千钧的物体,增加或减少一铢一两的重量就会使秤杆移动变化。如今奸邪的人们想要败坏先王的正道,以阻止和破坏陛下所进行的改革。现在正是陛下和流俗的秤锤较量轻重的时候,流俗增加铢两的重量,用力虽然极小,但天下这杆秤已向流俗这一方倾斜了,这就是天下议论纷纷的缘故啊!"神宗认为确实是这样。于是王安石重新任职治事,韩琦的意见没有得到采纳。

王安石与司马光一直很有交情,司马光依据朋友之间相互督促行善的道理,三次写信给王安石反复进行规劝,王安石很不高兴。神宗起用司马光任枢密副使,司马光推辞不就，而王安石已经出任执政，这项任命就停止执行了。吕公著虽然是王安石推荐的，也因为请求废除新法而被派出去担任颍州知州。御史刘述、刘琦、钱颛、孙昌龄、王子韶、程颢、张戬、陈襄、陈荐、谢景温、杨绘、刘挚，谏官范纯仁、李常、孙觉、胡宗愈都因为自己的意见不被采纳，相继离开朝廷。王安石很快提升秀州推官李定任御史，知制诰宋敏求、李大临、苏颂封还任命诏书，御史林旦、薛昌朝、范育弹劾李定不守孝道，都被罢免并逐出朝廷。翰林学士范镇三次上疏议论青苗法，被免除职务，迫令退休。吕惠卿因为父亲去世离开朝廷，王安石在不知道把他走后的空缺委任给谁时，得到了曾布，王安石对他很信任，程度仅次于吕惠卿。

熙宁三年十二月，王安石就任同中书门下平章事。第二年春天，京东、河北两路发生了暴风的灾异现象，老百姓十分恐慌。神宗批示中书机构，命令息事安静、停止变法以应付天变，放还这两路应募的农夫，责罚不如实上报情况的监司和郡守。王安石扣下这道诏令，不予传达。

开封府的百姓为逃避保甲，有截掉自己的手指、砍断自己手腕的，知府韩维将这些情况报告朝廷，神宗问王安石，王安石回答说："这些情况我固然还不太清楚，即使有的话，也不足为怪。如今士大夫们看到推行新政，尚且大惊小怪、吵吵嚷嚷；何况是二十万户百姓，必然会有由于愚蠢而受人煽动蛊惑的，怎能因为这种人而不敢有所作为呢？"神宗说："听取百姓们符合实际的各种意见就能取得成功，百姓的意见也不能不畏惧。"

东明县的老百姓有人拦住宰相的坐骑控诉助役钱的不合理，王安石对神宗说："知县贾蕃是范仲淹的女婿，喜欢依附流俗，导致老百姓做出这样的事。"又说："治理百姓应当知道他们的真假利弊，不可以向他们表示无原则的姑息宽容。如果放纵他们越轨闯过中书省、御史台，击鼓拦驾，凭借人多以图侥幸，这不是治理国家的办法。"王安石的强词夺理，大体上都是如此。

神宗皇帝起用韩维任御史中丞，王安石对韩维以前的言论怀恨在心，指斥他善于附和流俗来反对神宗所建立的新法，这次任命因韩维推辞而停止。欧阳修请求退休，冯京要求朝廷挽留他，王安石说："欧阳修依附韩琦，把韩琦看作是关系到社稷安危的重臣。像他这样的人，在一郡就败坏一郡，在朝廷就败坏朝廷，留下他有什么用？"于是神宗同意欧阳修退休。富弼因为阻挠青苗法的实施而被削除了使相的称号，王安石说这还不足以制止奸邪小人，甚至把富弼比作共工和鲧。灵台郎尤瑛讲天气阴了很久，星辰违背了正常的运行轨迹，应该黜退王安石，随即被刺面发配到英州。唐炯本来是由王安石推荐而担任谏官的，只因他请求奏对时极力论说了王安石的罪过，结果被贬谪而死。文彦博说市易法是跟天下人争利，致使华山崩塌。王安石说："华山的灾变，仅仅是天意为小人而发作的。推行市易法，原本就是因为平民长久空困。用来抑制兼并的，对官府有什么利益呢？"他压下文彦博的奏章，将文彦博逐出朝廷，去担任大名府留守。这样，吕公著、韩维，王安石凭借他们树立自己声誉的人；欧阳修、文彦博，推荐自己的人；富弼、韩琦，重用自己担任皇帝侍从的人；司马光、范镇，自己的好朋友；王安石对他们都不遗余力地加以排斥。

礼官讨论确立太庙中太祖牌位东向的位置，王安石独自决定将僖祖的牌位奉还到祧庙里，参加讨论的官员们联合起来与王安石争论，没能改变他的决定。上元节的傍晚，王安石跟随神宗皇帝的圣驾，骑马进入宣德门，守门的卫士呵斥阻止，并鞭打王安石的坐骑。王安石大怒，上章要求逮捕惩罚这些卫士。御史蔡确说道："在宫廷内值宿的卫士，其职责只是保卫皇帝，宰相下马下得不是地方，卫士理应予以呵斥阻止。"神宗终于还是为了王安石而杖打了卫士，并斥责了内侍，王安石还是愤愤不平。王韶开拓熙河路成功，向朝廷奏报，神宗因为这是王安石主持建议的，解下自己身佩的玉带赐给了王安石。

熙宁七年春，天下长久干旱，饥民们流离失所，皇帝忧容满面，上朝时叹息不已，想把不好的法令制度统统罢黜。王安石说道："水旱灾害是常有的事情，尧、舜的时候也不能避免，这不足以招致陛下的忧虑，但必须治理好人力所能及的事情来应付天灾。"神宗说："这

宋神宗赵顼

怎么是小事呢？我之所以感到害怕，正是因为没能做好人力能及的事情。现在在官府征收免行钱负担太重，百姓怨叹，甚至有人说出对朝廷不敬的话来。从亲近大臣到皇后家族，没有不说免行钱的祸害的。两宫太后为此落泪，担心京城会发生骚乱，认为天旱使朝廷更加失去了人心。"王安石说："亲近大臣不知道是谁，如果两宫太后有这样的话，那也是向经、曹佾所干的罢了。"冯京说："我也听说了。"王安石道："士大夫中不得志的人都归附你冯京，所以唯独你冯京听到过这样的话，我可从来没听说过。"监安上门郑侠上呈奏疏，把所看到的流民扶老携幼、困苦不堪的情状，画成图进献给神宗，说："旱灾是因为王安石变法而引起的。罢免王安石，上天必然会下雨。"郑侠又因为这件事被流放到岭南。慈圣、宣仁两位皇太后流着眼泪对神宗说："王安石扰乱了天下。"神宗也怀疑王安石，于是罢免了他的宰相职务，任命他为观文殿大学士、江宁府知府，从礼部侍郎超九转而为吏部尚书。

吕惠卿服丧期满，王安石早晚不停地推荐他。这时，王安石奏请神宗让吕惠卿任参知政事，又请求召回韩绛代替自己。这两人都坚持遵循王安石的陈规旧模，没有丝毫改变，当时韩绛的绰号是"传法沙门"，吕惠卿的绰号是"护法善神"。然而吕惠卿实际上是想自己掌握执政大权，害怕王安石重新回来当政，于是假借郑侠一案来陷害王安石的弟弟王安国，又制造李士宁案件来排挤王安石。韩绛觉察到了吕惠卿的用意，秘密奏知皇帝，请求召回王安石。熙宁八年二月，神宗再次任命王安石为宰相，王安石受命后，立即

兼程赶赴京城。《三经义》修成,王安石加官为尚书左仆射兼门下侍郎,任命他的儿子王雱为龙图阁直学士。王雱推辞不受,吕惠卿劝说神宗接受他的请求,因此王、吕之间的猜疑和隔阂更加明显。吕惠卿被蔡承禧攻击弹劾,在家里等待皇帝的处理诏令。王雱暗示御史中丞邓绾,再次弹劾吕惠卿和华亭县和县张若济相互勾结、犯法谋利的事情,立案审查他们,吕惠卿于是被派出去担任陈州知州。

十月,东方出现彗星,神宗下诏征求直言得失,并询问政事中对百姓不利的地方。王安石带领同朝大臣们上疏说:"晋武帝五年,彗星出现在轸宿;十年,又出现了孛星。然而晋武帝在位二十八年,与《乙巳占》所预言的期限不相符合。这是因为天道遥远,先王虽然有官方占卜的预言,但所相信的依旧是人为之事。天文的变化无穷无尽,上下牵强附会,难道就没有偶然的巧合。周公、召公,怎么会欺骗周成王呢?他们说到商中宗在位的时间很长,就说'中宗谨慎谦虚,兢兢业业,用天命约束自己,治理人民,不敢荒废政事'。谈到夏、商二朝维持了很长时间,也说是由于'施行德政'而已。禆灶预言火灾能够灵验,想用祭祀求免灾祸,国侨不听他的意见,禆灶就说'不采纳我的意见,郑国还将会发生火灾'。国侨最终还是没听他的意见,郑国也没有发生什么火灾。像禆灶这样的人,都难免荒诞,更何况今天的占卜星象的人呢?现在流传的占书,又是历代所禁止的,誊写讹误,尤其不知道有多少。陛下的品德至善至美,不仅比商中宗更中贤明,而且周公、召公所说的话也早已全部看过了,哪里用得着蠢人、盲人再有什么陈述呢?我听说两宫太后因为这次天灾而担忧,希望陛下用我们所说的这些道理,尽力地开导劝慰。"神宗说:"听说民间吃足了新法的苦头。"王安石说:"冬天严寒,夏天暴雨,老百姓尚且怨恨,这用不着抚恤。"神宗说:"难道不能使冬寒夏雨的怨恨也没有吗?"王安石听后很不高兴,回家托病卧床,神宗忙安慰劝勉,王安石这才上朝治理政事。他的同党谋划道:"现在不要选取皇上历来不喜欢的人迅速提拔任用,这会使自己地位变轻,那时就将有窥伺和利用君臣间隙的人了。"王安石很赞同这个计策。神宗因为王安石出来执政而感到欣慰和喜悦,完全听从他的所有意见。当时军队出征安南,密探得到安南的布告,说:"中国推行青苗、助役法,使老百姓非常穷困。我国现在出兵,是要帮助拯救那里的百姓。"王安石恼怒,亲自起草敕榜诋毁安南。

华亭一案拖了很久还不能成立,王雱把它交给门客吕嘉问、练亨甫共同商议,他们取来邓绾所列举的吕惠卿的罪状,夹杂在其他文书中,下达给皇帝批准审讯的制狱王安石不知道这件事。省吏到陈州把此事告诉给吕惠卿,吕惠卿随即写了奏状上报神宗,并控告王安石说:"王安石完全抛弃了自己所学的先王教诲,崇尚纵横家的末流小技,违背君命假传圣旨,欺骗皇帝要挟君主。一年之中极力干尽这些坏事,即使是古代丧失理智、倒行逆施的人,恐怕都没有这样的。"又揭发王安石在私人书信中写有"不要让皇帝知道"的话。神宗把这些材料给王安石看,王安石谢说没有这些事,回家问王雱,王雱把情况说了出来,王安石斥责了他。王雱恼怒怨恨,背上的痛疽发作而死。王安石公开宣布邓绾的罪过,说:"邓绾为我的子弟求取官职并举荐我的女婿蔡卞",于是邓绾和练亨甫都获罪。邓绾开始因为依附于王安石而做了谏官,等到王安石和吕惠卿互相倾轧时,邓绾极力帮助王安石攻击惠卿。神宗对王安石的所作所为感到厌烦,邓绾生怕失势,屡次在皇帝面前要求挽留王安石,说起话来无所顾忌;练亨甫为人阴险刻薄,靠巴结王雱而得以进用,到现在两人都被贬斥了。

王安石再次担任宰相后，多次托病请求离职，到儿子王雱死后，更是悲戚忧伤得无法承受，极力请求解除他的枢要职务，神宗更加厌烦他了，罢免了他的宰相职务，任命他为镇南军节度使、同平章事、判江宁府。第二年，改任集禧观使，封为舒国公。王安石多次乞求把自己的将相印钑交还朝廷。元丰二年，王安石再次被任命左仆射、观文殿大学士。换为特进，改封荆国公。哲宗即位，加封他为司空。

元祐元年，王安石去世，终年六十六岁，追赠为太傅。绍圣年间，赐谥号为"文"，配享于神宗庙庭。徽宗崇宁三年，又配享于文宣王庙，牌位列在颜回和孟子后面追封为舒王。钦宗时，杨时有议论，朝廷停止王安石在文宣王庙配享。高宗采纳赵鼎、吕聪问的意见，停止王安石在宗庙配享，并削夺了他的王位封号。

当初，王安石训释《诗》《书》《周礼》，写成后，颁布到官学学舍，天下称之为《新义》。晚年定居金陵，又写作了《字说》一书。其中有不少穿凿附会的内容。观点则混合了佛经和老庄的思想。一时间，读书的士人没有敢不传授学习的，主考官只用王安石的学说为标准录取考生，士人不得自立一说，凡是先儒解释经书的著述，全都废除不用。又废黜《春秋》这部书，不把它列在学校教材里，甚至将它戏称为"断缺残陋的朝廷公报"。

王安石没有显贵时，名声震动京师，生性不喜好华丽的服饰和丰美的饮食，自己的日常生活极为俭朴，有时衣服脏了不洗，脸上脏了也不洗，当时人们都称赞他贤明有德。只有蜀人苏洵说："这样子是不近人情的，这种人很少不成为大奸大恶的。"并写了《辩奸论》一文来讽刺王安石，说他是王衍、卢杞合为一身的人。

王安石性格坚强刚愎，遇到事情不管对错，都相信自己的见解，固执己见不肯改变。到议论变法时，在朝百官都持不能变法的意见，王安石附会儒家经义，提出自己的主张，辩论起来动不动就是好几百字，大家都驳不倒他。他甚至说："天灾不足以畏惧，祖宗不足以效法，人们的议论不足以忧虑。"朝廷内外老成持重的人几乎被王安石罢黜殆尽，他多任用自己门下轻薄而有点小聪明的年轻人。当了很长时间的宰相后，因为天发旱灾而引退；到他第二次担任宰相，一年多后就又被罢免了，直到神宗朝结束没有再召他回朝廷，前后共八年。

司马光传

【题解】

司马光(1019~1086)，字君实，陕州夏县(今山西夏县)人，宋代杰出史学家。平生著作颇丰，仅《宋史·艺文志》著录的就有三十七种，流传至今，在《四库全书总目》著录的有十六种，其中《资治通鉴》是一部最有影响的史学名著。与《资治通鉴》有关的还有《资治通鉴目录》三十卷，《资治通鉴考异》三十卷。

《资治通鉴》二百九十四卷，记载了上起周威烈王二十三年(前403)，下讫后周显德六年(959)，一共一千三百六十二年的史事，按朝代为纪，分十六纪，即《周纪》五卷、《秦

纪》三卷、《汉纪》六十卷、《魏纪》十卷、《晋纪》四十卷、《宋纪》十六卷、《齐纪》十卷、《梁纪》二十二卷、《陈纪》十卷、《隋纪》八卷、《唐纪》八十一卷、《后梁纪》六卷、《后唐纪》八卷、《岳晋纪》六卷、《后汉纪》四卷、《后周纪》五卷。《资治通鉴》自治平三年设局修撰，直到元丰七年全书完成，前后经过了十九年。此书修撰除参酌正史外，还参阅各种典籍多达三百余种。《资治通鉴》创编年体通史规模，以时间先后叙次史事，使史事的发展变化、前因后果有个系统、明晰的交代，对重要的史事，根据各种的史料，采取追叙或附叙的手法，使事件完整地表达出来，避免或减少因以时间为序造成的史实分散割裂的弊病，被后人誉为"叙之井井，不漏不烦"。除叙述史事外，还有分析、评语，或引他人语，或题"臣光曰"，不论是叙事，还是评论、皆无一语无所本，繁简适宜、文浅事明。《资治通鉴目录》以年表的形式编成，实际是《资治通鉴》的概要。《资治通鉴考异》是对史料的考辨情况的记录，而《考异》的撰成，使考异从此成为一种史书撰述体例。《稽古录》《涑水纪闻》也是司马光的重要著作，受到后世史家的普遍重视。

【原文】

　　司马光字君实，陕州夏县人也。父池，天章阁待制。光生七岁，凛然如成人，闻讲《左氏春秋》，爱之，退为家人讲，即了其大指。自是手不释书，至不知饥渴寒暑。群儿戏于庭，一儿登瓮，足跌没水中，众皆弃去，光持石击瓮破之，水迸，儿得活。其后京、洛间画以为图。仁宗宝元初，中进士甲科。年甫冠，性不喜华靡，闻喜宴独不戴花，同列语之曰："君赐不可违。"乃簪一枝。

　　除奉礼郎，时池在杭，求签苏州判官事以便亲，许之。丁内外艰，执丧累年，毁瘠如礼。服除，签书武成军判官事，改大理评事，补国子直讲。枢密副使庞籍荐为馆阁校勘，同知礼院。

　　中官麦允言死，给卤簿。光言："繁缨以朝，孔子且犹不可。允言近习之臣，非有元勋大劳，而赠以三公官，给一品卤簿，其视繁缨，不亦大乎。"夏竦赐谥文正，光言："此谥之至美者，竦何人，可以当之？"改文庄。加集贤校理。

　　从庞籍辟，通判并州。麟州屈野河西多良田，夏人蚕食其地，为河东患。籍命光按视，光建："筑二堡以制夏人，募民耕之，耕者众则籴贱，亦可渐纾河东贵籴远轮之忧。"籍从其策；而麟将郭恩勇且狂，引兵夜渡河，不设备，没于敌，籍得罪去。光三上书自引咎，不报。籍没，光升堂拜其妻如母，抚其子如昆弟，时人贤之。

　　改直秘阁，开封府推官。交趾贡异兽，谓之麟，光言："真伪不可知，使其真，非自至不足为瑞，愿还其献。"又奏赋以风。修起居注，判礼部。有司奏日当食，故事食不满分，或京师不见，皆表贺。光言："四方见、京师不见，此人君为阴邪所蔽；天下皆知而朝廷独不知，其为灾当益甚，不当贺。"从之。

　　同知谏院。苏辙答制策切直，考官胡宿将黜之，光言："辙有爱君忧国之心，不宜黜。"诏真末级。

　　仁宗始不豫，国嗣未立，天下寒心而莫敢言。谏官范镇首发其议，光在并州闻而继之，且贻书劝镇以死争。至是，复面言："臣昔通判并州，所上三章，愿陛下果断力行。"帝沉思久之，曰："得非欲选宗室为继嗣者乎？此忠臣之言，但人不敢及耳。"光曰："臣言此，自谓必死，不意陛下开纳。"帝曰："此何害，古今皆有之。"光退未闻命，复上疏曰："臣向者进说，意谓即行，今寂无所闻，此必有小人言陛下春秋鼎盛，何遽为不祥之事。小人无远虑，特欲仓卒之际，援立其所厚善者耳。'定策国老'，'门生天子'之祸，可胜言哉？"帝大感动曰："送中书。"光见韩琦等曰："诸公不及今定议，异日禁中夜半出寸纸，以某人为嗣，则天下莫敢违。"琦等拱手曰："敢不尽力。"未几，诏英宗判宗正，辞不就，遂立为皇子，又称疾不入。光言："皇子辞不赀之富，至于旬月，其贤于人远矣。然父召无诺，君命召不俟驾，愿以臣子大义责皇子，宜必入。"英宗遂受命。

兖国公主嫁李玮，不相能，诏出玮卫州，母杨归其兄璋，主入居禁中。光言："陛下追念章懿太后，故使玮尚主。今乃母子离析，家事流落，独无雨露之感乎？玮即黜，主安得无罪？"帝悟，降主沂国，待李氏恩不衰。

进知制诰，固辞，改天章阁待制兼侍讲、知谏院。时朝政颇姑息，胥史喧哗则逐中执法，辇官悖慢则退宰相，卫士凶逆而狱不穷治，军卒詈三司使而以为非犯阶级。光言皆陵迟之渐，不可以不正。

充媛董氏薨，赠淑妃，辍朝成服，百官奉慰，定谥，行册礼，葬给卤簿。光言："董氏秩本微，病革方拜充媛。古者妇人无谥，近制惟皇后有之。卤簿本以赏军功，未尝施于妇人。唐平阳公主有举兵佐高祖定天下功，乃得给。至韦庶人始令妃主葬日皆给鼓吹，非令典，不足法。"时有司定后宫封赠法，后与妃俱赠三代，光论："妃不当与后同，袁盎引却慎夫人席，正为此耳。天圣亲郊，太妃止赠二代，而况妃乎？"

英宗立，遇疾，慈圣光献后同听政。光上疏曰："昔章献明肃有保佑先帝之功，特以亲用外戚小人，负谤海内。今摄政之际，大臣忠厚如王曾，清纯如张知白，刚正如鲁宗道，顾直如薛奎者，当信用之；猥鄙如马季良，谗谄如罗崇勋者，当疏远之，则天下服。"

帝疾愈，光料必有追隆本生事，即奏言："汉宣帝为孝昭后，终不追尊卫太子、史皇孙；光武上继元帝，亦不追尊巨鹿、南顿君，此万世法也。"后诏两制集议濮王典礼，学士王珪等相视莫敢先，光独奋笔书曰："为人后者为之子，不得顾私亲。王宜准封赠期亲尊属故事，称为皇伯，高官大国，极其尊荣。"议成，珪即命吏以其手稿为按。既上与大臣意殊，御史六人争之力，皆斥去。光乞留之，不可，遂请与俱贬。

初，西夏遣使致祭，延州指使高宜押伴，傲其使者，侮其国主，使者诉于朝。光与吕海乞加宜罪，不从。明年，夏人犯边，杀略吏士。赵滋为雄州，专以猛悍治边，光论其不可。至是，契丹之民捕鱼界河，伐柳白沟之南，朝廷以知雄州李中佑为不材，将代之。光谓："国家当戎夷附顺时，好与之计较末节，及其桀骜，又从而姑息之。近者西祸生于高宜，北祸起于赵滋；时方贤此二人，故边臣皆以生事为能，渐不可长。宜敕边吏，疆场细故辄以矢刃相加者，罪之。"

仁宗遗赐直百余万，光率同列三上章，谓："国有大忧，中外窘乏，不可专用乾兴故事。若遗赐不可辞，宜许侍从上进金钱佐山陵。"不许。光乃以得珠为谏院公使钱，金以遗舅氏，义不藏于家。后还政，有司立式，凡后有所取用，当覆奏乃供。光云："当移所属使立供已，乃具数白后，以防矫伪。"

曹佾无功除使相。两府皆迁官。光言："陛下欲以慰母心，而迁除无名，则宿卫将帅、内侍小臣，必有觊望。"已而迁都知任守忠等官，光复争之，因论："守忠大奸，陛下为皇子，非守忠意,沮坏大策,离间百端,赖先帝不听;及陛下嗣位,反覆交构,国之大贼。乞斩于都市,以谢天下。"责守忠为节度副使,蕲州安置,天下快之。

诏刺陕西义勇二十万,民情惊挠,而纪律疏略不可用。光抗言其非,持白韩琦。琦曰:"兵贵无声,谅祚方桀骜,使骤闻益兵二十万,岂不震慑?"光曰:"兵之贵先声,为无其实也,独可期之于一日之间耳。今吾虽益兵,实不可用,不过十日,彼将知其详,尚何惧?"琦曰:"君但见庆历间乡兵刺为保捷。忧今复然,已降敕榜与民约,永不充军戍边矣。"光曰:"朝廷尝失信,民未敢以为然,虽光亦不能不疑也。"琦曰:"吾在此,君不忧。"光曰:"公长在此地,可也;异日他人当位,因公见兵,用之运粮戍边,反掌间事耳。"琦嘿然,而讫不为止。不十年,皆如光虑。

王广渊除直集贤院。光论其奸邪不可近:"昔汉景帝重卫绾,周世宗薄张美。广渊当仁宗之世,私自结于陛下,岂忠臣哉?宜黜之以厉天下。"进龙图阁直学士。

神宗即位,擢为翰林学士,光力辞。帝曰:"古之君子,或学而不文,或文而不学。惟董仲舒、扬雄兼之。卿有文学,何辞为?"对曰:"臣不能为四六。"帝曰:"如两汉制诏可也;且卿能进士取高第,而云不能四六,何邪?"竟不获辞。

御史中丞王陶以论宰相不押班罢,光代之,光言:"陶由论宰相罢,则中丞不可复为。臣愿俟既押班,然后就职。"许之。遂上疏论修心之要三:曰仁,曰明,曰武;治国之要三;曰官人,曰信赏,曰必罚。其说甚备。且曰:"臣获事三朝,皆以此六言献,平生力学所得,尽在是矣。"御药院内臣,国朝常用供奉官以下,至内殿崇班则出;近岁暗理官资,非祖宗本意。因论高居简奸邪,乞加远窜。章五上,帝为出居简,尽罢寄资者。既而复留二人,光又力争之。张方平参知政事,光论其不叶物望,帝不从。还光翰林兼侍读学士。

光常患历代史繁,人主不能遍览,遂为《通志》八卷以献。英宗悦之,命置局秘阁,续其书。至是,神宗名之曰《资治通鉴》,自制《序》授之,俾日进读。

诏录颍邸直省官四人为阁门祗候,光曰:"国初草创,天步尚艰,故御极之初,必以左右旧人为腹心耳目,谓之随龙,非平日法也。阁门祗候在文臣为馆职,岂可使厮役为之。"

西戎部将嵬名山欲以横山之众,取谅祚以降。诏边臣招纳其众,光上书疏极论,以为:"名山之众,未必能制谅祚。幸而胜之,灭一谅祚,生一谅祚,何利之有;若其不胜,必引众归我,不知何以待之。臣恐朝廷不独失信谅祚,又将失信于名山矣。若名山余众尚多,还北不可,入南不受,穷无所归,必将突据边城以救其命。陛下不见侯景之事乎?"上不听,遣将种谔发兵迎之,取绥州,费六十万,西方用兵,盖自此始矣。

百官上尊号,光当答诏,言:"先帝亲郊,不受尊号。末年有献议者,谓国家与契丹往来通信,彼有尊号我独元,于是复以非时奉册。昔匈奴冒顿自称'天地所生日月所置匈奴大单于',不闻汉文帝复为大名以加之也。愿追述先帝本意,不受此名。"帝大悦,手诏奖光,使善为答辞,以示中外。

执政以河朔旱伤,国用不足,乞南郊勿赐金帛。诏学士议,光与王珪、王安石同见,光曰:"救灾节用,宜自贵近始,可听也。"安石曰:"常衮辞堂馔,时以为衮自知不能,当辞位不当辞禄。且国用不足,非当世急务,所以不足者,以未得善理财者故也。"光曰:"善理财者,不过头会箕敛尔。"安石曰:"不然,善理财者,不加赋而国用足。"光曰:"天下安有此理?天地所生财货百物,不在民,则在官,彼设法夺民,其害乃甚于加赋。此盖桑羊欺武帝之言，太史公书之以见其不明耳。"争议不已。帝曰："朕意与光同，然姑以不允答之。"会安石草诏，引常衮事责两府，两府不敢复辞。

安石得政，行新法，光逆疏其利害。迩英进读，至曹参代萧何事，帝曰："汉常守萧何之法不变，可乎？"对曰："宁独汉也，使三代之君常守禹、汤、文、武之法，虽至今存可也。汉武取高帝约束纷更，盗贼半天下；元帝改孝宣之政，汉业遂衰。由此言之，祖宗之法不可变也。"吕惠卿言："先王之法，有一年一变者，'正月始和，布法象魏'是也；有五年一变者，巡守考制度是也；有三十年一变者，'刑罚世轻世重'是也。光言非是，其意以风朝廷耳。"帝问光，光曰："布法象魏。布旧法也。诸侯变礼易乐者，王巡守则诛之，不自变也。刑新国用轻典，乱国用重典，是为世轻世重，非变也。且治天下譬如居室，敝则修之，非大坏不更造也。公卿侍从皆在此，愿陛下问之。三司使掌天下财，不才而黜可也，不可使执政侵其事。今为制置三司条例司，何也？宰相以道佐人主，安用例？苟用例，则胥吏矣。今为看详中书条例司，何也？"惠卿不能对，则以他语诋光。帝曰："相与论是非耳，何至是。"光曰："平民举钱出息，尚能蚕食下户，况县官督责之威乎！"惠卿曰："青苗法，愿取则与之，不愿不强也。"光曰："愚民知取债之利，不知还债之害，非独县官不强，富民亦不强也。昔太宗平河东，立籴法，时斗米十钱，民乐与官为市。其后特贵而和籴不解，遂为河东世世患。臣恐异日之青苗，亦犹是也"帝曰："坐仓籴米何如？"坐者皆起，光曰："不便。"惠卿曰："籴米百万斛，则省东南之漕，以其钱供京师。"光曰："东南钱荒而粒米狼戾，今不籴米而漕钱，弃其有余，取其所无，农末皆病矣！"侍讲吴申起曰："光言，至论也。"

它日留对。帝曰："今天下汹汹者，孙叔敖所谓'国之有是，众之所恶'也。"光曰："然。陛下当论其是非。今条例司所为，独安石、韩绛、惠卿以为是耳，陛下岂能独与此三人共为天下邪？"帝欲用光，访之安石。安石曰："光外托劘上之名，内怀附下之实。所言尽害政之事，所与尽害政之人。而欲置之左右，使与国论，此消长之大机也。光才岂能害政，但在高位，则异论之人倚以为重。韩信立汉赤帜，赵卒气夺，今用光，是与异论者赤帜也。"

安石以韩琦上疏，卧家求退。帝乃拜光枢密副使，光辞之曰："陛下所以用臣，尽察其狂直，庶有补于国家。若徒以禄位荣之，而不取其言，是以天官私非其人也。臣徒以禄位自荣，而不能救生民之患，是盗窃名器以私其身也。陛下诚能罢制置条例司，追还提举官，不行青苗、助役等法，虽不用臣，臣受赐多矣。今言青苗之害者，不过谓使者骚动州县，为今日之患耳。而臣之所忧，乃在十年之外，非今日也。夫民之贫富，由勤惰不同，惰者常乏，故必资于人。今出钱贷民而敛其息，富者不愿取，使者以多散多功，一切抑配。恐其逋负，必令贫富相保，贫者无可偿，则散而之四方；富者不能去，必责使代偿数家之负。春算秋计，展转日滋，贫者既尽，富者亦贫。十年之外，百姓无复存者矣。又尽散常平钱谷，专行青苗，它日若思复之，将何所取？富室既尽，常平已废，加之以师旅，因之以饥馑，民之羸者必委死沟壑，壮者必聚而为盗贼，此事之必至者也。"抗章至七八，帝使谓曰："枢密，兵事也，官各有职，不当以他事为辞。"对曰："臣未受命，则犹侍从也，于事无不可言者。"安石起视事，光乃得请，遂求去。以端明殿学士知永兴军。宣抚使下令分义勇戍边，选诸军骁勇士，募市井恶少年为奇兵；调民造干糒，悉修城池楼橹，关辅骚然。光极言："公私困敝，不可举事，而京兆一路皆内郡，缮治非急。宣抚之令，皆未敢从，若乏军兴，臣当任其责。"于是一路独得免。徙知许州，趣入觐，不赴；请判西京御史台归洛，自是绝口不论事。而求言诏下，光读之感泣，欲嘿不忍，乃复陈六事，又移书责宰相吴充。事见《充传》。

蔡天申为察访，妄作威福，河南尹、转运使敬事之如上官；尝朝谒应天院神御殿，府独为设一班。示不敢与抗。光顾谓台吏曰："引蔡寺丞归本班。"吏即引天申立监竹木务官富赞善之下。天申窘沮，即日行。

元丰五年，忽得语涩疾，疑且死，豫作遗表置卧内，即有缓急，当以畀所善者上之。官制行，帝指御史大夫曰："非司马光不可。"又将以为东宫师傅。蔡曰："国是方定，愿少迟之。"《资治通鉴》，未就，帝尤重之，以为贤于荀悦《汉纪》，数促使终篇，赐以颍邸旧书二千四百卷。及书成，加资政殿学士。凡居洛阳十五年，天下以为真宰相，田夫野老皆号为司马相公，妇人孺子亦知其为君实也。

帝崩，赴阙临，卫士望见，皆以手加额曰："此司马相公也。"所至，民遮道聚观，马至不得行，曰："公无归洛，留相天子，活百姓。"哲宗幼冲，太皇太后临政，遣使问所当先，光谓："开言路。"诏榜朝堂。而大臣有不悦者，设六语云："若阴有所怀；犯非其分；或扇摇机事之重；或迎合已行之令；上以徼倖希进；下以眩惑流俗。若此者，罚无赦。"后复命示光，光曰："此非求谏，乃拒谏也。人臣惟不言，言则入六事矣。"乃具论其情，改诏行之，于是上封者以千数。

起光知陈州，过阙，留为门下侍郎。苏轼自登州召还，缘道人相聚号呼曰："寄谢司马相公，毋去朝廷，厚自爱以活我。"是时天下之民，引领拭目以观新政，而议者犹谓"三年无改于父之道"，但毛举细事，稍塞人言。光曰："先帝之法，其善者虽百世不可变也。若安石、惠卿所建，为天下害者，改之当如救焚拯溺。况太皇太后以母改子，非子改父。"众议甫定。遂罢保甲团教，不复置保马；废市易法，所储物皆鬻之，不取息，除民所欠钱；京东铁钱及茶盐之法，皆复其旧。或谓光曰："熙、丰旧臣，多恺巧小人，他日有以父子义间上，则祸作矣。"光正色曰："天若祚宗社，必无此事。"于是天下释然，曰："此先帝本意也。"

元祐元年复得疾，诏朝会再拜，勿舞蹈。时青苗、免役、将官之法犹在，而西戎之议未决。光叹曰："四患未除，吾死不瞑目矣。"折简与吕公著云："光以身付医，以家事付愚子，惟国事未有所托，今以属公。"乃论免役五害，乞直降敕罢之。诸将兵皆隶州县，军政委守令通决。废提举常平司，以其事归之转运、提点刑狱。边计以和戎为便。谓监司多新进少年，务为刻急，令近臣于郡守中选举，而于通判中举转运判官。又立十科荐士法。皆从之。

拜尚书左仆射兼门下侍郎，免朝觐，许乘肩舆，三日一入省。光不敢当，曰："不见君，不可以视事。"诏令子康扶入对，且曰："毋拜。"遂罢青苗钱，复常平籴粜法。两宫虚己以听。辽、夏使至，必问光起居，敕其边吏曰："中国相司马矣，毋轻生事，开边隙。"光自见言行计从，欲以身徇社稷，躬亲庶务，不舍昼夜。宾客见其体羸，举诸葛亮食少事烦以为戒。光曰："死生，命也。"为之益力。病革，不复自觉，谆谆如梦中语，然皆朝廷天下事也。

是年九月薨，年六十八。太皇太后闻之恸，与帝即临其丧，明堂礼成，不贺，赠太师、温国公。襚以一品礼服，赙银绢七千。诏户部侍郎赵瞻、内侍省押班冯宗道护其丧，归葬陕州。谥曰文正，赐碑曰《忠清粹德》。京师人罢市往吊，鬻衣以致奠，巷哭以过车。及葬，哭者如哭其私亲。岭南封州父老，亦相率具祭，都中及四方皆画像以祀，饮食必祝。

光孝友忠信，恭俭正直，居处有法，动作有礼。在洛时，每往夏县展墓，必过其兄旦，旦年将八十，奉之如严父，保之如婴儿。自少至老，语未尝妄，自言："吾无过人者，但平生所为，未尝有不可对人言者耳。"诚心自然，天下敬信，陕、洛间皆化其德，有不善，曰："君实所无知之乎？"

光于物澹然无所好，于学无所不通，惟不喜释、老，曰："其微言不能出吾书，其诞吾不信也。"洛中有田三顷，丧妻，卖田以葬，恶衣菲食以终其身。

绍圣初，御史周秩首论光诬谤先帝，尽废其法。章惇、蔡卞请发冢斫棺，帝不许，乃令夺赠谥，仆所立碑。而惇言不已，追贬清远军节度副使，又贬崖州司户参军。徽宗立，复太子太保。蔡京擅政，复降正议大夫，京撰《奸党碑》，令郡国皆刻石。长安石工安民当镌字，辞曰："民愚人，固不知立碑之意。但如司马相公者，海内称其正直，今谓之奸邪，民不忍刻也。"府官怒，欲加罪，泣曰："被役不敢辞，乞免镌安民二字于石末，恐得罪于后世。"闻者愧之。

靖康元年，还赠谥，建炎中，配享哲宗庙庭。

康字公休，幼端谨，不妄言笑，事父母至孝。敏学过人，博通群书，以明经上第。光修《资治通鉴》，奏检阅文字。丁母忧，勺饮不入口三日，毁几灭性。光居洛，士之从学者退与康语，未尝不有得。途之人见其容止，虽不识，皆知其为司马光子也。以韩绛荐，为秘书，由正字迁校书郎。光薨，治丧皆用《礼经》家法，不为世俗事。得遗恩，悉以与族人。服除，召为著作佐郎兼侍讲。

上疏言："比年以来，旱暵为虐，民多艰食。若复一不稔，则公私困竭，盗贼可乘。自古圣贤之君，非无水旱，唯有以待之，则不为甚害。愿及今秋熟，令州县广籴，民食所余，悉归于官。今冬来春，令流民就食，候乡里丰穰，乃还本土。凡为国者，一丝一毫皆当爱惜，惟于济民则不宜吝。诚能捐数十万金帛，以为天下大本，则天下幸甚。"拜右正言，以亲嫌未就职。

为哲宗言前世治少乱多，祖宗创业之艰难，积累之勤劳，劝帝及时向学，守天下大器，且劝太皇太后每于禁中训迪，其言切至。迩英进讲，又言："《孟子》于书最醇正，陈王道尤明白，所宜观览。"帝曰："方读其书。"寻诏讲官节以进。

康自居父丧，居庐疏食，寝于地，遂得腹疾，至是不能朝谒。赐优告。疾且殆，犹具疏所当言者以待，曰："得一见天子极言而死无恨。"使召医李积于兖。积老矣，乡民闻之，往告曰："百姓受司马公恩深，今其子病，愿速往也。"来者日夜不绝，积遂行；至，则不可为矣。年四十一而卒。公卿嗟痛于朝，士大夫相吊于家，市井之人，无不哀之。诏赠右谏议大夫。

康为人廉洁，口不言财。初，光立神道碑，帝遣使赐白金二千两，康以费皆官给，辞不受。不听。遣家吏如京师纳之，乃止。

【译文】

司马光，字君实，陕州夏县人。父亲司马池，为天章阁待制。司马光长到七岁，就严肃得像个成年人，听人讲《左氏春秋》，喜欢这部书，回到家给家人讲《左氏春秋》，就了解了这部书的要旨。从此以后就手不离书,到了不知饥渴寒暑的地步。很多孩童在庭院戏耍,一个孩子登到瓦缸上,脚一滑掉入水中,别的孩子都丢下这孩子跑掉了,而司马光拿石头把瓦缸敲破,水流了出来,那个孩子得救了。这以后京城、洛阳之间把此事画成图。仁宗宝元初年,得中进士甲科。刚刚成年,生性不喜欢华丽奢侈,在闻喜宴上只有他不戴花,同科进士对他说:"君主赐予不可违逆。"就戴一枝花。

授为奉礼郎,当时司马池在杭州,司马光请求签判苏州判官事以便侍奉父亲,朝廷允许他的请求。父母去世,司马光守丧多年,哀伤得形容枯槁符合丧礼。服丧期满,签书武成军判官事,又改大理评事,补国子直讲。经枢密副使庞藉举荐任馆阁校勘,同知礼仪院。

宦官麦允言死,给仪仗队。司马光说:"用繁缨装饰马匹以朝见,孔子尚还以为不可。麦允言是亲幸之臣,没有大的勋劳,却赠三公官,给一品官的仪仗队,以此看繁缨,不又太大了。"赐夏竦谥号为文正,司马光说:"这谥给最有美德的人,夏竦什么人,可以配得这谥号?"改为文庄。司马光加官集贤校理。

司马光由于随庞藉的征辟,通判并州。麟州屈野河西良田很多,西夏人一点点地蚕食这些土地,成为河东的祸患。庞藉命令司马光按

司马光

察此事,司马光建议:"修筑两座城堡用来制约夏人,招募百姓来耕种这些土地,耕种的多了收买粮食就价钱低,也可以逐渐缓解河东高价买粮远途运输的忧虑。"庞藉听从司马光的计策;然而麟州将官郭恩勇敢并且狂傲,率兵夜里渡过屈野河,不提防,军队陷没于西夏,庞藉由此获罪而离任。司马光三次上书罪责归于自己,得不到答复。庞藉去世,司马光升堂拜揖他的妻子如同母亲,抚育他的儿子如同兄弟,当时的人认为司马光贤明。

改任直秘阁、开封府推官。交阯国贡献异兽,说这是麟,司马光说:"此麟的真伪不可知,即使它是真的,不是自己来的不足以表示祥瑞,希望归还交阯所献的麟。"又奏上赋以讽此事。修起居注,判礼部。有关部门上奏太阳当有食,按旧例日食不满食,或京师看不到日食,都要祝贺。司马光说:"四方见日食,京师不见,这是人君被阴邪所遮蔽;天下都知道而唯独朝廷不知道,这样为灾难才更厉害,不应当祝贺。"朝廷听从他的意见。

同知谏院。苏辙应对制策中肯耿直,考官胡宿要黜退苏辙,司马光说:"苏辙有爱君主忧国家的心意,不应当黜退。"朝廷下诏苏辙安置在末级。

仁宗开始有病,皇嗣还未确立,天下人担心但谁也不敢说此事。谏官范镇首先发出立嗣的议论,司马光在并州听说后继而言立嗣事,并且写信给范镇劝他拼命力争此事。至此,又当面说:"臣以前通判并州,所呈上的三份奏章,希望陛下果断地施行。"仁宗沉思了很久时间,说:"能不想选宗室为后嗣的吗?此是忠臣的话,但是常人不敢触及此事

啊。"司马光说:"臣言及此事,自知必死,没想到陛下开始采纳。"仁宗说:"这有什么害处,古今都有这样的事。"司马光退朝没有听到诏命,又上疏说:"臣以前进言,意思是说立即施行,现在寂然无声,什么也没有听到,这一定是有小人说陛下年富力强,为什么急于做不吉祥的事。小人没有远虑,不过想在仓猝之际,推立他们交厚亲善的人啊。'定策国老'、'门生天子'的祸患,能说得尽吗?"仁宗大为感动,说:"送到中书省。"司马光见韩琦等人说:"诸公不予现在做出定议,日后禁中在夜半之时递出片纸,上写以某人为皇嗣,那么天下没有谁敢违抗。"韩琦等人拱手说:"哪敢不尽力。"不久,朝廷诏令英宗判宗正,英宗推辞不就任,于是立为皇子,又借口有病不入宫。司马光说:"皇子推辞不能计量的财富,已至一个月,他的贤德远远超过一般人了。然而父亲召唤不应诺,君有命征召而不侍驾,希望用臣子的大义要求皇子,应当必定入宫。"于是英宗接受诏命。

兖国公主嫁给李玮,不相谐和,朝廷诏令李玮出任卫州,他的母亲杨氏归他的哥哥李璋奉养,公主入禁中居住。司马光说:"陛下追念章懿太后,所以让李玮尚娶公主。现在却令母子分离,家道流落,难道没有恩泽的感情吗?李玮已被贬黜,公主怎能没有罪过?"仁宗顿悟,降公主为沂国公主,待李氏的恩泽不减。

升司马光知制诰,坚决推辞,改为天章阁待制兼侍讲、知谏院。当时朝政特别随便宽容,办具体事务的小官吏吵闹就能驱逐御史中丞,引御辇的官悖逆怠慢能黜退宰相,卫士凶恶违逆而不能将其全部治罪,军卒辱骂三司使而认为不触犯尊卑等级。司马光说这都是衰落的加剧,不可以不纠正。

充媛董氏死,赠为淑妃,停止视朝都穿上应穿的丧服,百官都表慰问,定下谥号,举行册封礼,安葬给仪仗队。司马光说:"董氏的品秩原本低微,病重才拜充媛。古代妇人没有谥,近代典制只有皇后有谥号。仪仗队本来是用来奖赏军功的,未曾给过妇人。唐平阳公主有兴兵辅佐高祖定天下的功劳,才得到给仪仗队的奖赏。到韦庶人时开始让妃子公主在安葬之日都给鼓吹,这不是好的法制,不足以效法。"当时有关部门制定后宫封赠法,皇后和妃子都赠三代,司马光议论说:"妃子不应当与皇后相同,衰盎撤掉慎夫人的座席,正是为了这个。天圣陛下亲自举行郊祀,太妃只赠两代,而何况妃子呢?"

英宗即位,有病,慈圣光献后和他一起听政。司马光上疏说:"以前章献明肃皇后有保佑先帝的功劳,不过因为亲用外戚,就在海内受到毁谤。目前摄政之际,大臣忠厚的像王曾,清纯的像张知白,刚正的像鲁宗道,正直的像薛奎,应当信用他们;卑鄙的像马季良,谗诈的像罗崇勋,应当疏远他们,这样天下宾服。"

英宗病愈,司马光估计一定有追崇亲生父母的事,就上奏说:"汉宣帝为孝昭帝之后嗣,最终不追尊卫太子、史皇孙;光武帝上继承汉元帝,也不追尊钜鹿都尉、南顿令,这是万世之法。"后朝廷诏令内外两制合起来商议濮王的典法礼仪,学士王珪等人相互对视,没有谁敢先发表意见,司马光独自奋笔写道:"为人后即为人之子,不能顾恋自己的亲生父母。王应当按照服一年丧的亲属中的长辈的旧例,称为皇伯,授高官封大国,给最高的尊荣。"拟议完成,王珪就命令吏以司马光的手稿为文书。此奏议已呈上与大臣的意见不同,御史六人力争此议,都被斥贬。司马光请求留下他们,不同意,于是请求和他们一起被贬。

当初,西夏派遣使者来祭仁宗,延州指使高宜引导陪伴,对西夏使者傲慢,侮辱西夏国主，使者将这些诉于朝廷。司马光和吕诲请求给高宜加罪，朝廷不同意。第二年，西夏人进犯边境，杀掠官吏士民。赵滋为雄州守，只以勇猛强悍治理边地，司马光论证这样做不行。至此，契丹的百姓在界河捕鱼，在白沟以南伐柳条，朝廷认为雄州知州李中佑是没才干的人，想取代他。司马光说："国家在戎夷依附归顺的时候，喜欢与他计较枝节小事，到他们桀骜不驯时，又从而姑息他们。最近西边的祸患发生于高宜，北方的祸患起源于赵滋。当时正以此二人为贤能，所以边防之臣都以制造事端为能事，这样的发展趋势不能让它再滋长了。应当敕令边地官吏，因疆界小事就用刀剑相加的人，判罪。"

仁宗死后的赐予价值百余万，司马光率领同僚三上表章，说："国家有大忧患，内外窘迫匮乏，不能只用乾兴旧例，如果遗赐不能辞谢，应当允许侍从向上进献金钱佐助先帝陵墓。"朝廷不准。司马光就把所得到的珠作为谏院的公使钱，把金送给舅舅，因义不把珠金收藏于家中。慈圣光献太后还政予英宗，有关部门建立规格，凡是太后有所取用，应当详审情况，重新上奏，才予以供给。司马光说："应当移置所属使立即供给之后，就全数报告给太后，以防造假不实。"

曹佾没有功劳升迁为相，枢密院、中书门下二府都升官。司马光说："陛下想以此抚慰母亲的心意，然而升迁没有理由，这样宿卫将帅、内侍小臣，都有觊觎之心。"接着升都知任守忠等人的官职，司马光又争此事，因此事论说："任守忠是大恶人，陛下成为皇子，不是任守忠的意思，他阻止破坏大事，离间多端，幸亏先帝不听；到陛下即位，他又反复虚构事实，制造矛盾，是国家的大贼，请求将他斩杀于市井，以报谢天下。"贬降任守忠为节度副使，在蕲州安置，天下人大快此事。

朝廷下诏招陕西义勇二十万人刺上印记，百姓情绪惊恐，而此军纪律松弛不能用。司马光高声说这样做不对，拿着奏章告诉韩琦。韩琦说："兵即贵在先声夺人，李谅祚正桀骜不驯，让他突然听到我们增兵二十万，难道不震惊恐惧？"司马光说："兵的贵在先声夺人，因为没有事实，只可欺骗敌方于一天之间啊。现在我们虽然增兵，实际上不能用，不过十天，对方将了解其中的详情，还有什么恐惧的？"韩琦说："你只看到庆历年间发兵刺字为保捷军，忧虑现在又一次这样做，朝廷已下敕榜和百姓相约，永远不充军戍边。"司马光说。"朝廷曾经失信，百姓不敢以此为是，即便光也不能不疑。"韩琦说："我在此，你不必忧虑。"司马光说："公长在此地，可以；日后别人当权，因有公现成的军队，用他们运粮戍边，不过是反掌之间的事。"韩琦默然，而竟然不阻止。不出十年，情况都像司马光所顾虑的那样。

王广渊升任直集贤院，司马光论说此人奸邪不能亲近："从前汉景帝重用卫绾，周世宗鄙视张美。王广渊在仁宗之朝，私自与陛下结好，难道是忠臣吗？应当贬黜他用以激励天下。"升司马光为龙图阁直学士。

神宗即位，提升为翰林学士，司马光极力推辞。神宗说："古代的君子，有的有学识而不善文辞，有的善文辞而没有学识，唯有董仲舒、扬雄二者兼能。爱卿有文采、学问，为什么推辞呢？"司马光回答说："臣不能作四六句的骈体文。"神宗说："像两汉的诏令就可以；况且爱卿考进士能取得高第，而说不能作四六文，为什么呢？"竟然不能推辞。

御史中丞王陶因论宰相不押班而被罢免，司马光代替他，司马光说："王陶因论宰相而罢免，那么中丞不能再做。臣希望等到已经押班然后就职。"朝廷准许。于是上疏论述修养心性的三要点:曰仁爱,曰圣明,曰勇武;治国的三要点:曰授人官职,曰有功者必赏,曰有罪者必罚。他的论说非常完备。而且说:"臣能侍奉三朝,用这六言进献,平生尽力学习所得,都在这里了。"御药院的内臣,国朝常用供奉官以下官,升至内殿崇班就出内宫;近年暗地里计算官资,不是祖宗本意。因此论说高居简奸邪,请求把他流放到远方。奏章五次呈上,神宗因为黜出高居简,将寄资的官全部罢免。不久又留二人,司马光又力争罢黜此二人。张方平参知政事,司马光议论他不符合众望,神宗不听从这议论。还司马光翰林学士兼侍读学士。

司马光时常忧虑历代史书繁复,人主不能全部阅览,于是撰《通志》八卷献上。英宗喜欢这部书,命令在秘阁设史局,续撰此书。至此,神宗为此书命名为《资治通鉴》,亲自作《序》授予司马光,使他每日进书阅读。

朝廷下诏录用颍邸直省四人为阁门祗候,司马光说:"国初草创,时运还很艰难,所以登位之初,必用左右旧人为心腹耳目,称之为随龙,这不是平时之法。阁门祗候在文臣中为馆职,怎么能让厮役充任此职。"

西戎的部将嵬名山想率横山兵众,夺取李谅祚来降宋。朝廷诏令边臣招纳嵬名山的军队,司马光上疏透彻地论说,以为:"嵬名山的军队,未必能制服李谅祚。幸而战胜李谅祚,也是消灭一个李谅祚,又生出一个李谅祚,对我朝有什么好处? 如果他不能取胜,一定会带兵众归附我朝,不知怎么对待他,臣恐怕朝廷不只失信于李谅祚,还将失信于嵬名山。假若嵬名山保留的兵众还多,返回北方不行,进入南方又不受,途穷无归宿,一定会冲击占据边城以此解救兵众的性命。陛下没见到侯景的故事吗?"神宗不听,派将官种谔发兵迎接嵬名山,夺取绥州,消耗军费六十万,在西方用兵,大概自此开始。

百官上尊号,正当司马光回答诏问,他说:"先帝亲自举行郊祀,不接受尊号。晚年有进献议论的人,说国家和契丹往来通信,他有尊号而我们没有,于是才以特别时期奉册。从前匈奴冒顿自称'天地所生日月所置匈奴大单于',没听说汉文帝也选大名加在自己身上。希望追述先帝的本意,不要接受此名。"神宗特别高兴,手诏褒奖司马光,让他缮写答词,颁示朝廷内外。

执政因河朔旱灾,国家支用不足,请求举行南郊礼不要赐金帛。朝廷诏令学士议论,司马光和王珪、王安石同见神宗,司马光说:"救灾节用,应当从有权势的人做起,可以按执政的意见办。"王安石说:"常衮不用政事堂的公膳,当时人认为常衮既自知无能,就应当辞官位不应当辞俸禄。况且国用不足,不是现实紧急的事务,所以不足,是因为没有得到善于理财的人。"司马光说:"善理财的人,不过是最会苛敛民财而已。"王安石说:"不然,善理财的人,不增加赋税而国用充足。"司马光说:"天下哪有这样的道理? 天地所生产的财货众物,不在百姓手中,就在官府的库中,他另想办法掠夺百姓,那危害就比加赋更严重。这大概就是桑弘羊欺骗汉武帝的话,太史公记载此事用以说明他的不明智。"两人争议不已。神宗说:"朕的意见与司马光相同,然而姑且以不允许答复执政。"正巧王安石草拟诏书,以常衮的事指责两府,两府不敢再说什么。

王安石掌朝政,推行新法,司马光上书条陈新法的利害。在迩英殿进读,读到曹参代萧何为相的事,神宗说:"汉代常守萧何之法不变,行吗?"司马光回答说:"岂止汉朝,让夏、商、周三代的君主常守禹、汤、文、武之法,虽然时至今日还可以沿袭存在。汉武帝把汉高祖法制拿来乱改,天下一半是盗贼;汉元帝改汉宣帝的政治,汉朝大业就衰败。由此说来,祖宗之法不能变。"吕惠卿说:"先王的法规,有一年一变的,'正月开始和煦,在宫阙公布法规'就是这种;有五年一变的,天子巡守考察就是这种;有三十年一变的,'刑罚三十年轻三十年重,就是这种。司马光的话不对,他的意思在于讽喻朝廷。"神宗问司马光,司马光说:"在宫阙公布法规,是颁布旧法。诸侯中变易礼乐的人,待天子巡守时就被诛杀,不能自行改变。治理新建国家用轻法,动乱的国家用重法,这是所说的三十年轻三十年重,不是法变。况且治理天下譬如居室,敝坏就修理它,不破得厉害不重新建造。公卿侍从都在这里,希望陛下问问他们。三司使掌管天下财政,因没有才能而黜免是可以的,不能让执政侵扰他们的事务。现在设制置三司条例司,为什么?宰相以儒道辅佐人主,为什么要用例?假若用例,则是办具体事宜的小吏的事。现在设看详中书条例司,为什么?"吕惠卿不能回答,就用其他的话诋毁司马光。神宗说:"互相议论是非,何必到此地步。"司马光说:"平民把钱借出生利息,还能蚕食贫户,何况官府督责的威势呢?"吕惠卿说:"青苗法,愿意要的则给他,不愿意要的也不勉强。"司马光说:"愚钝的百姓只知借债的好处,不知还债的害处,不只官府不勉强,富户也不勉强。从前太宗平定河东,建立和籴法,当时一斗米十钱,百姓乐于与官府交易。以后物价贵了,然而和籴法不解除,于是成了河东世世代代的忧患。臣恐怕日后的青苗法,也像这种情况。"神宗问:"用坐仓形式买米入官怎么样?"坐着的人都起来了,司马光说:"不合适。"吕惠卿说:"买米百万斛,就省去东南的漕运,东南用钱供给京师。"司马光说:"东南钱少而粒米狼藉,现在不籴东南的米而要东南的漕运钱,这是舍东南的有余,取东南的缺无,农业商业都困苦。"侍讲吴申站起来说:"司马光的话,是最深刻的言论。"

过了几天,留下来应对,神宗说:"目前天下动荡不安的情况,是孙叔敖所说的朝廷中有人认为对的,却是众人所憎恶的。"司马光说:"是的。陛下应当论证它的是非。现在条例司所做的事,只有王安石、韩绛、吕惠卿认为是对的,陛下怎么能只和这三人共同治理天下呢?"神宗想任用司马光,询问王安石,王安石说:"司马光外借直言谏上的名声,内隐曲意附下的实情。所说的话都有害政事,所交往的人都是有害政事的人,还想将他安排在左右,让他参与国事的议定。这是力量消长的关键。司马光的才能哪能破坏政事,但身在高位,则持异论的人就倚重他,韩信树汉赤旗,灭了赵兵的士气,现在任用司马光,就是给持异论的人树赤旗。"

王安石因韩琦上疏,躺在家中要求引退。神宗就拜司马光为枢密副使,司马光推辞这个职务说:"陛下所以用臣,大概看到臣疏狂直率,或许对国家有补益。如果只以富贵高位使其荣耀,却不采用他的意见,这是以天官偏授予不当的人。臣只以富贵和高位自以荣,而不能解救百姓的忧患,这是盗窃名器以求自身的私利。陛下真的能罢制置条例司,朝廷追回授予的提举官,不施行青苗、助役等法,虽然不任用臣,臣也感到受恩赐很多了。现在说青苗法危害的人,不过说使者骚扰地方州县,是眼前的祸患。而臣所忧患的,则在十年以后,不是现在。百姓的贫富,是因勤懒而不同,懒惰的人常常生活困乏,所以一定依赖于他人,现在官府出钱借给百姓而收利息,富人不愿意借钱,使者以多借出钱为有功,就一切强行摊派。恐怕百姓拖欠税款,一定命令富人穷人互相担保,穷人无钱可还,就逃散到四方;富人不能走,一定督使他们代还数家的欠款。春季预算,秋季结账,辗转时日，欠债一天天多起来，穷人已被刮尽，富人也变穷。十年以后，百姓没有再能生存的了。又把常平的钱谷都用来推行青苗法，以后如果想恢复常平，将如何取得钱谷？富人已经穷了，常平也废弛了，加上战争，遇到灾害的百姓中的弱者必定死填沟壑，而壮者一定聚众做盗贼，这种情况是一定要出现的。"直言上疏达七八次，神宗派人对他说："枢密是掌兵事的，官各有各的职守，不应该上疏议论本职以外的事。"司马光回答说："臣还未接受任命，就还是侍从，对于政事没有不能议论的。"王安石开始治理朝事，司马光辞枢密副使的请求就被准许，于是请求离开。以端明殿学士知永兴军。宣抚使下令分义勇兵戍边，选拔诸军的骁勇兵士，招募市井无赖青年做奇兵；调集百姓制作干粮，都去修筑城池和瞭望高台，关辅一带人心骚动。司马光极力上言说："官府和百姓都困穷，不能举大事，而且京兆一路都是内地郡，修治并不紧急。宣抚使的命令，都不敢听从，如果因此影响军事行动，臣应当负责任。"于是只有京兆一路得免。改为许州知州，催促他入京朝觐，没有前往。请求判西京御台回到洛阳，从此绝口不议论政事。而朝廷的求言诏颁下，司马光读了感动得落泪，想沉默而又不忍心，就又陈述六事呈上，还写信责备宰相吴充。

蔡天申为察访使，胡作威福，河南尹、转运使像对待上级官员那样恭敬地侍奉他。蔡天申曾去朝谒应天院神御殿，河南府专为他设一班，表示不敢与他抗衡。司马光环顾场内，对台吏说："带蔡寺丞归回本班。"台吏就带蔡天申立在监竹木务官富赞善之下。蔡天申困窘沮丧，当天就走了。

元丰五年，司马光突然得了语涩的病，怀疑不久将死去，预先做好遗表放在卧室内，一旦有了情况，应当将此交与所信任的人呈给皇帝。元丰官制施行，神宗指御史大夫说："这非司马光不可。"又要让他做东宫师傅。蔡确说："国事刚刚安定，希望稍为晚些施行。"《资治通鉴》没完成，神宗尤其重视这部书，认为胜予荀悦的《汉纪》，多次催促使他们完稿，把颍邸旧书二千四百卷赐给他们。到《资治通鉴》撰成，司马光加资政殿学士。在洛阳一共居住十五年，天下人认为他是真的宰相，村夫野老都号称他司马相公，妇人小孩也都知道他是君实。

神宗驾崩，司马光前往朝廷临丧，卫士远远看见他，都把手放在额头上说："这是司马相公。"所过之处，百姓拦路聚众观看，马到了不能前进，说："公不要回洛阳，留下来辅佐天子，使百姓得活。"哲宗年幼，太皇太后临朝政，派人问司马光首先应该考虑的事，司马光说："开言路。"朝廷诏拿榜示朝堂。而大臣有不高兴这种做法的人，又设六句话，说："如果暗地里有所打算，触犯了职分的界限，或动摇机要大事的重要地位；或迎合已推行的法令；对上想侥幸晋升，对下蛊惑民俗。如果属于上述情况，定罚不赦。"太皇太后又命人将此拿给司马光看，司马光说："这不是求谏，是拒谏。人臣除非不说，说就属这六事。"于是详尽地论述这情况，改诏令施行，于是上奏章的人数以千计。

起用司马光为陈州知府，过朝廷，留下他做门下侍郎。苏轼从登州被召回，沿道上人们相聚呼叫说："代谢司马相公，不要离开朝廷，多多保重好使我们得活。"这时天下的百姓，伸着脖子擦亮眼睛注视着朝廷的新政，而议论的人还说"三年不改更于父之道"，只粗举小事，稍稍搪塞人们的议论。司马光说："先帝的法规，那些好的虽然已过百世也不能变。像王安石、吕惠卿所建立的法规，是天下的祸害，改变它应当救像大火拯溺水。何况太皇太后以母改子道，不是子改父道。"众人的议论开始平定。于是罢免保甲团教，不再设置保马，废除市易法，所储蓄的物资都予出卖，不收利息，减除百姓所欠钱款；京东铁钱和茶盐的有关法规，都恢复旧法。有人对司马光说："熙宁、元丰间的旧臣，多是谄媚弄巧的人，以后有人用父子情义离间皇上，就会生成大祸。"司马光严肃地说："上天如果赐福于宗庙社稷，一定不会有这种事。"于是天下人的顾虑解除了，说："这是先帝的本意。"

元祐元年，司马光又得病，朝廷诏令司马光上朝面君，只需两拜，不必舞蹈。当时青苗、免役、将官等法还存在，而且有关西戎的议论尚未决断。司马光感叹说："四方忧患没有消除，我死不瞑目啊。"写便简给吕公著说："我把身体托付给医生，把家事交给儿子，只有国事没有可托之人，现在把国事嘱托于你。"于是论述免役法的五种害处，请求直接颁降敕令罢免役法。各将兵都隶属于州县，军事委托给太守、县令通盘考虑决断。废除提举常平司，把这官署的事归到转运、提点刑狱。边防计事以和戎为宗旨便通。说监司新进很多年轻人，他们热衷于苛责、急峻，让近臣在郡守中选举，而在通判中选举转运判官。又设十科荐士法。朝廷都采纳了。

拜司马光左仆射兼门下侍郎，不必朝觐，允许乘轿子，三天到一次省。司马光不敢当，说："不面见君王，不能治理政事。"朝廷诏令他的儿子司马康搀扶着他入朝策对，并且说："不要拜。"于是停青苗钱，恢复常平籴粜法。两宫虚心地听取司马光的建议。辽、西夏使者来，一定问候司马光的起居安好，敕令他们的边境官吏说："中国以司马光为宰相，不要轻率地惹事，开始边界纠纷。"司马光看到朝廷对自己言听计从，想以身殉国家，亲自处理各种政务，不分昼夜。宾客见他身体瘦弱，就拿诸葛亮因少进食多劳累而死的事劝诫他，司马光说："死与生都是命运。"为此更加尽力。病重，不再能自制，有气无力地像在说梦话，然而说的都是朝廷天下事。

这一年九月司马光去世，享年六十八岁。太皇太后听到凶信极其悲痛，和哲宗前往哭临其丧，明堂礼举行，但不祝贺，赠太师、温国公，赠给一品礼服，银绢七千以助丧事。朝廷诏令户部侍郎赵瞻、内侍省押班冯宗道护送司马光的灵柩，回到陕州安葬。谥号为文正，赐碑为《忠清粹德》。京城的人们罢市前往吊唁，为了祭奠卖衣服，灵车经过整个街巷都在哭。到安葬的时候，哭的人像哭自己的亲人。岭南封州的父老，也相继供置祭奠，城中和四野都画了司马光的像用以祭祀，吃饭前必先祝祭他。

司马光孝友忠信，恭俭正直，居处有规矩，行动有礼仪。在洛阳的时候，每次到夏县省视先人坟墓，一定去探望他的哥哥司马旦，司马旦年近八十，司马光侍奉他像严父，照顾他如婴儿。司马光光从小到老，说话从无乱言，自己说："我没有超人的地方，只是平生所做的事，还没有不能对别人说的事。"诚实的心出于自然，天下恭敬信任，陕、洛之间都用司马光的道德施行教化，遇有不好的人和事，就说："君实能不知道这事吗？"

司马光对于财物很淡薄，没有什么爱好，对于学问则是无所不通，只是不喜好佛、道，他说："佛、道的微言大旨不能出现在我的书里，因它怪诞我不相信。"司马光在洛中有三顷田，妻子去世，卖了田安葬妻子，穿粗衣吃薄食一直到去世。

绍圣初年，御史周秩首先议论司马光诬谤先帝，将其法规全部废除。章惇、蔡卞请求掘墓辟棺，哲宗不准许，就下令除掉封赠和谥号，放倒为司马光立的碑。然而章惇还不断上奏言司马光的罪行，于是追贬司马光为清远节度副使，又贬崖州司户参军。徽宗即位，恢复司马光为太子太保。蔡京专擅朝权，又降司马光为正议大夫，蔡京撰《奸党碑》，下令各郡国把《奸党碑》刻在石碑上。长安石工安民应当去刻碑，他推辞说："民是笨人，本来不知道立碑的意义。但像司马相公这样的人，全国都称赞他正直，现在说他奸邪，民不忍心刻这样的碑。"府官发怒，想给他加上罪名，他哭着说："该我服役不敢推辞，请求免去在石碑末刻安民二字。我恐怕得罪于后代。"听的人感到惭愧。

靖康元年，恢复司马光的封赠和谥号。建炎年间，附祭于哲宗庙庭。

司马康字公休，自幼正直恭谨，不随便说笑，对父母非常孝顺。敏学过人，博通群书，以明经考第一等。司马光修《资治通鉴》，奏明朝廷由司马康检阅文字。遭母丧，三日不进一勺饮食，毁瘠几乎失去生机。司马光住到洛阳，从学的士人退而与司马康谈学问，没有人没有收获。路途上的人见到他的容貌举止，虽然不认识他，都知道他是司马光的儿子。因为韩绛的荐举，为秘书官，由正字迁为校书郎。司马光去世，办丧事都用《礼经》的家法，不按世俗的办法做。把得到朝廷给予的司马光遗恩，都送与族人。服丧期满，被召为著作佐郎兼侍讲。

司马康上疏说："近年来，干旱成灾，百姓多缺粮。如果再有一年歉收，那么公私都困乏，盗贼就有可乘之机。自古以来的圣贤君主，不是没有水旱灾害，只是以有储备应付它，就不能成为严重的灾害。希望到今年秋季收获的时候，命令州县广泛收购谷物，除百姓食用之外的粮食，都归储于官府。今冬明春，允许流民外出就食，等到家乡丰收，就归还本土。作为一个国家，一丝一毫都应当爱惜，只在赈济百姓方面不应当吝惜。真的能捐出数十万金帛，作为天下防患的大本钱，那是天下最大的幸运。"朝廷拜司马康为右正言，为避亲嫌没有就职。

司马康给哲宗讲前代治世少而乱世多，讲祖宗创业的艰难，以及积累的辛劳，劝哲宗及时认真学习，守住江山社稷，并且劝太皇太后在禁中经常教诲开导哲宗，司马康的这些话说得非常中肯。在迩英殿进讲，司马康又说："《孟子》在书籍中是最精纯正直的，陈述王道更是明白，宜于阅读。"哲宗说："正在读这本。"不久，朝廷诏令侍讲官节录《孟子》以进呈给哲宗。

司马康自从服父丧，住草屋食粗饭，睡在地上，于是得了腹疾，因此不能上朝谒君。朝廷在司马康告假期间赐予恩泽。病更危险了，司马康还把应该说的事都写在奏折上准备好，说："能够一见天子极力陈言死而无恨。"朝廷派人召在兖州的医生李积，李积年纪大了，乡民听说李积不去，就到他家告诉他说："百姓受司马公的恩德深，现在他的儿子有病，希望迅速前往。"来劝行的人日夜不断。李积于是动身前往。到了京师，司马康的病就已经不能治了，年仅四十一岁就去世了。公卿在朝廷感叹悲痛，士大夫相继到家中吊丧，街市百业之人没有不哀悼他的。朝廷下诏赠右谏议大夫。

司马康为人廉洁，从不谈钱财事。当初，司马光立神道碑，哲宗派使者赐白银两千两，司马康因治丧的费用都是朝廷给的，就辞谢不受。朝廷不准辞谢。司马康派家吏进京师接受这赐予，这件事才算结束。

苏轼传

【题解】

苏轼（1037~1101），宋代文学家、书画家。字子瞻，一字和仲，号东坡居士，眉州眉山人。苏洵之子。神宗时曾任祠部员外郎，知密州、徐州、湖州。因反对王安石新法，被贬黄州。后曾任翰林学士，官至礼部尚书。又贬惠州、儋州。卒谥文忠，与父苏洵、弟苏辙并称"三苏"。

苏轼为一代文学大家，在诗、词、散文等方面成就很高。其诗清新豪健、想象丰富，善用夸张比喻，在艺术上独具风格，写景诗和理趣诗最为脍炙人口。其文明白畅达，汪洋恣肆，发展了欧阳修平易舒缓的文风，为"唐宋八大家"之一。其词气势豪迈、笔力劲拔，在题材、体制和风格上都突破了词必香软的樊篱，开豪放一派，为词体的长足发展开拓了道路。

苏轼于书画方面也颇有造诣，其书法肉丰骨劲，跌宕自然，为"宋四家"之一。论画卓有所见，主张"神似""传神"，提出"诗中有画""画中有诗"的观点，在画史上有一定地位。善画竹石，学文同而风格独具。诗文有《东坡七集》。

【原文】

苏轼字子瞻，眉州眉山人。生十年，父洵游学四方，母程氏亲授以书，闻古今成败，辄能语其要。程氏读东汉《范滂传》，慨然太息，轼请曰："轼若为滂，母许之否乎？"程氏曰："汝能为滂，吾顾不能为滂母耶？"

东坡博古图

比冠，博通经史，属文日数千言，好贾谊、陆贽书。既而读《庄子》，叹曰："吾昔有见，口未能言，今见是书，得吾心矣。"嘉祐二年，试礼部。方时文砟裂诡异之弊胜，主司欧阳修思有以救之，得轼《刑赏忠厚论》，惊喜，欲擢冠多士，犹疑其客曾巩所为，但置第二；复以《春秋》对义居第一,殿试中乙科。后以书见修,修语梅圣俞曰:"吾当避此人出一头地。"闻者始哗不厌,久乃信服。

丁母忧。五年,调福昌主簿。欧阳修以才识兼茂,荐之秘阁,试六论,旧不起草,以故文多不工。轼始具草,文义粲然。复对制策,入三等。自宋初以来,制策入三等,惟吴育与轼而已。

除大理评事、签书凤翔府判官。关中自元昊叛,民贫役重,岐下岁输南山木筏,自渭入河,经砥柱之险,衙吏踵破家。轼访其利害,为修衙规,使自择水工以时进止,自是害减半。

治平二年,入判登闻鼓院。英宗自藩邸闻其名,欲以唐故事召入翰林,知制诰。宰相韩琦曰:"轼之才,远大器也,他日自当为天下用。要在朝廷培养之,使天下之士莫不畏慕降伏,皆欲朝廷进用,然后取而用之,则人人无复异辞矣。今骤用之,则天下之士未必以为然,适足以累之也。"英宗曰:"且与修注如何?"琦曰:"记注与制诰为邻,未可遽授。不若于馆阁中近上帖职与之,且请召试。"英宗曰:"试之未知其能否,如轼有不能邪?"琦犹不可,及试二论,复入三等,得直史馆。轼闻琦语,曰:"公可谓爱人以德矣。"

会洵卒,赙以金帛,辞之,求赠一官,于是赠光禄丞。洵将终,以兄太白早亡,子孙未立,妹嫁杜氏,卒未葬,属轼。轼既除丧,即葬姑。后官可荫,推与太白曾孙彭。

熙宁二年,还朝。王安石执政,素恶其议论异己,以判官告院。四年,安石欲变科举、兴学校,诏两制、三馆议。轼上议曰:

得人之道,在于知人;知人之法,在于责实。使君相有知人之明,朝廷有责实之政,则胥史皂隶未常无人,而况于学校贡举乎?虽因今之法,臣以为有余。使君相不知人,朝廷不责实,则公卿侍从常患无人,而况学校贡举乎?虽复古之制,臣以为不足。夫时有可否,物有废兴,方其所安,虽暴君不能废,及其既厌,虽圣人不能复。故风俗之衰,法制随之,譬如江河之徙移,强而复之,则难为力。

庆历固常立学矣,至于今日,唯有空名仅存。今将变今之礼,易今之俗,又当发民力以治官室,敛民财以食游士。百里之内,置官立师,狱讼听于是,军旅谋于是,又简不率教者屏之远方,则无乃徒为纷乱,以患苦天下邪?若乃无大更革,而望有益於时,则与庆历之际何异?故臣谓今之学校,特可因仍旧制,使先王之旧物,不废于吾世足矣。至于贡举之法,行之百年,治乱盛衰,初不由此。陛下视祖宗之世,贡举之法,与今为孰精?言语文章,与今为孰优?所得人才,与今为孰多?天下之事,与今为熟辨?较此四者之长短,其议决矣。

今所欲变改不过数端:或曰乡举德行而略文词,或曰专取策论而罢诗赋,或欲兼采誉望而罢封弥,或欲经生不帖墨而考大义,此皆知其一,不知其二者也。愿陛下留意于远者、大者,区区之法何预焉。臣又切有私忧过计者。夫性命之说,自子贡不得闻,而今之学者,耻不言性命,读其文,浩然无当而不可穷;观其貌,超然无著而不可挹,此岂真能然哉!盖中人之性,安于放而乐于诞耳。陛下亦安用之?

议上,神宗悟曰:"吾固疑此,得轼议,意释然矣。"即日召见,问:"方今政令得失安在?虽朕失,指陈可也。"对曰:"陛下生知之性,天纵文武,不患不明,不患不勤,不患不断,但患求治太急,听言太广,进入太锐。愿镇以安静,待物之来,然后应之。"神宗悚然曰:

"卿三言，朕当熟思之。凡在馆阁，皆当为朕深思治乱，无有所隐。"轼退，言于同列。安石不悦，命权开封府推官，将困之以事。轼决断精敏，声闻益远。会上元敕府市浙灯，且令损价。轼疏言："陛下岂以灯为悦？此不过以奉二宫之欢耳。然百姓不可户晓，皆谓以耳目不急之玩，夺其口体必用之资。此事至小，体则甚大，愿追还前命。"即诏罢之。

时安石创行新法，轼上书论其不便，曰：

臣之所欲言者，三言而已。愿陛下结人心，厚风俗，存纪纲。人主之所恃者人心而已，如木之有根，灯之有膏，鱼之有水，农夫之有田，商贾之有财。失之则亡，此理之必然也。自古及今，未有和易同众而不安，刚果自用而不危者。陛下亦知人心之不悦矣。

祖宗以来，治财用者不过三司。今陛下不以财用付三司，无故又创制置三司条例一司，使六七少年，日夜讲求于内，使者四十余辈，分行营干于外。夫制置三司条例司，求利之名也；六七少年与使者四十余辈，求利之器也。造端宏大，民实惊疑；创法新奇，吏皆惶惑。以万乘之主而言利，以天子之宰而治财，论说百端，喧传万口，然而莫之创者，徒曰："我无其事，何恤于人言。"操罔罟而入江湖，语人曰"我非渔也"，不如捐罔罟而人自信。驱鹰犬而赴林薮，语人曰"我非猎也"，不如放鹰犬而兽自驯。故臣以为欲消谗慝而召和气，则莫若罢条例司。

今君臣宵旰，几一年矣，而富国之功，茫如捕风，徒闻内帑出数百万缗，祠部度五千余人耳。以此为术，其谁不能？而所行之事，道路皆知其难。汴水浊流，自生民以来，不以种稻。今欲陂而清之，万顷之稻，必用千顷之陂，一岁一淤，三岁而满矣。陛下遂信其说，即使相视地形，所在凿空，访寻水利，妄庸轻剽，率意争言。官司虽知其疏，不敢便行抑退，追集老少，相视可否。苦非灼然难行，必须且为兴役。官吏苟且顺从，真谓陛下有意兴作，上糜帑廪，下夺农时。隄防一开，水失故道，虽食议者之肉，何补于民！臣不知朝廷何苦而为此哉？

自古役人，必用乡户。今者徒闻江、浙之间，数郡顾役，而欲措之天下。单丁、女户，盖天民之穷者也，而陛下首欲役之，富有四海，忍不加恤！自杨炎为两税，租调与庸既兼之矣，奈何复欲取庸？万一后世不幸有聚敛之臣，庸钱不除，差役仍旧，推所从来，则必有任其咎者矣。青苗放钱，自昔有禁。今陛下始立成法，每岁常行。虽云不许抑配，而数世之后，暴君污吏，陛下能保之与？计愿请之户，必皆孤贫不济之人，鞭挞已急，则继之逃亡，不还，则均及邻保，势有必至，异日天下恨之，国史记之，曰"青苗钱自陛下始"，岂不惜哉！且常平之法，可谓至矣。今欲变为青苗，坏彼成此，所丧逾多，亏官害民，虽悔何及！

昔汉武帝以财力匮竭，用贾人桑羊之说，买贱卖贵，谓之均输。于时商贾不行，盗贼滋炽，几至于乱。孝昭既立，霍光顺民所欲而予之，天下归心，遂以无事。不意今日此论复兴。立法之初，其费已厚，纵使薄有所获，而征商之额，所损必多。譬之有人为其主畜牧，以一牛易五羊。一牛之失，则隐而不言；五羊之获，则指为劳绩。今坏常平而言青苗之功，亏商税而取均输之利，何以异此？臣窃以为过矣。议者必谓："民可与乐成，难与虑始。"故陛下坚执不顾，期于必行。此乃战国贪功之人，行险侥幸之说，未及乐成，而怨已起矣。臣之所愿陛下结人心者，此也。

国家之所以存亡者，在道德之浅深，不在乎强与弱；历数之所以长短者，在风俗之薄厚，不在乎富与贫。人主知此，则知所轻重矣。故臣愿陛下务崇道德而厚风俗，不愿陛下急于有功而贪富强。爱惜风俗,如获元气。圣人非不知深刻之法可以齐众,勇悍之夫可以集事,忠厚近于迂阔,老成初若迟钝。然终不肯以彼易此者,知其所得小,而所丧大也。仁祖持法至宽,用人有叙,专务掩覆过失,未常轻改旧章。考其成功,则曰未至。以言乎用兵,则十出而九败;以言乎府库,则仅足而无余。徒以德泽在人,风俗知义,故升遐之日,天下归仁焉。议者见其末年吏多因循,事不振举,乃欲矫之以苛察,齐之以智能,招来新进勇锐之人,以图一切速成之效。未享其利,浇风已成。多开骤进之门,使有意外之得,公卿侍从跬步可图,俾常调之人举生非望,欲望风俗之厚,岂可得哉?近岁朴拙之人愈少,巧进之士益多。惟陛下哀之救之,以简易为法,以清净为心,而民德归厚。臣之所愿陛下厚风俗者,此也。

祖宗委任台谏,未常罪一言者。纵有薄责,旋即超升,许以风闻,而无官长。言及乘舆,则天子改容;事关廊庙,则宰相待罪。台谏固未必皆贤,所言亦未必皆是。然须养其锐气,而借之重权者,岂徒然哉?将以折奸臣之萌也。今法令严密,朝廷清明,所谓奸臣,万无此理。然养猫以去鼠,不可以无鼠而养不捕之猫;畜狗以防盗,不可以无盗而畜不吠之狗。陛下得不上念祖宗设此官之意,下为子孙万世之仿?臣闻长老之谈,皆谓台谏所言,常随天下公议。公议所与,台谏亦与之;公议所击,台谏亦击之。今者物论沸腾,怨读交至,公议所在,亦知之矣。臣恐自兹以往,习惯成风,尽为执政私人,以致人主孤立,纪纲一废,何事不生!臣之所愿陛下存纪纲者,此也。

轼见安石赞神宗以独断专任,因试进士发策,以"晋武平吴以独断而克,苻坚伐晋以独断而亡,齐醒专任管仲而霸,燕哙专任子之而败,事同而功异"为问。安石滋怒,使御史谢景温论奏其过,穷治无所得,轼遂请外,通判杭州。高丽入贡,使者发币于官吏,书称甲子。轼却之曰:"高丽于本朝称臣,而不禀正朔,吾安敢受!"使者易书称熙宁,然后受之。

时新政日下,轼于其间,每因法以便民,民赖以安。徙知密州。司农行手实法,不时施行者以违制论。轼谓提举官曰:"违制之坐,若自朝廷,谁敢不从?今出于司农,是擅造律也。"提举官惊曰:"公姑徐之。"未几,朝廷知法害民,罢之。

有盗窃发,安抚司遣三班使臣领悍卒来捕,卒凶暴恣行,至以禁物诬民,入其家争斗杀人,且畏罪惊溃,将为乱。民奔诉轼,轼投其书不视,曰:"必不至此。"散卒闻之,少安,徐使人招出戮之。

徙知徐州。河决曹村,泛于染山泊,溢于南清河,汇于城下,涨不时泄,城将败,富民争出避水。轼曰:"富民出,民皆动摇,吾谁与守?吾在是,水决不能败城。"驱使复入。轼诣武卫营,呼卒长曰:"河将害城,事急矣,虽禁军且为我尽力。"卒长曰:"太守犹不避涂潦,吾侪小人,当效命。"率其徒持畚锸以出,筑东南长堤,首起戏马台,尾属于城。雨旧夜不止,城不沈者三版。轼庐于其上,过家不入,使官吏分堵以守,卒全其城。复请调来岁夫增筑故城,为木岸,以虞水之再至。朝廷从之。

徙知湖州,上表以谢。又以事不便民者不敢言,以诗托讽,庶有补于国。御史李定、舒、何正言摭其表语,并媒蘖所为诗以为讪谤,逮赴台狱,欲置之死;锻炼久之不决。神宗独怜之,以黄州团练副使安置。轼与田父野老,相从溪山间,筑室于东坡,自号"东坡居士"。

三年,神宗数有意复用,辄为当路者沮之。神宗常语宰相王珪、蔡确曰:"国史至重,可命苏轼成之。"珪有难色。神宗曰:"轼不可,姑用曾巩。"巩进《太祖总论》,神宗意不允,遂手扎移轼汝州,有曰:"苏轼黜居思咎,阅岁滋深,人材实难,不忍终弃。"轼未至汝,上书自言饥寒,有田在常,愿得居之。朝奏,夕报可。

道过金陵,见王安石,曰:"大兵大狱,汉、唐灭亡之兆。祖宗以仁厚治天下,正欲革此。今西方用兵,连年不解,东南数起大狱,公独无一言以救之乎?"安石曰:"二事皆惠卿启之,安石在外,安敢言?"轼曰:"在朝则言,在外则不言,事君之常礼耳。上所以待公者非常礼,公所以待上者,岂可以常礼乎?"安石厉声曰:"安石须说。"又曰:"出在安石口,入在子瞻耳。"又曰:"人须是知行一不义,杀一不幸,得天下弗为,乃可。"轼戏曰:"今之君子,争减半年磨勘,虽杀人亦为之。"安石笑而不言。

至常,神宗崩,哲宗立,复朝奉郎、知登州,召为礼部郎中。轼旧善司马光、章惇。时光为门下侍郎,惇知枢密院,二人不相合,惇每以谑侮困光,光苦之。轼谓惇曰:"司马君实时望甚重。昔许靖以虚名无实,见鄙于蜀先主,法正曰:'靖之浮誉,播流四海,若不加礼,必以贱贤累。'先主纳之,乃以靖为司徒。许靖且不可慢,况君实乎?"惇以为然,光赖以少安。

迁起居舍人。轼起于忧患,不欲骤履要地,辞于宰相蔡确。确曰:"公徊翔久矣,朝中无出公右者。"轼曰:"昔林希同在馆中,年且长。"确曰:"希固当先公耶?"卒不许。元祐元年,轼以七品服入侍延和,即赐银绯,迁中书舍人。

初,祖宗时,差役行久生弊,编户充役者不习其役,又虐使之,多致破产,狭乡民至有终岁不得息者。王安石相神宗,改为免役,使户差高下出钱雇役,行法者过取,以为民病。司马光为相,知免役之害,不知其利,欲复差役,差官置局,轼与其选。轼曰:"差役、免役,各有利害。免役之害,掊敛民财,十室九空,敛聚于上而下有钱荒之患。差役之害,民常在官,不得专力于农,而贪吏猾胥得缘为奸。此二害轻重,盖略等矣。"光曰:"于君何如?"轼曰:"法相因则事易成,事有渐则民不惊。三代之法,兵农为一,至秦始分为二,及唐中叶,尽变府兵为长征之卒。自尔以来,民不知兵,兵不知农,农出谷帛以养兵,兵出性命以卫农,天下便之。虽圣人复起,不能易也。今免役之法,实大类此。公欲骤罢免役而行差役,正如罢长征而复民兵,盖未易也。"光不以为然。轼又陈于政事堂,光忿然,轼曰:"昔韩魏公刺陕西义勇,公为谏官,争之甚力,韩公不乐,公亦不顾。轼昔闻公道其详,岂今日作相,不许轼尽言耶?"光笑之。寻除翰林学士。

二年,兼侍读。每进读至治乱兴衰、邪正得失之际,未常不反复开导,冀有所启悟。哲宗虽恭默不言,辄首肯之。常读祖宗《宝训》,因及时事,轼历言:"今赏罚不明,善恶无所劝沮;又黄河势方北流,而强之使东;夏人人镇戎,杀掠数万人,帅臣不以闻。每事如此,恐寝成衰乱之渐。"

轼常锁宿禁中,召入对便殿,宣仁后问曰:"卿前年为何官?"曰:"臣为常州团练副使。"曰:"今为何官?"曰:"臣今待罪翰林学士。"曰:"何以遽至此?"曰:"遭遇太皇太后、皇帝陛下。"曰:"非也。"曰:"岂大臣论荐乎?"曰:"亦非也。"轼惊曰:"臣虽无状,不敢自他途以进。"曰:"此先帝意也。先帝每诵卿文章,必叹曰:'奇才,奇才!'但未及进用卿耳!"轼不觉哭失声,宣仁后与哲宗亦泣,左右皆感涕。已而命坐赐茶,彻御前金莲烛送归院。

苏轼回翰林院图

三年,权知礼部贡举。会大雪苦寒,士坐庭中,噤未能言。轼宽其禁约,使得尽技。巡铺内侍每摧辱举子,且持暧昧单词,诬以为罪,轼尽奏逐之。

四年,积以论事,为当轴者所恨。轼恐不见容,请外拜龙图阁学士、知杭州。未行,谏官言前相蔡确知安州,作诗借郝处俊事以讥太皇太后。大臣议迁之岭南。轼密疏:"朝廷若薄确之罪,则于皇帝孝治为不足;若深罪确,则于太皇太后仁政为小累。谓宜皇帝敕置狱逮治,太皇太后出手诏赦之,则于仁孝两得矣。"宣仁后心善轼言而不能用。轼出郊,用前执政恩例,遣内侍赐龙茶、银合,慰劳甚厚。

既至杭,大旱,饥疫并作。轼请于朝,免本路上供米三之一,复得赐度僧牒,易米以救饥者。明年春,又减价粜常平米,多作饘粥药剂,遣使挟医分坊治病,活者甚众。轼曰:"杭,水陆之会,疫死比他处常多。"乃裒羡缗得二千,复发中黄金五十两,以作病坊,稍畜钱粮待之。

杭本近海,地泉咸苦,居民稀少。唐刺史李泌始引西湖水作六井,民足於水。白居易又浚西湖水入漕河,自河入田,所溉至千顷,民以殷富。湖水多葑,自唐及钱氏,岁辄浚治,宋兴,废之,葑积为田,水无几矣。漕河失利,取给江潮,舟行市中,潮又多淤,三年一掏,为民大患,六井亦几于废。轼见茅山一河专受江湖,盐桥一河专受湖水,遂浚二河以通漕。复造堰闸,以为湖水畜泄之限,江潮不复入市。以余力复完六井,又取葑田积湖中,南北径三十里,为长堤以通行者。吴人种菱,春辄芟除,不遗寸草。且募人种菱湖中,葑不复生。收其利以备修湖,取救荒余钱万缗、粮万石,及请得百僧度牒以募役者。堤成,植芙蓉、杨柳其上,望之如画图,杭人名为苏公堤。

杭僧净源,旧居海滨,与舶客交通,舶至高丽,交誉之。元丰末,其王子义天来朝,因往拜焉。至是,净源死,其徒窃持其像,附舶往告。义天亦使其徒来祭,因持国母二金塔,云祝两宫寿。轼不纳,奏之曰:"高丽久不入贡,失赐予厚利,意欲求朝,未测吾所以待之厚薄，故因祭亡僧而行祝寿之礼。若受而不答，将生怨心；受而厚赐之，正堕其计。今宜勿与知，从州郡自以理却之。彼庸僧狯商，为国生事，渐不可长，宜痛加惩创。"朝廷皆从之。未几，贡使果至，旧例使所至吴越七州，费二万四千余缗。轼乃令诸州量事裁损，民获交易之利，无复侵挠之害矣。

浙江潮自海门东来，势如雷霆，而浮山峙于江中，与渔浦诸山犬牙相错，洄激射，岁败公私船不可胜计。轼议自浙江上流地名石门，并山而东，凿为漕河，引浙江及谷诸水二十余里以达于江。又并山为岸，不能十里以达龙山大慈浦，自浦北折折小岭，凿岭六十五丈以达岭东古河，浚古河数里达于龙山漕河，以避浮山之险，人以为便。奏闻，有恶轼者，力沮之，功以故不成。

轼复言："三吴之水，汲为太湖，太湖之水，溢为松江以入海。海日两潮，潮浊而江清，潮水常欲淤塞江路，而江水清驶，随轼涤去，海口常通，则吴中少水患。昔苏州以东，公私船皆以篙行，无陆挽者。自庆历以来，松江大筑挽路，建长桥以扼塞江路，故今三吴多水，欲凿挽路、为十桥，以迅江势。"亦不果用，人皆以为恨。轼二十年间再杭，有德于民，家有画像，饮食必祝。又作生祠以报。

六年，召为吏部尚书，未至。以弟辙除右丞，改翰林承旨。辙辞右丞，欲与兄同备从官，不听。轼在翰林数月，复以谗请外，乃以龙图阁学士出知颍州。先是，开封诸县多水患，吏不究本末，决其陂泽，注之惠民河，河不能胜，致陈亦多水，又将凿邓艾沟与颍河并，且凿黄堆欲注之于淮。轼始至颍，遣吏以水平之，淮之涨水高于新海几一丈，若凿黄堆，淮水顾流颍地为患。轼言于朝，从之。

郡有宿贼尹遇等，数劫杀人，又杀捕盗吏兵。朝廷以名捕不获，被杀家复惧其害，匿不敢言。轼召汝阴尉李直方曰："君能禽此，当力言于朝，乞行优赏；不获，亦以不职奏免君矣。"直方有母老，与母决而后行。乃缉知盗所，分捕其党与，手刺遇，获之。朝廷以小不应格，推赏不及。轼请以己之年劳，当改朝散郎阶，为直方赏，不从。其后吏部为轼当迁，以符全其考，轼谓己许直方，又不报。

七年，徙扬州。旧发运司主东南漕法，听操舟者私载物货，征商不得留难。故操舟者辄富厚，以官舟为家，补其弊漏，且周船夫之乏，故所载率皆速达无虞。近岁一切禁而不许，故舟弊人困，多盗所载以济饥寒，公私皆病。轼请复旧，从之。未阅岁，以兵部尚书召兼侍读。

是岁，哲宗亲祀南郊，轼为卤簿使，导驾入太庙。有赤缯犊车并青盖犊车十余争道，不避仪仗。轼使御营巡检使问之，乃皇后及大长公主。时御史中丞李之纯为仪仗使，轼曰："中丞职当肃政，不可不以闻之。"纯不敢言，轼于车中奏之。哲宗遣使齐疏驰白太皇太后，明日，诏整肃仪卫，自皇后而下皆毋得迎谒。寻迁礼部兼端明殿、翰林侍读两学士，为礼部尚书。高丽遣使请书，朝廷以故事尽许之。轼曰："汉东平王请诸子及《太史公书》，犹不肯予。今高丽所请，有甚于此，甚可予乎？"不听。

八年，宣仁后崩，哲宗亲政。轼乞补外，以两学士出知定州。时国是将变，轼不得入辞。既行，上书言："天下治乱，出于下情之通塞。至治之极，小民皆能自通；迨于大乱，虽近臣不能自达。陛下临御九年，除执政、台谏外，未常与群臣接。今听政之初，当以通下情、除雍蔽为急务。臣日侍帷幄，方当戍边，顾不得一见而行，况远小臣欲求自通，难矣。

然臣不敢以不得对之故，不效愚忠。古之圣人将有为也，必先处晦而观明，处静而观动，则万物之情，毕陈于前。陛下圣智绝人，春秋鼎盛。臣愿虚心循理，一切未有所为，默观庶事之利害，与群臣之邪正，以三年为期，俟得其实，然没应物而作。使既作之后，天下无恨，陛下亦无悔。由此观之，陛下之有为，惟忧太蚤，不患稍迟，亦已明矣。臣恐急进好利之臣，辄劝陛下轻有改变，故进此说，敢望陛下留神，社稷宗庙之福，天下幸甚。"

定州军政坏弛，诸卫卒骄惰不教，军校蚕食其廪赐，前守不敢谁何。轼取贪污者配隶远恶，缮修营房，禁止饮博，军中衣食稍足，乃部勒战法，众皆畏伏。然诸业业不安，有卒史以赃诉其长，轼命曰："此事吾自治则可，听汝告，军中乱矣。"立决配之，众乃定。

会春大阅，将吏久废上下之分，轼举旧典，帅常服出帐中，将吏戎服执事。副总管王光祖自谓老将，耻之，称疾不至。轼召书吏使为奏，光祖惧而出，讫事，无一慢者。定人言："自韩琦去后，不见此礼至今矣。"契丹久和，边兵不可用，惟沿边弓箭社与寇为邻，以战自卫，犹号精锐。故相庞籍守边，固俗立法。岁久法弛，又为保甲所挠。轼奏免保甲及两税折变科配，不报。

绍圣初，御史论轼掌内外制日，所作词命，以为讥斥先朝。遂以本官知英州，寻降一官，未至，贬宁远军节度副使，惠州安置。居三年，泊然无所蒂芥，人无贤愚，皆得其欢心。又贬琼州别驾，居昌化。

北宋武人，《大驾卤簿图书》（局部）

昌化，故儋耳地，非人所居，药饵皆无有。初僦官屋以居，有司犹谓不可，轼遂买地筑室，儋人运甓畚土以助之。独与幼子过处，著书以为乐，时时从其父老游，若。将终身。

徽宗立，移廉州，改舒州团练副使，徙永州。更大三赦，遂提举玉局观，复朝奉郎。轼自元以来，未常以岁课乞迁，故官止于此。建中靖国元年，卒于常州，年六十六。

轼与弟辙，师父洵为文，既而得之于天。常自谓："作文如行云流水，初无定质，但常行于所当行，止于所不可不止。"虽嬉笑怒骂之辞，皆可书而诵之。其体浑涵光芒，雄视百代，有文章以来，盖亦鲜矣。洵晚读《易》，作《易传》未究，命轼述其志。轼成《易传》，复作《论语说》；后居海南，作《书传》；又有《东坡集》四十卷、《后集》二十卷、《奏议》十五卷、《内制》十卷、《外制》三卷、《和陶诗》四卷。一时文人如黄庭坚、晁补之、秦观、张来、陈师道，举世未之识，轼待之如朋俦，未常以师资自予也。

自为举子至出入侍从，必以爱君为本，忠规说论，挺挺大节，群臣无出其右。但为小人忌恶挤排，不使安于朝廷之上。

高宗即位，赠资政殿学士，以其孙符为礼部尚书。又以其文左右，读之终日忘倦，谓为文章之宗，亲制集赞赐其曾孙峤。遂崇赠太师、谥文忠。轼三子：迈、迨、过，俱善为文。迈，驾部员外郎。迨，承务郎。

过字叔党。轼知杭州，过年十九，以诗赋解两浙路，礼部试下。及轼为兵部尚书，任右承务郎。轼帅定武，谪知英州，贬惠州，迁儋耳，渐徙廉、永，独过侍之。凡生理书夜寒暑所须者，一身百为，不知其难。初至海上，为文曰《志隐》，轼览之曰："吾可以安于岛夷矣。"因命作《孔子弟子别传》。轼卒于常州，过葬轼汝州郏城小峨眉山，遂家颍昌，营湖阴水竹数亩，名曰小斜川，自号斜川居士。卒，年五十二。

初监太原府税，次知颍昌府郎城县，皆以法令罢。晚权通判中山府。有《斜川集》二十卷。其《思子台赋》《飓风赋》早行于世。时称"小坡"，盖以轼为"大坡"也。其叔辙每称过孝，以训宗族。且言："吾兄远居海上，惟成就此儿能文也。"七子：籥、籍、节、笈、筝、笛、箭。

论曰：苏轼自为童子时，士有传石介《庆历圣德诗》至蜀中者，轼历举诗中所言韩、富、杜、范诸贤以问其师。师怪而语之，则曰："正欲识是诸人耳。"盖已有颉颃光世贤哲之意。弱冠，父子兄弟至京师，一日而声名赫然，动于四方。既而登上第，擢词科，入掌书命，出典方州。器识之闳伟，议论之卓荦，文章之雄隽，政事之精明，四者皆能以特立之志为之主，而以迈往之气辅之。故意之所向，言足以达其有猷，行足以遂其有力。至于祸患之来，节义足以固有其守，皆志与气所为也。仁宗初读轼、辙制策，退而喜曰："朕今日为子孙得两宰相矣。"神宗尤爱其文，宫中读之，膳进忘食，称为天下奇才。二君皆有以知轼，而轼卒不得大用。一欧阳修先识之，其名遂与之齐，岂非轼之所长不可掩抑者，天下之至公也，相不相有命焉，呜呼！轼不得相，又岂非幸欤？或谓："轼稍自韬戢，虽不获柄用，亦当免祸。"虽然，假令轼以是而易其所为，尚得为轼哉？

【译文】

苏轼，字子瞻，眉州眉山（今属四川）人。十岁的时候，父亲苏洵去四方游学，母程氏亲自教授苏轼读书，凡是听到古往今来成败兴衰的历史故事，苏轼总是能够概括地说出它们的要点。程氏读东汉《范滂传》，感慨叹息，苏轼就说："我如果做范滂，母亲允许吗？"程氏说："你能够做范滂，我反而不能做范滂母亲吗？"

等到成年，博通经史，一天能写几千字的文章。他喜欢贾谊、陆贽的书，不久读《庄子》，感叹说："我从前虽然有这种看法，嘴巴里却说不出来，今天看到了这本书，正适合我的心意呀！"嘉祐二年（1057），参加礼部考试。在当时科举应试的文章中，割裂文辞，追求怪异的流弊占了上风，主考官欧阳修正思考用怎样的方法来挽救文风，看到苏轼的《刑赏忠厚论》，十分惊喜，想把这位考生选拔为第一名，但怀疑文章是他的门客曾巩写的，所以只是取为第二等；后来苏轼又凭《春秋》对义得居第一等，殿试时中了乙科。考试完了，苏轼写了名帖去拜见欧阳修，欧阳修对梅圣俞说："我当设法避开这个人，让他出一头地。"听到此话的人开始哗然不服，以后就信服了。

后来苏轼遭到母亲去世之痛，归家守丧。嘉祐五年（1060），调福昌（今河南宜阳）主簿。欧阳修认为苏轼才识兼茂，就推荐他到秘阁去。以前考试《六论》是不起草的，所以文章都写得不精致。苏轼开始起草，辞章义理都十分鲜明。又对制策，列入三等。从宋初以来，制策能列入三等的，只有吴育和苏轼而已。

除大理评事、签书凤翔府（今属陕西）判官。关中自从元昊叛乱以后，百姓贫困，赋役繁重，岐下人民每年运输南山木筏，从渭水出发转入黄河，经过砥柱天险，衙吏们催逼役赋，一个紧接一个，几乎把老百姓的家都踏破了。苏轼了解了这件事的危害性，因此重新修订了衙规，让百姓自己去选择水工，按时进退，从此，役害减去了不少。

治平二年（1065），入判登闻鼓院。英宗当年在藩府的时候就听到苏轼

苏轼《刑赏忠厚之至》书影

的名声，因此想模仿唐王朝的成例召他入翰林，知制诰。宰相韩琦说："苏轼之才，是大器之才，以后自然被天下重用。重要的是朝廷要培养他，使天下的读书人没有一个不敬畏、羡慕、心服他，都希望朝廷进用他，然后才录取他、任用他，那么就人人不会有不同的意见了。如果现在骤然重用他，那么天下的读书人未必以为这是对的，皇上这样做的结果反而连累了他。"英宗说："那么就给他一个修注怎么样？"韩琦说："记注和制诰是相近的，不可贸然任命。不如在馆阁中选择一个能够接近皇上的帖职给他，而且请皇上先召他来面试一下。"英宗说："如果面试，不知他行不行，假如苏轼也有不会的怎么办？"韩琦还是不同意，等到试他二论，又列入第三等，可以任职史馆。苏轼听到了韩琦的这些话后，说："韩公真可说是用德来爱护人才了。"

恰巧苏洵去世，英宗赐给苏轼钱帛以帮助他办理丧事，苏轼辞谢了，但要求追赠父亲一个官职，于是英宗就追赠苏洵为光禄丞。苏洵临终时，把哥哥苏太白去世早，他的子孙还没有自立，妹妹嫁给姓杜的人家，去世后还没有下葬，都一一托付给苏轼。苏轼服丧期满，立即殡葬了姑母。后来苏轼的官做大了，可以荫及子孙了，他就把这个特权让给了苏太白的曾孙苏彭。

熙宁二年（1069），苏轼回到朝廷。当时正是王安石做宰相，王安石平常就讨厌苏轼政见和自己不同，于是就让苏轼判官告院。熙宁四年（1071），王安石想改变科举、兴建学校，诏两制、三馆讨论。苏轼上书议论说：

求得人才的途径，在于了解人才；了解人才的办法，在于求其实。假如国君和宰相有

知人之明,朝廷有求实之政,那么胥史皂隶中未常没有人才,何况在学校和贡举中呢? 虽然沿袭目前的做法,我认为人才还会有余。假如国君和宰相不了解人,朝廷不去求实,那么即使在公卿侍从之中也常常会担心没有人才,何况在学校和贡举中呢? 虽然恢复了古代的学校制度,我认为人才还是会不足的。时代有好或坏,事物有废和兴,当时代安定,虽然暴君也不能废毁它,等到它已是倾颓的时候,就是圣人也无法恢复它。所以风俗变化了,法律和制度也要跟着变。就像大江大河的改道,勉强要它恢复原来的样子,是很难为力的。

庆历年间本来曾经建立过学校,但是直到今天,只有空名还存在着。现在要改变今天的礼制,变更今天的风俗,又要征发民力来整修官室,聚敛百姓的财富来供养那些游士。百里之内设置官府建立军队,狱讼在那里治理,军务在那里谋划,又要精简那些不受统领的官员,把他们摒弃到远方,那不是人为地制造纷乱,给天下人民造成苦难吗? 如果没有多大的改革而又希望对时代有益,那么和庆历年间的建立学校又有什么不同呢? 所以我认为今天的学校,尤其应该沿用过去的制度,让先王所创的旧业,不至于在我们这一代被废弃就够了。至于贡举这种办法,已经施行百年了,国家的治乱盛衰,原因并不是因为有了贡举。皇上看祖宗的时代,贡举这办法,和今天相比究竟是哪个好? 言语和文章,和今天相比究竟谁个优? 得到的人才,和今天相比究竟哪个多? 天下的事情,和今大相比究竟谁会办? 比较了这四件事情的长短,那么就可以对议论做出决定了。

现在想改变的不过是几桩小事:有人说乡举应该以德行为本而略去文辞;有人说应该专取策论而免去诗赋;有人却希望兼采名誉声望而废除糊名弥封的考试办法;有人则希望经生不考帖经而考大义,这些都是知其一而不知其二的论调啊。希望皇上能注意长远的、大的事情,而小小的变法又何必去干预呢? 我还有一个经常挂在心上的私忧,也许只是错误的想法,但还是想对皇上陈说:关于性命的学说,从子贡开始都没有听到过夫子的阐释,而今天的学者,却偏偏把不谈性命看成是耻事,读他们的文章,感到大而无当而难以穷尽;看他们的样子,似乎超然物外无所黏著而不可留取,这难道是真的有才能吗! 原来是那些只有中人资质的人,却偏偏在那里安于放任,乐于荒诞罢了。皇上又为什么要用他们呢?

奏议呈上,神宗醒悟了,就说:"我原来就怀疑这个改革,读了苏轼的奏议,思想就完全清楚了。"当天就召见了苏轼,问道:"目前朝廷政事、法令的得和失在什么地方? 即使是我的过失,你也只管说就是了。"苏轼回答道:"皇上有生而知之的天性,文武天成。治国之道,不怕不明,不怕不勤,不怕不果断,就只怕求治心太急,听的意见太泛,进用的人才过快过多。希望皇上能用安静来镇急躁,静待物之自来。然后适应它。"神宗惊恐地说:"你这三句话,我应当牢牢记住,好好思量。你在馆阁,应该替我好好考虑治乱的措施,不要有什么隐藏。"苏轼退出后,就把神宗的话告诉了同僚们。王安石不高兴,就让苏轼任开封府推官,想用繁忙的政事来束缚他。怎知苏轼处理政务果断、精确、敏捷,结果是名声传播得更远。时逢上元佳节将到,朝廷下令开封府到浙江买灯,并且命令要压低收购价格。苏轼上书说:"皇上难道是把看灯作为快乐吗? 这不过是用元宵放灯来侍奉两宫的欢心罢了! 然而皇上的这份孝心,百姓却是不会知道的,因此他们都认为皇上是用耳目不急的玩物,去夺取他们口中和身上急需要用的资财。这件事本来很小很小,但它牵涉的事体却很大,请皇上追还以前的命令。"神宗就下诏取消了此事。

当时王安石创行新法,苏轼上书评论新法的不利。书中说:

我想说的话,只三句罢了:希望皇上能结人心,厚风俗,存法度。人君所依靠的就是人心,这就像树木有根,灯盏有油,鱼儿有水,农夫有田,做生意的人有钱财。失掉了人心,国家就灭亡,这是必然的道理。自古以来,没有人君平和、简易、随俗、同众而国家不安定,也没有人君刚愎自用而国家不危亡的。皇上一定也知道人心为什么会不高兴的道理了。

从祖宗以来,理财用的不过是三司。现在皇上不把理财用的事交付给三司,无故又创设制置三司条例一司,让六、七个年轻人,日夜在里面空白议论,又让四十多个使者分别到全国各地推行。再说制置三司条例司这个司,不过是为求利而新设的名称罢了;六、七个年轻人和四十多个使者,不过是求利的工具罢了。开端的声势很宏大,百姓却实在惊疑;创立的法式很新奇,官吏们却个个惶惑。以万乘之尊的君主而谈利,以天子之宰相而理财,人们对此议论纷纷,意见不一,然而却没有人愿意回过头去看看这种情况,听听朝中大臣和天下百姓的反映,只是说:"我没有那种事,何必担心别人的议论。"把渔网撒在江湖中,对人却说:"我不是为了捕鱼",还不如扔掉渔网而别人自然会相信。驱逐鹰犬奔赴丛林,对人却说:"我不是在打猎",还不如遣散鹰犬而野兽自然会驯服。所以我认为要消除邪恶的谗言而招来和气,那么不如罢去条例司。

现在君臣勤于政务,几乎一年了,而富国的功效,却茫茫然犹如捕风,只听说内库拿出了数百万缗钱,祠部投入了五千多个人罢了。用这样的方法进行改革,有谁不能?而所做的事,路上的行人都知道它很困难。汴水水流混浊,自有人民以来,都不用它种稻。今天却想用筑水库令汴水变法。万顷水稻,必须用千顷水库的水来灌溉,这些水库一年淤塞一次,三年就全部塞满了。皇上却相信了他们的说法,立即就派了人去观察地形,所在地区的人民就要替这些使者开通道路,使者们在这些地区寻访水利,但他们中不少人都是浅薄轻飘之徒,他们不负责任轻率地争着发表自己的看法。官府虽然知道这些意见漏洞很多,但是却不敢立即贬退,而是召集了老老少少,让他们来观察研究,决定可否。如果不是明显的难以实行,就一定要征集民工兴建。官吏们得过且过,以轻率马虎的态度顺从着,不了解情况的人还真以为皇上有心要兴建这些工程,结果是上面浪费了钱粮,下面影响了农时。堤防一开掘,水流失去了它原来的故道,必然泛滥,这个时候,虽然让百姓吃这些提议的人的肉,对百姓又有何补益呢!我不了解朝廷何苦要这样做呢?

自古以来,凡使用役夫,一定是使用当地的百姓。现在听说要到江苏、浙江之间的几个郡去雇用役夫,而且想把这种办法推行到全国各地。只有一个成年男子的家庭,没有男子而只有妇女的家庭,是百姓中最困苦的,而皇上却第一个想役使他们!皇上富有天下,难道就忍心不加怜悯!自从杨炎实行两税法,租、调和庸已经合在一起了,为什么还想再取庸?万一后代不幸出现了喜欢聚敛的臣子,庸钱不去除,差役都照旧,追究这种做法是从哪里来的,就一定有承担这种罪责的人。青苗的时候向农民放债,自古以来都是禁止的。现在却由皇上开始创立成法规,每年执行。虽然说不允许强行摊派,但几世以后,暴君污吏,皇上能保证不出现这种现象吗?估计愿意请求贷青苗钱的人家,一定是些孤苦贫弱无人接济的人家,官吏鞭挞过急,那么一定接着逃亡,如果不回来,他们的拖欠就要均摊到邻保身上，这种情况必然会出现，到那时，天下百姓怨恨这件事，国史记载这件事，说："青苗钱是从皇上开始的。"这难道不可惜吗！再说建立常平仓的制度，应该说已经考虑得很周到了，现在却想改为青苗钱！破坏了常平仓制度，建立了青苗钱制度，丧失的只会更加多。亏损了官府，损害了人民，虽然后悔又如何来得及。

从前汉武帝因为财力枯竭，用商人桑弘羊的建议，买贱卖贵，称它为均输。在那个时候，商人们停业不干，盗贼益发猖狂，几乎要发生动乱。汉昭帝即位，霍光顺着百姓的愿望，百姓想要的，就给他们，百姓因此归心，国家于是无事。没想到今天这种论调又产生了。立法的初期，耗费已经很多了，即使稍有所获，而由国家征收的商业税的数额，损失一定很多。这就像有人为他的主人管理牲畜，用一条牛换了五只羊，一条牛失去了，就隐瞒着不说；五只羊换到了，就指为自己的功劳。现在破坏了常平仓而不谈青苗法的功劳，亏损了商业税而得到了均输法的利益，同上面所说的用一条牛换五只羊的例子又有什么两样？我私下认为它甚至比用一条牛换五只羊更蠢呀！倡议新法的人一定会说："百姓可以和他们快乐地享受成功，而难以和他们谋虑开始。"所以皇上执意不顾一切，而规定必需推行。这个恰恰是战国时代那些贪功的人所推行的冒险和侥幸的政治主张。结果必然是还没有享受到成功的喜悦，而百姓的怨声却早已四起了。我之所以希望皇上结人心的道理，就在这里呀！

国家之所以存亡的原因，在于道德的浅深，不在国力的强弱；一个朝代享国时间所以有长有短，在于社会风俗的淳厚和浅薄，不在社会的富和穷。做人主的知道了这个道理，就会知道孰轻孰重了。所以，我希望皇上务必推崇道德，看重风俗，不希望皇上急于事功，贪图富强。爱惜风俗，就像保护人的元气。圣人不是不知道严峻刻薄的方法可以齐聚众心，勇猛强悍的人士可以成就事业，忠厚的人近于迂阔，老成的人开始好像迟钝。然而圣人却始终不肯用那种人来替代这种人，是什么原因呢？这是因为圣人知道那样做的结果得到的小，失去的大啊！仁祖皇帝执法非常宽，能按照规定的等级次第和劳绩大小进用官员，专门替人掩盖过失，未曾轻易改变旧的规章。考察他事业的是否成功，应该说还没有达到最高的境界。如果说到用兵，那么十次出兵有九次必失；如果说到国家的财政，只是仅仅能够足用而没有积余。他只是把德政和恩泽施信人民，使社会风俗能知道遵守一定的道德标准，所以他去世的时候，天下终于返回到仁的局面了。评论的人看到在他晚年官吏都恪守成规而不知变更，对政事都不思奋发有为，有所创举，就想用苛察来矫正它，用智能来齐一它，他们招来了新进勇锐的人，企图使朝廷的一切措施都能很快收到功效。结果是还没有享受到它的成功，而浅薄之风气已经形成。他们又开了很多能骤然进身的门路，这样就使人们容易得到意外的侥幸收获，公卿侍从只要稍稍抬举半步就可得到好处，这样就使那些原来按照正常制度调升的人产生了非分之想，在这样的情况下，希望风俗淳厚，能做到吗？近年来朴拙的人愈来愈少，靠投机取巧而进身的读书人愈益增多。惟请皇上可怜这种情况，挽救这种情况，把简易作为治政的法则，把清静作为立国的指导思想，这样人民的道德就可以归于淳厚。我之所以希望皇上重视社会风俗的道理，就在这里啊！

祖宗委任了谏院的官员以后，就没有开罪过一个言官。即使有轻微的责备，随即也就越级提升了他们，允许他们可以根据风闻就议论朝政，而不必顾及官长。在议论中涉及帝王,那么天子就要改变神色;议论中涉及朝廷,那么宰相就要等候处分。做台谏的人本来未必都是贤人,他们讲的话也未必都正确,然而一定要培养我们的锐气,之所以要借给他们以重权,难道是白白地这样做的吗?是想用他们的权力不让奸臣萌生啊!现在法令严密,朝廷也很清明,说有奸臣,是万万没有这个道理的。然而养猫本来是为了灭鼠,不可以因为没有老鼠就养不捕捉老鼠的猫;养狗本来是为了防盗,不能因为没有盗贼就饲养不叫的狗。皇上你能够不上念祖宗创设谏官的原意,下为子孙万世设防吗?我听那些德高望重的长老们谈论,都说谏官们的言论,常常是根据天下人的公议而发的。公众的议论是赞美的,台谏也就赞美它;公众的议论是抨击的,台谏也就抨击它。现在公众的议论沸腾,怨言交互而来,公众的意见所在,也就可以知道了。我担心从此以后,习惯成风,都成了宰相的私人,以致君上孤立。朝廷的法度一旦废弛,什么事情不会发生呢?我之所以希望皇上保存法度的道理,也就在这里啊!

苏轼看到王安石用独断专任来赞美神宗,就借考试进士策问的机会,用"晋武帝靠独断平定东吴而取得胜利,后秦苻坚用独断讨伐东晋而失败,齐桓公专任管仲而成就了霸业,燕哙专任子之而败亡,事情相同而成效不同"为问。王安石大怒,让御史谢景温劾奏苏轼的过错,搞得很凶,却一无所获。苏轼就自请外放,通判杭州。高丽(今朝鲜)来向中国进贡,使者在官吏面前打开礼物时,官吏们发现礼单上面用了甲子纪年。苏轼拒绝接受,说:"高丽对我们大宋是称臣的国家,而礼单上却不写明中国的年号,我怎么敢接受!"使者改甲子为熙宁,苏轼才接受了。

当时新政日益推行,苏轼在这中间,常常用变通的办法以方便百姓,百姓依靠这种变通才得以安定。后来调任密州(今山东诸城)。当时司农推行手实法,不按时推行的人以违背制度论处。苏轼对提举官说:"违背制度的罪名,如果是从朝廷规定下来的,谁敢不听从?现在只是司农决定的,这是擅自制定法律啊!"提举官吃惊地说:"您老姑且慢慢看着办吧!"没有多久,朝廷知道这个手实法实在是在害民,就取消了。

有个强盗的盗窃案子暴露了,安抚司派三班使臣带领着强悍的差役下乡捕捉,这些差役凶恶残暴,肆意横行,甚至用禁物来诬陷百姓,他们随便冲进老百姓家打人杀人,后来就畏罪逃跑,快要造成乱子了。百姓们奔赴官府向苏轼告状,苏轼故意把他们的诉状放置一边,看也不看地说:"一定不至于这样。"那些溃逃中的差役听到了,稍稍安定了下来,苏轼慢慢地派人把他们引出来杀了。

后来调任徐州(今属江苏)。当时正值黄河在曹村决口,泛滥到梁山泊,溢满了南清河,汇聚到了徐州城下,水势还在暴涨,如果不及时排泄,徐州城就将坍倒,城里的富户纷纷争着出城避水。苏轼说:"富户一旦出城,城里的百姓就都会动摇,我和谁来共同守城?只要我在徐州,就一定不让洪水冲倒徐州城。"于是把那些富户又赶进了城内。苏轼亲自蹚水到武卫营中,唤来了卒长说:"黄河水将要败坏徐州城了,事态急了,虽然你们是禁军,也要请你们尽力帮助我。"卒长说:"太守尚且不躲避大水,我辈是小人,当然更该效命。"就带领了他的士兵拿着畚箕和铁锸奔了出去,修筑了东南的长堤,从戏马台开始,一直到徐州城为止。暴雨日夜不停,城墙不被淹没的只有三板了。苏轼住在城墙上临时搭的小屋里,就是经过自己家门也不进去,派官吏们分段堵塞洪水,保护徐州城,最后终于保全了徐州城。苏轼又请求朝廷同意征调一年中应该征发的役夫增筑徐州攻城,造木岸,以防止洪水的再次袭击。朝廷依从了他的请求。

后又徙知湖州(今属浙江),苏轼上表谢恩。又因为对朝廷那些不利于民的措施不敢大胆直言,于是用诗歌寄托讽谏,希望对国家有所补益。御史李定、舒亶、何正臣拾取苏轼表中的一些话,并且和他的诗歌联系起来,进行诬陷,说苏轼是在讪谤朝廷,把他逮捕押解到了台狱,想置他于死地,枉法诬陷,罗织罪名,拖了很长时间也无法决断。唯独宋神宗怜惜他,以团练副使的名义把他安置到了黄州。苏轼和田夫野老,一起玩于山水之间,苏轼还在东坡那里造了房子,自号为"东坡居士"。

熙宁三年(1071),宋神宗几次有意重新起用苏轼,总是被掌握大权的人阻挡了。神宗曾经对宰相王珪、蔡确说:"国朝的历史至关重要,可以任命苏轼把它写出来。"王珪面有难色。神宗说:"苏轼不行,姑且用曾巩。"曾巩进《太祖总论》,神宗感到不妥当,就写了亲笔信命令把苏轼移到汝州(今河南临汝)。其中有这样的话:"苏轼被贬黜后,闭门思过,经历的岁月很长了,人才实在难得,不忍心终身让他弃置在外。"苏轼没有去汝州,上

苏轼书《蓼州寒食诗》(局部)

书说自己处境饥寒,有田产在常州,希望能回常州定居。早上上的奏书,傍晚就被批准了。

路过金陵(今江苏南京),苏轼去见了王安石,他对王安石说:"大的兵灾、大的狱讼,是汉朝、唐朝灭亡的先兆。祖宗用仁厚治理天下,正是希望革除这种情况。现在对西方的用兵,连年不断,东南又屡次兴起大的狱讼,明公为什么不说一句挽救这种危局的话呢?"王安石说:"这两件事都是吕惠卿挑起的,我王安石身在外,怎敢随便说话?"苏轼说:"在朝廷就议政,在朝外就不说,这不过是侍奉君王的常礼罢了。现在皇上对待明公不用常礼,明公对待皇上惇难道可以用常礼吗?"王安石厉声地说:"王安石必须说。"又说:"话出在我王安石的嘴里,听在你苏子瞻的耳内。"又说:"一个人必须知道做一件不义的事,杀一个无罪的人,即使能得到天下也不去做,才可以同他相交。"苏轼开玩笑地说:"现在的君子,为了争着减少半年的磨勘年限,虽然叫他杀人也是肯干的。"王安石笑而不言。

苏轼回到常州,正值神宗驾崩,哲宗即位,又恢复苏轼为朝奉郎、知登州(今山东蓬莱),不久又召为礼部郎中。苏轼过去和司马光、章惇相好。当时司马光是门下侍郎,章惇知枢密院,二人意见不合,章惇常常用开玩笑的方式轻慢留难司马光,司马光很苦恼。

苏轼对章惇说:"司马君实在在人们中的声望很高。从前许靖因为徒有虚名没有实际,被蜀先主瞧不起,法正说:'许靖的声誉,传播天下,如果不给他礼遇,你一定会因为瞧不起贤才而受到麻烦。'先主采纳了他的意见,就加封许靖为司徒。许靖尚且不可轻慢,何况君实呢?"章惇认为很对,司马光赖此得以稍安。

迁为起居舍人。苏轼经历了一番忧患,不希望骤然踏进要地,就向宰相蔡确推辞。蔡确说:"明公徊翔久了,朝中人士没有一个能比得上你的。"苏轼说:"从前我和林希同在馆阁之中,而且他的年纪比我长。"蔡确说:"林希一定要先于明公吗?"终于不同意苏轼的推辞。元祐元年(1086),苏轼以七品服入侍延和,皇上即赐银绯,迁中书舍人。

当初,祖宗时,差役法实行长久后产生了流弊。编户充当役夫的人不习惯服役,役头又用暴虐的方法役使他们,造成编户大量破产,狭乡的百姓甚至有终年不得休息的。王安石做宰相后,改差役法为免役法。使编户按等级的高低出钱雇用役夫,执法的人常常超过标准索取,成为人民的祸害。司马光做了宰相,只知道免役法给人民带来的灾害,而不知道它也有有利的一面,就想恢复差役法,派遣官员去筹备设置机构,苏轼也被派参与了这个工作。苏轼说:"差役法、免役法,各有利弊。免役法的流弊,在于聚敛百姓的钱财,以至十室九空,上面聚敛了很多钱财,下面给人民带来了钱荒的灾难。差役法的流弊,在于人民常在官府服役,不得专力农耕,而贪暴的官吏和奸猾的差役得以借此做坏事。这二种役法给人民带来灾难的轻重,大概是相等的。"司马光说:"那么,依你看这件事情应该怎么办呢?"苏轼说:"一切政策法令,前后应该互相衔接,这样事情就容易办成,做一件事情,一点一点地逐步进行,那么百姓就不会受到惊扰。夏、商、周三代的办法,是士兵和农夫合而为一,到秦王朝才开始一分为二,到了唐朝中叶,又把府兵制改成了募兵制,士兵一生都在军队里。自从那时以来,民不知道兵,兵不知晓农,农民拿出粮食和布帛来养兵,士兵拿出性命来保卫农,天下人民都感到方便。虽然圣人再出,也不能改变这个办法。今天的免役法,其实和上面所说的差不多。明公想骤然取消免役法实行差役法,就正像要取消长征的兵而恢复民兵,这是不容易的呀!"司马光不以为然。苏轼又把这些看法在政事堂上陈说,司马光很生气。苏轼说:"从前韩琦指责陕西义勇,您为谏官,争论得很厉害,韩公不高兴,您也不顾。我从前听您详细地讲过这个故事,难道今天您做了宰相,就不允许我把话讲完了吗?"司马光笑了,不久任命苏轼为翰林学士。

哲宗二年(1087),苏轼兼侍读。他每次进宫侍读,当读到治乱兴衰、邪正得失的时候,总是反复开导,希望皇上得到启发有所领悟。哲宗虽然恭默不语,但总是点头肯定了苏轼的看法。他们曾经拜读祖宗《宝训》,因而涉及时事,苏轼一个问题一个问题进行分析说:"现在是赏罚不明,善和恶没有人勉励和阻止;又黄河的水势正向北方流,却要强迫它向东流;西夏入侵镇戎(今宁夏固原),屠杀和掳掠了几万人,统兵的主帅却不把消息报告朝廷。如果每件事情都像这样,我担心会逐渐地造成衰乱的加剧。"

苏轼经常闭门锁居禁中,有次被召人对便殿,宣仁皇后问他:"你以前是做什么官?"苏轼说:"臣是常州团练副使。"又问:"现在是什么官?"回答说:"臣现在是待罪翰林学士。"宣仁后又问:"你怎么会从团练副使这样迅速就做了翰林学士呢?"苏轼说:"因为受到了太皇太后和皇帝陛下的恩典啊!"宣仁后说:"不是的。"苏轼便反问道:"难道是大臣们的舆论推荐了我吗?"宣仁后说:"也不是的。"苏轼吃惊地说:"臣虽然没有规矩,但是也不敢从其他通途进身翰林。"宣仁后说:"这是先帝的旨意呀！先帝每次读到你的文章,总是感慨地说:'奇才,奇才！只是没有来得及晋用您就是了。'"苏轼不禁失声痛哭,宣仁后和哲宗皇帝也哭了起来,左右的人也都个个感动得流出了眼泪。随后,宣仁后和哲宗命苏轼坐下并赐茶,最后让太监取下御前的金莲烛照送苏轼归院。

哲宗三年(1088),苏轼权知礼部贡举。恰巧大雪纷飞,天气奇冷,考生们端坐庭中,都冻得不能说话。苏轼放宽了原来那些严格的规定,让考生们能尽量发挥自己的才能。巡视考场的一些内侍们常常挑剔和侮慢考生们,还拿了意思比较暧昧的单词,以此诬蔑考生们有罪,苏轼把这种情况统统报告了宋哲宗,赶走了这些讨厌的巡场内侍们。

神宗四年(公元1089年),苏轼因为议论朝政多了,被执掌大权的大臣所忌恨。苏轼担心会不被见容,要求外拜龙图阁学士、知杭州。还没有起行,谏官告发前宰相蔡确知安州时写诗借郝处俊的事件讥刺太皇太后。大臣们在议罪中认为应该迁谪到岭南。苏轼给皇帝上了一道密疏说:"朝廷如果从轻处理蔡确的罪行,那么对于皇帝来说,孝治就显得不够;如果从重处置蔡确的罪行,那么对于太皇太后的仁政就会带来小小的影响。我认为应该由皇帝下令设置专案,专门处理这个案件,而由太皇太后再写一道手诏赦免他,那么于仁于孝就可两全了。"宣仁看后心里赞赏苏轼的建议,但却没有用这个办法。苏轼车马出京郊,皇上用对待前执政大臣的恩例,派遣内侍赐给苏轼龙荣、银合,慰劳非常丰厚。

苏轼回到了杭州,恰巧碰上大旱、饥荒和瘟疫等几种大灾疫同时并作。苏轼向朝廷提出请求,免除本路上供大米三分之一,又得到了朝廷赐予的度僧牒,把它换了粮食以赈济灾民。第二年的春天,又减低价格出售常平仓的粮食还煮了很多粥和药剂,派人带着医生分别到各个街坊为灾民治病,被救活的人很多。苏轼说:"杭州,是水陆的交会处,因此遭疫病而死的也常常要比其他各处多。"苏轼还收集多余的钱款,一共得到了二千缗,又打开口袋取出五十两黄金,专门造了一个病房,稍稍蓄积了些钱粮,准备着给饥民治病

杭州城与西湖

之用。

杭州本来靠近海,地下水既咸又苦,居民很少。唐代刺史李泌才开始汲引西湖的水,

开掘了六口井，人民的用水才丰足。白居易又疏通西湖，使湖水流入漕河，再从漕河引入农田，被灌溉的农田有千顷，人民因此富足。湖水中多菱白根，自唐朝到钱氏，每年都要疏浚整治，宋代开国以后，不再对它整治疏浚，因此杂草丛生，湖水干涸，形成葑田，湖水没有多少了。漕河没有了湖水，就取浙江的潮水，漕船在杭州城市中心行驶，潮水中又多淤泥，每三年要淘掘一次漕河水道，成为人民的一大祸害。李泌造的六口大井，这时也几乎成了废井。苏轼看到茅山有条河专门承受浙江的潮水，而盐桥的一条河却专门容纳西湖的湖水，于是就开通了这两条河道以通漕运。又建造了堰闸，作为蓄积和疏泄湖水的闸门，使浙江的潮水不再进入市中心。还用剩余的力量修复了那六口废井。又把积在湖中的葑田，前后贯通起来，修筑了南北直径长达三十里的堤岸，方便市民的通行。吴地人民种菱，春天总是统统除去，不留寸草。苏轼就招募人在西湖中种菱，这样菱白根就生长不起来了。种菱的收入用来准备修竣湖堤，采用救济灾荒的余钱万缗、粮食万石，以及请得百僧度牒，用来招募役夫。长堤修成后，在湖中种荷花，在堤上种杨柳，远远望去就像一幅美妙的图画，杭州人命名它为苏公堤。

杭州有个和尚叫净源，过去住在海滨，和外国海客交通，海船到了高丽，众口一词地赞美他。元丰（1078～1085）末年，高丽国王的王子义天来朝见宋王朝，净源也去拜访过他。到现在，净源死了，他的徒弟窃取了他的画像，乘了海船去高丽报告高丽王的儿子，义天也派了他的手下人来祭祀净源，并拿了他们国母的二座金塔，说是祝大宋皇帝两宫的寿辰。苏轼不收，并向哲宗上奏说："高丽已经很长时间没有向朝廷进贡了，失去了大宋朝廷恩赐给他们厚利的机会，现在又想来朝见，但是又摸不透我们对待他们态度的厚薄，所以借着祭死去的净源和尚的名义而向在宋朝廷行祝寿的礼。我们如果接受了他们的礼物而不回谢，他们一定会产生怨恨的心，如果接受了他们的礼物而又赐给他们厚礼，那么正中他们的计策。现在应该不让他们了解朝廷的态度，让州郡自己去处理这件事。那个愚蠢的和尚扰乱通高，替国家惹起事端，防微杜渐，此风不可长，应当痛加惩处。"朝廷都依从了苏轼的奏议。没有多久，高丽的贡使果然到了，按旧例，高丽使者所到的吴越七州，应该支出二万四千余缗的接待费。苏轼命令这些州郡根据具体情况酌量裁减。这样一来，七州的百姓得到了物资交易的利益，而再没有侵扰的灾害。

浙江的潮水从海门东来，势如雷霆，而浮山蠹立在江中，和渔浦的各个山头犬牙交错，水流盘旋、浪花激射，每年被撞坏的公家和私人的船只无法计算。苏轼建议在浙江上游的石门，沿着山势的走向往东凿一条漕河，引浙江潮水和溪谷诸水，长二十余里，再进入浙江。再连接诸山作为堤岸，这样不到十里便能到达龙门大慈浦，又从浦北曲折抵达小岭，在小岭中凿一条长六十五丈的通道，使水流经过通道到达岭东的古河，再疏浚开掘古河数里，便可到达龙山漕河，这样就可避开浮山险隘，人们以为有利。奏书上闻朝廷，那些憎恶苏轼的人竭力阻挠，这个工程因此没有成功。

苏轼又说："三吴的水，汇聚而成太湖，太湖的水，充溢而成松江，然后流入东海。东海每天有二次潮水，潮水浊而松江清，潮水常常想淤塞松江的水道，而江水畅流，随即将潮淤清除，海口常通，因此吴中地区就少水患。从前苏州东面，公私船只都用竹篙点水而行，没有岸上拉纤的。自从庆历（1041～1048）以来，在淞江两岸大筑纤路，又修筑了长桥，因而扼塞了松江的水路，所以现在三吴多水，希望凿穿纤路，修千百座桥，以加速松江水势的畅通。"结果也没有被采用，人们都以此为憾事。苏轼二十年间二次到杭州，有恩德于人民，所以杭州人民家家有他的画像，吃饭的时候一定为他祝愿。又造了苏轼的生祠，以此报答苏轼的恩德。

哲宗六年（1091），苏轼被召为吏部尚书，人还没有到达京师，又因为弟弟苏辙被任命为右丞，所以又改授苏轼为翰林承旨。苏辙不接受右丞的官职，希望同哥哥一起充当从官，不被允许。苏轼在翰林几月，再次因为遭谗而请求外放，结果以龙图阁学士的职位而出知颍州（今安徽阜阳）。起先。开封府的许多县多水灾，官吏不研究事情的本来，就决破圩岸，使水流注入惠民河，惠民河道无法承受，导致陈州（今济南淮阳）也多水灾。又打算凿开邓艾沟，使它和颍河相通，而且准备开凿黄堆，企图把水流注入淮河。苏轼刚到颍州，就派官吏用水平器测量水位，发觉淮水涨水时的水位比将开的新沟几乎高出一丈，如果开凿黄堆，淮水倒流颍地必然造成灾患。苏轼把这情况奏闻朝廷，朝廷听从了他。

颍州郡有惯贼尹遇等，屡次抢劫杀人，又杀死了捕盗的官兵。朝廷派了有名的捕快去捕捉他们，也没有结果。被害的人家担心再次遭到贼人的毒害，就隐匿他们的行迹，不敢揭发。苏轼召来了汝阴县尉李直方，对他说："您如果能擒获这批惯贼，我定当向朝廷尽力推荐，要求优赏；如果抓不住这批惯贼，我也用不尽职的理由禀奏朝廷，免除您的职务。"李直方有母亲且已老，就同母亲诀别，而后出发。不久，便侦缉到了这批盗贼的藏匿所在，分别捉拿了尹遇的党徒，而且同尹遇肉搏，刺伤了尹遇，抓住了这个惯贼。朝廷却因为李直方地位太低、官职太小，还不能由朝廷直接给他赏赐，所以在论功行赏时没有及于李直方。苏轼要求根据自己这几年的功劳，应当改封个朝散郎的官职，再把这个官职赏给李直方，朝廷不依。后来吏部又认为苏轼应当升迁，以符合对他的考评，苏轼提出把授予自己的官职给予李直方，吏部又不肯向上报告。

哲宗七年（1092），徙扬州。过去的发运司主持东南漕运的方法，是随便驾船的人私载货物，稽查商船、征收商税的人不得留难。所以驾船的人总是很富厚，他们以官船为家，以补他们的纰漏，而且周济船工经济上的困难，所以装载的货物都能迅速到达而不会出问题。近年来对这一切都统统禁止了，所以舟弊人困，操舟的人没有办法，就常常盗窃漕运的货物，来解救自己的饥寒，结果是给公家和私人都带来了损害。苏轼请求恢复以往的办法，朝廷依从了。不到一年，苏轼被授命为兵部尚书兼侍读。

这一年，哲宗皇帝亲自祭祀南郊，苏轼是卤簿使，引导皇驾进入太庙。当时有赭缋辇车和青盖辇车十余辆互相抢道，不回避皇帝仪仗。苏轼派御营巡检使查问，原来是皇后和大长公主。当时御史中丞李之纯是仪仗使，苏轼说："中丞的职责是肃政，不能不把这件事报告皇上。"李之纯不敢说，苏轼就在车中奏报了皇上。哲宗派人抱了奏疏驰马奔告太皇太后，第二日，太皇太后下诏整齐仪卫，从皇后以下都不得迎接拜谒。不久，苏轼迁礼部，兼端明殿、翰林侍读两学士，为礼部尚书。高丽派使者来请求赐书，朝廷按旧例完全应允他们。苏轼说："汉东平王请求诸子和《太史公书》，尚且不肯给他。现在高丽要求的，比当年东平王要求的高多了，难道可以给他们吗？"朝廷不听。

哲宗八年（1093），宣仁后驾崩，哲宗亲自执政。苏轼要求外调，结果，带着两学士的职务出知定州（今河北定县）。当时国事将有变化，苏轼无法进宫面辞。出发以后，上书哲宗说："天下的治和乱，都出于下情是否畅通或阻塞。政事治理得好到极点，小民们都能自通于朝廷;等到大乱的时候,虽然是近臣也不能自达。皇上临政已九年了,除宰相、台谏外,还没有和群臣有过接触。现在你亲自听政了,在开始的时候,应该把了解下情、除去下情上达的阻碍作为当务之急。臣过去每日在皇上的左右侍奉,现在我要去戍守边疆了,尚不能再见皇上一面就只能走了,何况那些平日和皇上疏远的小臣,希望自通皇上就更难了。然而我却不敢因为我现在不再和皇上对问就不再向皇上效忠。古代的圣人们,当他们将要有所作为的时候,一定让自己先处于晦暗之处而看明亮的地方,先处于静的地位来观察动的现象,那么万物的情状,也就统统呈现在你的眼前了。皇上智慧过人,年纪很轻。我希望皇上能虚心循理,开始执政的时候,一切事情都不要去追求什么作为,默默地观察众多事物的利和害,朝廷群臣的邪和正。以三年为期,等到了解了它们的实情,然后适应事物的变化而有所动作。使事情做了以后,天下的人都无所憾恨,皇上自己也不懊悔。由此看来,皇上的有所作为只是担心太早,而不是害怕稍迟,也就可以明白了。我担心那些急进好利的人,总是劝皇上轻率地进行改变,所以才提出这个意见,希望皇上多留神,那就是社稷宗庙的大福,天下百姓就有幸了。"

定州的军事、政治都弛废败坏,许多卫兵骄横怠惰不受管束,军校像蚕一样吞食军粮,前太守不敢对他们怎么样。苏轼把那些贪污的人发配到条件十分恶劣的边远地区去做奴隶,修补整治营房,禁止饮酒赌博,待军中的衣食稍稍丰足以后,就进行军事训练,军中的士兵无不畏服。然而那些当官的却心怀畏惧,惴惴不安,有个卒史告发他的长官贪赃,苏轼说:"这些事我自己治理就可以了,如果听从你的告发,那么军中就要乱了。"就立即决定发配了这个人,众人的情绪才安定下来。

适逢春天大阅兵,将吏中上下等级的分别已经废除很久了。苏轼命令按原来的规章制度办事,主帅应该穿着常服出现在军帐中,将吏们都要穿着戎装侍从于主帅左右,执行各种命令。副总管王光祖自以为是老将,耻于这样做,就假称有病不参加阅兵。苏轼叫来书吏命令他写奏章,王光祖害怕了,就出来参加阅兵,阅兵结束,没有一个人敢懈怠。定州人说:"自从韩琦走了以后,就再也没有看见这样的阅兵了。"当时宋朝同契丹议和已经很久了,边防战士长期不出战都已疲怠衰老,不能为朝廷所用了,只有紧靠边境的弓箭社,因为和敌寇比邻,常用战射自卫,仍旧号称精锐。旧宰相庞籍守定州的时候,根据民俗而制订了法规,但是年代久了,法规也就松弛了,又被保甲法所阻挠。苏轼奏请免除保甲法,把两税法折变为临时增加的租税,结果被有关部门扣压,没有上报。

绍圣(1094~1098)初年,御史弹劾苏轼在掌管内外制的时期内所写作的词命,是用来讥斥先朝的。就以原来的官职知英州(今广东英德),不久又降一级,人还没有到达英州,又被贬为宁远军节度副使,在惠州(今广东惠阳)安置。苏轼在惠州住了三年,对这一切他都能淡然处之,毫不为意。和他共处的人,无论贤愚,都能得到他的欢心。后来又被贬为琼州(今海南海口)别驾,住在昌化(今海南儋州市)。昌化这个地方古代属儋耳国,这不是人能居住的地方,连药品和糕饼都没有。开始,苏轼租赁官舍居住,有关部门尚且不同意,苏轼就买了土地自己建造住室,儋耳地方的人民帮他运砖、畚土。苏轼就和小儿子苏过住在那里,以著书为乐,常常和那里的父老交游,似乎就将终老于此。

宋徽宗即位,苏轼被移到廉州(今广西合浦),又改为舒州团练副使,徙于永州(今湖南零陵)。历经三次大赦以后,遂为玉局观提举,恢复朝奉郎。苏轼从元祐以来,从来没有把每年的课考作为要求晋升的条件,所以一直到去世的时候,他的官职就是朝奉郎。建中靖国元年(1101),在常州去世,终年六十六岁。

三苏

　　苏轼和弟弟苏辙,从小以父亲苏洵为师,学习写文章,以后应该说是得之于自然了。他曾经说:"写文章就好比行云流水,开始的时候没有规定的目标,常常是当自己感到有话要说的时候,就应当不停顿地写下去,到了无话可说的时候,就应当立即停止。"虽然是嬉笑怒骂的文辞,他都可以写出来、背出来。苏轼文章的格局雄浑浩涵、光芒四射、雄视百代,真是有文章以来,很少见到的啊!苏洵晚年读《易经》,作《易传》未完成,就命令苏轼完成他的遗愿。苏轼写成了《易传》,又写了《论语说》;后来住在海南,写了《书传》;又有《东坡集》四十卷、《后集》二十卷、《奏议》十五卷、《内制》十卷、《外制》三卷、《和陶诗》四卷。后来名闻一时的文人如黄庭坚、晁补之、秦观、张来、陈师道,当他们还没有被社会上的人们所了解的时候,苏轼对待他们却犹如朋辈,从来没有以师辈自居。

　　苏轼自从成了举人,一直到作为出入皇宫的侍从,一定把爱护君王作为为臣的根本,忠言规劝,正直敢言,挺挺大节,朝中群臣没有一个能出其上。但是被小人妒忌、中伤、排挤,使他不能安于朝廷之上。

　　宋高宗即位,追赠苏轼为资政殿学士,把他的孙子苏符封为礼部尚书;又把他的文章置放在御案左右,读着这些文章就整天忘记了疲倦,赞美他是文章的宗师,亲自写了集赞,赠给他的曾孙苏峤;又推崇追赠苏轼为太师谥为"文忠"。苏轼有三个儿子:苏迈、苏迨、苏过,都善于写文章。

　　苏迈,是驾部员外郎。苏迨是承务郎。

　　苏过,字叔党。在苏轼做杭州太守的时候,苏过十九岁,那年,他从两浙路发解参与诗赋考试,但经礼部考试却没被录取。等到苏轼做兵部尚书,苏过担任右承务郎。在苏轼统兵定武,贬谪英州,又贬惠州,迁儋耳,以后又不断徙移廉州、永州的这段长时间中,只有苏过独自一人侍奉苏轼。凡是白天夜晚冬天夏天生活中所需要的一切,苏过都一身百为，从不感到为难。初到海上，他写了一篇文章叫《志隐》，苏轼看了以后说："我可以在这个海岛的夷人中安定下来了。"因此让苏过写作《孔子弟子别传》。苏轼在常州去世，苏过将父亲葬在汝州（今河南临汝）郏城小峨眉山，以后在颍昌（今河南许昌）住了下来，在湖的南面种了几亩竹子，名为小斜川，自号"斜川居士"。死的时候，五十二岁。

苏过一开始是太原府税监，后来为颍昌府郾城县（今属河南）县令，都是因为法令罢了官。晚年权通判中山府。有《斜川集》二十卷。他的《思子台赋》《飓风赋》很早就在社会上流传。当时人们称苏过为"小坡"，因为时人把苏轼称为"大坡"的缘故啊！苏过的叔父苏辙经常称赞苏过能尽孝道，把他作为榜样去教导宗族中的子弟。苏辙还说："我哥哥远住在海上，就培养了这个孩子是能写文章的。"苏过有七个儿子：苏籥、苏籍、苏节、苏笃、苏筬、苏笛、苏箭。

论道：当苏轼还是孩童的时候，有个读书人把石介的《庆历圣德诗》带到了四川，苏轼列举了诗中所提到的韩琦、富弼、杜衍、范仲淹等当代的贤哲问他的教师。教师感到很惊奇，问他是怎么回事，苏轼就说："我正想认识这几个人呀！"原来就是从那时起，小小的苏轼就有同当代贤哲抗衡的愿望。刚成年，苏轼父子兄弟一同到京师，一天之内就声名显赫，轰动四方。不久苏轼就在科举考试中荣登上第，擢举词科，入宫为皇帝执掌书命，外出则主持一方政事。在器识的宏伟、议论的超绝、文辞的雄隽、政事的精明这四个方面，都能以他的卓立不群的思想为主导，而又能用勇往直前的气概辅助它。所以他意气所向，文辞足以表达他的谋略，行事足以成就他的事业。至于祸患到来的时候，则节义又足以使他能坚定地自守，这些都是高尚的志向和宏伟的气魄造成的啊！仁宗皇帝初读苏轼和苏辙两兄弟的制策，退朝后高兴地说："我今天为子孙挑选到两个宰相了。"神宗喜欢苏轼的文章，当他在宫中读苏轼文章的时候，侍从人员送来了御膳而他却忘了进食，他赞美苏轼是天下的奇才。这两个国君都很了解苏轼，但苏轼却始终没有被大用。欧阳修第一个赏识苏轼，所以苏轼的名声就和欧阳修并列，这难道不是证明了苏轼的所长是无法被遮盖和压制的吗？天下的舆论是绝对公正的啊！但是，做不做宰相是有命数的。唉！苏轼没有做到宰相，又怎可说不是他的幸运呢？有人说："苏轼如果自己能稍稍韬晦和收敛一点，虽然不一定做宰相，但也当免去那些灾祸。"这些说法虽然也有一些道理，但假如让苏轼用这个态度来改变他的所作所为，那还能成为苏轼吗？

宗泽传

【题解】

宗泽（1060~1128），北宋末、南宋初名将。字汝霖，婺州义乌人（今属浙江）。进士出身，刚直豪爽，沉毅知兵。靖康元年（1126），奉命知磁州兼河北义军都总管，屡破金军，升任东京留守兼开封府尹。他整军经武，起用岳飞等年轻将领，招集河东、河北义军，积极防守东京。先后二十多次上书高宗赵构，力主还都东京，恢复中原失地，但均为奸臣所阻，忧愤成疾，含恨而逝。临终前大呼"过河！"者三。宗泽文武双全，有《宗忠简公集》传

【原文】

宗泽字汝霖，婺州义乌人。母刘，梦天大雷电，光烛其身，翌日而泽生。泽自幼豪爽有大志，登元祐六年进士第。廷对极陈时弊，考官恶直，寘末甲。

调大名馆陶尉。吕惠卿帅鄜延，檄泽与邑令视河埽，檄至，泽适丧长子，奉檄遽行。惠卿闻之，曰："可谓国尔忘家者。"适朝廷大开御河，时方隆冬，役夫僵仆于道，中使督之急。泽曰浚河细事，乃上书其帅曰："时方凝寒，徒苦民而功未易集，少需之，至初春可不扰而办。"卒用其言上闻，从之。惠卿辟为属，辞。

调衢州龙游令。民未知学，泽为建庠序，设师儒，讲论经术，风俗一变，自此擢科者相继。

调晋州赵城令。下车，请升县为军，书闻，不尽如所请。泽曰："承平时固无虑，它日有警，当知吾言矣。"

知莱州掖县。部使者得旨市牛黄，泽报曰："方时疫疠，牛饮其毒则结为黄。今和气横流，牛安得黄？"使者怒，欲劾邑官。泽曰："此泽意也。"独衔以闻。

宗泽

通判登州。境内官田数百顷，皆不毛之地，岁输万余缗，率横取于民，泽奏免之。朝廷遣使由登州结女真，盟海上，谋夹攻契丹，泽语所亲曰："天下自是多事矣。"退居东阳，结庐山谷间。

靖康元年，中丞陈过庭等列荐，假宗正少卿，充和议使。泽曰："是行不生还矣。"或问之，泽曰："敌能悔过退师固善，否则安能屈节北庭以辱君命乎。"议者谓泽刚方不屈，恐害和议，上不遣，命知磁州。

时太原失守，官两河者率托故不行。泽曰："食禄而避难，不可也。"即日单骑就道，从羸卒十余人。磁经敌骑蹂躏之余，人民逃徙，帑廪枵然。泽至，缮城壁，浚隍池，治器械，募义勇，始为固守不移之计。上言："邢、洺、磁、赵、相五州各蓄精兵二万人，敌攻一郡则四郡皆应，是一郡之兵常有十万人。"上嘉之，除河北义兵都总管。金人破真定，引兵南取庆源，自李固渡渡河，恐泽兵蹑其后，遣数千骑直扣磁州城。泽擐甲登城，令壮士以神臂弓射走之，开门纵击，斩首数百级。所获羊马金帛，悉以赏军士。

康王再使金，行至磁，泽迎谒曰："肃王一去不反，今敌又诡辞以致大王，愿勿行。"王遂回相州。

有诏以泽为副元帅，从王起兵入援。泽言宜急会兵李固渡，断敌归路，众不从，乃自将兵趋渡，道遇北兵，遣秦光弼、张德夹击，大破之。金人既败，乃留兵分屯。泽遣壮士夜捣其军,破三十余砦。

时康王开太元帅府,檄兵会大名。泽履冰渡河见王,谓京城受围日久,入援不可缓。会签书枢密院事曹辅赍蜡封钦宗手诏,至自京师,言和议可成。泽曰:"金人狡谲,是欲款我师尔。君父之望入援,何啻饥渴,宜急引军直趋澶渊,次第进垒,以解京城之围。万一敌有异谋,则吾兵已在城下。"汪伯彦等难之,劝王遣泽先行,自是泽不得预府中谋议矣。

二年正月,泽至开德,十三战皆捷,以书劝王檄诸道兵会京城。又移书北道总管赵野、河东北路宣抚范讷、知兴仁府曾楙合兵入援。三人皆以泽为狂,不答。泽以孤军进,都统陈淬言敌方炽,未可轻举。泽怒,欲斩之,诸将乞贷淬,使得效死。泽命淬进兵,遇金人,败之。金人攻开德,泽遣孔彦威与战,又败之。泽度金人必犯濮,先遣三千骑往援,金人果至,败之。金人复向开德,权邦彦、孔彦威合兵夹击,又大败之。

泽兵进至卫南,度将孤兵寡,不深入不能成功。先驱云前有敌营,泽挥众直前与战,败之。转战而东,敌益生兵至,王孝忠战死,前后皆敌垒。泽下令曰:"今日进退等死,不可不从死中求生。"士卒知必死,无不一当百,斩首数千级。金人大败,退却数十余里。泽计敌众十倍于我,今一战而却,势必复来,使悉其铁骑夜袭吾军,则危矣。乃暮徙其军。金人夜至,得空营,大惊,自是惮泽,不敢复出兵。泽出其不意,遣兵过大河袭击,败之。王承制以泽为徽猷阁待制。

时金人逼二帝北行,泽闻,即提军趋滑,走黎阳,至大名,欲径渡河,据金人归路邀还二帝,而勤王之兵卒无一至者。又闻张邦昌僭位,欲先行诛讨。会得大元帅府书,约移师近都,按甲观变。泽复书于王曰:"人臣岂有服赭袍、张红盖、御正殿者乎?自古奸臣皆外为恭顺而中藏祸心,未有窃据宝位、改元肆赦、恶状昭著若邦昌者。今二圣、诸王悉渡河而北,惟大王在济,天意可知。宜亟行天讨,兴复社稷。"且言:"邦昌伪赦,或启奸雄之意,望遣使分谕诸路,以定民心。"

又上书言:"今天下所属望者在于大王,大王行之得其道,则有以慰天下之心。所谓道者,近刚正而远柔邪,纳谏诤而拒谀佞,尚恭俭而抑骄侈,体忧勤而忘逸乐,进公实而退私伪。"因累表劝进。

王即帝位于南京,泽入见,涕泗交颐,陈兴复大计。时与李纲同入对,相见论国事,慷慨流涕,纲奇之。上欲留泽,潜善等沮之。除龙图阁学士、知襄阳府。

时金人有割地之议,泽上疏曰:"天下者,太祖、太宗之天下,陛下当兢兢业业,思传之万世,奈何遽议割河之东、西,又议割陕之蒲、解乎。自金人再至,朝廷未尝命一将、出一师,但闻奸邪之臣,朝进一言以告和,暮入一说以乞盟,终致二圣北迁,宗社蒙耻。臣意陛下赫然震怒,大明黜陟,以再造王室。今即位四十日矣,未闻有大号令,但见刑部指挥云'不得誊播赦文于河之东、西,陕之蒲、解'者,是沮天下忠义之气,而自绝其民也。臣虽驽怯,当躬冒矢石为诸将先,得捐躯报国恩足矣。"上览其言壮之。改知青州,时年六十九矣。

开封尹阙,李纲言绥复旧都,非泽不可。寻徙知开封府。时敌骑留屯河上,金鼓之声,日夕相闻,而京城楼橹尽废,兵民杂居,盗贼纵横,人情惴惴。泽威望素著,既至,首捕诛舍贼者数人。下令曰:"为盗者,赃无轻重,并从军法。"由是盗贼屏息,民赖以安。

王善者,河东巨寇也。拥众七十万、车万乘,欲据京城。泽单骑驰至善营,泣谓之曰:

"朝廷当危难之时,使有如公一二辈,岂复有敌患乎。今日乃汝立功之秋,不可失也。"善感泣曰:"敢不效力。"遂解甲降。时杨进号没角牛,兵三十万,王再兴、李贵、王大郎等各拥众数万,往来京西、淮南、河南北,侵掠为患。泽遣人谕以祸福,悉招降之。上疏请上还京。俄有诏:荆、襄、江、淮悉备巡幸。泽上疏言:"开封物价市肆,渐同平时。将士、农民、商旅、士大夫之怀忠义者,莫不愿陛下亟归京师,以慰人心。其唱为异议者,非为陛下忠谋,不过如张邦昌辈,阴与金人为地尔。"除延康殿学士、京城留守、兼开封尹。

时金遣人以使伪楚为名,至开封府,泽曰:"此名为使,而实觇我也。"拘其人,乞斩之。有诏所拘金使延置别馆,泽曰:"国家承平二百年,不识兵革,以敌国诞谩为可凭信,恬不置疑。不惟不严攻讨之计,其有实欲贾勇思敌所忾之人,士大夫不以为狂,则以为妄,致有前日之祸。张邦昌、耿南仲辈所为,陛下所亲见也。今金人假使伪楚,来觇虚实,臣愚乞斩之,以破其奸。而陛下惑于人言,令迁置别馆,优加待遇,臣愚不敢奉诏,以彰国弱。"上乃亲札谕泽,竟纵遣之。言者附潜善意,皆以泽拘留金使为非。尚书左丞许景衡抗疏力辨,且谓:"泽之为尹,威名政绩,卓然过人,今之缙绅,未见其比。乞厚加任使,以成御敌治民之功。"

真定、怀、卫间,敌兵甚盛,方密修战具为入攻之计,而将相恬不为虑,不修武备,泽以为忧。乃渡河约诸将共议事宜,以图收复,而于京城四壁,各置使以领招集之兵。又据形势立坚壁二十四所于城外,沿河鳞次为连珠砦,连结河东、河北山水砦忠义民兵,于是陕西、京东西诸路人马咸愿听泽节制。有诏如淮甸。泽上表谏,不报。

秉义郎岳飞犯法将刑,泽一见奇之,曰:"此将材也。"会金人攻汜水,泽以五百骑授飞,使立功赎罪。飞大败金人而还,遂升飞为统制,飞由是知名。

泽视师河北还,上疏言:"陛下尚留南都,道路籍籍,咸以为陛下舍宗庙朝廷,使社稷无依,生罗失所仰戴。陛下宜亟回汴京,以慰元元之心。"不报。复抗疏言:"国家结好金人,欲以息民,卒之劫掠侵欺,靡所不至,是守和议果不足以息民也。当时固有阿意顺旨以叨富贵者,亦有不相诡随以获罪戾者。陛下观之,昔富贵者为是乎?获罪戾者为是乎?今之言迁幸者,犹前之言和议为可行者也;今之言不可迁者,犹前日之言和议不可行者也。惟陛下熟思而审用之。且京师二百年积累之基业,陛下奈何轻弃以遗敌国乎。"

诏遣官迎奉六宫往金陵,泽上疏曰:"京师,天下腹心也。两河虽未粹宁,特一手臂之不信尔。今遽欲去之,非惟一臂之弗瘳,且并与腹心而弃之矣。昔景德间,契丹寇澶渊,王钦若江南人,即劝幸金陵,陈尧叟蜀人,即劝幸成都,惟寇准毅然请亲征,卒用成功。臣何敢望寇准,然不敢不以章圣望陛下。"又条上五事,其一言黄潜善、汪伯彦赞南幸之非。泽前后建议,经从三省、枢密院,辄为潜善等所抑,每见泽奏疏,皆笑以为狂。

金将兀术渡河,谋攻汴京,诸将请先断河梁,严兵自固,泽笑曰:"去冬,金骑直来,正坐断河梁耳。"乃命部将刘衍趋滑,刘达趋郑,以分敌势,戒诸将极力保护河梁,以俟大兵之集。金人闻之,夜断河梁遁去。

二年,金人自郑抵白沙,去汴京密迩,都人震恐。僚属入问计,泽方对客围棋,笑曰:"何事张皇,刘衍等在外必能御敌。"乃选精锐数千,使绕出敌后,伏其归路。金人方与衍战,伏兵起,前后夹击之,金人果败。

金将粘罕据西京,与泽相持。泽遣部将李景良、阎中立、郭俊民领兵趋郑,遇敌大战,中立死之,俊民降,景良遁去。泽捕得景良,谓曰:"不胜,罪可恕;私自逃,是无主将也。"斩其首以徇。既而俊民与金将史姓者及燕人何仲祖等持书来招泽,泽数俊民曰:"汝失利死,尚为忠义鬼,今反为金人持书相诱,何面目见我乎。"斩之。谓史曰:"我受此土,有死而已。汝为人将,不能以死敌我,乃欲以儿女子语诱我乎。"亦斩之。谓仲祖胁从,贷之。

刘衍还,金人复入滑,部将张挥请往救,泽选兵五千付之,戒毋轻战以需援。挥至滑迎战,敌骑十倍,诸将请少避其锋,挥曰:"避而偷生,何面目见宗公。"力战死之。泽闻挥急,遣王宣领骑五千救之。挥死二日。宣始至,与金人大战,破走之。泽迎挥丧归,恤其家,以宣权知滑州,金人自是不复犯东京。

山东盗起,执政谓其多以义师为名,请下令止勤王。泽疏曰:"自敌围京城,忠义之士愤懑争奋,广之东西、湖之南北、福建、江、淮,越数千里,争先勤王。当时大臣无远识大略,不能抚而用之,使之饥饿困穷,弱者填沟壑,强者为盗贼。此非勤王者之罪,乃一时措置乖谬所致耳。今河东、西不从敌国而保山砦者,不知其几;诸处节义之夫,自黥其面而争先救驾者,复不知其几。此诏一出,臣恐草泽之士一旦解体,仓卒有急,谁复有愿忠效义之心哉。"

王策者,本辽酋,为金将,往来河上。泽擒之,解其缚坐堂上,为言:"契丹本宋兄弟之国,今女真辱吾主,又灭而国,义当协谋雪耻。"策感泣,愿效死。泽因问敌国虚实,尽得其详,遂决大举之计,召诸将谓曰:"汝等有忠义心,当协谋剿敌,期还二圣,以立大功。"言讫泣下,诸将皆泣听命。金人战不利,悉引兵去。

泽疏谏南幸,言:"臣为陛下保护京城,自去年秋冬至于今春,又三月矣。陛下不早回京城,则天下之民何所依戴。"除资政殿学士。

又遣子颖诣行阙上疏曰:"天下之事,见几而为,待时而动,则事无不成。今收复伊、洛而金酋渡河,捍蔽滑台而敌国屡败,河东、河北山砦义民,引领举踵,日望官兵之至。以几以时而言之,中兴之兆可见,而金人灭亡之期可必,在陛下见机乘时而已。"又言:"昔楚人城郢,史氏鄙之。今闻有旨于仪真教习水战,是规规为偏霸之谋,非可鄙之甚者乎?传闻四方,必谓中原不守,遂为江宁控扼之计耳。"

先是,泽去磁,以州事付兵马钤辖李侃,统制赵世隆杀之。至是,世隆及弟世兴以兵三万来归,众惧其变,泽曰:"世隆本吾一校尔,何能为。"世隆至,责之曰:"河北陷没,吾宋法令与上下之分亦陷没邪?"命斩之。时世兴佩刀侍侧,众兵露刃庭下,泽徐谓世兴曰:"汝兄诛,汝能奋志立功,足以雪耻。"世兴感泣。金人攻滑州,泽遣世兴往救,世兴至,掩其不备,败之。

泽威声日著,北方闻其名,常尊惮之,对南人言,必言宗爷爷。

泽疏言:"丁进数十万众愿守护京城,李成愿扈从还阙,即渡河剿敌,杨进等兵百万,亦愿渡河,同致死力。臣闻'多助之至,天下顺之'。陛下及此时还京,则众心翕然,何敌国之足忧乎?"又奏言:"圣人爱其亲以及人之亲,所以教人孝;敬其兄以及人之兄,所以教人弟。陛下当与忠臣义士合谋肆讨,迎复二圣。今上皇所御龙德宫俨然如旧,惟渊圣皇帝未有宫室,望改修宝箓宫以为迎奉之所,使天下知孝于父、弟于兄,是以身教也。"上乃降诏择日还京。

泽前后请上还京二十余奏,每为潜善等所抑,忧愤成疾,疽发于背。诸将入问疾,泽矍然曰："吾以二帝蒙尘,积愤至此。汝等能歼敌,则我死无恨。"众皆流涕曰:"敢不尽力!"诸将出,泽叹曰:"'出师未捷身先死,长使英雄泪满襟'。"翌日,风雨昼晦。泽无一语及家事,但连呼"过河"者三而薨。都人号恸。遗表犹赞上还京。赠观文殿学士、通议大夫,谥忠简。

泽质直好义,亲故贫者多依以为活,而自奉甚薄。常曰:"君父侧身尝胆,臣子乃安居美食邪!"始,泽招集群盗,聚兵储粮,结诸路义兵,连燕、赵豪杰,自谓渡河克复可指日冀。有志弗就,识者恨之。

子颖,居戎幕,素得士心。泽薨数日,将士去者十五,都人请以颖继父任。会朝廷已命杜充留守,乃以颖为判官。充反泽所为,颇失人心,颖屡争之,不从,乃请持服归。自是豪杰不为用,群聚城下者复去为盗,而中原不守矣。颖官终兵部郎中。

【译文】

宗泽字汝霖,婺州义乌人。母亲刘氏,曾梦见天上雷电大作,光芒照亮了自己全身。第二天宗泽降生。宗泽从小为人豪爽,胸有大志,元祐六年考中进士。在朝廷上当众对答时极力陈说当时的弊端,主考官讨厌他的直率与大胆,把他放在最后一等录取,调任大名的馆陶县尉。吕惠卿担任鄜延主帅,紧急通知宗泽与县令巡视黄河堤坝。檄书到时,正值宗泽的大儿子死了,奉令立即行动。吕惠卿听说了此事,说:"他可以说是为了国家而忘记自己小家的人。"赶上朝廷大力开通御河,当时正是隆冬季节,干活的民工纷纷冻僵了倒在道路上,朝廷派来的使者监督十分严厉。宗泽说疏通河道是一件小事,就上书给他的主帅说:"眼下正是严寒天气,白白地使老百姓受苦却不容易奏效,稍微等待一下,到一开春时可以不扰民也能办得到。"主帅终于把他的话报告给皇帝,听从了他的主张。吕惠卿想把他征召为自己的属下,宗泽推辞了。

调任衢州龙游县令。当地百姓不知道学习之事,宗泽为他们建立了学校,请来了教授儒学的教师,讲解讨论经学,当地风俗为之一变。从此以后考中科举的人相继不断。

调任晋州赵县县令。到任伊始,请求朝廷把该县升格为军,朝廷看到他的信,没有听从他的请求。宗泽说:"和平时期固然没有什么可担心的,等他日一旦有警,就该知道我说的话了。"

出任莱州掖县县令。朝廷的使者奉旨前来购买牛黄,宗泽答复说:"当瘟疫流行时,牛饮服有毒的食料后才能结成牛黄,现在平和之气横空运行,牛怎么能生出牛黄?"使者大怒,想弹劾该县所有官员。宗泽说:"这是我一个人的意见。"随即单独署上他的官衔上书报告了朝廷。

担任登州通判。境内有官田数百顷,都是些不毛之地,一年却要缴纳一万多串钱,大都是从百姓中横征暴敛来的,宗泽上奏免除了这项赋税。朝廷派遣使者取道登州联系女真人,在海上结盟,计划夹攻契丹,宗泽对他亲近的人说:"天下从此要多事了。"退居到东阳,在山谷之间搭盖草屋而居。

靖康元年,中丞陈过庭等人累次推荐,宗泽代理宗正少卿,担任和议使。宗泽说:"这次远行就不能活着回来啦。"有人问他为什么,宗泽答道:"敌人要是能够追悔过错撤回军队当然最好不过,否则,怎么能在敌人朝廷上卑躬屈膝而使皇帝的使命蒙受污辱呢?"议论的人都说宗泽刚直方正，宁死不屈，担心和议之事受到损害。皇帝没有派他出使，任命他出知磁州。

当时太原失守，被任命在两河地区做官的人全都借故不去就任。宗泽说："吃着国家俸禄却躲避国家危难，不可以这样。"当天就一个人骑着马上路了，随行的只有十几个瘦弱不堪的士兵。磁州经历了敌军铁蹄的蹂躏之后，人民四处逃散，府库空虚。宗泽到任后，修缮城墙，挖掘护城河，整治器械，招募义勇军，开始做了坚持固守决不退移的准备。向皇帝报告说："邢、洛、磁、赵、相五州各自积蓄了精兵二万人，敌人进攻一郡则其他四郡全来接应，因此每一郡的兵力能经常保持有十万人。"皇帝表扬了他，任命他为河北义兵都总管。金人攻占真定，挥师南下攻取了庆源，从李固渡渡过黄河，担心宗泽的部队跟踪在他们后面，就派遣数千名骑兵直接攻打磁州城。宗泽身披铠甲，登上城楼，命令壮士用神臂弓射跑了敌军，然后打开城门纵兵追击，斩首数百级。缴获的羊、马、金帛，全赏给了士兵们。

康王赵构再次出使金国，走到磁州，宗泽迎接拜见时进言："肃王一去就再也没有回来，现在敌人又用花言巧语骗您前往，希望您不要走了。"康王于是返回相州。

皇帝诏令宗泽担任副元帅，跟随康王发兵回师增援。宗泽说应当火速分兵去李固渡，截断敌人的归路，大家没有听从他的计策。于是自己率领部队直奔李固渡，在路上与金兵遭遇，宗泽派秦光弼、张德从两边夹击，大破金兵。金兵既然失败，就留下部队分别屯守。宗泽派遣勇士夜袭敌军，攻克三十余个军寨。

当时康王开设大元帅府，传令各路兵马汇集大名。宗泽踏着冰面渡过黄河参见康王，说京城被围日久，回师增援不能再缓慢行事。正赶上签书枢密院事曹辅携带着用蜡密封的钦宗手诏，从京师赶到，说和议可以成功。宗泽说："金人狡猾诡诈，这是想迟缓我军的行动罢了。君父盼望回援，并不亚于饥饿和干渴，应当赶快率军直趋澶渊，其他部队也分头赶赴去解救京城之围，万一敌人另有他谋，那么我军已经是兵临城下。"汪伯彦等人反驳了他的主张，劝告康王派遣宗泽先行。从这以后，宗泽无法参预康王府中的任何决策。

二年正月，宗泽进军至开德，十三次战斗连战连捷，写信力劝康王号令各道兵马会聚京城。又传递书信给北道总管赵野、河东北路宣抚范讷、知兴仁府曾楙会师赴援。三个人都以为宗泽发疯了，没有回答他。宗泽率领孤军前进，都统陈淬说敌人气势正盛，不可轻举妄动。宗泽大怒，想杀了他，部下众将乞求饶恕他，使他能将功赎罪。宗泽下令陈淬进军，与金兵遭遇，打败了他们。金人进攻开德，宗泽派孔彦威迎战，又打败了他们。宗泽估计到金兵一定会进犯濮州，事先派了三千名骑兵前往支援，金兵果然来到，击败了他们。金兵再度开向开德，权邦彦、孔彦威联合夹击，又一次大败金兵。

宗泽率军进至卫南，考虑到手下兵孤将寡，不深入敌后就不会成功。前锋报告说前面有敌人的军营，宗泽当即指挥部队抵前开战，打败了敌人。转战到东面，敌人增加的生力军赶到，王孝忠战死，前后左右都是敌人的营垒。宗泽下令说："今天无论是进还是退都是一死，不能不从死中求生。"士兵们知道必死无疑，无不以一当百，斩首数千级，金兵大败，后退了几十里地。宗泽盘算敌人兵力是我军的十倍，刚才打了一仗就撤退，肯定还会再来，假如把他们的铁骑全部用来夜袭我军，那就十分危险了。于是天刚黑就转移了部队。金兵夜里赶到，仅仅得到了座空营，大惊失色，从此畏惧宗泽，不敢再度出兵。宗泽出其不意，派部队渡过大河袭击，又一次击败了敌军。康王秉承皇帝旨意任命宗泽为徽猷阁待制。

这时金人逼迫二帝北上，宗泽得知此讯，立即率领部队直奔滑县，路过黎阳，赶到大名，想径直渡过黄河，占据金人的归路截回二帝，但各路勤王之兵始终没有一个赶来的。同时听说张邦昌僭位，准备先去诛讨，正好收到大元帅府的文书，约定移师靠近京城，然后按兵不动，静待事态的变化。宗泽回信给康王说："身为人臣哪里能够穿着赭色袍、打着红盖、登临正殿的？自古以来的奸臣都是外表恭顺而内藏祸心，还没有窃据皇帝宝位、改换年号、宽赦罪犯、劣迹昭著像张邦昌这样的人。现在二圣、诸王全都渡河北上了，只有康王您留在济州，上天的意思明显可知。应当紧急实行征讨，复兴大宋的江山社稷。"并且说："张邦昌伪造赦令，此举很可能开启了各地奸雄的险恶用心，希望您派使者分别谕告各路，以安定民心。"

又上书说："现在天下众望所归者是大王，大王的行为如能遵循一定的法则，那么就能安慰天下人的心。所谓法则就是能够接近阳刚正气而疏远阴柔邪气；采纳谏诤之言而坚拒谀佞之语；崇尚恭俭之风而抑制骄侈之习；身心处在忧勤之中而忘记安逸享乐；进用公正、实在之人而回避自私、虚伪之徒。"于是几次上表劝康王即皇帝位。

康王在南京继承了皇帝之位，宗泽进见，泪流满面地陈述复兴天下的军国大计。当时他与李纲一同进来对答，两人相见议论国事，慷慨陈词，声泪俱下，李纲十分惊奇。皇帝想留下宗泽，黄潜善等人极力阻挠，任命他为龙图阁学士，出知襄阳府。

当时金人提出了割地之议，宗泽上书说："天下是太祖太宗的天下，陛下应当兢兢业业，思考如何将其传至万代，怎么能匆忙地商议割让黄河的东、西，又商议割让陕西的蒲、解呢？自从金人再次入侵，朝廷没有任命一员大将，发出一支部队，只听到奸臣们早晨进一言同金人告和，晚上来一说向金人乞盟，终于导致二圣被迫北上，大宋宗庙蒙受耻辱。我的意思是陛下应该赫然震怒，严明升降官吏的标准来重新建造王室。现在您即位四十天了，没听说有重大的号令，只是看见刑部指挥说：'不得传播张邦昌的伪赦于黄河之东、西，陕西的蒲、解'。这是在削弱天下忠义之人的志气，从而使自己的人民感到绝望啊！我虽然蠢笨胆怯，甘愿身冒箭林石雨为各路将领打头阵，能够以身报国就足够了。"皇帝阅读了他的奏疏，认为十分悲壮。让他改知青州，这年他已六十九岁了。

开封府尹的职位空缺，李纲说安抚恢复旧都，非宗泽不能担任这个要职。不久调知开封府。当时敌军骑兵留驻在黄河对岸，金鼓之声早晚都能听见。然而京城中原来的瞭望台全已毁坏，士兵和百姓混杂居住，盗贼横行竞阻，人心恐慌不安。宗泽的威望历来很高，到任后首先逮捕诛杀了几个窝藏盗贼的人，下令说："从事偷盗的人，赃物不分轻重，一律按军法处置。"从此盗贼销声匿迹，人民得以安居。

王善，是河东地区的大强盗，拥有部众七十万，车一万辆，准备占据京城。宗泽独自一人骑马赶到王善的营地，哭着对他说："朝廷正当危难之时，假若有像您这样的人一两个，难道还会有敌患吗？今天是你立功的时候，不能失去这个机会啊。"王善也感动得流着泪说："哪里敢不为国家效力。"于是解甲归降。当时，杨进号称没角牛，兵力三十万，王再兴、李贵、王大郎等人各自拥众数万，出没于京西、淮南、河南北一带，到处抢掠，深为朝廷所患。宗泽派人把祸福的道理告诉了他们，全部招降了这些人。上书请皇帝返回京师。不久有一道诏令：荆、襄、江、淮等地全要准备皇帝亲临巡视。宗泽上书说："开封的物价和集市逐渐与往日一样，将士、农民、商人、士大夫中心怀忠义的人，无不希望陛下赶快返回京师，以安慰人心。那些倡导不同意见的人，并不是忠心地替陛下进行谋划，不过是像张邦昌之流勾结金人出卖土地罢了。"担任延康殿学士、京城留守、兼开封尹。

当时，金国派人以出使伪楚为借口，来到开封府。宗泽说："此人名义上是使者，实际上是来侦察我朝虚实的。"扣押了这个人，恳请皇帝批准杀了他。皇帝诏令将所扣押的金使接待住进客馆，宗泽说："国家处于太平盛世已二百年，不熟悉战争之事，把敌国荒诞不经的欺诈行为认为是可以相信的，满不在乎地毫不怀疑，不但不紧急制定攻讨敌人的计划，而且那些真正想为国出力以及想起敌人就愤恨不已的人，士大夫们不是认为他们神经错乱，就是认为他们痴心妄想，以至于发生以前的灾祸。张邦昌、耿南仲等人的所作所为是陛下所亲眼见到的，现在金人假装出使伪楚来探察我朝的虚实，我愚昧地请求您批准杀了他以粉碎敌人的奸计。但是陛下被别人的话所迷惑，下令将金使移住客馆，给他上等的待遇，我虽然愚昧，但不敢奉行诏令以显示我国的懦弱。"皇帝于是亲笔写信通知宗泽，终于把金使放走了。议论这事的人附和黄潜善的意思，都认为宗泽扣留金使不对。尚书左丞许景衡直言上书极力为宗泽辩解，说："宗泽担任开封尹，声威、名望和政绩均优异卓著，超过了任何人，当今的官员，没有谁能和他相提并论，恳求皇帝进一步相信和使用他，以促成他抵御外敌、治理百姓的功业。"

真定、怀、卫一带，敌人兵力十分强大，正在秘密修建战斗器材做进攻的打算，然而宋朝的将相们却毫不担忧，不加强戒备。宗泽忧心忡忡，就渡过黄河约集诸将共同商量御敌事宜，筹划收复失地。并且在京城四围分别设置特使率领招集来的士兵，又依据地形在城外建立了坚固的军垒二十四所，沿黄河按顺序排列成连珠寨，联系河东、河北山水大寨的忠义民军。于是陕西、京东、京西的诸路兵马都愿意听从宗泽的指挥。皇帝下诏前往淮甸，宗泽上表进谏，没有答复。

秉义郎岳飞触犯了法令将要被处罚，宗泽一见岳飞就惊奇地说："这是难得的将才啊！"正好金兵攻打汜水，宗泽把五百名骑兵交给岳飞，让他立功赎罪。岳飞大破金兵，凯旋而归，于是提升岳飞为统制，岳飞从此被世人所知。

宗泽从河北视察部队回来，上疏说："陛下还滞留在南都，道路上的人纷纷议论，都认为陛下舍弃了宗庙和朝廷，使国家失去了依恃，人民没有了信仰。陛下应当赶快返回汴京，以安慰天下百姓之心。"没有答复。再次上书直言："国家同金人结好，想以此让人民休养生息，到头来金人仍然抢劫掠夺，侵略欺侮，无所不至，这就是说遵守和议的确无法让百姓休养生息啊。当初本来有阿谀奉承、顺从旨意来捞取富贵的人。也有不像这些人那样放肆诡诈而获得罪过的人，陛下看看，是往日得到了富贵的人做得对呢？还是获罪的这些人做得对呢？今天建议迁都到别处的人，正如以前说和议可行的人，今天说不能迁都的人，正像以前那些说和议不可行的人，希望陛下深思熟虑，慎重行事。况且京师有二百年积累下来的基业，陛下怎么能轻易地放弃，把它送给敌国呢？"

皇帝下诏派遣官员迎奉六宫去金陵。宗泽上书说："京师，是天下的心脏。两河一带虽然没有安定，只不过是一只手臂不能伸展罢了，现在匆忙地要离去，不但是一只手臂不能痊愈,而且是要连同腹心一起放弃了呀。昔日景德年间,契丹进犯澶渊,王钦若是江南人,就劝说皇帝迁往金陵,陈尧叟是四川人,就劝说皇帝前去成都,只有寇准毅然决然地请皇帝亲自出征,终于取得成功。我怎么敢同寇准相比,但是却不敢不以章圣皇帝来期望陛下。"又分条上奏五件事,其中二条说黄潜善、汪伯彦赞同南迁的过错。宗泽前后所上的奏章,都经过三省、枢密院,总是被黄潜善等人扣压,每当看到宗泽的奏章,都讥笑他疯疯癫癫。

金国将领兀尤渡过黄河,准备进攻汴京,众将请宗泽首先拆断河桥,严阵以待。宗泽笑着说:"去年冬天,金人的骑兵长驱直入,正是因为拆断了河桥。"于是命令部将刘衍直趋滑县,刘达直奔郑州,以分散敌人的兵力,告诫众将倾全力保护河桥,等待大军集结。金兵得知这个消息,夜里自行拆断了桥逃去。

二年,金兵从郑州抵达白沙,靠近汴京,京城百姓极为震惊恐慌。手下僚属进来询问退敌之计,宗泽正与客人下围棋,笑着说:"什么事这么慌张?刘衍等人在外面一定能挡住敌军"。于是挑选了精锐士兵数千名,命令他们迂回到敌军后面,埋伏于他们的退路上。金兵正与刘衍作战,伏兵冲出,前后夹击敌人,金兵果然失败。

金国将领粘罕占据西京,与宗泽相对抗。宗泽派部将李景良、阎中立、郭俊民率领部队奔赴郑州,与敌相遇展开大战,阎中立阵亡,郭俊民投降,李景良逃走。宗泽追捕到了李景良,对他说:"打不赢仗,罪过可以饶恕;而私自逃脱,这就使部队没有了主将。"砍下他的头示众。不久,郭俊民与一个姓史的金将及燕州人何仲祖等人拿着信来劝降,宗泽痛斥郭俊民道:"你失利战死,还可以成为忠义之鬼,现在你反倒替金人拿着信来劝诱,还有脸来见我吗?"杀了他。对姓史的金将说:"我奉命守卫这块土地,只有死了才会中止我的使命,你身为他人的将领,不能用死亡战胜我,就想用小孩子的话来诱惑我吗?"也杀了他。说何仲祖是被胁从而来,饶恕了他。

刘衍率军回师,金人再次进入滑州,部将张㧑请求前往解救,宗泽挑选了五千名士兵交给他。叮嘱他不要轻易出战并等待增援。张㧑到了滑州迎击敌人,敌人的骑兵十倍于宋军,诸将劝张㧑稍稍避开敌军的锋芒,张㧑说:"躲避敌人,苟且偷生,有何脸面去见宗公!"力战身亡。宗泽得知张㧑危急,派遣王宣率领五千骑兵去救援他,张㧑死了两天之后,王宣才赶到,与金兵大战,敌败走。宗泽迎接张㧑的遗体回来,抚恤他的家属,任命王宣权知滑州,金人从此不再进犯东京。

山东盗贼群起,当朝执政的人说他们多数打着义师的旗号,请皇帝下令停止各地出兵救援王室。宗泽上书说:"自从敌军围困京师,忠义之士义愤填膺,奋不顾身,广之东、西,湖之南、北,福建、江、淮,横越数千里地,争先出师救援君王,当时的大臣们没有长远的见识和高明的策略,不能安抚并任用他们,使他们饥寒交迫、困顿贫乏,体弱的人死于沟壑,健壮的成为盗贼,这不是勤王者的罪过,而是一时的措施荒谬不当所引起的。现在河东、河西不屈从敌国而保卫山寨的人,不知有多少;许多以节义自勉、在脸上刺字争先恐后前来救驾的人,又不知有多少。这个诏令一宣布,我担心各地的草莽英雄一旦解散,仓促之中遇有危难,谁还会怀有倾慕忠诚、效仿正义之心呢?"

有一个叫王策的人,本来是辽国的头领,此时担任金将,出没于黄河岸边。宗泽俘获了他,亲自给他松绑并让座于堂上,对他说:"契丹本来是大宋的兄弟国家,现在女真人羞辱我国皇帝,又灭亡了你们国家,我们理应共同图谋报仇雪恨。"王策感动地哭泣,愿意尽死效力。宗泽趁机询问敌国的虚实,全部得知了详细情况。于是确定了大举进攻的计划。召集诸将说:"你们要是有忠义之心,应当同心协力,剿除敌寇,希望你们接回二帝以建大功。"言罢泣不成声,诸将也都哭泣着领取了军令。金人战斗失利,全都撤走了部队。

宗泽上书劝阻皇帝到南方去,说:"我为陛下保护京城,从去年秋冬一直到今年春天,又是三个月啦。陛下如果不早日返回京师,那么天下的人民怎么来亲附和尊崇陛下呢?"担任资政殿学士。

又派儿子宗颖到皇帝的行宫上奏说:"有关天下的大事,只有事先看准苗头去做,等待时机行动,无论做什么事没有不成功的。现在收复了伊、洛而金兵首领渡河后撤;捍守滑台而敌国屡屡失败,河东、河北山寨里的义民,正伸长脖子,踮起脚跟日夜盼望朝廷军队的到来。要说苗头与时机的话,朝廷中兴的先兆已经显现,而金人灭亡的日子为期不远,全在于陛下如何看准苗头,乘机行事而已"。又进言道:"历史上的楚国人在郢建立都城,遭到史家的鄙视,现在听说皇帝有旨在仪真演习水战,这是相当浅陋的偏安计划,难道不是最应该被鄙视的吗? 传闻于四方,人们一定会认为朝廷放弃了中原,而是仅仅做控制扼守江宁的打算罢了。"

在此之前,宗泽离开磁州,把州里的事务托付给兵马钤辖李侃,统制官赵世隆杀了李侃。宗泽赶回磁州,赵世隆和他弟弟赵世兴率领军兵三万前来归附,大家担心发生不测之事,宗泽说:"世隆本是我的一个军校罢了,他能干什么?"赵世隆来拜见,宗泽责备他说:"河北陷没,我大宋朝的法令与上下级的名分也陷没了吗?"下令杀了他。当时,赵世兴佩戴着钢刀侍立于旁,手下的众多军兵在堂下也亮出兵刃。宗泽缓缓地对赵世兴说:"你哥哥虽然被杀,但是你能振奋志气,为国家立功,便足以洗刷去你哥哥的耻辱。"赵世兴感动得哭了。金人攻打磁州,宗泽派赵世兴前往援救,赵世兴赶到,乘敌不意,一举击败了敌军。

宗泽的威望名声越来越显赫,金人久闻他的大名,常常又敬又怕,对宋朝人提起他,一定称其为"宗爷爷"。

宗泽上书说:"丁进的数十万人马愿意守卫京城,李成愿意随从皇帝还都,马上渡过黄河去剿灭敌人,杨进等人的人马有一百万,也愿意渡过黄河,为国尽效死力。我听说:'众多的辅佐力量会聚到一处,天下无不顺服。'陛下趁此良机返回京城,那么人心才能安定,还有什么敌国可以担忧的呢? 陛下应当同忠臣义士们共同谋划全力征讨,迎接二帝回来。现在太上皇帝所居住的龙德宫依然如故,只有渊圣皇帝没有宫室,希望改建宝箓宫作为迎接的场所,使天下人知道对父亲孝敬,对兄长顺从,这是以身作则啊!"皇帝于是下诏选择日期返回京城。

宗泽前后为请求皇帝返都共上了二十余道奏章,往往被黄潜善等人扣压。忧愤成疾,背上毒疮发作。手下诸将进来探视病情,宗泽慷慨激昂地说道:"我因为二帝蒙难流亡,郁积忧愤成这个样子,你们能够歼灭敌人,那么我就是死了也没有遗憾!"大家都痛哭流涕地说:"不敢不尽力!"众将退出后,宗泽叹息道:"'出师未捷身先死,长使英雄泪满襟。'"第二天,风雨交加,天昏地暗,宗泽没有一句话说及自己的家事,只是连声高呼"过河"三次而逝世。京城人民号啕大哭,悲痛欲绝。宗泽留下的奏章还称赞皇帝返回京师。

朝廷追赠他为观文殿学士、通议大夫,谥号为忠简。

宗泽为人纯朴正直,仗义好施,亲戚故人中贫穷的人大多依仗他的帮助才得以生活下去,但是自己的生活却非常简朴。常说:"君王正在卧薪尝胆,身为人臣难道能住好房子,吃美味东西吗?"起初,宗泽招集各路强盗队伍,聚集兵力,广储粮食,结交各地义兵,联系燕赵豪杰,自己说:"渡过黄河克复失地,可以指日可待"。壮志未酬,有见识的人对此十分遗憾。

儿子宗颖,在军中当幕僚,平日深得人心。宗泽死后数日,军中将士离去的有一半。京城人请求皇帝任命宗颖继任他父亲的职务,正好朝廷已任命杜充为留守,于是让宗颖担任判官。杜充的所作所为与宗泽背道而驰,大失民心。宗颖屡次同他争辩,杜充不听从,于是就请假回家为父守丧。从此,豪杰之士不为朝廷所信用,群集于京城外的兵马再次离去当强盗,中原没有人来守卫了。宗颖官至兵部郎中。

岳飞传

【题解】

岳飞(1103~1142),南宋杰出的将领。字鹏举,相州汤阴(今属河南)人。少时务农、习武,喜读兵书。宣和四年(1122)从军抗辽。靖康元年(1126)应募抗金,任秉义郎。高宗即位,他上书反对南迁,被革职。后随宗泽保卫汴京,屡立战功,升任统制。建炎三年(1129),金军大举南进,岳飞时任江淮宣抚使司右军统制,率部转战于广德、宜兴,屡败金兵。次年,收复建康,升任通泰镇抚使。绍兴四年,大败刘豫军,收复襄阳等六郡,任清远军节度使。次年,奉命镇压杨么起义军。后屡次上书建议大举北进,收复中原。联络太行义军,共同抗金。绍兴十年,金将兀尤进兵河南,岳飞在郾城大破金军主力,进兵朱仙镇,收复郑州、洛阳等地。次年,被高宗、秦桧召回临安,解除兵权,改授枢密副使。十二月,以"莫须有"罪被害。

岳飞塑像

【原文】

岳飞字鹏举,相州汤阴人。世力农。父和,能节食以济饥者。有耕侵其地,割而与之;贷其财者不责偿。飞生时,有大禽若鹄,飞鸣室上,因以为名。未弥月,河决内黄,水暴至,母姚抱飞坐瓮中,冲涛及岸得免,人异之。

少负气节,沈厚寡言,家贫力学,尤好《左氏春秋》、孙吴兵法。生有神力,未冠,挽弓三百斤,弩八石。学射于周同,尽其术,能左右射。同死,朔望设祭于其冢。父义之,曰:"汝为时用,其徇国死义乎。"

宣和四年,真定宣抚刘韐募敢战士,飞应募。相有剧贼陶俊、贾进和,飞请百骑灭之。遣卒伪为商入贼境,贼掠以充部伍。飞遣百人伏山下,自领数十骑逼贼垒。贼出战,飞阳北,贼来追之,伏兵起,先所遣卒擒俊及进和以归。

康王至相,飞因刘浩见,命招贼吉倩,倩以众三百八十人降。补承信郎。以铁骑三百往李固渡尝敌,败之。从浩解东京围,与敌相持于滑南,领百骑习兵河上。敌猝至,飞麾其徒曰:"敌虽众,未知吾虚实,当及其未定击之。"乃独驰迎敌。有枭将舞刀而前,飞斩之,敌大败。迁秉义郎,隶留守宗泽。战开德、曹州皆有功,泽大奇之,曰:"尔勇智才艺,古良将不能过,然好野战,非万全计。"因授以阵图。飞曰:"阵而后战,兵法之常,运用之妙,存乎一心。"泽是其言。

康王即位,飞上书数千言,大略谓:"陛下已登大宝,社稷有主,已足伐敌之谋,而勤王之师日集,彼方谓吾素弱,宜乘其怠击之。黄潜善、汪伯彦辈不能承圣意恢复,奉车驾日益南,恐不足系中原之望。臣愿陛下乘敌穴未固,亲率六军北渡,则将士作气,中原可复。"书闻,以越职夺官归。

诣河北招讨使张所,所待以国士,借补修武郎,充中军统领。所问曰:"汝能敌几何?"飞曰:"勇不足恃,用兵在先定谋,栾枝曳柴以败荆,莫敖采樵以致绞,皆谋定也。"所矍然曰:"君殆非行伍中人。"飞因说之曰:"国家都汴,恃河北以为固。苟冯据要冲,峙列重镇,一城受围,则诸城或挠或救,金人不能窥河南,而京师根本之地固矣。招抚诚能提兵压境,飞唯命是从。"所大喜,借补武经郎。

命从王彦渡河,至新乡,金兵盛,彦不敢进。飞独引所部鏖战,夺其纛而舞,诸军争奋,遂拔新乡。翌日,战侯兆川,身被十余创,士皆死战,又败之。夜屯石门山下,或传金兵复至,一军皆惊,飞坚卧不动,金兵卒不来。食尽,走彦壁乞粮,彦不许。飞引兵益北,战于太行山,擒金将拓跋耶乌。居数日,复遇敌,飞单骑持丈八铁枪,刺杀黑风大王,敌众败走。飞自知与彦有隙,复归宗泽,为留守司统制。泽卒,杜充代之,飞居故职。

二年,战胙城,又战黑龙潭,皆大捷。从间勍保护陵寝,大战汜水关,射殪金将,大破其众。驻军竹芦渡,与敌相持,选精锐三百伏前山下,令各以薪刍交缚两束,夜半,爇四端而举之。金人疑援兵至,惊溃。

三年,贼王善、曹成、孔彦舟等合众五十万,薄南薰门。飞所部仅八百,众惧不敌,飞曰:"吾为诸君破之。"左挟弓,右运矛,横冲其阵,贼乱,大败之。又擒贼杜叔五、孙海于东明。借补英州刺史。王善围陈州,飞战于清河,擒其将孙胜、孙清,授真刺史。

杜充将还建康,飞曰:"中原地尺寸不可弃,今一举足,此地非我有,他日欲复取之,非数十万众不可。"充不听,遂与俱归。师次铁路步,遇贼张用,至六合遇李成,与战,皆败之。成遣轻骑劫宪臣犒军银帛,飞进兵掩击之,成奔江西。时命充守建康,金人与成合寇乌江,充闭门不出。飞泣谏请视师,充竟不出。金人遂由马家渡渡江,充遣飞等迎战,王瓒先遁,诸将皆溃,独飞力战。

会充已降金,诸将多行剽掠,惟飞军秋毫无所犯。兀术趋杭州,飞要击至广德境中,六战皆捷,擒其将王权,俘签军首领四十余。察其可用者,结以恩遣还,令夜斫营纵火,飞乘乱纵击,大败之。驻军钟村,军无见粮,将士忍饥,不敢扰民。金所籍兵相谓曰:"此岳爷爷军。"争来降附。

四年,兀术攻常州,宜兴令迎飞移屯焉。盗郭吉闻飞来,遁入湖,飞遣王贵、傅庆追破之,又遣辩士马皋、林聚尽降其众。有张威武者不从,飞单骑入其营,斩之。避地者赖以免,图飞像祠之。

金人再攻常州,飞四战皆捷;尾袭于镇江东,又捷;战于清水亭,又大捷,横尸十五里。兀术趋建康,飞设伏牛头山待之。夜,令百人黑衣混金营中扰之,金兵惊,自相攻击。兀术次龙湾,飞以骑三百、步兵二千驰至新城,大破之。兀术奔淮西,遂复建康。飞奏:"建康为要害之地,宜选兵固守,仍益兵守淮,拱护腹心。"帝嘉纳。兀术归,飞邀击于静安,败之。

诏讨戚方,飞以三千人营于苦岭。方遁,俄益兵来,飞自领兵千人,战数十合,皆捷。会张俊兵至,方遂降。范宗尹言张俊自浙西来,盛称飞可用,迁通、泰镇抚使兼知泰州。飞辞,乞淮南东路一重难任使,收复本路州郡,乘机渐进,使山东、河北、河东、京畿等路次第而复。

会金攻楚急,诏张俊援之。俊辞,乃遣飞行,而命刘光世出兵援飞。飞屯三墩为楚援,寻抵承州,三战三捷,杀高太保,俘酋长七十余人。光世等皆不敢前,飞师孤力寡,楚遂陷。诏飞还守通、泰,有旨可守即守,如不可,但于沙洲保护百姓,伺便掩击。飞以泰无险可恃,退保柴墟,战于南霸桥,金大败。渡百姓于沙上,飞以精骑二百殿,金兵不敢近,飞以泰州失守待罪。

绍兴元年,张俊请飞同讨李成。时成将马进犯洪州,连营西山。飞曰:"贼贪而不虑后,若以骑兵自上流绝生米渡,出其不意,破之必矣。"飞请自为先锋,俊大喜。飞重铠跃马,潜出贼右,突其阵,所部从之。进大败,走筠州。飞抵城东,贼出城,布阵十五里,飞设伏,以红罗为帜,上刺"岳"字,选骑二百随帜而前。贼易其少,薄之,伏发,贼败走。飞使人呼曰:"不从贼者坐,吾不汝杀。"坐而降者八万余人。进以余卒奔成于南康。飞夜引兵至朱家山,又斩其将赵万。成闻进败,自引兵十余万来,飞与遇于楼子庄,大破成军,追斩进。成走蕲州,降伪齐。

张用寇江西,用亦相人,飞以书谕之曰:"吾与汝同里,南薰门、铁路步之战,皆汝所悉。今吾在此,欲战则出,不战则降。"用得书曰:"果吾父也。"遂降。

江、淮平,俊奏飞功第一,加神武右军副统制,留洪州,弹压盗贼,授亲卫大夫、建州观察使。建寇范汝为陷邵武,江西安抚李回檄飞分兵保建昌军及抚州,飞遣人以"岳"字帜植城门,贼望见,相戒勿犯。贼党姚达、饶青逼建昌,飞遣王万、徐庆讨擒之。升神武副军都统制。

二年,贼曹成拥众十余万,由江西历湖湘,据道、贺二州。命飞权知潭州,兼权荆湖东路安抚都总管,付金字牌,黄旗招成。成闻飞将至,惊曰:"岳家军来矣。"即分道而遁。飞至茶陵,奉诏招之,成不从。飞奏:"比年多命招安,故盗力强则肆暴,力屈则就招,苟不略加剿除,蜂起之众未可遽殄。"许之。

飞入贺州境,得成谍者,缚之帐下。飞出帐调兵食,吏曰:"粮尽矣,奈何?"飞阳曰:"姑反茶陵。"已而顾谍若失意状,顿足而入,阴令逸之。谍归告成,成大喜,期翌日来追。

飞命士蓐食，潜趋遶岭，未明，已至太平场，破其砦。成据险拒飞，飞麾兵掩击，贼大溃。成走据北藏岭、上梧关，遣将迎战，飞不阵而鼓，士争奋，夺二隘据之。成又自桂岭置砦至北藏岭，连控隘道，亲以众十余万守蓬头岭。飞部才八千，一鼓登岭，破其众，成奔连州。飞谓张宪等曰："成党散去，追而杀之，则胁从者可悯，纵之则复聚为盗。今遣若等诛其酋而抚其众，慎勿妄杀，累主上保民之仁。"于是宪自贺、连，徐庆自邵、道，王贵自郴、桂，招降者二万，与飞会连州。进兵追成，成走宣抚司降。时以盛夏行师瘴地，抚循有方，士无一人死疬者；岭表平。授武安军承宣使，屯江州。甫入境，安抚李回檄飞捕剧贼马友、郝通、刘忠、李通、李宗亮、张式，皆平之。

三年春，召赴行在。江西宣谕刘大中奏："飞兵有纪律，人恃以安，今赴行在，恐盗复起。"不果行。时虔、吉盗连兵寇掠循、梅、广、惠、英、韶、南雄、南安、建昌、汀、邵武诸郡，帝乃专命飞平之。飞至虔州，固石洞贼彭友悉众至雩都迎战，跃马驰突，飞麾兵即马上擒之，余酋退保固石洞。洞高峻环水，止一径可入。飞列骑山下，令皆持满，黎明，遣死士疾驰登山，贼众乱，弃山而下，骑兵围之。贼呼丐命，飞令勿杀，受其降。授徐庆等方略，捕诸郡余贼，皆破降之。初，以隆桔震惊之故，密旨令飞屠虔城。飞请诛首恶而赦胁从，不许；请至三四，帝乃曲赦。人感其德，绘像祠之。余寇高聚、张成犯袁州，飞遣王贵平之。

秋，入见，帝手书"精忠岳飞"字，制旗以赐之。授镇南军承宣使、江南西路沿江制置使，又改神武后军都统制，仍制置使，李山、吴全、吴锡、李横、牛皋皆隶焉。

伪齐遣李成挟金人入侵，破襄阳、唐、邓、随、郢诸州及信阳军，湖寇杨么亦与伪齐通，欲顺流而下，李成又欲自江西陆行，趋两浙与么会。帝命飞为之备。

四年，除兼荆南、鄂岳州制置使。飞奏："襄阳等六郡为恢复中原基本，今当先取六郡，以除心膂之病。李成远遁，然后加兵湖湘，以殄群盗。"帝以谕赵鼎，鼎曰："知上流利害，无如飞者。"遂授黄复州、汉阳军、德安府制置使。飞渡江中流，顾幕属曰："飞不擒贼，不涉此江。"抵郢州城下，伪将京超号"万人敌"，乘城拒飞。飞鼓众而登，超投崖死，复郢州，遣张宪、徐庆复随州。飞趣襄阳，李成迎战，左临襄江，飞笑曰："步兵利险阻，骑兵利平旷。成左列骑江岸，右列步平地，虽众十万何能为？"举鞭指王贵曰："尔以长枪步卒击其骑兵。"指牛皋曰："尔以骑兵击其步卒。"合战，马应枪而毙，后骑皆拥入江，步卒死者无数，成夜遁，复襄阳。刘豫益成兵屯新野，飞与王万夹击之，连破其众。

飞奏："金贼所爱惟子女金帛，志已骄惰；刘豫僭伪，人心终不忘宋。如以精兵二十万，直捣中原，恢复故疆，诚易为力。襄阳、随、郢地皆膏腴，苟行营田，其利为厚。臣候粮足，即过江北剿戮敌兵。"时方重深入之举，而营田之议自是兴矣。

进兵邓州，成与金将刘合孛堇列砦拒飞。飞遣王贵、张宪掩击，贼众大溃，刘合孛堇仅以身免。贼党高仲退保邓城，飞引兵一鼓拔之，擒高仲，复邓州。帝闻之，喜曰："朕素闻岳飞行军有纪律，未知能破敌如此。"又复唐州、信阳军。

襄汉平，飞辞制置使，乞委重臣经画荆襄，不许。赵鼎奏："湖北鄂、岳最为上流要害，乞令飞屯鄂、岳，不惟江西藉其声势，湖、广、江、浙亦获安妥。"乃以随、郢、唐、邓、信阳并为襄阳府路隶飞，飞移屯鄂，授清远军节度使、湖北路、荆、襄、潭州制置使，封武昌县开国子。

兀术、刘豫合兵围庐州，帝手札命飞解围，提兵趋庐，伪齐已驱甲骑五千逼城。飞张

"岳"字旗与"精忠"旗，金兵一战而溃，庐州平。飞奏："襄阳等六郡人户阙牛、粮，乞量给官钱，免官私逋负，州县官以招集流亡为殿最。"

五年，入觐，封母国夫人；授飞镇宁、崇信军节度使，湖北路、荆襄潭州制置使，进封武昌郡开国侯；又除荆湖南北、襄阳路制置使，神武后军都统制，命招捕杨么。飞所部皆西北人，不习水战，飞曰："兵何常，顾用之何如耳。"先遣使招谕之。贼党黄佐曰："岳节使号令如山，若与之敌，万无生理，不如往降。节使诚信，必善遇我。"遂降。飞表授佐武义大夫，单骑按其部，抚佐背曰："子知逆顺者。果能立功，封侯岂足道？欲复遣子至湖中，视其可乘者擒之，可劝者招之，如何？"佐感泣，誓以死报。

时张浚以都督军事至潭，参政席益与浚语，疑飞玩寇，欲以闻。浚曰："岳侯，忠孝人也，兵有深机，胡可易言？"益惭而止。黄佐袭周伦砦，杀伦，擒其统制陈贵等。飞上其功，迁武功大夫。统制任士安不禀王瓆令，军以此无功。飞鞭士安使饵贼，曰："三日贼不平，斩汝。"士安宣言："岳太尉兵二十万至矣。"贼见止士安军，并力攻之。飞设伏，士安战急，伏四起击贼，贼走。

会召浚还防秋，飞袖小图示浚，浚欲俟来年议之。飞曰："已有定画，都督能少留，不八日可破贼。"浚曰："何言之易？"飞曰："王四厢以王师攻水寇则难，飞以水寇攻水寇则易。水战我短彼长，以所短攻所长，所以难。若因敌将用敌兵，夺其手足之助，离其腹心之托，使孤立，而后以王师乘之，八日之内，当俘诸酋。"浚许之。

飞遂如鼎州。黄佐招杨钦来降，飞喜曰："杨钦骁悍，既降，贼腹心溃矣。"表授钦武义大夫，礼遇甚厚，乃复遣归湖中。两日，钦说余端、刘诜等降，飞诡骂钦曰："贼不尽降，何来也？"杖之，复令入湖。是夜，掩贼营，降其众数万。么负固不服，方泛舟湖中，以轮激水，其行如飞，旁置撞竿，官舟迎之辄碎。飞伐君山木为巨筏，塞诸港汊，又以腐木乱草浮上流而下，择水浅处，遣善骂者挑之，且行且骂。贼怒来追，则草木壅积，舟轮碍不行。飞亟遣兵击之，贼奔港中，为筏所拒。官军乘筏，张牛革以蔽矢石，举巨木撞其舟，尽坏。么投水，牛皋擒斩之。飞入贼垒，余酋惊曰："何神也！"俱降。飞亲行诸砦慰抚之，纵老弱归田，籍少壮为军，果八日而贼平，浚叹曰："岳侯神算也。"初，贼恃其险曰："欲犯我者，除是飞来。"至是，人以其言为谶。获贼舟千余，鄂渚水军为沿江之冠。诏兼蕲、黄制置使，飞以目疾乞辞军事，不许，加检校少保，进封公。还军鄂州，除荆湖南北、襄阳路招讨使。

六年，太行山忠义社梁兴等百余人，慕飞义率众来归。飞入觐，面陈："襄阳自收复后，未置监司，州县无以按察。"帝从之，以李若虚为京西南路提举兼转运、提刑，又令湖北、襄阳府路自知州、通判以下贤否，许飞得自黜陟。

张浚至江上会诸大帅，独称飞与韩世忠可倚大事，命飞屯襄阳，以窥中原，曰："此君素志也。"飞移军京西，改武胜、定国军节度使，除宣抚副使，置司襄阳。命往武昌调军。居母忧，降制起复，飞扶榇还庐山，连表乞终丧，不许，累诏趣起，乃就军。又命宣抚河东，节制河北路。首遣王贵等攻虢州，下之，获粮十五万石，降其众数万。张浚曰："飞措画甚大，令已至伊、洛，则太行一带山砦，必有应者。"飞遣杨再兴进兵至长水县，再战皆捷，中原响应。又遣人焚蔡州粮。

九月，刘豫遣子麟、侄猊分道寇淮西，刘光世欲舍庐州，张俊欲弃盱眙，同奏召飞以兵东下，欲使飞当其锋，而己得退保。张浚谓："岳飞一动，则襄汉何所制？"力沮其议。帝虑俊、光世不足任，命飞东下。飞自破曹成、平杨么，凡六年，皆盛夏行师，致目疾，至是，甚；闻诏即日启行，未至，麟败。飞奏至，帝语赵鼎曰："刘麟败北不足喜，诸将知尊朝廷为可喜。"遂赐札，言："敌兵已去淮，卿不须进发，其或襄、邓、陈、蔡有机可乘，从长措置。"飞乃还军。时伪齐屯兵窥唐州，飞遣王贵、董先等攻破之，焚其营。奏图蔡以取中原，不许。飞召贵等还。

七年，入见，帝从容问曰："卿得良马否？"飞曰："臣有二马，日啖刍豆数斗，饮泉一斛，然非精洁则不受。介而驰，初不甚疾，比行百里始奋迅，自午至酉，犹可二百里。褫鞍甲而不息不汗，若无事然。此其受大而不苟取，力裕而不求逞，致远之材也。不幸相继以死。今所乘者，日不过数升，而秣不择粟，饮不择泉，揽辔未安，踊跃疾驱，甫百里，力竭汗喘，殆欲毙然。此其寡取易盈，好逞易穷，驽纯之材也。"帝称善，曰："卿今议论极进。"拜太尉，继除宣抚使兼营田大使。从幸建康，以王德、郦琼兵隶飞，诏谕德等曰："听飞号令，如朕亲行。"

飞数见帝，论恢复之略。又手疏言："金人所以立刘豫于河南，盖欲荼毒中原，以中国攻中国，粘罕因得休兵观衅。臣欲陛下假臣月日，便则提兵趋京、洛，据河阳、陕府、潼关，以号召五路叛将。叛将既还，遣王师前进，彼必弃汴而走河北，京畿、陕右可以尽复。然后分兵浚、滑，经略两河，如此则刘豫成擒，金人可灭，社稷长久之计，实在此举。"帝答曰："有臣如此，顾复何忧，进止之机，朕不中制。"又召至寝阁命之曰："中兴之事，一以委卿。"命节制光州。

飞方图大举，会秦桧主和，遂不以德、琼兵隶飞。诏诣都督府与张浚议事，浚谓飞曰："王德淮西军所服，浚欲以为都统，而命吕祉以督府参谋领之，如何？"飞曰："德与琼素不相下，一旦握之在上，则必争。吕尚书不习军旅，恐不足服众。"浚曰："张宣抚如何？"飞曰："暴而寡谋，尤琼所不服。"浚曰："然则杨沂中尔？"飞曰："沂中视德等尔，岂能驭此军？"浚艴然曰："浚固知非太尉不可。"飞曰："都督以正问飞，不敢不尽其愚，岂以得兵为念耶？"即日上章乞解兵柄，终丧服，以张宪摄军事，步归，庐母墓侧。浚怒，奏以张宗元为宣抚判官，监其军。

帝累诏趣飞还职，飞力辞，诏幕属造庐以死请，凡六日，飞趋朝待罪，帝慰遣之。宗元还言："将和士锐，人怀忠孝，皆飞训养所致。"帝大悦。飞奏："比者寝阁之命，咸谓圣断已坚，何至今尚未决？臣愿提兵进讨，顺天道，因人心，以曲直为老壮，以逆顺为强弱，万全之效可必。"又奏："钱塘僻在海隅，非用武地。愿陛下建都上游，用汉光武故事，亲率六军，往来督战。庶将士知圣意所向，人人用命。"未报而郦琼叛，浚始悔。飞复奏："愿进屯淮甸，伺便击琼，期于破灭。"不许，诏驻师江州为淮、浙援。

飞知刘豫结粘罕，而兀术恶刘豫，可以间而动。会军中得兀术谍者，飞阳责之曰："汝非吾军中人张斌耶？吾向遣汝至齐，约诱至四太子，汝往不复来。吾继遣人问，齐已许我，今冬以会合寇江为名，致四太子于清河。汝所持书竟不至，何背我耶？"谍冀缓死，即诡服。乃作蜡书，言与刘豫同谋诛兀术事，因谓谍曰："吾今贷汝。"复遣至齐，问举兵期，到股纳书，戒勿泄。谍归，以书示兀术，兀术大惊，驰白其主，遂废豫。飞奏："宜乘废豫之际，捣其不备，长驱以取中原。"不报。

八年，还军鄂州。王庶视师江、淮，飞与庶书："今岁若不举兵，当纳节请闲。"庶甚壮之。秋，召赴行在，命诣资善堂见皇太子。飞退而喜曰："社稷得人矣，中兴基业，其在是乎？"会金遣使将归河南地，飞言："金人不可信，和好不可恃，相臣谋国不臧，恐贻后世讥。"桧衔之。

九年，以复河南，大赦。飞表谢，寓和议不便之意，有"唾手燕云，复雠报国"之语。授开府仪同三司，飞力辞，谓："今日之事，可危而不可安；可忧而不可贺；可训兵饬士，谨备不虞，而不可论功行赏，取笑敌人。"三诏不受，帝温言奖谕，乃受。会遣士優谒诸陵，飞请以轻骑从洒埽，实欲观衅以伐谋。又奏："金人无事请和，此必有肘腋之虞，名以地归我，实寄之也。"桧白帝止其行。

十年，金人攻拱、亳，刘锜告急，命飞驰援，飞遣张宪、姚政赴之。帝赐札曰："设施之方，一以委卿，朕不遥度。"飞乃遣王贵、牛皋、董先、杨再兴、孟邦杰、李宝等，分布经略西京、汝、郑、颖昌、陈、曹、光、蔡诸郡；又命梁兴渡河，纠合忠义社，取河东、北州县。又遣兵东援刘锜，西援郭浩，自以其军长驱以阚中原。将发，密奏言："先正国本以安人心，然后不常厥居，以示无忘复雠之意。"帝得奏，大褒其忠，授少保、河南府路、陕西、河东北路招讨使，寻改河南、北诸路招讨使。未几，所遣诸将相继奏捷。大军在颖昌，诸将分道出战，飞自以轻骑驻郾城，兵势甚锐。

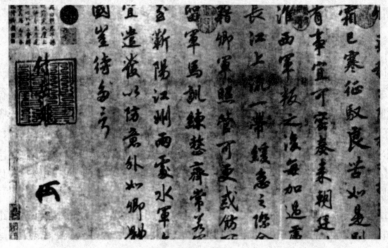

宋高宗赐岳飞手稿

兀术大惧，会龙虎大王议，以为诸帅易与，独飞不可当，欲诱致其师，并力一战。中外闻之，大惧，诏飞审处自固。飞曰："金人伎穷矣。"乃日出挑战，且骂之。兀术怒，合龙虎大王、盖天大王与韩常之兵逼郾城。飞遣子云领骑兵直贯其阵，戒之曰："不胜，先斩汝！"鏖战数十合，贼尸布野。

初，兀术有劲军，皆重铠，贯以韦索，三人为联，号"拐子马"，官军不能当。是役也，以万五千骑来，飞戒步卒以麻札刀入阵，勿仰视，第斫马足。拐子马相连，一马仆，二马不能行，官军奋击，遂大败之。兀术大恸曰："自海上起兵，皆以此胜，今已矣！"兀术益兵来，部将王刚以五十骑觇敌，遇之，奋斩其将。飞时出视战地，望见黄尘蔽天，自以四十骑突战，败之。

方郾城再捷，飞谓云曰："贼屡败，必还攻颖昌，汝宜速援王贵。"既而兀术果至，贵将游奕、云将背嵬战于城西。云以骑兵八百挺前决战，步军张左右翼继之，杀兀术婿夏金吾、副统军粘罕索孛堇，兀术遁去。

梁兴会太行忠义及两河豪杰等，累战皆捷，中原大震。飞奏："兴等过河，人心愿归朝廷。金兵累败，兀术等皆令老少北去，正中兴之机。"飞进军朱仙镇，距汴京四十五里，与兀术对垒而阵，遣骁将以背嵬骑五百奋击，大破之，兀术遁还汴京。飞檄陵台令行视诸陵，葺治之。

先是，绍兴五年，飞遣梁兴等布德意，招结两河豪杰，山砦韦铨、孙谋等敛兵固堡，以待王师，李通、胡清、李宝、李兴、张恩、孙琪等举众来归。金人动息，山川险要，一时皆得其实。尽磁、相、开德、泽、潞、晋、绛、汾、隰之境，皆期日兴兵，与官军会。其所揭旗以"岳"为号，父老百姓争挽车牵牛，载粮粮以馈义军，顶盆焚香迎候者，充满道路。自燕以南，金号令不行，兀术欲签军以抗飞，河北无一人从者。乃叹曰："自我起北方以来，未有如今日之挫衄。"金帅乌陵思谋素号桀黠，亦不能制其下，但谕之曰："毋轻动，俟岳家军来即降。"金统制王镇、统领崔庆、将官李觊、崔虎、华旺等皆率所部降，以至禁卫龙虎大王下忔查千户高勇之属，皆密受飞旗牓，自北方来降。金将军韩常欲以五万众内附。飞大喜，语其下曰："直抵黄龙府，与诸君痛饮尔！"

方指日渡河，而桧欲画淮以北弃之，风台臣请班师。飞奏："金人锐气沮丧，尽弃辎重，疾走渡河，豪杰向风，士卒用命，时不再来，机难轻失。"桧知飞志锐不可回，乃先请张俊、杨沂中等归，而后言飞孤军不可久留，乞令班师。一日奉十二金字牌，飞愤惋泣下，东向再拜曰："十年之力，废于一旦。"飞班师，民遮马恸哭，诉曰："我等戴香盆、运粮草以迎官军，金人悉知之。相公去，我辈无噍类矣。"飞亦悲泣，取诏示之曰："吾不得擅留。"哭声震野，飞留五日以待其徙，从而南者如市，亟奏以汉上六郡闲田处之。

方兀术弃汴去，有书生叩马曰："太子毋走，岳少保且退矣。"兀术曰："岳少保以五百骑破吾十万，京城日夜望其来，何谓可守？"生曰："自古未有权臣在内，而大将能立功于外者，岳少保且不免，况欲成功乎？"兀术悟，遂留。飞既归，所得州县，旋复失之。飞力请解兵柄，不许，自庐入觐，帝问之，飞拜谢而已。

十一年，谍报金分道渡淮，飞请合诸帅之兵破敌。兀术、韩常与龙虎大王疾驱至庐，帝趣飞应援，凡十七札。飞策金人举国南来，巢穴必虚，若长驱京、洛以捣之，彼必奔命，可坐而敝。时飞方苦寒嗽，力疾而行。又恐帝急于退敌，乃奏："臣如捣虚，势必得利，若以为敌方在近，未暇远图，欲乞亲至蕲、黄，以议攻却。"帝得奏大喜，赐札曰："卿苦寒疾，乃为朕行，国尔忘身，谁如卿者？"师至庐州，金兵望风而遁。飞还兵于舒以俟命，帝又赐札，以飞小心恭谨、不专进退为得体。兀术破濠州，张俊驻军黄连镇，不敢进；杨沂中遇伏而败，帝命飞救之。金人闻飞至，又遁。

时和议既决，桧患飞异己，乃密奏召三大将论功行赏。韩世忠、张俊已至，飞独后，桧又用参政王次翁计，俟之六七日。既至，授枢密副使，位参知政事上，飞固请还兵柄。五月，诏同俊往楚州措置边防，总韩世忠军还驻镇江。

初，飞在诸将中年最少，以列校拔起，累立显功，世忠、俊不能平，飞屈己下之，幕中轻锐教飞勿苦降意。金人攻淮西，俊分地也，俊始不敢行，师卒无功。飞闻命即行，遂解庐州围，帝授飞两镇节，俊益耻。杨么平，飞献俊、世忠楼船各一，兵械毕备，世忠大悦，俊反忌之。淮西之役，俊以前途粮乏试飞，飞不为止，帝赐札褒谕，有曰："转饷艰阻，卿不复顾。"俊疑飞漏言，还朝，反倡言飞逗遛不进，以乏饷为辞。至视世忠军，俊知世忠忤桧，欲与飞分其背嵬军，飞义不肯，俊大不悦。及同行楚州城，俊欲修城为备，飞曰："当戮力以图恢复，岂可为退保计？"俊变色。

会世忠军吏景著与总领胡纺言："二枢密若分世忠军，恐至生事。"纺上之朝，桧捕著下大理寺，将以扇摇诬世忠。飞驰书告以桧意，世忠见帝自明。俊于是大憾飞，遂倡言飞议弃山阳，且密以飞报世忠事告桧，桧大怒。

初，桧逐赵鼎，飞每对容叹息，又以恢复为己任，不肯附和议。读桧奏，至"德无常师，主善为师"之语，恶其欺罔，恚曰："君臣大伦，根于天性，大臣而忍面谩其主耶！"兀术遗桧书曰："汝朝夕以和请，而岳飞方为河北图，必杀飞，始可和。"桧亦以飞不死，终梗和议，己必及祸，故力谋杀之。以谏议大夫万俟卨与飞有怨，风卨劾飞，又风中丞何铸、侍御史罗汝楫交章弹论，大率谓："今春金人攻淮西，飞略至舒、蕲而不进，比与俊按兵淮上，又欲弃山阳而不守。"飞累章请罢枢柄。寻还两镇节，充万寿观使、奉朝请。桧志未伸也，又谕张俊令劫王贵、诱王俊诬告张宪谋还飞兵。

桧遣使捕飞父子证张宪事，使者至，飞笑曰："皇天后土，可表此心。"初命何铸鞫之，飞裂裳以背示铸，有"尽忠报国"四大字，深入肤理。既而阅实无左验，铸明其无辜。改命万俟卨。卨诬：飞与宪书，令虚申探报以动朝廷，云与宪书，令措置使飞还军；且言其书已焚。

飞坐系两月，无可证者。或教卨以台章所指淮西事为言，卨喜白桧，簿录飞家，取当时御札藏之以灭迹。又逼孙革等证飞受诏逗遛，命评事元龟年取行军时日杂定之，傅会其狱。岁暮，狱不成，桧手书小纸付狱，即报飞死，时年三十九。云弃市。籍家赀，徙家岭南。幕属于鹏等从坐者六人。

初，飞在狱，大理寺丞李若朴、何彦猷、大理卿薛仁辅并言飞无罪，卨俱劾去。宗正卿士㒟请以百口保飞，卨亦劾之，窜死建州。布衣刘允升上书讼飞冤，下棘寺以死。凡傅成其狱者，皆迁转有差。

狱之将上也，韩世忠不平，诣桧诘其实，桧曰："飞子云与张宪书虽不明，其事体莫须有。"世忠曰："'莫须有'三字，何以服天下？"时洪皓在金国中，蜡书驰奏，以为金人所畏服者惟飞，至以父呼之，诸酋闻其死，酌酒相贺。

飞至孝，母留河北，遣人求访，迎归。母有痼疾，药饵必亲。母卒，水浆不入口者三日。家无姬侍。吴玠素服飞，愿与交欢，饰名姝遗之。飞曰："主上宵旰，岂大将安乐时？"却不受，玠益敬服。少豪

岳云

饮,帝戒之曰:"卿异时到河朔,乃可饮。"遂绝不饮。帝初为飞营第,飞辞曰:"敌未灭,何以家为?"或问天下何时太平,飞曰:"文臣不爱钱,武臣不惜死,天下太平矣。"

师每休舍,课将士注坡跳壕,皆重铠习之。子云尝习注坡,马踬,怒而鞭之。卒有取民麻一缕以束刍者,立斩以徇。卒夜宿,民开门愿纳,无敢入者。军号"冻死不拆屋,饿死不卤掠。"卒有疾,躬为调药;诸将远戍,遣妻问劳其家;死事者哭之而育其孤,或以子婚其女。凡有颁犒,均给军吏,秋毫不私。

善以少击众。欲有所举,尽召诸统制与谋,谋定而后战,故有胜无败。猝遇敌不动,故敌为之语曰:"撼山易,撼岳家军难。"张俊尝问用兵之术,曰:"仁、智、信、勇、严,阙一不可。"调军食,必蹙额曰:"东南民力,耗敝极矣。"荆湖平,募民营田,又为屯田,岁省漕运之半。帝手书曹操、诸葛亮、羊祜三事赐之。飞跋其后,独指操为奸贼而鄙之,尤桧所恶也。

张所死,飞感旧恩,鞠其子宗本,奏以官。李宝自楚来归,韩世忠留之,宝痛哭愿归飞,世忠以书来诒,飞复曰:"均为国家,何分彼此?"世忠叹服。襄阳之役,诏光世为援,六郡既复,光世始至,飞奏先赏光世军。好贤礼士,览经史,雅歌投壶,恂恂如书生。每辞官,必曰:"将士效力,飞何功之有?"然忠愤激烈,议论持正,不挫于人,卒以此得祸。

桧死,议复飞官。万俟卨谓金方愿和,一旦录故将,疑天下心,不可。及绍兴末,金益猖獗,太学生程宏图上书讼飞冤,诏飞家自便。初,桧恶岳州同飞姓,改为纯州,至是仍旧。中丞汪澈宣抚荆、襄,故部曲合辞讼之,哭声雷震。孝宗诏复飞官,以礼改葬,赐钱百万,求其后悉官之。建庙于鄂,号忠烈。淳熙六年,谥武穆。嘉定四年,追封鄂王。

五子:云、雷、霖、震、霆。

【译文】

岳飞字鹏举,相州汤阴人。他的祖先世代务农。父亲岳和,能节省出自家的粮食以接济饥饿的人。有人耕田侵占了他家的土地,他就割让这块田地送给这人;有人赊欠他的钱财也不去索还。岳飞出生时,有一只像天鹅一样的大鸟,飞旋鸣叫于他家房顶之上,因而以此为他取名。没满月,黄河在内黄决口,大水猛烈冲来,母亲姚氏抱着岳飞坐在瓮中,被浪涛冲到岸边得以幸免,人们对此十分惊异。

岳飞少年时代以气节自励,敦厚寡言,家中虽贫穷却发愤学习,尤其喜欢阅读《左氏春秋》和孙、吴兵法。天生有神力,不满二十岁,能拉三百斤的硬弓,八石的强弩。跟从周同学习射箭,全部掌握了他的方法,能左右开弓。周同去世,岳飞在每月的初一和十五都要到他的坟前祭奠。他父亲岳和认为他此举很仗义,对他说:"你为当今时代所用,不正是准备为国家殉身、为正义而死吗?"

宣和四年,真定宣抚使刘韐招募敢战士,岳飞应募。相州有巨贼陶俊、贾进和,岳飞请求率一百名骑兵消灭这股贼众。他派士兵装扮成商人进入贼人的活动地域,贼人掳掠了这些人以扩充自己的部队。岳飞派遣一百人埋伏在山下,自己率领几十名骑兵逼近贼人营垒,贼人出来交战,岳飞假装败退,贼人赶来追杀,伏兵杀出,先头派遣的士兵活捉了陶俊和贾进和两人归还。

康王来到相州,岳飞随刘浩参见,命令他去招安贼人吉倩,吉倩率三百八十人归降。岳飞补任承信郎。带领铁骑三百前往李固渡试探敌军的强弱,打败了敌军。跟从刘浩解东京之围，与敌军相持于滑州南面。岳飞率一百名骑兵在黄河岸边操练，敌军突然赶来，岳飞指挥他的部下说："敌兵虽然人多，但不知我们的虚实，应当趁他们立足未稳出击。"于是单枪匹马，飞驰迎敌。有一员敌军猛将挥舞大刀前来接战，岳飞斩杀了他，敌军大败。升任秉义郎，隶属东京留守宗泽。转战开德、曹州都立有战功，宗泽对他大感惊奇，说："你的勇敢智谋和才能武艺，古代的良将也不能超过你，然而你喜欢野战，这不是万全之计。"因此传授给他阵图。岳飞说："布阵之后作战，是兵法的常规要求，然而把它运用的巧妙精熟，还在于自己的内心体会。"宗泽赞同他的话。

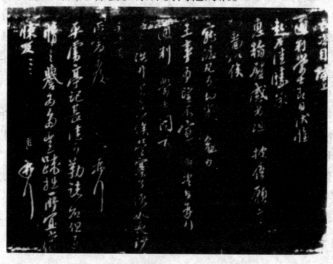

岳飞信札

康王即位，岳飞呈上数千字的奏书，大意说："陛下已登皇位，社稷有了主人，已有足够的讨伐敌人的谋略，而且各地勤王之师日益聚集，敌人认为我国一向懦弱怯战，应该乘敌懈怠之时而攻击他们。黄潜善、汪伯彦这些人不能秉承圣上旨意恢复中原，却奉皇上车驾一天天南移，这样恐怕不足以维系中原百姓的敬望。我希望陛下乘敌人巢穴尚未巩固，亲自率领六军北渡黄河，那么就会使将士们士气大振，中原可望收复。"奏书上报后，朝廷以岳飞越职上书罢免了他的官职，令他回家乡。

岳飞投奔河北招讨使张所，张所用国士的礼节接待他，借补为修武郎，担任中军统领。张所问道："你能抵挡多少敌人？"岳飞说："作战不能只凭恃勇猛，用兵的正确与否在于战前制定谋略，栾枝用拖树枝的计策打败楚国，莫敖用派兵打柴的计策战胜绞国，这都是因为谋略事先就制定了。"张所肃然起敬地说："你大概不是行伍中的人。"岳飞进一步对他说："国家在汴梁建都，依靠河北作为安全保障。如果凭据交通要冲之地，加强储备一系列重镇，一座城池被围困，其他各城或是阻击或是救援，金人就无法窥伺河南，而京师根本之地就可以巩固了。您如果能亲提大军逼近敌境，我绝对听从您的命令。"张所大喜，借补岳飞为武经郎。

命令岳飞跟随王彦渡过黄河，进至新乡，金兵众多，王彦不敢前进。岳飞独自率领本部人马与金军激战，夺下金军主帅的大旗挥舞，各部队奋勇争先，于是拔下新乡。第二天，在侯兆川与金军交战，身负十余处伤，士兵们都拼力死战，又打败了金军。夜里驻屯在石门山下,有人传说金兵又来了,全军都十分惊慌,岳飞坚持躺着一动不动,金兵最后也没来。军中粮食吃尽,岳飞到王彦营中求借粮食,王彦不答应。岳飞率领部队进至更北的地方,战于太行山,生擒金将拓跋耶乌。过了几天,再次与敌遭遇,岳飞单骑手持丈八铁枪,刺死黑风大王,敌军溃败逃走。岳飞自知与王彦有了矛盾,又重归宗泽辖治,担任留守司统制。宗泽去世后,杜充代替宗泽职务,岳飞仍任原职。

建炎二年,在胙城作战,又在黑龙潭作战,都大捷而返。跟从间勋保卫皇帝陵墓,在汜水关大战,射杀金将,大败敌众。驻军在竹芦渡,与敌军相持,挑选三百名精锐士兵埋伏于前面山下,命令每个人各自用柴草捆扎成两束,半夜,点燃两束柴草的四端并高高举起,金人怀疑宋军的援兵赶到,惊散溃逃。

建炎三年,贼人王善、曹成、孔彦舟等聚合部众五十万,迫近南熏门。岳飞所部仅有八百人,众人畏惧打不过贼军,岳飞说:"我为诸位击败他们。"左手挟弓,右手运枪,横冲敌阵,贼军乱成一团,大败。又在东明活捉了贼人杜叔五、孙海。岳飞借补为英州刺史。王善包围陈州,岳飞在清河与敌交战,俘获贼将孙胜、孙清,被授予正式刺史。

杜充打算回军建康,岳飞说:"中原地区一尺一寸也不可以放弃,今天一撤走,这块土地就不归我们所有了,他日想重新收复它,不动用数十万人马是不可能的。"杜充不听,于是同他一起南归。军抵铁路步,与贼人张用相遇,到六合时又遇到李成,岳飞与他们交战,全打败了他们。李成派遣轻骑兵劫持了御史犒军的银帛,岳飞进兵乘其不备袭击他们,李成逃奔到江西。当时命令杜充守卫建康,金人与李成联兵进犯乌江,杜充闭门不出。岳飞哭谏请他视察部队,杜充到最后也没出来。金人于是从马家渡渡过长江,杜充派岳飞等人迎战,王璨首先逃跑,其他将领也都溃逃,只有岳飞拼死力战。

这时杜充已经向金国投降,众将领大多纵兵掳掠,唯独岳飞的部队秋毫无犯。兀尤直趋杭州,岳飞在广德境内拦腰截击,六战全胜,俘获金将王权,活捉金军首领四十余人。岳飞考察出其中可以利用的人,施以恩惠后遣返回去,命令他们夜间在金营中砍杀放火,岳飞乘敌混乱,发兵进击,大败金军。部队进驻钟村,军中没有存粮,将士们忍饥挨饿,也不敢骚扰百姓。金军所强行征来的士兵互相说:"这是岳爷爷的部队。"争先恐后地前来投降归附。

四年,兀尤进攻常州,宜兴县令迎接岳飞移师屯驻宜兴。强盗郭吉得知岳飞来到,逃入太湖,岳飞派遣王贵、傅庆追击并打败了他,又派说客马皋、林聚劝说他们全部投降。有个叫张威武的人不肯从命,岳飞单骑闯入他的营寨,杀了他。避乱到此地居住的人赖此免受强盗之苦,画岳飞像供奉。

金军再次攻打常州,岳飞四战全胜;尾追袭击金兵于镇江东边,又取得胜利;在清水亭作战,又一次大胜,金兵的尸体横满了十五里。兀尤直奔建康,岳飞在牛头山设下伏兵等待他们。夜里,命令一百人身穿黑衣混入金营中进行骚扰,金兵惊乱,自相攻击。兀木进驻龙湾,岳飞率骑兵三百名、步兵二千名火速赶到新城,大败金军。兀尤逃往淮西,于是收复建康。岳飞上奏说:"建康是要害之地,应挑选兵力固守,同时仍要增加兵力坚守两淮,以拱卫腹心之地。"皇帝赞许并采纳了这个意见。兀尤回军,岳飞在静安阻截,打败了他。

皇帝诏令讨伐戚方,岳飞率三千人在苦岭安营。戚方逃去,不久带着援兵回来,岳飞亲自统领一千名士兵，激战数十回合，全都取胜。正好张俊率军来到，戚方于是投降。范宗尹对皇帝说张俊刚从浙西来朝廷，盛赞岳飞将材难得，于是提升岳飞为通、泰镇抚使兼知泰州。岳飞推辞，请求担任淮南东路一个重要而困难的任职，收复本路州郡，乘机逐渐推进，使山东、河北、河东、京畿等路陆续得到收复。

正赶上金军进攻楚州，楚州告急，皇帝诏令张俊前去援救。张俊推辞，于是派岳飞前去，同时命令刘光世出兵增援岳飞。岳飞屯兵于三塾作为楚州的援军，不久进抵承州，三战三捷，杀死高太保，俘获敌军首领七十余人。刘光世等人都不敢靠前，岳飞孤军力弱，楚州于是陷落。诏令岳飞还军守通州、泰州，圣旨说能守住就守，如果守不住，只在沙洲保护百姓，寻机袭敌即可。岳飞因泰州无险可守，退保柴墟，与金兵激战于南霸桥，金兵大败。在沙上护送百姓渡江，岳飞率二百名精锐骑兵殿后，金兵不敢接近。岳飞以泰州失守等候处分。

绍兴元年，张俊请岳飞一同进讨李成。当时李成部将马进进犯洪州，在西山连营扎寨。岳飞说："贼军贪利却不考虑后路，假若派骑兵从上游横渡生米渡，出敌不意，一定能击败他。"岳飞请求自己担任先锋，张俊大喜。岳飞身穿重甲跳上战马，悄悄地绕到贼军右侧，突入他们的阵地。部下跟随他前进。马进大败，逃往筠州。岳飞进抵城东，贼军出城，布下战阵十五里，岳飞设下埋伏，用红罗作旗，上面绣着"岳"字，挑选二百名骑兵跟随旗帜前进。贼军轻视岳飞兵少，紧逼过来，伏兵突然杀出，贼军大败逃走。岳飞派人大声叫道："不愿从贼的人坐下，我不杀你们。"坐下投降的人共有八万余人。马进率残兵败将逃奔在南康的李成。岳飞夜里率领部队赶到朱家山，又杀了李成部将赵万。李成得知马进失败，亲自率兵十余万前来，岳飞同他在楼子庄遭遇，大破李成部队，追杀了马进。李成逃往蕲州，投降了伪齐。

张用进犯江西，张用也是相州人，岳飞写信告谕他说："我与你同乡同里，南薰门、铁路步之役，都是你所知道的。现在我在此地，你要交战就出来，不想打就投降。"张用接到信说："果然是我的父亲啊。"于是投降。

江、淮平定，张俊奏报岳飞战功第一，皇帝加授岳飞为神武右军副统制，留守洪州，镇压盗贼，又任命他为亲卫大夫、建州观察使。建州强盗范汝为攻陷邵武，江西安抚使李回檄告岳飞分兵保卫建昌军及抚州。岳飞派人把"岳"字旗插在城门上，贼军望见，互相告诫不要去进犯。贼军同党姚达、饶青逼近建昌，岳飞派王万、徐庆讨伐并活捉了他们。岳飞升任神武副军都统制。

绍兴二年，贼寇曹成拥兵十余万，由江西经湖湘，占据道、贺二州。朝廷命令岳飞权知潭州，兼权荆湖东路安抚都总管，授予他金字牌、黄旗招讨曹成。曹成听说岳飞将要到了，惊呼："岳家军来了。"立即分道而逃。岳飞进至茶陵，奉诏招安曹成，曹成不肯服从。岳飞上奏说："近年来多次命令招安，因此盗贼势力强盛时就肆意暴虐，势力衰微时就接受招安，如果不略加剿除，蜂拥而起的盗贼就不能速速消灭。"皇帝同意了这个意见。

岳飞进入贺州境内，抓到了一个曹成的探子，捆绑在帐下。岳飞出帐调配军粮，军吏说："粮食已经吃完了，怎么办？"岳飞假装说："暂且返回茶陵。"一会儿回头看见探子，做出一付好像泄露了机密而十分懊悔的样子，跺着脚走入军帐，暗中下令放了他。探子回去告诉曹成，曹成大喜，计划第二天来追击岳飞部队。岳飞命令士兵早早起身吃饭，悄悄地绕岭急行,天还没亮已到太平场,攻克曹成的营寨。曹成占据险要地形抗击岳飞,岳飞指挥部队偷袭,曹成军大败溃散。曹成逃到北藏岭、上梧关据守,派将领迎战,岳飞没等摆开战阵就擂鼓出击,士兵们争先奋勇,夺取了二处关隘据守。曹成又从桂岭设置营寨一直到北藏岭,连结不断地控制了险要通道,亲自率领十余万人马守蓬头岭。岳飞部下只有八千人,一鼓作气登上山岭,击败敌众,曹成逃往连州。岳飞对张宪等人说:"曹成的贼党已经溃散,追击并杀了他们,那么胁从者却令人可怜,放跑了他们,就会重新聚集起来成为盗贼。现在派遣你们去诛杀他们的头目而安抚他们的部众,千万不要妄加杀戮,以使皇帝保护人民的仁德受到损害。"于是张宪自贺州、连州,徐庆自邵州、道州,王贵自郴州、桂州,招降曹成部下二万人,与岳飞在连州会合。进军追击曹成,曹成到宣抚司投降。当时在盛夏季节行军于瘴气横行的地区,岳飞安抚部队有方,士兵无一人死于瘟疫,岭表地区平定。岳飞被授任武安军承宣使,屯驻江州。刚刚入境,安抚使李回急令岳飞围捕巨贼马友、郝通、刘忠、李通、李宗亮、张式,全都平定了他们。

绍兴三年春天,岳飞应召赴皇帝所在的地方。江西宣谕刘大中上奏说:"岳飞的部队有纪律,百姓依靠他们才得以安定,现在召他前来,恐怕盗贼又会重新起来作乱。"岳飞没有启程。当时,虔州、吉州的盗贼联合兵力进攻抢掠循、梅、广、惠、英、韶、南雄、南安、建昌、汀、邵武等郡,皇帝授岳飞专征讨伐的权力平定这些盗贼。岳飞到达虔州,固石洞贼寇彭友率全体人马到零都迎战,跃马突击,岳飞指挥士兵在马上生擒了他,其余的贼军头目退保固石洞。固石洞地势高峻且有水环绕,只有一条小路可以进入。岳飞把骑兵列队于山下,命令他们弯弓搭箭,黎明,派敢死队员迅速奔驰登山,贼军大乱,弃守山头逃下来,岳飞的骑兵包围了他们。贼众哭喊饶命,岳飞下令不要杀戮,接受了他们投降。岳飞又教给徐庆等人讨贼方略,围捕各郡的残余贼寇,全都击败并降服了他们。当初,因为隆祐太后受震惊的缘故,高宗密令岳飞对虔州进行屠城。岳飞请求诛杀首恶而赦免胁从,皇帝不许;再三再四地请求,皇帝才特令赦免了虔州城。当地百姓感激岳飞的恩德,绘岳飞像供奉。残余的贼寇高聚、张成进犯袁州,岳飞派遣王贵平定了他们。

秋天,岳飞入朝拜见,皇帝手书"精忠岳飞"四个字,制成旗帜赐给岳飞。任命他为镇南军承宣使、江南西路沿江制置使,又改任神武后军都统制,仍然兼任制置使的职务,李山、吴全、吴锡、李横、牛皋都隶属他节制。

伪齐派遣李成依仗金兵入侵,攻克襄阳、唐、邓、随、郢等州及信阳军,洞庭湖的盗寇杨么也与伪齐通使,打算顺流而下。李成又谋划从江西陆路行军,直趋两浙与杨么会合。皇帝下令岳飞做好准备。

四年,朝廷任命岳飞兼任荆南、鄂州、岳州制置使。岳飞上奏说:"襄阳等六郡是恢复中原的根本之地,目前应当先攻取这六郡,以解除心背之患。李成远逃之后,然后在湖湘增加兵力,以消灭群盗。"皇帝把岳飞的意见告诉赵鼎,赵鼎说:"深知长江上游的利害,没有像岳飞这样的人。"于是任命岳飞为黄州、复州、汉阳军、德安府制置使。岳飞渡到长江中流,回头对僚属们说:"我不生擒贼寇,就不渡江回来。"进抵郢州城下,伪齐将领京超号称"万人敌",凭城据守,抗拒岳飞。岳飞擂鼓催动士兵登城,京超投崖而死。收复了郢州,派遣张宪、徐庆收复随州。岳飞赶赴襄阳,李成迎战,左翼面向襄江,岳飞笑着说:"步兵适合在险阻地带作战,骑兵适宜在平旷地区作战。李成把骑兵列于左侧江岸,步兵列于右侧平地,虽拥兵十万又能有什么作为?"他举起马鞭指着王贵说:"你率使长枪的步兵进击李成的骑兵。"指着牛皋说:"你率骑兵进击他的步兵。"等到开战,李成军的战马应枪倒毙,后面的骑兵都被挤入江中,步兵死亡的不计其数,李成连夜逃走,收复襄阳。刘豫给李成增派兵力屯驻新野,岳飞与王万两边夹击,连连击败他的部队。

岳飞上奏说:"金贼所喜欢的只有女人和金帛,斗志已经骄惰;刘豫超越本分建立伪政权,人心终究不忘大宋朝。如果派精兵二十万,直捣中原,恢复原来的疆土,实是容易做到的事。襄阳、随州、郢州土地都十分肥沃,假如实行营田,其利很多。我等到粮秣充足时,立即到江北去剿杀敌兵。"当时正重视深入北上收复中原的各种计划,因而营田的议论从此多了起来。

岳飞进军邓州,李成与金将刘合孛堇列置营寨抗拒岳飞。岳飞派遣王贵、张宪突袭,贼众大败而溃,刘合孛堇仅以身免。李成的同党高仲退保邓城,岳飞率领部队一鼓作气拔除此城,活捉高仲,收复邓州。皇帝听到此讯,高兴地说:"我早就听说过岳飞行军时纪律严明,不知道他能攻城破敌到这种程度。"又收复了唐州、信阳军。

襄汉一带平定,岳飞辞去制置使的职务,请求朝廷委派重臣经营筹治荆襄地区,皇帝不同意。赵鼎上奏说:"湖北鄂州、岳州是长江上流的要害之地,请求命令岳飞屯驻鄂州、岳州,这样不仅江西可以借助他的声势,而且湖、广、江、浙也能获得安定。"于是朝廷将随州、郢州、唐州、邓州、信阳军合并为襄阳府路隶属岳飞,岳飞移驻鄂州,并授任他为清远军节度使、湖北路、荆、襄、潭州制置使,封为武昌县开国子。

兀术、刘豫合兵包围庐州,皇帝亲自写信命令岳飞去解围,岳飞率所部直趋庐州,伪齐已驱使重甲骑兵五千进逼城下。岳飞打起"岳"字旗与"精忠"旗,金兵一接战便溃败,庐州平定。岳飞上奏说:"襄阳等六郡的人家缺乏耕牛、粮种,请求朝廷酌量拨给官线,免除他们的公私债务,州县官员以招集流散的百姓多少作为考核政绩的标准。"

绍兴五年,岳飞入朝觐见,皇帝封岳飞的母亲为国夫人;任命岳飞为镇宁、崇信军节度使,湖北路、荆襄潭州制置使,晋封为武昌郡开国侯;又任命他为荆湖南北、襄阳路制置使,神武后军都统制,命令他招捕杨么。岳飞的部下全是西北人,不习惯水战,岳飞说:"兵家哪有常法,看运用得如何罢了。"他先派遣使者招谕杨么。贼军同党黄佐说:"岳节使号令如山,如果与他为敌,绝没有活着的希望,不如前去投降。岳节使是诚信之人,必定会优待我。"于是投降。岳飞表奏朝廷授予黄佐武义大夫,自己单骑巡视黄佐的部队,用手抚在黄佐的背上说:"你是知道逆顺大义的人。果真能立功,封侯还用说吗?我准备派你再次到洞庭湖中去,看杨么军中有机可乘者就擒获他,可以劝降的就招抚他,怎么样?"黄佐感动得流泪,发誓以死相报。

当时张浚以都督军事的身份来到潭州,参政席益对张浚说,怀疑岳飞对贼寇掉以轻心,打算把这种怀疑报告朝廷。张浚说:"岳侯,是一位忠孝双全的人,用兵自有其精深的道理,怎么可以随便议论呢?"席益深感惭愧就打取了原来的念头。黄佐袭击周伦营寨,杀死周伦,活捉了他的统制陈贵等人。岳飞上报黄佐的战功,升黄佐为武功大夫。统制任士安不服从王瓒的命令,所部因而没有立功。岳飞鞭打任士安并命令他前去引诱贼军,说:"三天之内贼军没有被平定,杀你的头。"任士安到处宣扬:"岳太尉的二十万大军到了。"贼军看到只有任士安一支军队,集中兵力进攻他。岳飞设下埋伏,任士安作战危急之时,伏兵四起攻击贼军,贼军逃走。

正好皇帝召还张浚防备金人秋季进犯,岳飞从袖中取出一幅小图给张浚看,张浚打算能明年再与岳飞商量。岳飞说:"已经有了确定的计划,都督如能稍留几天,不用八天就可以击败贼军。"张浚说:"怎么说得这样容易?"岳飞说:"王四厢率官军攻打水寇就困难,我用水寇进攻水寇就容易。水上作战是我军短处敌军长处,用我之短攻敌所长,所以困难。假若起用敌将使用敌兵,削夺其手足之助,离间其腹心之依托,使贼军首领孤立,而后用官军乘机进攻,八天之内,一定俘获贼军各位首领。"张浚答应了他。

岳飞于是到鼎州。黄佐招杨钦来投降,岳飞高兴地说:"杨钦骁勇强悍,他投降以后,贼军的腹心崩溃了。"上表朝廷授予杨钦武义大夫,礼遇非常隆重,于是又派他回到湖中。两天后,杨钦劝服了余端、刘诜等人投降,岳飞假装骂杨钦道:"贼人没有全部投降,你为什么回来?"用军杖打了他一顿,命令他重新入湖中。这天晚上,岳飞部队偷袭贼营,降服了贼众数万人。杨么依恃地势险固不肯屈服,正在湖中行船,他的船用轮子划水,行船如飞,船两旁还设有撞竿,官军的船迎上去就被撞碎。岳飞下令砍伐君山上的树木造成巨筏,堵塞在湖湾港汊,又在湖水上流投下朽木乱草顺流而下,选择水浅之处,派善于骂人的士兵挑逗贼兵,一边走一边骂。贼军大怒来追,因草木淤积,敌船的轮子受阻无法行进。岳飞急忙派兵出击,贼兵逃往港湾中,又被巨筏所拦拒。官军乘巨筏,张开牛皮革遮挡箭和石块,举着大木头撞击贼船,全部撞坏了敌船。杨么跳入湖水,被牛皋捉住并杀死。岳飞进入贼军营垒,剩下的贼军首领惊呼道:"太神了!"都投降了。岳飞亲自到各个营寨安抚劝慰已降的贼兵,释放年老体弱的人回乡种田,登记年轻力壮的人编入官军,果然八天之内平定了贼军。张浚叹服道:"岳侯真是神机妙算啊。"起初,贼寇依恃其防地险要时说:"要想攻打我的人,除非是从天上飞来"。到此时,人们都把这话当成是应验了岳飞来攻的谶语。缴获了一千余艘贼船,鄂渚水军成为沿江水军中最强大的。诏命岳飞兼任蕲、黄制置使,岳飞以眼睛有病请求辞去军职,皇帝没批准,加任岳飞为检校少保,进封为公。部队返回鄂州,岳飞被任命为荆湖南北、襄阳路招讨使。

绍兴六年,太行山忠义社梁兴等一百余人,倾慕岳飞的忠义率众前来归附。岳飞入朝觐见,面奏皇帝:"襄阳自从收复以后,未设监司,无法按察州县。"皇帝听取了这个意见,任命李若虚担任京西南路提举兼转运、提刑,又下令湖北、襄阳府路自知州、通判以下官员由岳飞自行任免。

张浚到长江边会见各位大帅,唯独称赞岳飞和韩世忠可以倚重成就大事,命令岳飞屯驻襄阳,以等待时机图取中原,并说:"这是你历来所抱有的志向啊。"岳飞把部队移往京西,改任武胜,定国军节度使,担任宣抚副使,在襄阳设置宣抚司。命令岳飞前往武昌调发军队。岳飞因母亲去世在家守丧,皇帝降诏要他守丧未满就应召复职,岳飞护送母亲的棺木回到庐山,连着上表请求守满丧期,皇帝不同意,几次下诏催促他复职,于是岳飞回到军中。又命令他宣抚河东,节制河北路。岳飞首先派遣王贵等人进攻虢州,攻下了它,缴获粮食十五万石,降服敌众数万人。张浚说:"岳飞的筹措计划非常庞大,他的命令已达伊水、洛水地区,这样一来,太行山一带的山寨,必然会有响应的人。"岳飞派遣杨再兴进兵至长水县,连战连捷,中原响应。又派人焚烧了蔡州的粮食。

九月,刘豫派遣儿子刘麟、侄子刘猊分道进犯淮西地区,刘光世打算放弃庐州,张俊

岳母刺字

打算弃守盱眙,一起上奏请求皇帝诏令岳飞率兵东下,想使他来抵挡敌军的兵锋,而自己能够退守自保。张浚说:"岳飞的部队一开动,那么襄汉如何来控制?"极力阻止这个建议。皇帝担心张俊、刘光世不能担此重任,便下令岳飞东下。岳飞自从击败曹成、平定杨么,总共六年时间,都是在盛夏季节行军作战,导致眼睛生病,到此时,更加严重。接到诏令便当天启程,没有到,刘麟战败。岳飞的奏书到达,皇帝对赵鼎说:"刘麟败北不足以高兴,各位将领知道尊重朝廷是可喜的。"于是赐给岳飞书信,说:"敌兵已经离开淮河地区,你不必继续前进,或许襄、邓、陈、蔡地区有机可乘,从长计划处置。"岳飞于是回军。当时伪齐屯集兵力窥视唐州,岳飞派遣王贵、董先等人攻破敌军,焚烧敌军营寨。上奏请求图取蔡州以攻取中原,皇帝没批准。岳飞召王贵等人回返。

绍兴七年,入朝觐见,皇帝安详地问他:"你得到良马没有?"岳飞回答说:"我原有两匹马,一天要吃数斗草料豆子,饮一斛泉水,然而不精细清洁的食物就不吃。披挂上鞍甲奔驰,开始跑得不很快,等到跑了一百里才开始兴奋加速,自午时到酉时,还可以跑二百里。卸下鞍甲既不喘息也不流汗,仿佛无事一样。这是它吃得多却不胡乱凑合吃,力气充裕但不求逞于一时,这是能跑得远的良材。不幸相继死亡。现在我所乘坐的马,一天吃的不过数升,而且吃草料时不管有无粮食,饮水时也不选择泉眼,缰绳还没拿稳,踊跃急驰,才跑了一百里,力竭汗喘,像要倒毙的样子。这是它吃得少却容易满足,好逞能却容易穷尽气力,这是低下蠢笨的庸才。"皇帝称赞说得好,说:"你今天的议论很有可取之处。"授予他太尉之职,接着任命岳飞为宣抚使兼营田大使。跟随皇帝巡幸建康,把王德、郦琼的部队隶属岳飞部下,下诏通知王德等人说:"听从岳飞的号令,如同我亲自行令。"

岳飞屡次觐见皇帝，都谈论到恢复中原失地的方略。又写奏章说："金人所以在河南立刘豫为帝，是想荼毒中原生灵，用中国人攻打中国人，粘罕因此可以休整部队以坐收渔人之利。我希望陛下给我时间，机会成熟时就带领部队直趋京、洛，占据河阳、陕府、潼关，以此来号召五路的叛将。叛将归降后，再派官军前进，敌人必然放弃汴京而逃向河北、京畿，陕右一带可以全部收复。然后分兵进攻浚州、滑州，经略两河地区，这样一来，一定可以活捉刘豫，金人可以消灭，国家的长久大计，实在是在于这一行动。"皇帝回答说："有你这样的大臣，还有什么忧虑，你发兵进攻的时机，我不在朝中干预。"又把岳飞召到寝阁中命令他说："中兴大事，全都委托给你了。"下令岳飞节制光州。

岳飞刚开始计划大举出征，适逢秦桧主张向金人求和，于是不把王德、郦琼的部队拨归岳飞。诏命岳飞到都督府与张浚议事，张浚对岳飞说："王德为淮西军所钦服，我想任命他为都统，而命令吕祉以都督府参谋的身份统领这支部队，怎么样？"岳飞说："王德与郦琼本来不相上下，一旦提拔王德，位于郦琼之上，那么两人必然会争执。吕尚书不熟悉军旅之事，恐怕不足以服众。"张浚说："张宣抚怎么样？"岳飞说："暴躁而缺乏智谋，尤其为郦琼所不服。"张浚说："那么杨沂中总算可以了吧？"岳飞说："杨沂中看来和王德差不多，怎么能驾驭这支部队？"张浚恼怒地说："我就知道非太尉你不可。"岳飞说："都督以正事问我的意见，不敢不完全献出我的愚见，哪里有想得到兵权的念头呀？"当天岳飞上书请求解除兵权，回家服满守丧期，让张宪代理指挥军队，自己步行返家，在母亲墓旁搭建小屋居住。张浚十分生气，上奏皇帝任命张宗元为宣抚判官，监督岳飞的部队。

皇帝几次下诏催促岳飞还军复职，岳飞极力推辞。皇帝又诏令岳飞的僚属们到岳飞守丧的小屋死力相请，有六天时间，岳飞赶奔入朝等待处分，皇帝安慰一番后把他派回部队。张宗元回来说："将领团结和睦，士兵锐气正足，人人心怀忠孝之心，这都是岳飞训练教育的结果。"皇帝十分高兴。岳飞上奏说："近来在寝阁下达的命令，都说陛下的决心已下，为何至今尚未决定？我愿率领部队进讨，顺应天道，符合人心，我军师出有名则部队威武雄壮，敌军师出无名则部队萎靡沮丧，我军顺应天时则强大无比，敌军逆天行事则不堪一击，必然会收到万全的效果。"又上奏说："钱塘地处僻远的海角，不是用武之地。愿陛下在上游建都，效仿汉光武帝的当年做法，亲自统率六军，往来于各地督战。这样就能使将士们知道圣上的意图所向，人人拼死效力。"皇帝没有答复而郦琼反叛，张浚这才感到后悔。岳飞又上奏："我愿进军屯驻在淮甸，等待有利时机进攻郦琼，按一定期限消灭叛军。"皇帝不同意，诏令岳飞部队进驻江州作为淮、浙地区的援军。

岳飞得知刘豫勾结粘罕，而兀术却厌恶刘豫，可以先施离间之计而后行动。正好军中捉到一个兀术的探子，岳飞佯装认错了人并责备他说："你不是我军中的张斌吗？我以前派你去齐国，约定引诱四太子兀术来，你却去后不再回来。我继续派人去通使，齐国已经答应我，今年冬天以联合进犯长江为名，把四太子诱至清河。你拿着我的书信竟然没有送到，为什么背叛我？"探子希望暂缓处死他，就假装服罪。岳飞又写了一封蜡丸书，写着与刘豫合谋诛杀兀术的事情，然后对探子说："我今天饶恕你。"再次把他派回齐国，询问举兵起事的日期，割开探子的大腿把蜡丸书藏在里面，警告他万勿泄密。探子回去，把蜡书交给兀术，兀术大吃一惊，火速报告了金朝国主，于是废掉了刘豫。岳飞上奏说："应该乘刘豫被废之际，捣其不备，长驱直入以攻取中原。"朝廷没有答复。

绍兴八年，岳飞率部队回到鄂州。王庶在江、淮地区巡视军队，岳飞写信给王庶说："今年如果不举兵北伐，我就交还符节辞职赴闲。"王庶极其赞赏。秋天，奉诏去皇帝驻在的地方，命令他去资善堂参见皇太子。岳飞退下去后高兴地说："国家终于得到主人啦，中兴基业，难道从此有了开端吗？"正好金国派遣使臣来将要归还河南地区，岳飞说："金人不可信任，和好不可以依恃，宰相谋划国家大事不妥当，恐怕要留给后世人讥笑。"秦桧对此怀恨在心。

绍兴九年，因为河南回归，朝廷大赦天下。岳飞上表致谢，其中寓含了不应该与金国和议的意思，文中有"唾手收复燕云，复仇报答国家"之语。朝廷授予岳飞开府仪同三司，岳飞极力推辞，说："现在的天下之事，应该感到危急而不可以感到安全；应该感到担忧而不可以庆贺；应该训练军队整饬士大夫，谨慎地防备不测事件发生，而不可以论功行赏，让敌人取笑。"皇帝三次下诏他都不接受，皇帝好言嘉勉，岳飞才接受。正赶上朝廷派遣赵士㒟前往拜谒先皇诸陵，岳飞请求派轻骑兵随从使臣洒扫先皇陵寝，实际上是想观察敌军的虚实以制定讨伐的计划。又上奏说："金人没事请求议和，此中必有肘腋之患，名义上是把土地归还给我们，实际上是寄放在我们这里罢了。"秦桧对皇帝说制止岳飞的行动。

绍兴十年，金军攻打拱州、亳州，刘锜向朝廷告急，皇帝命令岳飞火速增援，岳飞派遣张宪、姚政率兵前往。皇帝赐给岳飞的亲笔信中说："同金兵作战的措施及方略，一并委托给你，我不进行遥控"。于是岳飞遣王贵、牛皋、董先、杨再兴、孟邦杰、李宝等人，分别经营攻略西京、汝州、郑州、颍昌、陈州、曹州、光州、蔡州诸郡；又命令梁兴渡过黄河，联络集合忠义社，攻取河东、河北各州县。又派部队去东面援救刘锜，西面援救郭浩，自己率大军准备长驱直入以雄视中原。将要出发时，岳飞秘密上奏说："先立太子以安定人心，然后请皇上不要经常居住在一地，以此来表示没有忘记复仇的决心。"皇帝得到这个奏章，大力褒奖他的忠心，任命岳飞为少保，河南府路、陕西、河东北路招讨使，不久改任河南、北诸路招讨使。没过多久，岳飞所派遣的诸将相继传来捷报。大部队驻守颍昌，部下众将分路出兵作战，岳飞自己率领轻装骑兵驻扎郾城，兵锋锐气十足。

兀朮大为恐惧，会见龙虎大王商议，认为宋军其他各位统帅容易对付，只有岳飞锐不可当，打算引诱岳飞的部队前来，集中兵力决一死战。朝廷内外听说此事，十分恐惧，皇帝诏令岳飞慎重行事保全自己。岳飞说："金人的伎俩已经穷尽了。"于是天天出兵挑战，并且大骂金军。兀朮十分恼怒，联合龙虎大王、盖天大王与韩常的部队直逼郾城。岳飞派遣儿子岳云率领骑兵直冲入敌阵，告诫他说："打不赢，我先杀你的头！"激战数十个回合，杀得贼尸遍野。

当初，兀朮训练了一支精锐部队，都穿着重甲，用牛皮绳贯串起来，三人为一组，号称"拐子马"，宋军无法抵挡。这次战役，兀朮调动了一万五千名拐子马骑兵前来。岳飞下令步兵手持麻札刀冲入敌阵，不要抬头仰视，只管砍马蹄。拐子马都是连在一起的，只要一匹马倒地，其他两匹马就无法前进，宋军奋力攻击，于是大败金军。兀朮大哭道："自从海上起兵以来，全都是靠它取胜，今天算完了！"兀朮增加兵力又来，岳飞部将王刚率五十名骑兵侦察敌情时与敌军相遇，王刚奋力斩杀了敌军将领。岳飞当时正出来视察作战地形，望见黄尘铺天遮地，亲率四十名骑兵突入敌群战斗，打败了这股援军。

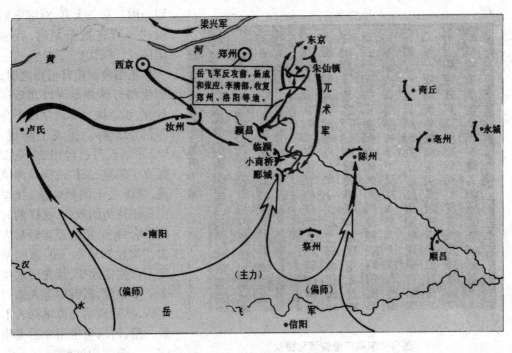

岳飞反攻中原作战经过示意图

正当郾城再次取胜的时候，岳飞对岳云说："金兵屡战屡败，必然要回军进攻颍昌，你应该迅速去支援王贵。"不久兀术果然赶来，王贵率领游奕军，岳云率领背嵬军与金军大战于城西。岳云指挥八百名骑兵冲到阵前与金兵决战，步兵在左右两翼展开队形跟在骑兵后面前进，杀死兀术的女婿夏金吾、副统军粘罕索孛堇，兀术逃去。

梁兴会合太行山的忠义民兵及两河地区的豪杰之士等，屡次与金军交战都取得大捷，极大地震动了中原地区。岳飞上奏说："梁兴等人北渡黄河，人心都愿意回归朝廷。金兵屡败，兀术等人都下令军中老少返回北方，眼下正是中兴大宋的好机会。"岳飞进军朱仙镇，距离汴京只有四十五里，与兀术对峙结阵，岳飞派骁将率背嵬骑兵五百人奋勇冲击，大破兀术军，兀术逃回汴京。岳飞通知陵台令巡行察看先帝诸陵，进行修葺整治。

在此之前，绍兴五年，岳飞派遣梁兴等人广布朝廷恩德，招抚结纳两河地区的豪杰，山寨寨主韦铨、孙谋等人收拢兵力固守堡垒，等待官军前来，李通、胡清、李宝、李兴、张恩、孙琪等人率部众归附。金人的动态，山川的险要，一时都掌握了确实情报。所有磁、相、开德、泽、潞、晋、绛、汾、隰等地区，都约定日期一同起兵，与官军相会合。他们所打的旗帜以"岳"字为号，父老百姓们争相拉着车牵着牛，载运着干粮送给义军，头上顶着烧香盆子来迎候的人，充满了道路。从燕京以南，金国的号令不能实行，兀术打算强行征兵来抵挡岳飞，河北之地没有一个人听从他。兀术叹息说："自我朝兴起于北方以来，还没有像今天这样的挫败。"金军大帅乌陵思谋一向号称凶狠狡诈，这时也无法控制他的部下，只能劝告说："不要轻举妄动，等岳家军来了就出降。"金军统制王镇、统领崔庆、将官李凯、崔虎、华旺等人都率所部投降，以至于禁卫龙虎大王的属下忔查千户高勇之流，都秘密地接受了岳飞的旗帜和文告，从北方前来归附。金国将军韩常打算率五万部众前来内

岳飞向宋高宗报告河北捷状

地归附。岳飞大喜,对部下们说:"一直进抵黄龙府,我和诸位开怀畅饮!"

正当渡河指日可待之时,秦桧却打算划淮河以北地区放弃,示意谏官奏请皇帝下令各部队班师。岳飞上奏说:"金军的锐气已经沮丧,全部抛弃了辎重,急忙逃向黄河北渡,豪杰之士闻风响应,我军士兵正待为国效命,这样的时机不会再来,机会万难轻易失去。"秦桧知道岳飞的志向坚定不可使他改变,就先请求皇帝下令张俊、杨沂中等人撤回军队,然后说岳飞孤军深入不能久留,请求皇帝诏令岳飞班师。一天之内连续接到十二道金字牌,岳飞愤慨慨惜地流下眼泪,朝着东方拜了两拜说:"十年的努力,废弃于一旦。"岳飞下令班师,百姓们拦住他的马放声大哭,诉说道:"我们头顶香盆,运送粮草来迎接官军,金人都知道。相公这一走,我们就没有一个人能活着了。"岳飞也悲哀地流下眼泪,取出皇帝的诏令给大家看并说:"我不能擅自留下。"哭声震动了田野,岳飞留了五天以等待百姓们内迁,跟随他一起南迁的百姓如同赶集的人一样众多,岳飞立即奏请皇帝拨汉水上游六郡的空闲农田安置这些百姓。

正当兀尤弃守汴京北撤时,有一个书生扣住他的马缰绳说:"太子不要走,岳少保即将退兵了。"兀术说:"岳少保用五百名骑兵打败我的十万人马,京城上下日夜盼望他到来,怎么说可以守得住呢?"书生说:"自古以来没有权臣在内,而大将能在外立功的事,岳少保尚且不免,还想立功吗?"兀木醒悟,于是留驻汴京。岳飞率军撤回后,原来收复的各州县,马上又重新丧失了。岳飞极力请求解除自己的兵权,皇帝不同意,岳飞从庐山入朝晋见皇帝,皇帝慰问他,岳飞只是拜谢而已。

绍兴十一年,探子来报金兵分路渡过淮河,岳飞请求集中各位元帅的部队破敌。兀术、韩常与龙虎大王迅速赶到了庐州,皇帝催促岳飞策应增援,总共写了十七封信。岳飞策算金人倾全国兵力南下进犯,其巢穴必然空虚,如果长驱直入到汴京、洛阳以捣毁敌人巢穴,金军一定是疲于奔命地赶回援救,可以坐待敌军疲惫。当时岳飞正苦于患风寒咳嗽,竭力支撑抱病而行。又担心皇帝急于打退敌人,于是上奏说:"我如果领兵直捣敌军的空虚地区,势必能取得胜利,假如因为敌人正在近处而没有时间去考虑长远的计划,那就请求陛下亲自到蕲州、黄州,以商议攻守事宜。"皇帝接到此奏大喜,赐给岳飞书信说:"你正苦于风寒之疾,却仍然为我领兵前行,为了国家而忘记了自身,谁能比得上你呢?"

岳飞率军进至庐州，金兵望风而逃。岳飞把部队撤回舒州等待命令，皇帝又赐给岳飞书信，认为岳飞小心恭谨、不擅自进退是得体的。兀术攻破濠州，张俊所部驻扎在黄连镇，不敢前进；杨沂中所部中了埋伏而战败，皇帝命令岳飞救援他。金人听说岳飞到了，又逃走了。

当时和议之事已经决定，秦桧担心岳飞反对自己，于是秘密上奏皇帝召还三位大将论功行赏。韩世忠、张俊已经赶到，岳飞一个人后到，秦桧又采用参政王次翁的计策，等待岳飞等了六七天。岳飞来到之后，被任命为枢密副使，位在参知政事之上，岳飞坚决请求交还兵权。五月，皇帝诏令岳飞同张俊前往楚州布置边防，会合韩世忠部队还军驻守镇江。

当初，岳飞在各位大将中年龄最小，从小校提拔起来，屡屡立下赫赫战功，韩世忠、张俊不服气。岳飞委屈自己，凡事均居于他们之下，幕僚中年轻气盛的人劝告岳飞不要过于谦卑退让。金兵进攻淮西，这是张俊分守的防地，张俊始终不敢有所行动，部队终于没有立功。岳飞接到命令立即行动，于是解了庐州之围，皇帝任命岳飞为两镇节度使，张俊越发感到耻辱。杨幺被平定后，岳飞赠送给张俊、韩世忠每人一艘楼船，船上各种武器必备，韩世忠非常高兴，张俊反倒忌恨岳飞。淮西之役，张俊以前方缺粮吓唬岳飞，岳飞并没有因此停止前进，皇帝赐书褒奖，其中有："转运粮饷遇到艰难险阻，你却义无反顾"这样的话，张俊怀疑岳飞对皇上泄漏了自己的话，回到朝廷，反而说岳飞逗留不进，却以缺乏粮饷为借口。去视察韩世忠的部队时，张俊知道韩世忠触犯了秦桧，便打算与岳飞一起瓜分韩世忠的背嵬军，岳飞顾全大义不肯这样做，张俊大为不高兴。等到和岳飞同行至楚州城，张俊想修缮城墙来做御敌准备，岳飞说："应当努力地牟取收复失地，岂可作退保自守的打算？"张俊变了脸色。

正好韩世忠的军吏景著对总领胡纺说："两位枢密使如果瓜分了韩世忠的部队，恐怕要发生事变。"胡纺把他的话上报了朝廷，秦桧逮捕景著投入大理寺，准备以此事煽动谣言诬陷韩世忠。岳飞急忙写信给韩世忠告以秦桧用心所在，韩世忠面见皇帝自己讲明了事情的缘由。张俊从此对岳飞大为不满，于是首次提出岳飞倡议放弃山阳，并且秘密地把岳飞报信给韩世忠这件事告诉了秦桧，秦桧大怒。

当初，秦桧排挤走了赵鼎，岳飞常常为此对宾客叹息，又把收复中原失地当作自己的责任，不肯附和议和的主张。阅读秦桧的奏章，读到"德行没有常师，主张为善就可以为师"的话时，厌恶他欺君罔上，愤愤地说："君臣这个大伦常，根源在于天性，身为大臣能忍心当面欺骗他的皇帝吗？"兀术给秦桧的信中说："你早晚都在请求议和，然而岳飞却正在图谋进取河北，必须杀掉岳飞，才可以议和。"秦桧也认为岳飞不死，终究会阻碍议和，自己也必然受祸，所以极力谋划杀死岳飞。因为谏议大夫万俟卨与岳飞有怨仇，就指使万俟卨弹劾岳飞，又示意中丞何铸、侍御史罗汝楫接连上奏章弹劾岳飞，大概意思是说："今年春天金人进攻淮西，岳飞进军至舒州、蕲州就不再前进，近来他与张俊驻守于淮河岸边，又打算放弃山阳而不去防守。"岳飞几次上奏章请求罢免自己的枢密副使的职务，不久交还两镇节度使的符节，充任万寿观使、奉朝请。秦桧的意图还未全部得逞，又指示张俊威逼王贵、诱使王俊诬告张宪策划把兵权还给岳飞。

秦桧派使者逮捕岳飞父子来证实张宪的事情，使者到时，岳飞笑着说："皇天后土，可以证明我这颗心。"开始命令何铸审讯岳飞,岳飞撕开衣裳把后背给何铸看,上面有"尽忠报国"四个大字,深深地刺入皮肤的纹理之中。没多久查明实在没有佐证,何铸判岳飞无辜。秦桧改命万俟卨审理。万俟卨诬陷说:岳飞写信给张宪,命令张宪谎报军情以震动朝廷视听,而且岳云写信给张宪,要张宪采取措施使岳飞回到军中;并且说这些信已经焚毁。

岳飞被囚禁两个月,没有可以证明他有罪的证据。有人教万俟卨以御史台奏章所指责的淮西一事为证言,万俟卨高兴地告诉秦桧,查抄登记岳飞的家产,拿走了当时皇帝给岳飞的亲笔信藏起来消除不利于审讯的字迹。又逼迫孙革等人证明岳飞接受诏令后仍然逗留不前,命令评事元龟年将岳飞在淮西的行军日程混杂排定,以附会岳飞之案。年底,此案仍无法成立,秦桧亲手写了一张小纸条交给狱官,立即报告岳飞死亡了,这年他三十九岁。岳云在闹市被斩首示众。登记并没收岳飞的家产,迫令他全家迁往岭南。岳飞的幕僚于鹏等六人也被牵连定罪。

当初,岳飞关在狱中,大理寺丞李若朴、何彦猷、大理卿薛仁辅都说岳飞无罪,万俟卨全把他们弹劾赶走。宗正卿赵士㒟请求用全家一百口人的性命担保岳飞,万俟卨也弹劾他,被放逐到建州而死。平民刘允升上书朝廷申诉岳飞冤枉,被关进大理寺后死去。凡是附会参与并促成岳飞冤狱的人,都不同等级地升了官职。

岳飞一案将要上报了,韩世忠愤愤不平,他来到秦桧处质问有无真实凭据,秦桧说:"岳飞的儿子岳云写信给张宪这件事虽然还不太明确,但这件事或许有。"世忠说:"'或许有'三个字,怎么能使天下人信服?"当时洪皓正在金国,派人把一封蜡丸信飞驰奏报皇帝,信中说金人所畏服者只有岳飞,以至称呼他为岳爷爷,金国的各大首领听说岳飞死讯,饮酒互相庆贺。

岳飞侍奉双亲非常孝顺,母亲留在河北,岳飞派人寻找访求,迎接老人家南归。他母亲有顽症,药物补品等事岳飞必定要亲手调理。母亲去世,岳飞三天滴水未沾。家中没有姬妾服侍。吴玠一向佩服岳飞,愿意与他结为好友,打扮了一位有名的美女送给他。岳飞说:"皇上每天天不亮就起身处理公务,很晚才吃饭,现在哪里是大将享受安乐的时候?"推却不受,吴玠由此更加尊敬佩服他。岳飞年轻时喜欢喝酒,皇帝告诫他说:"你将来打到河朔地区,就可以喝了。"于是戒酒不再喝了。皇帝当初为岳飞建造府宅,岳飞辞谢说:"敌寇没有消灭,要家干什么?"有人问天下何时能太平,岳飞说:"文臣不爱钱,武将不怕死,天下就会太平了。"

岳飞率部队每次驻扎休整,都训练将士们从斜坡上骑马急驰而下跳跃壕沟,并且都穿着重甲练习这些课目。他的儿子岳云曾经练习从斜坡上骑马急驰而下,战马跌倒,岳飞十分生气而鞭打岳云。有一名士兵拿了老百姓的一缕麻用来捆扎喂牲口的草,立即将他斩首示众。士兵夜间宿营,老百姓打开房门愿意让他们进屋休息,没有一个人敢进入房中的。岳飞的部队号称"冻死不拆屋,饿死不掳掠"。士兵有病,岳飞亲自为他调药;诸将远征,岳飞派自己的妻子慰劳他们的家眷;战死的将领,岳飞为之哭泣并养育他们的孤儿,或者让儿子娶阵亡将领的女儿为妻。凡是有朝廷颁发下的犒赏,平均分配给部下军吏,秋毫不据为私有。

岳飞作战善于以少击众,将要有所行动,把各位统制全部召来参与计划,谋略制定以后再出战,所以只有胜利没有失败。突然与敌军遭遇也镇定自若。因此敌军这样评价岳飞的部队:"摇撼大山容易,撼动岳家军困难。"张俊曾经向岳飞询问用兵的方法,岳飞答道:"仁义、智谋、信用、勇敢、严格,缺一不可。"每当征调军粮,必定皱着额头说:"东南地区的民力,消耗凋敝到极点了。"荆湖一带平定后,岳飞招募百姓营田,又开始发动士兵屯田,每年节省了一半漕运之粮。皇帝亲笔书写了曹操、诸葛亮、羊祜三个人的事迹赐给岳飞。岳飞在皇帝书后写上跋语,特地指出曹操是奸贼而鄙视他,这件事尤其为秦桧所恼恨。

岳飞簪花图

张所死后,岳飞感念旧恩,抚养他的儿子张宗本,举奏为官。李宝从楚州来归附,韩世忠留下

他,李宝痛哭流涕地说愿意归属到岳飞部下,韩世忠写信来告诉这件事,岳飞复信说:"都是为了国家,何必要分彼此?"韩世忠为此叹服不已。襄阳战役时,皇帝诏令刘光世增援,六郡已经收复,刘光世才率军赶来,岳飞上奏请皇帝先犒赏刘光世的部队。岳飞喜好贤才,礼遇士大夫,遍览经史典籍,歌唱雅诗,投壶为乐,谦虚谨慎地如同一位书生。每次辞官,必然说:"将士们为国效力,我有什么功劳?"然而天性忠愤激烈,议论人与事能坚持公道,不屈服于人,最终因此而蒙受灾祸。

秦桧死后,讨论恢复岳飞原来的官职。万俟卨说金国刚愿意讲和,一旦录用以前的将领,会使天下人疑惑不解,不可以这样做。到了绍兴末年,金国日益猖獗,太学生程宏图上书朝廷为岳飞申冤,皇帝下诏允许岳飞家属自行选择居住地。起初,秦桧讨厌岳州与岳飞的姓氏相同,把岳州改名为纯州,到此时仍旧称为岳州。中丞汪澈宣抚荆、襄地区,岳飞过去的老部下联合上书向汪澈申诉岳飞的冤屈,哭声如同雷震一般。孝宗下诏恢复岳飞官职,用礼仪改葬,赐给岳飞家属钱一百万贯,寻求岳飞的后代全部授予官职。在鄂州建庙,号称忠烈庙。淳熙六年,朝廷为岳飞定谥号为武穆。嘉定四年,追封岳飞为鄂王。

岳飞有五个儿子:岳云、岳雷、岳霖、岳震、岳霆。

范成大传

【题解】

范成大（1127~1194），南宋诗人。字致能，号遂初居士，无锡（今属江苏）人。绍兴进士，曾任吏部员外郎、起居舍人、礼部尚书等职。晚年隐居石湖达十年。

范成大是南宋重要诗人。其诗以反映农村社会生活图景的作品成就最高，被视为中国古代田园诗的集大成者。诗境开阔，风格多样，但不免染上南宋诗坛注重锻造、务气逞怪的习气。有《石湖居士诗集》。

范成大祠

【原文】

范成大字致能，吴郡人，绍兴二十四年擢进士第，授户曹，监和济局。隆兴元年，迁正字。累迁著作佐郎，除吏部郎官。言者论其起踖，罢，奉祀。

起知处州。陛对，论力之所及者三，曰日力，曰国力，曰人力。今尽以虚文耗之，上嘉纳。处民以争役嚣讼，成大为创义役，随家贫富输金买田，助当役者，甲乙轮第至二十年。民便之。其后入奏，言及此，诏颁其法于诸路。处多山田，梁天监中，詹、南二司马作通济堰在松阳、遂昌之间，激溪水四十里，溉田二十万亩。堰岁久坏。成大访古迹，叠石筑防，置堤闸四十九所，立水则，上中下溉灌有序。民食其利。

除礼部员外郎兼崇政殿说书。乾道令以绢计赃。估价轻而论罪重。成大奏："承平时绢匹不及千钱，而估价过倍。绍兴初年递增五分，为钱三千足。今绢实贵，当倍时值。"上惊曰："是隘民深文。"遂增为四千而刑轻矣。

隆兴再讲和，失定受书之礼。上尝悔之。迁成大起居郎、假资政殿大学士，充金祈请国信使。国书未求陵寝，盖泛使也。上面谕受书事，成大乞并戴书中，不从。金迎使者慕成大名，至求巾帻效之。至燕山，密草奏，具言受书式，怀之入。初进国书，词气慷慨。金君臣方倾听，成大忽奏曰："两朝既为叔侄，而受书礼未称，臣有疏。"搢笏出之。金主大骇曰："此岂献书处耶？"左右以笏标起之，成大屹不动，必欲以书达。既而归馆所，金主遣伴使宣旨取奏，成大之未起也。金庭纷然。太子欲杀成大，越王止之。竟得全节而归。

除中书舍人。初，上书崔寔《政论》赐辅臣。成大奏曰："御书《政论》，意在饬纲纪、振积敝。而近日大理议刑，递加一等，此非以严致平，乃酷也。"上称为知言，张说除签书枢密院事。成大当制，留词头七日不下，又上疏言之，说命竟寝。

知静江府。广西窘匮，专藉盐利。漕臣尽取之，于是属邑有增价抑配之敝，诏复行钞盐。漕司构钞钗钱给所部,而钱下时至。成大入境,曰:"利害有大于此乎!"奏疏谓:"能裁抑漕司强取之数,以宽郡县,则科抑可禁。"上从之。数年,广州盐商上书,乞复令客贩,宰相可其说,大出银钱助之。人多以为非,下有司议,卒不易成大说。旧法,马以四尺三寸为限,诏加至四寸以上。成大谓互市四十年,不宜骤改。

除敷文阁待制,四川制置使,疏言:"吐蕃、青羌两犯黎州,而奴儿结、蕃列等尤桀黠,轻视中国。臣当教阅将兵,外修堡砦,仍讲明教阅团结之法,使人自为战,三者非财不可。"上赐度牒钱四十万缗。成大谓西南诸边,黎为要地,增战兵五千。奏置路分都监。吐蕃入寇之路十有八,悉筑栅分戍。奴尔结扰安静砦,发飞山军千人赴之,称其三日必遁,已而果然。白水砦将王文才私娶蛮女,常导之寇边。成大重赏檄群蛮使相疑贰。俄擒文才以献,即斩之。蜀北边旧有义士三万,本民兵也,监司、群守杂役之,都统司又俾与大军更戍,成大力言其不可,诏遵旧法。蜀知名士孙松寿年六十余,樊汉广甫五十九,皆挂冠不仕,表其节,诏召之,皆不起,蜀士由是旧心。凡人才可用者,悉致幕下,用所长,不拘小节,其杰然者。露章荐之,往往显于朝,位至二府。

召对,除权吏部尚书,拜参知政事。两月,为言者所论,奉祠。起知明州,奏罢海物之献。除端明殿学士。寻帅金陵。会岁旱,奏移军储米二十万振饥民,减租米五万。水贼徐五窃发,号"静江大将军"。捕而戮之。以病请闲。进资政殿学士,再领洞霄宫。绍熙三年,加大学士。四年薨。

成大素有文名,尤工于诗。上尝命陈俊卿择文士掌内制,俊卿以成大及张震对。自号石湖,有《石湖集》《揽辔录》《桂海虞衡集》,行于世。

【译文】

范成大,字致能,吴郡(今江苏苏州市)人。绍兴二十四年(1154),在进士考试中得到选拔,任职户曹,监和济局。隆兴元年(1163),调任负责订正典籍讹误的正字。后来又先后调任著作佐郎、吏部郎官。言官议论、批评范成大超越礼仪。因此他被罢官,只任宫观使,拿取俸禄,却无职务。

后来,范成大被起用,治理处州(今浙江丽水、缙云、青田、遂昌、龙泉、云和等县地区)。在应答皇帝的"咨询"的时候,范成大论及国家有三种力量,一是日力(即时间),二是国力,三是民力。当时,这些力量被虚假的理由、形式主义的手段白白地消耗掉。皇帝对他的言论十分赞赏并加以采纳。处州民众因承担力役经常发生争吵、诉讼。范成大为此创立了义役:不管民众家贫家富,都要出一定的金钱买田,以田产的收入资助服力役者。甲乙轮流次第,可不烦力役达二十年,民众觉得十分方便。范成大在给皇帝上奏时也谈到了这个方法。政府下诏向各路推广范成大的义役。处州多山田,梁天监中,詹、南二位司马筑通济堰,在松阳(今浙江遂昌)和遂昌之间。通济堰阻遏水势,使溪水奔流达四十里,可以灌溉二十万亩土地。堰造了几百年,已经损坏。范成大沿着通济渠的古道,调查研究,对损坏的地方叠石筑堤,设置闸门四十九所,控制水位的高、中、低,有次序地对农田灌溉。民众从中得到了很大的好处。

范成大升任礼部员外郎、兼任崇政殿侍讲。乾道时有诏令:"可以拿绢匹计算贪污受贿、盗窃所得的赃物。"当时估算绢匹的价低,因而论罪就重。范成大上奏:"太平的时候,绢匹不到千钱,而估价却超过一倍。绍兴初年(1131),递增百分之五十,绢匹价足三千钱。当今绢匹价倍于时价。"皇上闻奏,大吃一惊,并说:"法律条文苛细严峻,对民众不利。"遂增加绢匹为四千钱,因而刑罚就减轻了。

隆兴年间,南宋和金国再次议和,宋金在定约之时,规定金使至,捧国书上殿,北面立榻前跪进,帝降榻接受国书。这样的规定,丧失了国家的面子,皇上十分悔恨。于是,调范成大任起居郎、假资政殿大学士,担任去金国祈请国信使。国书专门提出宋王朝在河南的坟墓、寝庙的问题。这似乎是一般的使命。皇上在接见范成大的时候,还讲了要求改变接受国书的礼节。范成大要求一并写在国书中,皇上没有同意。金国迎接范成大的使者羡慕成大的名气,到处求买包头发的布巾效法范成大。至燕山,范成大秘密起草要求改变受金国国书仪式的奏言,范成大藏在怀中而入,开始,进国书的时候,词气慷慨,金君臣都在认真倾听。成大忽然上奏说:"两朝既然是叔侄关系,而规定的受书的礼仪和叔侄关系不相称,我有奏疏。"插笏而出。金主大惊说:"这哪里是献国书的地方啊!"左右都把朝笏举起,成大屹立不动,一定要把国书送达。后来回归馆所,金主派伴使宣旨拿取奏言,成大没有起来,违抗金主之命。金朝廷哗然,太子准备杀掉成大,被越王阻止,尽管陵寝问题及改变接受国书礼仪两项使命都没完成,范成大竟得全大节而归。

任命范成大为中书舍人。起初,皇上亲笔书写崔寔的《政论》赐给重要的辅佐大臣。成大又上奏说:"皇上亲书《政论》,意在整顿纲纪,消除积敝。而近日大理议论刑律时,都罪加一等,此不是从严治政,而是酷刑。"皇上称赞成大之言有卓见。张说将被任命为签书枢密院事,正好碰到成大应草拟诏书,成大留皇上任命张说的便条七日不发,又上疏表示反对,任命张说之事遂不了了之。

范成大任职静江府(今广西桂林),广西物资匮乏,专门依靠食盐谋利,漕臣完全把它取去。于是所辖县邑有增盐价,抑制配给之弊端。中央政府诏令恢复行使盐钞。但漕臣只考虑钞钱均上交给中央有关部门,而自己不能按时得到钱。成大到广西时议论说:"还有比这更大的利害吗!"遂向中央上疏:"如能抑制漕臣强夺豪取之数,又能对郡县放宽经济,过分的征税就可禁止。"皇上听从了他的意见。几年后,广州盐商上书,请求恢复客商贩盐。宰相赞成这个请求,出了很多钱帮助他们。不少人以为成大做法不当,皇上令有关部门议处,最终不能改变范成大的主张。按旧法,马以四尺三寸为界限,中央诏书令加到四寸以上。成大说,同边境贸易已四十年,不宜突然改变。

任范成大为敷文阁待制,四川制置使。成大上疏说:"吐蕃、青羌两者侵犯黎州(今属四川),而奴儿结、蕃列等特别狡猾、残暴,轻视中国,臣准备训练将官士卒,外修堡砦壁垒,并向将士讲明,在作战中团结之法,能人自为战,要做到这三件事,非钱财不可。"皇上下令,把出卖僧牒所获得的钱四十万缗发给四川。范成大又说:"在西南各边境,黎州最为重要,应增加战士五千人。"并上奏建议设置以路为划分的都监。吐蕃入侵之路有十八处,均筑栅栏分戍。如果奴儿结侵扰安静砦时,发飞山军千人赶往,估计他们三日之内必然逃遁。后来,果然如此。白水砦的将官王文才,私娶蛮女,经常引导他们侵扰边境。范成大发檄文赏赐群蛮,使他们相互猜疑,不久便擒获文才献到京师,随即斩掉。川北边境旧有义士三万,本是民兵,监司、群守随便把他们当杂役使用;都统司又使他们与大军替换戍边。成大力争,认为这样做不妥。中央政府下诏令恢复旧制。四川著名人士孙松寿年六十余,樊汉广刚五十九岁,皆辞职不仕,政府表彰他们的节气,下诏召他们为官,他们又不仕。四川人由此对中央政府归心。凡人才可以使用的,范成大完全把他们招致到幕下,使用他们的长处,不问他们的小节。其中杰出的人士,向中央政府推荐,往往在朝廷显露才能,很显贵,有的位至枢密院或中书门下。

皇上召范成大回京城,向他提出各种问题,让成大应答。又任成大权吏部尚书,拜参知政事。两月后,为言官所非议,又罢免了成大的职务,只任宫观使,拿些俸禄。后来又被任用为明州(今浙江宁波)知府,成大奏言建议取消上献海产。中央任命他为端明殿学士。然后又调他统帅金陵(今江苏南京)。金陵这年正好大旱,范成大奏请把储存的二十万军粮赈救灾民,减租米五万。水贼徐五作乱,号"静江大将军",范成大捕捉他并把他杀了。

后来范成大以疾病请求休闲,皇上升任他为资政殿学士,再管理洞霄宫。绍熙三年(1192)加大学士。四年(1193)去世。

成大素来有文名,尤其擅长写诗。皇上曾命陈俊卿选择、推荐文士负责起草诏令,掌管内制。俊卿回答说,范成大及张震可以。范成大自号"石湖",有《石湖集》《揽辔录》《桂海虞衡集》,都流行于世。

陆游传

【题解】

陆游(1125～1210),南宋大诗人,字务观,号放翁,山阴(今浙江绍兴)人。生当北宋灭亡之际,少年时即受家庭爱国主义思想熏陶。曾任镇江、隆兴等地通判,官至宝章阁待制,还曾投身戎幕。政治上主张充实军备,坚决抗战。因此屡受投降集团压制。晚年退居家乡,抱恨而逝。

陆游今存诗九千三百余首,内容极为丰富,多抒发政治抱负,反映人民疾苦,批判当时统治集团的屈辱投降,表现出强烈爱国热情。其诗诸体兼长,风格雄放,思想和艺术上都有很高成就。为"南宋四大家"之一。词与散文也很出色。其词或清丽缠绵,或苍凉旷远,当时颇有影响。著有《剑南诗稿》《渭南文集》。

陆游祠

【原文】

陆游,字务观,越州山阴人。年十二,能诗文,荫补登仕郎。锁所荐送第一，秦桧孙埙适居其次，桧怒，至罪主司。明年，试礼部，主司复置游前列，桧显黜之，由是为所嫉。桧死，始赴福州宁德簿。以荐者除敕令所删定官。

时杨存中久掌禁旅，游力谏非便。上嘉其言，遂罢存中。中贵人有市北方珍玩以进者，游奏："陛下以'损'名斋，自经籍翰墨外，屏而不御。小臣不体圣意，辄私买珍玩，亏损圣恩。乞严行禁绝。"

应诏言："非宗室外家，虽实有勋劳，毋得辄加王爵。顷者有以师傅而领殿前都指挥使，复又以太尉而领阁门事，渎乱名器，令加订正。"迁大理寺司直兼宗正簿。

孝宗即位，迁枢密院编修官，兼编类圣政所检讨官。史浩、黄祖舜荐游善词章，谙典故，召见，上曰："游力学有闻，言论剀切。"遂赐进士出身。入对，言："陛下初即位，乃信诏令以示人之时，而官吏将帅一切玩习，宜取其尤沮格者，与众弃之。"

和议将成，游又以书白二府曰："汉左自吴以来，未有舍建康他都者。驻跸临安出于权宜，形势不固，馈饷不便，海道逼近，凛然意外之忧。一和之后，盟誓已立，动有拘碍。今当与之约，建康、临安皆系驻跸之地。北使朝聘，或就建康，或就临安。如此，则我得以暇时建都立国，彼不我疑。"

时龙大渊、曾觌用事。游为枢密臣张焘言："觌、大渊招权植党，荧惑圣听，公及今不言，异日将不可去。"焘遽以闻，上诘语所自来，焘以游对。上怒，出通判建康府，寻易隆兴府，言者论游交结台谏，鼓唱是非，力说张浚用兵，复归。久之，通判夔州。

王炎宣抚川、陕，辟为干办公事。游为炎陈进取之策，以为经略中原。必自长安始，取长安必自陇右始。当积粟练兵，有衅则攻，无则守。吴璘子挺代掌兵，颇骄姿，倾财结士，屡以过误杀人，炎莫谁何？游请以玠子拱代挺。炎曰："拱怯而寡谋，遇敌必败。"游曰："使挺遇敌，安保其不败。就令有功，愈不可驾驭。"及挺子曦僭叛，游言始验。

范成大帅蜀，游为参议官，以文字交。不拘礼法，人讥其颓放，因自号放翁。后累迁江西常平提举。江西水灾，奏："拨义仓振济，檄诸郡发粟以予民。"召还，给事中赵汝愚驳之，遂与祠。起知严州，过阙，陛辞，上谕曰："严陵山水胜处，职事之暇，可以赋咏自适。"再召入见，上曰："卿笔力回斡，甚善，非他人可及。"除军器少监。

绍熙元年，迁礼部郎中兼实录院检讨官。嘉泰二年，以孝宗、光宗《两朝实录》及《三朝史》未就，诏游权同修国史，实录院同修撰，免奉朝请。寻兼秘书监。三年，书成，遂升宝章阁待制，致仕。

游才气超逸，尤长于诗。晚年再出，为韩侂胄撰《南园阅古泉记》，见讥清议。朱熹尝言"其能太高，迹太近，恐为有力者所牵挽，不得全其晚节。"盖有先见之明焉。嘉定二年卒，年八十五。

【译文】

陆游，字务观，越州山阴（今浙江绍兴）人。十二岁的时候，就能写诗作文，以先代官爵的原因补上了登仕郎。参加进士考试，被荐送为第一。秦桧的孙儿秦埙，恰巧排在他后面，秦桧大怒，并对主持进士试的考官处罪。第二年，进行礼部主事试，又是把陆游排在前列，秦桧贬黜了陆游，陆游由此一直遭到秦桧的嫉妒。秦桧死后，陆游开始赴福建宁德任主簿。后来担任了敕令所的删定官。

当时,杨存中长久掌管戍守京城的正规军,陆游在疏中力陈其不当。皇上赞赏陆游的意见,遂罢免存中。京城中有些显贵人物购买珍宝玉器献给皇帝。陆游奏称:"陛下以'损'作为斋名,自经籍及文房四宝之外,摒弃而不用;有些屑小,不能体察圣上之意,动辄就私买珍宝玉器以献,亏损圣上之德,请求严行禁绝。"

陆游在应答的时候还说:"非宗室及外祖父母家,虽确有功勋,不能随便封赏王爵。目前有因为师傅而任殿前都指挥使,还有以太尉而主管内阁之事,混乱朝廷体制,清加以改正。"任陆游为大理寺司直兼宗正簿。

孝宗即位,调任陆游为枢密院编修官,兼编类圣政所检讨官。史浩、黄祖舜推荐陆游善辞章,熟悉典故。皇上因此召见陆游。皇上说:"陆游学问功底很深,很有才能,言论切实,合乎情理。"遂赐陆游进士出身。陆游进宫应对时说:"陛下新即位,深信诏令示人的时候是有权威的,而那些官吏将帅玩忽职守,所以要对那些特别败坏规矩的,同大家一起抛弃他。"

南宋与金的和议将成之时,陆游又上书枢密院及中书门下,书上这样写:"长江以南自吴国以来,从来没有舍弃建康(今江苏南京)另立他都的。皇都今设在临安(今浙江杭州),乃是权宜之计。杭州形势、地势不稳固,运送馈饷不便,靠近海路,可能发生突然的忧患。和议之后,与金已立盟词。稍有变动,就会碰到障碍。所以,在和议的时候,应当与金约定,建康、临安都是大宋的都城,金国使臣朝聘,或者到建康,或者到临安。这样,我们就能取得时间建都立国,金对我们也不会产生怀疑。"

那时龙大渊、曾觌当权。陆游对枢臣张焘说:"曾觌、龙大渊招权结党,培植势力,欺骗、迷惑圣上。您现在不揭穿他,将来就不可能除去他。"张焘就以此报告皇上,皇上询问这些话的由来,张焘回答是陆游说的。皇上十分愤怒,降陆游为建康府通判,后来又调任隆兴府(今江西南昌)。谏官议论和污蔑陆游交结台官,鼓吹是非,劝说张浚抗金,反对和议。由此,陆游被免职归家。很久以后,陆游才被任为夔州(今四川奉节)通判。

王炎任川陕宣抚使时,征召陆游入幕为干办公事。陆游为王炎陈述进取之策:"以为经略中原,必定要从长安(今陕西西安)开始,取长安必须从陇右开始。应该广积粮食,教军练兵,有战事则攻,无事则守。"吴璘的儿子吴挺代为掌管军队,吴挺十分骄傲任性,倾财结交士人,经常以过失误杀人,王炎也拿他没有办法。陆游请求王炎以吴玠之子吴拱代吴挺掌兵。王炎说:"吴拱十分懦弱而少谋略,遇敌作战必定要失败。"陆游则说:"假使吴挺碰到敌人,谁能保吴挺必胜不败。即令他得胜有功,愈加不可驾驭。"到了吴挺的儿子吴曦叛变,陆游的言论才得到验证。

范成大统帅四川,陆游是参议官,两人以文字相交。陆游不拘守官场的礼数,人们讥笑他颓放。陆游因自号"放翁"。后陆游调任江西常平提举。江西水灾,陆游奏请拨义仓粮赈灾,又给诸郡檄文要求发放粮食给灾民。陆游被召还京。给事中赵汝愚驳斥陆游的奏议。陆游遂被免职,为宫观使,只拿些俸禄糊口。后来,又起用陆游,让他担任严州府知府(今浙江建德)。陆游上殿辞驾,皇上谕曰:"严陵山水风景十分优美,你公事办完,在余暇的时间里,可以游山、玩水、赋诗,自得其乐。"再召,陆游又入见皇上。皇上说:"卿笔力雄厚,回旋余地很大,甚好,其他人是不及你的。"任陆游为军器少监。

绍熙元年(1190),调任礼部郎中、兼实录院检讨官。嘉泰二年(1202),因为孝宗、光宗《两朝实录》及《三朝史》未修成，诏陆游权同修国史、实录院同修撰，并免去陆游上朝请安的礼节。后来，陆游又兼秘书监。三年书成以后，遂升陆游为宝章阁待制。陆游辞官回乡。

陆游才气超人、飘逸，尤善于诗。晚年再出时，为韩侂胄撰《南园阅古泉记》，为清谈派所讥笑。朱熹曾说过："陆游的才能太高，业绩又不大，恐怕会为有权势的人所牵累，他的晚节不十分完善。"朱熹的话可以说是有先见之明啊！

嘉定二年(1209)，陆游去世，享年八十五岁。

辛弃疾传

【题解】

辛弃疾(1140~1207)，南宋词人，原字坦夫，改字幼安，别号稼轩居士。历城（今山东济南）人。生逢中原沦丧，金军屡屡南侵。辛弃疾一生以抗击入侵、恢复失地为理想，曾参加抗金义军，不久南归。南归四十余年，他或赋闲家居，或沉沦下僚，始终没有施展才能、实现抱负的机会，终于抱恨而死。

辛弃疾是南宋最杰出的词人。其词多抒写恢复失地的宏图，倾诉壮志难酬的悲愤，也有不少歌咏祖国河山的作品，笔力雄健、慷慨悲壮。艺术上，善于驾驭词调，常以赋、诗体入词，在语言的运用，用典、用事等方面，也颇有造诣。其词风格多样，而以豪放为主，与苏轼同为宋词豪放派代表作家，并称"苏辛"。部分作品也流露出消极情绪。有《稼轩长短句》。

辛弃疾

【原文】

辛弃疾，字幼安，齐之历城人。少师蔡伯坚，与党怀英同学，号"辛党"。始筮仕，决以蓍，怀英遇"坎"，因留事金；弃疾得"离"，遂决意南归。

金主亮死，中原豪杰并起。耿京聚兵山东，称"天平节度使"，节制山东、河北忠义军马。弃疾为掌书记，即劝京决策南向。僧义端者，喜谈兵，弃疾间与之游。及在京军中，义端亦聚众千余，说下之，使隶京。义端一夕窃印以逃。京大怒，欲杀弃疾。弃疾曰："丐我三日期，不获，就死不晚。"揣僧必以虚实奔告金帅，急追获之。义端曰："我识君真相，乃青兕也，力能杀人，幸勿杀我。"弃疾斩其首归报，京益壮之。

绍兴三十二年，京令弃疾奉表归宋。高宗劳师建康。召见，嘉纳之。授承务郎天平节度掌书记，并以节使印告召京。会张安国、邵进已杀京降金。弃疾还至海州，与众谋曰："我缘主帅来归朝，不期事变，何以复命？"乃约统制王世隆及忠义人马全福等，径趋金营。安国方与金将酣饮，即众中缚之以归。金将追之不及，献俘行在，斩安国于市。仍授前官，改差江阴金判。弃疾时年二十三。

乾道四年，通判建康府。六年，孝宗召对延和殿。时虞允文当国，帝锐意恢复。弃疾因论南北形势及三国晋汉人才，持论劲直，不为迎合。作《九议》并《应问》三篇、《美芹十论》，献于朝。言逆顺之理、消长之势、技之长短，地之要害，甚备。以讲和方定，议不行。迁司农寺主簿，出知滁州。州罹兵烬，井邑凋残。弃疾宽政薄赋，招流散，教民兵，议屯田，乃创奠枕楼、繁雄馆。辟江东安抚司参议官，留守叶衡雅重之，衡入相，力荐弃疾慷慨有大略。召见。迁仓部郎官、提点江西刑狱，平剧盗赖文政有功，加秘图修撰。调京西转运判官，差知江陵府、兼湖北安抚。

迁知隆兴府，兼江西安抚。以大理寺少卿召。出为湖北转运副使。改湖南，知潭州、兼湖南安抚。盗连起湖湘，弃疾悉讨平之。遂奏疏曰："今朝廷清明，比年李金、赖文政、陈子明、李峒相继窃发，皆能一呼啸聚千百，杀掠吏民，死且不顾。至烦大兵剿灭，良由州以趣办财赋为急，吏有残民害物之政，而州不敢问，县以并缘科敛为急，吏有残民害物之状，而县不敢问。田野之民郡以聚敛害之，县以科率害之，吏以乞取害之，豪民以兼并害之，盗贼以剽夺害之，民不为盗，去将安之？夫民为国本，而贪吏迫使为盗。今年剿除，明年扫荡。譬之木焉，日刻月削，不损则折。欲望陛下深思致盗之由，讲求弭盗之术，无徒恃平盗之兵，申饬州郡，以惠养元元为意，有违法贪冒者，使诸司各杨其职，无徒桉举小吏以应故事，自为文过之地。"诏奖谕之。

又以湖南控带二广，与溪洞蛮獠接连，草窃间作。岂惟风俗顽悍；抑武备空虚所致？乃复奏疏曰："军政之敝，统率不一。差出占破，略无已时；军人则利于悠闲窠坐，奔走公门，苟图衣食，以故教阅废弛，逃亡者不追，冒名者不举。平居则奸尼无所忌惮，缓急则卒伍不堪征行。至调大军，千里讨辅，胜负未决，伤威损重，为害非细。乞依广东摧锋、荆南神劲、福建左翼例，别创一军，以湖南飞虎为名，止拨属三牙、密院，专听帅臣节制调度，庶使夷獠知有军威，望风慑服。"

诏委以规画，乃度马殷营垒故基，起尽砦栅，招步军两千人，马军五百人，傔人在外，战马铁甲皆备。先以缗领五万于广西买马五百匹，诏广西安抚司岁带买三千匹。时枢府有不乐之者，数沮挠之，弃疾行愈力，卒不能夺。经度费钜万计，弃疾善斡旋，事皆立办，议者以聚敛闻，降御前金字牌，俾日下住罢。弃疾受而藏之，出责监办者，期一月飞虎营栅成，违坐军制。如期落成，开陈本末，绘图缴进。上遂释然。时秋霖几月，所司言造瓦不易。问："须瓦几何？"曰："二十万。"弃疾曰："勿忧！"令楔官自官舍、神祠外，应居民家取沟匮瓦二，不二日，皆具，僚属叹伏。军成，雄镇一方，为江上诸军之冠。

加右文殿修撰，差知隆兴府。兼江西安抚。时江右大饥，诏任责荒政。始至，榜通衢曰："闭粜者配，强粜者斩。"次令尽出公家官钱，银器，召官吏、儒生、商贾、市民。各举有干实者，量借钱物，逮其责领运粜，不取子钱，期终月至城下发粜。于是连樯而至，其值自减。民赖以济。时信守谢源明乞米救助，幕属不从，弃疾曰："均为赤子，皆王民也！"即以米舟十之三予信。帝嘉之，进一秩。以言者落职，久之，主管冲佑观。

绍熙二年，起福建提点刑狱。召见，迁大理少卿、加集英殿修撰，知福州兼福建安抚使。弃疾为宪时，尝摄帅，每叹曰："福州前枕大海，为贼之渊，上四郡民顽犷易乱，帅臣空竭，急缓奈何?"至是务为镇静，未期岁，子税锱至五十万缗，榜曰:"备安库"。谓闽中土狭民稠，岁俭则籴于广。今幸连稔，宗室及军人入仓请米，出即粜之。候秋贾贱，以备安钱粜二万石，则有备无事矣。又欲造万铠，招强壮补军额，严训练，则盗贼可以无虞。事未行，台臣王蔺劾其用钱如泥沙，杀人如草芥，且夕望端坐"阎王殿"，遂丐祠归。

庆元元年落职。四年，复主管冲佑观。久之，起知绍兴府兼浙东安抚使。四年，宁宗召见，言盐法，加宝谟阁待制，提举佑神观。奉朝请。寻差知镇江府，赐金带。坐缪举，降朝散大夫、提举冲佑观，差知绍兴府、两浙东路安抚使，辞免。进宝文阁待制，又进龙图阁、知汉陵府。今赴行在奏事，试兵部侍郎，辞免。进枢密都承旨，未受命而卒。赐对衣、金带、守龙图阁待制致仕。特赠四官。

弃疾豪爽尚气节，识拔英俊，所交多海内知名士。尝跋绍兴间诏书曰:"使此诏出于绍兴之前，可以无事仇之大耻;使此诏行于隆兴之后，可以卒不世之大功。今此诏与仇敌俱存也，悲夫!"人服其警切。帅长沙时，士人或愬考试官滥取第十七名《春秋》卷，弃疾察之，信然。索亚榜《春秋》卷两易之，启名则赵鼎也。弃疾怒曰:"佐国元勋，忠简一人，胡为又一赵鼎!"掷之地。次阅《礼记》卷，弃疾曰:"观其议论，必豪杰士也，此不可失。"启之，乃赵方也。尝谓:"人生在勤，当以力田为先。北方之人，养生之具不求于人，是以无甚贫甚富之家。南方多末作。以病农，而兼并之患兴，贫富斯不侔矣。"故以"稼"名轩。为大理卿时，同僚吴交如死，无棺敛。弃疾曰:"身为列卿，而贫若此，是廉介之士也。"既厚赙之，复言于执政，诏赐银绢。

弃疾尝同朱熹游武夷山，赋《九曲棹歌》。熹书"克己复礼""夙兴夜寐"，题其二斋室。熹殁，伪学禁方严，门生故旧至无送葬者。弃疾为文往哭之。曰:"所不朽者! 垂万世名。孰谓公死，凛凛犹生。"弃疾雅擅长短句，悲壮激烈。有《稼轩集》行世。绍定六年，赠光禄大夫。咸淳间，史馆校勘谢枋得过弃疾墓旁僧舍，有疾声大呼于堂上，若鸣其不平，自昏暮至三鼓不绝声。枋得秉烛作文，且且祭之，文成而声始息。德佑初，枋得请于朝，加赠少师，谥忠敏。

【译文】

辛弃疾，字幼安，齐地历城(今山东济南)人。少年时代，辛弃疾拜蔡伯坚为师，与党怀英是同学。号称"辛党"。开始时，他们用筮法来卜算他们的仕途，决定用蓍草作八卦。党怀英得到一个"坎"卦，因此就决定留在山东，出仕金人;辛弃疾卜得一个"离"卦，因此决意南归。

金主亮死去后，中原豪杰纷纷起事反金。耿京聚兵山东，自称天平节度使，节制山东、河北反金的忠义车马。辛弃疾为耿京掌管书记，并劝耿京决策向南，归顺宋朝。和尚义端这个人，喜欢谈兵，弃疾有时也和他商讨学问。弃疾到了耿京军中，义端也聚集千余人抗金。弃疾劝说义端和尚当耿京部下，属耿京指挥。有一个晚上，义端和尚偷窃大印逃跑。耿京大怒，欲杀弃疾。弃疾说:"给我三天时间，不抓获和尚义端，杀我还不迟。"弃疾估计义端和尚必定要将耿京军队的情报奔告金帅，他很快去追袭，捕获了义端和尚。义端对辛弃疾说:"我认识了你的真相，你乃是年青有力的犀牛，你的力量很大、能杀人，希望你能不杀我。"辛弃疾斩其首而回去报告耿京，耿京更加看重弃疾。

绍兴三十二年(1162),耿京令辛弃疾回到南宋。高宗在建康(今江苏南京)慰劳犒赏军队,召见了辛弃疾,很高兴地接纳了他们归宋,授辛弃疾承平郎官职,为天平节度使掌管文书,并以节度使印及封诰召耿京。不巧这时张安国、邵进已杀掉耿京投降金人,弃疾还至海州(今江苏连云港),与大家商量,辛弃疾说:"我因主帅投归宋朝,没想到发生事变,怎样向朝廷复命呢?"于是便约统制王世隆及抗金忠义人马全福等悄悄地直扑金营,张安国正好与金将官庆功饮酒,即在众人中将张安国捕获捆绑而回,金将追来,没有赶上。辛弃疾献俘京城,斩张安国于市。朝廷仍任命辛弃疾担任原来的职务,又改派辛弃疾任江阴金判。辛弃疾那一年才二十三岁。

乾道四年(1168),弃疾任建康府通判,六年(1170),宋孝宗召辛弃疾在延和殿应对。那时,正好虞允文掌握大权,宋孝宗又决心恢复大宋天下,辛弃疾在应对时,对孝宗论说长江南北形势以及三国晋汉人才,持论直爽坚决,不迎合其他人的观点。辛弃疾作《九议》并《应问》三篇、《美芹十论》,献于朝廷。这些著作谈到了逆顺的道理、宋金消长之形势、敌我技能之长短,地理之要害,十分完备。因为宋、金议和刚确定,朝廷没有采纳辛弃疾的建议。辛弃疾被调任司农寺主簿。后又出任滁州府(今安徽滁县)。滁州遭兵灾,城乡房屋被损,残败不堪。辛弃疾宽征薄赋,招集流散民众,训练民兵,实行屯田,于是创建奠枕楼,繁雄馆。成绩卓然。辛弃疾被征召为江东安抚司参议官。留守叶衡十分看重弃疾。叶衡入京为宰相,大力推荐辛弃疾慷慨有大志。弃疾被召见,调任仓部郎官、提点江西刑狱,平定剧盗赖文政有功,加封秘阁修撰,调任京西转运判官,被派遣知江陵府(今属湖北)、兼湖北安抚。

朝廷又调辛弃疾任职隆兴府(今江西南昌)、兼江西安抚。又以大理寺少卿召,出为湖北转运副使,又改湖南,旋即主持潭州(今湖南长沙)政务,兼湖南安抚。当时,盗贼不断在湖南湖北爆发叛乱,辛弃疾完全把他们平定了。辛弃疾为此上奏朝廷说:"当今朝廷政治清明,但连年来李金、赖文政、陈子明、陈峒相继造反,都能一人呼唤,千百人响应聚集,杀掠官吏民众,连死都不怕,导致麻烦,政府派大兵征剿,这是由于州官以横征暴敛,聚敛财赋为要务,因而差役遂有残民害物的状况,而州府不加以过问;县府也像州府一样,以征收税务为急事,对差役残民害物的状况,县府也不加以过问。田野的民众,郡以聚敛财物害他们,县以征收税赋害他们,差役以讨取财物害他们,盗贼以掠夺害他们,在这样的情况下,民众不做强盗,又有什么办法,又将去哪里呢?民众是国家的根本,而贪官污吏迫使民众为盗。今年剿除,明年反而更加动荡。譬如木材,天天去刻,月月去削,不损坏就会折断。恳求陛下深思盗贼形成的根本原因,讲求消除盗贼的根本办法。无须依靠平定盗贼的士兵,只要申饬州县,以恩惠养育老百姓为要义。有违法贪冒之辈,使诸司都执行他们的职权,惩处违法之人,不要仅仅按察检举处理那些差役,以敷衍了事,自己却文过饰非。"诏书勉励并奖励辛弃疾。

皇上又提出,因湖南连接影响广东、广西,与溪洞蛮獠接连,不断发生反叛,难道因为是他们风俗顽强剽悍,抑或是武备空虚所造成的。辛弃疾于是又上奏疏说:"军政之弊端,主要是领导不统一,士兵占了名额被派遣出去,无时休止;而军人则坐在家里做些轻松的事。差役奔走公门,仅仅是为了衣食有所着落。所以教化废弛,逃亡者无人追捕,冒名顶替者无人检举,什么事也不管,则奸民无所忌惮,有所缓急则士卒不堪征发,至于调动大军,千里讨捕,胜负还未决定,威望损失惨重,为害不小,请求按照广东摧锋军,荆南神劲军,福建左翼军之例,另创一军,以湖南飞虎军为名。军队只属三牙、密院管辖,专听帅臣节制调度。这样就可使夷獠知道有军威,望风慑服。"

下诏,委任辛弃疾规划创建飞虎军。辛弃疾于是度量马殷营垒原来的地基,盖起栅栏、砦岩,招步军两千人,马军五百人,侍从在外办事,战马铁甲皆完备,先以缗钱五万于广西买马五百匹。中央又下诏广西安抚司每年带买马三千匹。当时枢府有些官员对此不甚赞成,多次阻挠。而弃疾越是认真实行;结果不能取消辛弃疾的计划。经估计费用巨万计,弃疾善于斡旋,每件事都立刻办妥。谏官以经费开支浩大攻击辛弃疾,政府并发下御前金字牌,召弃疾回京,使此事马上停办。弃疾接到金牌,把它藏了起来,并责令监办者限定一月之内建成飞虎军营栅,否则按违反军规处理。结果如期落成。辛弃疾把事件的本末、经费的开支详细开列,绘图送到京城,皇上终于消除了对辛弃疾的不满。当时,秋雨绵绵,下了几个月,有关官员说造瓦不易,弃疾问:"需瓦多少?"回答:"要二十万。"弃疾说:"不要担心。"弃疾令厢宫在官舍、神祠以外,在每个居民家取沟匦瓦二,不几日,二十万瓦皆备,僚属对辛弃疾行事十分叹服。飞虎军成,雄镇一方,为江上诸军之首。

政府加封辛弃疾右文殿修撰,并派遣他知隆兴府(今江西南昌)兼江西安抚。当时,江北大饥,下诏,令弃疾任责荒政。弃疾刚到任,就在交通要道张贴榜文,榜文说:"不出卖粮食者发配充军,强买者斩首。"其次,令尽出公家官钱、银器,又召官吏儒生商贾市民,各举有财物者,适当向他们借些钱物,他们的责任是领运买入的粮食,不取利息。限期一个月,到城下出售粮食。于是一艘艘的运粮船不断驶来,粮价自然下降,民众靠它得以生存。当时,信守令谢源明乞求粮食救灾,幕僚不允。弃疾说:"均为赤子,皆王民也。"即以米船十分之三给予信守谢源明。帝嘉奖弃疾。职务进一级。因为谏官攻击而落职。好久,才主管冲佑观。

绍熙二年(1192),起用弃疾,任福建提点刑狱。帝召见,调任大理少卿,加集英殿修撰,任福州知府兼福建安抚使。弃疾为官时,曾统帅军队。每次叹息说:"福州前靠大海,是造成海盗的渊源;上四郡民顽劣凶悍,容易作乱。帅臣空竭,出了事情怎么办?碰到这种情况,务必镇静。"还未到岁末,就积钱串五十万缗,匾称"备安库"。弃疾说闽中土地狭小,民众稠密,歉收年则从广东买米。目前幸亏连年丰收,宗室及军人入仓请米,就命出来卖。等到秋天粮价便宜,以备安钱籴米二万石,则有备无患了。弃疾又准备造战士铁甲一万,招强壮民众补军额,严训练,就不怕盗贼了。此事还未实行,台臣王蔺弹劾他用钱如泥沙,杀人如草芥,早晚端坐在"阎王殿"上,于是辛弃疾要求一个宫观使的职务而回归田里。

庆元元年(1195),辛弃疾落职。四年,恢复辛弃疾主管冲佑观。很久又复起用,任绍兴府知府兼浙东安抚史。四年,宁宗召见辛弃疾,议论盐法,加弃疾宝谟阁特制,提举佑神观。奉朝请。又调任镇江知府,赐金带。因牵连到犯错误的案子被举发,降为朝散大夫,提举冲佑观。后又令辛弃疾任绍兴府知府、两浙东路安抚使,由于弃疾推辞而免掉职务。政府又升他任宝文阁待制,又进龙图阁,任江陵府(今属湖北)知府,令赴京都奏事,试兵部侍郎,弃疾又辞去职务。进枢密院都承旨,未受命而去世。赐对衣、金带,守龙图阁待制,为弃疾办理退休手续,待赠四级。

辛弃疾豪爽,气节高尚,知道并提拔英雄俊杰,所交都是海内著名人士。弃疾曾为绍兴年间的诏文写过跋。他写道:"假使这些诏书出于绍兴之前,可以没有侍奉仇人的大耻;假使这些诏书行于隆兴之后,可以完成万世之大业。而今这些诏书与仇敌都同时存在,实在可悲!"人们都很佩服弃疾机警切实。弃疾治理长沙时,士人对主考官滥取第十七名《春秋》卷都很不满,弃疾取来察看,完全相信士子的议论。又索取亚榜《春秋》卷,两次加以更改。打开卷子一看,考生名赵鼎,弃疾怒曰:"佐国元勋,只有思简一人,何来又一赵鼎!?"把卷子掷在地上。接着又阅《礼记》卷。弃疾曰:"看其议论,一定是豪杰之士,一定不可失去。"开启观之,乃赵方也。辛弃疾曾说过人的一生在于勤,当以努力耕种为先,北方人养生之器具不求人,所以没有甚富甚贫之家;南方多经商,所以伤农,因此兼并之患就容易产生,贫富相差十分之大。弃疾因此以"稼轩"为名。弃疾任大理寺卿时,同僚吴交如死后无棺材埋葬。弃疾叹曰:"身为列卿而贫穷到如此情形,吴生确是清廉俭朴的人!"弃疾出钱厚葬之,并把此事告诉当朝执政,皇帝下诏赐给银绢。

辛弃疾曾经同朱熹一起游武夷山,赋《九曲棹歌》。朱熹写"克己复礼""夙兴夜寐"作为其二书斋之名。朱熹去世,禁伪学十分严厉。朱熹的门生故旧都没有去送葬。弃疾写了祭文,并往哭之曰:"所谓不朽者,名可垂万世,谁谓公已死,你凛凛如生。"弃疾喜爱和擅长长短句,其词悲壮激烈。有《稼轩集》行于世。绍定六年(1233),皇上追赠弃疾光禄大夫。咸淳年间,史馆校勘谢枋得经过弃疾墓旁的僧舍,听到堂上有疾声大呼,好像为弃疾鸣不平,自黄昏直到深夜三更,还没有停止呼声。谢枋得独在烛光下作文,准备明晨祭奠辛弃疾。祭文写成,呼声方才停止。德佑(1275)初,谢枋得得向朝廷请求,因此给弃疾加赠少师,并按他生前的事迹给以"忠敏"的谥号。

文天祥传

【题解】

文天祥(1236~1283),字宋瑞,一字履善,号文山。宋吉州庐陵(今江西吉安)人。理宗宝祐四年(1256)举进士第一。开庆元年(1259),蒙古军围攻鄂州(今湖北武昌),宦官董宋臣主张迁都避兵,他上书请斩之,提出抗蒙建议。后任军器监兼权直学士院,草制讥讽权贵贾似道,遭劾罢官。后起为湖南提刑。恭帝德佑元年(1275),元军东下,他在江西组织抗元武装,入卫临安。次年,任右丞相兼枢密使,出使元营议和,痛斥元丞相伯颜,被拘至镇江。脱逃,由通州(今江苏南通)入海至温州。端宗即位,复任右相兼枢密使,与左相陈宜中意见不合,率兵在福建、广东一带坚持抗元,收复多处州县。后被元兵袭败,祥兴元年(1278)十二月,在五坡岭(今广东海丰北)被俘。次年,拒绝元将张弘范诱降,作《过零丁洋》诗以明心志,写下了"人生自古谁无死,留取丹心照汗青"的千古绝句。后被送至元大都(今北京),囚禁达三年之久,屡经威胁利诱,誓死不屈,编《指南录》,写《正气歌》,大义凛然。至元十九年十二月(1283年1月)在柴市从容就义。著作经后来辑为《文山先生全集》,多忠愤慷慨之文,诗风至德祐后大变,气势豪放,可称之为"诗史"。

【原文】

文天祥,字宋瑞,又字履善,吉之吉水人也。体貌丰伟,美皙如玉,秀眉而长目,顾盼烨然。自为童子时,见学宫所祠乡先生欧阳修、杨邦乂、胡铨像,皆谥"忠",即欣然慕之。曰:"没不俎豆其间,非夫也。"年二十举进士,对策集英殿。时理宗位久,政理浸怠,天祥以法不息为对,其言万余,不为稿,一挥而成。帝亲拔为第一。考官王应麟曰:"是卷古谊若龟鉴,忠肝如铁石,臣敢为得人贺。"寻丁父忧,归。

文天祥

开庆初,大元兵伐宋,宦官董宋臣说上迁都,人莫敢议其非者。天祥时入为宁海军节度判官,上书"乞斩宋臣,以一人心",不服,即自免归。后稍迁至刑部郎官。宋臣复入为都知,天祥又上书极言其罪,亦不报。出守瑞州,改江西提刑,迁尚书左司郎官,累为台臣论罢。除军器监兼权直学士院。贾似道称病,乞致仕,以要君,有诏不允。天祥当制,语皆讽似道。时内制相承皆呈稿,天祥不呈稿,似道不乐,使台臣张志立劾罢之。天祥既数斥,援钱若水例致仕,时年三十七。

咸淳九年,起为湖南提刑,因见故相江万里。万里素奇天祥志节,语及国事,愀然曰:"吾老矣,观天时人事当有变,吾阅人多矣,世道之责,其在君乎?君其勉之。"十年,改知赣州。

德祐初,江上报急,诏天下勤王。天祥捧诏涕泣,使陈继周发郡中豪杰,并结溪峒蛮,使方兴召吉州兵,诸豪杰皆就,有众万人。事闻,以江西提刑安抚使召入卫。其友止之,曰:"今大兵三道鼓行,破郊畿薄内地,君以乌合万余赴之,是何异驱群羊而搏猛虎?"天祥曰:"吾亦知其然也。第国家养育臣庶三百余年,一旦有急,征天下兵,无一人一骑入在者,吾深恨于此。故不自量力,而以身徇之,庶天下忠臣义士将有闻风而起者。义胜者谋立,人众者功济,如此则社稷犹可保也。"

天祥性豪华,平生自奉甚厚,声伎满前。至是,痛自贬损,尽以家赀为军费。每与宾佐语及时事,辄流涕,抚几言曰:"乐人之乐者忧人之忧,食人之食者死人之事。"八月,天祥提兵至临安,除知平江府。时以丞相宜中未还朝,不遣。十月,宜中至,始遣之。朝议方擢吕师孟为兵部尚书,封吕文德和义郡王,欲赖以求好,师孟益偃蹇自肆。

天祥陛辞,上疏言:"朝廷姑息牵制之意多,奋发刚断之义少,乞斩师孟衅鼓,以作将士之气。"且言:"宋惩五季之乱,削藩镇,建郡邑,一时虽足以矫尾大之弊,然国亦以渐弱。故敌至一州则破一州,至一县则破一县,中原陆沉,痛悔何及。今宜分天下为四镇,建都督统御于其中。以广西益湖南而建阃于长沙;汉广东益江西而建阃于隆兴;以福建益江东而建阃于番阳;以淮西益淮东而建阃于扬州。责长沙取鄂,隆兴取蕲、黄,番阳取江东,扬州取两淮,使其地大力众,足以抗敌。约日齐奋,有进无退,日夜以图之,彼备多力分,疲于奔命,而吾民之豪杰者又伺间出于其中,如此则敌不难却也。"时议以天祥论阔远,书奏不报。十月,天祥入平江,大元失已发金陵入常州矣。天祥遣其将朱华、尹玉、麻士龙与张全援常。至虞桥,士龙战死,朱华以广军哉五牧,败绩,玉军亦败。争渡水,挽全军舟,全军断其指,皆溺军,玉以残兵五百人夜战,比旦皆没。全不发一矢,走归。大元兵破常州,入独松关。宜中、梦炎召天祥,弃平江,守余杭。

明年正月,除知临安府。未几,宋降,宜中、世杰皆去。仍除天祥枢密使。寻除右丞相兼枢密使,使如军中请和,与大元丞相伯颜抗论皋亭山。丞相怒拘之,偕左丞相吴坚、右丞相贾余庆、知枢密院事谢堂、签书枢密院事家铉翁、同签书枢密院事刘岊,北至镇江。天祥与其客杜浒十二人,夜亡入真州。苗再成出迎,喜且泣曰:"两淮兵足以兴复,特二阃小隙不能合从耳。"天祥问:"计将安出?"再成曰:"今先约淮西兵趋建康,彼必悉力以捍吾西兵。指挥东诸将,以通、泰兵攻湾头,以高邮、宝应、淮安兵攻杨子桥,以杨兵攻瓜步,吾以舟师直捣镇江,同日大举。湾头、杨子桥皆沿江脆兵,且日夜望我师之至,攻之即下。合攻瓜步之三面,吾自江中一面薄之,虽有智者有能为之谋矣。瓜步既举,以东兵入京口,西兵入金陵,要浙归路,其大帅可坐致也。"天祥大称善,即以书遗二制置,遣使四出约结。

天祥未至时,扬有脱归兵言:"密遣一丞相入真州说降矣。"庭芝信之,以为天祥来说降也,使再成殛杀之。再成不忍,给天祥出相城垒,以制司文示之,闭之门外。久之,复遣二路分觇天祥,果说降者即杀之,二路分与天祥语,见其忠义,亦不忍杀,以兵二十人道之扬,四鼓抵城下,闻候门者谈,制置司下令备文丞相甚急,众相顾吐舌,乃东入海道,遇兵,伏环堵中得免。然亦饥莫能起,从樵者乞得余糁羹。行入板桥,兵又至,众走伏丛篠中,兵入索之,执杜浒、金应而去。虞侯张庆矢中目,身被二创,天祥偶不见获。浒应、解所怀金与卒。获免,募二樵者以篑荷天祥至高邮,泛海至温州。

闻益王未立,乃上表劝进,以观文殿不士、侍读召至福,拜右丞相。寻与宜中等议不合。七月,乃以同都督出江西,遂行,收兵入汀州。十月,遣参谋赵时赏、谘议赵孟溁将一军取宁都,参赞吴浚将一军取雩都,刘洙、肖明哲、陈子敬皆自江西起兵来会。邹㵾以招谕副使聚兵宁都,大元兵攻之,㵾兵败,同起事者刘钦、鞠华叔、颜斯立、颜起岩皆死。武冈教授罗开礼,起兵复永丰县,已而兵败被执,死于狱。天祥闻开礼死,制服哭之哀。

至元十四年正月,大元兵入汀州,天祥遂移漳州,乞入卫。时赏、孟溁提兵归,独浚兵不至。未几,浚降,来说天祥。天祥缚浚,缢杀之。四月,入梅州,都统王福、钱汉英跋扈,斩以徇。五月,出江西,入会昌。六月,入兴国县。七月,遣参谋张汴、监军赵时赏、赵孟溁等盛兵薄赣城,邹㵾以赣诸县兵捣永丰,其副黎贵达以吉诸县兵攻泰和。吉八县复其半,惟赣不下。临洪诸郡,皆送款。潭赵璠、张虎、张唐、熊桂、刘斗元、吴希奭、陈子全、王梦应起兵邵、永间,复数县,抚州何时等皆起兵应天祥。分宁、武宁、建昌三县豪杰,皆遣人如军中受约束。

江西宣慰使李恒遣兵援赣州,而自将兵攻天祥于兴国。一天祥不意恒兵猝至,乃引兵走,即邹㵾于永丰。㵾兵先溃,恒穷追天祥方石岭。巩信拒战。箭被体,死之。至空坑,军士皆溃,天祥妻妾子女皆见执。时赏坐肩舆,后兵问谓谁,时赏曰:"我姓文。"众以为天祥,擒之而归,天祥以此得逸去。

孙虎、彭震龙、张汴死于兵，缪朝宗自缢死，吴文炳、林栋、刘洙皆被执归隆兴。时赏奋骂不屈，有系累至者，辄挥去，云："小小签厅官耳，执此何为？"由是得脱者甚众。临刑，洙颇自辩，时赏叱曰："死耳，何必然？"于是栋、文炳、萧敬夫、萧焘夫皆不免。

天祥收残兵奔循州，驻南岭。黎贵达潜谋降，执而杀之。至元十五年三月，进屯丽江浦。六月，入船澳。益王殂，卫王继立。天祥上表自劾，乞入朝，不许。八月，加天祥少保、信国公。军中疫且起，兵士死者数百人。天祥惟一子，与其母皆死。十一月，进屯潮阳县。潮州盗陈懿、刘兴数叛附，为潮人害。天祥攻走懿，执兴诛之。十二月，趋南岭，邹沨、刘子俊又自江西起兵来，再攻懿党，懿乃潜道元帅张弘范兵济潮阳。天祥方饭五坡岭，张弘范兵突至，众不及战，皆顿首伏草莽。天祥仓皇出走，千户王惟义前执之。天祥吞脑子，不死。邹沨自刭，众扶入南岭死。官属士卒得脱走空坑者，至是刘子俊、陈龙复、萧明哲、萧资皆死，杜浒被执，以忧死。惟赵孟溁遁，张唐、熊桂、吴希奭、陈子全，兵败被获，俱死焉。唐，广汉张栻后也。

天祥至潮阳，见弘范，左右命之拜，不拜，弘范遂以客礼见之，与俱入厓山，使为书招张世杰。天祥曰："吾不能捍父母，乃教人叛父母，可乎？"索之固，乃书所过《零丁洋诗》与之，其末有云："人生自古谁无死，留取丹心照汗青。"弘范笑而置之。厓山破，军中置酒大会。弘范曰："国亡，丞相忠孝尽矣，能改心以事宋者事皇上，将不失为宰相也。"天祥泫然出涕，曰："国亡不能救，为人臣者死有余罪，况敢逃其死而二其心乎？"弘范义之，遣使护送天祥至京师。

天祥在道，不食八日，不死，即复食。至燕，馆人供张甚盛，天祥不寝处，坐达旦。遂移兵马司，设卒以守之。时世祖皇帝多求才南官，王积翁言："南人无如天祥者。"遂遣积翁谕旨，天祥曰："国亡，吾分一死矣。傥缘宽假，得以黄冠归故乡，他日以方外备顾问，可也。若遽官之，非直亡国之大夫不可与图存，举其平生而尽弃之，将焉用我？"积翁欲合宋官谢昌元等十人请释天祥为道士，留梦炎不可，曰："天祥出，复号召江南，置吾十人于何地！"事遂已。天祥在燕凡三年，上知天祥终不屈也。与宰相议释之，有以天祥起兵江西事为言者，不果释。

至元十九年，有闽僧言土星犯帝坐，疑有变。未几，中山有狂人自称"宋主"，有兵千人，欲取文丞相。京城亦有匿名书，言某日烧蓑城苇，率两翼兵为乱，臣相可无忧者。时盗新杀左丞相阿合马，命撤城苇，迁瀛国公及宋宗室开平，疑丞相者天祥也。召入谕之曰："汝何愿？"天祥对曰："天祥受宋恩，为宰相，安事二姓？愿赐之一死足矣。"然犹不忍，遽麾之退。言者力赞从天祥之请，从之。俄有诏使止之，天祥死矣。天祥临刑殊从容，谓吏卒曰："吾事毕矣。"南向拜而死。数日，其妻欧阳氏收其尸，面如生，年四十七。其衣带中有赞曰："孔曰成仁，孟曰取义，惟其义尽，所以仁至。读圣贤书，所学何事，而今而后，庶几无愧。"

【译文】

文天祥，字宋瑞，又字履善，吉州吉水人。身材丰满伟岸，皮肤白皙如美玉，眉毛秀气，眼睛细长，顾盼生辉。在他还是孩童的时候，看到学校里供奉着同乡前辈欧阳修、杨邦乂、胡铨的画像，谥号都是"忠"，就欣然仰慕。说："死后若不能象他们那样受人尊崇祭祀,就不是大丈夫。"二十岁时考中进士,在集英殿对答策论。当时宋理宗在位已久,政事的治理逐渐懈怠,文天祥以取法天道、自强不息为主题进行对答,洋洋一万多言,不打草稿,一挥而就。理宗皇帝亲自选他为第一名。主考官王应麟上奏说:"这篇策论文章格调高古醇厚有如历史的明镜,作者的忠肝义胆有如坚硬的钢铁磐石,我为皇上获得这样的奇才而恭贺。"不久,文天祥的父亲去世,他赶回家乡奔丧。

开庆初年,蒙古军队大举侵伐南宋,宦官董宋臣劝说理宗皇帝迁都。没有人敢反对他的错误。文天祥当时入京被任命为宁海军节度判官,他上书皇帝,"请求斩杀董宋臣,以统一人心"。意见没有被采纳,文天祥随即辞职回乡。此后逐渐升任刑部郎官。董宋臣重新入朝做了都知,文天祥又上书皇帝极力指斥他的罪行,但也没有一点回音。文天祥离开临安,出任瑞州知州,改任江西提刑,升至尚书左司郎官,屡次被御史台官员弹劾罢免。此后被任命为军器监兼权直学士院。贾似道谎说有病,请求退休,以要挟皇帝,皇帝下诏挽留。文天祥负责起草诏书,言语都是讽刺贾似道的。当时内制相承,必须先把文稿呈给宰相审阅,唯独文天祥不照办,贾似道很不高兴,让台臣张志立弹劾文天祥,免除了他的职务。文天祥既已多次遭到贬斥,于是援引钱若水的先例退休回乡,当时他三十九岁。

宋度宗咸淳九年,朝廷起用文天祥担任湖南提刑,因而与前宰相江万里会晤。江万里素来叹服文天祥的志向和节气,谈到国家大事时,他悲伤地说道:"我老了,看看天时人事必将有大的变故,我观察的人也不少了,国家事务的重任,大概要落在你的肩上了,你要努力啊!"咸淳十年,改任赣州知州。

宋恭帝德祐初年,长江边防告急,朝廷下诏命令天下勤王。文天祥捧着诏书泪如雨下,随即派陈继周发动郡中的豪杰义士,并联合起溪峒少数民族,又派方兴召集吉州的军队,各路豪杰义士都纷纷响应,聚集了一万多人。朝廷知道后,任命他为江西提刑安抚使,召他进京保卫。他的朋友劝阻说:"如今元朝大军三路挺进,攻破郊县,迫近内地,势不可挡,你以一万多乌合之众开赴前线,这跟驱使群羊与猛虎搏斗有什么两样?"文天祥说:"我也知道你说的有道理。但国家养育臣民三百多年,现在遇到危难,征召天下兵马,居然没有一兵一马响应捍卫的,我对此实在是深恶痛绝。所以才不自量力,以身许国,以此来希望天下的忠臣义士闻风响应,保卫朝廷。正义在手才能确定谋略,人多力众才可以取得成功,只有这样国家社稷才有可能保全啊!"

文天祥生性喜欢豪华,日常生活起居十分丰厚考究,身前有很多歌女。到了现在,彻底地降低标准、减损开支,把家财全部充作军费。他每次跟宾客部属谈起时事时,就流出眼泪,手抚几案说道:"分享别人快乐的也要分担别人的忧愁,吃人家的饭、受人家供养的也要为人家的事情赴汤蹈火。"八月,文天祥带领义军来到临安,被任命为平江府知府。当时因为丞相陈宜中还没有回朝,所以没把文天祥派出去。十月,陈宜中回朝,才派文天祥前去赴任。朝廷议论正要提拔吕师孟为兵部尚书,封吕文德为和义郡王,想依靠他们向元军求和。吕师孟更加消极抗战、麻木迟缓、得意洋洋。

文天祥到皇宫辞行,上疏说:"朝廷姑息养奸、消极拖延的意图多,奋发有为、刚强决断的意图少,请求斩杀吕师孟,祭祀战鼓,以振作将士们抗击敌寇的志气。"并且说:"宋朝鉴于五代时期的战乱,削除藩镇,建立郡县,短时间内虽然足以矫正武夫悍将势力过大、威胁朝廷的弊端,但国力也因此逐渐衰弱。所以敌人到了一州就攻破一州,到了一县就攻破一县,中原沦陷,多么令人痛心悔恨啊! 现在应该把全国分为四个重镇,设置都督统率各镇。把广西路合并到湖南路,在长沙设都督府;把广东路合并到江西路,在隆兴设置都督府;将福建路合并到江春路,在番阳设置都督府;将淮西和淮东二路合并,在扬州设置都督府。责成长沙攻取鄂州,隆兴夺取蕲、黄二州,番阳争夺江东地区,扬州收取两淮失地,使我军地域广大、力量增加,足以抗击敌人。确定日期一齐总攻,只许向前不准后退,日夜攻击敌军,元军防线太长、力量分散,疲于奔命,而我国百姓中的豪杰义士又趁机插入敌占区进行袭扰,这样元军就不难打退了。"当时人都认为文天祥的观点疏阔空远、不切实际,他的奏疏也没有得到回音。

十月,文天祥进驻平江府,元朝的大军已经从金陵出发攻入常州了。文天祥派他的部将朱华、尹玉、麻士龙和张全支援常州,到了虞桥,麻士龙战死,朱华率领广南的士兵与元军在五牧作战,大败,尹玉的队伍也战败了,争抢着渡河,扒住张全部队的船只,张全的士兵砍断他们的手指,这些人都淹死了。尹玉率领残部五百人与元军展开夜战,到天亮时都阵亡了。张全不放一箭,逃窜而归。元军攻占常州,进至独松关。陈宜中、留梦炎急召文天祥,放弃平江,坚守余杭。

第二年正月,文天祥被任命为临安府知府。不久,南宋向元投降,陈宜中逃跑,张世杰也去定海了。文天祥被任命为枢密使。随后又任右丞相兼枢密使,南宋小朝廷派他到元军中请求议和,在皋亭山跟元朝丞相伯颜顶撞争辩。伯颜发怒扣留了他,与南宋左丞相吴坚、右丞相贾余庆、知枢密院事谢堂、签书枢密院事家铉翁、同签书枢密院事刘岊一起,被元军往北押解到镇江。文天祥和他的门客杜浒等十二人,趁夜逃亡到真州。苗再成出城迎接。他万分惊喜,感慨流泪说:"两淮的军队足够用来收复失地,只是淮东统帅李庭芝和淮西统帅夏贵有些矛盾,不能合力进取罢了。"文天祥问道:"该怎么办呢?"苗再成说:"如今先约请淮西兵直趋建康,元军必然会竭力抵御我淮西之兵。同时指挥淮南诸将,以驻扎在通、泰二州的我军攻打湾头,以高邮、宝应、淮安兵攻打扬子桥,以扬州守军攻打瓜步,我率领水军直捣镇江,同一天大举进攻。湾头、杨子桥都是沿江防守脆弱的元军,而且兵卒都心怀怨恨,日夜盼望我军到来,一攻就破。然后三面围攻瓜步,我从长江水面进迫,即使再有智谋的人也想不出办法解救元军了。占领瓜步后,以淮东各军进攻京口,淮西兵则进攻金陵,同时拦截元军在两浙的退路,敌军统帅就可以唾手擒来了。"文天祥连称妙计,随即向淮东、淮西两位制置使传递书信,派遣使者到四处进行联络。

文天祥没到真州时,扬州有一个逃脱回去的士兵说:"元军秘密派遣一位宋朝丞相到真州去劝降了。"李庭芝听信了他的话,认为文天祥是来劝降的。命令苗再成立即把他杀掉。苗再成不忍心下手,于是骗文天祥出去视察城防,将李庭芝的令文给他看,把文天祥关在城门外面。过了一会儿,又派两个路分都监来偷看文天祥他们的动向,果真是劝降者就把他们杀掉。两个路分都监跟文天祥谈话进行试探,见他非常忠义,也不忍心加害,派了二十名兵士引导他们去扬州,四更时分抵达扬州城下,听到在城门口放哨的人讲,制置司正急令防范捉拿文丞相,众人惊吓得相顾吐舌,于是掉头向东,准备从海道南下,途中遇到元兵,躲进土围子里面才得以幸免于难。但是也已经饿得站不起身来,从砍柴人哪里讨到了一点剩下的粗米羹。走到板桥,又碰到元兵,众人急忙躲进竹林,元兵闯进去搜索，把杜浒、金应抓走了。虞候张庆的眼睛被箭射中，身上也挨了两处创伤，文天祥侥幸没有被抓。杜浒、金应解开藏在胸里的黄金给元兵才被放走，又招募了两个樵夫用箩筐背着文天祥到高邮，从海道泛舟来到温州。

文天祥听说益王还没有被立为帝，于是上奏劝进，以观文殿学士、侍读的职务被召到福州，拜为右丞相。随后与陈宜中等人意见不合。七月，文天祥就以同都督的身份去江西，于是出发行进，聚集兵丁进了汀州。十月，派参谋赵时赏、谘议赵孟溁带领一支部队攻取宁都，参赞吴浚率一军夺取雩都，刘洙、肖明哲、陈子敬都从江西起兵前来会合。邹沨以招谕副使的身份在宁都聚集队伍，元军攻打宁都，邹沨的队伍战败，跟他一道起兵的刘钦、鞠华叔、颜斯立、颜起岩全部战死。武冈军教授罗开礼起兵收复永丰县，以后兵败被抓，死在狱中。文天祥听到罗开礼的死讯，穿上官服痛哭哀悼。

元世祖至元十四年正月，元军攻入汀州城，文天祥于是转移到漳州，请求入朝保卫。赵时赏、赵孟溁也带兵归来，唯独吴浚的队伍没来。不久，吴浚投降元朝，前来劝诱文天祥。文天祥把他绑起来绞死了。四月，文天祥进入梅州，都统王福、钱汉英飞扬跋扈，被斩首示众。五月，又到江西，进入会昌。六月，进驻兴国县。七月，文天祥派遣参谋张汴、监军赵时赏、赵孟溁等率大军逼近赣州城下，邹沨率领赣州各县义军直捣永丰，他的副手黎贵达率领吉州各县义军攻打泰和。吉州八县被收复了一半，只有赣州没有攻下。临、洪等州，都来响应。潭州的赵璠、张虎、张唐、熊桂、刘斗元、吴希奭、陈子全、王梦应在邵州、永州一带起兵，收复了几个县，抚州何时等人也都起兵响应文天祥。分宁、武宁、建昌三县的豪杰义士，都派人来到文天祥军中，要求接受指挥。

元朝江西宣慰使李恒派兵增援赣州，而自己则亲自率军在兴国进攻文天祥。文天祥没想到李恒的部队突然来到，于是带着部队撤退，打算到永丰跟邹沨会合。邹沨的部队在此以前已被元军击溃，李恒把文天祥穷追到方石岭。南宋老将巩信抵抗元军，浑身中箭，壮烈牺牲。到了空坑，士兵们都溃散了，文天祥的妻妾子女都被元军抓住。赵时赏坐着文天祥的官轿，从后面追来的元兵问他是谁，赵时赏说："我姓文。"众人以为是文天祥，把他抓走了，文天祥因此才得以逃脱。

孙栗、彭震龙、张汴死于元兵之手，缪朝宗上吊自杀。吴文炳、林栋、刘洙都被元兵抓回隆兴。赵时赏在元朝军营中英勇不屈，痛骂敌人，看到因为受牵连而被抓来的人，就把他们挥赶走，说："这些人都是小小的签厅官而已，抓他们来有什么用？"因而得以逃脱的人很多。临刑时，刘洙极力为自己辩护，赵时赏斥责道："不就是死吗？何必这样！"于是林栋、吴文炳、肖敬夫、肖焘夫都遇难了。

文天祥收拾残部逃亡到循州，屯驻在南岭。黎贵达密谋向元人投降，被文天祥抓住杀了。至元十五年三月，文天祥进屯丽江浦。六月，进入船澳。益王死，卫王继位为帝。文天祥上书自责，请求入朝保卫，朝廷不允许。八月，加封文天祥为少保、信国公。军中出现疫病，士兵死了好几百人。文天祥只有一个儿子，跟他的母亲一起死了。十一月，文天祥进屯潮阳县。潮州的盗贼陈懿、刘兴多次叛附，贼性难改，反复无常，成为潮州百姓的祸害。文天祥发兵赶走陈懿，把刘兴抓住杀了。十二月，又趋南岭，邹沨、刘子俊又从江西起兵前来会合，再次攻打陈懿党羽，陈懿于是暗中引导元军统帅张弘范在潮阳登陆。文天祥正在五坡岭吃饭，张弘范的元兵突然来到，众人来不及应战，都伏在草伍里叩头投降。文天祥仓皇出逃，元朝千户王惟义追上去把他抓住。文天祥吞脑自杀，没死。邹沨横刀自杀，士卒把他扶入南岭，终于牺牲了。到现在，文天祥的部属士卒从空坑战斗中逃脱出来的，刘子俊、陈龙复、肖明哲、肖资都战死了，杜浒被捕，忧愁而死。只有赵孟溁逃走了，张唐、熊桂、吴希奭、陈子全战败被捕，都牺牲了。张唐，是广汉张栻的后代。

文天祥被押到潮阳，见张弘范，左右元军命令文天祥叩拜，文天祥拒而不拜，张弘范于是以宾客之礼与他相见，随元军一起进至崖山。张弘范让文天祥写信招降张世杰，文天祥说："我不能保卫自己的父母，却教唆别人也背叛父母，这可能吗？"张弘范还要强迫他，文天祥于是书写了自己所做的《过零丁洋》诗给他，诗的末尾有句道："人生自古谁无死，留取丹心照汗青。"张弘范讪笑着作罢。崖山被元兵攻破，元军中举行盛大的庆祝酒宴，张弘范说："南宋已经灭亡了，你文丞相已经尽了忠孝之道，假如你悔过自新，以侍奉宋朝皇帝的心意侍奉大元皇帝，将不失宰相的官职。"文天祥悲痛地流泪，说道："国家灭亡而不能挽救，做人臣子的死有余辜，难道还敢逃避死亡而背叛吗？"张弘范认为他是个忠烈义士，派人护送文天祥去元朝首都。

文天祥在途中，连续八天绝食，没能死，于是又开始进食。到了燕京，宾馆的人招待供奉得十分丰厚，文天祥不睡觉，一直坐到天亮。于是把他移押到兵马司，派士兵看守。当时元世祖在南宋官员中大量搜求人才，王积翁说："南宋人中没有一个比得上文天祥的。"于是元世祖忽必烈派王积翁去传达旨意，文天祥说："国家灭亡，我只有以死报国了。假如因为元朝皇帝的宽容，使我能够出为道士重归故乡，往后以方外之人备皇帝顾问，那么还说得过去。假如立即就委任官职，不仅亡国的士大夫们不能相容，把自己平生的志向和事业全部抛弃，那么重用我这样的人还有什么用呢？"王积翁想联合南宋旧官谢昌元等十人请求忽必烈释放文天祥，让他当道士，留梦炎认为不可以，说："文天祥出去后，必定会重新号令江南，这样会把我们十个人置于什么样的境地！"这件事于是作罢。文天祥在燕京共三年，忽必烈知道文天祥最终不会屈服，与宰相讨论释放他，有人把文天祥在江西起兵反元的事情说了出来，终于没有释放他。

至元十九年，有个福建的和尚讲土星冲犯帝座，恐怕有变故。不久，中山有个狂徒自称"宋朝皇帝"，拥有一千名兵士，想要营救文丞相。京城里也发现了匿名书信，声称在某一天焚烧城墙上的草苇，率领两翼卫兵作乱，丞相可以不必担心了。当时盗贼刚刚刺杀了元朝左丞相阿合马，忽必烈于是命令除去城墙上的草苇，将瀛国公（原南宗恭帝）和南宋宗室迁移到开平府，怀疑匿名信上所说的丞相就是文天祥。忽必烈把文天祥召入宫中，对他说："你有什么愿望？"文天祥答道："我文天祥受宋朝的恩惠，做了宰相，怎能再侍奉别的皇帝？我的愿望就是赐我一死，这就足够了！"但忽必烈还是有些不忍心，随即让他退下。进言的官员们极力主张成全文天祥的请求，忽必烈同意了。随即又下诏制止，但文天祥已被处死了。文天祥临刑时非常从容镇定，对押解他的吏卒说道："我的事情完成了。"向南方叩拜而死。几天后，他的妻子欧阳氏前来收尸，文天祥的面容跟生前一样，终年四十七岁。他的衣带中有赞文说道："孔子教导我们成仁，孟子教导我们取义，只有尽了道义，仁德才会实现。我读圣贤之书，所学的难道是别的什么吗？从今往后，大概可以无愧于圣贤的教诲了。"

周敦颐传

【题解】

周敦颐(1017~1073),字茂叔,宋道州营道县(今湖南道县)人。曾历任县主簿、县令、州通判、知州、提点刑狱等官。学者称他为濂溪先生。著有《太极图说》《通书》及少量诗文等。从本传看,他在当时是一个比较廉能的中下级官吏。

周敦颐做过程颢、程颐兄弟少年时的老师,而二程是北宋理学(或称道学)的奠基人。南宋时,理学的集大成者朱熹和他的学友张栻等人很尊崇周敦颐,朱熹搜集、整理和注解过他的著作,并确认二程的思想学说源出于他。这一看法后来得到多数人承认。但也有一些学者根据二程的著作、言论中对周氏并未十分推崇之类的理由,提出过不同的看法。但这种看法只是注意到一些表面现象,而没有从思想学说的内部联系上观察问题,因而难以成立。至今大多数学者承认周氏是北宋理学的先驱。

【原文】

周敦颐,字茂叔,道州营道人。元名敦实,避英宗旧讳改焉。以舅龙图阁学士郑向任,为分宁主簿。有狱久不决,敦颐至,一讯立辨。邑人惊曰:"老吏不如也。部使者荐之,调南安军司理参军。有囚法不当死,转运使王逵欲深治之。逵,酷悍吏也,众莫敢争,敦颐独与之辩,不听,乃委手版归,将弃官去,曰:"如此尚可仕乎!杀人以媚人,吾不为也。"逵悟,囚得免。

移郴之桂阳令,治绩尤著。郡守李初平贤之,语之曰:"吾欲读书,何如?"敦颐曰:"公老无及矣,请为公言之。"二年,果有得。徙知南昌,南昌人皆曰:"是能辩分宁狱者,吾属得所诉矣。"富家大姓、黠吏恶少,惴惴焉不独以得罪于令为忧,而又以污秽善政为耻。历合州判官,事不经手,吏不敢决,虽下之,民不肯从。部使者赵抃惑于谮口,临之甚威,敦颐处之超然。通判虔州,抃守虔,熟视其所为,乃大悟,执其手曰:"吾几失君矣,今而后乃知周茂叔也。"。

熙宁初,知郴州,用抃及吕公著荐,为广东转运判官,提点刑狱,以洗冤泽物为己任。行部不惮劳苦,虽瘴疠险远,亦缓视徐按。以疾求知南康军,因家庐山莲花峰下,前有溪,合于湓江,取营道所居濂溪以名之。抃再镇蜀,将奏用之,未及而卒,年五十七。

黄庭坚称其"人品甚高,胸怀洒落,如光风霁月。廉于取名而锐于求志,薄于徼福而厚于得民,菲于奉身而燕及茕嫠,陋于希世而尚友千古。"

博学力行,著《太极图》,明天理之根源,究万物之终始。其说曰:

无极而太极,太极动而生阳。动极而静,静而生阴,静极复动。一动一静,互为其根。分阴分阳,两仪立焉。阳变阴合,而生水、火、木、金、土;五气顺布,四时行焉。五行一阴阳也,阴阳一太极也,太极本无极也。五行之生也,各一其性。无极之真,二五之精,妙合而凝,乾道成男,坤道成女。二气交感,化生万物,万物生生,而变化无穷焉。惟人也得其秀而最灵。形既生矣,神发知矣。五性感动,而善恶分,万事出矣,圣人定之以中正仁义而主静,立人极焉。故圣人与天地合其德,日月合其明,四时合其序,鬼神合其吉凶。君子修之吉,小人悖之凶。故曰:"立天之道,曰阴与阳;立地之道,曰柔与刚;立人之道,曰仁与义。"又曰:"原始反终,故知死生之说。"大哉《易》也,斯其至矣。

又著《能书》四十篇,发明太极之蕴。序者谓其"言约而道大,文质而义精,得孔、孟之本源,大有功于学者也。"

掾南安时,程珦通判军事,视其气貌非常人,与语,知其为学知道,因与为友,使二子颢、颐往受业焉。敦颐每令寻孔、颜乐处,所乐何事,二程之学源流乎此矣。故颢之言曰:"自再见周茂叔后,吟风弄月以归,有'吾与点也'之意。"侯师圣学于程颐,未悟,访敦颐,敦颐曰:"吾老矣,说不可不详。"留对榻夜谈,越三日乃还。颐惊异之,曰:"非从周茂叔来耶?"其善开发人类此。

嘉定十三年,赐谥曰元公。淳祐元年,封汝南伯,从祀孔子庙庭。

二子:寿、焘。焘官至宝文阁待制。

【译文】

周敦颐,字茂叔,营州营道县人。原名敦实,因英宗皇帝旧名宗实,避讳改名敦颐。由于舅舅龙图阁学士郑向的保举,做了分宁县的主簿。有一件案子拖了好久不能判决,敦颐到任后,审讯一次立即弄清。县里的人吃惊说:"老狱吏也比不上啊!"部使者推荐他,调任南安军司理参军。有个囚犯按法律不应当判处死刑,转运使王逵想重判他。王逵,是个残酷凶悍的官僚,大家没人敢和他争,敦颐一个人和他争辩,王逵不听,敦颐就扔下笏板回了家,打算丢官而去,说:"这样还能做官吗?以杀人来拍上级的马屁,我不干。"王逵明白过来了,这个囚犯才免于一死。

改任郴州桂阳县县令,政绩尤其显著。知州李初平很尊重他,对他说:"我想多读些书,怎么样?"敦颐说:"您太老来不及了,请让我给您讲讲学。"两年后,李初平果然有收获。调任南昌知县,南昌人都说:"这是能弄清分宁县那件疑案的人,我们有机会申诉了。"那些富家大族,狡黠的衙门小吏和恶少,惴惴不安地不单是担忧被县令判为有罪,而且又以沾污清廉的政治为耻辱。选任合州通判时,事情不经他的手,下面的人不敢做决定,即使交下去办,老百姓也不愿意。部使者赵抃被一些毁谤他的话所迷惑,对他的态度很严厉,敦颐处之泰然。后来当了虔州通判,赵抃是虔州的知州,仔细观察了他的所作所为,才恍然大悟,握着他的手说:"我差点失去你这样的人才,从今以后算是了解你了。"

熙宁初,担任郴州的知州。由于赵抃和吕公著的推荐,做了广东转运判官,提点刑狱,以昭雪冤枉、泽及万民为己任。巡视所管辖的地区不怕劳苦,即使是有瘴气和险峻遥远之地,也不慌不忙地视察(而不急于离开)。因为有病请求改任南康军的知军,于是把家安置在庐山的莲化峰下,屋前有条溪水,下游与溢江合渡,就借营道县老家所在的濂溪这个名称来称呼这条溪。赵抃第二次任成都知府时,打算奏请皇帝重用他,还没有来得及敦颐就死了,享年五十七岁。

黄庭坚称赞他"人品很高,胸怀洒脱,像雨后日出时的风,万里晴空中的月,不贪图获取名声而锐意实现理想,淡于追求福禄而重视得到民心,自奉微薄而让孤寡获得安乐,不善于迎合世俗而远与古人为友"。

他博学而努力实践,写了一篇《太极图》,阐明天理的根源,探究万物的终结与起始。他的理论说:

由无极而变为太极(元气),太极运动而产生阳气。运动到了极限而变为静止,静止而产生阴气。静止到了极限又变为运动。一阵儿动一阵儿静,动与静相互成为对方产生的根源。太极分化出阴气和阳气,(由阴阳二气构成的)天和地这两个仪范就形成了。阳气变化而阴气相配合,而产生水、火、木、金、土五行:五行之气按一定的先后顺序布散,春夏秋冬四季就依次出现。五行都是阴阳,阴阳都是太极,太极以无极为本源。五行产生以后,各有一种特性。无极的真实本质,阴阳五行的精粹。奇妙地相互结合而凝聚,禀受阳刚之道的成为男人,禀受阴柔之道的成为女人。阳阴二气交相感应,变化而生成万物,万物生而又生,而变化就无穷无尽了。只有人类得到了阴阳五行的优秀精华而最聪明。肉体已经产生了,精神发出智慧了。仁义礼智信五种本性对外物发生感应而产生情欲的冲动,而善和恶就区分开来了,各种好事坏事都出现了。圣人确定了中正仁义的原则而又主张静心寡欲,建立了人类行为的最高准则。所以圣人与天地的道德相符合,与日月的光明相符合,与四季的次序相符合,与鬼神的吉凶相符合。君子修养圣人之道所以吉,小人违背圣人之道所以凶。所以《周易》说:"构成天道的,是阴道和阳道;构成地道的,是柔道和刚道;构成人道的,是仁和义。"又说:"推原万物的开始又反观万物的终结,所以知道死和生的道理。"伟大啊《周易》,它是至高无上的真理。

敦颐又著有《通书》四十篇,揭明太极的底蕴。替它作序的人说"它的语言简练而道理博大,文章质朴而义理精深,探求到了孔、孟子学说的本源,是极大地有功于学术的"。

敦颐担任南安军司理参军时,程珦担任通判军事,看到他的气质和相貌不是普通人,与他谈话,知道他研究学术懂得大道,因而和他做了朋友,派两个儿子程颢、程颐去他哪里接受教育。敦颐每每叫他们探寻孔子、颜回快乐的地方。所乐意做的是什么事,二程的学术思想正是从这里发源而变成巨流。所以程颢的话说:"自从再次见到周茂叔后,吟风弄月地回来,有孔子'我赞许曾点'的意境。"侯师圣受学于程颐,未能通悟,去拜访敦颐,敦颐说:"我老了,讲解不能不详细。"把他留下面对面坐在两张小床上连夜谈论,过了三天才回来。程颐看到他感到十分惊奇,说:"莫不是从周茂叔哪里回来吗?"他平时善于启发别人正与此相似。

嘉定十三年,御赐给他谥号叫作"元公"。淳祐元年,封他为汝南伯,在孔子庙里陪从受祭祀。

两个儿子:周寿、周焘。周焘做官做到宝文客待制。

程颢传

【题解】

程颢(1032~1085),字伯淳,宋河南府(今洛阳市)人。曾历任县主簿、县令、监察御史、提点刑狱、州判官等。因反对王安石推行的新法，曾被贬官，后来主要从事讲学，民称明道先生或大程子。

程颢和他的弟弟程颐是北宋理学（亦称道学）的奠基人。程颢曾说："吾学虽所受，'天理'二字却是自家体贴出来。"程颐也说过类似的话。他们最早明确地把"理"或"天理"作为其哲学体系的最高范畴，所以他们的学说被称为"理学"。他们两人的著作流传到现在的有《遗书》《外书》，各自的《文集》《经说》《易传》《粹言》等六种。前四种在宋代就有合刊本，称《程氏四书》。大约从明代起，又有人将后两种加进去，称为《二程全书》，《遗书》《外书》《粹言》都是弟子们记下的语录，是研究二程思想最重要的材料，其中一部分由于记录者没有明确交代是谁所说，故有些混淆不清。两人的思想倾向相同，但也有小异。有人认为这种差异是导致后来朱熹与陆九渊发生争论的原因之一，这有待深入研究。

程颢

【原文】

程颢，字伯淳，世居中山，后从开封徙河南。

高祖羽，太宗朝三司使。父珦，仁宗录旧臣后，以为黄陂尉。久之，知龚州。时宜獠区希范既诛，乡人忽传其神降，言"当为我南海立祠"，于是迎其神以往，至龚，珦使诘之，曰："比过浔，浔守以为妖，投祠具江中，逆流而上，守惧，乃更致礼。"珦使复投之，顺流去，其妄乃息。徙知磁州，又徙汉州。尝宴客开元僧舍，酒方行，人谲言佛光见，观者相腾践，不可禁，珦安坐不动，顷之遂定。熙宁法行，为守令者奉命唯恐后，珦独抗议，指其未便。使者李元瑜怒，即移病归，旋致仕。累转太中大夫。元祐五年卒，年八十五。

珦慈恕而刚断，平居与幼贱处，唯恐有伤其意，至于犯义理，则不假也。左右使令之人，无日不察其饥饱寒燠。前后五得任子，以均诸父之子孙。嫁遣孤女，必尽其力。所得俸禄，分赡亲戚之贫者。伯母寡居，奉养甚至。从女兄既适人而丧其夫。珦迎以归，教养其子，均于子侄。时官小禄薄，克己为义，人以为难。文彦博、苏颂等九人表其清节，诏赐帛二百，官给其葬。

颢举进士，调鄠、上元主簿。鄠民有借兄宅居者，发地得瘗钱，兄之子诉曰："父所藏。"颢问："几何年？"曰："四十年。""彼借居几时？"曰："二十年矣。"遣吏取十千视之，谓诉者曰："今官所铸钱，不五六年即遍天下，此皆未藏前数十年所铸，何也？"其人不能答。茅山有池，产龙如晰蜴而五色。祥符中尝取二龙入都，半途失其一，中使云飞空而逝。民俗严奉不懈，颢摘而脯之。

为晋城令，富人张氏父死，且有老叟踵门曰："我，汝父也。"子惊疑莫测，相与诣县。叟曰："身为医，远出治疾，而妻生子，贫不能养，以与张。"颢质其验。取怀中一书进，其所记曰："某年月日，抱儿与张三翁家。"颢问："张是时四十，安得有翁称？"叟骇谢。

民税粟多移近边，载往则道远，就籴则价高。颢择富而可任者，预使贮粟以待，费大省。民以事至县者，必告以孝弟忠信，入所以事其父兄，出所以事其长上。度乡村远近为伍保，使之力役相助，患难相恤，而奸伪无所容。凡孤废者，责之亲戚乡党，使无失所。行旅出于其途者，疾病皆有所养，乡必有校，暇时亲至，召父老与之语。儿童所读书，亲为正句读，教者不善，则为易置。择子弟之秀者，聚而教之。乡民为社会，为立科条，旌别善恶，使有劝有耻。在县三岁，民爱之如父母。

熙宁初，用吕公著荐，为太子中允、监察御史里行。神素知其名，数召见。每退，必曰："频求对，欲常常见卿。"一日，从容咨访，报正午，始趋出，庭中人曰："御史不知上未食乎？"前后进说甚多，大要以正心窒欲、求贤育材为言，务以诚意感悟主上。尝劝帝防未萌之欲，及勿轻天下士，帝俯躬曰："当为卿戒之。"

王安石执政，议更法令，中外皆不以为便。言者攻之甚力。颢被旨赴中堂议事，安石方怒言者，厉色待之。颢徐曰："天下事非一家私议，愿平气以听。"安石为之愧屈。自安石用事，颢未尝一语及于功利。居职八九月，数论时政，最后言曰："智者若禹之行水，行其所无事也；舍而之险阻，不足以言智。自古兴治立事，未有中外人情交谓不可而能有成者，况于排斥忠良，沮废公议，用贱陵贵，以邪干正者乎！正使徼幸有小成，而兴利之臣日进，尚德之风浸衰，尤非朝廷之福。"遂乞去言职。安石本与之善，及是虽不合，犹敬其忠信，不深怒，但出提点京西刑狱。颢固辞，改签书镇宁军判官。司马光在长安，上疏求退，称颢公直，以为己所不如。

程昉治河，取澶卒八百而虐用之，众逃归，群僚畏昉，欲勿纳。颢曰："彼逃死自归，弗纳必乱，若昉怒，吾自任。"即亲往启门抚劳，约少休三日复役，众欢踊而入。具以事上，得不遣。昉后过州，扬言曰："澶卒之溃，盖程中允诱之，吾且诉于上。"颢闻之，曰："彼方惮我，何能为！"果不敢言。

曹村埽决，颢谓郡守刘涣曰："曹村决，京师可虞，臣子之分，身可塞亦所当为，盍尽遣厢卒见付。"涣以镇印付颢，立走决所，激谕士卒。议者以为势不可塞，徒劳人尔。颢命善泅者度决口，引巨索济众，两岸并进，数日而合。

求监洛河竹木务，历年不叙伐阅，特迁太常丞。帝又欲使修《三经义》，执政不可，命知扶沟县。广济、蔡河在县境，濒河恶子无生理，专胁取行舟财货，岁必焚舟十数以立威。颢捕得一人，使引其类，赏宿恶，分地处之，令以挽縴为业，且察为奸者，自是境无焚剽患。内侍王中正按阅保甲，权焰章震。诸邑竞侈供张悦之，主吏来请，颢曰："吾邑贫，安能效他邑。取于民，法所禁也，独有令故青帐可用尔。"除判武学，李定劾其新法之初首为异论。罢归故官。又坐狱逸囚，责监汝州盐税。哲宗立，召为宗正丞，未行而卒，年五十四。

颢资性过人，充养有道，和粹之气，盎于面背，门人交友从之数十年，亦未尝见其忿厉之容。遇事优为，虽当仓卒，不动声色。自十五六时，与弟颐闻妆周敦颐论学，遂厌科举之习，慨然有求道之志。泛滥于诸家，出入于老释者几十年，返求诸《六经》而后得之。秦、汉以来，未有臻斯理者。

教人自致知至于知止，诚意至于平天下，洒扫应对至于穷理尽性，循循有序。病学者厌卑近而骛高远，卒无成焉，故其言曰：

道之不明，异端害之也。昔之害近而易知，今之害深而难辨；昔之惑人也乘其迷暗，今之惑人也因其高明。自谓之穷神知化，而不足以开物成务；言为无不周遍，实则外于伦理；穷深极微。而不可以入尧舜之道。天下之学，非浅陋固滞，则必入于此。自道之不明也，是皆正路之蓁芜，圣门之蔽塞，辟之而后可以入道。

颢之死，士大夫识与不识，莫不哀伤焉。文彦博采众论，题其墓曰"明道先生"。其弟颐序之曰："周公没，圣人之道不行；孟轲死，圣人之学不传。道不行，百世无善治；学不传，千载无真儒。无善治，士犹得以明夫善治之道，以淑诸人，以传诸后；无真儒，则贸贸焉莫知所之，人欲肆而天理灭矣。先生生于千四百年之后，得不传之学于遗经，以兴起斯文为己任，辨异端，辟邪说，使圣人之道焕然复明于世，盖自孟子之后，一人而已。然学者于道不知所向，则孰知斯人之为功；不知所至，则孰知斯名之称情也哉。"

嘉定十三年，赐谥曰纯公。淳祐元年，封河南伯，从祀孔子庙庭。

【译文】

程颢。字伯淳，世代居住在中山府，后来又从开封府迁到河南府。高祖程羽，在太宗朝任三司使。父亲程珦，仁宗时录用旧臣的后代，让他当了黄陂县尉。好久以后，当了龚州知州。当时宜州少数民族首领区希范已经被处死，但乡里人忽然传说他的灵魂从天而降，说"应当替我在南海建立祠堂"，于是大家迎了他的神主牌子去南海，经过龚州，程珦派人去盘问，回答说："不久前经过浔州，浔州知州认为是妖怪，把祭具扔到江里，祭具却逆流而上，知州害怕了，就反而给送了礼。"程珦让人也把祭具投到江里，祭具顺流而去，这桩怪事就平息了。改任磁州知州，又改任汉州知州。曾在开元寺的僧房里宴请客人，刚开始敬酒，许多人闹着说佛光出现，看的人竞相奔跑践踏，无法禁止，程珦安坐不动，秩序顷刻安定下来。熙宁年间新法推行，当知府县令的执行命令唯恐落后，只有程珦表示反对，指斥它不适宜。使者李元瑜大怒，程颢就写信说有病回了家，随即辞官。后来逐步升到太中大夫。元祐五年去世，享年八十五岁。

程珦仁慈宽厚而又刚强果断，平时和年幼或卑贱的人相处，唯恐对他们的心意有所伤害，但如果违犯了义理，则不予宽假。对身边听使唤的人，没一天不注意观察他们的饥寒饱暖。先后五次得到保举儿子做官的名额，都拿来均分给伯父叔父的儿孙。出嫁家族中死了父亲的女儿，必定尽自己的力量。所得到的俸禄，分出一部分赡养亲戚中的穷人。伯母死了丈夫，程珦奉养她很周到。堂姐嫁人后死了丈夫，程珦接她回来，教养她的儿子，和自己的儿子侄子平等对待。那时官小俸禄少，克己做好事，人们认为不容易。文彦博、苏颂等九人上书表彰他清正的节操，皇帝下诏赐给他帛二百匹，由官家供给丧葬费用。

程颢中了进士，先后调任鄠县、上元县主簿。鄠县民间有一个借哥哥的房子居住的，控地时得到一批陪葬的铜钱，哥哥的儿子申诉说："这是当年我父亲埋藏的。"程颢问："埋藏多少年了？"说："四十年。""你叔叔借住多少年了？"说："二十年。"程颢派人取来十千钱仔细看过后，对申诉者说："现在官家所铸的钱，不用五六年就能遍布天下，而这些钱都是没有埋藏之前好几十年所铸的，这是为什么？"那个人不能回答。上元县茅山中有个水池，出产一种龙样子像蜥蜴而五色斑斓。大中祥符年间曾捉了两条送到京城里去，半路上丢失一条,太监们说是飞到空中跑掉了。民间风俗对这种动物一直认真祭祀不敢松懈,程颢叫人捉来杀了做成肉干。

当晋城县令时,财主张某的父亲死了,一天早晨有个老头儿上门对张某说:"我,是你的父亲。"张某又惊又疑弄不明白,一起来到县衙门。老头儿说:"自己当医生,老远出门给人治病,而妻子在家生了孩子,贫穷没法养活,就把孩子送给了张家。"程颢质问他有何证据,老头儿从怀里拿出一张文书,上面所记载的是:"某年某月某日,抱着孩子给了张三翁家。"程颢问;"张某的父亲那时才四十岁,哪能有'翁'的称呼?"老头儿吓得连声谢罪。

老百姓上税交纳的小米大多要运到边界附近去,用车子运去则道路太远,到边界附近购买则价钱太贵。程颢挑选一些有钱又可信任的人,事先让他们贮存小米等着,费用大大节省。老百姓有事到县衙门来的,必定教给他们忠悌忠信,在家怎样奉养父兄,出门怎样侍候官长。衡量村子距离的远近把老百姓组织成五家为一伍、十伍为一保,让他们有劳务互相帮助,有患难互相救护,而坏人没有容身之地。凡没有父母兄弟或残废的人,责成亲戚或邻居照顾,让他们不致流离失所。出门在外途经本地的,生了病都能得到疗养。每个乡必须有学校,空暇时亲自到校,召集父老和他们谈话。儿童所读的书,亲自替他们纠正断句和理解的错误,教师不称职,就替他们改聘,挑选子弟中最优秀的,集合起来教育培养。乡里老百姓组织会社,替他们制订章程条例,旌别好人坏人,使大家努力做好事耻于做坏事。在这个县三年,老百姓对他爱如父母。

熙宁初年,由于吕公著推荐,做了太子中允、监察御史里行。神宗久已知道他的名字,多次召见。每次退出,必定说:"以后要多争取来答复咨询,朕想要常常见到卿。"一天,神宗从容不迫地提问,报时的人说时间已到正午,程颐才急步退出,内廷太监说:"御史不知道皇上还没吃饭吗?"前后进陈的意见很多,大抵是围绕着端正心术、杜塞私欲、访求贤人和培养人才来说话,务求以诚心来感悟皇上。曾经劝皇帝预防尚未滋生的私欲,以及不要轻视天下的读书人,皇帝俯着身子说:"当会为卿而警惕这些。"

王安石执政,建议更改法令,朝廷内外都不认为适宜,议论的人攻击得很厉害。程颢奉旨到宰相办公的地方去参加讨论,王安石正恼恨议论的人,以严厉的脸色等着大家。程颢从容不迫地说:"讨论天下的大事不是一家子的私下议论,希望平心静气地听意见。"王安石为之惭愧而改变脸色。自从王安石管事,程颢从来没有讲过一句涉及功利的话。在职八九个月,几次议论时政,最后说道:"聪明人做事就像夏禹治水那样(让洪水顺其自然地从低洼的地方流走),做的是无事之事;舍弃这种办法而到险峻的地方去(筑堤防水),说不上是聪明。自古以来为振兴政治而提出的措施,没有朝廷内外的舆论都说不可以而能够有成绩的,何况还排斥忠良之士,阻拦和抹杀公众舆论,使卑贱的人欺侮高贵的人,邪恶的人侵犯正直的人呢!即使侥幸有一点小成绩,然而使追求功利的臣子一天天受重用,崇尚道德的风气一步步被破坏,尤其不是朝廷的福气。"于是请求辞去谏议的职务。王安石本来与他友好,到这时虽然意见不合,还敬重他的忠诚,不深责怪他,只让他出去担任提点京西刑狱。程颢坚决推辞,改任签书镇宁军判官。司马光在长安,上疏请求退职,称赞程颢无私正直,认为是自己所比不上的。

程昉负责治理黄河,调走澶州(镇宁军)的士兵八百人而残暴地役使他们,大家逃路回来。澶州的官吏畏惧程昉,打算不让他们进城。程颢说:"他们为着逃避死亡擅自回来,不让进来必然造反作乱。要是程昉发怒,我自己承当。"就亲自带人去开城门安抚慰劳,约定稍稍休息三天再去服役,士兵们欢喜跳跃着进了城。程颢具体详细地将事实经过报告上去,得到允许不再遣送这些人。程昉后来经过澶州,扬言说:"澶州士兵的溃逃,怕是程中允诱使的,我将向皇上申诉。"程颢听到后,说:"他正怕我,能把我怎样!"程昉果然不敢对皇上说什么。

曹村的堤防决了口,程颢对知军刘涣说:"曹村决口,京师的安全堪忧,做臣子的本分,如果用身子能堵住决口也是应当做的。何不派遣全部厢兵交付给我。"刘涣把镇守的大印交给了程颢,程颢立即带领厢兵跑到决口的地方,并激励和晓喻他们。有人发表意见认为决口的情况不可能堵住,徒然劳累大家。程颢命令善于泅水的人游过决口,拉上大绳帮助其他人渡过去,两岸的人同时并进,几天就合上了口子。

程颢请求担任洛河竹木条监督官,由于多年没有对他的功劳与资历进行考核升级,特地升他为太常丞。皇帝又想让他撰修《三经义》,宰相不赞成,就命他任扶沟县令。广济河、蔡河都流经县境,沿河的恶少没有正当生计,专门以威胁手段夺取过往船只的财物,每年必定要烧掉十来只船以示威。程颢抓到其中一人,让他供出同伙,都宽赦以往的罪恶,分别在不同地方安置,让他们以拉纤为职业。并负责监视干坏事的人,从此境内没有发生烧船抢劫的问题。宦官王中正巡视保甲,权势气焰极令人畏惧,各县争着以奢侈的帷帐和物品来取悦他。手下主事的人来请示,程颢说:"我们县穷,怎能仿效其他县。从老百姓哪里索取,是国法所禁止的,只有县令用的旧青帐可以用罢了。"任命为判武学事,李定弹劾他在刚开始实行新法时首先提出异议,撤销了任命回到原职。又因监狱里有囚犯逃路,罚他去监汝州盐税。哲宗接位,召他当宗正丞,没动身就死了。享年五十四岁。

程颢的资质超过一般人,充实和修养内心又有正确的方法,平和纯粹的气质,充分显露在外表上,学生和朋友跟随他几十年,也未曾见到过他愤怒严厉的面容。遇事善于处理,即使遇到紧急的事,也不动声色。从十五六岁时,与弟弟程颐听到汝南周敦颐议论学术,便厌弃科举的陋习,慨然有追求大道的志向。广泛地浸润于各家的学说,出入于佛家、道家之说好几十年,再回过头来从儒家的《六经》中追求然后得到了大道。从秦汉以来,没有人达到过这样高深的真理。

教导学生,从"扩展知识"到"懂得必须达到至善境界,"从"意念真诚"到"平治天下",从"洒水扫地和有礼貌地回答长者"到"穷尽万物之理和充分发扬善良本性",一步一步地有先后次序。担心学者厌弃低下浅近的东西而追求高明深远的东西,终于无所成就,所以他的言论说:

大道之所以不被人们认识,是因为异端邪说妨害了它。以往的妨害浅而容易觉察,现在的妨害深而难于辨别;以往的迷惑人是乘着对方的糊涂愚昧,现在的迷惑人是利用对方的高才大智。自己说他们能穷究神妙的道理和懂得变化的法则,却不足以启发大众的心智和成就伟大的事业;议论起来像是无所不到,实际是与伦理道德毫不相干;像是把高深微妙的道理都研究透彻了,然而不能够进入尧舜之道。天下的学术,不是浅薄卑陋固执不通,就必然进入到这类学说中去。自从大道不被人们所认识,邪恶荒诞奇怪虚妄的学说竞相兴起,堵塞了百姓的耳目,把整个天下浸泡在污泥浊水之中。即使是高才大智，为耳濡目染的学说所束缚，醉生梦死，自己还觉察不到。这些异端邪说是遍布在正确道路上的荆棘，设立在圣人门户前的障碍，只有痛加驳斥才能进入尧舜之道。

程颢的去世，士大夫不管认识不认识他，没有不悲伤的。文彦博采纳大家的意见，在他的墓碑上题写了"明道先生"的称号。他弟弟程颐叙述这个称号的缘由说："周公去世，圣人的大道不再实行；孟子死，圣人的学术不再流传。大道不实行，百代没有好的政治；圣人的学术不流传，千年没有真正的儒者。没有好政治，儒士还可阐明走向好政治的途径，以教育好别人，以流传给后代；没有真正的儒者，则懵懵懂懂地没有人知道该走向哪里去，人欲横行而天理灭亡了。先生出生在孟子之后一千四百年，从遗留下来的经典中学到了已经失传的学术，以振兴这一文化传统为自己的责任，识别异端，驳斥邪说，使圣人的大道焕然一新地再次为世人所认识，恐怕从孟子以后，只有这样一个人而已。然而学者对于大道如果不知道有所向往，则谁能知道这个人之所以是有功的呢；不知道如何才能达到大道，则谁能知道这个称号之所以符合实际情况呢！"

嘉定十三年，御赐给他谥号叫作"纯公"。淳祐元年，封他为河南伯，在孔子庙里陪从受祭祀。

程颐传

【题解】

程颐（1033～1107），字正叔，宋河南府（今洛阳市）人。曾历任崇政殿说书、管勾西京国子监、判登闻鼓院等官。后因参与以司马光、吕公著为首的旧党活动，曾被流放，复职后又被罢官，以后主要从事讲学，世称为伊川先生或小程子。

程颐比他的哥哥程颢多活二十余年，活动和讲学的时间更长，培养的弟子也更多，其中有些知名度也很高，因此他在学术思想史上的影响比程颢更大。他的著作也比程颢多，特别是其中《易传》，在当时及后世影响较大。

【原文】

程颐，字正叔。年十八，上书阙下，欲天子黜世俗之论，以王道为心。游太学，见胡瑗问诸生以颜子所好何学，颐因答曰：

学以至圣人之道也。圣人可学而至欤？曰："然。"学之道如何？曰："天地储精，得五行之秀者为人，基本也真而静，其未发也，五性具焉，曰仁、义、礼、智、信。形既生矣。外物触其形而动其中矣，其中动而七情出焉，曰喜、怒、哀、乐、爱、恶、欲。情既炽而益荡，其性凿矣。是故觉者约其情，使合于中，正其心，养其性。愚者则不知制之，纵其情而至于邪僻，梏其性而亡之。

然学之道，必先明诸心，知所养，然后力行以求至，所谓"自明而诚"也。诚之之道，在乎信道笃，信道笃则行之果，行之果则守之固，仁义忠信不离乎心，造次必于是，颠沛必于是，出处语默必于是，久而弗失，则居之安，动容周旋中礼，而邪僻之心无自生矣。

故颜子所事,则曰:"非礼勿视,非礼勿听,非礼勿言,非礼勿动。"仲尼称之,则曰:"得一善则拳拳服膺,而弗失之矣。"又曰:"不迁怒,不贰过。""有不善未尝不知,知之未尝复行。"此其好之笃,学之得其道也。然圣人则不思而得,不勉而中;颜子则必思而后得,必勉而后中。其与圣人相去一息,所未至者守之也,非化之也。以其好学之心,假之以年,则不日而化矣。后人不达,以谓圣本生知,非学可至,而为学之道遂失。不求诸己,而求诸外,以博闻强记、巧文丽辞为工。荣华其言,鲜有至于道者,则今之学,与颜子所好异矣。

瑗得其文,大惊异之,即延见,处以学职。吕希哲首以师礼事颐。

治平、元丰间,大臣屡荐,皆不起。哲宗初,司马光、吕公著共疏其行义曰:"伏见河南府处士程颐,力学好古,安贫守节,言必忠信,动遵礼法。年逾五十,不求仕进,真儒者之高蹈,圣世之逸民。望擢以不次,使士类有所矜式。"招以为西京国子监教授,力辞。

寻召为秘书省校书郎。既入见。擢崇政殿说书。即上疏言:"习与智长,化与心成。今夫人民善教其子弟者,亦必延名德之士,使与之处,以薰陶成性。况陛下春秋之富,虽睿圣得于天资,而辅养之道不可不至。大率一日之中,接贤士大夫之时多,亲寺人宫女之时少,则气质变化,自然而成。愿选名儒入侍劝讲,讲罢留之分直,以备访问,或有小失,随事献规,岁月积久,必能养成圣德。"颐每进讲,色甚庄,继以讽谏。闻帝在宫中盥而避蚁,问:"有是乎?"曰:"然,诚恐伤之尔。"颐曰:"推此心以及四海,帝王之要道也。"

神宗丧未除,冬至,百官表贺,颐言:"节序变迁,时思方切,乞改贺为慰。"既除丧,有司请开乐置宴,颐又言:"除丧而用吉礼,尚当因事张乐,今特设宴,是喜之也。"皆从之。帝尝以疮疹不御迩英累日,颐诣宰相问安否,且曰:"上不御殿,太后不当独坐。且人主有疾,大臣可不知乎?"翌日,宰相以下始奏请问疾。

苏轼不悦于颐,颐门人贾易、朱光庭不能平,合攻轼。胡宗愈、顾临诋颐不宜用,孔文仲极论之,遂出管勾西京国子监。久之,加直秘阁,再上表辞。董敦逸复摭其有怨望语,去官。绍圣中,削籍窜涪州。李清臣尹洛,即日迫遣之,欲入别叔母亦不许,明日赆以银百两,颐不受。徽宗即位,徙峡州,俄复其官,又夺于崇宁。卒年七十五。

颐于书无所不读,其学本于诚,以《大学》《语》《孟》《中庸》为标指,而达于《六经》。动止语默,一以圣人为师,其不至乎圣人不止也。张载称其兄弟从十四五时,便脱然欲学圣人,故卒得孔、孟不传之学,以为诸儒倡。其言之旨,若布帛菽粟然知德者尤尊崇之。尝言:"今农夫祁寒暑雨,深耕易耨,播种五谷,吾得而食之;百工技艺,作为器物,吾得而用之;介胄之士,被坚执锐,以守土宇,吾得而安之。无功泽及人,而浪度岁月,晏然为天地间一蠹,唯缀缉圣人遗书,庶几有补尔。"于是著《易》《春秋传》以传于世。《易传序》曰:

《易》,变易也,随时变易以从道也。其为书也,广大悉备,将以顺性命之理,通幽明之故,尽事物之情,而示开物成务之道也。圣人之忧患后世,可谓至矣。去古虽远,遗经尚存,然而前儒失意以传言,后学诵言而忘味,自秦而下,盖无传矣。予生千载之后,悼斯文之湮晦,将俾后人沿流而求源,此《传》所以作也。

"《易》有圣人之道四焉:以言者尚其辞,以动者尚其变,以制器者尚其象,以卜筮者尚其占。吉凶消长之理,进退存亡之道,备于辞,推辞考卦可以知变,象与占在其中矣。"君子居则观其象而玩其辞,动则观其变而玩其占",得于辞不达其意者有矣,未有不得于辞而能通其意者也。至微者理也,至著者象也,体用一源,显微无间,观会通以行其典礼,则辞无所不备。故善学者,求言必自近,易于近乾,非知言者也。予所传者辞也,由辞以得意,则在乎人焉。

《春秋传序》曰:

天之生民,必有出类之才起而君长之,治之而争夺息,导之而生养遂,教之而伦理明,然后人道立,天道成,地道平。二帝而上,圣贤世出,随时有作,顺乎风气之宜,不先天以开人。各因时而立政。暨乎三王迭兴,三重既备,子、丑、寅之建正,忠、质、文之更尚,人道备矣,天运周矣。圣王既不复作,有天下者虽欲仿古之迹,亦私意妄为而已。事之缪,秦至以建亥为正;道之悖,汉专以智力持世;岂复知先王之道也!

夫子当周之末,以圣人不复作也,顺天应时之治不复有也,于是作《春秋》,为百王不易之大法。所谓"考诸三王而不缪,建诸天地而不悖,质诸鬼神而无疑,百世以俟圣人而不惑"者也。先儒之传,"游、夏不能赞一辞"。辞不待赞者也,言不能与于斯尔。斯道也,唯颜子尝闻之矣:"行夏之时,乘殷之辂,服周之冕,乐则《韶舞》",此其准的也。后世以史视《春秋》,谓褒善贬恶而已,至于经世之大法,则不知也。

《春秋》大义数十,其义虽大,炳如日星,乃易见也。惟其微辞隐义、时措从宜者,为难知也。或抑或纵,或予或夺,或进或退,或微或显,而得乎义理之安,文质之中,宽猛之宜,是非之公,乃制事之权衡,揆道之模范也。夫观百物然后识化工之神,聚众材然后知作室之用,于一事一义而欲窥圣人之用心,非上智不能也。故学《春秋》者,必优游涵泳,默识心通,然后能造其微也。后王知《春秋》之义,则虽德非禹、汤,尚可以法三代之治。

自秦而下,其学不传,予悼夫圣人之志不明于后世也,故作《传》以明之,俾后之人通其文而求其义,得其意而法其用,则三代可复也。是《传》也,虽未能极圣人之蕴奥,庶几学者得其门而入矣。

平生诲人不倦,故学者出其门最多,渊源所渐,皆为名士。洛人祠颐于北岩,世称为伊川先生。嘉定十三年,赐谥曰正公。淳祐元年,封伊阳伯,从祀孔子庙庭。

【译文】

程颐,字正叔。十八岁时,到宫阙之下上书,希望天子摈弃世俗的议论,以实行王道为志向。到太学参观,看到胡瑗正向学生们提出"颜回所喜好的是什么样的学问"这个问题,程颐于是提笔答道:

做学问的目的是为了达到圣人的一套道德学问。圣人可以通过学习而达到吗?回答说:是的。学习的正确方法是什么?回答说:天地储蓄着精气,禀赋了五行之气的优秀精华的是人。人的本性是真诚而安静的,当情欲没有发生时,五种善良本性完整地具备,叫作仁、义、礼、智、信。肉体出生以后,外物接触他的肉体而动摇了他的内心,他的内心动摇而七种情欲就发生了,叫作喜、怒、哀、乐、爱、憎恶、欲望。情欲炽烈,而又越来越放纵,他的善良本性就破坏了。所以觉悟的人约束他的情欲,使之符合中道,端正他的心,修养他的本性。愚昧的人就不知道制约它,放纵他的情欲而变成邪恶,桎梏他的善良本性而使之丧失。

然而学习的方法，必须先使心里有明确的认识，知道所要修养的是什么，然后努力实践以求达到目标，这就是《中庸》所说的"从明确的认识而达到至诚的境界"。达到至诚境界的途径，在于对道的信仰深厚，对道的信仰深厚行动就会果决，行动果决对道的遵守就会牢固，仁义忠信的准则不离开心，匆忙紧急的时候必定在心里，颠沛流离的时候必定在心里，出门、在家、说话、沉默的时候都必定在心里，久久而不丧失它，就能安稳地停留在心里，动作和仪容辗转都符合礼的规范，而邪恶的思想就无从产生了。

所以颜子所从事的。就是所谓："不合礼的不要看，不合礼的不要听，不合礼的不要说，不合礼的不要做。"孔子称赞他，就说："学到一条好道理就牢牢记住而不忘记它啊。"又说："颜回不把怒气转移到不相干的人身上，不第二次犯同样的过失。""有做得不好的地方从来没有不知道的，知道了以后从来没有再去做的。"这是由于他对道的信仰深厚，学习起来又掌握了正确方法。然而圣人则是不思考就得到真理，不努力就合乎中道；颜子则必须思考以后才得到真理，必须努力以后才合乎中道。他与圣人比还有点儿差距，所未能达到的，是能严格遵守道，而不能把道融化在心里。以他那样的好学之心，老天再让他多活些年，不多久就会融化了。后来的人不通，以为圣人本来是生而知之，不是通过学习可以得到的，因而治学的正确方法便丧失了。不从自身的修养上去追求圣人的道德学问，而到身外去追求，把知识渊博、记忆牢固、文章巧妙、辞藻华丽当作真功夫，讲起道理来天花乱坠，极少有能达到圣人的道德学问的。然则现在的所谓学问，与颜子所喜好的学问根本不同啊！

胡瑗拿到他的文章，大为惊异，立即请他相见替他在太学里安排了职务。吕希哲头一个以尊师之礼侍奉程颐。

治平、元丰年间，大臣屡次推荐他做官，都不去上任。哲宗元年，司马光、吕公著一起上疏表彰他的德行说："伏见河南府没有出仕的读书人程颐，勤于学习而崇尚古代学术，安于贫贱而严格遵守节操，说话只谈忠信，行动遵循礼法。年龄过了五十，不追求高官厚禄，确实是儒者中德行高尚的人，太平盛世的隐逸之士。希望加快提拔他而不按通常的次序，使读书人有一个效法的榜样。"皇帝下诏让他当西京的国子监教授，程颐极力推辞。

不久后召他当秘书省校书郎。入见皇帝后，提拔为崇政殿说书。程颐随即上疏说："习惯与智慧一起培养，变化与心性一起形成。现在的老百姓中善于教育子弟的，也必定要聘请以道德著称的儒士，让子弟和他相处，以熏陶成良好的品性。何况陛下年轻，余下的时间还很富裕，虽然从天生资质中获得了聪明圣哲的优点，然而辅导培养的办法不可不极为周到。大体上一天之中，接触贤明士大夫的时间多，亲近宦官宫女的时间少，气质就会变化，自然而形成。希望挑选大儒入宫在身边劝导讲解，讲完后留在宫里分别值班，以供随时咨询，偶或有小过失，随事贡献意见进行规劝，时间长了，必定能培养成圣明的品德。"程颐每次进讲，脸色很庄重，接着便委婉地劝谏。听说皇帝在宫里盥洗时避开蚂蚁，便问；"有这回事吗？"皇帝说："是，真怕伤害它们。"程颐说："把这样的爱心推广到四海去，是做帝王最重要的方法。"

神宗的丧事还没有办完，冬至那天，百官上表致贺，程颐说："节气变换，此时皇上对神宗的思念正深切，请求改祝贺为安慰。"丧事结束以后，主事官员请求开始奏乐设宴，程颐又说："丧事结束后而举行祭神之礼，尚且应当依据事情的需要来决定奏乐，现在特地为丧事结束而奏乐设宴，这是当喜事来办了。"大家都听从了他的意见。皇帝曾因患疮疹连日不到迩英殿，程颐到宰相哪里问皇帝平安否，而且说："皇帝不到迩英殿，太后不应当单独坐在哪里。况且主上有病，大臣可以不知道吗？"第二天，宰相以下百官才奏请问候皇上的病。

苏轼不招程颐的喜欢，程颐的门人贾易、朱光庭心里感到不平，联合起来攻击苏轼。胡宗愈、颐临诋毁程颐说不宜任用，孔文仲极力弹劾程颐，于是把程颐排挤出朝廷去担任管勾西京国子监。好久以后，加直秘阁一职，程颐两次上表辞谢。董敦逸又收集他说过的一些有怨恨的话，罢了他的官。绍圣年间，革职流放到涪州。李清臣任洛阳（西京）知府，当天就强迫遣送他，想回家告别叔母也不允许，第二天赠送他一百两银子，程颐拒绝接受。徽宗接位，把他迁到峡州，不久后恢复了他的官职，到崇宁年间又剥夺了官职。死时七十五岁。

程颐什么书都读。他的学术以诚为根本，以《大学》《论语》《孟子》《中庸》为宗旨，而通向《六经》。动作、静止、说话、沉默，一切以圣人为师，不修养到圣人的境界不停息。张载称赞他们兄弟从十四五岁时起，就超脱一切只想学圣人，所以终于学到了孔子、孟子那套已经失传了的学术，而成为诸儒的先导。其学说的意义，就像棉布、丝绸、大豆、小米一样（人人都需要它），懂得道德的人尤其尊崇它。程颐曾说："现在农夫冒着严寒、酷暑和大雨，深耕除草，播种五谷，我可以拿来吃；各行各业的技术工匠，制作器物，我可以拿来用；武装的兵士，身披坚甲手拿利器，以守卫疆土，我能够平安无事。我这种人没有什么功劳恩泽贡献给别人，而虚度光阴，安心做天地间一条蛀虫，唯有整理圣人遗留下来的书，或许对别人有些补益吧。"于是撰写了《易传》《春秋传》以流传于世。《易传》的《序》说：

《易》，变易的意思，随时变易以服从道的意思。它作为一部书，内容广博一切都包含，是要理顺人性与天命的道理，贯通看得见和看不见的事情之间的因果关系，穷尽万事万物的真实情况，而显示开通民众的心志、成就天下事业的方法。圣人的为后世操心，可以说极为周到了。现在离开古代虽然久远，圣人遗下的经典还在，但是先前的儒者不理解其本意，而只把其言论传下来，后来的学者只知道背诵这些言论而忘记其深长的意味，从秦朝以后，其本意大概就失传了。我出生在千年之后，为这些人文内容的湮没不彰而悲伤，要使后人溯流而上找到源头，这就是我写作《易传》的原因。

《周易》具有圣人之道的四个方面：用它来发表言论的人重视它的卦爻辞，用它来指导行动的人重视它的卦变，用它来创制器物的人重视它的卦象，用它来预测吉凶的人重视它的占卜方法。吉与凶、消与长的道理，进与退、存与亡的缘故，都具备在卦爻辞中，推敲卦爻辞和考察卦象可以知道未来的变化，卦象与占卜方法就都包括在其中了。"君子平时则观察其卦象而玩味其卦爻辞，有所行动则观察其变化而推究其占卜方法"，找到了卦爻辞而不通晓本意的人是有的，但没有不找到卦爻辞而能通晓其本意的，最微妙的是遭理，最显著的是卦象。体和用同出一源，显著与微妙没有不可逾越的界限，观察二者之间的相互汇合和沟通之点以举行其典礼，则可知卦爻辞中无所不备。所以善于学习的人，想要立言必须从浅近的地方开始，把浅近看得很容易做到的人，不是真正懂得立言的人。我所解释的是卦爻辞，由卦爻辞而探究到它的深意，则在乎读者们的努力了。

天之所以生出人类,必定会有出类拔萃的人起来做他们的君长,治理他们而使相互间的争夺停止,引导他们而使生息长养的事情顺遂,教育他们而使伦理道德明确,然后人道才能够确立,天道才能够完成,地道才能够均平。尧、舜二帝以前,圣贤代代出现,随时势的需要而有所创造,都是适应当时风气的需要,而不是在天时成熟之前去人为地开创,是各自顺应时势而建立政治措施。等到夏、商、周三代圣王更迭兴起,议定礼仪、制定法度、考订文献这三项措施已经完备,立子月、丑月、寅月为正月的不同历法,和崇尚忠、崇尚质、崇尚文的不同文化精神更迭产生,于是人道完备了,天运也得到普遍体现。圣王既然不再兴起了,拥有天下的人即使想模仿古代的事迹,也不过是从私心出发胡作非为而已。以至事情的荒谬,秦代竟然立亥月为正月;正道的背叛,汉代竟依靠小聪明和权力去把持天下。哪里又能懂得什么先王之道呢!

孔夫子生当周代的末期,认为圣人不会再兴起,顺从天道适应时势的政治不会再有,于是写作了《春秋》,作为历代王者不可更改的根本法则。也就是《中庸》所谓"拿到三代圣王哪里去考核不会指为谬误,树立在天地之间不会受到反对,拿到鬼神哪里请教不会提出疑问,千年百世地等着圣人出来也不会表示困惑不解"的东西。据先儒的传说"子游、子夏都不能帮着孔子措一句辞"。其实措辞是不需要帮助的,这句话是说子游、子夏没有能力参与此事而已。《春秋》所表述的这个大道,只有颜子曾听孔子说过:"实行夏代的历法,乘坐殷代的大车,佩戴周代的礼帽,音乐则采用《韶乐》和《武乐》。"这是它的目标。后代的人把《春秋》看作史书,说它只是褒扬善的贬斥恶的,至于它包含的治理天下的根本法则,就不知道了。

《春秋》包含的重大义旨有几十个,它的义旨虽然重大,但明白得像太阳星星,是容易见到的。只有其中一些含蓄的词句和隐晦的义旨、因时而发以适应时宜的部分,是难懂的。有的贬抑有的宽纵,有的肯定有的否定,有的奖励有的排斥,有的含蓄有的明显,而都做到了义理的稳妥、文质的适中,宽严的合宜,是非的公正,是判断事物的尺度,衡量真理的标准。观察了众多事物之后才能知道造化工夫的神妙,收集了许多种材料之后才能知道建造房屋要用哪些东西,想在一件事、一个义旨上去窥察圣人的用意,不是绝顶聪明不能办到。所以学习《春秋》的,必须从容不迫地浸泡在其中,默默记住和用心领会,才能深入到它的最含蓄微妙的地方。后来的王者懂得了《春秋》的含义,则即使不像夏禹、商汤那样的道德高尚,也还能够效法三代的政治。

自从秦代以后,《春秋》的学术不再流传,我为圣人的志向不能被后代的人理解而哀伤,所以写作《春秋传》以阐明它,使后来的人通晓其文字而求得其义旨,懂得其用意而体现其作用,三代的盛况就可以恢复。这部《春秋传》虽然没有能够穷尽圣人蕴藏书中的深奥道理,大体上还能使学习者获得一个入门的途径。

程颐平生教人不知疲倦,所以从他的门下出来的学者最多,他作为学术渊源所培养的人,都成为著名儒士。涪州人在北岩建祠堂祭祀他,世人称他为伊川先生。

嘉定十三年,御赐给他谥号叫正公。淳祐元年,封他为伊阳伯,让他在孔子庙堂里陪着受祭祀。

朱熹传

【题解】

朱熹(1130~1200),字元晦,一字仲晦,宋徽州婺源县(今江西婺源市人),出生在南剑州尤溪县(今福建尤溪市)。十九岁考中进士,历任县主簿、知军、提举浙东常平茶盐公事、知州等,但任期都不长。一生中大部分时间都从事讲学和著述。曾在建阳(今福建建阳区)芦山筑草堂以居,名为晦阉,又曾在建阳考亭乡筑室,故世人多称他为晦阉先生、考亭先生,或称其谥号为朱文公。

朱熹是我国从南宋中期开始到五四新文化运动时止学问最广博、影响也最深的学者,如同称孔子为"孔夫子"一样,也有人尊称他为"朱夫子"。他确是孔子、孟子以后在古代文化、思想、学术史上影响最大的人之一。他所写作或整理编辑的书数量也很惊人,除《文集》一百卷、《续集》十卷,字数近200万字外,本传中还列举了20余种著作,但仍不是全部。此外,他的口头讲学也由90多位门人记录,由后人分类整理成《朱子语类》一百四十卷,约200万字。其中内容涉及古代文化学术的各个方面。

朱熹

朱熹综合北宋周敦颐、张载、二程等人的学说,建立了一个庞大的理学体系,同时与理学内部的某些不同论点和理学以外的不同派别进行了持久不懈的争论,从而确立了理学在思想文化中的主导地位达七百年之久。

【原文】

朱熹,字元晦,一字仲晦,徽州婺源人。父松,字乔年,中进士第。胡世将、谢克家荐之,除秘书省正字。赵鼎都督川陕、荆、襄军马,招松为属,辞。鼎再相,除校书郎,迁著作郎。以御史中丞常同荐。除度支员外郎,兼史馆校勘,历司勋、吏部郎。秦桧决策议和,松与同列上章,极言其不可。桧怒,风御史论松怀异自贤,出知饶州,未上,卒。

熹幼颖悟,甫能言,父指天示之曰:"天也。"熹问曰:"天之上何物?"松异之。就傅,授以《孝经》,一阅,题其上曰:"不若是,非人也。"尝从群儿戏沙上,独端坐以指画沙,视之,八卦也。年十八贡于乡,中绍兴十八年进士第。主泉州同安簿,选邑秀民充弟子员,日与讲说圣贤修己治人之道,禁女妇之为僧道者。罢归请祠,监潭州南狱庙。明年,以辅臣荐,与徐度、吕广问、韩元吉同召,以疾辞。

孝宗即位,诏求直言,熹上封事言:

圣躬虽未有过失,而帝王之学不可以不熟讲。朝政虽未有阙遗,而修攘之计不可以不早定。利害休戚虽不可偏举,而本原之地不可以不加意。陛下毓德之初,亲御简策,不过风诵文辞。吟咏情性,又颇留意于老子、释氏之书。夫记诵辞藻,非所以探渊源而出治道;虚无寂灭,非所以贯本末而立大中。帝五之学,必先格物致知,以极夫事物之变,使义理所存,纤悉毕照,则自然意诚心正,而可以应天下之务。

次言:修攘之计不时定者,讲和之说误之也。夫金人于我有不共戴天之仇,则不可和也明矣。愿断以义理之公,闭关绝约,任贤使能,任贤使能,立纪纲,厉风俗。数年之后,国富兵强,视吾力之强弱,观彼衅之浅深,徐起而图之。

次言:四海利病,系斯民之休戚,斯民休戚,系守令之贤否。监司者守令之纲,朝廷者监司之本也。欲斯民之得其所,本原之地亦在朝廷而已。今之监司,妖赃狼藉、肆虐以病民者,莫非宰执、台谏之亲旧宾客。其已失势者,既按见其交私之状而斥去之;尚在势者,岂无其人,顾陛下无自而知之耳。

隆兴元年,复召。入对,其一言:"大学之道在乎格物以致其知。陛下虽有生知之性,高世之行,而未尝随事以观理,即理以应事。是以举措之间动涉疑贰,听纳之际未免蔽欺,平治之效所以未著。"其二言;"君父之仇不与共戴天。今日所当为者,非战无以复仇,非守无以制胜。"且陈古先圣王所以强本折冲、威制远人之道。时相汤思退方倡和议,除熹武学博士,待次。乾道元年,促就职,既至而洪适为相,复主和,论不合,归。三年,陈俊卿、刘珙荐为福密院编修官,待次。五年,丁内艰。六年,工部侍郎胡铨以诗人荐,与王庭珪同召,以未终丧辞。七年,既免丧,复召,以禄不及养辞。九年,梁克家相,申前命,又辞。克家奏熹屡召不起,宜蒙褒录,执政俱称之,上曰:"熹安贫守道,廉退可嘉。"特改合入官,主管台州崇道观。熹以求退得进,于义未安,再辞。淳熙元年,始拜命。

二年,上欲奖用廉退,以厉风俗,龚茂良行丞相事,以熹名进,除秘书郎,力辞,且以手书遗茂良,言一时权倖。群小乘间谗毁,乃因熹再辞,即从其请,主管武夷山冲佑观。五年,史浩再相,除知南康军,降旨便道之官,熹再辞,不许,至郡,兴利除害,值岁不雨,讲求荒政,多所全活。讫事,奏乞依格推赏纳粟人。间诣郡学,引进士子与之讲论。访白鹿洞书院遗址,奏复其旧,为《学规》俾守之。明年夏,大旱,诏监司、郡守条其民间利病,遂上疏言:

天下之务莫大于恤民,而恤民之本,在人君正心术以立纪纲。盖天下之纪纲不能以自立,必人主之心术公平正大,无偏党反侧之私,然后有所系而立。君心不能以自正,必亲贤臣,远小人,讲明义理之归,闭塞私邪之路,然后乃可得而正。今宰相、台省、师傅、宾友、谏净之臣皆失其职,而陛下所与亲密谋议者,不过一二近习之臣。上以蛊惑陛下之心志,使陛下不信先王之大道,而悦于功利之卑说,不乐庄士之谠言,而安于私蛰之鄙能。下则招集天下士大夫之嗜利夫耻者,文武汇分,各入其门。所喜则阴为引援,擢置清显。所恶则密行訾毁,公肆挤排。交通货赂,所盗者皆陛下之财。命卿置将,所穷者皆陛下之柄。陛下所谓宰相、师傅、宾友、谏净之臣,或反出入其门墙,承望其风旨;其幸能自立者,亦不过踸踔自守,而未尝敢一言以斥之;其甚畏公论者,乃能略警逐其徒党之一二,既不能深有所伤,而终亦不敢正言以捣其囊橐窟穴之所在。势成威立,中外靡然向之,使陛下之号令黜陟不复出于朝廷,而出于一二人之门,名为陛下独断,而实此一二人者阴执其柄。

且云："莫大之祸，必至之忧，近在朝夕，而陛下独未之知。"上读之，大怒曰："是以我为亡也。"熹以疾请祠，不报。

陈俊卿以旧相守金陵，过阙入见，荐熹甚力，宰相赵雄言于上曰："士之好名，陛下疾之愈甚，则人之誉之愈众，无乃适所以高之。不若因其长而用之，彼渐当事任，能否自见矣。"上以为然，乃除熹提举江西常平茶盐公事。旋录救荒之劳，除直秘阁，以前所奏纳粟人未推赏，辞。

会浙东大饥，宰相王淮奏改熹提举浙东常平茶盐公事，即日单车就道，复以纳粟人未推赏，辞职名。纳粟赏行，遂受职名。入对，首陈灾异之由与修德任人之说，次言："陛下即政之初，盖尝选建英豪，任以政事，不幸其间不能尽得其人，是以不复广求贤哲，而姑取软熟易制之人以充其位。于是左右私褒使令之贱，始得以奉燕闲，备驱使，而宰相之权日轻。又虑其势有所偏，而因重以壅己也，则时听外廷之论，将以阴察此辈之负犯而操切之。陛下既未能循天理、公圣心，以正朝廷之大体，则固已失其本矣，而又欲兼听士大夫之言，以为驾驭之术，则士大夫之进见有时，而近习之从容无间。士大夫之礼貌既庄而难亲，其议论又苦而难入，近习便辟侧媚之态既足以蛊心志，其胥史狡狯之术又足以眩聪明。是以虽欲微抑此辈，而此辈之势日重，虽欲兼采公论，而士大夫之势日轻，重者既挟其重，以窃陛下之权，轻者又借力于所重，以为穷位固宠之计，日往月来，浸淫耗蚀，使陛下之德业日隳，纪纲日坏，邪佞充塞，货赂公行，兵愁民怨，盗贼间作，灾异数见，饥馑荐臻。群小相挺，人人皆得满其所欲，唯有陛下了无所得，而顾乃独受其弊。"上为动容。所奏凡七中，其一二事手书以防宣泄。

熹始拜命，即移书他郡，募米商，蠲其征，及至，则客舟之米已辐凑。熹日钩访民隐，按行境内，单车屏徒从，所至人不及知。郡县官吏惮其风采，至自引去，所部肃然。凡丁钱、和买、役法榷酤之政，有不便于民者，悉厘而革之，于救荒之余，随事处画，必为经久之计。有短熹者，谓其疏于为政，上谓王淮曰："朱熹政事却有可观。"

熹以前后奏请多所见抑，幸而从者，率稽缓后时，蝗旱相仍，不胜忧愤，复奏言："为今之计，独有断自圣心，沛然发号，责躬求言，然后君臣相戒，痛自省改。其次唯有尽出内库之钱，以供大礼之费为收籴之本，诏户部免征旧负，诏漕臣依条检放租税，诏宰臣沙汰被灾路分州军监司、守臣之无状者，遴选贤能，责以荒政，庶几犹足下结人心，消其乘时作乱之意。不然，臣恐所忧者不止于饥殍，而将在于盗贼；蒙其害者不止于官吏，而上及于国家也。

知台州唐仲友与王淮同里为姻家，吏部尚书郑丙、侍御史张大经交荐之，迁江西提刑，未行。熹行部至台，讼仲友者纷然，按得其实，章三上，淮匿不以闻。熹论愈力，仲友亦自辩，淮乃以熹章进呈，上令宰属看详，都司陈庸等乞令浙西提刑委清强官究实，仍令熹速往旱伤州郡相视。熹时留台未行，既奉诏，益上章论，前后六上，淮不得已，夺仲友江西新命以授熹，辞不拜。遂归，且乞奉祠。

时郑丙上疏诋程氏之学以沮熹，淮又擢太府丞陈贾为监察御史。贾面对，首论近日缙绅有所谓"道学"者，大率假名以济伪，愿考察其人，摈弃勿用。盖指熹也。十年，诏以熹累乞奉祠，可差主管台州崇道观，既而连奉云台、鸿庆之祠者五年。十四年，周必大相，除熹提点江西刑狱公事，以疾辞，不许，遂行。

十五年，淮罢相，遂入奏，首言近年刑狱失当，狱官当择其人。次言经总制钱之病民，及江西诸州科罚之弊。而其末言："陛下即位二十七年，因循荏苒，无尺寸之效可以仰酬圣志。尝反覆思之，无乃燕闲蠖濩之中，虚明应物之地，天理有所未纯，人欲有所未尽，是以为善不能充其量，除恶不能去其根，一念之顷，公私邪正、是非得失之机，交战于其中。故体貌大臣非不厚，而便嬖侧媚得以深被腹心之寄；寤寐英豪非不切，而柔邪庸缪得以久窃廊庙之权。非不乐闻公议正论，而有时不容；非不圣谏说矫行，而未免误听；非不欲报复陵庙仇耻，而未免畏怯苟安；非不爱惜生灵财力，而未免叹息愁怨。愿陛下自今以往，一念之顷必谨而察之：此为天理耶，人欲耶？果天理也，则敬以充之，而不使其少有壅阏；果人欲也，则敬以克之，而不使其少有凝滞。推而至于言语动作之间，用人处事之际，无不以是裁之，则圣心洞然，中外融澈，无一毫之私欲得以介乎其间，而天下之事将惟陛下所欲为，无不如志矣。"是行也，有要之于路，以为"正心诚意"之论上所厌闻，戒勿以为言。熹曰："吾平生所学，惟此四字，岂可隐默以欺吾君乎？"及奏，上曰："久不见卿，浙东之事，朕自知之，今当处卿清要，不复以州县为烦也。"

时曾觌已死，王抃亦逐，独内侍甘昪尚在，熹力以为言。上曰："昪乃德寿所荐，谓其有才耳。"熹曰："小人无才，安能动人主。"翌日，除兵部郎官，以足疾丐祠。本部侍郎林栗尝与熹论《易》《西铭》不合，劾熹："本无学术，徒窃张载、程颐绪余，谓之"道学"。所至辄携门生数十人，安希孔、孟历聘之风，邀索高价，不肯供职，其伪不可掩。"上曰："林栗言似过。"周必大言熹上殿之日，足疾未瘳，勉强登对。上曰："朕亦见其跛曳。"左补阙薛叔似亦奏援熹，乃令依旧职江西提刑。太常博士叶适上疏与栗辨，谓其言无一实者，"谓之道学"一语，无实尤甚，往日王淮表里台谏，阴废正人，盖用此术。诏："熹昨入对，所论皆新任职事，朕谅其诚，复从所请，可疾速之任。"会胡晋臣除侍御史，首论栗执拗不通，喜同恶异，无事而指学者为党，乃黜栗知泉州。熹再辞免，除直宝文阁，主管西京嵩山崇福宫。未逾月再召，熹又辞。

始，熹尝以为口陈之说有所未尽，乞具封事以闻，至是投匦进封事曰：

今天下大势，如人有重病，内自心腹，外达四支，无一毛一发不受病者，且以天下之大本与今日之急务，为陛下言之：大本者，陛下之心；急务则辅翼太子，选任大臣，振举纲纪，变化风俗，爱惜民力，修明军政，六者是也。

古先圣王兢兢业业，持守此心，是以建师保之官，列谏诤之职，凡饮食、酒浆、衣服、次舍、器用、财贿与夫宦官、宫妾之政，无一不领于冢宰。使基左右前后，一动一静，无不制以有司之法。而无纤芥之隙、瞬息之顷，得以隐其毫发之私。陛下所以精一克复而持守其心，果有如此之功乎？所以修身齐家而正其左右，果有如此之效乎？宫省事禁，臣固不得而知，然爵赏之滥，货赂之流，闾巷穷言，久已不胜其籍籍，则陛下所以修之家者，恐其未有以及古之圣王也。至于左右使嬖之私，恩遇过当，往者渊、觌、说、抃之徒势焰熏灼，倾动一时，今已无可言矣。独有前日臣所面陈者，虽蒙圣慈委曲开譬，然臣之愚，穷以为此辈但当使之守门传命，供扫除之役，不当假借崇长，使得逞邪媚、作淫巧于内，以荡上心、立门庭、招权势于外以累圣政。臣闻之道路，自王抃既逐之后，诸将差除，多出此人之手，陛下竭生灵膏血以奉军旅，顾乃未尝得一温饱，是皆将帅巧为名色，夺取其粮，肆行货赂于近习，以图进用，出入禁闼腹心之臣，外交将帅，共为欺蔽，以至于此。而陛下不悟，反宠匿之，以是为我之私人，至使宰相不得议其制置之得失，给谏不得论其除授之是非，则陛下所以正其左右者，未能及古之圣王又明矣。

至于辅翼太子。则自王十朋、陈良翰之后，宫僚之选号为得人，而能称其职者，盖已鲜矣。而又时使邪佞儇薄、阘冗庸妄之辈，或得参错于其间，所谓讲读，亦姑以应文备数，而未闻其有箴规之效。至于从容朝夕、陪侍游燕者，又不过使臣宦者数辈而已。师傅、宾客既不复置，而詹事、庶子有名无实，其左右春坊遂直以使臣掌之，既无以发其隆师亲友、尊德乐义之心，又无以防其戏慢媟狎、奇衺杂进之害。宜讨论前典，置师傅、宾客之官，罢去春坊使臣，而使詹事、庶子各复其职。

至于选任大臣，则以陛下之聪明，岂不知天下之事，必得刚明公正之人而后可任哉？其所以常不得如此之人，而反容鄙夫之窃位者，直以一念之间，未能彻其私邪之蔽，而燕私之好，便嬖之流，不能尽由于法度，若用刚明公正之人以为辅相，则恐其有以妨吾之事，害吾之人，而不得肆。是以选择之际，常先排摈此等，而后取凡疲懦软熟、平日不敢直言正色之人而揣摩之，又于其中得其至庸极陋、决可保其不至于有所妨者，然后举而加之于位。是以除书未出，面物色先定，姓名未显，而中外已逆知其决非天下第一流矣。

至于振肃纪纲，变化风俗，则今日宫省之间，禁密之地，而天下不公之道，不正之人，顾乃得以窟穴盘踞于其间。而陛下目见耳闻，无非不公不正之事，则其所以熏正销铄，使陛下好善之心不著，疾恶之意不深，其害已有不可胜者矣。及其作奸犯法，则陛下又未能深割私爱，而付诸外廷之议，论以有司之法，是以纪纲不正于上，风俗颓弊于下，其为患之日久矣。而浙中为尤甚。大率习为软美之态、依阿之言，以不分是非、不辨曲直为得计，甚者以金珠为脯醢，以契券为诗文，宰相可唉则唉宰相，近习可通则通近习，惟得之求，无复廉耻。一有刚毅正直、守道循理之士出乎其间，则群讥众排，指为“道学”，而加以矫激之罪。十数年来，以此二字禁锢天下之贤人君子，复如昔时所谓元祐学术者，排摈诋辱，必使无所容其身而后已。此岂治世之事哉？

至于爱惜民力，修明军政，则自虞允文之为相也，尽取版曹岁入窠名之必可指拟者，号为岁终羡余之数，而输之内帑。顾以其有名无实、积累挂欠、空载簿籍、不可催理者，拨还版曹，以为内帑之积，将以备他日用兵进取不时之须。然自是以来二十余年，内帑岁入不知几何，而认为私贮，典以私人，宰相不得以式贡均节其出入，版曹不得以簿书勾考其在亡，日销月耗，以奉燕私之费者，盖不知其几何矣，而曷尝闻其能用此钱以易敌人之首，如太祖之言哉。徒使版曹经费阙乏日甚，督促日峻，以至废去祖宗以来破分良法，而必以十分登足为限；以为未足，则又造为比较监司、郡守殿最之法，以诱胁之。于是中外承风，竞为苛急，此民力之所以重困也。诸将之求进也，必先掊克士卒，以殖私利，然后以此自结于陛下之私人，而薪以姓名达于陛下之贵将。贵将得其姓名，即以付之军中，使自什伍以上节次保明，称其材武堪任将帅，然后具奏牍而言之陛下之前，陛下但见等级推先，案牍具备，则诚以为公荐而可以得人矣，而岂知其谐价输钱，已若晚唐之债帅哉？夫将者，三军之司命，而其选置之方乖刺如此，则彼智勇材略之人，孰肯抑心下首于宦官、宫姜之门，而陛下之所得以为将帅者，皆庸夫走卒，而犹望其修明军政，激劝士卒，以强国势，岂不误哉！

凡此六事皆不可缓，而本在于陛下之一心。一心正则六事无不正，一有人心私欲以介乎其间，则虽欲急精劳力，以求正夫六事者，亦将徒为文具，而天下之事愈至于不可为矣。

疏入，夜漏下七刻，上已就寝，亟起秉烛，读之终篇。明日，除主管太一宫，兼崇政殿说书。熹力辞，除秘阁修择，奉外祠。

光宗即位，再辞职名，仍旧直宝文阁，降诏奖谕。居数月，除江东转运副使，以疾辞，改知漳州。奏除属县无名之赋七百万，减经总制钱四百万。以习俗未知礼，采古丧葬嫁娶之仪，揭以示之，命父老解说，以教子弟。土俗崇信释氏，男女聚僧庐为传经会，女不嫁者为庵舍以居，熹悉禁之。常病经界贫弱者以为不便，沮之。宰相留正，泉人也，其里党亦多以为不可行。布衣吴禹圭上书讼其扰人，诏且需后，有旨先行漳州经界。明年，以子丧请祠。

时史浩入见，请收天下人望，乃除熹秘阁修撰，主管南京鸿庆宫。熹再辞，诏："论撰之职，以宠名儒。"乃拜命。除荆湖南路转运副使，辞。漳州经界竟报罢，以言不用自劾。除知静江府，辞，主管南京鸿庆宫。未几，差知潭州，力辞。黄裳为嘉王府翊善，自以学不及熹，乞召为宫僚，王府直讲彭龟年亦为大臣言之，留正曰："正非不知熹，但其性刚，恐到此不合，反为累耳。"熹方再辞，有旨："长沙巨屏，得贤为重。"遂拜命。会洞獠扰属郡，熹遣人谕以祸福，皆降之。申敕令，严武备，戢奸吏，抑豪民。所至兴学校，明教化，四方学者毕至。

宁宗即位，赵汝愚首荐熹及陈傅良，有旨赴行在奏事。熹行且辞，除焕章阁待制、侍讲，辞，不许。入对，首言："乃者，太皇太后躬定大策，陛下寅绍丕图，可谓处之以权，而庶几不失其正。自顷至今三月矣，或反不能无疑于逆顺名实之际，窃为陛下忧之。犹有可诿者，亦曰陛下之心，前日未尝有求位之计，今日未尝忘思亲之怀，此则所以行权而不失其正之根本也。充未尝求位之心，以尽负罪引慝之诚，充未尝忘亲之心，以致温清定省之礼，而大伦正，大本立矣。"复面辞待制、侍讲，上手札："卿经术渊源，正资劝讲，次对之职，勿复劳辞，以副朕崇儒重道之意。"遂拜命。

会赵彦逾按视孝宗山陵，以为土肉浅薄，下有水石。孙逢吉覆按，乞别求吉兆。有旨集议，台史惮之，议中辍。熹竟上议状言："寿皇圣德，衣冠之藏，当博访名山，不宜偏信台史，委之水泉沙砾之中。"不报。时论者以为上未还大内，则名体不正而疑议生；金使且来，或有窥伺。有旨修葺旧东宫，为屋三至百间，欲徙居之。熹奏疏言：

此必左右近习倡为此说以误陛下，而欲因以遂其奸心。臣恐不惟上帝震怒，灾异数出，正当恐惧修省之时，不当兴此大役，以咈谴告警动之意；亦恐畿甸面姓铠饿流离、阽于死亡之际，或能怨望忿切，以生他变。不惟无以感格太上皇帝之心，以致未有进见之期，亦恐寿皇在殡，因山未卜，几筵之奉不容少弛，太皇太后、皇太后皆以尊老之年，茕然在忧苦之中，晨昏之养尤不可阙。而四方之人，但见陛下亟欲大治宫室，速得成就，一旦翩然委而去之，以就安便，六军万民之心将有扼腕不平者矣。前鉴未远，甚可惧也。

又闻太上皇后惧忤太上皇帝圣意，不欲其闻太上之称，又不欲其闻内禅之说，此又虑之过者。殊不知若但如此，而不为宛转方便，则父子之间，上怨怒而下忧恐，将何时而已。父子大伦，三纲所系，久而不图，亦将有借其名以造谤生事者，此又臣之所惧也。愿陛下明诏大臣，首罢修葺东宫之役，而以其工料回就慈福、重华之间，草创寝殿一二十间，使粗可居。若夫过宫之计,则臣又愿陛下下诏自责,减省舆卫,入宫之后,暂变服色,如唐肃宗之改服紫袍、执控马前者,以伸负罪引慝之诚,则太上皇帝虽有忿怒之情,亦且霍然消散,而欢意浃洽矣。

至若朝廷之纪纲,则臣又愿陛下深诏左右,勿预朝政。其实有勋庸而所得褒赏未惬众论者,亦诏大臣公议其事,稽考令典,厚报其劳。而凡号令之弛张,人才之进退,则一委之二三大臣,使之反覆较量,勿循己见,酌取公论,奏而行之。有不当者,缴驳论难,择其善者称制临决,则不惟近习不得干预朝权,大臣不得专任己私,而陛下亦得以益明习天下之事,而无所疑于得失之算矣。

若夫山陵之卜,则愿黜台史之说,别求草泽,以营新宫,使寿皇之遗体得安于内,而宗社生灵皆蒙福于外矣。

疏入不报,然上亦未有怒熹意也。每以所讲编次成帙以进,上亦开怀容纳。

熹又奏勉上进德云:"愿陛下日用之间,以求放心为之本,而于玩经观史,亲近儒学,益用力焉。数召大臣,切劘治道,群臣进对,亦赐温颜,反覆询访,以求政事之得失,民情之休戚,而又因以察其人才之邪正短长,庶于天下之事各得其理。"熹奏:"礼经敕令,子为父,嫡孙承重为祖父,皆斩衰三年,嫡子当为其父后,不能袭位执丧,则嫡孙继统而代之执丧。自汉文短丧,历代因之,天子遂无三年之丧。为父且然,则嫡孙承重可知。人纪废坏,三纲不明,千有余年,莫能厘正。寿皇圣帝至性自天,易月之外,犹执通丧,朝衣朝冠皆用大布,所宜著在方册,为万世法程。间者,遗诰初颁,太上皇帝偶违康豫,不能躬就丧次。陛下以世嫡承大统,则承重之服著在礼律,所宜遵寿皇已行之法。一进仓卒,不及详议,遂用漆纱浅黄之服,不惟上违礼律,且使寿皇已行之礼举而复坠,臣窃痛之。然既往之失不及追改,唯有将来启殡发引,礼当复用初丧之服。"

会孝宗祔庙,议宗庙迭毁之制,孙逢吉、曾三复首请并祧僖、宣二祖,奉太祖居第一室,祫祭则正东向之位。有旨集议:僖、顺、翼、宣四祖祧主,宜有所归。自太祖皇帝首尊四祖之庙,治平间,议者以世数浸远,请迁僖祖于夹室。后王安石等奏,僖祖有庙,与稷、契无异,请复其旧。时相赵汝愚雅不以复祀僖祖为然,侍从多从其说。吏部尚书郑侨欲且祧宣祖而祔孝宗。熹以为藏之夹室,则是以祖宗之主下藏于子孙之夹室,神宗复奉以为始祖,已为得礼之正,而合于人心,所谓有举之而莫敢废者乎。又拟为《庙制》以辨,以为物岂有无本而生者。庙堂不以闻,即毁撤僖、宣庙室,更创别庙以奉四祖。

始,宁宗之立,韩侂胄自谓有定策功,居中用事。熹忧其害政,数以为言,且约吏部侍郎彭龟年共论之。会龟年出护使客,熹乃上疏斥言左右窃柄之失,在讲筵复申言之。御批云:"怜卿耆艾,恐难立讲,已除卿宫观。"汝愚袖御笔还上,且谏且拜。同侍王德谦径以御笔付熹,台谏争留,不可。楼钥、陈傅良旋封还录黄,修注官刘光祖、邓驲封章交上。熹行,被命除宝文阁待制,与州郡差遣,辞。寻除知江陵府,辞,仍乞追还新旧职名,诏依旧焕章阁待制,提举南京鸿庆宫。庆元元年初,赵汝愚既相,收召四方知名之士,中外引领望治,熹独惕然以侂胄用事为虑。既屡为上言,又数以手书启汝愚,当用厚赏酬其劳,勿使得预朝政,有"防微杜渐,谨不可忽"之语。汝愚方谓其易制,不以为意。及是,汝愚亦以诬逐,而朝廷大权悉归侂胄矣。

熹始以庙议自劾,不许,以疾再乞休致,诏:"辞职谢事,非朕优贤之意,依旧秘阁修撰。"二年，沈继祖为监察御史，诬熹十罪，诏落职罢祠，门人蔡元定亦送道州编管。四年，熹以年近七十，申乞致仕，五年，依所请。明年卒，年七十一。疾且革，手书属其子在及门人范念德、黄干，拳拳以勉学及修正遗书为言。翌日，正坐整衣冠，就枕而逝。

熹登第五十年，仕于外者仅九考，立朝才四十日。家故贫，少依父友刘子羽，寓建之崇安，后徙建阳之考亭，箪瓢屡空，晏如也。诸生之自远而至者，豆饭藜羹，率与之共，往往称贷于人以给用，而非其道义则一介不取也。

自熹去国，侂胄势益张。何澹为中司，首论专门之学，文诈沽名，乞辨真伪。刘德秀仕长沙，不为张栻之徒所礼，及为谏官，首论留正引伪学之罪。《伪学》之称，盖自此始。太常少卿胡纮言："比年伪学猖獗，图为不轨，望宣谕大臣，权住进拟。"遂召陈贾为兵部侍郎。未几，熹有夺职之命，刘三杰以前御史论熹、汝遇、刘光祖、徐谊之徒，前日之伪党，至此又变而为逆党。即日除三杰右正言。右谏议大夫姚愈论道学权臣结为死党，窥伺神器。乃命直学士院高文虎草诏谕天下，于是攻伪日急，选人余吉至上书乞斩熹。

方是时，士之绳趋尺步、稍以儒名者，无所容其身。从游之士，特立不顾者，屏伏丘壑；依阿巽懦者，更名他师，过门不入，甚至变易衣冠，狎游市肆，以自别其非党。而熹日与诸生讲学不休，或劝以谢遣生徒者，笑而不答。有籍田令陈景思者，故相康伯之孙也，与侂胄有姻连，劝侂胄勿为已甚，侂胄意亦渐悔。熹既没，将葬，言者谓：四方伪徒期会，送伪师之葬，会聚之词，非妄谈时人短长，则缪议时政得失，望令守臣约束。从之。

嘉泰初，学禁稍弛。二年，诏："朱熹已致仕，除华文阁待制，与致仕恩泽。"后侂胄死，诏赐熹遗表恩泽，谥曰文。寻赠中大夫，特赠宝谟阁直学士。理宗宝庆三年，赠太师，追封信国公，改徽国公。

始，熹少时，慨然有求道之志。父松病亟，尝属熹曰："籍溪胡原仲、白水刘致中、屏山刘彦冲三人，学有渊源，吾所敬畏，吾即死，汝往事之，而惟其言之听。"三人，谓胡宪、刘勉之、刘子翚也。故熹之学既博求之经传，复遍交当世有识之士。延平李侗老矣，尝学于罗从彦，熹归自同安，不远数百里，徒步往从之。

其为学，大抵穷理以致其知，反躬以践其实，而以居敬为主，尝谓圣贤道统之传散在方册，圣经之旨不明，而道统之传始晦。于是竭其精力，以研穷圣贤之经训。所著书有：《易本义》《启蒙》《蓍卦考误》，《诗集传》，《大学中庸章句》《或问》，《论语》《孟子集注》《太极图》《通书》《西铭解》《楚辞集注》《辨证》《韩文考异》所编次有：《论孟集议》，《孟子指要》《中庸辑略》《孝经刊误》《小学书》《通监纲目》《宋名臣言行录》《家礼》《近思录》《河南程氏遗书》《伊洛渊源录》，皆行于世。熹没，朝廷以其《大学》《语》《孟》《中庸》训说立于学官。又有《仪礼经传通解》未脱稿，亦在学官。平生为文凡一百卷，生徒问答凡八十卷，别十卷。

理宗绍定末，秘书郎李心传乞以司马光、周敦颐、邵雍、张载、程颢、程颐、朱熹七人列于从礼，不报，淳祐元年正月，上视学，手诏以周、张、二程及熹从祀孔子庙。

黄干曰："道之正统待人而后传，自周以来，任传道之责者不过数人，而能使斯道章章较著者，一二人而止耳。由孔子而后，曾子、子思继其微，至孟子而始著。由孟子而后，周、程、张子继其绝，至熹而始著。"识者以为知言。

熹子在，绍定中为吏部侍郎。

朱熹，字元晦，又字仲晦，徽州婺源县人。父亲朱松，字乔年，考中进士。胡世将、谢克家推荐他，任命为秘书省正字。赵鼎都督川陕荆襄军马时，招聘朱松作他的下属，朱松推辞。赵鼎再次当宰相，任命他为校书郎，后来又升为著作郎。由于御史中丞常同的推荐，任命为度支员外郎，兼任史馆校勘，后来历任司勋、吏部郎。秦桧决策与金人议和，朱松和同级官员上书，极力争辩说不应当。秦桧大怒，暗示御史弹劾朱松怀有异心而自以为高明，让他离开京师去任饶州的知州。

朱熹小时很聪明，刚会说话，父亲指着天给他看说："这是天。"朱熹问道："天的上边是什么？"朱松极为惊异。从师后，老师给他一本《孝经》，一读，就在上面题字说："不这样，不是人。"曾跟一群小孩在沙上玩，独自端端正正坐着用指头在沙上画，别人一看，画的是八卦。十八岁，成为本地的贡生，绍兴十八年中了进士。任泉州同安县主簿，挑选本县的优秀人才充当县立学校的学生，天天和他们讨论圣贤修养自身治理人民的学问，妇女中当尼姑道士的一律禁止。罢官回来后请求做宫观官，当了潭州南岳庙监。第二年，由于宰辅大臣的推荐，和徐度、吕广问、韩亢吉一同被召，以有病为理由推辞。

孝宗接位，下诏征求直言，朱熹上了一份密封的奏章说：

圣上本身虽然没有过错，然而帝王之学不能不精心研究。朝廷政治虽然没有失误，然而治军退敌的谋略不能不早些确定。关系国家的利与害、百姓的乐与忧的事情虽然不可能一一亲自去办，然而属于根源本体的地方（心性修养）不能不加以注意。陛下养德的早期，亲自披览书籍，不过是背诵文学作品，抒发感情，又很留心读道家、佛家的书。背诵华丽的辞藻，不足以探求万事万物的根源而领悟出治国平天下的途径；佛道虚无寂灭的学说，不足以贯通本末而树立起大中至正的胸怀。帝王的学问，必须先研究事物而穷尽知识，以彻底了解事物的变化，使存在于事物中的义理，都能精细详尽地照察到，自然就会意念诚实和心术端正，而能够应付天下的事务了。

其次说：

治军退敌的计谋不能及时确定，是由于讲和的主张耽误了它。金人和我们有不共戴天之仇，然则不能讲和十分明显。希望依照公认的是非标准做出决断，封闭关卡，废除和约，任用贤能，建立法纪，激励风俗。几年之后，国富兵强，衡量我方力量的强弱，观察对方内部裂缝的深浅，慢慢起来设法打败它。

其次又说：

国家的利与害，决定于百姓的乐与忧；百姓的乐与忧，决定于州县官的好与坏。各路监察司法官是决定州县官好坏的主要因素，朝廷又是决定监察司法官好坏的根本关键。想要使老百姓得到安乐，根本的关键也就在朝廷而已。现在的监察司法官员，犯法贪污声名狼藉、放肆作恶以祸害百姓的，没有一个不是宰相执政和御史谏官的亲戚朋友与门客。基本已失去势位的，固然已经觉察到他们私相串通的情状而罢斥掉了；不占据势位的，难道就没有这种人，不过陛下无从知道罢了。

隆兴元年，又召朱熹。入宫答对，第一是说："古代大学中的教育之道在于研究事物以穷尽知识。陛下虽然有生而知之的天性，高于一般人的品行，然而不曾随所遇到的事情来观察天理,按照天理来处理事情。因而办事之中动不动产生怀疑犹豫,听取意见之时不免受到蒙蔽欺骗,治国平天下的功效因此未能显著。"第二是说:"君父的仇敌是不能与之共同顶着一个天活着的。现在所应当做的,不是进行战争就无法报仇,不是坚决抵抗就无法取胜。"而且陈述了古代圣明的王者用以加强国本、挫败进攻、威胁和制服远方敌人的办法。当时的宰相汤思退正在倡导和平谈判,任命朱熹为武学博士,但要他等着按次序上任。乾道元年,催他就职,刚到任而洪适当了宰相,又主张和谈,意见不合,就回了家。三年,陈俊卿、刘珙推荐他当枢密院编修官,等着按次序上任。五年,遭母亲的丧事。六年,工部侍郎胡铨把他作为诗人推荐,与王庭珪同时被召,以没有服完丧的理由推辞。七年,已经服完丧,又召他,以俸禄不够养家的理由推辞。九年,梁克家当宰相,重申以前的命令,又推辞。梁克家上奏说朱熹屡次召他都不上来,应当受到褒扬录用,执政大臣们也都称赞他,皇上说:"朱熹安于贫贱,遵守正道,廉洁谦退,值得嘉许。"特地将召回待合改为召回当官,主管台州的崇道观。朱熹认为想要谦退却得到了官职,在道义上不大妥当,再次推辞。淳熙元年,才应命上任。

二年,皇上想奖励和任用廉洁谦退的人,来激励风俗,当时袭茂良行丞相事,把朱熹的名字呈上去,任命为秘书郎,朱熹极力推辞,并且将亲笔信送给袭茂良,议论了当时一些权贵宠臣。一群小人乘机进行毁谤,于是乘朱熹再次推辞,就同意了他的请求,让他去主管武夷山的冲佑观。五年,史浩再次当宰相,任命他为南康军知军,降下圣旨让他走便道上任,朱熹再次推辞,不允许。到达后,采取了兴利除害各种措。正值当年气候干旱,注重实行救荒政策,保全救活了许多人,事情办完后,奏请依照规定赏赐捐献过粮食的人。有空就到州立学校去,召见学生们一起讨论学术。考察了白鹿洞书院的遗址,奏请恢复原来的样子,草拟了《学规》让书院的人遵守。第二年夏天,发生大旱,皇帝下诏叫各路监察司法官和州官逐条陈述百姓的福利和痛苦,于是上疏说:

天下的事务没有比关怀百姓更大的,而关怀百姓的根本,在于君主要端正心术以建立法纪。这是因为天下的法纪不可能自然地建立起来,必须君主的心术公平正大,没有偏袒的不正直的私心,然后才能有所依赖而建立起来。君主的心术也不可能自然端正起来,必须亲近贤臣,疏远小人,研究清楚义理的归宿所在,堵塞住通向邪恶的道路,然后才有可能端正起来。现在宰相、三省长官、师傅、宾友、谏议官都丧失了他们的职权,而陛下与之亲密商议的,不过是一两个近身侍候的臣子。这种人对上则迷惑陛下的心意,使陛下不相信先王治国的大道,而喜爱急功近利的卑下论调,不爱听正派人士的好话,而习惯于私相亲匿逢迎的丑态;对下则招集天下士大夫中贪图私利、卑鄙无耻的人,文的和武的区分开来,各自投奔他们的门下。所喜欢的就暗下拉拢,提拔到显要的位置上;所讨厌的人就暗地进行毁谤,公开放肆地排挤。相互进行贿赂,所盗窃的都是陛下的财富;任命高官、安排大将,所盗窃的都是陛下的权柄。陛下的所谓宰相、师傅、宾友和谏议官等臣子,有的反而在他们的门墙下进出,看他们的脸色和意图办事;其中幸而自己还能站稳脚跟的人,也不过是谨小慎微地约束自己,而从没有敢说一句话指斥他们;其中特别畏惧公众舆论的人,才能够对他们的一两个爪牙略加警告或驱逐,既不能够深深伤害他们,而且始终也不敢义正词严地讲话,以捣毁他们借以藏身的巢穴。势力已经形成,威风已经树立,朝廷内外都顺风倒向他们,使陛下的号令和官员升降的决定不再是从朝廷发出,而是出于这一两个人的门下，名义上是陛下独自决断，而实际是这一两个人暗中操纵了权柄。

并且说："莫大的灾祸，必然到来的忧患，已经近在早晚，而只有陛下一个人不知道。"皇上读了，大怒说："这是把我看作亡国之君了！"朱熹以有病为由请求做宫观官，不予答复。

陈俊卿以前以宰相的身份担任金陵府知府，经过皇宫入见皇上，极力推荐朱熹。宰相赵雄对皇上说："由于读书人的喜欢出名，陛下越是讨厌他们，人家夸奖他的就越多，岂不是正好抬高了他们。不如依照他们的长处任用他们，他们逐渐担当了实际责任，能干不能干自然暴露出来了。"皇上觉得对，就任命朱熹为提举江西常平茶盐公事。随即又记录他救灾的功劳，任命为直秘阁。朱熹以前次上奏的捐纳粮食的人没有论功行赏为理由，推辞。

正值浙东发生大饥荒，宰相王淮上奏改任朱熹为提举浙东常平茶盐公事，当天就乘一辆车子上路，又以捐纳粮食的人未给予赏赐为理由，辞掉职名。对捐纳粮食者的赏赐实行以后，就接受了职名。入宫答对，首先陈述发生灾异的缘由和修养道德、任用贤人的主张，其次说："陛下亲政的初期，大概曾选立一些英豪之士，让他们负责政事，不幸当时所能得到的并不都是合适的人才，因此不再广泛访求贤能之士，而是姑且择取一些软弱、熟悉、容易控制的人来充当这些职务。于是身边私相亲近的供使唤的贱人，才能借侍奉陛下过安乐空闲生活的机会，供陛下驱使去参与国家大事，而宰相的权力便日益削弱。又担心造成偏听偏信的局面，而使这些人依赖其重要地位来蒙蔽自己，有时就听听外廷官员的议论，想借以暗中监视这伙人违犯法纪的行为而加以严格控制。陛下自己既已不能遵循天理，使圣心公平，以端正朝廷的大纲大法，然则固然已经丧失了根本的东西；而又想兼听士大夫的话，拿来作为驾驭这些人的办法，然而士大夫进见陛下有一定的时间，而这些近侍可以从容不迫从不间断地守在陛下身边。士大夫的礼貌既是端庄而难以亲近，其议论又苦涩而难以听进去；身边亲近的受宠爱者谄媚的姿态既足以蛊惑陛下的心志，他们那种衙门小吏式的狡猾又足以眩惑陛下的视听。所以虽然想要压抑一下这类人，而这类人的权势却一天比一天重大；虽然想要兼采士大夫的公论，而士大夫的权势一天比一天轻微。权势重的既挟持其重大权势，来盗取陛下的权柄；权势轻的又借重于陛下所重用的人的力量，作为窃取禄位、保持宠爱的办法。天长日久，逐步亏耗腐蚀，使陛下的道德功业一天天被摧毁，纲常法纪一天天被破坏，邪恶谄媚的人充斥朝廷，贿赂公开地进行，士兵愁苦而百姓怨恨，盗贼接连兴起，灾害怪异频频出现，饥荒重复到来。大群小人互相勾结，人人都能满足其私欲，只有陛下什么也没有得到，却独自承受了它的恶果。"皇上看后为之变了脸色。所奏上的七件事，其中一两件亲手书写以防泄漏出去。

朱熹刚刚接受任命，立即写信到其他州郡，招募米商，减免他们的赋税，等他到任时，外地船只运来的米已经从四面八方来到。朱熹每天访察百姓的疾苦，巡行自己管辖的境内，只坐一辆车而不要手下的人跟随，所到之处人们都来不及知道。州县的官吏畏惧他严肃的风范，有的甚至引咎辞职而去，所统辖的地区很快变得法纪严明。凡丁钱、和买、役法、酒类专卖等周旋，有对百姓不便利的地方，都考察而加以改革。在救荒之外，随时对各种事情都加以研究谋划，一定要规定出经得起长时间考验的办法。有讲朱熹坏话的人，说他不善于处理政务，皇上对王淮说："朱熹的政务倒是有可观的成绩。"

朱熹因为前后奏请皇帝实行的主张有很多都被压抑，幸而听从了的，也大都延缓不办而失去了时机，而蝗灾旱灾又相继发生，心中不胜忧愁愤恨，便又奏道："对付当前局势的办法，只有由圣上内心做出决断，迅速地发出号令，批评自己和征求意见，然后君臣互相告诫，各自反省和改正。其次只有把宫中大库里的钱全都拿出来，用供应重大祭礼的费用作为收购粮食的本钱，命令户部免征以往拖欠的赋税，命令漕运官员依照条例验放租税，命令宰执大臣清除受灾各路、各州军的监察司法官、地方官中不像样子的人，慎重选择贤能的人，把救荒的事委付给他们，或许还能维系下面的人心，消除他们乘机作乱的意图。不然，臣担心值得忧虑的将不单是饿死人，而将是出现反贼；受其祸害的将不只是官吏，而且还会向上危及国家。"

台州的知州唐仲友和宰相王淮同乡又是亲戚，吏部尚书郑丙、侍御史张大经都推荐他，升他为江西提刑，但还没有动身赴任。朱熹巡察到台州，台州人纷纷控告唐仲友，朱熹查到了他做坏事的事实，连上三封章奏，王淮都隐瞒起来不让皇上知道。朱熹弹劾他愈来愈急切有务，唐仲友也做了自我辩护，王淮只好把朱熹的奏章呈上，皇上命令宰相等详细调查，都司陈庸等人请求命令浙西提刑委派清廉能干的官员查实，仍旧命令朱熹赶快到受旱灾伤害的州郡视察。朱熹当时留在台州没有离开，接到诏书后，益发坚决上章弹劾，前后上了六份奏章，王淮不得已，收回派唐仲友到江西做提刑的新任命，转授给朱熹，朱熹推辞不接受，就回了家，而且请求做宫观官。

当时郑丙上疏诋毁程颢、程颐的学术来打击朱熹，王淮又提拔太府寺丞陈贾当了监察御史。陈贾面见皇帝回答咨询时，首先攻击说近来士大夫中有标榜所谓"道学"的，大抵都是假借这个名义来掩饰其虚伪，希望认真考察这类人，摒弃不用。这大概是指朱熹而言。十年，下诏说由于朱熹屡次请求做宫观官，可差他去主管台州的崇道观。然后又接连主管云台观、鸿庆宫共五年。十四年，周必大当宰相，任命朱熹为提点江西刑狱公事，朱熹以有病推辞，不允许，就上任。

十五年，王淮的宰相职务被罢免，朱熹就入宫奏事，首先说近年来许多案件判决不当，今后应当选择合适的人做狱官。其次讲经总制钱的祸害百姓，以及江西各州科罚的流弊。而末尾说："陛下登位二十七年了，因循苟且使光阴白白流逝，没有一点功绩可以称得上实现了自己的理想。臣曾反复地想过，莫非是安乐悠闲地生活在深宫大院之中，在那虚静昭明而能感应万物的心地里，天理还有不够纯粹之处，人欲还有没彻底清除的地方，因此行善时不能够充其量地去做，除恶时不能够彻底去掉根，每个念头出现的一刹那，公与私、邪与正、是与非、得与失两方面的动机，在心里互相打架。所以礼遇大臣并非不优厚，然而身边宠幸谄媚的人能够深深受到心腹的寄托；思念英雄豪杰并不大急切，然而柔媚、邪恶、平庸、荒谬的人能够长久地窃取朝廷的权力。不是不乐意听公正的议论，然而有时不能容忍；不是不憎恨谗言暴行，然而未免错误地相信；不是不想为祖宗报仇雪耻，然而未免畏惧怯懦而苟且求安；不是不爱惜和培植百姓的财力，然而未免使他们悲伤叹息愁苦埋怨。希望陛下从今以后，每一个念头产生的时候一定要慎重地考察；这是出于天理呢，还出于人欲？要真是天理，就恭恭敬敬地去扩充它，而不使它稍微有一点儿堵塞不畅；果真是人欲，就认认真真去克服它，而不使它稍微有一点儿凝固停留。推广到日常的言语行动中间，用人处事中间，无不用这种办法去处理，圣上的心就会洞然明白，表里一致,没有一丝一毫的私欲掺杂在其中,而天下的事情就将会完全依照陛下的意愿去办,没有什么不如心意的了。"这次进京,有在半路上拦阻朱熹的,认为"正心诚意"的论调是皇上所讨厌听的,劝他不要拿到皇上面前去讲。朱熹说:"我平生所学的,就是这四个字,难道可以隐瞒沉默来欺骗我们的君主吗?"等到奏完以后,皇上说:"好久没见到卿,浙东的事,朕自己知道,现在将给卿安排清闲而重要的职务,不再拿地方上的事情来麻烦卿了。"

当时曾觌已经死了,王抃也驱逐走了,只有内侍甘昪还在,朱熹极力拿这个人做话题。皇上说:"甘昪是德寿宫皇太后所推荐,说他有才罢了。"朱熹说:"小人没有才,怎能够耸动君主。"第二天,任命朱熹为兵部郎官,因脚有病请求做宫观官。兵部侍郎林栗曾经和朱熹讨论《周易》《西铭》意见不合,弹劾朱熹说:"本来没有什么学术,只不过是窃取张载、程颐留下的那点东西,称之为'道'。所到之处总是带着几十个门生,妄图攀比孔子、孟子周游列国的做法,以索取高价,不肯担任实际职务,其虚伪简直无法掩饰。"皇上说:"林栗的话似乎过分了。"周必大说:"朱熹上殿的那天,脚病还未好,勉强登上大殿去答对。"皇上说:"朕也看见他跛着脚走路。"左补阙薛叔似也上书声援朱熹,于是命令朱熹依然任江西的提刑的职务。太常博士叶适上疏与林栗辩论,说他的话没一句是实的,"称之为道学"这句话,尤其没有事实根据,以前王淮操纵御史谏官,阴谋排斥正派的人,就是用的这种手法。皇上下诏说:"朱熹昨天入宫答对,所谈论的都是有关新任职务的事,朕体谅他的心诚,又同意他的请求,可以赶快上任。"正值胡晋臣新任侍御史,首先弹劾林栗执拗不通事理,喜欢臭味相投的人而排斥异己,无端地攻击学者们营私结党,于是把林栗贬为泉州知州。朱熹再次推辞,就任命他直宝文阁,主管西京崇福宫。没超过一个月再次召他,朱熹又推辞。

起初,朱熹认为口头陈述的意见还有些没有讲完,曾请求写一份密封的奏章让皇上知道,到这时,把密封的奏章投进登闻瓯院的铜匣里,其中说:

现在天下的大势,就像有人有重病,从里边的心腹,到外面的四肢,没有一根毛一根头发不感染病痛的。姑且拿天下重大的本源性的东西和今天最紧要的事务,给陛下说说。重大的本源性的东西,就是陛下的心;最紧要的事务,就是辅助太子、选任大臣、振兴法纪、移风易俗、爱惜和培植百姓的财力、办理好军务这六项。

古代的圣明王者兢兢业业,要保持和修养这善良的心,所以设立太师、太保等官员,安排谏官的职务,一切有关饮食、酒水、衣服、住宅、器物用具、财货以及有关宦官、宫女的事务,没有一项不由宰相来统管。使在他的前后左右侍候的人,一动一静,没有一样不由官家制定的章程来加以制约,而没有一点小小的缝隙、一眨眼一呼吸的时间,能够隐藏住一丝一毫的私心。陛下所用以使自己精诚专一、克己复礼从而保持和修养身心的措施,果真有这样的功效吗?所用以修身治家而使身边的人都能端正的措施,果真有这样的效果吗?宫廷是禁密之地,臣固然无法知道其中情形,然而封官赏财的太滥,贿赂的流行,大街小巷私下议论,好久以来就不胜其纷纷扬扬了,然则陛下用以在家里进行修养的一套,恐怕没有一点可以赶得上古代的圣明王者了。至于身边宠幸的私人,对他们的恩遇超过了适当限度。以往龙大渊、曾觌、张说、王抃之类人,权势气焰十分嚣张,惊动了一时,现在已经没什么可说的了。唯有前些日子臣所当面讲到的那个甘昪,虽然承蒙皇太后委婉的开导解释，然而以臣的愚见，私下认为这类人只应当让他们看门传令，承担洒扫的工作，不应当给他们面子抬高他们，使他们在宫内能够肆行邪恶谄媚、做各种败坏道德的事，来动摇和引诱皇上的心；在宫外能树立门庭、招纳权势，来破坏圣明的政治。臣在外面听说，自从王抃放逐以后，列位将军的差遣任命，大多出自这个人的手。陛下用尽百姓的脂膏血汗来蓄养军队，士兵们反而未曾得到一点温饱，这都由于将帅们巧立名目，夺取他们的口粮，放肆地对陛下身边的人进行贿赂，以谋求晋升任用。出入宫门的心腹之臣，在外面勾结将帅，一起进行欺骗蒙蔽，因而造成这样的后果。然而陛下不觉悟，反而宠爱和亲近他们，把这些人当作属于自己的人，以致使宰相不能议论他们处置事情的得与失，谏议官不能议论他们差遣任命的是与非。然则陛下所用以端正身边的人的手段，未能赶得上古代圣明的王者又很明显了。

至于辅助太子，则自从王十朋、陈良翰之后，东宫官僚的选用，号称是得到了合适人选，然而真能够称职的人，恐怕已经很少了。而且又时常使得一些邪恶伪善、卑下闲散、平庸虚妄的人掺杂在其中，所谓讲读，也只是姑且拿来应付条文规定充个数而已，而从未听说它有什么告诫规劝的功效。至于从早到晚和颜悦色、陪从游乐的，又不过是几个使唤人、宦官而已。师傅、宾客等官既不再设置，而詹事、庶子等官又有名无实，左春坊和右春坊就直接让使唤人去掌管，既无法启发太子尊敬老师、亲近朋友、重视道德、喜好仁义的心，又无法防止他好开玩笑、怠慢无礼、亲近小人和沾染各种不良习性的缺点。应当参考以前的规定，设置师傅、宾客等官，罢掉春坊中使唤人的职务，而使詹事、庶子各自恢复原有的职权。

至于选任大臣的事，则以陛下那样的聪明，难道不知道天下的事，必须物色到刚直贤明、公平正派的人之后才可以任用吗？其所以经常不能找这样的人，却反而容许卑鄙的人窃取权位，仅仅由于一闪念之间，没能够洞察私心邪念的害处，而安乐的私生活中所喜好做的事，所宠爱的人，不可能都是符合和遵循规章制度的，如果任用刚直贤明、公平正派的人担任宰辅，就会怕他妨碍自己做所喜好的事，危害自己所宠爱的人，而不能肆情任意。因此在选择的时候，常常先把这种人排除在外，然后把所有无能怯懦、软弱熟悉、平时从不敢正色直言的人都拿来掂量考虑，又从其中挑出最平庸、极卑陋、绝对可以保证他对自己不至于有妨碍的人，然后提拔起来放到那个位子上。所以任命书还没有写出，而挑选什么货色已经事先决定，姓名没有公布，而朝廷内外早已料知他们绝不是天下第一流的人物了。

至于振兴和严肃法纪，移风易俗，则现在宫廷中中书、门下省办事之处，本该戒严保密的地方，然而天下最不公平的做法，最不正派的人，却反而能够窝藏盘踞在其中。因而陛下所耳闻目见的，无非都是不公平不正派的事，那么在这些东西的熏陶腐蚀之下，使陛下好善的心思不显著，疾恶的意念不深切，它的害处已经是无法说得完的了。等到这些人做坏事犯了法，陛下就又不能够痛下决心割舍这些私自宠爱的人，而交给外廷去讨论，依官府的法吏论处，因此上面的法纪不严正，下面的风俗败坏，它为害的时间已经很长了。而浙江一带尤其严重。多数人习惯于采取软弱卖好的姿态，讲些顺从阿谀的话，把不分是非、不分曲直看作上策，严重的甚至用黄金珍珠代替通常赠人的肉乾肉酱，用债券代替通常送人的诗歌文章，实相可以引诱就引诱实相，近侍可以买通就买通近侍，只求得到利益,不再顾及廉耻。一旦有个刚毅正直、遵守道理的儒士出现在他们中间,就群起而讽刺排挤,指斥他们是"道学",而加上虚伪偏激的罪名。十几年来,用"道学"这两个字来阻挡天下的贤人君子仕进的道路,又如同以往对待所谓"元祐学术"一样,排斥诋毁,一定要使他们没处容身才罢手,这难道是政治清明时代应有的事吗?

至于爱惜和培植百姓的财力,办理好军务,自从虞允文当宰相时起,全部抽走户部每年收入中立有名目的必定可以指望拿到手的部分,号称是年终盈余的数字,而输送到内廷大库里,却把其中有名目无实际、历年累积挂账拖欠、空自记载在账本上、无法催索清理的部分,拨回给户部,说是内廷大库里的积蓄,将用来应付今后用兵进攻全说不清具体时间的那种需要。然而从此以来二十多年,内廷大库每年的收入不知道有多少,却看作是陛下私人的积蓄,由陛下自己的人来掌管,宰相不能够依贡纳的规定制度调节它的收支,户部不能够按账簿考查它的存亡,积日累月地消耗着,用来供奉陛下安乐生活的费用的,恐怕不知道有多少了,而又何尝听说过能够用这些钱换来敌人的首级,像太祖听说的那样呢?白白使户部的经费一天比一天缺乏,督促下面一天比一天严峻,以至废除了太祖太宗以来分成的好办法,而一定要以十分交足为限;还觉得不够,就又创立比较各路监察司法官、州郡官聚敛钱财的多寡而排定名次的办法,以利诱和威胁他们。于是朝廷内外望风承意,争着实行苛政,这正是百姓财力加倍困乏的原因。将官们的追求升官,必然先要剥削士兵,以培植私利,然后用这些钱财为自己结交陛下身边的人,以求把自己的姓名通报到陛下的大将哪里。大将知道了他们的姓名,就交代到军队里去,让他们从基层起向上面逐级保举。

称赞他们的军事才能可以担任将领,然后写好奏章到陛下面前为他们说情。陛下只看到他们是逐级优先推举,档案材料完备,就真以为是公平推荐从而能够得到人才,而怎能知道他们是按价交钱,已经和唐末的"欠账元由"相似了呢!将领,是决定三军命运的人,而其选立的办法如此荒谬,那么那些智勇双全、雄才大略的人!谁肯甘心低头拜倒在宦官、宫女的门下,而陛下所得到的担任将帅的人,都是凡夫俗子,却还希望他们能够办理好军务,激励士兵,来增强国势,岂能不误事呢!

所有这六件事,都不能拖延,而根本的东西就在于陛下的这一颗心。这颗心端正了这六件大事就没有一件不能办好。只要有一点心中的私欲掺杂在其中,就即使想要费尽精力,以求办好这六件事,也将不过是徒然做表面文章,而天下的事情会愈来愈发展到毫无办法了。

奏疏送进宫里,夜里的漏壶已漏下七刻,皇上已经就寝,急忙起来命人举着蜡烛,一口气读完全篇。第二天,任命朱熹主管太一宫,兼任崇政殿说书。朱熹极力推辞,改任为秘阁修撰,到京外去任宫观官。

光宗接位,再次辞去职名,依旧任直宝文阁,皇上下诏奖励。住了几个月,任命为江东转运副使,以有病推辞,改任漳州知州。奏请免除所属各县无正当名义的赋税七百万,减少经总制钱四百万。由于当地习俗不懂得礼仪,采取古代丧葬嫁娶的礼仪,公开张贴出来告诉大家,命令年纪大的人进行解说,以教会青年人。当地风俗信奉佛教,男男女女在和尚庙里聚集举行传经会,女儿不出嫁的就给她建造尼姑庵来住,朱熹都加以禁止。常常忧虑不实行划定田界造成的弊害,正值朝廷议论想在泉州、汀州、漳州实行划定田豪强大族一向侵吞穷人土地的人认为对自己不利,加以阻拦。宰相留正,是泉州人,他的同乡、族人也多数认为不宜实行,读书人吴禹圭上书控诉说这件事烦扰大家,皇上下诏泉州暂且推迟以后,有命令先在漳州实行划界。第二年,朱熹以儿子死了为理由请求奉祠。

当时史浩入见皇上,请求延揽天才有声望的人,于是任命朱熹为秘阁修撰,主管南京鸣庆宫。朱熹再次推辞,下诏说:"论撰的职务,是用来表示对名儒的尊敬的。"就接受了任命。任命为荆湖南路副使,推辞。漳州划定田界的事终于宣告停止实行,朱熹以自己的意见不被采用弹劾自己。没有多久,差遣为潭州的知州,极力推辞。黄裳当了嘉王府翊善,自认为学问不及朱熹,请求召朱熹为东宫官,王府直讲彭龟年也在大臣面前说了话。留正说:"我留正不是不了解朱熹的才德,但他的性格刚强,恐怕到这里意见不合,反而害了他。"朱熹再次推辞,有圣旨说:"长沙是国家的重要屏障,选择贤才去镇守是很重要的。"于是接受了任命。正值一些少数民族的人骚扰所辖地区,朱熹派人去讲清利害,使他们都降服。反复交代法令,做好军事准备,约束不良官吏,抑制土豪劣绅,所到之处都兴办学校,修明教化,各地的学者都聚集到这里来。

宁宗接位,赵汝愚首先推荐朱熹和陈傅良,有圣旨命朱熹到行宫奏事,朱熹一面上路一面推辞。任命为焕章阁待制、侍讲,推辞,不允许。入宫答对,首先说:"近来,太皇太后亲自确定重大决策,让陛下恭敬地继承洪图大业,可说是既能灵活处理,而又不丧失正确原则。自那时到现在三个月了,有时反而不能在逆与顺、名与实之间无所怀疑犹豫,臣私自为陛下担忧。还有可以推诿的,也就是说陛下的心,以前本不曾有过求取帝位的打算,现在也不曾失去挂念父亲的情感,这正就是所以能够实行灵活办法而又不失去正确原则的根本了。扩充这种不曾追求帝位的心,来竭尽承担罪过、引咎自责的诚意,扩充这种不曾忘记父亲的心,来达致冬送温暖、夏送清凉、晚铺被褥、早问平安的礼节,而重大的伦理便端正,重大的根本就树立起来了。"又当面辞去待制、侍讲的职务,皇上亲手写条子说:"卿的经学根底深厚,正适合担任劝讲、待制的职务,不要再劳卿推辞,以满足朕尊儒重道的心意。"于是接受了任命。

正值赵彦逾巡视准备埋葬的陵墓,认为上面的土层太浅薄,下面又有流水沙石。孙逢吉复查,也请求另行物色好的葬地。有旨集会讨论,负责此事的台史害怕有麻烦,讨论中途停止。朱熹便呈上议状说:"寿皇(孝宗)具有圣德,他的衣冠所藏之地,应当博访名山,不宜偏信台史的意见,委弃在泉水沙砾之中。"不予答复。当时议论的人认为皇上没有回到皇宫里去,就会因为名义身份不正而产生怀疑的论调;金人的使者将要来,或许会观察到一些内情。而皇上却下旨修理旧的太子宫,造成几百间房屋,想搬到哪里去住。朱熹便上疏说:

这必定是身边近侍首先提出这种意见来误导陛下,从而想趁此来实现他们奸诈的用心。臣担心不单是上帝会大怒,灾害怪异将频频出现,正当陛下诚惶诚恐修养反省的时候,不应当兴起这样的大劳役,而违背老天谴责的警告的用意;也担心近郊的老百姓在饥饿流离、濒于死亡的时候,有人可能怨恨愤怒,而发生意外事变。不单没什么可以用来感动太上皇帝(光宗)的心,以致没有进见他的机会;也担心寿皇的灵柩还在停放着,因为墓地没有选择好,祭席的供奉不容许有少许的松弛,太皇太后、皇太后都以很高的年纪,孤独地处在愁苦之中，早晚的奉养尤其不可缺少。而四面八方的人，只看到陛下急着要大修宫室，想尽快能够完工，一朝轻快地放弃一切责任而离去，以图自己的舒适方便，六军和万民的心将必然会有扼住手腕愤愤不平的了。以往的教训并不遥远，极为可怕啊！

又听说太上皇后惧怕违背太上皇帝的心意，不想让他听到"太上"的称呼，又不想让他听到"内禅"的说法，这又是过分的顾虑了。殊不知如果只是这样做，而不做婉转调和的工作，父子之间就会一个在上面怨恨恼怒，而一个在下面忧愁恐惧，到什么时候才能了结呢。父子关系是重大的伦常关系，是三纲的关键，迟迟不去想办法理顺，也将会有人借此名义造谣生事的，这又是臣所极害怕的。希望陛下公开传令大臣，首先停止修理东宫的工程，而把那些工料运回到慈福宫、重华宫一带，草草修盖一二十间寝殿，使之大体还能居住。至于过宫的办法，则臣又希望陛下下诏责备自己，减少车辆随从，入宫以后，暂时改变衣服颜色，就像唐肃宗不穿黄袍而改穿紫袍，站在玄宗的马前替他牵马那样，来表明承担罪过、引咎自责的诚意，则太上皇帝即使有恼怒之意，也将一下子消散，而感情也融洽了。

至于朝廷的法纪，则臣又希望陛下深切告诫身边侍候的人，不要干预朝政。对其中确有功勋而所得的奖赏未能使舆论惬意的，也传令大臣公平讨论这件事，参考以前的好做法，对其功劳给予丰厚报偿。而一切命令的实施或取消，人才的进用或黜退，则完全委托给两三个大臣，叫他们反复比较衡量，不要只按自己的意见，而要酌情采纳公论，奏请陛下批准实行。有不恰当的，批驳下去再讨论，选择其中好的意见以陛下名义做出决断，这样不但近侍不能干预朝廷大权，大臣不能专按自己私意办事，而陛下也能借以更加明白与熟练地处理天下的事，而在得失的衡量上没有什么怀疑犹豫了。

至于寿皇葬地的选择，则希望否定台史的意见，另找好的地方，来营造新的地宫，使寿皇的遗体能好好安息在里面，而宗庙社稷与百姓都能在外面蒙受福佑了。

奏疏送进去后不给答复，但皇上也没有什么恼恨朱熹的意思。朱熹每每把自己给皇帝讲课的内容编辑成册进呈皇上，皇上也开心地接受。

朱熹又上奏勉励皇上增进道德说："希望陛下在平日的修养当中，把寻求丢失了的善心作为根本的课题，而对于研玩经典、借鉴历史、亲近儒学，更加地用力。多把大臣召来，切磋琢磨治理天下的办法，其他臣子进宫答对，也赐给他们温和的脸色，反复地询问，由此以知道政事的得失，民情的苦乐，而且又可趁此机会来观察他们人品的邪正和才能的长短，或许对于天下的事情能分别懂得它的道理了。"朱熹又奏道："按照礼经和朝廷的敕令，儿子为父亲，嫡孙中继承了重大权力的人为祖父，都要穿用最粗的麻布制成的丧服三年之久；嫡子应当作为他父亲的后继人，如因故不能就位执行丧礼，就由嫡孙继承祖统而代替他执行丧礼。自从汉文帝缩短丧期，历代都因袭了这种做法，天子就没有服三年丧服的事了。儿子为父亲尚且如此，嫡孙中继承重大权力者该会怎样就不难知道了。人伦被废弃破坏，三纲的道理不明确，一千多年了，没有人能够纠正。孝宗皇帝天生有好的德性，除了执行把月数变成日数的丧事外，还执行天下通行的三年之丧，朝衣朝帽都改用布做，这应当明确写在书上，作为千秋万世的典范。最近，孝宗的遗命刚刚颁布，太上皇帝身体偶尔不很舒服，不能亲自参加丧礼。陛下是以世袭嫡子的身份继承天子的大位，那么继承重大权利者的丧服是已明确写在礼律上的，应当遵照寿皇已经实行的办法。一时匆忙,没等详细讨论,就用了漆纱浅黄的丧服,不仅违反了以前的礼律,而且使寿皇已经实行过的礼仪刚刚兴起就又废除了,臣私下很为之痛心。然而以往的过失来不及追改,唯有将来灵柩启行时,按礼应当再用初丧时该穿的丧服。

正值孝宗的神主要送到宗庙里去与祖先的神主一起安置,讨论起宗庙中远祖的神主逐次撤走的制度,孙逢吉、曾三复率先请求把僖祖(赵匡胤的高祖父)、宣祖(赵匡胤的父亲)一并迁出去,把太祖赵匡胤供奉在第一庙室,在不分亲疏远近对所有的先祖举行大合祭时则安置在朝向东方的位置。皇上有旨让大家集会讨论:僖祖、顺祖(赵匡胤的曾祖父)、翼祖(赵匡胤的祖父)、宣祖四位远祖撤下去的神主,放在什么地方适宜。自从太祖皇帝赵匡胤头一个尊崇四位远祖的庙,到治平年间,发议论的人认为世数相隔逐渐遥远,请求把僖祖的神主迁到庙堂东西两头的夹室里去。后来王安石等人上奏说,僖祖有庙,和周代的后稷、商代的契没有什么区别,请求恢复原先的样子。当时的宰相赵汝愚素来不认为再祭祀僖祖是对的,侍从们大多服从他的意见。吏部尚书郑侨想要暂且撤掉宣祖而把孝宗安放进去。朱熹认为藏到夹室里去,就是把祖宗的神主下藏到子孙的夹室里;神宗仍旧奉他们为始祖,已经是符合礼的正确做法,因而符合人心,正是所谓有人创立就没有人敢去废除的做法。又起草了一篇《庙制》来进行辨析,认为任何事物都不是没有本源而产生的。朝堂的大臣不告诉皇上,就撤销了僖祖、宣祖的庙室,另外创立一所庙来供奉四位远祖。

起初,宁宗的接位,韩侂胄自称有参与决策的功劳,于是在宫中揽权管事。朱熹担心他危害朝政,多次就此发表议论,而且约同吏部侍郎彭龟年一起弹劾他。正值彭龟年奉命外出陪伴外国的使者,朱熹就上疏指陈皇上身边的人窃取权柄的过失,在给皇上授课的讲席上又重复讲起。皇上批遭:"怜悯卿的年纪老了,恐怕难以站着讲授,已经任命卿去做宫观官。"赵汝愚把御笔放在袖子里还给皇上,一面劝一面拜。内侍王德谦径直把御笔交给朱熹画押,御史谏官们争相挽留,皇上不允许。楼钥、陈傅良随即封还诏书,修注官刘光祖、邓驲也交替上章劝皇上。朱熹上路后,受命担任宝文阁待制,给予州郡官的差遣,推辞。随即任命为江陵府知府,推辞,又请求追还新旧职名,下诏仍旧为焕章阁待制,提举南京鸿庆宫。庆元元年初,赵汝愚当了宰相,收揽四方的知名之士,朝廷内外伸长脖子盼望大治,朱熹却独自警惕地把韩侂胄专权看作可忧虑的事。不但屡次向皇上说,又多次亲自写信告白赵汝愚,应当用重赏酬谢他的功劳,不要让他得以干预朝政,其中有"防止和杜绝细微的、渐进的趋势,谨慎而不可疏忽"的话。赵汝愚正认为他容易制服,心里不当一回事。到这时,赵汝愚也因被诬告而驱逐出去,而朝廷的大权都归韩侂胄了。

朱熹起初以自己有关宗庙制度的议论弹劾自己,不允许。以有病请求退休,下诏说:"辞谢职事,不合朕优待贤者的本意,仍旧当秘阁修撰。"二年,沈继祖当监察御史,诬告朱熹有十条罪,下诏撤职、罢掉宫观官,门下蔡元定也送到道州编制和管束。四年,朱熹因年近七十,申请退休。五年,同意了他的请求。第二年去世,享年七十一岁。病将危急起,亲笔嘱咐他儿子朱在和门人范念德、黄干,谆谆地告诫他们勉力做学问和修订自己的遗著。第二天,端正地坐起来整理衣冠,睡到枕头上就去世了。

朱熹考上进士后五十年中,在外地做官每年一次的考核仅仅经历了九次,立身朝廷才四十天。家里一向贫穷,少年时投靠父亲的朋友刘子羽,住在建州的崇安县,后来行到建阳县的考亭,经常缺吃少喝,安然处之。学生中自远方来的,豆饭和野菜汤,总是一起吃。常常向人借钱补足用度,然而不符合道义的钱财则一文也不取。

自从朱熹离开朝廷,韩侂胄的权势愈来愈嚣张。何澹当了御史中丞,首先攻击所谓自称别为一家的"专门之学",说他们文饰奸诈的用心来沽名钓誉,请求辨别真假。刘德秀在长沙做官,不被张栻的门人所礼敬,等到当了谏官,首先弹劾留正有重用伪学之罪。"伪学"的名称,大概从这里开始。太常少卿胡纮说:"近年来伪学猖獗,图谋做不正当的事,希望明确告诉大臣们,暂时停止提拔这类人的考虑。"于是召唤陈贾来当兵部侍郎,不久,朱熹就收到撤销职务的命令。刘三杰以前以御史身份弹劾朱熹、赵汝愚、刘光祖、徐谊等人,以前的所谓"伪党",到这时又变成为所谓"逆党"了。当天就任命刘三杰为右正言。右谏议大夫姚愈攻击说道学和权臣勾结成为死党,觊觎皇帝的权位。就命令直学士院高文虎起草诏书告白天下,于是攻击所谓伪学一天比一天加紧,候选官余吉甚至上书要求砍朱熹的头。

当这个时候,儒者中规行矩步、因其儒学修养而稍有名气的人,简直没有什么地方可以容身。跟从他们学习的士人,特立独行无所顾忌的,退隐到山沟里去;随顺怯懦的,改换名字去拜他人做老师,经过原来的老师门前也不敢进去;还有的甚至改变穿戴,结伙游逛市场,以表明自己不是同党。而朱熹却天天与学生们讲学不倦,有人劝他把学生遣送回去,只是笑而不予回答。有个当籍田令名叫陈景思的,是以往的宰相康伯的孙子,和韩侂胄有点姻亲关系,劝韩侂胄不要做过分的事,韩侂胄心里也渐渐有点后悔。朱熹死后,快要埋葬了,谏官说:"各地伪学的徒子徒孙都约定日期来聚会,给伪学老师送葬,聚会期间,不是对现在当权的人随意说长论短,就是对当前朝政的好坏说三道四,希望命令地方官加以管束。"皇上同意了这个建议。

嘉泰初年,对学者的禁锢稍稍放松。二年,下诏说:"朱熹已经退休,赏给他一个华文阁待制的职名,给予他退休的福利待遇。"后来韩侂胄死了,下诏对朱熹临终写遗表一事给予赏赐,给他一个谥号叫作"文"。不久又赠给他中大夫的官阶,特赠宝谟学士职名。理宗宝庆三年,赠太师职名,追封为信国公,又改为徽国公。

起初,朱熹少年时,有追求大道的慷慨志向。父亲朱松病得很危急的时候,曾嘱附朱熹说:"籍溪的胡原仲,白水的刘致中、屏山的刘彦冲这三个人,学术上有深厚根底,是我所敬畏的人,我若死了,你就去师事他们,而且只听他们的话。"这三人,指的是胡宪、刘勉之、刘子翚。所以朱熹的学问既是广博地从经典传注中寻求,又是从广泛结交当代有识之士中得来。延平的李侗老了,曾随罗从彦学习,朱熹从同安县主簿任上回来,不惧数百里之远,步行去跟他学习。

他的治学,大抵是穷究事物之理以推广其知识,回到自己身上以践履其实在内容,而以内心始终处于庄敬专一状态为主要修养方法。曾经说圣人贤人道统的流传分散在古代典籍中,圣经中的义理不明白,因而道统的流传才晦暗起来。于是耗尽他的精力,来彻底研究圣贤的经典和对经典的训释。所著的书有:《周易本义》《易学启蒙》《周易蓍卦考误》《诗集传》《大学中庸章句》《大学中庸或问》《论语集注》《孟子集注》《太极图说》《通书解》《西铭解》《楚辞集注》《楚辞辨证》《韩文考异》;所编辑的书有:《论孟集议》《孟子指要》《中庸辑略》《孝经刊误》《小学书》《资治通鉴纲目》《宋名臣言行录》《家礼》《近思录》《河南程氏遗书》《伊洛渊源录》；这些书都流行在世上。朱熹死后，朝廷把他为《大学》《论语》《孟子》《中庸》所做的注解规定为学校里必修的课程。又有《仪礼经传通解》一书没有完全定稿，亦放在学校里当课本。平生写的诗文共一百卷，口头解答学生疑问记录整理出来共八十卷，另外搜集整理出十卷。

理宗绍定末年，秘书郎李心传请求把司马光、周敦颐、邵雍、张载、程颢、程颐、朱熹七人列入陪从孔子受祭礼之列，不予答复。淳祐元年正月，皇上视察学校，亲手写诏把周、张、二程及朱熹的神主放在孔子庙里陪从受祭祀。

黄干说："道的正统必须等待有合适的人才能够传下来，从周代以来，可以承担传道责任的不过几个人罢了，而能使这个正道光大昭著的，只有一两个人而已。从孔子以后，曾子、子思在道统沦于微弱的时候继承了它，到孟子才开始显著。从孟子以后，周子、程子、张子在道统濒于断绝的时候继承了它，到朱熹才开始显著。"有见识的认为他很懂得立言。

朱熹的儿子朱在，绍定年间当吏部侍郎。

杨万里传

【题解】

杨万里（1127～1206），南宋诗人。字廷秀，吉州吉水（今属江西）人。绍兴进士，曾任秘书监。任永州零陵（今属湖南）县丞时，南宋名将张浚勉励杨万里以"正心诚意"立学，因此取室名为"诚斋"，世称诚斋先生。

其诗与陆游、范成大、尤袤齐名，称"南宋四家"。初学江西诗派，后转变风格，以王安石和晚唐诗为借鉴，自成一体，世称"诚斋体"。其诗幽默诙谐，善于写景，语言平易浅近，常熔炼俗谚口语入诗。能辞赋。有《诚斋集》。

杨万里

【原文】

杨万里字廷秀，吉州吉水人。中绍兴二十四年进士第，为赣州司户，调永州零陵丞。时张浚谪永，杜门谢客，万里三往不得见，以书力请始见之。浚勉以正心诚意之学，万里服其教终身，乃名读书之室曰诚斋。

浚入相，荐之朝。除临安府教授，未赴，丁父忧。改知隆兴府奉新县，戢追胥不入乡，民逋赋者揭其名市中，民谨趋之，赋不扰而足，县以大治。会陈俊卿、虞允文为相，交荐之，召为国子博士。侍讲张栻以论张说出守袁，万里抗疏留栻，又遗允文书，以和同之说规之，栻虽不果留，而公论伟之，迁太常博士，寻升丞兼吏部侍右郎官，转将作少监，出知漳州，改常州，寻提举广东常平茶盐。盗沈师犯南粤，帅师往平之。孝宗称之曰"仁者之勇"，遂有大用意，就除提点刑狱。请于潮、惠二州筑外砦，潮以镇贼之巢，惠以扼贼之路。俄以忧去。免丧，召为尚左郎官。

淳熙十二年五月，以地震应诏上书曰：

臣闻言有可于无事之时，不害其为忠；言无事于有事之时，其为奸也大矣。南北和好逾二十年，一旦绝使，敌情不测。而或者曰彼有五单于争立之祸，又曰彼有匈奴困于东胡之祸，既而皆不验。道涂相传，缮汴京城池，开海州漕渠，又于河南、北签民兵，增驿骑，制马枥，籍井泉，而吾之间谍不得以入，此何为者耶？臣所谓言有事于无事之时者一也。

或谓金主北归，可为中国之贺。臣以中国之忧，正在乎此。此人北归，盖惩创于逆亮之空国击南侵也。将欲南之，必固北之；或者以身填抚其北，而以其子与胥经营其南也。臣所谓言有事于无事之时者二也。

臣窃闻论者或谓缓急淮不可守，则弃淮而守江，是大不然。昔者吴与魏力争而得合肥，然后吴始安；李煜失滁、扬二州，自此南唐始蹙。今曰弃淮而保江，既无淮矣，江可得而保乎？臣所谓言有事于无事之时者三也。

今淮东、西凡十五郡，所谓守帅，不知陛下使宰相择之乎，使枢廷择之乎？使宰相择之，宰相未必为枢廷虑也。使枢廷择之，则除授不自己出也。一则不为之虑，一则不自己出，缓急败事，则皆曰非我也。陛下将责之谁乎？臣所谓言有事于无事之时者四也。

且南北各有长技，若骑若射，北之长技也；若舟若步，南之长技也。今为北之计者，日缮治其海舟，而南之海舟则不闻缮治焉。或曰吾舟素具也，或曰舟虽未具而惮于扰也。绍兴辛巳之战，山东、采石之功，不以骑也，不以射也，不以步也，舟焉而已。当时之舟，今可复用乎？且夫斯民一日之扰，与社稷百世之安危，孰轻孰重？事固有大于扰者也。臣所谓言有事于无事之时者五也。

陛下以今日为何等时耶？金人日逼，疆场日扰，而未闻防金人者何策，保疆场者何道；但闻某日修某礼文也，某日进某书史也，是以乡饮理军，以干羽解围也。臣所谓言有事于无事之时者六也。

臣闻古者人君，人不能悟之，则天地能悟之。今也国家之事，敌情不测如此，而君臣上下处之如太平无事之时，是人不能悟之矣。故上天见灾异，异时荧惑犯南斗，迩日镇星犯端门，荧惑守羽林。臣书生，不晓天文，未敢以为必然也。至于春正月曰青无光，若有两日相摩者，兹不曰大异乎？然天犹恐陛下不信也，至于春日载阳，复有雨雪杀物，兹不曰大异乎？然天犹恐陛下又不信也，乃五月庚寅，又有地震，兹又不曰大异乎？且夫天变在远，臣子不敢奏也，不信可也；地震在外，州郡不敢闻也，不信可也。今也天变频仍，地震荐觳，而君臣不闻警惧，朝廷不闻咨访，人不能悟之，则天地能悟之，臣不知陛下于此悟乎，否乎？臣所谓言有事于无事之时者七也。

自频年以来，两浙最近则先旱，江淮则又旱，湖广则又旱，流徙者相续，道殣相枕。而常平之积，名存而实亡；入粟之令，上行而下慢。静而无事，未知所以振救之；动而有事，将何以仰以为资耶？臣所谓言有事于无事之时者八也。

古者足国裕民，惟食与货。今之所谓钱者，富商、巨贾、阉臣、权贵皆盈室以藏之，至于百姓三军之用，惟破楮券尔。万一如唐泾原之师，因怒粝食，蹴而覆之，出不逊语，遂起朱泚之乱，可不为寒心哉！臣所谓言有事于无事之时者九也。

古者立国必有可畏，非畏其国也，畏其人也。故苻坚欲图晋，而王猛以为不可，谓谢安、桓冲江左之望，是存晋在二人而已。异时名相如赵鼎、张浚，名将如岳飞、韩世忠，此金人所惮也。近时刘琪可用则早死，张栻可用则沮死，万一有缓急，不知可以督诸军者何人，可以当一面者何人，而金人之所素惮者又何人？而或者谓人之有才，用而后见。臣闻之《记》曰："苟有车必见其式，苟有言必闻其声。"今曰有其人而未闻其可将可相，是有车而无式，有言而无声也。且夫用而后见，非临之以大安危，试之以大胜负，则莫见其用也。平居无以知其人，必待大安危、大胜负而后见焉。成事幸矣，万一败事，悔何及耶？昔者谢玄之北御苻坚，而郗超知其必胜；桓温之西伐李势，而刘惔知其必取。盖玄于履屐之间无不当其任，温于博不必得则不为，二子于平居无事之日，盖必有以察其小而后信其大也，岂必大用而后见哉？臣所谓言有事于无事之时者十也。

愿陛下超然远览，昭然远瞩。勿矜圣德之崇高，而增其所未能；勿恃中国之生聚，而严其所未备。勿以天地之变异为适然，而法宣王之惧灾；勿以臣下之苦言为逆耳，而体太宗之导谏。勿以女谒近习之害政为细故，而监汉、唐季世致乱之由；勿以仇雠之包藏为无他，而惩宣、政晚年受祸之酷。责大臣以通知边事军务如富弼之请，勿以东西二府异其心；委大臣以荐进谋臣良将如有何所奇，勿以文武两途而殊其辙。勿使掠宦者而得旄节如唐大历之弊，勿使货近幸而得招讨如梁段凝之败。以重蜀之心而重荆、襄，使东西形势之相接；以保江之心而保两淮，使表里唇齿之相依。勿以海道为无虞，勿以大江为可恃。增屯聚粮，治舰扼险。君臣之所咨访，朝夕之所讲求，姑置不急之务，精专备敌之策。庶几上可消于天变，下不堕于敌奸。

然天下之事有本根，有枝叶。臣前所陈，枝叶而已。所谓本根，则人主不可以自用。人主自用，则人臣不任责，然犹未害也。至于军事，而犹曰"谁当忧此，吾当自忧"。今日之事，将无类此？《传》曰："木水有本原。"圣学高明，愿益思其所以本原者。

东宫讲官阙，帝亲擢万里为侍读，宫僚以得端人相贺。他日读《陆宣公奏议》等书，皆随事规警，太子深敬之。王淮为相，一日问曰："宰相先务者何事？"曰："人才。"又问："孰为才？"即疏朱熹、袁枢以下六十人以献，淮次第擢用之。历枢密院检详，守右司郎中，迁左司郎中。

十四年夏旱，万里复应诏，言："旱及两月，然后求言，不曰迟乎？上自侍从，下止馆职，不曰隘乎？今之所以旱者，以上泽不下流，下情不上达，故天地之气隔绝而不通。"因疏四事以献，言皆恳切。迁秘书少监。会高宗崩，孝宗欲行三年丧，创议事堂，命皇太子参决庶务。万里上疏力谏，且上太子书，言："天无二日，民无二王。一履危机，悔之何及？与其悔之而无及，孰若辞之而不居。愿殿下三辞五辞，而必不居也。"太子悚然。高宗未葬，翰林学士洪迈不俟集议，配飨独以吕颐浩等姓名上。万里上疏诋之，力言张浚当预，且谓迈无异指鹿为马。孝宗览疏不悦，曰："万里以朕为何如主！"由是以直秘阁出知筠州。

光宗即位，召为秘书监。入对，言："天下有无形之祸，憯非权臣而憯于权臣，扰非盗贼而扰于盗贼，其惟朋党之论乎！盖欲激人主之怒莫如朋党，空天下人才莫如朋党。党论一兴，其端发于士大夫，其祸及于天下。前事已然，愿陛下建皇极于圣心，公听并观，坏植散群,曰君子从而用之,曰小人从而废之,皆勿问其某党某党也。"又论:"古之帝王,固有以知一己揽其权,不知臣下窃其权。大臣窃之则权在大臣,大将窃之则权在大将,外戚窃之则权在外戚,近习窃之则权在近习。窃权之最难防者,其惟近习乎!非敢公窃也,私窃之也。始于私窃,其终必至于公窃而后已。可不惧哉!"

绍熙元年,借焕章阁学士为接伴全国贺正旦使兼实录院检讨官。会《孝宗日历》成,参知政事王蔺以故事俾万里序之,而宰臣属之礼部郎官傅伯寿。万里以失职力丐去,帝宣谕勉留。会进《孝宗圣政》,万里当奉进,孝宗犹不悦,遂出为江东转运副使,权总领淮西、江东军马钱粮。朝议欲行铁钱于江南诸郡,万里疏其不便,不奉诏,忤宰相意,改知赣州,不赴。乞祠,除秘阁修撰、提举万寿宫,自是不复出矣。

宁宗嗣位,召赴行在,辞。升焕章阁待制、提举兴国宫。引年乞休致。进宝文阁待制,致仕。嘉泰三年,诏进宝谟阁直学士,给赐衣带。开禧元年召,复辞。明年,升宝谟阁学士。卒,年八十三。赠光禄大夫。

万里为人刚而褊。孝宗始爱其才,以问周必大,必大无善语,由此不见用。韩侂胄用事,欲网罗四方知名士相羽异,尝筑南园,属万里为之记,许以掖垣。万里曰:"官可弃,记不可作也。"侂胄恚,改命他人。卧家十五年,皆其柄国之日也。侂胄专僭日益甚,万里忧愤,怏怏成疾。家人知其忧国也,凡邸吏之报时政者皆不以告。忽族子自外至,遽言侂胄用兵事。万里恸哭失声,亟呼纸书曰:"韩侂胄奸臣,专权无上,动兵贱民,谋危社稷。吾头颅如许,报国无路,唯有孤愤!"又书十四言别妻子,笔落而逝。

万里精于诗,尝著《易传》行于世。光宗尝为书"诚斋"二字,学者称诚斋先生,赐谥文节。子长孺。

【译文】

杨万里,字廷秀,吉州吉水(今江西吉水)人。绍兴二十四年(1154)中进士,为赣州(今江西赣州)司户,后又调永州零陵(今湖南零陵)丞。当时张浚被贬谪在永州,闭门谢客,杨万里去了三次都无法见到他,后来写信竭力请求才被接见了。张浚勉励他要认真进行内心道德修养,研究真心诚意的学问,杨万里一生都按照张浚的这个教导去做,还把自己的书房命名为"诚斋"。

后来张浚入朝做了宰相,把杨万里推荐给朝廷。任临安府(今浙江杭州)教授,还没有赴任,父亲去世了。后来改知隆兴府奉新县(今江西奉新),在主持奉新县政事的时候,杨万里做了这样的规定:禁止差役到百姓家里去催逼赋税,老百姓偷逃赋税的就把名字张榜公布在市中心,因此百姓们闹闹嚷嚷地赶着来缴赋税,这样一来,不扰民但赋税却收足了,奉新县以此得到大治。当时正值陈俊卿、虞允文做宰相,他们都推荐了杨万里,杨万里就被召为国子博士。侍讲张栻因为评论张说而出守袁州(今江西宜春),杨万里上书直言要求留下张栻,又写信给宰相虞允文,用《论语》中君子和而不同,小人同而不和的道理相规劝,结果张栻虽然并没有留下来,而舆论都赞美杨万里的了不起。迁太常博士,不久升丞兼吏部侍右郎官,转将作少监,出知漳州(今属福建),改常州(今属江苏),不久又提举广东常平茶监。盗贼沈师进犯南粤,杨万里率领军队把他们剿平了。孝宗皇帝称赞杨万里有"仁者之勇",因此有重用杨万里的意思,就任命他为提点刑狱。杨万里要求在潮(今广东潮州)惠(今广东惠州)二州筑外寨,驻扎军队,潮州的军队用来镇压盗贼的老巢,惠州的军队用来切断贼军的去路和归路。不久,杨万里因为有亲丧而去职。服丧期满,召为尚左郎官。

淳熙十二年(1185)五月,由于地震而应皇帝的命令给朝廷上书说:

臣听说在事情还没有发生的时候就议论将会发生一些什么事情,这并不影响他的一片忠心;而如果事情已经发生,还在粉饰太平说是没有发生什么事情,那么他可以说是一个大大的奸臣。南北相安无事已经二十年了,一旦断绝使者的往来,对敌方的情况就一点也不了解。而有人却说他们有五个领袖争位的祸乱,有人又说他们有匈奴被困于东胡的灾祸,不久事实证明都不是那样。现在小道传闻很多,有人说敌方在修理汴京(今河南开封)的城墙和护城河,在开掘海州(今江苏连云港)的漕河,又在河南、河北签发人民当兵,增加驿骑,制造马槽,登记井泉,而我们的情报人员又进不到这些地方去,怎么会弄到这步田地呢?这就是我所说的事情还没有正式发生而先进行议论的第一件事情。

有人说金人的头领回到北面去了,这对中国来说是一件可喜可贺的事情。我认为中国的忧患,正是在这里。金人头领所以回到北面去,正是记取了当年完颜亮倾巢南侵因而造成后方空虚这个教训啊!侵略南方,就必须巩固北方;或者自己亲自镇守北方,而让他的儿子和女婿领兵侵略南方。这就是我所说的事情还没有正式发生而先进行议论的第二件事情。

我私下听到那些议论政事的人们中有人说,在紧急的时候淮河是无法固守的,因此打算放弃淮河而退守长江,这完全是一个错误的主意啊!从前三国时吴和魏竭力进行争夺,终于得到了合肥(今属安徽),然后东吴才得以稳定;李煜失掉了滁州(今安徽滁县)、扬州(今属江苏)两个州,从此以后,南唐就开始局促不安。现在有人却说放弃淮河保持长江,既然已经没有淮河了,长江还可以保吗?这就是我所说的事情还没有正式发生而先进行议论的第三件事情。

现在淮河以东、淮河以西一共十五个州郡,这些州郡的守军负责人,不知道皇上是命令宰相去挑选的呢?还是命令枢密院去挑选的?如果命令宰相去挑选,宰相未必为枢密院考虑;如果由枢密院去选择,那么任命这些官员的手续不是自己部门办的。一边是不为对方考虑,一边是任命官员的手续不出于自己部门,等到事情紧急、发生了问题的时候,便都说责任不在我这方面,皇上准备去责备谁呢?这就是我所说的在事情还没有发生的时候而先进行议论的第四件事情。

而让南方和北方都有自己特别的本领,比如骑马射箭,是北方的特别本领,比如操船、步兵战,是南方的特别本领。现在替北方打算的人,每天在修理整治他们的海船,而南方的海船却没有听说在修理整治。有人说我们的船是一直准备在哪里的,有的又说我们的船虽然还没有准备这只是因为害怕打扰百姓啊!绍兴辛巳(1161)的那场战争,山东、采石地区的胜利,不是靠的骑兵,不是靠的弓箭,不是靠的步兵,而恰恰是靠战船的功劳。但是当时的战船,现在还能够再使用吗?再说对百姓一日的打扰和国家长期的安危相比较,又是谁轻谁重呢?可见万事中本来就有着比打扰百姓更重要的事情啊!这就是我所说的事情还没有真的发生而先进行议论的第五件事情。

圣上认为现在是什么时候啊!现在是金人一天一天进逼,边境一天一天受到骚扰,但是却没有听到对防备金人有什么对策，对保卫边疆有什么办法；而耳中听到的只是哪一天研究学习哪一条礼法条文，哪一天进呈哪一种书册史籍，这是用乡饮的礼节去治理军务，用跳干羽的舞蹈去解救敌人的包围啊。这就是我听说的事情还没有真的发生而先进行议论的第六件事情。

我听说古代的国君，百姓不能使他醒悟，那么天地能使他醒悟。今天国家所发生的情况又怎么样呢？敌情是如此的不可捉摸，而君臣上下都处之泰然，就像太平无事的时候一样，这说明百姓是无法使国君醒悟的了。所以上天就显示灾变，前些时候荧惑星侵犯南斗星，近日镇星又侵犯端门，荧惑守着羽林。我只是个书生，不通晓天文，不敢以为我的观察就一定是对的。至于今春正月太阳颜色发青而无光，好像有两个太阳在互相摩擦，这不是一件极大的怪事吗？然而上天还恐怕皇上不相信，所以在开始暖和的时候，又下了雨雪来杀害农作物，这不是一件极大的怪事吗？然而上天还是怕皇上不相信，所以在五月庚寅那一天，又发生了地震，这不又是一件大怪事吗？再说，上天显示的灾异发生在远方的，臣子不敢上奏，不信也就算了；地震发生在外州的，州郡长官不敢上达，不信也就算了，现在是灾变不断地发生，地震竟震到京师来了，而仍旧听不到君臣中有什么惊恐，也听不到朝廷中有人征询、查问。百姓不能使国君醒悟，那么天地能醒悟人君。我不知道皇上经过天地的这些警告，是醒悟了呢，还是没有醒悟呢？这就是我所说的在事情还没有真的发生之时而先进行议论的第七件事情。

自近年以来，两浙最先发生旱灾，接下来江淮又发生旱灾，以后湖广又是旱灾，逃荒的人接连不断，道路上饿死的人相枕藉。而常平仓中备荒的粮食，有名而无实；上面下了储备粮食的命令，下面却并不立即执行。在太平年代没有事情的时候，不知道有救灾这样的事情；当发生灾荒有事的时候，将仰仗什么作为救济灾民的粮源呢？这就是我所说的事情还没有真的发生而先进行议论的第八件事情。

古时候，要使国家充足，百姓富裕，只有粮食和货币。现在所谓钱这东西，富商、大贾、太监、权贵藏得满屋都是，至于百姓，军队士兵所用的，只是破纸币而已。万一像唐代泾原（今甘肃泾川）的军队那样，因为不满意吃粗粮，就把它一脚踢翻，嘴里还说了很多难听的话，于是引起了朱泚的叛乱，这能不令人寒心吗？这就是我所说的在事情还没有真的发生而先进行议论的第九件事情。

古时候，一个国家建立，必然有可以敬畏的地方，不是敬畏它的国家，而是敬畏他的人啊。所以符坚想图取东晋，而王猛认为不可，认为谢安、桓冲是江左有威望的人，可见能保存东晋王朝的，就是这两个人啊。前些时候有名望的宰相比如赵鼎、张浚，著名的将军像岳飞、韩世忠，这些人都是金人所害怕的啊！近来刘琪是可用的人，可惜早死了，张栻也是可用的人，但是他给小人们中伤诋毁而死了，万一发生了急事，不知可以率领各路军队打仗的是哪个人，可以担当一个方面的又是哪个人，而金人一向所害怕的又是哪个人？或许有人会说，一个人是否有才能，要在用了以后方能看到。我听说《礼记》上面有这样的话："如果有车就一定能看到它车前的轼，如果一个人说话就一定能听到他的声音。"现在却说有这样的人才，但是却没有听说他能否做将军、做宰相，这是有车而没有轼，有言而没有声啊！而且所谓只有使用后才能看到他的才能，这就是说不是用大的安危、大的胜负考验他，就无法了解他是可用还是不可用。平时一点也不了解这个人，一定要等到国家碰上大的安危、大的胜负的时候才能看到他的才能，这样，事情成功了固然是万幸，万一事情失败了呢，岂不是悔之莫及？从前谢玄打败北方的苻坚，郗超是早就知道他必胜无疑的；桓温西伐李势，刘惔也是早就知道他必然会取得胜利的。这是因为谢玄在做木屐这样的小事上也是非常认真对待的；桓温在赌博时如果不能得手他就不干，这两个人在平素没有发生大事的日常生活里，观察他们对待小事情的态度上就可以相信他们在大事情上必然能获得成功，何必一定要到在大用的时候才能看到他们的表现呢？这就是我所说的在事情还没有真的发生就先进行议论的第十件事情。

希望圣上能站得高一点，这样就能看得远一点，对问题也就会看得明朗一点，领悟得深刻一点。不要骄矜自负，以为自己有崇高的圣德，结果恰恰是增加了自己的无能；不要自以为中国人口多、积蓄的物资丰富，而应该严肃地看到我们还有很多没有具备的东西。不要把天地发生的灾变看成是偶然的现象，而应该效法宣王在灾变面前深表恐惧；不要对我的这些苦口婆心的忠告感到刺耳，而应该善于体会唐太宗对待净谏的正确态度；不要以为女人、宦官之类左右小人的影响政事只是小事，而应该把汉、唐末世造成祸乱的那些根由作为借鉴；不要以为仇敌所包藏的祸心没有什么了不起，而应该把宣、政晚年所受的严重灾害作为警戒。要督责大臣们像富弼那样把边境的军事情况互相通报，不要让东西二府相互之间产生异心；要责成大臣们像萧何那样向朝廷推荐有奇才的谋臣良将，不要以为文和武是两条道路而车辙就不一样。不要让唐代大历那样某些人因为贿赂了宦官就可以成为镇守一方的军政长官的弊端重新发生，也不要像后梁段凝那样因为某些人买通了他的宠幸小人而得到招讨要职以致造成惨败的事情重新发生。要用重视四川那样的态度去重视荆州、襄州，这样可以使东、西两州的形势相接，连成一片；要用保卫长江的决心去保卫两淮，使长江和两淮就像衣服的表里，嘴巴的唇齿那样互为依靠。不要以为海路没有问题，不要以为长江就一定可以依靠，增加仓库积聚粮食，修造战舰扼守险要。君臣之间的答问，早晚之间的讨论，暂时把那些不是当务之急的事情搁置起来，专门讨论如何防备敌人的对策。这样，才上可消除皇天的灾变，下不致落入敌人所设的奸计。

然而天下的事情有主要的有次要的，就像树木的有本根，有枝叶一样。我前面所说的那些道理，不过是一棵树木的枝叶而已，什么是本根呢？就是国君不可以自以为是，把一切事情都包揽在自己身上。国君把一切事情都包揽在自己身上，那么百官就没有事情可做，就不会主动承担什么责任了，然而这样还不至于危害到国家的根本。如果在军事方面，还是这样说："谁当承担这份忧患呢？我应当自己来承担这样的忧患。"今天的情况难道就没有类似这样的情形吗？《左传》中说："树木和水都有本原。"皇上的学问是十分渊博和高明的，希望能够认真思考什么才是皇上真正的本原。

东宫讲官缺职，皇帝亲自提升杨万里为侍读，宫中的官吏们因为得到一个正人而相庆贺。过了些日子，在读到《陆宣公奏议》等书的时候，杨万里都根据原意加以发挥，进行规劝，提出警戒，太子深深地敬重他。王淮做宰相，一天问杨万里："宰相首先应该做的是什么事情？"杨万里回答说："人才。"又问："谁是人才？"杨万里立即开列出朱熹、袁枢等六十人的一份名单送给王淮，王淮先后提升任用了这些人。杨万里历任枢密院检详，守右司郎中，迁左司郎中。

淳熙十四年（1187）夏，发生了大旱灾，杨万里又应皇帝的命令上书朝廷，书中说："大旱已经两个月了，然后再要求大家发表意见，不是太迟了吗？可是又只要求上自侍从，下到馆职这阶层的人员发表意见，范围不是太小了吗？这次之所以会发生旱灾，是因为上面的恩泽没有流到下面去，下面的情况没有通达到上面来，所以天地之气相隔绝而不通。"因此他分条罗列了四件大事献给皇帝，言词都非常恳切。后来迁秘书少监。这时正值高宗驾崩，孝宗想守三年丧，因此创立了一个议事堂，命令皇太子参与管理政务。杨万里上书孝宗，竭力规谏，而且又上书皇太子，说："天无二日，民无二王。一踏上危险的境地，懊悔还来得及吗？与其连懊悔都来不及，还不如推辞而不让自己处于这个境地。希望殿下三番五次地推辞，而一定不要答应去管理政务。"太子听了，毛骨悚然。高宗还未下葬，翰林学士洪迈不等集体商议，就独自决定把吕颐浩等人列入配飨的名单送给孝宗。杨万里上疏批评反对，竭力主张让张浚参与，而且指责洪迈这样做无异是指鹿为马。孝宗看了杨万里的奏疏很不高兴，说："杨万里把我看成怎样的皇帝了！"因此把杨万里以直秘阁的身份外放为筠州（今江西高安）知州。

光宗即位后，召杨万里为秘书监，杨万里进宫回答皇帝的问话时说："天下有看不见的祸害，僭越的人并非权臣，而比权臣的僭越还厉害，扰乱国家的并不是盗贼，可是比盗贼的扰乱还厉害，这不就是说的朋党吗！因为希望激怒人主的没有比朋党更迫切的，想把天下人才搞光的也没有比朋党更厉害了。朋党争论的产生，其始发生于士大夫中，而它的祸害却遍及于天下。前面发生的事情已清楚地说明了这一点，希望皇上能在您圣明的心中树立一个君主的统治标准，客观地、公正地听取多方面的意见，并且能多看看周围的实际情况，不让他们培植私党，一旦发现，就打散他们，是君子，就任用；是小人，就放废，都不要去过问他是属于哪一个党哪一个派。"又说："古代的帝王，固然也有人知道把大权独揽在自己手里，但是却不知道臣下在窃夺他的权柄。大臣窃取了权柄，那么权力就落到大臣手中去了；大将窃取了权柄，那么权力就落到大将手里去了；外戚窃取了权柄，那么权力就落到了外戚手里；近臣窃取了权柄，那么权力就落到了近臣手里。窃权这件事，最难防范的，不就是近臣吗？！因为他们并不是公开盗窃的，而是在私下偷偷地干的，开始是私下偷偷地窃取，到最后必至于公然窃夺才肯罢休。这样的事不是很可怕吗！"

绍熙元年（1190），杨万里借为焕章阁学士去接待陪同金国贺正旦的使者并兼任实录院检讨官。当时正值《孝宗日历》编成，参知政事王蔺依旧例请杨万里为此书作序，而宰相却去请礼部郎傅伯寿作序。杨万里以失职为由竭力要求去职，皇帝派官向杨万里进行解释，勉励他继续留任，恰巧要把《孝宗圣政》这本书送进宫去，杨万里就担当了这个责任，他恭敬地捧着这本书进献给皇帝，但是皇帝还是不高兴，于是外放杨万里为江东转运副使，权总领淮西、江东军马钱粮。朝中议论打算在江南各郡使用铁钱，杨万里上疏陈述使用铁钱的不方便，又不按诏书的命令执行，违背了宰相的意见，因此改调为赣州（今属江西）知州，杨万里不赴任。后来他要求去礼部，结果授秘阁修撰，提举万寿宫，从此以后就不再出来了。

宁宗即位，召杨万里去临安行宫，杨万里辞谢不去。不久升为焕章阁待制，提举兴国宫。杨万里以年老为理由要求告退，结果是进杨万里为宝文阁待制后退休了。嘉泰三年（1203），诏进宝谟阁直学士，并赐给他衣带。开禧元年（1205）又下召，杨万里又辞谢不去。第二年，升宝谟阁学士。去世的时候八十三岁，赐光禄大夫。

杨万里为人刚直而急躁褊狭。孝宗开始时爱他的才，以此问周必大，周必大没有说杨万里的好话，因此没有得到重用。韩侂胄掌权，想网罗天下知名人士作为他的羽翼，曾建立了一个南园，请杨万里为这个南园写一篇记，许诺让他到中书省、门下省去做官。杨万里说："官我可以不做，文章是不写的。"韩侂胄很恼火，改命别人写了文章。杨万里在家里赋闲了十五年，都是韩侂胄掌握国家大权的时候。韩侂胄专权僭越日甚一日，杨万里十分忧愤，快快成疾。家里的人知道他是忧虑国家的原因，所以凡是从京中来的邸报中关于政局的信息都不告诉他。忽然有一个族中的子侄从外面来，讲到韩侂胄用兵的事情，杨万里痛哭失声，大呼拿纸来，他在纸上写道："韩侂胄是奸臣，专权误国，目无君上，玩弄兵权残害人民，阴谋危害社稷，我空有这颗脑袋，却是报国无门，唯有一腔孤愤！"又写了十四个字和妻室、子女告别，放下笔就去世了。

杨万里精于诗歌，曾著《易传》流行于世，光宗皇帝曾为杨万里写过"诚斋"二字，因此学者称杨万里为"诚斋先生"，谥号"文节"。儿子名长孺。

梅尧臣传

【题解】

梅尧臣（1002～1060），北宋诗人。字圣俞，宣州宣城（今属安徽）人。宣城古名宛陵，世称宛陵先生。少时进士不第，历任州县官属，后授国子监直讲，官至尚书都官员外郎。

在北宋诗文革新运动中，梅尧臣与欧阳修、苏舜钦齐名，并称"梅欧"或"苏梅"。论诗注重政治内容，对宋初靡丽文风进行了批判，其诗富于现实内容，风格平淡，意境含蓄，对北宋诗风转变有很大影响。有《宛陵先生集》。

梅尧臣

【原文】

梅尧臣字圣俞，宣州宣城人，侍读学士询从子也。工为诗，以深远古淡为意，间出奇巧，初未为人所知。用询荫为河南主簿，钱惟演留守西京，特嗟赏之，为忘年交，引与酬倡，一府尽倾。欧阳修与为诗友，自以为不及。尧臣益刻厉，精思苦学，由是知名于时。宋兴，以诗名家为世所传如尧臣者，盖少也。尝语人曰："凡诗，意新语工，得前人所未道者，斯为善矣；必能状难写之景如在目前，含不尽之意见于言外，然后为至也。"也以为知言。历德兴县令，知建德、襄城县，监湖州税，签书忠武、镇安判官，监永丰仓。大臣屡荐宜在馆阁，召试，赐进士出身，为国子监直讲，累迁尚书都官员外郎。预修《唐书》，成,未奏而卒,录其子一人。

宝元、嘉祐中,仁宗有事郊庙,尧臣预祭,辄献歌诗,又尝上书言兵。注《孙子十三篇》,撰《唐载记》二十六卷、《毛诗小传》二十卷、《宛陵集》四十卷。

尧臣家贫,喜饮酒,贤士大夫多从之游,时载酒过门。善谈笑,与物无忤,诙嘲刺讥托于诗,晚益工。有人得西南夷布弓衣,其织文乃尧臣诗也,名重于时如此。

【译文】

梅尧臣,字圣俞,宣州宣城(今属安徽)人,侍读学士梅询的侄儿。梅尧臣的诗写得很好,意境深远古淡,有时候也表现得很奇巧,但开始并没有被人们所了解。因为伯父梅询的恩荫,梅尧臣出任河南(今河南洛阳)主簿。当时钱惟演为西京(今河南洛阳)留守,他特别赞赏梅尧臣的诗歌,于是两人成了忘年之交,他们互相唱和,一府的人尽皆倾慕。欧阳修也和梅尧臣成了诗友,认为自己的诗都不如梅尧臣。梅尧臣受了欧阳修的赞誉,愈加刻苦自励,精思苦学,由此诗名骤增,成了当时文坛的知名人物。宋代开国以来,像梅尧臣那样以诗歌创作成名并为社会所传颂的人,是非常少的。梅尧臣曾对人说:"凡写诗,意境要新,语言要工,要写出前人没有说过的话,这样才算得上是好诗。必须把难以表现的景物描绘得就像在你的眼前,在诗的语言之外蕴藏着无穷的意境,这才是最上等的诗。"世人认为这是深刻精辟的意见。梅尧臣历任德兴(今属江西)县令,主管过建德(今属浙江)、襄城县(今属河南)政务,又监湖州(今属浙江)税务,签书忠武、镇安判官,监永丰仓。朝廷中不少大臣多次推荐梅尧臣,认为他适宜在馆阁供职,因此皇帝召他进行面试,赏赐了他一个进士出身,任命为国子监直讲,以后一直升迁到尚书都官员外郎。参与编撰《唐书》,书写完以后,还没有来得及上奏朝廷,梅尧臣就去世了,朝廷录用了他的一个儿子。

宝元、嘉祐之间,仁宗皇帝举行郊庙典礼,梅尧臣参与了祭典,在祭典过程中总是献诗,又曾经向皇帝上书议论军事,还为《孙子十三篇》作注,又撰了《唐载记》二十六卷、《毛诗小传》二十卷、《宛陵集》四十卷。

梅尧臣家境贫困,喜欢饮酒,当时一些品德贤良的官员们都喜欢和他交游,他们经常带着酒到梅尧臣家里来。梅尧臣性格诙谐,善于谈笑,不触犯人,他对社会的嘲讽讥刺都寄托在诗歌中,到了晚年,他的诗写得更有功力。有人得到从西南夷带来的一件布弓衣,它上面的织纹是梅尧臣的诗歌,可见梅尧臣在当时文坛上的名声竟大到何等地步。

黄庭坚传

【题解】

黄庭坚(1045~1105),北宋诗人、书法家。字鲁直,号山谷道人、涪翁,洪州分宁(今江西修水)人。治平四年进士,曾编修《神宗实录》,迁起居舍人。后以修实录不实的罪名,遭到贬谪。

黄庭坚为"苏门四学士"之一,诗与苏轼齐名,并称"苏黄"。其诗立意深曲,章法细密,讲究句法,注重字词的锤炼,风格上追求奇拗硬涩。论诗标榜杜甫,提倡"无一字无来处"和"夺胎换骨,点铁成金"之说,开创"江西诗派",影响整个宋代诗坛。又能词,部分作品受苏轼影响,以流宕洒脱见长,时有豪迈气象。

黄庭坚工书法,兼善行、草,以侧险取势。纵横奇倔,自成风格。为"宋四家"之一。有《山谷集》。

黄庭坚

【原文】

黄庭坚字鲁直,洪州分宁人。幼警悟,读书数过辄成诵。舅李常过其家,取架上书问之,无不通,常惊,以为一日千里。举进士,调叶县尉。熙宁初,举四京学官,第文为优,教授北京国子监,留守文彦博才之,留再任。苏轼尝见其诗文,以为超轶绝尘,独立万物之表,世久无此作,由是声名始震。知太和县,以平易为治。时课颁盐策,诸县争占多数,太和独否,吏不悦,而民安之。

哲宗立,召为校书郎。《神宗实录》检讨官。逾年,迁著作佐郎,加集贤校理。《实录》成,擢起居舍人。丁母艰。庭坚性笃孝,母病弥年,昼夜视颜色,衣不解带,及亡,庐墓下,哀毁得疾几殆。服除,为秘书丞,提点明道宫,兼国史编修官。绍圣初,出知宣州,改鄂州。章惇、蔡卞与其党论《实录》多诬,俾前史官分居畿邑以待问,摘千余条示之,谓为无验证。既而院史考阅,悉有依据,所余才三十二事。庭坚书"用铁龙爪治河,有同儿戏"。至是首问焉。对曰:"庭坚时官北都,尝亲见之,真儿戏耳。"凡有问,皆直辞以对,闻者壮之。贬涪州别驾,黔州安置,言者犹以处善地为骫法。以亲嫌,遂移戎州。庭坚泊然,不以迁谪介意。蜀士慕之从游,讲学不倦,凡经指授,下笔皆可观。

徽宗即位,起监鄂州税,签书宁国军判官,知舒州,以吏部员外郎召,皆辞不行。丐郡,得知太平州,至之九日罢,主管玉隆观。庭坚在河北与赵挺之有微隙,挺之执政,转运判官陈举承风旨,上其所作《荆南承天院记》,指为幸灾,复除名,羁管宜州。三年,徙永州,未闻命而卒,年六十一。

庭坚学问文章,天成性得,陈师道谓其诗得法杜甫,学甫而不为者。善行、草书,楷法亦自成一家。与张耒、晁补之、秦观俱游苏轼门,天下称为四学士,而庭坚于文章尤长于诗,蜀、江西君子以庭坚配轼,故称"苏、黄",轼为侍从时,举以自代,其词有"瑰伟之文,妙绝当世,孝友之行,追配古人"之语,其重之也如此。初,游潜皖山谷寺、石牛洞,乐其林泉之胜,因自号山谷道人云。

　　黄庭坚,字鲁直,洪州分宁(今江西修水)人。小时候就十分机警聪敏,读书只几遍就能背诵。舅父李常经过他家,取下书架上的书问他,无不通晓,李常非常吃惊,认为他读书能一日千里。中进士,调叶县(今属河南)尉。熙宁初年,举四京学官,科举考试中文章等第为优,教授北京(今河北大名)国子监,北京留守文彦博非常赏识黄庭坚的才华,留他在国子监继续任职。苏轼曾见到过黄庭坚的诗文,认为这些作品已达到了超越寻常,造诣卓特,飘然脱俗的境界,世上已经很久没有见到这样的作品了。由于苏轼的赞誉,黄庭坚的名声开始大了起来。知太和县(今属安徽),黄庭坚以平和简易作为他的治理方针。当时正颁布征收盐税的法令,各县都争着要多收盐税,唯独太和县不这样,为此,县里那些办事人员很不高兴,而百姓却因此得到了平安。

　　哲宗即位,召黄庭坚为校书郎、《神宗实录》检讨官。过了一年,迁著作佐郎,加集贤院校理。《神宗实录》完成后,黄庭坚被提升为起居舍人。因母亲去世,回家守丧。黄庭坚对父母特别孝顺,母亲生病经年,黄庭坚昼夜都观察母亲的神色,衣不解带,及至母亲亡故,黄庭坚庐墓守孝,由于过度悲哀,因而瘦弱成疾,几乎丧命。守丧期满,黄庭坚被任命为秘书丞,提点明道宫,兼国史编修官。绍圣初年,黄庭坚出知宣州(今安徽宣城)、改鄂州(今湖北武昌)。章淳、蔡卞和他们的同党说《神宗实录》多诬蔑不实之词,便把原来参加编修《神宗实录》的史官们分别集中于京邑以待查问,章淳他们在《神宗实录》中摘出了一千多条拿出来给人们看,说这些都是没有证据的东西。后经院吏作了考核,认为大部分还是有根据的,没有依据的只留下三十二条。其中一条是黄庭坚编写的:"用铁龙爪治河,有同儿戏。"因此首先就查问到黄庭坚。黄庭坚回答说:"我当时在北京大名府做官,曾经亲自看到过这种事情,真是一桩儿戏。"凡有所问,黄庭坚都直截了当地按事实做了回答,听的人都中伤他。因此黄庭坚被贬为涪州(今四川涪陵)别驾,发往黔州(今四川彭水)安置,谏官们还以为安置黄庭坚的地方太好而没有严格执法。为了回避亲嫌,黄庭坚被移置去戎州(今四川宜宾),对于所发生的这一切,黄庭坚都淡然处之,而不以迁谪事耿耿于怀。蜀中的文人学者们因倾慕黄庭坚而和他交往向他学习,黄庭坚讲学不倦,凡经过黄庭坚亲自指点过的读书人,文章都写得很好。

　　徽宗即位后,又起用黄庭坚监鄂州(今湖北武昌)税务,签书宁国军判官,知舒州(今安徽潜山),以吏部员外郎召,黄庭坚都推辞不去,而要求到州郡去做官,得到一个太平州(今安徽当涂)知州的职务,但赴任只九天,就被罢官了,而让他去主管玉隆观。黄庭坚在河北时和赵挺之稍有不和,赵挺之做了执政大臣后,转运判官陈举根据赵挺之的暗示,把黄庭坚写的一篇文章《荆南承天院记》送给朝廷,指责黄庭坚在文章中幸灾乐祸,于是黄庭坚又被除名,发往宜州(今湖北宜昌)拘管。三年,徙永州(今湖南零陵),还没有听到这个命令,黄庭坚就去世了。终年六十一岁。

　　黄庭坚在学问文章方面,可以说是个天才,陈师道说他的诗深得杜甫的三昧,学杜诗而又不为杜诗所拘。黄庭坚又善于行书和草书,楷书也自成一家。黄庭坚和张来、晁补之、秦观都游学于苏轼的门下,天下人称他们为"苏门四学士",而黄庭坚的文章比他的诗歌写得更好,四川、江西的学者文人把黄庭坚和苏轼比配,称之为"苏、黄"。苏轼当侍从的时候，推举黄庭坚代替自己，在荐文中有"奇伟卓异的文章，妙绝尘寰，举世无双；孝顺父母友爱兄弟的行为，可与古人媲美"这样的话，可见他对黄庭坚的推重到了多么高的地步！起初，黄庭坚游潜皖（今安徽潜山）山谷寺、石牛洞，因爱好这些山水胜景，所以自号山谷道人。

秦观传

【题解】

秦观（1049～1100），北宋词人。字少游、太虚，号淮海居士，高邮（今属江苏）人。元丰进士，曾任秘书省正字，兼国史院编修官等职。因政治上倾向旧党，后累遭贬谪。

秦观

秦观为"苏门四学士"之一，颇为苏轼所重，诗、文、词皆工，而以词著称。其词属婉约一派，语言淡雅、手法含蓄，情韵兼胜，回味无穷，在当时负有盛名。其诗风略似其词，秀丽有余，气魄较弱。有《淮海集》。

【原文】

秦观字少游，一字太虚，扬州高邮人。少豪隽，慷慨溢于文词，举进士不中。强志盛气，好大而见奇，读兵家书与己意合。见苏轼于徐，为赋《黄楼》，轼以为有屈、宋才。又介其诗于王安石，安石亦谓清新似鲍、谢，轼勉以应举为亲养，始登第，调定海主簿、蔡州教授。元祐初，轼以贤良方正荐于朝，除太学博士，校正秘书省书籍。迁正字，而复为兼国史院编修官，上日有砚墨器币之赐。

绍圣初，坐党籍，出通判杭州。以御史刘拯论其增损《实录》，贬监处州酒税。使者承风望指，候伺过失，既而无所得，则以谒告写佛书为罪，削秩徙郴州，继编管横州，又徙雷州。徽宗立，复宣德郎，放还，至滕州，出游华光亭，为客道梦中长短句，索水欲饮，水至，笑视之而卒。先自作挽词，其语哀甚，读者悲伤之，年五十三，有文集四十卷。

观长于议论，文丽而思深。及死，轼闻之叹曰："少游不幸死道路，哀哉！世岂复有斯人乎！"弟觌字少章，觏字少仪，皆能文。

【译文】

秦观，字少游，又字太虚，扬州高邮（今江苏高邮）人。年轻时性格豪放，人才出众，慷慨之气溢于言表，参加进士考试没有考中。秦观志高气盛，一心想创立一番大功业，他的表现常常出人意料，读兵书，感到能与自己的意见相合。在徐州（今属江苏）见到了苏轼，写了一篇《黄楼赋》，苏轼以为秦观有屈原、宋玉之才。苏轼又把秦观的诗介绍给王安石，王安石也说秦观的诗非常清新，很像鲍明远和谢脁。苏轼勉励秦观通过科举考试以赡养父母。秦观刚中举就选调为定海主簿、蔡州教授。元祐初年，苏轼以贤良方正的名义把秦观荐举到了朝廷，因此秦观被任命为太学博士，校正秘书省书籍。后又迁正字，而复为兼国史院编修官，皇上经常有砚、墨、器、币之类赏赐给秦观。

绍圣初年，因为秦观是旧党，所以外放为杭州通判。又因为御史刘拯说他擅自增减《仁宗实录》，所以贬为监处州（今浙江丽水）酒税。当地的官员们根据政治风向对秦观进行监视，等待他的过失，但是却什么也没有得到，于是只能用告发秦观写佛书的罪名，削减了他的俸禄，并徙郴州（今属湖南），继而编管横州（今广西横县），再徙雷州（今属广东）。徽宗即位后，秦观复为宣德郎，他从雷州回来的路上，经过滕州（今广西藤县），去游玩华光亭，对游客讲述自己在梦中所写的词，向左右的人讨水喝，等到左右的人将水取来时，他看着水含笑地死去了。在这之前，他曾经先为自己写过一首挽词，词语十分哀痛，读过这些挽词的人，都很为他悲伤。秦观终年五十三岁，有文集四十卷。

秦观擅长议论，文辞秀丽而思想深刻。及秦观死，苏轼听到这个消息后悲叹道："少游不幸死在旅途，可哀痛啊！世界上难道还能再有少游这样的人吗？"秦观有两个弟弟，一个名觌，字少章；一个名觏，字少仪，都能写文章。

米芾传

【题解】

米芾（1051～1107），初名黻，字元章，号襄阳漫士、海岳外史。据说他的祖先是西域人，后世代居住在太原，义迁居襄阳，最后定居在江苏镇江，因此称他是吴郡人。米芾的一生，官运不通，只作到州县级的小官。

米芾是北宋著名的书画家。他的书法，师承王献之，书风清逸俊放，不拘一格，自成一家，与苏轼、黄庭坚、蔡襄并称北宋四大家。他的画，以山水人物见长，特别善于画山，被称为"米家山"。同时，他还精于鉴赏，曾为内府鉴别字画文物。传世书作多种，如《苕溪诗》《虹县诗》《蜀素》《向太后挽词》等，著有《书史》《画史》《宝章待诗录》《山林集》等。

他的儿子米友仁，字元晖，能继承父业，善书画，精于鉴赏，曾长期在内府鉴别书画。

【原文】

米芾字元章，吴人也。以母侍宣仁后藩邸旧恩，补浛光尉。历知雍丘县、涟水军，太常博士，知无为军。召为书画学博士赐对便殿，上其子友仁所作《楚山清晓图》，擢礼部员外郎，出知淮阳军。卒，年四十九。

芾为文奇险，不蹈袭前人轨辙。特妙于翰墨，沉着飞翥，得王献之笔意。画山水人物，自名一家，尤工临移，至乱真不可辨。精于鉴裁，遇古器物书画则极力求取，必得乃已。王安石尝摘其诗句书扇上，苏轼亦喜誉之。冠服效唐人，风神萧散，音吐清畅，所至人聚观之。而好洁成癖，至不与人同巾器。所为诡异，时有可传笑者。无为州治有臣石，状奇丑，芾见大喜曰："此足以当吾拜！"具衣冠拜之，呼之为兄。又不能与世俯仰，故从仕数困。尝奉诏仿《黄庭坚》小楷作周兴嗣《千字韵语》。又入宣和殿观禁内所藏，人以为宠。

子友仁字元晖，力学嗜古，亦善书画，世号"小米"，仕至兵部侍郎、敷文阁直学士。

【译文】

米芾字元章，吴郡人。因他母亲曾在王府中侍候过宣仁皇后的关系，米芾补官为浛光县尉。后历任雍丘县、涟水军的行政长官，太常博士，无为军行政长官。奉召进京，任为书画学博士，曾进宫被皇帝召问。他献上他儿子米友仁所画《楚山清晓图》，升任礼部员外郎，外任为淮阳军行政长官。死时四十九岁。

米芾的文风，以奇险制胜，不因循前人的文章路数。他的书法，独妙一时，书风沉着飞动，颇得王献之用笔的奥妙。他的画山水人物，也自成一家。他尤其擅长临摹，达到真假难辨的程度。他还精于书画文物的鉴别，看到古代的器物书画，千方百计追求，得到后才罢手。王安石曾经摘他的诗句书写在扇面上，苏轼也出于喜爱他的书画而加以赞扬。他的服装模仿唐朝人式样，举止风流潇洒，说话声音清亮，他无论走到哪里，都会招来人围观。但他有爱干净的嗜好，甚至不和别人共用脸盆毛巾。他的所作所为，神秘怪异，经常被人们传为笑话。无为州衙门里有一块巨大的石头，形状极为难看，米芾看到，却喜出望外，说道："这块石头真值得我参拜！"于是穿得衣帽整齐，向石头行礼，并称石头为兄。他的为人，不能随波逐流，所以官运不通，学沦下僚。曾奉皇帝的圣旨模仿《黄庭坚》的笔法书写周兴嗣的《千字文》。又曾获准进入宣和殿内观摩内府收藏的书画作品，人们认为这是皇帝对他的恩宠。

他的儿子米友仁，字元晖，刻苦学问，嗜好古文物，也擅长书法绘画，世人称他为"小米"，官至兵部侍郎、敷文阁学士。

列女传

【题解】

《宋史·列女传》所记载的也多是烈女，她们为了保全气节凛然就死，有的死于金兵侵犯时，有的死于发起暴乱的贼寇人里，也有的死在一般坏人的手里的。

【原文】

朱娥者，越州上虞朱回女也。母早亡，养于祖媪。娥十岁，里中朱彦与媪竞，持刀欲杀媪，一家惊溃，独娥号呼突前，拥蔽其媪，手挽颜衣，以身下坠颜刀，曰："宁杀我，毋杀媪也。"媪以娥故得脱。娥连被数十刀，犹手挽颜衣不释，颜忿恚，断其喉以死。事闻，赐其家粟帛。其后,会稽令董皆为娥立像于曹娥庙,岁时配享焉。

张长,鄂州江夏民妇。里恶少谢师乞过其家,持刀逼欲与为乱,曰:"从我则全,不从则死。"张大骂曰:"庸奴!可死,不可它也。"至以刃断其喉,犹能走,擒师乞,以告邻人。既死,朝廷闻之,诏封旌德县君,表坟曰"列女之墓",赐酒帛,令郡县致奠。

彭列女,生洪州分宁农家。从父泰入山伐薪,父遇虎,将不脱,女拔刀斫虎,夺其父而还。事闻,诏赐粟帛,敕州县岁时存问。

郝节娥,嘉州娼家女。生五岁,母娼苦贫,卖于洪雅良家为养女。始笄,母夺而归,欲令世其娼,娥不乐娼,日逼之,娥曰:"少育良家,习织作组纴之事,又辄精巧,粗可以给母朝夕,欲求此身使终为良,可乎?"母益怒,且棰且骂。

洪雅春时为蚕丛祠,娼与邑少年期,因蚕丛具酒邀娥。娼与娥徐往,娥见少年,仓皇惊走,母挽捽不使去。不得已留坐中,时时顾酒食辄唾,强饮之,则呕哕满地,少年辄不得侵凌。暮归。过鸡鸣渡,娥度他日必不可脱,阳渴求饮,自投于江以死。乡人谓之"节娥"云。

崔氏,合淝包繶妻。繶,枢密副使拯之子,早亡,惟一稚儿。拯夫妇意崔不能守也,使左右尝其心。崔蓬垢涕泣出堂下,见拯曰:"翁,天下名公也。妇得齿贱获,执瀚涤之事幸矣,况敢污家乎!生为包妇,死为包鬼,誓无它也。"

其后,稚儿亦卒。母吕自荆州来,诱崔欲嫁其族人,因谓曰:"丧夫守子,子死孰守?"崔曰:"昔之留也,非以子也,舅姑故也。今舅殁,姑老矣,将舍而去乎?"吕怒,诅骂曰:"我宁死此,决不独归,须尔同往也。"崔泣曰:"母远来,义不当使母独还。然到荆州倘以不义见迫,必绝于尺组之下,愿以尸还包氏。"遂偕去。母见其誓必死,卒还包氏。

赵氏,贝州人。父尝举学究。王则反,闻赵氏有殊色,使人劫致之,欲纳为妻。赵日号哭慢骂求死,贼爱其色不杀,多使人守之。赵知不脱,乃绐曰:"必欲妻我,宜择日以礼聘。"贼信之,使归其家。家人惧其自殒,得祸于贼,益使人守视。贼具聘帛,盛舆从来迎。赵与家人诀曰:"吾不复归此矣。"问其故,答曰:"岂有为贼污辱至此,而尚有生理乎!"家人曰:"汝忍不为家族计?"赵曰:"第亡患。"遂涕泣登舆而去。至州廨,举帘视之,已自缢于中死矣。尚书屯田员外郎张寅有《赵女诗》。

徐氏,和州人。闺中女也,适同郡张弼。建炎三年春,金人犯惟扬,官军望风奔溃,多肆虏掠,执徐欲污之。徐瞋目大骂曰:"朝廷蓄汝辈以备缓急,今敌犯行在,既不能赴难,又乘时为盗,我恨一女子不能引剑断汝头,以快众愤,肯为汝辱以苟活耶!第速杀我。"贼惭恚,以刃刺杀之,投江中而去。

荣氏,蘉女弟也。自幼如成人,读《论语》《孝经》,能通大义,事父母孝。归将作监主簿马元颖。建炎二年,贼张遇寇仪真,荣与其姑及二女走惟扬,姑素赢,荣扶掖不忍舍。俄贼至,胁之不从,贼杀其女,胁之益急,荣厉声诟骂,遂遇害。

何氏,吴人。吴永年之妻也。建炎四年春,金兵道三吴,官兵遁去,城中人死者五十余万。永年与其姊及其妻何奉母而逃。母老,待挟持而行,卒为贼所得,将絷其姊及何,何绐谓贼曰:"诸君何不武耶!妇人东西惟命尔。"贼信之。行次水滨,谓其夫曰:"我不负君。"遂投于河,其姊继之。

董氏,沂州滕县人,许适刘氏子。建炎元年,盗李昱攻剽滕县,悦其色,欲乱之,诱谕再三，曰："汝不我从，当刲汝万段。"女终不屈，遂断其首。刘氏子闻女死状，大恸曰："列女也。"葬之，为立祠。

三年春，盗马进掠临淮县，王宣要其妻曹氏避之，曹曰："我闻妇人死不出闺房。"贼至，宣避之，曹坚卧不起。众贼劫持之，大骂不屈，为所害。

四年，盗祝友聚众于滁州龚家城，掠人为粮。东安县民丁国兵者及其妻为友所掠，妻泣曰："丁氏族流亡已尽，乞存夫以续其祀。"贼遂释夫而害之。

同时，叛卒杨勍寇南剑州，道出小常村，掠一民妇，欲与乱，妇毅然誓死不受污，遂遇害，弃尸道傍。贼退，人为收瘗。尸所枕藉处，迹宛然不灭。每雨则干，晴则湿，或削去即复见。覆以他土，其迹愈明。

谭氏，英州真阳县人，曲江村士人吴琪妻也。绍兴五年，英州饥，观音山盗起，攻剽乡落。琪窜去，谭不能俱，与其女被执。谭有姿色，盗欲妻之，谭怒骂曰："尔辈贼也。我良家女，岂若偶耶？"贼度无可奈何，害之。

同时，有南雄李科妻谢氏，保昌故村人，因于虏盗中，数日，有欲犯之，谢唾其面曰："宁万段我，不汝徇也。"盗怒，剐之而去。

刘氏，海州朐山人，适同里陈公绪。绍兴末，金人犯山东，郡县震响，公绪倡义来归，偶刘归宁，仓卒不得与偕，惟挈其子庚以行，宋授以八品官，后累功至正使。刘留北方，音问不通。或语之曰："人言'贵易交，富易妻'。今陈已贵，必他娶矣，盍改适？"曰："吾知守吾志而已，皇恤乎他？"公绪亦不他娶。子庚浸长，辄思念涕泣，倾家赀，结任侠，奔走淮甸，险阻备尝。如是者十余年，遂得迎母以归。刘在北二十五年，尝纬萧以自给。

张氏，罗江士人女。其母杨氏寡居。一日，亲党有婚会，母女偕往，其典库雍乙者从行。既就坐，乙先归。会罢，杨氏归，则乙死于库，莫知杀者主名。提点成都府路刑狱张文饶疑杨有私，惧为人知，杀乙以灭口，遂命石泉军劾治。杨言与女同榻，实无他。遂逮其女，考掠无实。吏乃掘地为坑，缚母于其内，旁则列炽火，间以水沃之，绝而复苏者屡，辞终不服。一日，女谓狱吏曰："我不胜苦毒，将死矣，愿一见母而绝。"吏怜而许之。既见，谓母曰："母以清洁闻，奈何受此污辱。宁死笞楚，不可自诬。女今死，死将讼冤于天。"言终而绝。于是石泉连三日地大震，有声如雷，天雨雪，屋瓦皆落，邦人震恐。

勘官李志宁疑其狱，夕具衣冠祷于天。俄假寐坐厅事，恍有猿坠前，惊寐，呼吏卒索之，不见。志宁自念梦兆："非杀人者袁姓乎？"有门卒忽言张氏馈食之夫曰袁大，明日袁至，使吏执之，曰："杀人者汝也。"袁色动，遽曰："吾怜之久矣，愿就死。"问之，云："适盗库金，会雍归，遂杀。杨乃得免。时女死才数日也。狱上，郡榜其所居曰孝感坊。

师氏，彭州永丰人。父骥，政和二年省试第一。宣和中，为右正言十余日，凡七八疏，论权幸及廉访使者之害而去。女适范世雍子孝纯。建炎初，还蜀，至唐州方城县，会贼朱显终掠方城，孝纯先被害，贼执师氏欲强之，许以不死。师骂曰："我中朝言官女，岂可受贼辱！吾夫已死，宜速杀我。"贼知不可屈，遂害之。

陈堂前，汉州雒县王氏女。节操行义，为乡人所敬，但呼曰"堂前"，犹私家尊其母也。堂前年十八，归同郡陈安节，岁余夫卒，仅有一子。舅姑无生事，堂前敛泣告曰："人之有子，在奉亲克家尔。今已无可奈何，妇愿干蛊，如子在日。"舅姑曰："若然，吾子不亡矣。"既葬其夫，事亲治家有法，舅姑安之。子日新，年稍长，延名儒训导，既冠，入太学，年三十卒。二孙曰纲曰绂，咸笃学有闻。

初，堂前归陈，夫之妹尚幼，堂前教育之，及垂，以厚礼嫁遣。舅姑亡，妹求分财产，堂前尽遣室中所有，无靳色。不五年，妹所得财为夫所专制，乃归悔。堂前为买田置屋，抚育诸甥无异己子。亲属有贫穷不能自存者，收养婚嫁至三四十人，自后宗族无虑百数。里有故家甘氏，贫而质其季女于酒家，堂前出金赎之，俾有所归。子孙遵其遗训，五世同居，并以孝友儒业著闻。乾道九年，诏旌表其门闾云。

廖氏，临江军贡士欧阳希文之妻也。绍兴三年春，盗起建昌，号"白毡笠"，过临江，希文与妻共挟其母傅走山中，为贼所追。廖以身蔽姑，使希文负之逃。贼执廖氏，廖氏正色叱之。贼知不可屈，挥刃断其耳与臂，廖犹谓贼曰："尔辈叛逆至此，我即死，尔辈亦不久屠戮。"语绝而仆。乡人义而葬之，号"节妇墓"。

是年，盗彭友犯吉州龙泉，李生妻梁氏义不受辱，赴水而死。

王氏，利州路提举常平司干办公事刘当可之母也。绍定三年，就养兴元。大元兵破蜀，提刑庞授檄当可诣行司议事。当可捧檄白母，王氏毅然勉之曰："汝食君禄，岂可辞难。"当可行，大元军屠兴元，王氏义不辱，大骂投江而死。其妇杜氏及婢仆五人，咸及于难当可闻变，奔赴江浒，得母丧以归。诏赠和义郡太夫人。

曾氏妇晏，汀州宁化人。夫死，守幼子不嫁。绍定间，寇破宁化县，令佐俱逃；将乐县审黄埒令土豪王万全、王伦结约诸砦以拒贼，晏首助兵给粮，多所杀获。贼忿其败，结集愈众，诸砦不能御，晏乃依黄牛山傍，自为一砦。

一日，贼遣数十人来索妇女金帛，晏召其田丁谕曰："汝曹衣食我家，贼求妇女，意实在我。汝念主母，各当用命，不胜即杀我。"因解首饰悉与田丁，田丁感激思奋。晏自挝鼓，使诸婢鸣金，以作其勇。贼复退败。邻乡知其可依，挈家依黄牛山避难者甚众。有不能自给者，晏悉以家粮助之。于是聚众日广，复与伦、万全共措置，析黄牛山为五砦，选少壮为义丁，有急则互相应援以为犄角，贼屡攻弗克。所活老幼数万人。

知南剑州陈韡遣人遗以金帛，晏悉散给其下；又遗楮币以劳五砦之义丁，且借补其子，名其砦曰万安。事闻，诏特封晏为恭人，仍赐冠帔，其子特与补承信郎。

王袤妻赵氏，饶州乐平人。建炎中，袤监上高酒税，金兵犯筠，袤弃官逃去，赵从之行。遇金人，缚以去，系袤夫妇于刘氏门，而入剽掠刘室。赵宛转解缚，并解袤，谓袤曰："君速去。"俄而金人出，问袤安往，赵他指以误之。金人追之不得，怒赵期己，杀之。袤言伏丛薄间，望之悲痛，归刻赵像以葬。袤后仕至孝顺监镇。

涂端友妻陈氏，抚州临川人。绍兴九年，盗起，被驱入黄山寺，贼逼之不从，以刃加其颈，叱曰："汝辈鼠窃，命若蜉蝣，我良家子，义岂尔辱！纵杀我，官兵即至，尔其免乎？"贼知不可屈，乃幽之屋壁。居数日，族党有得释者，威赏金帛以赎其挈。贼引端友妻令归，曰："吾闻贞女不出闺阁，今吾被驱至此，何面目登涂氏堂！"复骂贼不绝，竟死之。

詹氏女，芜湖人。绍兴初，年十七，淮寇号"一窠蜂"傺破县，女叹曰："父子无俱生理，我计决矣。"顷之贼至，欲杀其父兄，女趋而前拜曰："妾虽婆陋，愿执巾帚以事将军，赎父兄命。不然，父子并命，无益也。"贼释父兄缚，女摩手使亟去："无顾我，我得侍将军，何所憾哉。"遂随贼。行数里，过市东桥，跃身入水死。贼相顾骇叹而去。

谢泌妻侯氏，南丰人。始笄，家贫，事姑孝谨。盗起，焚里舍杀人，远近逃避。姑疾笃不能也,侯号泣姑侧。盗逼之,侯曰:"宁死不从。"盗刃之,仆沟中。贼退,渐苏,见一箧在侧,发之皆金珠,族妇以为己物,侯悉归之,妇分其一以谢,侯辞曰:"非我有,不愿也。"后夫与姑俱亡,子幼,父母欲更嫁之,侯曰:"儿以贱妇人,得归隐居贤者之门已幸矣,忍去而使谢氏无后乎?宁贫以养其子,虽饿死亦命也。"

同县有乐氏女,父以鬻果为业。绍定二年,盗入境,其父买舟挈家走建昌。盗掠其舟,将逼二女,俱不从,一赴水死,一见杀。

谢枋得妻李氏,饶州安仁人也。色美而慧,通女训诸书。嫁枋得,事舅姑、奉祭、待宾皆有礼。枋得起兵守安仁,兵败逃入闽中。武万户以枋得豪杰,恐其扇变,购捕之,根及其家人。李氏携二子匿贵溪山荆棘中,采草木而食。至元十四年冬,信兵足迹至山中,令曰:"苟不获李氏,屠尔墟!"李闻之,曰:"岂可以我故累人,吾出,事塞矣。"遂就俘。明年,徒囚建康。或指李言曰:"明当没入矣。"李闻之,抚二子,凄然而泣。左右曰:"虽没入,将不失为官人妻,何泣也?"李曰:"吾岂可嫁二夫耶!"顾谓二子曰:"若幸生还,善事吾姑,吾不得终养矣。"是夕,解裙带自经狱中死。

枋得母桂氏尤贤达,自枋得遭播,妇与孙幽远方,处之泰然,无一怨语。人问之,曰:"义所当然也。"人称为贤母云。

王贞妇,夫家临海人也。德佑二年冬,大元兵入浙东,妇与其舅、姑、夫皆被执。既而舅、姑与夫皆死,主将见妇皙美,欲内之,妇号恸欲自杀,为夺挽不得死。夜令俘囚妇人杂守之。妇乃阳谓主将曰:"若以吾为妻妾者,欲令终身善事主君也。吾舅、姑与夫死,而我不为之衰,是不天也。不天之人,若将焉用之!愿请为服期,即惟命。苟不听我,我终死耳,不能为若妻也。"主将恐其诚死,许之,然防守益严。

明年春,师还,挈行至嵊青枫岭,下临绝壑,妇待守者少懈,啮指出血,书字山石上,南望恸哭,自投崖下而死。后其血皆渍入石间,尽化为石,天且阴雨,即坟起如始书时。至治中,朝廷旌之曰:"贞妇",郡守立石祠岭,易名曰清风岭。

赵淮妾,长沙人也,逸其姓名。德佑中,从淮戍银树坝。淮兵败,俱执至瓜州。元帅阿术使淮招李庭芝,淮阳诺,至扬城下,乃大呼曰:"李庭芝,男子死耳,毋降也。"元帅怒,杀之,弃其尸江滨。妾俘一军校帐中,乃解衣中金遗其左右,且告之曰:"妾凤事赵运使,今其死不葬,妾诚不能忘情。愿因公言使掩埋之,当终身事相公无憾矣。"军校怜其言,使数兵舆如江上。妾聚薪焚淮骨置瓦缶中,自抱持,操小舟至急流,仰天恸哭,跃水而死。

谭氏归赵,吉州永新人。至元十四年,江南既内附,永新复婴城自守。天兵破城,赵氏抱婴儿随其舅、姑同匿邑校中,为悍卒所获,杀其舅、姑,执赵欲污之,不可,临之以刃曰:"从我则生,不从则死。"赵骂曰:"吾舅死于汝,吾姑又死一汝,吾与其不义而生,宁从吾舅、姑以死耳。"遂与婴儿同遇害。血渍于礼殿两楹之间,入砖为妇人与婴儿状,久而宛然如新。或讶之,磨以沙石不灭,又假以炽炭,其状益显。

吕仲洙女,名良子,泉州晋江人。父得疾濒殆,女焚香祝天,请以身代,刲股为粥以进,时夜中,群鹊绕屋飞噪,仰视空中,大星烨煜如月者三。越翼日,父瘳。女弟细良亦相从拜祷,良子却之,细良恚曰:"岂姊能之,儿不能耶!"守真德秀嘉之,表其居曰"懿孝"。

韩氏女,字希孟,巴陵人,或曰丞相琦之裔。少明慧,知读书。开庆元年,大元兵至岳阳,女年十有八,为卒所掠,将挟以献其主将。女知必不免,竟赴水死,越三日得其尸,于练裙带有诗曰："我质本瑚琏，宗庙供苹蘩。一朝婴祸难，失身戎马间。宁当血刃死，不做席完。汉上有王猛，江南无谢安。长号赴洪流，激烈摧心肝。"

王氏妇梁，临川人。归夫家才数月，会大元后至，一夕，与夫约曰："吾遇兵必死，义不受污辱。若后娶，当告我。"顷之，夫妇被掠。有军千户强使从己，妇绐曰："夫在，伉俪之情有所不忍，乞归之而后可。"千户以所得金帛与其夫而归之，并与一矢，以却后兵。约行十余里，千户即之，妇拒且骂曰："斫头奴！吾与夫誓，天地鬼神实临之，此身宁死不可得也。"因奋搏之，乃被杀。有同掠脱归者道其事。越数年，夫以无嗣谋更娶，议辄不谐，因告其故妻，夜梦妻曰："我后生某氏家，今十岁矣。后七年，当复为君妇。"明日遣人聘之，一言而合。询其生，与妇死年月同云。

毛惜惜者，高邮妓女也。端平二年，别将荣全率众据城以畔，制置使遣人以武翼郎招之。全伪降，欲杀使者，方与同党王安等宴饮，惜惜耻于供给，安斥责之，惜惜曰："初谓太尉降，为太尉更生贺。今乃闭门不纳使者，纵酒不法，乃畔逆耳。妾虽贱妓，不能事畔臣。"全怒，遂杀之。越三日，李虎破关，禽全斩之，并其妻子及王安以下预畔者百有余人悉傅以法。

【译文】

朱娥，越州上虞朱回的女儿。母亲死得早，由她祖母抚养。朱娥十岁时，同乡朱颜跟祖母吵架，拿着刀子想杀祖母，全家人都怕得躲开了，只有朱娥喊叫着向前冲，掩护着祖母，手拉住朱颜的衣服，用身子碰掉朱颜的刀子，说："宁可杀了我，不准杀我祖母。"祖母因为朱娥掩护得以脱身。朱娥接连被刺了数十刀，还手抓着朱颜的衣服不放，朱颜愤怒了，砍断了她的喉咙才死去。这事皇帝知道后，赏赐给他家粟米布帛。后来，会稽县令董皆为朱娥在曹娥庙树立塑像，每年按时受祭祀。

张氏，鄂州江夏普通妇女。同乡恶少谢师乞到她家里，拿着刀子威逼她想跟她通奸，说："顺从我就没事，不顺以我就死。"张氏大骂说："庸奴！宁可死，也不愿做别的事情。"用刀子砍断她的喉咙时，她还能跑，抓住谢师乞，并告诉邻居们。死后，朝廷听说了这件事，下令追封德县君，旌表她的坟墓为"列女之墓"，赏赐酒帛，命令郡县祭奠。

彭列女，出生在洪州分宁一户农民家里。跟着父亲上山砍柴，父亲碰到了老虎，正危急间，彭列女拔出刀子砍研老虎，救出她父亲一起回家。这事朝廷知道后，下令赏赐粟米布帛，责成州县每年按时问候。

郝节娥，嘉州娼妓人家的女儿。她五岁时，母亲做娼妓生活贫困，把她卖给洪雅一户好人家做养女。刚刚成年，母亲强迫她回家，想让她继承她做妓女。郝节娥不愿意做妓女，天天逼迫她，郝节娥说："我从小在良家生活，学习过纺织一类事情，又都很熟练精巧，差不多可以供养母亲每天吃喝，想让我这身子一辈子做个好人，可以吗？"母亲更加愤怒，边打边骂。

洪雅春天有祭祀蚕丛的活动，她母亲跟同乡少年约好，借蚕丛准备酒席邀请郝节娥。娼妓与郝节娥慢步过去，郝节娥见到男子，仓皇逃走，母亲拉住她不让走。没有办法只有留坐下来。常常一见酒食就吐，勉强她喝下去，就呕吐得满地都是，少年男子终于没有办法侮辱她。晚上回家，过鸡鸣渡口时，郝节娥想想将来一定逃脱不了，假装口渴要喝水，跳入江中自杀了。同乡人称她为"节娥"。

崔氏，合肥人包繶的妻子。包繶是枢密副使包拯的儿子，早年死亡，只留下一小儿。包拯夫妇以为崔氏不能守节操，命令佣人探测她的思想。崔氏蓬头垢面地走出房子，见到拯时说："父亲是天下名人。我能有幸做个下等佣人，做些洗涮的活，怎么胆敢玷污家门呢！活着是包家的女人，死了也是包家的鬼魂，我发誓不会改变。"

后来，小儿也死了。她母亲吕氏从荆州来，劝说崔氏想让她嫁给同族的人，并对她说："死了丈夫就守护儿子，儿子也死了还守着谁？"崔氏说："从前留下来，不是因为有儿子，是因为有公婆。现在公公死了，婆婆年纪又大了，能舍下她离开吗？"吕氏生气了，咒骂她说："我宁可死在这里，决不一人回去，必须你跟我一同回去。"崔氏哭着说："母亲远道而来，依道不应当让母亲独自回去。但是到了荆州，如果拿不道义的事情逼迫我，一定拿尺线吊死，宁愿把尸体归还包家。"于是一同回去。母亲见她发誓必定会死，最后送还包家。

赵氏，贝州人。她父亲曾经经过考试做过学究。王则造反，听说赵氏相貌出众，派人劫持了她，想娶她做妻子。赵氏每天呼喊哭泣谩骂，希望死掉，贼人喜爱她的相貌，也不杀死她。多派些人守卫她。赵氏知道免不了，于是哄骗说："一定想娶我做你妻子，应该选个日子按礼节来聘我。"贼人相信了她，就让她回了家。家里人害怕她自杀，得罪贼人，更是派人看守住她。贼人准备了聘礼用的布帛，用彩车来迎娶。赵氏跟家里人诀别时说："我不会再回到这里来了。"问她什么原因，回答说："难道遭到贼人这样的污辱，还能有活下去的道理吗！"家里人说："你忍心不替自己家族考虑考虑吗？"赵氏说："家里不会有事。"于是，哭着上车去了。到了州官署，揭开帘子一看，她已经在车中吊死了。尚书屯田员外郎张寅写过《赵女诗》。

徐氏，和州人。徐闳中的女儿，嫁给同郡人张弼。建炎三年春天，金人侵犯惟扬，官军望风逃命，溃不成军，肆意掠夺，抓住徐氏要污辱她。徐氏睁着眼睛大骂说："朝廷养着你们这些人是为了防备危急，现在敌人即将到来，不但不去救国难，反而趁着乱世做强盗，我遗憾的是我是一个女子不能拿剑来砍断你们的头，来发泄大众的愤怒，怎么能被你们污辱以获得苟且偷生呢！只希望你们赶快杀了我。"贼人又惭愧又恼怒，用刀子刺杀了她，并把她扔到江中，然后离开。

荣氏，荣薿的妹妹。小时候就象成年人一样，读《论语》《孝经》，能够深明大道理，侍奉父母能做到孝。嫁给将作监主簿马元颖。建炎二年，贼人张遇占领了仪真，荣氏跟她的婆婆及两个女儿逃到惟扬去，婆婆一向病弱，荣氏扶持着她不忍心舍下。不久贼人来到，威胁她，她不答应，贼人杀死了她的女儿，逼得越紧，荣氏就越高声咒骂，最后被杀害了。

何氏，吴地人。吴永年的妻子，建炎四年春天，金兵经过三吴，官兵都逃走了，城里的人被杀死的有五十多万。永年与他的姐姐及妻子何氏保护着母亲逃难。母亲年老，需要挟持着才能走路，终于被贼人抓获，正要捆他的姐姐与何氏，何氏哄骗贼人说："你们各位太没有男子气了！妇女往东往西还不是一句话的事。"贼人相信了她。走到水边时，她对丈夫说："我不会辜负你的。"于是跳进河里，她的姐姐也跟着跳了下去。

董氏，沂州滕县人，已经决定嫁给一户姓刘人家的儿子。建炎元年，强盗李昱抢略滕县,喜欢她的相貌,想要跟她私通,多次劝诱,说:"你不答应我,就要把你砍成万段。"这女子始终不屈服,于是就砍掉了她的头。刘家那儿子听说女子死的状况,十分悲痛地说:"真是刚烈的女子。"埋葬了她,为她建了祠。

三年春天,强盗马进侵掠临淮县,王宣让他的妻子曹氏躲避一下,曹氏说:"我听说妇女到死都不出闺房。"贼人来到,王宣逃避了,曹氏坚持躲着不起来。众贼人劫持了她,她大骂,并不屈服,结果被杀害了。

四年,强盗祝友在滁州龚家城聚集众人,抢掠人当作粮食。东安县百姓丁国兵和妻子被祝友抢到,他妻子说:"丁氏家族流散死亡已经完了,乞求保存我丈夫来继续他家的祭祀。"贼人于是释放了她丈夫却杀了她。

同时,叛兵杨勋在南剑州做强盗,经过小常村时抢了一个民妇,想与她私通,那妇女毅然誓死不受污辱,于是被杀害,尸首扔在路边。贼人去后,有人将她埋葬了。尸首躺过的地方,痕迹清清楚楚不能磨灭。每当下雨时就干燥,晴天时就潮湿,有人把痕迹削去,又会重新出现。用别处的泥土覆盖,痕迹反倒更加明显。

谭氏,英州真阳县人,是曲江村读书人吴琪的妻子。绍兴五年,英州饥荒,观音山出现了强盗,他们进攻抢掠各乡村。吴琪逃走了,谭氏没能跟他一起逃走,跟她女儿一块被抓住。谭氏长得有姿色,强盗想娶她做妻子,谭氏愤怒地骂道:"你们是贼,我是良家妇女,难道能做你的配偶吗?"贼人估计奈何不了她,杀害了她。

同时,南雄李科的妻子谢氏,保昌故村人,被囚禁在杀人的强盗那儿,几天后,有强盗想要侵犯她,谢氏把口水吐在他脸上说:"宁可把我砍成万段,也不会顺从你的。"那强盗愤怒了,砍了她离开。

刘氏,海州朐山人,嫁给同里人陈公绪。绍兴末年,金人进犯山东,郡县都震动了,陈公绪从倡义回家;碰巧刘氏回娘家去了,仓促间没法跟她一起,只是带了他的儿子陈庚上路,宋朝廷任命他八品官,后来积累功绩做到正使。刘氏留在北方,音讯不通。有人跟她说:"人说'权高了更换朋友,富有了更换妻子'。现在陈公绪已经地位很高了,一定已另娶妻子了,为什么不改嫁呢?"她回答说:"我只知道坚持我的志向罢了,哪里能考虑其他呢?"陈公绪也没有另娶妻子。儿子陈庚渐渐长大,常常因思念母亲而痛哭流涕,拿出全家资产,结交朋友行侠仗义,在淮甸一带奔走,历尽艰难险阻。这样过了十多年,终于把母亲接回了家。刘氏在北方二十五年,曾经靠编织一种叫萧的香草来养活自己。

张氏,罗江读书人家的女儿。她母亲杨氏在家守寡。一天,亲戚中有人结婚,母女俩一同去参加,她们的管仓库人雍乙一起去的。入席坐下后,雍乙先回了家。散席后,杨氏回家,见雍乙死在仓库里,不知道是谁杀死的。提点成都府路刑狱张文饶怀疑杨氏跟人有私情,怕被人知道,杀了雍乙来灭口,于是命令石泉的军卒审理。杨氏说自己跟女儿睡在一张床上,实在没有做别的事情。于是,抓了她的女儿,拷打审问没有结果。官吏就在地上掘了坑,把母亲捆了放到里边,旁边烧起烈火,不时还用水浇她,昏迷后又苏醒,这样有好几次,她的话一直没有承认。一天,女儿对监狱看守官说:"我受不了痛苦,快要死了,希望见一见母亲再死。"看守官同情她就同意了。见的时候,她对母亲说:"母亲以清静贞洁出名,怎么能受到这样的污辱。宁可被打死,也不能说自己的假话。女儿现在要死了,死后要向老天爷诉冤屈。"说完就死了。于是,石泉地方接连三天地震动得很厉害,有打雷一样的声音,天下起雪来,房屋上的瓦片都掉到地上,当地人都震惊恐惧。

勘查官李志宁怀疑这件案子,傍晚穿戴整齐了向上天祷告。不久坐在厅上打起盹来,恍惚中有猿坠在面前,被惊醒了,叫官吏士卒去搜索,没见着。志宁自己念叨着梦的兆头:"杀人的难道不是姓袁的吗?"有位守门的士兵忽然说给杨氏送吃的东西的男子叫袁大。第二天,袁大来时,让官吏抓住他,说:"杀人的就是你。"袁大脸色都变了,忙说:"我早就可怜她了,愿意去死。"审问他,答道:"正在偷仓库里的金钱时,雍乙回来了,于是杀了他。"杨氏才得以释放。到这时女儿死去才几天时间。案子上报后,郡里在她的住所挂了一块牌匾叫孝感坊。

师氏,彭州永丰人。父亲师骥,政和二年省试第一名。宣和年间,做了十多天的右正言,一共上了七八次奏疏,议论权幸及廉访使者的危害,然后罢官。女儿嫁给范世雍的儿子孝纯。建炎初年,回蜀地,到唐州方城县时,正赶上贼人朱显终抢劫方城,孝纯先被杀害了,贼人抓住师氏想要强迫她,并许诺不杀死她。师氏骂道:"我是中朝言官的女儿,岂能受贼人污辱!我丈夫已经死了,最好赶快杀了我。"贼人明白不能让她屈服,就杀了她。

陈堂前,汉州雒县王氏的女儿。气节操守行为品德,得到同乡人的尊敬,只叫她"堂前"好象在家里私下尊称自己的母亲。堂前十八岁时,嫁给同郡人陈安节,一年多后丈夫死去,只有一个儿子。公公婆婆没有谋生的办法,堂前止住哭泣跟他们说:"人有儿子,不过是为了侍奉亲人养活家人。现在已经无可奈何,我愿意越俎代庖,好象你们儿子在时一样。"公公婆婆说:"如果这样,我的儿子就等于没死啊。"埋葬完她的丈夫,侍候双亲治理家庭有条有理,公婆都很放心。她儿子日新,年纪稍大些,就聘请有名的读书人来教导,成年后,进太学读书,三十岁时死去。两个孙子叫纲叫绂,都在笃行学问方面有些名气。

当初,堂前嫁给陈家时,丈夫的妹妹还年幼,堂前教导养育她,成年时,用厚礼把她嫁出去。公婆死后,这妹妹要求分财产,堂前把屋里所有东西都给了她,没有一点吝惜的样子。没过五年,妹妹所得到的财产都被她丈夫花完,于是后悔地回到老家。堂前替她买田置房,把外甥们当作自己孩子一样抚养教育。亲戚族人中有穷得没法活下去的,她收养并替他们娶亲嫁女,多达三四十人,后来亲戚族人总数超过了一百。同里有旧交情的人家姓甘,因为穷把他小女儿作人质抵押在酒店,堂前出钱赎还了她,使她有了出路。她的子孙遵循她遗训,五代人住在一起,都以孝道重友情有学问著名。乾道九年,朝廷下令表扬她的家庭。

廖氏,临江军贡士欧阳希文的妻子。绍兴三年春天,建昌地方出现了强盗,号称"白毡笠",经过临江,欧阳希文跟他妻子一起扶着他母亲傅逃到山中,被贼寇追赶着。廖氏用身体掩蔽婆婆,使欧阳希文背着她逃走。贼寇抓住廖氏,廖氏言正色严地叱责他们。贼寇明白她不会屈服,挥刀砍断她的耳朵与手臂,廖氏还对贼寇说:"你们叛逆到了这种地步,我虽然要死,你们不久也会被杀死。"说完倒地而死。乡亲认为她的道德合乎规范因此埋葬了她,起名叫"廖节妇墓"。

这年,强盗彭友抢掠吉州龙泉,李生的妻子梁氏守义不受污辱,赴水自杀。

王氏,利州路提举常平司干办公事刘当可的母亲。绍定三年,住在兴元。大元朝军队攻破蜀地,提刑庞送公文给刘当可让他去行司商议事情。刘当可拿着公文告诉母亲,王氏毅然决然地勉励他说："你吃着皇帝的俸禄，怎么能逃避困难。"刘当可走后，大元军队在兴元屠杀，王氏守义不受污辱，大骂着跳江自杀。她的媳妇杜氏和奴婢仆人五个都遭了难。刘当可听说这变故，奔赴江边，找到母亲尸体回去埋葬。朝廷封赠王氏为和义郡太夫人。

一姓曾的女人叫晏，汀州宁化人。丈夫死后，守着年幼的儿子不嫁人。绍定年间，贼寇攻破宁化县，县令及辅助官员都逃走了，将乐县县宰黄埒命令土豪王万全、王伦相约各寨联合抵抗贼寇，晏率先赞助士兵的粮食，杀了许多贼寇。贼寇为他们的失败非常恼怒，结集了更多的人，各寨抵挡不住，晏就靠着黄牛山脚，自己立了一座寨子。

一天，贼寇派数十人来索取女人、钱和布帛，晏召集她的田丁告诉说："你们在我家生活，贼寇要妇女，实际上冲我来的。你们感谢我，就应当听我命令，打不过就杀了我。"于是解下首饰都给了田丁们，田丁感激振奋。晏亲自擂鼓，让各婢女敲锣，来鼓舞勇气。贼寇又败退了。邻近乡村知道她可以依靠，很多人拖家带口到黄牛山避难。有人生活不能自给，晏都用自家的粮食去帮助他们。于是聚集的民众日益增多，再与王伦、王万全一起筹措布置，把黄牛山分为五寨，挑选年轻力壮的作为义丁，有危急时互相照应支援作为掎角，贼寇多次进攻都攻不下，救活了老少数万人。

南剑州知州陈桦派人赠送金银布帛，晏都分给了她的属下；又赠送纸币犒劳五个寨子的义丁，并且把她的儿子也送去当义丁，把寨子取名做万安。这事朝廷知道后，下令特封晏为恭人，并且赏赐凤冠霞帔，她的儿子破格补为承信郎。

王衮的妻子赵氏，饶州乐平人。建炎年间，王衮去做上高酒税的监官，金兵进犯筠，王衮弃官逃跑，赵氏跟他一起走。遇到金人，被捆绑了带走，他们被系在刘氏门口，金人进屋抢劫。赵氏想法解开绑绳，并替王衮解开绳子，对王衮说："你快走。"一会儿金人出来，问王衮在哪儿，赵氏指了相反方向来迷惑他们。金人没有追到王衮，恼怒赵氏欺骗自己，杀了她。王衮正潜伏在草丛中，看到情景十分悲痛，回去刻了赵氏的人像下葬。王衮后来官做到孝顺监镇。

涂端友的妻子陈氏，抚州临川人。绍兴九年，出现了强盗，被追到黄山寺，贼人逼迫她都不顺从，把刀子架在她脖子上，她责骂说："你们这些人象老鼠一样偷窃，命如蚂蚁，我是好人家女子，岂有让你们污辱的道理！即使杀了我，官兵马上就到，你们逃得了吗？"贼人明白不能屈服，就把她关在屋里。过了几日，亲族中有被释放的，都拿金银财帛赎出他们的妻妾。贼人放端友妻子叫她回家去，她说："我听说贞洁的女人不走出闺阁，现在我被驱赶到了这里，有什么脸面进涂家的门！"又不停地骂贼，终于被杀死。

姓詹氏的女子，芜湖人。绍兴初年，十七岁，淮河一带有叫作"一窠蜂"的强盗突然攻破了县城，女子叹息说："父母与子女不可能都活着，我下了决心了。"一会儿贼人到来，想杀了她的父亲和兄长，女子跑前去磕着头说："我虽然贫穷丑陋，但愿意手拿毛巾条帚侍候将军，来赎还父亲和兄长性命。不然，父子跟你们拼命，是没有好处的。"贼人解了她的父亲兄长的捆绳，女子挥手让他们赶快走："不要管我，我能够侍候将军，有什么遗憾的。"于是跟贼人一起走。走了几里路，经过市东桥，纵身跳进水里死了。贼人面面相觑惊叹着走了。

谢泌的妻子侯氏，南丰人。刚成年时，家里穷，侍奉婆婆孝顺谨慎。强盗来后，杀人放火,远近的人都逃避了,婆婆病重不能逃走,侯氏在婆婆身旁哭泣。强盗逼迫她,侯氏说:"宁愿死也不同意。"强盗用刀砍她,倒在水沟中。盗贼走后,渐渐苏醒,看见一个箱子在身边,打开一看都是金银珠宝,亲族中有一女人说是她的东西,侯氏就全部还给她,女人分出一部分给她表示感谢,侯氏推辞说:"不是我的东西,我不想要。"后来丈夫跟婆婆都死了,儿子年幼,她父母想让她改嫁,侯氏说:"我只是一个低贱的女人,能够嫁到隐居的贤人家里已经很幸运了,忍心离开使谢家绝了后代吗?宁愿穷一点抚养他家儿子,即使饿死也是命中注定的。"

同县有姓乐的女子,她父亲以卖水果为业。绍定二年,强盗到了当地,她父亲买了一只船全家逃往建昌。强盗抢了他们的船,并逼近两个女儿,都不顺从,一个跳水死了,一个被杀。

谢枋得的妻子李氏,饶州安仁人。长得漂亮,人又聪慧,通晓《女训》一类的书。嫁给谢枋得后,侍奉公婆、祭祀、接待宾客都有礼节。谢枋得带领军队驻守安仁,战败后逃到闽中。武万户因为谢枋得是豪杰,怕他煽动叛变,悬赏捉拿他,连累到他的家里人。李氏带着两个儿子躲到贵溪山荆棘丝中,采摘草木作粮食。至元十四年冬天,传令兵跑到山上,下令说:"如果抓不到李氏,就杀光你们墟上的人!"李氏听到这话,说:"难道可以因为我连累别人,我出去,事情就算过去了。"于是被俘。第二年,转移关到建康。有人指着李氏说:"明天就要没收进去了。"李氏听到这话,抚摸着两个儿子,凄惨地哭了。旁边的人说:"虽然没收进去了仍可以做官员的妻子,哭什么?"李氏说:"我怎么可以嫁两个丈夫!"回头对两个儿子说:"如果侥幸活着回去,好好侍候我婆婆,我没法继续赡养她了。"当天晚上,解下裙带在监狱中上吊死了。

枋得母亲桂氏更加贤明达观,自从枋得被搜捕,儿媳妇与孙子被幽禁在远方,泰然处之,没有一句怨言。别人问她,就说:"按理就应当这样的。"人们称她为贤母。

王姓贞妇,丈夫家是临海人。德佑二年冬,大元进入浙东,王贞妇与她的公公、婆婆、丈夫都被抓获。不久,公公、婆婆与丈夫都死了,主将见她白皙漂亮,想纳她为妾,这女人哀号悲恸想自杀,因为有人拉住没死成。夜里命令俘虏囚犯中的女人轮流看守着她。王贞妇就佯装对主将说:"你让我做妻妾,目的是想让我一辈子好好服侍您。我公公、婆婆与丈夫都死了,而我不为他们披麻戴孝,是蔑视天道。蔑视天道的人,你怎么使用她!希望给我服丧的时间,就唯命是从。如果不同意我,我终究是要死的,不可能做你的妻子的。"主将怕她真的要死,同意了她,但防守也更加严了。

第二年春天,部队北还,带着她走到嵊县青枫岭,下边是深谷,王贞妇等看守的人有些松懈,把手指咬出血,在山石上写字,望着南边痛哭,跳下悬崖死了。后来她的血都渗透到石头里面去,都变成石头。天气阴雨时,就隆起象刚写上的时候。至治年间,朝廷表扬她为"贞妇",郡的长官在岭上建造石祠,改名为清风岭。

赵淮的妾,长沙人,她的姓名已经忘记了。德佑年间,跟赵淮一起驻守银树坝。赵淮兵败,两人都被押到瓜州。元帅阿术让赵淮劝李庭芝投降,赵淮假装同意,到了扬州城下,就大叫说:"李庭芝,男子要死得痛快,不要投降。"元帅恼怒,杀了他,把他的尸首抛弃在江边。赵淮妾被关押在一个军校的营帐中,她解下衣服里的金子送给身边的人,并跟他们说:"我一向服侍赵运使,现在他死了没有埋葬,我实在于心不忍。希望借您一句话让我掩埋了他，我会终身侍候相公都没有怨恨的。"军校同情她的话，让几个士兵用车把她送到江边。赵淮妾捡了柴火烧了赵淮的骨头，把它放在瓦罐中，自己抱着，驾小船到急流中，仰天痛哭，跳水而死。

一姓潭人的妻子赵氏，吉州永新人。至元十四年，江南已经归附内地，永新又孤城自守。天兵攻破城墙，赵氏抱着婴儿跟着她的公公、婆婆一起藏在邑的学校里，被剽悍的士兵抓获，杀了她的公公、婆婆，抓住赵氏想要污辱她，她不答应，拿刀子逼着她说："顺从我就让你活，不顺从我就让你死。"赵氏骂道："我公公死在你们手里，我婆婆又死在你们手里，我与其不义地活着，还不如跟着我公公、婆婆去死。"于是与婴儿一道遇害。血溅到礼殿的两楹之间，渗在砖上成了妇女与婴儿的形状，过了很长时间样子仍然很清楚。有人感到奇怪，用沙石去磨也磨不去，又用炽热的炭火去烘，痕迹更加清楚。

吕仲洙的女儿，名叫良子，泉州晋江人。父亲得病快要死去，他女儿焚香向天祈祷，请求用自身替代，割下大腿肉做成粥给他吃。当时正值夜里，成群的鸟鹊绕着房屋边飞边叫，仰看天空，象月亮一样闪光的大星有三颗。过了第二天，父亲病好了。妹妹细良也跟着她磕头祈祷，良子拒绝了她，细良不高兴说："难道姐姐可以这样做，我就不能呢？"太守真德秀嘉奖了她，表扬她的房屋叫"懿孝"。

姓韩的一个女子，字希孟，巴陵人，有的说是丞相韩琦的后代。从小精明聪慧，懂得读书。开庆元年，大元兵到岳阳，女子十八岁，被士兵抓获，准备押去献给主将。女子明白一定逃不脱，竟赴水而死。过了三天，找到她的尸体，在白练织成的裙带上诗说："我质本珊瑚，宗庙供苹蘩。一朝婴祸难，失身戎马间。宁当血刃死，不做席中完。汉上有王猛，江南无谢安。长号赴洪流，激烈摧心肝。"

姓王氏的女人梁，临川人。嫁到丈夫家才几个月，正好大元兵杀到，一天晚上跟丈夫说好："我遇到兵卒必定去死，为了道义不受污辱。你如果再娶媳妇，应该告诉我。"不久，夫妇都被抓获。有一个军千户强迫她顺从自己，女人哄骗说："丈夫在这里，伉俪的情分有些于心不忍，求你放了他，然后才可以。"千户把自己得来的金帛给了她丈夫并放了他，而且给他一支箭，用来让后边的士兵放行。大约走出十余里地，千户凑近女人，女人边拒绝边骂道："砍头奴！我跟丈夫发过誓，天地鬼神都降临了可以作证，我这身子宁可死掉，你也得不到。"有一起被抓却逃出来的人说了这件事。过了数年，她丈夫因为没有子嗣后代，想再娶媳妇，商议了几次都没办成，就告诉了他死去的妻子，夜里做梦，妻子告诉他说："我死后投生在某姓人家，现在十岁了。七年以后，可以再做你媳妇了。"第二天派人去下聘礼，一说就成了。问她的出生日期，跟女人死时的年月相同。

毛惜惜是高邮的一名妓女。端平二年，别将荣全率众占据城池背叛朝廷，制置使派人用让荣全做武翼郎的条件劝他投降。荣全假装投降，准备杀掉使者，正跟同谋王安等人宴饮，惜惜不愿意服侍他们，王安责怪他，惜惜说："当初以为太尉投降，替太尉得到新生庆贺。现在却闭门不接待使者，纵酒痛饮图谋不法，这是叛逆啊。我虽然是个低贱的妓女，却不能侍候叛臣。"荣全发怒，就杀了她。过了三天，李虎攻破城关，捉住荣全并杀了他，他的妻子及王安以下参与叛反的一百多人都依法处置了。

钱乙传

【题解】

钱乙（1032～1113），宋代儿科学家。父亲钱颖为针灸医生，幼随姑父学医，后以善用《颅囟方》，闻名于山东。钱乙为方不偏执一家，不拘泥古法，时出新意，又与古法相合。尤精通《本草》诸书，辨正阙误。能言异药之生本末、名称、形态。以擅治儿科病闻名。元丰（公元1078～1085年）年间至京师治愈长公主之女疾，授翰林医学。又以黄土汤治愈皇子瘈疭，擢为太医丞，赐金紫。《小儿药证直诀》三卷。该书以脏腑辨证立说，强调五脏病变在诊治方面相互影响。提出小儿"脏腑弱，易虚易实，易寒易热"，对儿科学及整个中医基础理论之发展影响很大。

钱乙著作很多，有《伤寒指微论》五卷，《婴孺论》百篇，《钱氏小儿方》八卷，《小儿药证直诀》三卷。唯有《小儿药证直诀》经阎季忠整理得以流传下来，余均散佚。

【原文】

钱乙，字仲阳，本吴越王俶支属，祖从北迁，遂为郓州人。父颖善医，然嗜酒喜游，一日，东之海上不反。乙方三岁，母前死，姑嫁吕氏，哀而收养之，长诲之医，乃告以家世。即泣，请往迹寻，凡八九反。积数岁，遂迎父以归，时已三十年矣。乡人感慨，赋诗咏之。其事吕如事父，吕没无嗣，为收葬行服。

乙始以《颅囟方》著名，至京师视长公主女疾，授翰林医学。皇子病瘈疭，乙进黄土汤而愈。神宗召问黄土所以愈疾状，对曰："以土胜水，水得其平，则风自止。"帝悦，擢太医丞赐金紫。由是公卿宗戚家延致无虚日。

广亲宗子病，诊之曰："此可毋药而愈。"其幼在傍，指之曰："是且暴疾惊人，后三日过午，可无恙。"其家恚，不答。明日，幼果发痫甚急，召乙治之，三日愈。问其故，曰："火色直视，心与肝俱受邪。过午者，所用时当更也。"王子病呕泄。他医与刚剂，加喘焉。乙曰："是本中热，脾且伤，奈何复燥之？不将得前后溲。"与之石膏汤，王不信，谢去。信宿被剧，竟如言而效。

士病咳，面青而光，气哽哽。乙曰："肝乘肺，此逆候也。若秋昨之，可治；今春，不可治。"其人祈哀，强予药。明日，曰："吾药再泻肝，而不少却；三补肺，而益虚；又加唇白，法当三日死。今尚能粥，当过期。"居五日而绝。

孕妇病，医言胎且堕。乙曰："娠者五脏传养，率六旬乃更。诚能候其月，偏补之，何必堕？"已而母子皆得全。又乳妇因悸而病，既愈，目张不得瞑。乙曰："煮郁李酒饮之使醉，即愈。所以然者，目系内连肝胆，恐则气结，胆衡不下。郁李能去结，随酒入胆，结去胆下，则目能瞑矣。"饮之，果验。

乙本有羸疾，每自以意治之，而后甚，叹曰："此所谓周痹也。入脏者死，吾其已夫！"既而曰："吾能移之使在末。"因自制药，日夜饮之。左手足忽挛不能用，喜曰："可矣！"所亲登东山，得茯苓大逾斗，以法啖之尽，由是虽偏废，而风骨悍坚如全人。以病免归，不复出。

乙为方不名一师，于书无不窥，不靳靳守古法。时度越纵舍，卒与法合。尤邃《本草》诸书，辨证阙误。或得异药，问之，必为言生出本末、物色、名貌差别之详，退而考之皆合。末年挛痹寝剧，知不可为，召亲戚诀别，易衣待尽，遂卒，年八十二。

【译文】

钱乙，字仲阳，本吴越王俶支属，到他祖父时北迁，遂为郓州（今山东东平）人。钱乙的父亲钱颖，是个医生，然而嗜酒喜欢游玩，一日，东游海上不返。这时钱乙才三岁，母亲又早死，姑姑出嫁到吕家，可怜钱乙，于是收养钱乙为子，长大后便教他学医，并告诉他家庭的世业和父亲的情况。钱乙听了很难过，哭着向姑父请求，要将父亲找回来。钱乙出外寻父八、九次，数年后终于将父亲找了回来，那年他已三十岁。当地的人为他这种孝心所感动，写了许多诗来传颂他寻父的事迹。钱乙对抚养他成人的姑父母和父亲一样孝顺。姑父母没有儿女，他们死后，钱乙披麻戴孝，为老两口送葬。

钱乙

钱乙很早以研究应用儿科名著《颅囟方》治病远近闻名。到京师，因治好长公主女儿的疾病，被授为翰林医学士。一位皇子患病抽风，钱乙用黄土汤给治好了。神宗皇帝问他黄土为什么能治病，钱乙回答说："土可以胜水，水土保持平静，则风自然停。"皇帝听他讲得有道理，便将他提升为太医院的医官，并赏赐穿紫色有金饰的三品官服。这样一来，他的名声越来越大，京师的皇亲国戚、达官贵人都纷纷找他治病。

广亲王的长子患病，钱乙诊治后说："此病可以不用药而痊愈。"当时，病人弟弟也在旁边，钱乙指说："此小儿旦夕间将患使人惊恐的急病，第三日的午后，可以痊愈。"病人家属不高兴，也没搭理他。次日，果然发痫甚急，请钱乙医治，三日痊愈。问钱乙这是什么原因，回答说："两目直视，而两腮赤，是心与肝都受邪。过午后愈，是根据疾病转变规律推算得出的痊愈时间。"一位王子患病上吐下泻，别的医生诊断后，处以刚燥之剂，反而增加了气喘。钱乙诊后说："病本来就受热邪所致，脾将伤，怎么能用燥药再使津液受伤？将出现不能大小便症状。"处方用石膏汤，王不信，婉言将钱乙辞去。次日，病情加重，王子派人去请钱乙，果然如钱乙所言用石膏汤方治愈。

有一位儒士患咳嗽，面色青而泛光，气喘呼吸困难，钱乙诊治后说："肝乘肺，此是正虚邪盛之症候。这病如果在秋天得的话，可治；今已春天不可治。"病人哀求，钱乙勉强给他一些药。第二天，钱乙对病人说："我给你这药一再泻肝火，但症状未见减轻，再三的给予补肺而肺虚症日益严重。再加上病人唇色淡白，气血两虚。按一般规律当三日即死。现在还能够喝粥，应该能多活几天。"果然过了五天方死。

　　某孕妇患病，一位医生给她诊治，认为将要流产。钱乙诊断后说："妊娠时五脏六腑经脉轮流护养胎儿。六十天更换表里一组脏腑，如果能按其月而用补药，哪里一定会流产呢？"后来经过服药，果然母子都安全无恙。又有乳妇惊悸而病，治愈后目张不能入睡。钱乙说："煮郁李酒让她饮醉即能痊愈。所以这样是因为眼珠内连肝胆，恐惧则气结，胆气横阻不下，郁李能去气结、随酒可入胆，结去胆下，则目能闲而睡了。"服后，果然有效。

　　钱乙本有羸疾，每当病发作时都按自己意志治疗。后来病情加重，叹息说："这就是所谓周痹的病。此病传入脏者死，看样子我的生命将终止了。"既而他又说："我能将病移到手足末梢。"因此，自己制药日夜饮用。一天，钱乙左侧手足痉挛不能运用自如，他倒高兴地说："行了。"有亲属登东山，挖得茯苓大如斗，他全部吃掉。从此他虽然半身瘫痪，但是风骨坚硬如无病者一样。后来他以病辞去太医院医官之职，归家，不复出仕。

　　钱乙并不墨守一家之学，凡医书无所不读，又不严格拘守古法。治疗每能超越常规，但最终都能符合大法。尤其精通《本草》诸书，辨别正误很有心得。人们得到不常见的药拿来问他，他都能说出该药的产地本末，药物的颜色、形态、名称和差别所在。问者回去核查，都与钱乙所说相符。钱乙晚年挛痹逐渐加剧，自知不可救治，请亲戚来和他告别，更换了衣服，等待死亡的到来，终年八十二岁。

韩守英传

【题解】

　　韩守英，字德华，开封祥符人。初为入内高品。太祖开宝年间，随军出征北汉，督战石岭关，占领隆州。太宗淳化年间，随王继恩镇压李顺、王小波起义，担任先锋，在剑门作战中立功。契丹包围岢岚军时，与张志言等攻破狼水砦，迫使契丹军撤去。真宗时官终延福宫使、入内都知、提举诸司库务。

【原文】

　　韩守英，字德华，开封详符人。初为入内高品。从征河东，数奉诏至石岭关督战，取隆州，迁殿头。久之，以西头供奉官擢入内内侍押班，迁副都知。

　　随王继恩招安西川，为先锋，战于剑门，有功，迁西京作坊使、剑门都监。还，勾当三班院，进入内内侍都知。历定州、镇定高阳关、并代路兵马钤辖。

　　契丹围岢岚军，守英与钤辖张志言、知府州折惟昌帅所部渡河，抵朔州，以牵贼势。遂破狼水砦，俘数百人，获马、牛、羊、铠甲以数万计，贼为解去，赐锦袍金带。俄领会州刺史，解都知，再迁昭宣使，复领三班。

　　出为鄜延路都钤辖，徙并代路。建言："本路宿兵多，百姓困于飞挽。今幸边鄙无事，请留骑军千，余人悉徙内地。"真宗曰："边臣能体朝廷恤民之意，宜诏诸路视此行之。"

　　提举在京诸司库务，勾当皇城司，为赵德明官告使。历宣政、宣庆二使、内侍左班都知、领奖州团练使、雅州防御使、入内都知、管勾纂修国史。书成，进景福殿使，又为延福宫使、入内都知,复提举诸司库务。卒,赠定国军节度观察留后。

【译文】

韩守英,字德华,开封祥符人。韩守英起初是入内高品,因随军出征河东,多次接受诏命到石岭关督战,占领了隆州,因而升任殿头。久后,韩守英由西头供奉官被提升为入内内侍押班,改任副都知。

韩守英跟随王继迁去招抚西川,担任先锋,在剑门作战时立下功劳,升任西京作坊使、剑门都监。回朝后,韩守英勾当三班院,晋升为入内内侍都知。后历任定州、镇定高阳关、并代各路兵马钤辖。

契丹包围岢岚军,韩守英与钤辖张志言、知府州折惟昌率领部下渡过黄河,进抵朔州,以便牵制契丹军,分其声势。接着攻破狼水砦,俘虏数百人,捉获牛、马、羊和铠甲有数万之多,契丹军因而解围离去,韩守英得赐锦袍金带。不久,韩守英任领会州刺史,解除了入内内侍都知的职务,又改任昭宣使,再次兼管三班院。

韩守英离京担任鄜延路都钤辖,又改任并代路都钤辖。他提出建议说:"本路的军队大多久于征战,百姓火速运送物资,处境艰难。幸亏现在边疆无事,请留下一千骑军,其余的人全部调到内地去。"真宗说:"这个边疆之臣能体会朝廷怜恤百姓的用意,应该颁诏命令各路照此实行。"

韩守英提举在京诸司库务,勾当皇城司,担任赵德明官告使,历任宣政、宣庆二使、内侍左班都知、领奖州团练使、雅州防御使、入内都知、管勾纂修国史。国史成书后,韩守英晋升为景福殿使,又任延福宫使、入内都知,再度提举诸司库务。死后被追赠为定国军节度观察留后。

李宪传

【题解】

李宪,字子范,北宋开封祥符人。仁宗时补入内黄门。神宗时与王韶收复河州,继而率军收降进攻河州的吐蕃首领木征。冷鸡朴诱后山生羌扰边,又镇平之,并收降吐蕃将领董毡。元丰四年五路大军进攻西夏,李宪军收得兰州,但未能按期至灵州会师,致使此役毫无建树。西夏包围兰州,李宪预作准备,使西夏军无功而回。后又受命谕示吐蕃首领阿里骨结打败西夏。哲宗时被劾贪功欺罔等事,贬居陈州,卒年五十一岁。

【原文】

李宪,字子范,开封祥符人。皇祐中,补入内黄门,稍迁供奉官。神宗即位,历永兴、太原府路走马承受,数论边事合旨,干当后苑。

王韶上书请复河湟,命宪往视师,与韶进收河州,加东染院使,干当御药院。复战牛精谷,拔坷诸城,为熙河经略安抚司干当公事。

按视鄜延军制，行至蒲中，会木征合董毡、鬼章之兵，攻破踏白城，杀景思立，围河州，诏趣赴之，宪驰至军。先是，朝廷出黄旗书敕谕将士，如用命破贼者倍赏。于是宪晨起帐中，张以示众曰："此旗，天子所赐也，视此以战，帝实临之。"士争呼用命以进。督诸将傍山焚族帐，即日通路至河州。贼余处众保踏白，官军出与战，大破之。进至余州，又破贼堡十余，木征率酋长八十余人诣军门降。捷闻，以功加昭宣使、嘉州防御史。还，为入内内侍省押班、干当皇城司。

安南叛，副赵卨招讨。未行，卨建言："朝廷置招讨副使，军事须共议，至节制号令，即宜归一。"宪衔之。由是屡纷辨，遂罢宪，而令乘驿计议秦凤、熙河边事，诸将皆听节度。于是御中丞邓润甫、御史周尹、蔡承禧、彭汝砺极论其不可，又言："鬼章之患小，用宪之患大；宪功不成其祸小，有成功其祸大。"章再上，弗听。

冷鸡朴诱山后生羌扰边，木征请自效，众以为不可。宪言："何伤乎！羌人天性畏服贵种。"听之往。木征盛装以出，众耸视，皆无斗志。师乘之，杀获万计，斩冷鸡朴。董毡惧，即遣使奉赆效顺。加宣州观察使、宣政使、入内副都知，又迁宣庆使。

时用兵连年，度支调度不继，诏宪兼经制财用。裁冗费什六，岁运西山巨木给京师营缮，赐瑞应坊园宅一区。

元丰中，五路出师讨夏国，宪领熙、秦军至西市新城，复兰州，城之，请建为帅府。帝又诏宪领兵直趣兴、灵，董毡亦称欲往，宜乘机协力入扫巢穴，若兴、灵道阻，即过河以凉州。乃总兵东上，平夏人于高川石峡。进至屈吴峡，营打囉城，趋天都，烧南牟府库，次葫芦河而还。

宪既不能至灵州，董毡亦失期，师无功。宪欲以开兰、会邀功弭责，同知枢密院孙固曰："兵法，期而后至者斩。况诸路皆至而宪独不行，不可赦。"帝以宪犹有功，但令诘擅还之由，宪以馈饷不接为辞，释弗诛。

复上再举之策，兼陈进筑五利，且从之。会李舜举入奏，具陈师老民困状，乃罢兵。趣宪赴阙，道赐银帛四千。为泾原经略安抚制置使，给卫三百。进景福殿使、武信军留后，使复还熙河，仍兼秦凤军马。

夏人入兰州，破西关，降宣庆使。宪以兰州乃西人必争地，众数至河外而相羊不进，意必大举，乃增城守堑壁，楼橹具备。明年冬，夏人果大入，围兰州，步骑号八十万众，十日不克，粮尽引去。又诏宪遣间谕阿里骨结等，且选骑渡河，与贼遇，破之。坐妄奏功状，罢内省职事。

哲宗立，改永兴军路副都总管，提举崇福宫。御史中丞刘挚论宪贪功生事，一出欺罔；避兴、灵会师之期，顿兵以城兰州，遗患至今；永乐之围，逗留不急赴援。降宣州观察使，又贬右千牛卫将军，分司南京，居陈州。卒，年五十一。

绍圣元年，赠武泰军节度使，初谥敏恪，改忠敏。

宪以中人为将，虽能拓地降敌，而罔上害民，终贻患中国云。

【译文】

李宪，字子范，开封祥符人。皇祐年间，补授入内黄门，逐渐升为供奉官。神宗即位后，李宪历任永兴、太原府路走马承受，多次进言边防事务，都合乎神宗的旨意，得以管理后苑事务。

王韶上书请求收复河湟地区，神宗命李宪前去巡视军队，李宪与王韶进军收复河州，加任东染院使，管理御药院。

李宪又在牛精谷作战，攻克珂诺城，得任熙河经略安抚司干当公事。李宪去视察鄜延军务，走到蒲地时，适逢木征会合董毡、鬼章的军队攻破踏白城，杀死景思立，包围河州，朝廷下诏催促赶去营救，李宪火速骑马来到军中。在此之前，朝廷拿出黄旗和敕书谕示将士，说是如能效命破贼，奖赏加倍。这时，李宪一早起身走出营帐，把黄旗张挂起来给大家看，说："这黄旗是天子颁赐的，望着黄旗出战，就如皇上亲临战场。"将士争着大呼服从命令，于是进军。李宪督率诸将沿山焚烧吐蕃部族的营帐，当日打通道路，抵达河州。吐蕃余众守卫踏白城，官军出兵交战，大破吐蕃军。官军挺进到余州，又攻破吐蕃的十多个营堡，木征率领八十余名酋长到军营门前投降。朝廷得到捷音，因功加授李宪为昭宣使、嘉州防御史。李宪回朝后，任入内内侍省押班、干当皇城司。

安南反叛，李宪担任招讨副使，作为赵卨的副职。出发前，赵卨建议："朝廷设置招讨副使，招讨使需要与副使共同商议军务。至于调度军队，发布号令，应该由招讨使统一指挥。"李宪衔恨在心。从此，屡次就此纷争辨析，朝廷随即免去李宪招讨副使的职务，命令他乘坐驿车去计议秦凤、熙河地区的边疆防务，诸将都要服从他的调度。当此时，御史中丞邓润甫、御史周尹、蔡承禧、彭汝砺极力论述不可如此，还说："鬼章的忧患小，任用李宪的忧患大；李宪无所建树祸难小，有所建树祸难大。"奏章两次进呈，英宗不听。

冷鸡朴诱使山后生羌骚扰边境，木征请求让自己前去效力，大家认为不妥。李宪说："有什么关系！羌人天生敬畏顺服高贵的种族！"朝廷听由木征前往。木征盛装出阵，众羌人敬重地望着他，都丧失斗志。官军乘机进军，杀死和俘获的人数以万计，并将冷鸡朴斩首。董毡为之恐惧，当即派使者带着礼物，前来投诚。朝廷加任李宪为宣州观察使、宣政使、入内副都知，又迁宣庆使。

当时，连年用兵，度支调度给养接续不上，神宗下诏命李宪兼职经划节制财物用度。李宪裁减多余的费用达十分之六，每年把山西的巨型木材运往京城，以供营建修缮，得赐瑞应坊带花园的住宅一所。

元丰年间，五路出兵讨伐夏国，李宪率领熙、秦军抵达西市新城，收得兰州，修筑其城，请求在这里设置师府。神宗又下诏命李宪率领军队直趋兴、灵，董毡也说打算前往，应乘机合力进军，扫荡敌人的巢穴，如果兴、灵道路不通，就渡过黄河，占领凉州。李宪便总领军队东上，在高川石峡镇平西夏人，挺进到屈吴山，在打啰城扎营，奔赴天都，烧毁南牟的府库，在葫芦河略做停留而回。

李宪既不能到达灵州，董毡也误了预定的日期，官军毫无建树。李宪打算通过开通兰州、会州来邀功补过，同知枢密院孙固说："兵法上说，在预定时间之后赶到的，应该处斩。何况各路大军都到了，只有李宪未到，罪不可赦。"神宗认为李宪还有些功劳，只让人责问他擅自回军的缘由，李宪借口说粮饷接应不上，神宗免予治罪，没有杀他。

李宪又进呈再次发兵的计策，同时陈述进军筑城的五点好处，神宗准备依从。适逢李舜举入朝上奏，详陈士气衰落，人民困乏的情形，这才停止用兵，催促李宪回京，途中赏赐银帛四千。李宪当了泾原经略安抚制置使，拨给卫士三百人。朝廷又晋升李宪为景福殿使、武信军留后，让他再次返回熙河地区，仍然让他兼统秦州、凤州兵马。

西夏人进入兰州，攻破西关，李宪被降为宣庆使。李宪认为兰州是西夏人的必争之地，其部众屡次进抵河外，却徘徊不进，估计西夏必定大举进攻，便加强城防守备，增加壕堑壁垒，连瞭望台也完全修好。明年冬天，西夏人果然大举进攻，包围兰州，其步兵、骑兵，号称八十万人，历时十天，没有攻克兰州，由于粮食吃光，撤军离去。神宗又下诏命李宪派密探劝说阿里骨结等人，并选择骑兵，渡过黄河，与西夏军遭遇后，打败西夏军。李宪因上奏报功不实，被免去内省的职务。

哲宗即位，李宪改任永兴军副都总管，掌管崇福宫事务。御史中丞刘挚指责李宪贪功生事，纯属欺骗蒙蔽朝廷；不肯按期在兴、灵会师，停止进兵，以修筑兰州城，祸患遗留至今；永乐被围困时，逗留不前，没有赶紧赴援。李宪降任宣州观察使，又贬为右千牛卫将军，分司南京，住在陈州，死时五十一岁。绍圣元年，朝廷追赠李宪为武泰军节度使，起初追谥敏恪，后改为忠敏。

李宪由宦官担当将领，虽然能开拓疆土，收降敌军，但是欺骗皇上，危害百姓，终究给中国留下后患。

方腊传

【题解】

方腊（？~1121），北宋末年农民起义领袖。原籍歙州（治所在今安徽歙县），后迁至睦州青溪县（今浙江淳安），出身雇工。北宋末年，外受辽、夏侵侮，朝廷软弱妥协，以输送财物屈辱求和；内则朝政败坏，以宋徽宗赵佶为首的统治集团奢侈腐化，鱼肉百姓，民不聊生。江南地区，受花石纲（朝廷派员至江南搜刮奇花异石，运到京城）的骚扰，民众怨声载道，其势一触即发。方腊用明教（由牟尼教发展而来）组织民众，于宋徽宗宣和二年（1120）发动起义，攻打州县，击杀官吏，势如破竹，占领杭州。一时响应者甚众。起义军据有六州五十二县，东南地区震动，朝廷惊恐。宋徽宗派遣童贯等率大军前往镇压。方腊战败，退守青溪封源洞、梓桐洞。官军收复被起义军攻占的州县。宣和三年（1121）四月，官军攻破诸山洞，并在梓桐洞活捉方腊及其妻子等，屠杀起义军七万人。同年秋季，方腊在东京（今河南开封）被杀害。起义军继续战斗，直至宣和四年（1122）三月，才全部被平定。

【原文】

方腊者，睦州青溪人也。世居县堨村，托左道以惑众。初，唐永徽中，睦州女子陈硕真反，自称文佳皇帝，故其地相传有天子基、万年楼，腊益得凭籍以自信。县境梓桐、封源诸峒皆落山谷幽险处，民物繁伙，有漆楮、杉材之饶，富商巨贾多往来。

时吴中困于朱勔花石之扰，比屋致怨，腊因民不忍，阴聚贫乏游手之徒，宣和二年十月，起为乱，自号圣公，建元永乐，置官吏将帅，以巾饰为别，自红巾而上凡六等。无弓矢、介胄,唯以鬼神诡秘事相扇术,焚室庐,掠金帛子女,诱胁良民为兵。人安于太平,不识兵革,闻金鼓声即敛手听命,不旬日聚众至数万,破杀将官蔡遵于息坑。十一月陷青溪,十二月陷睦、歙二州。南陷衢,杀郡守彭汝方;北掠新城、桐庐、富阳诸县,进逼杭州。郡守弃城走,州即陷,杀制置使陈建、廉访使赵约,纵火六日,死者不可计。凡得官吏,必断脔支体,探其肺肠;或熬以膏油,丛镝乱射,备尽楚毒,以偿怨心。警奏至京师,王黼匿不以闻,于是凶焰日炽。兰溪灵山贼朱言吴邦、剡县仇道人、仙居吕师囊、方岩山陈十四、苏州石生、归安陆行儿皆合党应之,东南大震。

发运使陈亨伯请调京畿兵及鼎、沣枪牌手兼程以来,使不至滋蔓。徽宗始大惊,亟遣童贯、谭积为宣抚制置使,率禁旅及秦、晋蕃汉兵十五万以东,且谕贯使作诏罢应奉局。三年正月,腊将方士佛引众六万攻秀州,统军王子武乘城固守,已而大军至,合击贼,斩首九千,筑京观五,贼还据杭。二月,贯、积前锋至清河堰,水陆并进,腊复焚官舍、府库、民居,乃宵遁。诸将刘延庆、王禀、王涣、杨惟忠、辛兴宗相继至,尽复所失城。四月,生擒腊及妻邵、子亳二太子、伪相方肥等五十二人于梓桐石穴中,杀贼七万。四年三月,余党悉平。进贯太师,徙国楚。

腊之起,破六州五十二县,戕平民二百万,所掠妇女自贼峒逃出,倮而缢于林中者,由汤岩、榴岭八十五里间,九村山谷相望。王师自出至凯旋,四百五十日。

方腊

【译文】

方腊是睦州青溪人,世世代代居住在青溪县堨村,凭借旁门左道来迷惑群众。从前,在唐朝高宗永徽年间,睦州有一女子陈硕真造反,自称文佳皇帝,因而此地相传有"天子基""万年楼",方腊更加有了依据而自信造反能成功。青溪县内的梓桐、封源等山峒都位于深山大谷僻静险峻的地方,当地物产丰富,盛产漆树楮树和杉木,富有的大商人经常来来往往。

当时吴地被朱勔搜刮花石骚扰得困苦非常,招致家家户户怨恨,方腊利用百姓不能忍受的情绪,秘密地将贫穷无业的人聚集在一起。宋徽宗宣和二年(1120)十月,方腊开始造反,自称圣公,建年号"永乐",设置官吏将帅,以头巾区别地位高低,自红巾以上共分六等。没有弓箭、盔甲,只能用鬼神怪异神秘的一套来煽动恫吓,烧毁房屋,抢夺金银绸缎妇女,引诱胁迫良民来当兵。(当时,)人们都习惯了太平生活,不知战争为何物,听到敲钲击鼓的声音即束手听命,不到十天方腊就聚集部众达数万人,在息坑攻杀将官蔡遵。十一月攻占青溪,十二月攻占睦、歙二州。又向南攻占衢州,杀害知州彭汝方;向北攻取新城、桐庐、富阳等县,进逼杭州。杭州知州弃城逃走,杭州陷落,杀害制置使陈建、廉访使赵约,纵火六天,死的人数不清。只要抓到官吏,一定要割肉解肢,掏出他们的肺肠五脏;有的被用油脂煎熬,有的被乱箭齐射,要他们受尽痛苦折磨,借以报复对他们的怨恨。警报上奏到京城,王黼隐瞒不上报,于是造反的气焰一天比一天旺盛。兰溪灵山的贼寇朱言、吴邦,剡县的仇道人,仙居的吕师囊,方岩山的陈十四,苏州的石生,归安的陆行儿都聚集徒众响应方腊,东南地区大为震动。

发运使陈亨伯请求调京城地区的军队以及鼎州、沣州的枪牌手以加倍的速度赶来,以使造反不至于扩大蔓延开来。宋徽宗这才大吃一惊,知道作乱的事,急忙派遣童贯、谭稹为宣抚置使,率领禁军以及秦、晋地区的少数民族和汉族守军共十五万向东进发,并且命令童贯起草诏书撤销应奉局。宣和三年(1121)正月,方腊的部将方士佛带领部众六万人攻打秀州,统军王子武依城坚守,不久大军到达,内外合击贼众,斩敌首九千,收集敌人尸体封土筑成五座高冢,贼众回师据守杭州。二月,童贯、谭稹的前锋部队到达清河堰,水陆路并进,方腊又焚烧官衙、官库和民房,在夜里逃离杭州。官军诸将领刘延庆、王禀、王涣、杨惟忠、辛兴宗陆续到达,完全收复所丧失的城池。四月,在梓桐石洞中,活捉方腊及其妻邵氏、儿子毫二太子、伪宰相方肥等五十二人,斩杀贼众七万人。宣和四年(1122)三月,方腊余党全部平息。童贯晋升为太师,改封楚国公。

方腊起事,攻占六州五十二县,杀戮平民二百万,所抢夺来的妇女从贼寇山峒中逃出来,赤身裸体吊死在树林中的,自汤岩、榴岭八十五里之间,九村山谷中到处都能见到。官军从出兵到胜利而归,共四百五十天。

蔡京传

【题解】

蔡京(1045～1126年),字元长,宋仙游人。熙宁三年进士。为人好私,依附童贯而进宫尚书右仆射,后为太师,深得徽宗重用。后力行王安石新法,实则操纵大权、排斥异己,滥用财物,耗尽储备。又营植私党,大兴土木,肆行奸政。金兵入侵,率家南逃,为钦宗贬死。

【原文】

蔡京字元长,兴化仙游人。登熙宁三年进士第,调钱塘尉、舒州推官,累迁起居郎。使辽还,拜中书舍人。时弟卞已为舍人,故事,入官以先后为序,卞乞班京下。兄弟同掌书命,朝廷荣之。改龙图阁待制,知开封府。

元丰末,大臣议所立,京附蔡确,将害王珪以贪定策之功,不克。司马光秉政,复差役法,为期五日,同列病太迫,京独如约,悉改畿县雇役,无一违者。诣政事堂白光,光喜曰:"使人人奉法如君,何不可行之有!"已而台、谏言京挟邪坏法,出知成德军,改瀛洲,徙成都。谏官范祖禹论京不可用,乃改江、淮、荆、浙发运使,又改知扬州。历郓、永兴军,迁龙图阁直学士,复知成都。

绍圣初,入权户部尚书。章惇复变役法,置司讲议,久不决。京谓惇曰:"取熙宁成法施行之尔,何以讲为?"惇然之,雇役遂定。差雇两法,光、惇不同。十年间京再莅其事,成於反掌,两人相倚以济,识者有以见其奸。

卞拜右丞,以京为翰林学士兼侍读,修国史。文及甫狱起,命京穷治,京捕内侍张士良,令述陈衍事状,即以大逆不道论诛,并刘挚、梁焘勤之。衍死,二人亦贬死,皆锢其子孙。王岩叟、范祖禹、刘安世复远窜。京觊执政,曾布知枢密院,忌之,密言卞备位承辖,京不可以同升,但进承旨。

徽宗即位,罢为端明、龙图两学士,知太原,皇太后命帝留京毕史事。逾数月,谏官陈瓘论其交通近侍,瓘坐斥,京亦出知江宁,颇快快,迁延不之官。御史陈次升、龚夬、陈师锡交论其恶,夺职,提举洞霄宫,居杭州。

蔡京

童贯以供奉官诣三吴访书画奇巧,留杭累月,京舆游,不舍昼夜。凡所画屏幛、扇带之属,贯日以达禁中,且附语言论奏至帝所,由是帝属意京。又太学博士范致虚素与左街道录徐知常善,知常以符水出入元符后殿,致虚深结之,道其平日趣向,谓非相京不足以有为。已而宫妾、宦官合为一词誉京,遂擢致虚右正言,起京知定州。崇宁元年,徙大名府。韩忠彦与曾布交恶,谋引京自助,复用为学士承旨。徽宗有意修熙、丰政事,起居舍人郑润武党京,撰《爱莫助之图》以献,徽宗遂决意用京。忠彦罢,拜尚书左丞,俄代曾布为右仆射。制下之日,赐坐延和殿,命之曰:"神宗创法立制,先帝继之,两遭变更,国是未定。朕欲上述父兄之志,卿何以教之?"京顿首谢,愿尽死。二年正月,进左仆射。

京起于逐臣,一旦得志,天下拭目所为,而京阴讬"绍述"之柄,钳制天子,用条例司故事,即都省置讲议司,自为提举,以其党吴居厚、王汉之十余人为僚属,取政事之大者,如宗室、冗官、国用、商旅、监泽、赋调、尹牧,每一事以三人主之。凡所设施,皆由是出。用冯澥、钱遹之议,复废元祐皇后。罢科举法,令州县悉仿太学三舍考选,建辟雍外学于城南以待四方之士。推方田于天下。榷江、淮七路茶,官自为市。尽更盐钞法,凡旧钞皆弗用,富商巨贾尝齐持数十万缗,一旦化为流丐,甚者至赴水及缢死。提点淮东刑狱章绰见而哀之,奏改法误民,京怒夺其官;因铸当十大钱,尽陷绰诸弟。御史沈畸等用治狱失意,羁削者六人。陈瓘子正汇以上书黥置海岛。

南开黔中,筑靖州。辰溪猺叛,杀溆浦令,京重为赏,募杀一首领者赐之绢三百,官以班行,且不令质究本末。荆南守马珹言:"有生猺,有省地猺,今未知叛者为何种族,若计级行赏,惧不能无枉滥。"蒋之奇知枢密院,恐忤京意,白言珹不体国,京罢珹,命舒亶代之,以剿绝群猺为期。西收湟川、鄯、廓,取样柯、夜郎地。

擢童贯领节度使,其后杨戬、蓝从熙、谭稹、梁师成皆踵之。凡寄资一切转行,祖宗之法荡然无余矣。又欲兵柄士心皆归己,建澶、郑、曹、拱州为四辅,各屯兵二万,而用其姻昵宋乔年、胡师文为郡守。禁卒于掫月给钱五百,骤增十倍以固结之。威福在手,中外莫敢议。累转司空,封嘉国公。

京既贵而贪益甚,已受仆射奉,复创取司空寄禄钱,如粟、豆、柴薪与兼从粮赐如故,时皆折支,亦悉从真给,但入熟状奏行,帝不知也。

时元祐群臣贬窜死徙略尽,京犹未惬意,命等其罪状,首以司马光,目曰奸党,刻石文德殿门,又自书为大碑,徧班郡国。初,元符末以日食求言,言者多及熙宁、绍圣之政,则又籍范柔中以下为邪等。凡名在两籍者三百九人,皆锢其子孙,不得官京师及近甸。五年,进司空、开府仪同三司、安远军节度使,改封魏国。

时承平既久,帑庾盈溢,京倡为丰、亨、豫、大之说,视官爵财物如粪土,累朝所储扫地矣。帝尝大宴。出玉琖、玉卮示辅臣曰:"欲用此,恐人以为太华。"京曰:"臣昔使契丹,见玉盘琖,皆石晋时物。持以夸臣,谓南朝无比。今用之上寿,于礼无嫌。"帝曰:"先帝作一小台财数尺,上封者甚众,朕甚畏其言。此器已就久矣,倘人言复兴,久当莫辨。"京曰:"事苟当于理,多言不足畏也。陛下当享天下之奉,区区玉器,何足计哉!"

五年正月,彗出西方,其长竟天。帝以言者毁党碑,凡其所建置,一切罢之。京免为开府仪同三司、中太乙宫使。其党阴援于上,大观元年,复拜左仆射。以南丹纳土,蹑拜太尉;受八宝,拜太师。

三年,台谏交论其恶,遂致仕。犹提举修《哲宗实录》,改封楚国,朝朔望。太学生陈朝老追疏京恶十四事,曰:"渎上帝,罔君父,结奥援,轻爵禄,广费用,变法度,妄制作,喜导谀,箝台谏,炽亲党,长奔竞,崇释老,穷土木,矜远略。乞投畀远方,以御魑魅。"其书出,士人争相传写,以为实录。四年五月,彗复出奎、娄间,御史张克公论京辅政八年,权震海内,轻锡予以蠹国用,托爵禄以市私恩,役将作以葺居第,用漕船以运花石。名为祝圣而修塔,以壮临平之山;托言灌田而决水,以符《兴化》之识。法名"退送",门号"朝京"。方田扰安业之民,园土聚徒郡之恶,不轨不忠,凡数十事。先是,御史中丞石公弼、侍御史毛注数劾京,未允,至是,贬太子少保,出居杭。

政和二年,召还京师,复辅政,徙封鲁国,三日一至都堂治事。京之去也,中外学官颇有以时政为题策士者。提举淮西学士苏唪欲自售,献议请索五年间策问,校其所询,以观向背,于是坐停替者三十余人。

初,国制,凡诏令皆中书门下议,而后命学士为之。至熙宁间,有内降手诏不由中书门下共议,盖大臣有阴从中而为之者。至京则又患言者议己,故作御笔密进,而丐徽宗亲书以降,谓之御笔手诏,违者以违制坐之。事无巨细,皆托而行,至有不类帝札者,群下皆莫敢言。繇是贵戚、近臣争相请求,至使中人杨球代书,号曰"书杨",京复病之而亦不能止矣。

既又更定官名,以仆射为太、少宰,自称公相,总治三省。追封王安石、蔡确皆为王,省吏不复立额,至五品阶以百数,有身兼十余奉者。侍御史黄葆光论之,立窜昭州。拔故吏魏伯刍领榷货,造料次钱券百万缗进入,徽宗大喜,持以示左右曰:"此太师与我奉料也。"擢伯刍至徽猷阁待制。

京每为帝言,今泉币所积赢五千万,和足以广乐,富足以备礼,于是铸九鼎,建明堂,修方泽,立道观,作《大晟乐》,制定命宝。任孟昌龄为都水使者,击大伾三山,创天成、圣功二桥,大兴工役,无虑四十万。两河之民,愁困不聊生,而京然自以为稷、契、周、召也。又欲广宫室求上宠媚，召童贯辈五人，风以禁中逼侧之状。贯俱听命，各视力所致，争以侈鹿高广相夸尚，而延福宫、景龙江之役起，浸淫及于艮狱矣。

子攸、绦、脩，攸子行，皆至大学士，视执政。绦尚茂德帝姬。帝七幸其第，赉予无算。命坐传杯，略用家人礼。厮养居大官，媵妾封夫人，然公论益不与，帝亦厌薄之。

宣和二年，令致仕。六年，以朱勔为地，再起领三省。京至是四当国，目昏眊不能事事，悉决于季子绦。凡京所判，皆绦为之，且代京入奏。每造朝，侍从以下皆迎揖，呫嗫耳语，堂吏数十人，抱案后从，由是恣为奸利，穷弄威柄，骤引其妇兄韩梠为户部侍郎，媒孽密谋，斥逐朝士，创宣和库式贡司，四方之金帛与府藏之所储，尽拘括以实之，为天子之私财。宰臣白时中、李邦彦惟奉行文书而已，既不能堪，兄攸亦发其事，上怒，欲窜之，京力丐免，特勒停侍养，而安置韩梠黄州。未几，褫绦侍读，毁赐出身敕，而京亦致仕。方时中等白罢绦以撼京，京殊无去意。帝呼童贯使诣京，令上章谢事，贯至，京泣曰："上何不容京数年，当有相谗谮者。"贯曰："不知也。"京不得已，以章授贯，帝命词臣代为作三表请去，乃降制从之。

钦宗即位，边遽日急，京尽室南下，为自全计。天下罪京为六贼之首，侍御史孙觌等始极疏其奸恶，乃以秘书监分司南京，连贬崇信、庆远军节度副使，衡州安置，又徙韶、儋二州。行至潭州死，年八十。

京天资凶谲，舞智御人，在人主前，颛狙伺为固位计，始终一说，谓当越拘挛之俗，竭四海九州之力以自奉。帝亦知其奸，屡罢屡起，且择与京不合者执政以柅之。京每闻将退免，辄入见祈哀，蒲伏扣头，无复廉耻。燕山之役，京送攸以诗，阳寓不可之意，冀事不成得以自解。见利忘义，至于兄弟为参、商，父子如秦、越。暮年即家为府，营进之徒，举集其门，输货僮隶得美官，弃纪纲法度为虚器。患失之心无所不至，根株结盘，牢不可脱。卒致宗社之祸，虽谴死道路，天下犹以不正典刑为恨。

【译文】

蔡京，字元长，兴化仙游人。中宋神宗熙宁三年进士第，调官钱塘县尉、舒州推官，累迁至起居郎。出使辽国归来，拜官中书舍人。当时他弟弟蔡卞已经担任舍人，旧例，入官府以先后为序，蔡卞要求列班于蔡京之下。兄弟同掌书写诏诰，朝廷都认为很值得荣耀。改官龙图阁待制，知开封府事。

神宗元丰末年，大臣议论立谁为帝嗣，蔡京依附蔡确，准备谋害王珪以贪图定策拥立之功，未能成功。司马光执掌政柄，恢复差役法，限期五日之内，同列各官嫌时间太紧迫；只有蔡京如期奉行，把京畿各县的雇役全部更改，无一违拗者。蔡京到政事堂禀告司马光，司马光高兴地说："假如人人都像你一样奉法，差役法还有什么不可推行的！"接着御史台、谏院诸官上言蔡京心怀奸私以坏法，便让他离京出知成德军，改知瀛洲，迁知成都府。谏官范祖禹弹劾蔡京不可任用，便改官江、淮、荆、浙发运使，又改官知扬州。历知郓州、永兴军，迁官龙图阁直学士，再次知成都府。

哲宗绍圣初年，蔡京入朝代理户部尚书。章惇又要改变役法，设置官府论议差役和雇役的利弊，久而不决。蔡京对章惇说："采用神宗熙宁时现成的役法施行就是了，何必还讨论呢？"章惇颇以为然，便定为雇役法。差役、雇役两种法，司马光和章惇各执一说。

十年之内蔡京再次临莅其事，成于反掌之间，他和章惇两人相互支持，有识者从中看出了他们的奸私。

蔡卞拜官右相，以蔡京为翰林学士兼侍读，掌修国史。文及甫之狱起，命令蔡京穷追到底，蔡京逮捕太监张士良，命他诬述宦官陈衍罪状，便以大逆不道之罪论处诛死，同时又劾奏刘挚、梁焘。陈衍被处死，刘、梁二人也被贬死，其子孙被禁锢不准仕宦。王岩叟、范祖禹、刘安世又接着被流放边远之地。蔡京觊觎执政之位，当时曾布主管枢密院，很疑忌蔡京，便对哲宗密言，说蔡卞已经担任辅臣，蔡京不可同时升任宰相，于是只进位为翰林承旨。

宋徽宗即位，罢职为端明殿、龙图阁两学士，出知太原府。皇太后命徽宗留下蔡京完成修国史的事。过了数月，谏官陈瓘弹劾蔡京与宦官沟通，陈瓘坐罪斥免，蔡京也被出知江宁府，心中怏怏而怨，拖延着不肯去上任。御史陈次升、龚央、陈师锡纷纷弹劾蔡京罪恶，于是夺罢其职，以提举洞霄宫虚衔居住杭州。

宦官童贯以供奉官的身份前往三吴搜访书画奇巧之物，在杭州停留几个月，蔡京与他交往密切，昼夜不舍。凡是蔡京所画的屏障、扇带之类，童贯连连送达皇宫，并且附上蔡京的言论，奏给徽宗，从此徽宗便留意蔡京了。又有太学博士范致虚平素就与担任左街道录的道士徐知常友善，徐知常因做法事出入元符刘皇后所住的宫殿，范致虚与他深相结纳，说起自己平时所向往的人，道除了用蔡京为宰相就不足以有所作为。不久宫女、宦官异口同声地称誉蔡京，于是便提拔范致虚为右正言，起用蔡京知定州。徽宗崇宁元年，改官知大名府。宰相韩忠彦与曾布关系很坏，图谋拉拢蔡京以自助，便又用蔡京为翰林学士承旨。徽宗有意恢复神宗熙宁、元丰时代的政事，起居舍人邓洵武与蔡京结成一党，撰写《爱莫助之图》献上，徽宗于是下决心大用蔡京。韩忠彦罢相，拜蔡京为尚书左丞，不久又代替曾布为右仆射。诏旨颁下那天，召蔡京赐座于延和殿，盼咐道："神宗皇帝创立新法，先帝继承，两次遭受变更，国家的政策至今未定。朕想要承述父兄之志，您有何见教？"蔡京顿首谢恩，愿尽死力。崇宁二年正月，蔡京进为左仆射。

蔡京由放逐之臣起用，一旦之间得志，天下拭目以待，看他要做什么，而蔡京假借"绍述"（即承续神宗、哲宗的新法政治）的权柄，箝制天子，用条例司的旧例，就在中书省设置讲议司，自己为提举，以其党羽吴居厚、王汉之等十余人为属官，取最主要的政事，如宗室、官吏闲冗、国家财用、商旅、盐池、赋税、地方大员等，每一事由三个人掌握。凡是有什么新的政策设施，都由这里制定。他采用冯澥、钱遹的建议，再次废除元祐孟皇后（按宋哲宗元祐七年立孟氏为皇后，绍圣三年，哲宗宠刘婕妤，用章惇议，废孟皇后，至元符三年，复立孟氏为元祐皇后）。罢废科举法，命令州县都仿照太学的"三舍考选"（按宋神宗熙宁四年立太学生三舍法，分生员为三等，始入太学为外舍，试优者升内舍，再试优为上舍，不经科举及礼部试，由皇帝召试赐第），在城南建辟雍外学，以招聚四方之士。向天下推行方田。征收江淮七路茶叶，由官府自己专卖。全部更改盐钞法，凡是旧钞一律作废，富商巨贾有的持有数十万贯的旧钞，一旦之间化为乞丐，最甚的有投水、自缢而死者。提点淮东刑狱章绛见而哀怜，奏言更改法令祸害百姓，蔡京大怒，夺其官职；于是铸"当十"大钱，诬赖是章绛的弟弟们偷铸，加以陷害。御史沈畸等因为审理刑狱不合蔡京之意，被关押和削官的有六人。陈瓘之子陈正汇，因为上书朝廷而被黥而流放于海岛。

在南方开拓黔中,筑靖州城。辰溪瑶民逼反,杀死溆浦县令,蔡京悬重赏,募招有斩一首级者赐绢三百匹,按其地位赏给官职,而且不让人追究其首级的由来。荆南守马城上言:"瑶人有生瑶(按指未"归化"的瑶人),有官府所统辖的瑶人,如今也不知造反的是何种族,如果按首级计算行赏,恐怕不能没有滥杀无辜的事了。"蒋之奇知枢密院,唯恐与蔡京之意抵触,禀言马城不能实心体国。蔡京罢免马城,命舒宣替代他,以剿灭群瑶为目标。蔡京还向西方用兵收取湟川、鄯州、廓州,向西南用兵取牂牁、夜郎之地。

童贯被擢拔领节度使,此后杨戬、蓝从熙、谭稹、梁师成等宦官都紧跟后尘。凡是寄禄官资(宋制官分阶官和职事官,阶官只有名衔而无实职,称寄禄官)全部都转为职事官,祖宗法度,荡然无存了。蔡京又想把兵权军心都揽到自己手里,就建置澶州、郑州、曹州、拱州为"四辅",各屯兵二万,而用其姻亲宋乔年、胡师文为郡守。禁军士卒巡逻捍卫,每月给钱五百,蔡京骤然增了十倍,以牢拢他们。威福在手,内外没有敢评议他的。累转为司空,封嘉国公。

蔡京既已贵盛,而贪婪益甚,已经享受仆射的俸禄,又创例领取司空的寄禄钱,象粟米、豆子、柴薪和仆从的衣粮都如旧例领取,当时本来是折支银钱,也会跟着给成实物。他只是把这事掺进日常事务的奏状中请示行使,徽宗毫不知晓。

当时元祐年间的群臣(按指司马光等在哲宗初年执政的大臣)已经贬斥、流放、死亡、迁徙得差不多光了,蔡京还不满足,命人排比他们的罪状,以司马光为首,称之为"奸党",在文德殿门前刻石为碑,又亲自书写为大碑,颁布于各郡国。开初,在元符末年,因天有日食,诏求直言,上言者多论及熙宁、绍圣的"新政",于是又把范柔中等人编成各册,称为"邪等"。名字在"奸党""邪等"两籍中的共有三百零九人,全部禁锢其子孙,不准他们在京师和近畿为官。崇宁五年,蔡京进位司空、开府仪同三司、安远军节度使,改封魏国公。

当时正是承平多年,府库充溢,蔡京便倡兴"丰、亨、豫、大"之说,把官爵财物当成粪土一般滥施滥用,历朝所储备的财物便扫地以尽了。徽宗曾举行盛大宴会,拿出玉瑰、王厄给辅臣们看,说:"我想用这个,恐怕别人认为太奢华。"蔡京道:"臣昔年曾经出使契丹,见过玉盘玉盏,都是五代石晋时的旧物,契丹主拿来向臣夸耀,说南朝没有这东西。如今用此来上寿,对礼教没什么不妥的。"徽宗道:"先帝建造过一个小台,才数尺高,上封事表异议的人很多,朕很怕他们的议论。这玉器早就制成了,如果人们详议起来,我也不好辩解。"蔡京道:"事情只要合于道理,有很多人反对也不足以畏惧。陛下理当享受天下的奉养,区区玉器,算得了什么!"

崇宁五年正月,彗星出现于西方,彗尾横亘天穹。徽宗因有上言的,而毁掉"元祐党人碑",所有新的政令建置,全部停止执行。蔡京被免职,为开府仪同三司、中太乙宫使。他的党羽暗自在皇帝面前援引他,至大观元年,又拜官为左仆射。由于广西南丹的黎人归土内附,蔡京越等拜太尉;受赐八宝,拜太师。

大观三年,御史台、谏院交章论劾蔡京之恶,遂致仕去职。但还主管修《哲宗实录》,改封楚国公,每月朔望入朝。太学生陈朝老上疏追劾蔡京十四件罪恶,为:亵渎上帝,欺罔君父,私结党羽,滥施爵禄,铺张费用,变更法度,妄制乱作,喜欢逢迎谄谀,箝制台谏言路,遍树亲党,助长奔竞,崇信佛老,大兴土木,夸示边功。乞请流放边疆,以御魑魅。疏文传出,士人争相传写,认为是真实的记录。大观四年五月,彗星再次出现于奎、娄二宿之间，御史张克公论劾蔡京：辅政八年，权震海内，滥赏赐以蠹蚀国库，借爵禄以收买私党，役使官府工匠以修葺私第，占用漕运船只以运送花石。以祷祝圣寿而修塔，实为壮观临平之山；以灌溉农田而决水，实为符合"兴化"之谶。他的法名叫"退送"，他家大门号"朝京"。用方田法骚扰安业之良民，建辟雍学招聚流荡之恶徒。不法不忠，共数十事。在此之前，御史中丞石公弼、侍御史毛注，屡次劾奏蔡京，未被徽宗接受，到这一次，贬蔡京为太子少保，出居于杭州。

政和二年，召蔡京还京师，重新辅政，改封鲁国公，三天一次到都堂处理政事。蔡京当年去职，中外的学官有很多用时政为题目来策问士子的。此时掌管淮西学政的苏槭打算卖身投靠蔡京，就献上建议，要求把近五年内的策问全部取来，审查试官所提的问题，以观察他们的政治倾向。因此案而坐罪停职替免的学官有三十余人。

早先，国家的制度是，所有的诏令都由中书门下省讨论，然后再吩咐翰林学士来起草。到了神宗熙宁年间，出现从大内降下手诏而不经由中书门下省讨论的事，这是因为有大臣（指王安石）暗自在内做手脚的缘故。到了蔡京，则又顾虑言官指责自己，故意制作御笔秘密呈进，而乞请徽宗亲自书写诏书降下，称之为"御笔手诏"，有不同意的就以违制坐罪。此后事无巨细，他都借"御笔手诏"来推行，甚至有的不象是徽宗亲笔，众臣也都不敢吭声。从此贵戚、近臣争相向徽宗请求"御笔"，致使徽宗让宦官杨球代为书写，号为"书杨"，蔡京这时又觉得不妙但也不能禁止了。

接着蔡京又改定官名，以仆射为太宰、少宰，自称公相，总管门下、中书、尚书三省。追封王安石、蔡确为王。三省吏员不再定限额，以至五品阶的官员数以百计，有一身而兼领十余份俸禄的。侍御史黄葆光批评此事，立刻被流放到昭州。提拔旧时属吏魏伯刍掌管货物专卖，制造专供宫中购物的钱券一百万贯，送上，徽宗大喜，拿着给左右侍从看，说："这是太师给我的日用钱。"擢升魏伯刍至徽猷阁待制。

蔡京常对徽宗说，如今钱币储备已盈余五千万贯，天下祥和，足以大造雅乐，国家富有，足以广备仪礼，于是铸造九鼎，建造明堂，修方泽，立道观，作《大晟乐》，制定命宝玺。任命孟昌龄为都水使者，开凿大伾等三山，创建天成、圣功二桥，大兴劳役，用民工不下四十万。两河（河北、河东两路）的百姓，愁困不能聊生，而蔡京却傲然自以为是稷、契、周公、召公了。他还想扩建皇宫以谋求皇上的宠幸，召来童贯之流五人，暗示皇宫的规模太狭隘。童贯等俱都听命，各自根据能力所及，争着以奢侈华丽、高大宽广相夸耀，于是延福宫、景龙江之役兴起，渐渐而发展到修建艮岳。

蔡京之子蔡攸、蔡脩、蔡絛，蔡攸的儿子蔡行，全都位至大学士，位视于执政。其子蔡絛娶了茂德帝姬（时改称公主为帝姬）。徽宗七次临幸他的府第，赐予不可胜计。命坐传杯，略用一家人的礼仪。他家的家奴位居大官，媵妾封为夫人，但舆论越发不能容忍，而徽宗也有些厌倦冷淡他了。

宣和二年，徽宗命蔡京致仕。宣和六年，靠朱勔出力，再次起用管领三省。蔡京至此四次执掌国政，眼睛昏花不能处理事务，都取决于三子蔡絛。凡是蔡京的批示，都是蔡絛所为，而且还代替蔡京入奏。每次蔡絛上朝，皇帝侍从以下的官员都作揖相迎，叽咕耳语，本堂吏员数十人，抱着案卷在身后相从。由是恣意牟取奸利，窃弄威权，把他的大舅子韩梠骤然提拔为户部侍郎，密谋构陷，斥逐朝廷之臣，创设宣和库式贡司，把四方的金帛与国家府库所储的财物,全搜刮来充实它,当作天子的私财。宰臣白时中、李邦彦只是奉行文书而已,已经难于忍受,而蔡倏的哥哥蔡攸也揭发这事。徽宗大怒,想流放他,蔡京极力乞求脱免,特旨勒令停止其侍养等待遇,而安置(即流放)韩椙于黄州。不久,又褫免蔡倏的侍读,销毁其赐进士出身的敕命,而蔡京也被勒令致仕。当时白时中等人正禀白徽宗罢免蔡倏,以动摇蔡京,而蔡京毫无去职之意。徽宗叫童贯来,让他去找蔡京,命他上奏章辞职。童贯来到,蔡京哭着说:"皇上为什么不能多容我几年,一定有人进我的谗言。"童贯说:"我不知道这事。"蔡京不得已,便把奏章交给童贯。徽宗命词臣代替蔡京写了三篇表文,要求辞职,于是便降旨批准。

宋钦宗即位,边事日益危急,蔡京把全家迁往南方,以为自全之计。天下人指责蔡京为"六贼"之首(六贼为蔡京、梁师成、李彦、朱勔、王黼、童贯,见于太学生陈东所上书),侍御史孙觌等开始极力疏劾其奸恶,便命蔡京以秘书监之职分司南京(今河南商丘,北宋为南京应天府),接连又贬为崇信、庆远军节度副使,衡州安置;又流放于韶州、儋州,行至潭州而死,年八十岁。

蔡京生性凶狡,玩弄权术以操纵别人。在皇上面前,他专门窥伺主人颜色,为巩固自己权位做打算。他从始到终就是一个"理论",就是要皇帝突破拘俭的旧习,竭尽四海九州的财力物力以满足自己的私欲。徽宗心里也明白他的奸恶,屡次罢免屡次起用,并且选择与蔡京合不来的人执政以遏制他。蔡京每听说要让他退职,就入宫见皇上哀求怜悯,匍匐叩头,毫无廉耻可言。燕山之役(宣和间,北宋与金相约攻辽,图谋收复燕、云等州。灭辽之后,金主同意归还已被其攻占的燕京及六州,宋命童贯、蔡攸至燕交割),蔡京以诗送别蔡攸,暗寓不可之意,指望事情不成而使自己得到解脱。见利忘义,以致兄弟之间如参、商,父子之间如秦、越!蔡京晚年以家为官署,钻营求进之徒,全都聚集于他家门,只要给家奴送钱财就可以得到美官,蔑弃国家法度纲常如无物。患失之心无所不至,党羽盘根错节,牢不可脱。终于导致宗庙社稷灭亡之祸,虽然是被谴而流死于道途,天下人还以未能依典刑处决为恨事。

秦桧传

【题解】

秦桧(1090~1155年),宋代奸相,历史上最臭名昭著的卖国贼。早年进士及第,"倡言"抗金,累迁御史中丞,出使金营,奇迹般的归来,声称杀死监视而归,从此首倡和议,结纳党羽,弹劾忠良,陷害岳飞,致使江山沦落。又贬斥胡铨,遮拦圣听。两次窃居相位,包藏祸心、阿谀奉上,为害尤烈。

【原文】

秦桧字会之,江宁人,登政和五年第,补密州教授。继中词学兼茂科,历太学学正。靖康元年,金兵攻汴京,遣使求三镇,桧上兵机四事:一言金人要请无厌,乞止许燕山一路;二言金人狙诈,守御不可缓;三乞集百官详议,择其当者载之誓书;四乞馆金使于外,不可令入门及引上殿。不报。除职方员外郎。寻属张邦昌为干当公事,桧言:"是行专为割地,与臣初议矛盾,失臣本心。"三上章辞,许之。

时议割三镇以弭兵,命桧借礼部侍郎与程瑀为割地使,奉肃王以往。金师退,桧、瑀至燕而还。御史中丞李回、翰林承旨吴开共荐桧,拜殿中侍御史,迁左司谏。王云、李若水见金二酋归,言金坚欲得地,不然,进兵取汴京。十一月,集百官议于延和殿,范宗尹等七十人请与之,桧等三十六人持不可。未几,除御史中丞。

秦桧

闰十一月,汴京失守,二帝幸金营。二年二月,莫俦、吴开自金营来,传金帅命推立异姓。留守王时雍等召百官军民共议立张邦昌,皆失色不敢答,监察御史马伸言於众曰:"吾曹职为争臣,岂容坐视不吐一辞?当共入议状,乞存赵氏。"时桧为台长,闻伸言以为然,即进状曰:

桧荷国厚恩,甚愧无报。今金人拥重兵,临已拔之城,操生杀之柄,必欲易姓,桧尽死以辨,非特忠於主也,且明两国之利害尔。赵氏自祖宗以至嗣君,百七十余载。顷缘奸臣败盟,结怨邻国,谋臣失计,误主丧师,遂致生灵被祸,京都失守,主上出郊,求和军前。两元帅既允其议,布闻中外矣,且空竭帑藏,追取服御所用,割两河地,恭为臣子,今乃变易前议,人臣安忍畏死不论哉?

宋於中国,号令一统,绵地万里,德泽加於百姓,前古未有。虽兴亡之命在天有数,焉可以一城决废立哉?昔西汉绝於新室,光武以兴;东汉绝於曹氏,刘备帝蜀;唐为朱温篡夺,李克用犹推其世序而继之。盖基广则难倾,根深则难拔。

张邦昌在上皇时,附会权倖,共为蠹国之政。社稷倾危,生民涂炭,固非一人所致,亦邦昌为之也。天下方疾之如仇雠,若付以土地,使主人民,四方豪杰必共起而诛之,终不足为大金屏翰。必立邦昌,则京师之民可服,天下之民不可服;京师之宗子可灭,天下之宗子不可灭。桧不顾斧钺之诛,言两朝之利害,愿复嗣君位以安四方,非特大宋蒙福,亦大金万世利也。

金人寻取桧诣军前。三月,金人立邦昌为伪楚。邦昌遗金书请还孙傅、张叔夜及桧,不许。初,二帝北迁,桧与傅、叔夜、何栗、司马朴从至燕山,又徙韩州。上皇闻康王即位,作书贻粘罕,与约和议,俾桧润色之。桧以厚赂达粘罕。会金主吴乞买以桧赐其弟挞懒为任用,挞懒攻山阳,建炎四年十月甲辰,桧与妻王氏及婢仆一家,自军中取涟水军水砦航海归行在。丙午,桧入见。丁未,拜礼部尚书,赐以银帛。

桧之归也,自言杀金人监己者奔舟而来。朝士多谓桧与栗、傅、朴同拘,而桧独归;又自燕至楚二千八百里,逾河越海,岂无讥诃之者,安得杀监而南?就令从军挞懒,金人纵之,必质妻属,安得与王氏偕?惟宰相范宗尹、同知枢密院李回与桧善,尽破群疑,力荐其忠。未对前一日,帝命先见宰执。桧首言"如欲天下无事,南自南,北自北"及首奏所草与挞懒求和书。帝曰："桧朴忠过人，朕得之喜而不寐。盖闻二帝、母后消息，又得一佳士也。"宗尹欲处之经筵，帝曰："且与一事简尚书。"故有礼部之命。从行王安道、冯由义、水磑丁祀及参议官并改京秩，舟人孙靖亦补承信郎。始，朝廷虽数遣使，但且守且和，而专与金人解仇议和，实自桧始。盖桧在金庭首唱和议，故挞懒纵之使归也。

绍兴元年二月，除参知政事。七月，宗尹罢。先是，范宗尹建议讨论崇宁、大观以来滥赏，桧力赞其议，见帝意坚，反以此挤之。宗尹既去，相位久虚。桧扬言曰："我有二策，可耸动天下。"或问何以不言，桧曰："今无相，不可行也。"八月，拜右仆射、同中书门下平章事兼知枢密院事。九月，吕颐浩再相，桧同秉政，谋夺其柄，风其党建言："周宣王内修外攘，故能中兴，今二相宜分任内外。"颐浩遂建都督府於镇江。帝曰："颐浩专治军旅，桧专理庶务，如种、蠡之分职可也。"

二年，桧奏置修政局，自为提举，参知政事翟汝文同领之。未几，桧面劾汝文擅治堂吏，汝文求去；谏官方孟卿一再论之，汝文竟罢。监察御史刘一止，桧党也，言："宣王内修，修其所谓外攘之政而已。今簿书狱讼、官吏差除、土木营缮俱非所当急者。"屯田郎曾统亦谓桧曰："宰相事无不统，何以局为？"桧皆不听。既而有议废局以摇桧者，一止及检讨官林待聘皆上疏言不可废。七月，一止出台，除起居郎，盖自叛其说，识者笑之。

颐浩自江上还，谋逐桧，有教以引朱胜非为助者。诏以胜非同都督。给事中胡安国言胜非不可用，胜非遂以醴泉观使兼侍读。安国求去，桧三上章留之，不报。颐浩寻以黄龟年为殿中侍御史，刘棐为右司谏，盖将逐桧。于是江跻、吴表臣、程瑀、张焘、胡世将、刘一止、林待聘、楼炤并落职予祠，台省一空，皆桧党也。桧初欲倾颐浩，引一时名贤如安国、焘、瑀辈布列清要。颐浩问去桧之术於席益，益曰："目为党可也。今党魁胡安国在琐闼，宜先去之。"盖安国尝问人材於游酢，酢以桧为言，且比之荀文若。故安国力言桧贤於张浚诸人，桧亦力引安国。至是，安国等去，桧亦寻去。桧再相误国，安国已死矣。黄龟年始劾桧专主和议，沮止恢复，植党专权，渐不可长，至此桧为莽、卓。八月，桧罢，乃为观文殿学士，提举江州太平观。

前一日，上召直学士院綦崇礼入对，示以桧所陈二策，欲以河北人还金国，中原人还刘豫。帝曰："桧言'南人归南，北人归北'。朕北人，将安归？桧又言'为相数月，可耸动天下'，今无闻。"崇礼即以上意载训辞，播告中外，人始知桧之奸。龟年等论桧不已，诏落职，牓朝堂，示不复用。三年，韩肖胄等使还，泪金使李永寿、王翊偕来，求尽还北俘，与桧前议吻合。识者益知桧与金人共谋，国家之辱未已也。

五年，金主既死，挞懒主议，卒成其和。二月，复资政殿学士，仍旧宫祠。六月，除观文殿学士、知温州。六年七月，改知绍兴府。寻除醴泉观使兼侍读，充行宫留守；孟庚同留守，并权赴尚书、枢密院参决庶事。时已降诏将行幸，桧乞扈从，不许。帝驻跸平江，召桧赴行在，用右相张浚荐也。十二月，桧以醴泉观兼侍读赴讲筵。七年正月，何藓使金还，得徽宗及宁德后讣，帝号恸发表，即日授桧枢密使，恩数视宰臣。四月，命王伦使金国迎奉梓宫。

九月，浚求去，帝问："谁可代卿？"浚不对。帝曰："秦桧何如？"浚曰："与之共事，始知其暗。"帝曰："然则用赵鼎。"鼎于是复相。台谏交章论浚，安置岭表。鼎约同列救解，与张守面奏，各数千百言，桧独无一语。浚遂谪永州。始，浚、鼎相得甚，浚先达，力引鼎。

尝共论人才，浚剧谈桧善，鼎曰："此人得志，吾人无所措足矣！"浚不以为然，故引桧，共政方知其暗，不复再荐也。桧因此憾浚，反谓鼎曰："上欲召公，而张相迟留。"盖怒鼎使挤浚也。桧在枢府惟听鼎，鼎素恶桧，由是反深信之，卒为所倾。鼎与浚晚遇于闽，言及此，始知皆为桧所卖。

十一月，奉使朱弁以书报粘罕死，帝曰："金人暴虐，不亡何待？"桧曰："陛下但积德，中兴固有时。"帝曰："此固有时，然亦须有所施为，然后可以得志。"

八年三月，拜右仆射、同中书门下平章事兼枢密使。吏部郎晏敦复有忧色，曰："奸人相矣。"五月，金遣乌陵思谋等来议和，与王伦偕至。思谋即宣和始通好海上者。议以吏部侍郎魏矼馆伴，矼辞曰："顷任御史，尝言和议之非，今不可专对。"桧问矼所以不主和，矼备言敌情。桧曰："公以智料敌，桧以诚待敌。"矼曰："第恐敌不以诚待相公尔。"桧乃改命。六月，思谋等入见。帝愀然谓宰相曰："先帝梓宫，果有还期，虽待二三年尚庶几。惟是太后春秋高，朕旦夕思念，欲早相见，此所以不惮屈己，冀和议之速成也。"桧曰："屈己议和，此人主之孝也。见主卑屈，怀愤不平，此人臣之忠也。"帝曰："虽然，有备无患，使和议可成，边备亦不可弛。"

十月，宰执入见，桧独留身，言："臣僚畏首尾，多持两端，此不足与断大事。若陛下决欲讲和，乞颛与臣议，勿许群臣预。"帝曰："朕独委卿。"桧曰："臣亦恐未便，望陛下更思三日，容臣别奏。"又三日，桧复留身奏事，帝意欲和甚坚，桧犹以为未也，曰："臣恐别有未便，欲望陛下更思三日，容臣别奏。"帝曰："然。"又三日，桧复留身奏事如初，知上意确不移，乃出文字乞决和议，勿许群臣预。

鼎力求去位，以少傅出知绍兴府。初，帝无子。建炎末，范宗尹造膝有请，遂命宗室令广择艺祖后，得伯琮、伯玖入宫，皆艺祖七世孙。伯琮改名瑗，伯玖改名璩。瑗先建节，封建国公。帝谕鼎专任其事。又请建资善堂，鼎罢，言者攻鼎，必以资善为口实。及鼎、桧再相，帝出御札，除璩节度使，封吴国公。执政聚议，枢密副使王庶见之，大呼曰："并后匹嫡，此不可行。"鼎以问桧，不答。桧更问鼎，鼎曰："自丙辰罢相，议者专以此藉口，今当避嫌。"约同奏面纳御笔，及至帝前，桧无一语。鼎曰："今建国在上，名虽未正，天下之人知陛下有子矣。今日礼数不得不异。"帝乃留御笔俟议。明日，桧留身奏事。后数日，参知政事刘大中参告，亦以此为言。故鼎与大中俱罢。明年，璩卒授保大军节度使，封崇国公。故鼎入辞，劝帝曰："臣去后，必有以孝弟之说胁制陛下者。"出见桧，一揖而去，桧亦憾之。

鼎既去，桧独专国，决意议和。中朝贤士，以议论不合，相继而去。于是，中书舍人吕本中、礼部侍郎张九成皆不附和议，桧谕之使优游委曲，九成曰："未有枉己而能正人者。"桧深憾之。殿中侍御史张戒上疏乞留赵鼎，又陈十三事论和议之非，忤桧。王庶与桧尤不合，自淮西入枢庭，始终言和议非是，疏凡七上，且谓桧曰："而忘东都欲存赵氏时，何遗此敌邪？"桧方挟金人自重，尤恨庶言，故出之。

枢密院编修官胡铨上疏，愿斩桧与王伦以谢天下。于是上下汹汹。桧谬为解救，卒械送铨贬昭州。陈刚中以启贺铨，桧大怒，送刚中吏部，差知赣州安远县。赣有十二邑，安远滨岭，地恶瘴深，谚曰："龙南、安远，一去不转。"言必死也。刚中果死。寻以铨事戒谕中外。既而校书郎许忻、枢密院编修官赵雍同日上书，犹祖铨意，力排和议。雍又欲正南北兄弟之名，桧亦不能罪。曾开见桧，言今日当论存亡，不当论安危。桧骇愕，遂出之。司勋员外郎朱松、馆职胡珵、张扩、凌景夏、常明、范如圭同上一疏言："金人以和之一字得志于我者十有二年，以覆我王室，以弛我边备，以竭我国力，以懈缓我不共戴天之雠，以绝望我中国呻吟思汉之赤子，以诏谕江南为名，要陛下以稽首之礼。自公卿大夫至六军万姓，莫不扼腕愤怒，岂肯听陛下北面为仇敌之臣哉！天下将有仗大义，问相公之罪者。"后数日，权吏部尚书张焘、吏部侍郎晏敦、复魏矼、户部侍郎李弥逊、梁汝嘉、给事中楼炤、中书舍人苏符、工部侍郎萧振、起居舍人薛徽言同班入奏，极言屈己之礼非是。新除礼部侍郎尹焞独上疏，且移书切责桧，桧始大怒，焞于是固辞新命不拜。奉礼郎冯时行召对，言和议不可信，至引汉高祖分羹事为喻。帝曰："朕不忍闻。"蹙蹙而起。桧乃谪时行知万州，寻亦抵罪。中书舍人勾龙如渊抗言于桧曰："邪说横起，胡不择台官击去之。"桧遂奏如渊为御史中丞，首劾铨。

金使张通古、萧哲以诏谕江南为名，桧犹恐物论咎己，与哲等议，改江南为宋，诏谕为国信。京、淮宣抚处置使韩世忠凡四上疏力谏，有"金以刘豫相待"之语，且言兵势重处，愿以身当之，不许。哲等既至泗州，要所过州县迎以臣礼，至临安日，欲帝待以客礼，世忠益愤，再疏言："金以诏谕为名，暗致陛下归顺之义，此主辱臣死之时，愿效死战以决胜败。若其不克，委曲从之未晚。"亦不许。哲等既入境，接伴使范同再拜问金主起居，军民见者，往往流涕。过平江，守臣向子湮不拜，乞致仕。哲等至淮安，言先归河南地，且册上为帝，徐议余事。

桧至是欲上行屈己之礼，帝曰："朕嗣守太祖、太宗基业，岂可受金人封册。"会三衙帅杨沂中、解潜、韩世良相率见桧曰："军民汹汹，若之何？"退，又白之台谏。于是勾龙如渊、李谊数见桧议国书事，如渊谓得其书纳之禁中，则礼不行而事定。给事中楼炤亦举"谅阴三年不言"事以告桧，于是定桧摄冢宰受书之议。帝亦切责王伦，伦谕金使，金便亦惧而从。帝命桧即馆中见哲等受其书。金使欲百官备礼，桧使省吏朝服导从，以书纳禁中。先一日，诏金使来，将尽割河南、陕西故地，又许还梓宫及母兄亲族，初无需索，以参知政事李光素有时望，俾押和议榜以镇浮言。又降御札赐三大将。

九年，金人归河南、陕西故地，以王伦签书枢密院事，充迎奉梓宫、奉还两宫、交割地界使，蓝公佐副之。判大宗正事士、兵部侍郎张焘朝八陵。帝谓宰执曰："河南新复，宜命守臣专抚遗民，劝农桑，各因其地以食，因其人以守，不可移东南之财，虚内以事外。"帝虽听桧和而实疑金诈，未尝弛备也。

时张浚在永州，驰奏，力言以石晋、刘豫为戒，复遗书孙近，以"帝秦之祸，发迟而大"。徐俯守上饶，连南夫帅广东，岳飞宣抚淮西，皆因贺表寓讽。俯曰："祸福倚伏，情伪多端。"南夫曰："不信亦信，其然岂然？虽虞舜之十二州，皆归王化；然商於之六百里，当念尔欺！"飞曰："救暂急而解倒悬，犹之可也；欲长虑而尊中国，岂其然乎？"他如秘书省正字汪应辰、樊光远、澧州推官韩纫、临安府司户参军毛叔庆，皆言金人叵测；迪功郎张行成献《询荛书》二十篇，大意言自古讲和，未有终不变者，条具者皆豫备之策。桧悉加黜责，纫贬循州。

七月，兀术杀其领三省事宗磐及左副元帅挞懒，拘王伦于中山府。盖兀术以归地为二人所主，将有他谋也。伦尝密奏于朝，桧不之备，但趣伦进。时韩世忠有乘懈掩声之请，桧言《春秋》不伐丧，与帝意合，遂已。

十年，金人果败盟，分四道入侵。兀术入东京，葛王褒取南京，李成取西京，撒离喝趋永兴军。河南诸郡相继陷没。帝始大怪，下诏罪状兀术。御史中丞王次翁奏曰："前日国是，初无主议。事有小变，则更用他相，后来者未必贤，而排黜异党，纷纷累月不能定，愿陛下以为至戒。"帝深然之。桧力排群言，始终以和议自任，而次翁谓无主议者，专为桧地也。于是桧位复安，据之凡十八年，公论不能撼摇矣。

六月，桧奏曰："德无常师，主善为师。臣昨见挞懒有割地讲和之议，故赞陛下取河南故疆。今兀术戕其叔挞懒，蓝公佐归，和议已变，故赞陛下定吊伐之计。愿至江上谕诸帅同力招讨。"卒不行。闰六月，贬赵鼎兴化军，以王次翁受桧旨，言其规图复用也。言者不已，寻窜潮州。

时张俊克亳州，王胜克海州，岳飞克郾城，几获兀术。张浚战胜於长安，韩世忠胜於泇口镇，诸将所向皆奏捷，而桧力主班师。九月，诏飞还行在，沂中还镇江，光世还池州，锜还太平。飞军闻诏，旗靡辙乱，飞口呿不能合。于是淮宁、蔡、郑复为金人有。以明堂恩封桧莘国公。十一年，兀术再举，取寿春，入庐州，诸将邵隆、王德、关师古等连战皆捷。杨沂中战拓皋，又破之。桧忽谕沂中及张俊遽班师。韩世忠闻之，止濠州不进；刘锜闻之，弃寿春而归。自是不复出兵。

四月，桧欲尽收诸将兵权，给事中范同献策，桧纳之。密奏召三大将论功行赏，韩世忠、张俊并为枢密使，岳飞为副使，以宣抚司军隶枢密院。六月，拜左仆射、同中书门下平章事兼枢密使，进封庆国公。《徽宗实录》成，迁少保，加封冀国公。先是，莫将、韩恕使金，拘于涿州。至是，兀术有求和意，纵之归。桧复奏遣刘光远、曹勋使金，又以魏良臣为通问使。未几，良臣偕金使萧毅等来，议以淮水为界，求割唐、邓二州。寻遣何铸报聘，许之。

十月，兴岳飞之狱。桧使谏官万俟卨论其罪，张俊又诬飞旧将张宪谋反，于是飞及子云俱送大理寺，命御史中丞何铸、大理卿周三畏鞫之。十一月，贬李光滕州，范同罢参知政事。同虽附和议，以自奏事，桧忌之也。十二月，杀岳飞。桧以飞屡言和议失计，且尝奏请定国本，俱与桧大异，必欲杀之。铸、三畏初鞫，久不伏；卨入台，狱遂上。诬飞尝自言"己与太祖皆三十岁建节"为指斥乘舆，受诏不救淮西罪，赐死狱中。子云及张宪杀于都市。天下冤之，闻者流涕。飞之死，张俊有力焉。

十二年，胡铨再编管新州。八月，徽宗及显肃、懿节二梓宫至行在。太后还慈宁宫。九月，加太师，进封魏国公。十月，进封秦、魏两国公。桧以封两国与蔡京、童贯同，请改封母为秦、魏国夫人。子熺举进士，馆客何溥赴南省，皆为第一。熺本王晫孽子，桧妻晫妹，无子，晫妻贵而妒，桧在金国，出晫为桧后。桧还，其家以熺见，桧喜甚。桧幸和议复成，益咎前日之异己者。先是，赵鼎贬潮州，王庶贬道州，胡铨再贬新州。至是，皆遇赦永不检举。曾开、李弥逊并落职。张俊本助和议，居位岁余无去意，桧讽江邈论罢之。

十三年，贺瑞雪，贺雪自桧始。贺日食不见，是后日食多书不见。彗星常见，选人康倬上书言彗星不足畏，桧大喜，特改京秩。楚州奏盐城县海清，桧请贺，帝不许。知虔州薛弼言木内有文曰"天下太平年"，诏付史馆。于是修饰弥文，以粉饰治具，如乡饮、耕籍之类节节备举，为苟安余杭之计，自此不复巡幸江上，而祥瑞之奏日闻矣。

洪皓归自金国，名节独著，以致金酋室撚语，直翰苑不一月逐去。室撚者，粘罕之左右也。初，粘罕行军至淮上，桧尝为之草檄，为室撚所见，故因皓归寄声。桧意士大夫莫有知者，闻皓语，深以为憾，遂令李文会论之。胡舜陟以非笑朝政下狱死，张九成以鼓唱浮言贬，累及僧宗杲编配，皆以语忤桧也。张邵亦坐与桧言金人有归钦宗及诸王后妃意，斥为外祠。十四年，贬黄龟年，以前尝论桧也。闽、浙大水，右武大夫白锷有"燮理乖谬"语，刺配万安军。太学生张伯麟尝题壁曰"夫差，尔忘越王杀而父乎"，杖脊刺配吉阳军。故将解潜罢官闲居，辛永宗总戎外郡，亦坐不附和议，潜窜南安死，永宗编置肇庆死。赵鼎、李光皆再窜过海。皓之罪由白锷延誉，光以在滕州唱和有讽刺及桧者，为守臣所告也。

先是，议建国公出阁。吏部尚书吴表臣、礼部尚书苏符等七人论礼与桧意异，于是表臣等以讨论不详、怀奸附鼎皆罢。始，桧为上言：赵鼎欲立皇太子，是待陛下终无子也，宜俟亲子乃立。遂嗾御史中丞詹大方言鼎邪谋密计，深不可测，与范冲等咸怀异意，以徼无妄之福。冲尝为资善翊善，故大方诬之。其后监察御史王铄言帝未有嗣，宜祠高禖，诏筑坛于圜丘东，皆桧意也。

台州曾惇献桧诗称"圣相"。凡投献者以皋、夔、稷、契为不足，必曰"元圣"。桧乞禁野史。又命子熺以秘书少监领国史，进建炎元年至绍兴十二年《日历》五百九十卷。熺因太后北还，自颂桧功德凡二千余言，使著作郎王扬英、周执羔上之，皆迁秩。自桧再相，凡前罢相以来诏书章疏稍及桧者，率更易焚弃，日历、时政亡失已多，是后记录皆熺笔，无复有公是非矣。冬十月，右正言何溥指程颐、张载遗书为专门曲学，力加禁绝，人无敢以为非。

十五年，熺除翰林学士兼侍读。四月，赐桧甲第，命教坊乐导之人，赐缯钱金绵有差。六月，帝幸桧第，桧妻妇子孙皆加恩。桧先禁私史，七月又对帝言私史害正道。时司马伋遂言《涑水记闻》非其曾祖光论著之书，其后李光家亦举光所藏书万卷焚之。十月，帝亲书"一德格天"扁其阁。十六年正月，桧立家庙。三月，赐祭器，将相赐祭器自桧始。

先是，帝以彗星见求言。张浚上疏言今事势如养大疽於头目心腹之间，不决不止，愿谋为豫备。不然，异时以国与敌者，反归罪正议。桧久憾浚，至是大怒，即落浚节钺，贬连州寻移永州。

十七年，改封桧益国公。五月，移贬洪皓于英州。八月，赵鼎死于吉阳军。是夏，先有赵鼎遇赦永不检举之旨，又令月申存亡，鼎知之，不食而卒。自鼎之谪，门人故吏皆被罗织，虽闻其死而叹息者亦加以罪。又窜吕颐浩子摭于滕州。十二月，进士施锷上《中兴颂》《行都赋》及《绍兴雅》十篇，永免文解。自此颂咏导谀愈多。赐百官喜雪御筵于桧第。

十八年，熺除知枢密院事，桧问胡寅曰："外议如何？"寅曰："以为公相必不袭蔡京之迹。"五月，李显忠上恢复策，落军职，与祠。六月，迪功郎王廷珪编管辰州，以作诗送胡铨也。闰八月，福州言民采竹实万斛以济饥。十一月，胡铨自新州移贬吉阳军，以作颂谤讪也。

十九年，帝命绘桧像，自为赞。是岁，湖、广、江西、建康府皆言甘露降，诸郡奏狱空。帝尝语桧曰："自今有奏狱空者，当令监司验实。果妄诞，即按治，仍命御史台察之。苟不惩戒，则奏甘露瑞芝之类，崇虚饰诞，无所不至。"帝虽眷桧，而不可蔽欺也如此。十二月，禁私作野史，许人告。

二十年正月，桧趋朝，殿司小校施全刺桧不中，磔于市。自是每出，列五十兵持长梃以自卫。是月，曹泳告李光子孟坚省记光所作私史，狱成，光窜已久，诏永不检举；孟坚编置峡州；朝士连坐者八人，皆落职贬秩，胡寅窜新州。泳由是骤用。五月，秘书少监汤思退奏以桧存赵氏本末付史馆。六月，熺加少保。郑炜告其乡人福建安抚司机宜吴元美作《夏二子传》，指蚊、蝇也；家有潜光亭、商隐堂，以亭号潜光，有心於党李，堂名商隐，无意於事秦。故桧尤恶之。编管右迪功郎安诚、布衣汪大圭，斩有荫人惠俊，进义副尉刘允中，黥径山僧清言，皆以讪谤也。时桧疾愈，朝参许肩舆，二孙扶掖，仍免拜。二十一年，朝散郎王扬英上书荐熺为相，桧奏扬英知泰州。

二十二年，又兴王庶二子之奇、之荀、叶三省、杨炜、袁敏求四大狱，皆坐谤讪。炜又以尝登李光、萧振之门，言时事也。于是光永不检举，振贬池州。二十三年，桧请下台州于谢伋家取綦密礼所受御笔缴进。桧初罢相，上有责桧语，欲泯其迹焉。是岁，进士黄友龙会谤讪，黥配岭南；内侍裴咏坐指斥，编管琼州。二十四年二月，杨炬以弟炜旧累死宾州，炬编管邕州。何兑讼其师马伸发端上金人书乞存赵氏，为分桧功，兑编管英州。三月，桧孙敷文阁待制埙试进士举，省殿试皆为第一，桧从子炜焴、姻党周夤、沈兴杰皆登上第，士论为之不平。考官则魏师逊、汤思退、郑仲熊、沈虚中、董德元也。师逊等初知贡举，即语人曰："吾曹可以富贵矣。"及廷试，桧又奏思退为编排。师逊为详定。埙与第二人曹冠策皆攻专门之学，张孝祥策则主一德元老且及存赵事。帝读埙策，皆桧、熺语，于是擢孝祥为第一，降埙第三。未几，埙修撰实录院，宰相子孙同领史职，前所无也。

六月，以王循友前知建康尝罪桧族党，循友安置滕州。八月，王趯为李光求内徙，趯编管辰州。郑珏、贾子展以会中有嘲谑讲和之语，珏窜容州，子展窜德庆府。方畴以与胡铨通书，编置永州。十二月，魏安行、洪兴祖以广传程瑀《论语解》，安行编置钦州，兴祖编置昭州。又窜程纬，以其慢上无礼也。

帝尝谕桧曰："近轮对者，多谒告避免。百官轮对，正欲闻所未闻，可令检举约束。"桧擅政以来，屏塞人言，蔽上耳目，凡一时献言者，非诵桧功德，则评人语言以中伤善类。欲有言者恐触忌讳，畏言国事，仅论销金铺翠、乞禁鹿胎冠子之类，以塞责而已。故帝及之，盖亦防桧之壅蔽也。

衢州尝有盗起，桧遣殿前司将官辛立将千人捕之，不以闻。晋安郡王因入侍言之，帝大惊，问桧，桧曰："不足上烦圣虑，故不敢闻，盗平即奏矣。"退而求其故，知晋安言之，遂奏晋安居秀王丧不当给俸，月损二百缗，帝为出内帑给之。

二十五年二月，以沈长卿旧与李光启讥和议，又与芮烨共赋《牡丹诗》，有"宁令汉社稷，变作莽乾坤"之句，为邻人所告，长卿编置化州，烨武冈军。静江有驿名秦城，知府吕愿中率宾僚共赋《秦城王气诗》以媚桧，不赋者刘芮、李燮、罗博文三人而已。愿中由此得召。又张扶请桧乘金根车，又有乞置益国官属及议九锡者，桧闻之安然。十月，申禁专门之学。以太庙灵芝绘为华旗，凡郡国所奏瑞木、嘉禾、瑞瓜、双莲悉绘之。

赵令衿观桧《家庙记》，口诵"君子之泽，五世而斩"，为汪召锡所告。御史徐嘉又论赵鼎子汾与令衿饮别厚赆，必有奸谋，诏送大理，拘令衿南外宗正司。桧於一德格天阁书赵鼎、李光、胡铨姓名，必欲杀之而后已。鼎已死而憾之不置，遂欲孥戮汾。桧忌张浚尤甚，故令衿之狱，张宗元之罢，皆波及浚。浚在永州，桧又使其死党张柄知潭州，与郡丞汪召锡共伺察之。至是，使汾自诬与浚及李光、胡寅谋大逆，凡一时贤士王十三人皆与焉。狱成，而桧病不能书。

是月乙未，帝幸桧第问疾，桧无一语，惟流涕而已。熺奏请代居相位者，帝曰："此事卿不当与。"帝遂命权直学士院沈虚中草桧父子致仕制。熺遣其子埙与林一飞、郑楠夜见台谏徐嘉、张扶谋奏请己为相。丙申，诏桧加封建康郡王，熺进少师，皆致仕，埙、堪并提举江州太平兴国宫。是夜，桧卒，年六十六。后赠申王，谥忠献。

桧两据相位，凡十九年，劫制君父，包藏祸心，倡和误国，忘雠灭伦。一时忠臣良将，诛锄略尽。其顽钝无耻者，率为桧用，争以诬陷善类为功。其矫诬也，无罪可状，不过曰谤讪，曰指斥，曰怨望，曰立党沽名，甚则曰有无君心。凡论人章疏皆桧自操以授言者，识之者曰："此老秦笔也。"察事之卒，布满京城，小涉讥议，即捕治，中以深文。又阴结内侍及医师王继先，伺上动静，郡国事惟申省，无一至上前者。桧死，帝方与人言之。

桧立久任之说，士淹滞失职，有十年不解者。附己者立与擢用。自其独相，至死之日，易执政二十八人，皆世无一誉。柔佞易制者，如孙近、韩肖胄、楼炤、王次翁、范同、万俟卨、程克俊、李文会、杨愿、李若谷、何若、段拂、汪勃、詹大方、余尧弼、巫伋、章夏、宋朴、史才、魏师逊、施钜、郑仲熊之徒，率拔之冗散，遽跻政地。既共政，则拱默而已。又多自言官听桧弹击，辄以政府报之，由中丞、谏议而升者凡十有二人，然甫入即出，或一阅月，或半年即罢去。惟王次翁阅四年，以金人败盟之初持不易相之论，桧德之深也。开门受赂，富敌于国，外国珍宝，死犹及门。人谓熺自桧秉政无日不锻酒具，治书画，特基细尔。

桧阴险如崖阱，深阻竟叵测。同列论事上前，未尝力辨，但以一二语倾挤之。李光尝与桧争论，言颇侵桧，桧不答。及光言毕，桧徐曰："李光无人臣礼。"帝始怒之。凡陷忠良，率用此术。晚年残忍尤甚，数兴大狱，而又喜谀佞，不避形迹。

然桧死熺废，其党祖述余说，力持和议，以窃据相位者尚数人，至孝宗始荡涤无余。开禧二年四月，追夺王爵，改谥谬丑。嘉定元年，史弥远奏复王爵、赠谥。

【译文】

秦桧，字会之，江宁人。登徽宗政和五年进士第，补官为密州教授。继而考中"词学兼茂"科，官为太学学正。宋钦宗靖康元年，金兵攻打汴京，派使者索求三镇，秦桧上言兵机四事：一言金人索求无厌，请只应许燕山一路；二言金人狡诈，不可放松守御之计；三请集合百官详细讨论，选择其合理者载之于誓书；四请让金人使者住于城外，不可令其入门及引领上殿。未受到答复。拜官职方员外郎。不久，任命他做张邦昌的下属为干当公事，秦桧上言："此行专为割地，与臣的意见矛盾，不合臣的本心。"三次上章推辞，被批准。

当时商议割让三镇以求停战，命秦桧代理礼部侍郎衔，与程瑀为割地使，奉侍肃王赵枢前往金营。金兵退师，秦桧、程瑀随行至燕京而还。御史中丞李回、翰林承旨吴开共同举荐秦桧，拜官为殿中侍御史，迁为左司谏。王云、李若水会见金兵两个头子（指完颜宗翰、完颜宗望）回来，说金人执意要得到土地，不然的话，就要进兵夺取汴京。靖康元年十一月，集合百官论议于延和殿，范宗尹等七十人请求割地给金人，秦桧等三十六人持反对意见。不久，秦桧拜官为御史中丞。

闰十一月，汴京失守，徽宗、钦宗二帝入金营。靖康二年二月，莫俦、吴开从金营回来，传达金帅的命令，让推立异姓为帝。留守王时雍等召集百官军民共同商议提出要立张邦昌为帝，众人都大惊失色而不敢作答，监察御史马伸声言于众道："我辈任职为言官，岂能坐视而不吐一句话！我们应共入议状，请求保存赵氏。"当时秦桧为御史台长官，听了马伸的话表示赞同，便进议状，道：

秦桧承受国家厚恩，甚为未能报效而惭愧。会金人拥重兵，临已被拔取之城，操生杀予夺之权，一定要改立异姓，秦桧拼命以争，不但是为了忠于主人，而且也是申明两国的利害。赵氏自祖宗以至嗣君（指宋钦宗），已一百七十余年。前因奸臣破坏盟约，结仇怨于邻国，谋臣策划失当，贻误君主，军队败没，遂使生灵涂炭，京都陷落，主上出于郊外，求和于军前。两元帅既已应允和议，遍闻于中外了，况我们也已竭尽府库所藏财物，追取主上服御所用，割让河北、河东土地，恭为臣子；现在竟改变前议，我们为人臣子，怎能忍心怕死而不争论呢？

宋对于中国，号令一统，疆土绵延万里，德泽加于百姓，前古所未曾有。虽然兴亡之命运，在天有气数，但怎能以一座都城之失而决定废立呢？从前西汉断送于王莽的新朝，但光武帝又重新振兴；东汉绝灭于曹氏，但刘备又在蜀地称帝；唐朝为朱温篡夺，李克用尚推演自己的族谱而承继之。这是因为大厦基础广厚而难于倾倒，大树根植深因而难于拔掉的缘故呀。

张邦昌在太上皇时，附会权幸之臣，共为蠹害国家之政。社稷倾危，生民涂炭，固然不是一人所致，但也是张邦昌所为。天下人正疾恨他如仇雠，如果把土地交给他，让他统治人民，四方豪杰必然一同奋起而诛讨之，绝对不会成为大金国的屏障。如果非要立张邦昌不可，则即使京师之民服从，天下之民也不会服从；京师的宗室子弟可以灭绝，但天下的宗室子弟绝不会灭绝。秦桧不顾忌斧钺之诛，陈述两国的利害，愿恢复嗣君之位以安定四方，这不仅使大宋蒙福，也是大金的万世之利呀。

紧接着，金人便要求秦桧前往金营。三月，金人立张邦昌为伪楚帝。张邦昌给金人写信，要求送还孙傅、张叔夜和秦桧，未被答应。开始，徽、钦二帝迁送北方，秦桧与孙傅、张叔夜、何栗、司马朴相随至燕山，又被迁徙至韩州。太上皇听说康王赵构已即皇帝位，便写信给金帅粘罕（宗翰），与他相约订立和议，交给秦桧加以润色。秦桧通过厚赂送达粘罕。正好金主吴乞买把秦桧赐给他弟弟挞懒为当差，挞懒攻打山阳。宋高宗建炎四年十月甲辰，秦桧与妻子王氏及婢仆一家，离开兵营，取路涟水军水寨，航海至行在。丙午，秦桧入见高宗。丁未，拜官礼部尚书，赐以银帛。

秦桧的归来，自称是杀死监视自己的金人，乘舟而来。但朝臣们很多都认为，秦桧与何栗、孙傅、司马朴同被拘留，而单单只有秦桧归来；另外从燕地到楚地两千八百里，渡河越海，难道就没有盘查他的？他怎么能够杀死监视者而南逃呢？即使让他从军挞懒，金人宽纵他，也必然把他的妻子作为人质，怎么会让他带着王氏一同随军？只有宰相范宗尹、同知枢密院李回与秦桧友善，便破除众人的各种怀疑，极力推荐秦桧忠心。未与高宗对问的前一天，高宗命他先见宰相。秦桧上来便谈"如果想要天下无事，那就南方自是南方，北方自是北方"，并奏上所起草的与挞懒求和书。高宗道："秦桧质朴忠诚，过于常人，朕得到他高兴得都睡不着觉了，这是因为不仅听到二帝与母后的消息，而且得到一个难得的人才呀。"范宗尹想把他安排为经筵侍读，高宗说："先给他一个事情少的尚书当。"所以才有了礼部尚书的任命。与秦桧同行的王安道、冯由义，水寨人丁禩及参议官，都改为京官，船夫孙靖也补承信郎。开始，朝廷虽然屡次派遣使者，但还是且守且和，而专门与金人解仇议和，实自秦桧开始。这是因为秦桧在金庭首倡和议，所以挞懒才纵放他让他南归。

绍兴元年二月，除官为参知政事。七月，范宗尹罢相。先是，范宗尹建议讨论徽宗崇宁、大观以来的滥赏，秦桧极力赞成这建议，后来看见高宗坚决不同意，反而以此来挤陷范宗尹。范宗尹既已去职，相位长久空虚。秦桧扬言道："我有两个主意，可以耸动天下。"有人问他为什么不说出来，秦桧道："如今没有宰相，是不可实行的。"八月，拜官为右仆射、同中书门下平章事，兼知枢密院事。九月，吕颐浩再次为宰相，秦桧与他共同秉政，图谋夺取他的权柄，示意自己的党羽建言："周宣王内修国政，外攘夷狄，所以才能成中兴大业，现今两位宰相应该分任于内外。"于是吕颐浩便建都督府于镇江。高宗道："吕颐浩专门治理军旅，秦桧专门处理政务，象春秋时越国的文种、范蠡的分工就可以了。"

绍兴二年，秦桧奏请建置修政局，自己担任提举，参知政事翟汝文与他共同掌管。没有多久，秦桧当面劾奏翟汝文擅自处治堂吏，翟汝文请求去职；谏官方孟卿一再弹劾，翟汝文竟被罢免。监察御史刘一止，是秦桧的党羽，说："周宣王内修国政，是修其所谓外攘夷狄的国政。如今簿书狱讼、官吏任命、土木营建，都不是当务之急。"屯田郎曾统也对秦桧说："宰相什么事都管，还要修政局干什么？"秦桧都不听从。既而有议论要废除修政局以动摇秦桧的，刘一止及检讨官林待聘都上疏说修政局不可废除。七月，调刘一止离开御史台，除官起居郎，这是因为他自叛其说，为有识者所讪笑。

吕颐浩自江上还朝，策谋赶走秦桧，有人教他牵引朱胜非为帮手。诏旨任命朱胜非为同都督。给事中胡安国言朱胜非不可用，于是朱胜非便调任醴泉观使兼侍读。胡安国请求去职，秦桧三次上奏请求留下，未予回答。不久吕颐浩以黄龟年为殿中侍御史，刘棐为右司谏，这是为驱逐秦桧做准备。于是江跻、吴表臣、程瑀、张焘、胡世将、刘一止、林待聘、楼炤全部免职，予以宫观使的虚衔，御史台、中书省为之一空，这些人都是秦桧的党羽。秦桧开初想倾倒吕颐浩，引荐当时的名贤如胡安国、张焘、程瑀等人布满清要之职。吕颐浩向席益问起除掉秦桧的策略，席益道："称他为朋党就可以了。如今党魁胡安国任职宫廷，应该先除去他。"这是由于胡安国曾向游酢问起人才的事，游酢以秦桧作回答，并且把他与荀文若相比拟。所以胡安国极力称赞秦桧比张浚贤能，秦桧也极力提引胡安国。至此，胡安国等人去职，秦桧不久也被免相。等到秦桧再次担任宰相误国，胡安国已经死了。黄龟年开始弹劾秦桧专主和议，破坏恢复大计，培植党羽，独揽大权，其苗头不可助长，以至把秦桧比成王莽、董卓。八月，秦桧罢相，为观文殿学士，提举江州太平观。

罢相的前一天，高宗召见直学士院綦崇礼入对，让他看秦桧所陈奏的二策：想把河北人归还金，把中原人还给刘豫。高宗道："秦桧说'南人归南，北人归北'。朕是北方人，将归于何处？秦桧还说'为相数月，可以耸动天下'，如今也没有听说他干过什么。"綦崇礼便把高宗说的话载之于"训辞"，播告中外，人们这才知道秦桧的奸邪。黄龟年等人劾论秦桧不已，下诏罢免其职，揭榜于朝堂，表示不再起用。绍兴三年，韩肖胄等出使金国还朝,以及金国使者李永寿、王翊一同来,要求全部放还北方的俘虏,与秦桧以前的建议相吻合。有识者越发明白秦桧与金人同谋,国家要受的屈辱还没完呢。

绍兴五年,金主既死,挞懒主持议和,终于达成和议。二月,恢复秦桧的资政殿学士,仍提举江州太平观。六月,除官观文殿学士、知温州。绍兴六年七月,改知绍兴府。不久,除官醴泉观使,兼侍读,充行宫留守;孟庚同为留守,并权赴尚书,枢密院参决庶事。当时已经降下诏旨将要巡幸,秦桧乞请扈从,不许。高宗驻跸于平江,召秦桧赴往行在,这是采用右相张浚的推荐。十二月,秦桧以醴泉观使兼侍读赴讲筵。绍兴七年正月,何藓出使金国还朝,得知宋徽宗和宁德太后的讣闻,高宗号恸发丧,当日授秦桧担任枢密使,待遇同于宰相。四月,命王伦出使金国,迎还徽宗、宁德后的灵柩。

九月,张浚请求罢相。高宗问:"谁能替代您呢?"张浚不回答。高宗问:"秦桧怎么样?"张浚道:"与他共事之后,才知道他愚昧不通。"高宗道:"那么就用赵鼎。"于是赵鼎再次为相。御史台、谏院交章论劾张浚,安置于岭南。赵鼎约集同列救解张浚,与张守向高宗面奏,各讲了数千百言,秦桧偏偏一言不发。于是张浚便被贬谪于永州。开初,张浚、赵鼎很合得来,张浚先为相,极力引荐赵鼎。他们曾一起讲论人才,张浚极口称说秦桧的优点,赵鼎说:"此人如得志,我们就无立足之地了。"张浚不以为然,所以引荐秦桧,共同处理政事才知道他的愚昧,就不复再引荐了。秦桧因此怀恨张浚,反而对赵鼎说:"皇上想要召用您,而张相国加以阻挠。"他是企图激怒赵鼎,让他排挤张浚。秦桧在枢密府只听从赵鼎,赵鼎一向厌恶秦桧,到这时反而对他深加信赖,最后终于被他倾陷。赵鼎与张浚晚年相遇于福建,说到这事,才知道全被秦桧所出卖了。

十一月,驻金国的使臣朱弁,来信报告粘罕死了,高宗道:"金人暴虐,不灭亡还等什么!"秦桧道:"陛下只管积德,中兴一定有机会的。"高宗道:"这固然是有机会,但也须有所作为,然后才可以得志。"

绍兴八年三月,拜官右仆射、同中书门下平章事,兼枢密使。吏部侍郎晏敦复而有忧色,说:"奸人当宰相了。"五月,金国派遣乌陵思谋等人来议和,与王伦偕同抵达。乌陵思谋就是宣和年间与宋朝通好于海上的人。朝议以吏部侍郎魏矼为馆伴(陪同接待外国使者的官员),魏矼辞道:"以前我担任御史,曾上言议和不对,今不可单独与他们相处。"秦桧问魏矼为什么反对主和,魏矼详细谈了敌国的情况。秦桧道:"您是以智识料度敌国,我是以真诚对待敌国。"魏矼道:"只怕敌国不以真诚对待相公。"秦桧便中改任命。六月,乌陵思谋等人见高宗。高宗愀然不乐地对宰相说:"先帝的灵柩,果然有归还之期,就是再等二三年也还可以。只是太后年纪已经高迈,朕旦夕思念,这就是所以不怕委屈自己,希冀和议早日谈成的原因呀。"秦桧道:"委屈自己议和,这是皇上的孝心。见到主人卑屈,愤懑不平,这是臣子的忠心。"高宗道:"虽然如此,也要有备无患,假使和议可成,边备也不可松弛。"

十月,宰相执政入见高宗,事后秦桧单独留下,道:"臣僚们畏首畏尾,大多手执两端,这不足以与他们决定大事。如若陛下决心要讲和,乞请专与臣商议,不要让群臣参预。"高宗道:"朕只委托您一个人。"秦桧道:"臣依然担心有所不妥,望陛下再思考三天,容臣另奏。"又过三日,秦桧再次单独留下奏事。高宗求和的愿望很坚决,秦桧仍然以为还不够,道:"臣恐怕别有不便,想希望陛下再思考三天,容臣另奏。"高宗道:"好吧。"又过了三日，秦桧又照旧单独留下奏事，知道高宗的决心已坚定不移了，便拿出文字请决定和议，不许群臣参与。

赵鼎力求离开相位，以少傅衔出知绍兴府。开初，高宗没有儿子。建炎末年，范宗尹贴近高宗膝下请示，于是命令宗室赵令广从宋太祖的后代中挑选，得到赵伯琮、赵伯玖收养宫中，他们都是太祖的七世孙。赵伯琮改名赵瑗，赵伯玖改名赵璩。赵瑗先建节，封建国公。高宗谕令赵鼎专门负责此事。赵鼎又请求建资善堂，赵鼎罢相，言官攻击赵鼎，必以资善堂为口实。及至赵鼎、秦桧再次为相，高宗降出御札，除赵璩为节度使，封吴国公。众执政相聚议论，枢密副使王庶见到御札，大呼道："两个后嗣并列，这是不可实行的。"赵鼎把这事问秦桧，秦桧不回答。秦桧反过来问赵鼎，赵鼎道："自从丙辰年（绍兴六年）我被罢相，批评我的人专门以此为口实，如今我应避嫌。"二人相约一同上奏当面把御札退还给高宗，及至到了高宗面前，秦桧一句话也不说了。赵鼎道："如今建国公位次在赵璩之上，虽然没有正式立他为太子，但天下之人知道陛下已有后嗣了。今天在礼数上不能不与赵璩有所区别。"高宗便留下御札答应再商议。第二天，秦桧单独留下奏事。过了几天，参知政事刘大中参见秦桧，也主张建国公与赵璩名位要有区别。所以赵鼎与刘大中一同被罢免。明年，赵璩终于被任命为保大军节度使，封崇国公。所以赵鼎入宫辞别时，劝高宗说："臣离开之后，必然会有用孝悌之说来挟制陛下的。"出宫见到秦桧，一揖而去，秦桧便也怀恨在心。

赵鼎既已罢相，秦桧独专国政，下决心与金国议和，朝廷的贤达官员，因为议论与秦桧不合，相继去官。中书舍人吕本中、礼部侍郎张九成都不肯赞同和议，秦桧告诉他们要柔顺委曲些，张九成道："没有自己邪曲而能使别人正直的。"秦桧恨透了他。殿中侍御史张戒上疏请求留下赵鼎，又陈述十三事以论和议的错误，得罪了秦桧。王庶与秦桧尤其合不来，自淮西调入枢密院，始终声言和议不对，总共上疏七次，并且对秦桧说："你忘了在东都想保存赵氏的时候了，为什么要留下这个敌人呢？"秦桧正挟靠金人以自重，特别恼恨王庶这句话，所以把他排斥出朝廷。

枢密院编修官胡铨上疏，请求斩秦桧、王伦以谢天下。于是上下议论纷纷。秦桧装成解救的样子，终于用刑具押送胡铨，贬斥于昭州。陈刚中写启给胡铨表示支持，秦桧大怒，把陈刚中送交吏部，安排他做赣州安远知县。赣州共有十二个县，安远濒接南岭，地方险恶，瘴毒很重，俗谚道："龙南、安远，一去不转。"说的是一去必死。陈刚中果然死在哪里。不久，秦桧以胡铨之事告诫中外。既而校书郎许忻、枢密院编修官赵雍同日上疏，依然遵循胡铨的意思，极力反对和议。赵雍又要纠正南朝北朝谁为兄谁为弟的名分，秦桧也不能降罪。曾开见秦桧，说今日应当论存亡，不应论安危。秦桧愕然，把他赶了出去。司勋员外郎朱松、馆职胡珵、张扩、凌景夏、常明、范如圭联名上疏，道："金人依仗'和'这一个字，得逞于我朝十有二年。他们以此覆灭我们的社稷，松弛我们的边备，竭尽我们的国力，缓削我们的不共戴天之仇，让我们中原地区呕吟怀念大宋的百姓绝望。他们以"诏谕江南"为名，要挟陛下行以稽首之礼。自公卿大夫下至六军万姓，无不扼腕愤怒，岂肯听由陛下北面为仇敌的臣子呢！天下必将有仗恃大义，向相公问罪者！"过了数日，代理吏部尚书张焘，吏部侍郎晏敦复、魏矼，户部侍郎李弥逊、梁汝嘉，给事中楼炤，中书舍人苏符，工部侍郎萧振，起居舍人薛徽言同班入奏，极力倡言高宗对金人行卑屈之礼是不对的。新任命的礼部侍郎尹焞单独上疏,亦递交书函深切地指责秦桧。秦桧开始大怒,尹焞于是坚决推辞新的任命而不拜官。奉礼郎冯时行被高宗召对,说和议不可信赖,以至援引汉高祖分羹事为比喻。高宗道:"我实在不忍心听这种话!"皱着眉头起身而去。秦桧便贬谪冯时行为万州知州,不久便也判罪。中书舍人勾龙如渊高声对秦桧说:"邪说兴起,为什么不选择御史把他们抨击赶走呢!"秦桧便奏请勾龙如渊为御史中丞,首先弹劾胡铨。

金国使者张通古、萧哲以"诏谕江南"为名目,秦桧担心舆论归咎自己,与萧哲等商议,改"江南"为"宋",改"诏谕"为"国信"。京、淮宣抚处置使韩世忠共四次上疏极力谏阻,疏中有"金人把我朝当成刘豫一样对待"的话,并且说敌人兵势强大之处,愿意由自己率兵抵御,未被应允。萧哲等既已抵达泗州,要求所经过的州县以臣礼相迎,到达临安那天,让高宗以客礼相待。韩世忠更加愤怒,再次上疏通:"金人以诏谕为名目,暗自把归顺的名义安在陛下头上,这是君主受辱臣子死节的时刻,我愿效死战以决胜败。如若不能克敌,再委曲所从也不晚。"也未受批准。萧哲等既入边境,接伴使范同连连下拜问金主安好,军民见此情景的,往往流下眼泪。萧哲过平江,守臣向子諲不肯下拜,向朝廷请求致仕。萧哲等至淮安,说先归还河南土地,并册封高宗为帝,然后再慢慢谈其他的事。

秦桧到此时想要高宗行卑屈之礼,高宗道:"朕继承的是太祖、太宗的基业,岂可接受金人的封册。"正值三衙帅杨沂中、解潜、韩世良相率来见秦桧,说:"军民议论汹汹,怎么办?"退下之后,又告诉了御史台和谏院。于是勾龙如渊、李谊屡次见秦桧议论金国封册的事。勾龙如渊说把封册拿来放进宫中,那么册封之礼虽然不行,但册封之事却成定局了。给事中楼炤也举出"谅阴三年不言"的典故告诉秦桧,于是确定由秦桧摄理家宰接受封册的决议。高宗也痛责王伦,王伦告诉金国使者,金国使者也害怕了,便接受了这个方案。高宗命令秦桧就到使馆中见萧哲等接受封册。金国使者要求百官都参加接受封册的大礼,秦桧便让中书省的官吏穿上朝服,前导后从,把封册送进皇宫。这前一天,诏命金国使者来,金国准备全部割还河南、陕西宋朝故土,又答应归还徽宗的灵柩以及高宗的母亲、兄长等亲属,开始并未提出索求什么。高宗因为参知政事李光一向很有声望,所以让他签署和议,以平静舆论。又降御札赐韩世忠、岳飞、张俊三大将。

绍兴九年,金人归还河南地、陕西故土。以王伦签书枢密院事,充任奉迎灵柩、奉还两宫、交割地界使,以蓝公佐为副使。命判大宗正事士、兵部侍郎张焘朝祭北宋诸帝的八陵。高宗对宰相们说:"河南新收复,应该命守臣专心抚恤遗民,劝励农桑,各自凭借本地供应食粮,利用本地人守御疆土,不可移用东南的财物,空虚内地以事边塞。"高宗虽然听信秦桧而议和,但实际上怀疑金人的诡诈,未尝放松边备。

当时张浚在永州,驰驿上奏,力言要以石晋、刘豫为鉴戒,他又写信给孙近,认为"拥戴暴秦为帝,灾祸虽然推迟,但后果更严重"。上饶守徐俯,广东帅连南夫,淮西宣抚使岳飞,都在贺表中暗寓讥讽。徐俯道:"祸福相倚相伏,其情伪诈多端。"连南夫道:"不可信也要相信,他们所说的难道真是那么回事?虽然虞舜十二州全部归于我朝的教化,但对商於六百里的许诺却要提防是他们的欺诈!"岳飞道:"为了一时救急而解倒悬之百姓,这样的还算可以;但要从长计议而为中国之尊,难道应该这样做吗?"其他如秘书省正字汪应辰、樊光远,澧州推官韩绐,临安府司户参军毛叔庆,都上言金人居心叵测;迪功部张行成献上《询刍书》(刍,乌刍,指身在山野的人。询刍,即向山野之人征求对国家大事的看法)二十篇,大意是说,自古讲和,没有始终不变者,他所条列的都是预防之策。秦桧对他们全都加以黜责,韩纲则贬官于循州。

七月,金国兀术杀死其国领三省事宗磐和左副元帅挞懒,拘留王伦于中山府。因为兀术认为归还宋朝土地是这两个人的主谋,他准备另有谋划。王伦曾经把这事秘密上奏于朝廷,但秦桧不做任何防备,只是催促王伦北上。当时韩世忠有乘其松懈而掩袭的建议,秦桧却说《春秋》之义是不乘人之丧而用兵,与高宗之意相合,这事也就完了。

绍兴十年,金人果然撕毁盟约,分四路入侵。兀术入东京(开封),葛王褒取南京(商丘),李成取西京(洛阳),撒离喝直趋永兴军。河南诸郡相继陷落。高宗这时方才大惊,下诏责数兀术之罪。御史中丞王次翁奏道:"前日所定政策,并没有谁是主要制定者。如今事情小有变故,就改用他人为宰相,后来者未必更贤能,而排挤废黜异党,乱纷纷的几个月也安定不下来。愿陛下以此为戒。"高宗非常赞成。秦桧极力压制众人言论,始终以和议自任,而王次翁却说没有人是和议的主谋,这是专门为秦桧做开脱。于是秦桧的相位又稳固住了。他占据其位共十八年,公众舆论都不能动摇了。

六月,秦桧上奏道:"德无常师,主张好就是师。臣前见挞懒有割地讲和的建议,所以赞成陛下收取河南故土。如今兀术杀害他的叔父挞懒,蓝公佐归朝,和议已发生变故,所以赞成陛下定征讨伐罪之计。臣愿至长江告谕诸帅,同力招讨。"但他终于没有动身。闰六月,贬赵鼎于兴化军,这是因为王次翁承受秦桧意旨,上言说赵鼎图谋复用为相的缘故。言官攻讦不已,不久赵鼎又流放到潮州。

当时张俊攻克亳州,王胜攻克海州,岳飞攻克郾城,几乎擒获兀术。张浚战胜于长安,韩世忠战胜于泇口镇,诸将所向皆奏捷报,而秦桧极力主张班师。九月,下诏命岳飞还行在,杨沂中还镇江,刘光世还池州,刘锜还太平。岳飞军队闻听诏命,旗帜倒,车辙乱,岳飞惊讶地张开口都合不上了。于是淮宁、蔡州、郑州又为金人据有,以建明堂降恩封秦桧为莘国公。绍兴十一年,兀术再次举兵,取寿春,入庐州。宋将邵隆、王德、关师古等连战皆捷。杨沂中战于拓皋,又破金兵。秦桧忽然谕令杨沂中和张俊立即班师。韩世忠听说了,止于濠州而不进,刘锜听说,也抛弃寿春而归。从此便不再出兵。

四月,秦桧想要把诸将的兵权全部收归朝廷,给事中范同献计,秦桧接受了。秦桧密奏召回三大将论功行赏,韩世忠、张俊同为枢密使,岳飞为枢密副使,以宣抚司军隶属枢密院。六月,秦桧拜官左仆射、同中书门下平章事兼枢密使,进封庆国公。《徽宗实录》修成,迁少保,加封冀国公。之前,莫将、韩恕出使金国,被拘留于涿州。到这时,兀术有求和之意,便放他们南归。秦桧又奏派刘光远、曹勋出使金国,又以魏良臣为通问使。没多久,魏良臣偕同金国使者萧毅等来,议定以淮河为界,要求割让唐、邓二州。接着便派遣何铸报答回访,答应了金国的要求。

十月,兴岳飞之狱。秦桧使谏官万俟卨论定岳飞的罪名,张俊又诬陷岳飞的旧部将张宪谋反,于是岳飞及其子岳云俱被逮送大理寺,命御史中丞何铸、大理卿周三畏审问。十一月,贬李光于滕州,范同罢免参知政事。范同虽然附合和议,但由于独自向皇帝奏事,秦桧很疑忌他。十二月,杀害岳飞。秦桧因为岳飞屡次言说和议失策,并且曾经上奏请早立太子,都与秦桧主张相反,所以一定要杀死他。何铸、周三畏开始鞠问,很久都不承认罪状;万俟卨入御史台,于是便呈上定案。他诬陷岳飞曾说过"自己与太祖皇帝都是三十岁为节度使",这是图谋不轨,也还有接受诏旨不救淮西之罪,于是赐死于狱中。其子岳云及张宪都被杀于都城市中。天下冤之,闻者流涕。岳飞之死,张俊也用了力。

绍兴十二年,胡铨再贬,被编管于新州。八月,徽宗及显肃太后、懿节太后的灵柩运至行在,韦太后返回,住慈宁宫。九月,加秦桧为太师,进封魏国公。十月,进封秦、魏两国公。秦桧因为所封两国与蔡京、童贯相同(蔡京封魏国公,童贯封秦国公),请改封其母为秦、魏国夫人。其子秦熺举进士,其馆客何溥入尚书省活动,秦熺连中第一。秦熺本是王晚妾生的儿子,秦桧的妻子是王晚的妹妹,没生儿子。王晚的妻子出身权贵而性妒,秦桧当时在金国,便把秦熺作为秦桧的后嗣。秦桧南还,他家带来秦熺给他看,他非常喜欢。秦桧暗幸和议再次达成,更加罪咎前日与自己持异议的人。此前,赵鼎贬于潮州,王庶贬于道州,胡铨再贬于新州。到这时,都被宣布即使遇赦也永远不准检举取用。曾开、李弥逊都被免职。张俊本来赞成和议,但他当了一年多枢密使而毫无辞去之意,秦桧便暗示江邈劾奏罢免他。

绍兴十三年,贺瑞雪。下雪而祝贺祥瑞,这事由秦桧创始。又贺日食不见,此后凡是日食都记载说不见。彗星是经常出现的。待选的官员康倬上书说彗星不值得畏惧,秦桧大喜,特别改命为京官。楚州上奏说盐城县的海水变清,秦桧请求祝贺,高宗没答应。虔州知州薛弼上言,说木头里有字"天下太平年",降诏把此事载入史册。于是装点形式,以粉饰政治,如乡饮、耕籍之类的礼仪样样并举;只打算苟且偷安于余杭,从此不再巡幸长江,而祥瑞之奏接连上闻了。

洪皓自金国归朝,名节特别突出。因为他把致金国头目室撵的话转达朝廷,在翰林院没做了一个月官就被秦桧赶走了。室撵,是粘罕的亲信。开初,粘罕行军至淮上,秦桧曾替他起草檄文,被室撵看见了,所以借着洪皓南归捎回这个信息。秦桧本以为士大夫没有知道这事的,等听到洪皓的话,深以为恨,便命李文会弹劾他。胡舜陟因为讥笑朝政而下狱死,张九成因为传播民间流言而被贬,连累到和尚宗杲受到发配管制,他们都是因为说话得罪了秦桧。张邵也因为对秦桧说起金人有归还钦宗及诸王后妃的意思,坐罪斥为外祠。绍兴十四年,贬谪黄龟年,因为他过去曾弹劾过秦桧。闽、浙水灾,右武大夫白锷说了句"燮理乖谬",便刺面发配于万安军。太学生张伯麟曾在墙上写了"夫差,你忘记越王杀死了你父亲吗?"一句话,就杖脊后刺配吉阳军。故将军解潜罢官闲居,辛永宗统兵于外郡,也因为不附和和议而坐罪,解潜流放于南安而死,永宗编管于肇庆而亡。赵鼎、李光都再次流放过海。洪皓的得罪,是由于白锷到处赞扬他在金国不屈的气节。李光是因为在滕州与人唱和诗词,有讽刺到秦桧的话,被守臣所告发。

此前,大臣讨论建国公出阁的事,吏部尚书吴表臣,礼部尚书苏符等七人讨论礼仪时与秦桧意见不同,于是吴表臣等都以讨论不详、怀奸依附赵鼎的罪名被罢免。开始,秦桧曾对高宗说:"赵鼎想要立皇太子,是指望陛下永远没有儿子。所以要等陛下有了亲生儿子才立。"于是唆使御史中丞詹大方上言赵鼎邪谋密计,深不可测,与范冲等都怀有异谋,以徼求不应得到的好处。范冲曾担任资善堂的翊善,所以詹大方诬陷他。其后,监察御史王镃上言:皇帝没有后嗣,应该祠祭高禖。于是诏命筑神坛于圜丘之东。这都是秦桧的意旨。

台州曾惇向秦桧献诗,称为"圣相"。凡是向秦桧投书献诗的,都以为皋陶、夔、稷、契这些古代的贤辅尚不足比拟,必称之为"元圣"。秦桧请求禁止野史。又命其子秦熺以秘书少监领修国史,进呈建炎元年至绍兴十二年《日历》五百九十卷。秦熺因韦太后自北方归来,自己颂扬秦桧的功德共二千余言,让著作郎王扬英、周执羔呈上,都被升了官。自从秦桧再次为相,凡是前次罢相以来的诏书、章疏,只要稍涉及秦桧的,都被更替焚弃,日历和时政的记录已经丧失很多,此后的记录都是秦熺所写,再也没有公道是非了。冬十月,右正言何溥指斥程颐、张载留下的著作为"专门曲学",力加禁绝,人们不敢说他不对。

绍兴十五年,秦熺除官翰林学士兼侍读。四月,赐秦桧上等的府第,命教坊用音乐引导入内,赐铜钱金绵各有等差。六月,高宗亲临秦桧府第,秦桧的妻子、儿媳和子孙都受恩典。秦桧先已禁绝私史,七月,他又对高宗说私史有害于正道。当时司马伋便上言说《涑水记闻》不是他曾祖司马光论著之书,其后李光家的人也把李光所藏万卷图书全部焚烧。十月,高宗亲自书写"一德格天"作为秦桧楼阁的匾。绍兴十六年正月,秦桧建立家庙。三月,高宗赐祭器。将相被赐祭器,自秦桧开始。

此前,高宗因彗星出现而征求直言。于是张浚上疏,说如今的形势,比如在头目心腹之间养了个大疽疮,不破裂就永远滋长着,愿预先做好准备。不然的话,将来有把国家送给敌人的,反要归罪于正直议论了。秦桧早就怀恨张浚,到这时更加愤怒,便剥夺了张浚的节钺,贬于连州,不久又移至永州。

绍兴十七年,改封秦桧为益国公。五月,移贬洪皓于英州。八月,赵鼎死于吉阳军。这年夏天,先有了赵鼎遇赦也永不录用的御旨,又命令当地官员每月申报赵鼎是否还活着,赵鼎知道了,便绝食而死。自从赵鼎被贬谪,其门生故吏都被罗织陷害,就是听到他死讯而叹息的也要被加罪。又流放吕颐浩的儿子吕撝于滕州。十二月,进士施锷献上《中兴颂》《行都赋》和《绍兴雅》等十篇,永远免除文解(即不须地方保送,永远可以直接应试)。从此颂咏诌谀的人越来越多。赐百官赏雪用的御宴于秦桧府第。

绍兴十八年,秦熺除官知枢密院事。秦桧问胡寅:"外边议论怎样?"胡寅道:"认为公相必然不会蹈袭蔡京的老路。"五月,李显忠上策谈恢复,被罢免军职,挂名祠禄之官。六月,迪功郎王廷珪被编管于辰州,因为他曾作诗送胡铨。闰八月,福州上言百姓采集竹实万斛以充饥。十一月,胡铨自新州移贬吉阳军,因为他作颂"谤讪朝政"。

绍兴十九年,高宗命人为秦桧画像,亲自作赞。这一年,湖广、江西、建康府都上言说天降甘露,诸郡奏言监狱空虚。高宗曾经对秦桧说:"如今有奏言监狱空虚的,应该让监司验证核实。如果是妄言,就要以法处治,仍命御史台调查此事。假如不加以惩戒,那么奏言甘露、瑞芝之类,就会崇虚饰诞,无所不至了。"高宗虽然宠眷秦桧,但还是如此不可欺瞒。十二月,禁止私作野史,允许人告发。

绍兴二十年正月,秦桧上朝,殿司小校施全行刺秦桧不中,被斩于市。从此秦桧每次外出,都排列五十名士兵,手持长棍以自卫。这个月,曹泳告发李光之子李孟坚熟记李光所做的私史。狱案成,李光流放已久,诏令永不起用;李孟坚编置于峡州;朝官连坐者八人,都被罢官降级;胡寅流放于新州。曹泳因此而被骤然提拔。五月,秘书少监汤思退上奏,要求把当年秦桧要求金人"存赵氏"的本末交付史馆。六月,秦熺加官为少保。郑炜告发他的同乡、福建安抚司机宜吴元美写了篇《夏二子传》,这二子指的是蚊子和苍蝇;吴家有潜光亭、商隐堂,把亭子起名"潜光",是有心为李光之党,把厅堂起名叫"商隐",是无意于效劳秦桧。因此秦桧尤其憎恶吴元美。他还编管了右迪功郎安诚和布衣汪大圭,斩杀了有恩荫的惠俊和进义副尉刘允中,黥刺了径山和尚清言,都是因为他们的"讪谤"。当时秦桧病刚痊愈,朝参皇上时允许乘轿子入宫,由两个孙子搀扶着,免去下拜之礼。绍兴二十一年,朝散郎王扬英上书推荐秦熺为相,秦桧便奏请王扬英做泰州知州。

绍兴二十二年,又兴起王庶的两个儿子王之奇、王之荀、叶三省、杨炜、袁敏求四大狱,都以"谤讪"坐罪。杨炜还因为曾登过李光、萧振的门,上言时事。于是李光便永不起用,萧振贬于池州。绍兴二十三年,秦桧请降旨台州,到谢伋家取回綦密礼所受的御札缴进。秦桧刚被罢相时,御札上有指责秦桧的话,所以要泯灭其痕迹。这一年,进士黄友龙坐"谤讪"罪,黥面发配岭南;内侍裴咏坐"指斥"罪,编管于琼州。绍兴二十四年二月,杨炬因为其弟杨炜因死于宾州,杨炬便被编管于邕州。何兑申诉其师马伸发起上金人书请求保存赵氏,因为要分秦桧之功,何兑被编管于英州。三月,秦桧之孙敷文阁待制秦埙参加进士考试,省试、殿试全是第一,秦桧的侄子秦炜焴,秦桧的姻党周寊、沈兴杰也都登上第,士人舆论甚为不平。考官则是魏师逊、汤思退、郑仲熊、沈虚中、董德元。魏师逊刚掌管赠举,就对人说:"吾辈可以富贵了。"及至廷试,秦桧又奏请汤思退为编排官,魏师逊为详定官。秦埙与第二名曹冠的策问都是攻击"专门之学",张孝祥的策问则主张"一德元老"兼及"存赵"事。高宗读秦埙的策,都是秦桧、秦熺平日说的话,于是擢拔张孝祥的第一,降秦埙为第三。没有多久,秦埙为实录院修撰。宰相的子、孙同领史馆之职,这是前所没有的。

六月,因为王循友以前知建康府时曾经追究秦桧族党的罪行,于是被安置于滕州。八月,王趯为李光请求迁往内地,被编管于辰州。郑珏、贾子展因为在聚会时有嘲谑和议的话,郑珏被流放容州,贾子展被流放德庆府。方畴因为与胡铨有书信往来,被编置于永州。十二月,魏安行、洪兴祖由于广泛传播程瑀写的《论语解》,魏安行被编置于钦州,洪兴祖被编置于昭州。又流放了程纬,因为他傲慢无礼。

高宗曾对秦桧说:"近日轮对的官员,大多告假避免。百官轮对,正想闻所未闻,可让他们检举约束。"秦桧把持政权以来,屏塞人们的言论,遮蔽皇上的耳目,凡是当时献言的,不是歌颂秦桧的功德,就是告讦别人的语言以中伤良善。真想上言的恐怕触碰到忌讳,害怕言及国事,仅说些"销金铺翠""请禁用鹿胎冠子"之类的话,聊以塞责而已。所以高宗言及此事,也是防备秦桧壅塞言路以屏蔽耳目的意思。

衢州曾有盗贼兴起,秦桧派遣殿前司的将官辛立率领千人捕拿,并未报告高宗。晋安郡王因入侍宫中而说到此事,高宗大惊,问秦桧,秦桧说:"这事不足以烦扰圣上思虑,所以不敢奏闻,盗贼平定后自会上奏的。"退下之后追究缘故,知道是晋安郡王说的,便上奏晋安郡王正居秀王之丧,不应给薪俸,每月减少二百贯,高宗为此而从内库中出钱补给晋安郡王。

绍兴二十五年二月,因为沈长卿旧日曾向李光上书讥诮和议,又和芮烨一起赋《牡丹诗》,有"宁令汉社稷,变作莽乾坤"的句子,为邻人所告发,沈长卿被编置于化州,芮烨编置武冈军。静江有个驿站叫秦城,知府吕愿中率领僚属共赋《秦城王气诗》以取媚秦桧,不赋诗者唯有刘芮、李燮、罗博文三人而已。吕愿中因此而被召见。又有张扶请求秦桧乘金根车,还有请置益国公官属和商议给秦桧"九锡"的,秦桧听了安然若素。十月,申命禁止"专门之学"。把太庙的灵芝绘为彩旗,凡是各郡国所奏的瑞木、嘉禾、瑞瓜、双莲之类,全都绘成彩旗。

赵令衿观秦桧的《家庙记》,口里诵念着"君子之泽,五世而斩",为汪召锡所告发。御史徐嘉又劾论赵鼎之子赵汾与赵令衿饮酒相别,厚赠盘缠,必定有奸谋,诏令送交大理寺,拘赵令衿于南外宗正司。秦桧在一德格天阁上书写赵鼎、李光、胡铨的姓名,必欲杀之而后已。赵鼎已死而他仍恨不已,于是便想罪及子孙杀死赵汾。秦桧忌恨张浚尤其厉害,所以赵令衿之狱,张宗元之罢免,都波及到张浚。张浚在永州,秦桧又派他的死党张柄知潭州,与郡丞汪召锡一起监视张浚。到这时,秦桧让赵汾自诬与张浚及李光、胡寅策划叛逃,当时的贤士总共五十三人全部都参予了谋反。此狱已成,而秦桧却病得不能写字了。

这月的乙未日,高宗临幸秦桧府弟探视病况,秦桧一句话也说不出来,只有流泪而已。秦熺奏请谁能代居相位,高宗道:"这事不是你该参予的。"高宗便命权直学士院沈虚中草拟秦桧父子致仕的诏书。秦熺还派他的儿子秦埙与林一飞、郑枏趁夜去见台谏徐嘉、张扶,策划让他们奏请自己为宰相。丙申日,诏命秦桧加封建康郡王,秦熺进位少师,全都致仕,秦埙、秦堪都提举江州太平兴国宫。这天夜里,秦桧死,年六十六岁。后追赠申王,谥忠献。

秦桧两次窃据相位,共十九年,劫制君主包藏祸心,求和误国,忘仇灭伦。一时的忠臣良将,被他诛除殆尽。而那些顽钝无耻之人,大都为秦桧所任用,争着以诬陷良善为功。他们的诬陷人,没有什么罪可写,只不过是说"谤讪",说"指斥",说"怨望",说"立党沽名",再甚则说是"有无君之心"。凡是劾奏人的章疏,都是秦桧自己操笔而交给上言的爪牙,认识的人说:"这是老秦的文笔。"伺察窥探别人行事的卒子们,布满了京城,有人稍涉讥议,即被逮捕审治,深文周纳,中以罪名。他还暗自交结内侍及医师王继先,窥伺皇上的举动。郡国有事只申报中书省,没有一件送到皇上面前的。秦桧死后,高宗才对人说起这事。

秦桧倡立"久任"之说,士人淹滞无官,有十年不被荐举的。而依附自己的则立即擢用。从他独自勾宰相(宋制分左、右二相),到死为止,更换执政二十八人,都是世人没有一个称誉的。柔佞而易于控制者,如孙近、韩肖胄、楼炤、王次翁、范同、万俟卨、程克俊、李文会、杨愿、李若谷、何若、段拂、汪勃、詹大方、余尧弼、巫伋、章夏、宋朴、史才、魏师逊、施钜、郑仲熊之徒,大多从冗散之职,骤然提拔至政要之地。既与他共掌政务,唯有拱手无言而已。还有很多本是言官,受秦桧驱使弹劾政敌,便以执政之职做回报,由中丞、谏议而升任执政者共有十二人,但都刚进政府便又离开,或一个多月,或半年就被罢免。只有王次翁当了有四年多,因为金人撕毁和议之初,他曾坚持"不更换宰相"之说,秦桧很是感激他的缘故。秦桧敞开大门接受贿赂,其富敌国,外国的珍宝,在他死后还送到他家。人们说秦熺自从秦桧秉政,没有一天不锻造金银酒具,裱治书画,这只不过是一件小事而已。

秦桧阴险如悬崖陷阱,其深险令人叵测。同列与他论事于皇上面前,他从不极力争辩,只是用一两句话把对方倾陷。李光曾经与秦桧争论,言语对秦桧很有触犯,但秦桧不答辩,等到李光说完,他才从容说道:"李光无人臣之礼。"高宗这才被激怒。凡是陷害忠良,他大多用这种伎俩。晚年他残忍尤甚,屡次兴起大狱。他还特别喜欢别人的阿谀谄佞,以至不避嫌疑。

但秦桧死,秦熺废,他的党羽依然承继他的理论,力持和议,以此而窃据相位者尚有数人,直到孝宗时才清洗干净。宋宁宗开禧二年四月,追夺秦桧王爵,改谥为"谬丑"。到嘉定元年,史弥远又奏请恢复其王爵、赠谥。

贾似道传

【题解】

贾似道(1213~1275),字师宪,台州人,因身为外戚,自少放荡不羁。宋元开战,他卖国求荣,谎称战功,欺骗理宗,赚得右丞相之名。干预朝政"权倾天下,进用小人,为非作歹"。后因扶立废宗,权势日盛。一时正人君子,全被其贬尽,后遭贬,为县臣郑虎臣杀死。

【原文】

贾似道字师宪,台州人,制置使涉之子也。少落魄,为游博,不事操行。以父荫补嘉兴司仓。会其姊入宫,有宠于理宗,为贵妃,遂诏赴廷对,妃于内中奉汤药以给之。擢太常丞、军器监。益恃宠不检,日继游诸妓家,至夜即燕游湖上不反。理宗尝夜凭高,望西湖中灯火异常时,语左右曰:"此必似道也。"明日询之果然,使京尹史严之戒敕之。严之曰:"似道虽有少年气习,然其材可大用也。"寻出知澧州。

淳祐元年,改湖广总领。三年,加户部侍郎。五年,以宝章阁直学士为沿江制置副使、知江州兼江西路安抚使。一岁中,再迁京湖制置使兼知江陵府,调度赏罚,得以便宜施行。九年,加宝文阁学士、京湖安抚制置大使。十年,以端明殿学士移镇两淮,年始三十余。

贾似道

宝祐二年,加同知枢密院事、临海郡开国公,威权日盛。台谏尝论其二部将,即毅然求去。孙子秀新除淮东总领,外人忽传似道已密奏不可矣,丞相董槐惧,留身请之,帝以为无有,槐终不敢遣子秀,以似道所善陆壑代之,其见惮已如此。四年,加参知政事。五年,加知枢密院事。六年,改两淮宣抚大使。

　　自端平初,孟珙帅师会大元兵共灭金,约以陈、蔡为界。师未还而用赵范谋,发兵据峣、函,绝河津,取中原地,大元兵击败之,范仅以数千人遁归。追兵至,问曰:"何为而败盟也?"遂从攻淮、汉,自是兵端大启。

　　开庆初,宪宗皇帝自将征蜀,世祖皇帝时以皇弟攻鄂州,元帅兀良哈由云南入交阯,自邕州蹂广西,破湖南,传檄数宋背盟之罪。理宗大惧,乃以赵葵军信州,御广兵;以似道军汉阳,援鄂,即军中拜右丞相。十月,鄂东南隅破,宋人再筑,再破之,赖高达率诸将力战。似道时自汉阳入督师。十一月,攻城急,城中死伤者至万三千人。似道乃密遣宋京诣军中请称臣,输岁币,不从。会宪宗皇帝晏驾于钓鱼山,合州守王坚使阮思聪蹑急流走报鄂,似道再遣京议岁币,遂许之。大元兵拔砦而北,留张杰、阎旺以偏师候湖南兵。明年正月,兵至,杰作浮梁新生矶,济师北归。似道用刘整计,攻断浮梁,杀殿兵百七十,遂上表以肃清闻。帝以其有再造功,以少傅、右丞相召入朝,百官郊劳如文彦博故事。

　　初,似道在汉阳,时丞相吴潜用监察御史饶应子言,移之黄州,而分曹世雄等兵以属江阃。黄虽下流,实兵冲。似道以为潜欲杀己,衔之。且闻潜事急时,每事先发后奏,帝欲立荣王子孟启为太子,潜又不可。帝已积怒潜,似道遂陈建储之策,令沈炎劾潜措置无方,致全、衡、永、桂皆破,大称旨。乃议立孟启,贬潜循州,尽逐其党人。高达在围中,恃其武勇,殊易似道,每见其督战,即戏之曰:"巍巾者何能为哉!"每战,必须劳始出,否即使兵士哗于其门。吕文德诟似道,即使人呵曰:"宣抚在,何敢尔邪!"曹世雄、向士璧在军中,事皆不关白似道,故似道皆恨之。以核诸兵费,世雄、士璧皆坐侵盗官钱贬远州。每言于帝欲诛达,帝知其有功,不从。寻论功,以文德为第一,而达居其次。

　　明年,大元世祖皇帝登极,遣翰林侍读学士、国信使郝经等持书申好息兵,且徵岁币。似道方使廖莹中辈撰《福华编》称颂鄂功,通国皆不知所谓和也。似道乃密令淮东制置司拘经等于真州忠勇军营。

　　时理宗在位久,内侍董宋臣、卢允升为之聚敛以媚之。引荐奔竞之士,交通贿赂,置诸通显。又用外戚子弟为监司、郡守。作芙蓉阁、香兰亭宫中,进倡优傀儡,以奉帝为游燕。窃弄权柄。台臣有言之者,帝宣谕去之,谓之"节贴"。

　　似道入,逐卢、董所荐林光世等,悉罢之,勒外戚不得为监司、郡守,子弟门客敛迹,不敢干朝政。由是权倾中外,进用群小。取先朝旧法,率意纷更,增吏部七司法。买公田以罢和籴,浙西田亩有直千缗者,似道均以四十缗买之。数稍多,予银绢;又多,予度牒告身。吏又恣为操切,浙中大扰。有奉行不至者,提领刘良贵劾之。有司争相迎合,务以买田多为功,皆缪以七八斗为石。其后,田少与硗瘠、亏租与佃人负租而逃者,率取偿田主。六郡之民,破家者多。包恢知平江,督买田,至以肉刑从事。复以楮贱作银关,以一准十八界会之三,自制其印文如"贾"字状行之,十七界废不用。银关行,物价益涌,楮益贱。秋七月,彗出柳,光烛天,长数十丈,自四更见东方,日高始灭。台谏、布韦皆上书,言此公田不便,民间愁怨所致。似道上书力辩之,且乞罢政。帝勉留之曰:"公田不可行,卿建议之始,朕已沮之矣。今公私兼裕,一岁军饷,皆仰于此。使因人言而罢之,虽足以快一时之议,如国计何!"有太学生萧规、叶李等上书,言似道专政。命京尹刘良贵掎摭以罪,悉黥配之。后又行推排法。江南之地,尺寸皆有税,而民力弊矣。

　　理宗崩,度宗又其所立,每朝必答拜,称之曰"师臣"而不名,朝臣皆称为"周公"。甫葬理宗,即弃官去,使吕文德报北兵攻下沱急,朝中大骇,帝与太后手为诏起之。似道至,欲以经筵拜太师,以典故须建节,授镇东军节度使,似道怒曰:"节度使粗人之极致尔!"遂命出节,都人聚观。节已出,复曰:"时日不利。"亟命返之。宋制:节出,有撤关坏屋,无倒节理,以示不屈。至是,人皆骇叹。然下沱之报实无兵也。三年,又乞归养。大臣、侍从传旨留之者日四五至,中使加赐赍者日十数至,夜即交卧第外以守之。除太师、平章军国重事,一月三赴经筵,三日一朝,赴中书堂治事。赐第葛岭,使迎养其中。吏抱文书就第署,大小朝政,一切决于馆客廖莹中、堂吏翁应龙,宰执充位署纸尾而已。

似道虽深居,凡台谏弹劾、诸司荐辟及京尹、畿漕一切事,不关白不敢行。李芾、文天祥、陈文龙、陆达、杜渊、张仲微、谢章辈,小忤意辄斥,重则屏弃之,终身不录。一时正人端士,为似道破坏殆尽。吏争纳赂求美职,其求为帅阃、监司、郡守者,贡献不可胜计。赵溍辈争献宝玉,陈奕条以兄事似道之玉工陈振民以求进,一时贪风大肆。五年,复称疾求去。帝泣涕留之,不从,令六日一朝,一月两赴经筵。六年,命入朝不拜。朝退,帝必起避席,目送之出殿廷始坐。继又令十日一入朝。

时襄阳围已急,似道日坐葛岭,起楼阁亭榭,取宫人娟尼有美色者为姜,日淫乐其中。惟故博徒日至纵博,人无敢窥其第者。其姜有兄来,立府门,若将入者,似道见之,缚投火中。尝与群姜踞地斗蟋蟀,所狎客入,戏之曰:"此军国重事邪?"酷嗜宝玩,建多宝阁,日一登玩。闻余玠有玉带,求之,已徇葬矣,发其塚取之。人有物,求不予,辄得罪。自是,或累月不朝,帝如景灵宫亦不从驾。八年,明堂礼成,祀景灵宫,天大雨,似道期帝雨止升辂。胡贵嫔之父显祖为带御器械,请如开禧故事,却辂,乘逍遥辇还宫,帝曰平章云云,显祖绐曰:"平章已允乘逍遥辇矣。"帝遂归。似道大怒曰:"臣为大礼使,陛下举动不得预闻,乞罢政。"即日出嘉会门,帝留之不得,乃罢显祖,涕泣出贵嫔为尼,始还。

似道既专恣日甚,畏人议己,务以权术驾驭,不爱官爵,牢宠一时名士,又加太学餐钱,宽科场恩例,以小利啖之。由是言路断绝,威福肆行。

自围襄阳以来,每上书请行边,而阴使台谏上章留己。吕文焕以急告,似道复申请之,事下公卿杂议。监察御史陈坚等以为师臣出,顾襄未必能及淮,顾淮未必能及襄,不若居中以运天下为得。乃就中书置机速房以调边事。时物议多言高达可援襄阳者,监察御史李旺率朝士入言于似道。似道曰:"吾用达,如吕氏何?"旺等出,叹曰:"吕氏安则赵氏危矣。"文焕在襄,闻达且入援,亦不乐,以语其客。客曰:"易耳,今朝廷以襄阳急,故遣达援之,吾以捷闻,则达必不成遣矣。"文焕大以为然。时襄兵出,获哨骑数人,即缪以大捷奏,然不知朝中实无援襄事也。襄阳降,似道曰:"臣始屡请行边,先帝皆不之许,向使早听臣出,当不至此尔。"

十月,其母胡氏薨,诏以天子卤簿葬之,起坟拟山陵,百官奉襄事,立大雨中,终日无敢易位。寻起复入朝。

度宗崩。大兵破鄂,太学诸生亦群言非师臣亲出不可。似道不得已,始开都督府临安,然惮刘整,不行。明年正月,整死,似道欣然曰:"吾得天助也。"乃上表出师,抽诸路精兵以行,金帛辎重之舟,舳舻相衔百余里。至安吉,似道所乘舟胶堰中,刘师勇以千人入水曳之不能动,乃易他舟而去。至芜湖,遣还军中所俘曾安抚,以荔子、黄甘遗丞相伯颜,俾宋京如军中,请输岁币称臣如开庆约,不从。夏贵自合肥以师来会,袖中出编书示似道曰：“宋历三百二十年。”似道俯首而已。时一军七万余人，尽属孙虎臣，军丁家洲。似道与夏贵以少军军鲁港。二月庚申夜，虎臣以失利报。似道仓皇出，呼曰：“虎臣败矣！”命召贵与计事。顷之，虎臣至，抚应而泣曰：“吾兵无一人用命也。”贵微笑曰：“吾尝血战当之矣。”似道曰：“计将安出？”贵曰：“诸军已胆落，吾何以战？公惟入扬州，招溃兵，迎驾海上，吾特以死守淮西尔。”遂解舟去。似道亦与虎臣以单舸奔扬州。明日，败兵蔽江而下，似道使人登岸扬旗招之，皆不至，有为恶语谩骂之者。乃檄列郡如海上迎驾，上书请迁都，列郡守于是皆遁，遂入扬州。

陈宜中请诛似道，谢太后曰：“似道勤劳三朝，安忍以一朝之罪，失待大臣之礼。”止罢平章、都督，予祠官。三月，除似道诸不恤民之政，放还诸窜谪人，复吴潜、向士璧等官，诛其幕官翁应龙、廖莹中、王庭皆自杀。潘文卿、季可、陈坚、徐卿孙皆似道鹰犬，至是交章劾之。四月，高斯得乞诛似道，不从。而似道亦自上表乞保全，乃命削三官，然尚居扬不归。五月，王爚论似道既不死忠，又不死孝，太皇太后乃诏似道归终丧。七月，黄镛、王应麟请移似道邻州，不从。王爚入见太后：“本朝权臣稔祸，未有如似道之烈者。缙绅草茅不知几疏，陛下皆抑而不行，非惟付人言于不恤，何以谢天下！”始徙似道婺州。婺人闻似道将至，率众为露布逐之。监察御史孙嵘叟等皆以为罚轻，言之不已。又徙建宁府。翁合奏言：“建宁乃名儒朱熹故里，虽三尺童子粗知向方，闻似道来呕恶，况见其人！”时国子司业方应发权直舍人院，封还录黄，乞窜似道广南；中书舍人王应麟、给事中黄镛亦言之，皆不从。侍御史陈文龙乞俯从众言，陈景行、徐直方、孙嵘叟及监察御史俞浙并上疏，于是始谪似道为高州团练使，循州安置，籍其家。

福王与芮素恨似道，募有能杀似道者使送之贬所，有县尉郑虎臣欣然请行。似道行时，侍妾尚数十人，虎臣悉屏去，夺其宝玉，彻轿盖，暴行秋日中，令舁轿夫唱杭州歌谑之，每名斥似道，辱之备至。似道至古寺中，壁有吴潜南行所题字。虎臣呼似道曰：“贾团练，吴丞相何以至此？”似道惭不能对。嵘叟、应麟奏似道家畜乘舆服御物，有反状，乞斩之。诏遣鞫问，未至。八月，似道至漳州木绵庵，虎臣屡讽之自杀，不听，曰：“太皇许我不死，有诏即死。”虎臣曰：“吾为天下杀似道，虽死何憾？”拉杀之。

【译文】

贾似道，字师宪，台州人，制置使贾涉的儿子。自幼放荡，游手赌博，不修品行。靠着父荫，补任嘉兴县的司仓。恰好他姐姐选入宫中，为宋理宗所宠爱，封为贵妃，于是有诏命他赴京廷对，而贾妃在宫内备下汤药送给他。擢为太常丞、军器监。便更加恃仗宠幸而放浪不检，每日恣意地到各妓院去游荡，到了夜里，就到西湖上游宴不归。有一次理宗在夜里登高望远，看见西湖中灯火通明，大异往常，便对左右说：“这一定是贾似道。”第二天一问，果然如此，便让京兆尹史严之告诫他。史严之说：“贾似道虽然有些少年习气，但他的才能是可以大用的。”不久便出京为澧州知州。

理宗淳祐元年，改任为湖广总领，淳祐三年，加衔户部侍郎。淳祐五年，以宝章阁直学士衔为沿江制置副使、知江州，兼江西路安抚使。一年之中，再升为京湖制置使，兼知江陵府，调度赏罚，可以便宜行事。淳祐九年，加宝文阁学士、京湖安抚制置大使。淳祐十年，以端明殿学士衔移镇两淮，年才三十余岁。理宗宝祐二年，加同知枢密院事、临海郡开国公，威权日盛一日。御史台、谏院曾劾奏他的两个部将，他便毅然提出要辞职。孙子秀新被任命为淮东总领，外面人忽传言，说贾似道已经密奏皇上，认为不可以，丞相董槐害怕了，便在见皇上后单独留下问这事，理宗不承认有密奏，但董槐到底还是不敢遣孙子秀去上任，用贾似道所要好的陆壑代替了他，贾似道就是这样被人所惧怕。宝祐四年，加官为参知政事。宝祐五年，加官知枢密院事。宝祐六年，改官两淮宣抚大使。

自从理宗端平初年，孟珙帅兵与蒙古兵会合共灭金国，相约以陈、蔡一带为界。军队未还，孟珙就采用赵范的计谋，发兵占据崤山、函谷，断绝黄河渡口，夺取中原地区。蒙古兵击败了他们，范珙仅以数千人逃归。追兵来到，问："为什么要破坏盟约？"便纵兵攻打淮河、汉水一带，由此而大开战端。

开庆初，元宪宗蒙哥亲自率兵攻打蜀地，元世祖忽必烈当时作为皇帝的弟弟攻打鄂州，元帅兀良哈由云南进入交阯，自邕州蹂践广西，摧破湖南，传布檄文责数宋朝背叛盟约之罪。理宗吓坏了，便命赵葵驻守信州，抵御广西方面的蒙古军；命贾似道驻守汉阳，援助鄂州，即于军中拜官右丞相。十月，鄂州城东南角攻毁，宋军筑完，元兵再次攻破，城中依赖高达率诸将奋力而战。贾似道之时从汉阳入鄂州督师。十一月，攻城甚急，城中死伤的达到一万三千人。贾似道便秘密派遣宋京前往蒙古军营，请求称臣，每年输贡钱物，蒙古人不答应。正值蒙哥死于钓鱼山，合州守将王坚派阮思聪趁着急流报告给鄂州，贾似道再次派宋京提议输纳岁币，蒙古人便答应了。蒙古兵拔营北归，留下张杰、阎旺以偏师观察着湖南兵的动向。明年正月，湖南方面的蒙古兵到了，张杰便在新生矶造渡桥，渡过大军而北归。贾似道用刘整之计，攻断浮桥，杀死殿后的蒙古兵一百七十人，便上表朝廷说肃清了敌军。理宗以其有再造社稷之功，便以少傅、右丞相的身份召入朝廷，百官到郊外迎慰，如北宋对文彦博的旧例。

开初，贾似道在汉阳，当时丞相吴潜用监察御史饶应子的建议，把贾似道调到黄州，而分出曹世雄等的部队归属于长江军帅。黄州虽然在汉阳下流，但实为军事要冲。贾似道认为吴潜想害死自己，便记恨在心。而且他还听说吴潜每当事情紧急时，总是先发布命令然后再上奏皇帝，理宗想立荣王之子孟启为太子，吴潜又不赞成。理宗已经积怒于吴潜，贾似道便陈奏建立储君之策，又命沈炎弹劾吴潜措置无方，致使全州、衡州、永州、桂阳全被攻破。于是大称理宗心意，便议立赵孟启为太子，贬吴潜于循州，把他的党羽全部逐出朝廷。高达在鄂州围中，自恃武勇，很是瞧不起贾似道，每见他督战，就嘲戏道："戴着那么高的头巾能干什么呢！"每次战斗，必须让贾似道慰劳才肯出战，否则就让士兵在他的门外喧闹。吕文德诌事贾似道，就派人呵斥道："宣抚使在此，你们怎敢如此！"曹世雄、向士璧在贾似道军中时，事情都不禀告他，所以贾似道都很恨他们。以核查诸路军费用，曹世雄、向士璧都坐侵盗公款之罪贬于僻远州郡。贾似道几次对理宗说，要杀死高达，理宗知道高达有功，没有听从。不久论定功劳，以吕文德为第一，而高达位居其次。

明年（宋理宗景定元年），元世祖忽必烈登极，派遣翰林侍读学士、国信使郝经等人携来国书申明友好，停息征战。并要求每年纳献的币帛。贾似道正在让廖莹中等辈撰写《福华编》以称颂鄂州之"功"，全国都不知道所谓和好之事。贾似道便密令淮东制置司拘留郝经等人于真州的忠勇军营。

当时理宗在位日久，内侍董宋臣、卢允升为之聚敛财物以取媚理宗。他们引荐那些奔竞钻营的士人，互通贿赂，置于通达显赫的职位之上。又任用外戚子弟为监司、郡守，还建造芙蓉阁、香兰亭于宫中，进献倡优和傀儡戏，以奉享理宗为游乐。他们还窃弄权柄。御史有论劾他们的，理宗便宣布谕旨撤掉优戏，称之为"节贴"。

贾似道入朝，逐去卢允升、董宋臣所引荐的林光世等人，全部罢免，勒令外戚不许担任监司、郡守，其子弟及门客们不见了踪迹，他们也就不敢干预朝政了。从此贾似道权倾中外，进用众小人。把先朝旧法令取来，恣意乱改，增设吏部七司法。买置公田以罢停和籴法，浙西田地有一亩值千贯的，贾似道全都用四十贯收买。用钱稍多，就用银绢抵钱，再多，就给以度牒、告身抵钱。官吏又肆意逼迫，浙中大为扰乱。有奉行不力的官吏，提领刘良贵就弹劾。有司争相迎合，务以买田多为功劳，都胡乱以七八斗为一石。其后，凡是田亩少与土地贫瘠、亏欠租赋予佃户欠租而逃的，都取偿于田地的主人。六郡的百姓，大多破家。包恢知平江府，督促买田，甚至以肉刑行事。贾似道又用楮纸粗率地印制"银关"（钞票），以一张抵三张"十八界会"（会子，亦即纸钞，南宋孝宗乾道四年规定，旧会子收回即付会子局重造，以三年为一界），自制印文如"贾"字模样发行，第十七界会子作废不用。银关发行，物价更加涌贵，纸币更加贬值。秋七月，彗星出于柳宿，光芒照天，长数十丈，自四更时出现于东方，太阳很高了才消逝。御史台、谏院的言官和平民们纷纷上书，说这是"公田"不便于民，民间愁怨所致。贾似道上书极力辩解，并要求罢相。理宗勉慰挽留他，说："公田不可实行，你一开始提出这建议，我已经表示过不赞成。如今官府、私家的富足，一年的军饷，全仰赖于公田了。假如因为有人反对而罢停，虽然足以使一时的舆论得以畅快，但国家的财政又怎么办呢？"有太学生萧规、叶李等人上书，说贾似道专擅国政。命京尹刘良贵罗织他们的罪过，全部黥面发配。后来又施行推排法，江南的土地，一尺一寸都有税，而民力凋敝了。

理宗死，度宗又是贾似道所扶立，每次朝见，度宗都答拜，称之为"师臣"而不呼名，朝臣都称他为"周公"。刚刚埋葬了理宗，贾似道即弃官而去，让吕文德上报说蒙古兵进攻下沱，很是危急，朝廷大惊，度宗与太后亲手写诏书起用他。贾似道至朝，想以经筵官（即翰林侍读、侍讲）拜太师，但按照旧例必须先建节钺，于是授他为镇东军节度使。贾似道发怒道："节度使，这是粗人的极致！"便命令出节，都城人相聚而观。节钺已出，贾似道又说："时日不吉利。"赶快命人返回。宋朝制度：节钺已出，可以拆门毁屋，也没有返回之理，以此表示节操不屈。到这时，人们都骇然叹息。可是下沱其实并没有战事。度宗咸淳三年，贾似道又请求退休。大臣、侍从传圣旨挽留他，一天来四五次，中使颁赏赐的一日来十几次，到夜里就交互躺卧在府第外守候着。除官太师、平章军国重事，一月三次赴经筵，三日一朝，赴中书堂办公。赐府第于葛岭，派人迎他到其中养息。吏员抱着文书到他的府第让他签署，大小朝政，一切都由他的馆客廖莹中、堂吏翁应龙来决定，宰相执政们不过充任职位、署名于纸尾而已。

贾似道虽然深居府第，但凡是台谏的弹劾、诸衙门的荐辟官员及京尹、畿辅漕政等一切事，不禀告他就不敢实行。李芾、文天祥、陈文龙、陆达、杜渊、张仲微、谢章等人，稍微忤犯他的意旨就遭贬斥，重的则摒弃出官场，终身不再录用。一时的正人君子，被贾似道破毁殆尽。官吏争相纳贿以求取肥缺，那些要求当帅、监司、郡守的，贡献财物不可胜计。赵溍之辈争献宝玉，陈奕甚至把贾似道的玉工陈振民当成兄长侍奉，以求进身，一时贪污之风大肆。咸淳五年,他再次称病要求去职。度宗淌着眼泪挽留,他不答应,便命他六日一上朝,一月只赴两次经筵。咸淳六年,命他入朝不必下拜。朝退,度宗必起身离席,目送其走出殿庭方才落座。继而又命他十日一入朝。

当时襄阳之围已很紧急(咸淳五年,蒙古军围襄阳),贾似道每日坐于葛岭,起造楼阁亭榭,取宫女、娼妓、尼姑有美色者为姬妾,每日淫乐其中。只有过去的赌友每日来纵情赌博,其他的人没有敢到他府第探一下头的。他的一个姬妾的哥哥来了,立于府门,象要进来的样子,贾似道看见了,便把他捆绑起来投入火中。他曾与众姬妾伏在地上斗蟋蟀,他所狎昵的门客进来,开玩笑地说:"这就是'军国重事'吗?"他酷嗜珍宝奇玩,建了多宝阁,每日一登赏玩珍宝。他听说余玠有条玉带,派人去讨,但已经殉葬了,他便掘了余玠的墓取出来。谁有了好东西,他要而不给,就会得罪他。从此,他有时连着几个月不去上朝,度宗前往景灵宫(宋代历朝皇帝奉祀"圣祖"及列祖列宗的庙宇),他也不随驾前往。咸淳八年,明堂大礼完毕,奉祀景灵宫。天大雨,贾似道希望度宗在雨停后乘辂车,胡贵嫔的父亲胡显祖担任带御器械,请求用开禧时的先例,不用辂车,乘逍遥辇还宫,度宗说:"平章已说要我乘辂车了。"胡显祖骗他说:"平章已经答应陛下乘逍遥辇了。"度宗便乘辇回宫了。贾似道大怒道:"臣为明堂大礼使,陛下的举动竟不能预先闻知,请罢政。"当天便出了嘉会门。度宗挽留不成,只好罢免胡显祖,哭着让贵嫔出宫为尼,贾似道才回朝。

贾似道既已专横恣肆很久,担心别人会议论自己,务以权术驾驭人才,不爱惜官爵,用以牢笼一时的名士,又给太学生增加饭费,放宽考场的恩例,用小利来收买人心。从此言路断绝,威福肆行。

自从襄阳被围以来,他屡次上书要求巡视边塞,而暗自让台谏言官上章奏挽留自己。襄阳守将吕文焕告急,贾似道再次申请出师,这事交给公卿们讨论。监察御史陈坚等人认为,"师臣"出师,顾了襄阳未必能顾两淮,顾了两淮又未必能顾襄阳,不如居于中间以控制天下为得计。于是就在中书省添设机速房,以协调边塞之事。当时的舆论,很多是说高达可救援襄阳的,监察御史李旺率朝士上言于贾似道。贾似道说:"我用了高达,吕氏怎么办?"李旺等出,叹道:"吕氏安则赵氏危了。"吕文焕在襄阳,听说高达将要入援,也不高兴,就对门客讲了。门客道:"这容易,如今朝廷因为襄阳危急,所以派高达来增援。如果我们以捷报奏闻,则高达就派遣不成了。"吕文焕大以为然。当时襄阳兵出城,捉获蒙古哨骑数人,便谎以大捷奏闻,但他不知朝廷中根本就没有高达援襄的事。襄阳投降蒙古(咸淳九年事),贾似道说:"臣开始就屡次请求巡视边塞,先帝都不答应,假如那时早听由臣出边,就不会这样了。"

十月,其母胡氏死,诏用天子仪仗送葬,起坟墓模仿帝陵,百官奉助丧事,立于大雨中,终日不敢挪动一下位置。不久贾似道便起复入朝(依礼,父母死,官员应在家居丧三年)。

度宗死,元兵攻破鄂州。太学诸生也纷言非"师臣"亲自出师不可。贾似道不得已,才在临安开设都督府,但他害怕刘整,不肯启行(刘整此时已降元,拥兵于淮西)。明年正月,刘整死,贾似道欣然道:"我得到天助了。"便上表出师,抽调诸路精兵以行,盛载金帛辎重的舟船,舳舻相接百余里。行至安吉,贾似道所乘的大船搁浅于堤堰间,刘师勇用上千人下水牵曳都不能动,便换乘别的船而离去。行至芜湖,遣还军中所俘虏的曾安抚,用荔枝、黄柑作礼品赠给元丞相伯颜，派宋京前往元军营中，请求输纳岁币称臣，如开庆年时的盟约，被拒绝。夏贵从合肥率军来会合，从袖子中掏出一册书给贾似道看，说："宋朝的历数是三百二十年。"（北宋建于公元 960 年，贾似道出师于恭帝赵德祐元年，1275 年。）贾似道垂头不语而已。当时一军七万余人，全部属孙虎臣，驻扎于丁家洲。贾似道与夏贵以少数部队驻扎鲁港。二月庚申夜，孙虎臣以失利来报。贾似道仓皇而出，呼道："虎臣败了！"命人召夏贵与他商议。不久，孙虎臣也来了，捶胸而哭道："我的兵没有一人肯听从命令的。"夏贵微笑道："我可是用血战抵挡过他们了。"贾似道说："你们有什么办法？"夏贵道："诸军已吓破了胆，我还怎么作战？您只有入扬州，招聚溃兵，迎御驾于海上，我只能以死来守御淮西了。"便解舟而去。贾似道也与孙虎臣以单舟逃奔扬州。明日，溃败的兵士蔽江而下，贾似道派人登岸扬旗招聚他们，都不来，还有口出恶语谩骂他的。于是传檄诸郡，前往海上迎驾，上书请求迁都。诸郡郡守于是全都遁逃，而贾似道入扬州。

陈宜中请求诛死贾似道，谢太后说："贾似道勤劳三朝，哪里能忍心以一旦之罪，失待大臣之礼呢？"只罢免了他的平章、都督，予以祠祭之官。三月，废除贾似道诸种不体恤百姓的政令，放还那些被流放的人，恢复吴潜、向士璧等人的官职，诛杀贾似道的幕僚翁应龙、廖莹中、王庭都自杀。潘文卿、季可、陈坚、徐卿孙，本来都是贾似道的鹰犬，到此时纷纷上章弹劾贾似道。四月，高斯得请求诛杀贾似道，未被接受。而贾似道也上章乞求保全性命，于是命令削去他的三个官职，但他还居于扬州而不归朝。五月，王爚论劾贾似道既不死节尽忠，又不守制尽孝，太皇太后才降诏命贾似道归家守母丧。七月，黄镛、王应麟请迁徙贾似道于邻近州郡，未被接受。王爚入宫朝见太后，道："本朝的权臣酿成祸乱，没有如贾似道这样严重的。缙绅之士和草野之民，不知上了多少章疏，陛下全都压制而不执行，这不仅是把舆论付之于毫不顾惜而已，何以谢天下！"这才把贾似道迁往婺州。婺州人听说贾似道要来了，便率众为檄文驱逐他。监察御史孙嵘叟等都认为处罚太轻，上言不止。又把贾似道迁往建宁府。翁合上奏道："建宁是名儒朱熹的故乡，即使是三尺童子也大略知道是非取舍，听见贾似道来就会呕吐，何况亲见其人！"当时国子司业方应发代理舍人院，把诏旨封还，要求流放贾似道于广南；中书舍人王应麟、给事中黄镛也这样上言，都被拒绝。侍御史陈文龙乞请太后俯从众人所言，陈景行、徐直方、孙嵘叟及监察御史愈浙都上疏，于是才谪贬贾似道为高州团练使，安置于循州，抄没其家。

福王赵与芮一向痛恨贾似道，招募能杀死他的人，让他送贾似道到贬谪之地。有个县尉郑虎臣欣然请求上路。贾似道启程时，侍妾还有数十人，郑虎臣全部都让他们离开，夺去他的珠宝玉器，撤去他的轿盖，让他露天行于秋日之下，命抬轿的轿夫唱着杭州的歌谣嘲谑他，还常呼着名字训斥贾似道，侮辱备至。贾似道行至一古庙中，墙壁上有吴潜流放南行时所题的字。郑虎臣呼叫贾似道说："贾团练，吴丞相怎么会到的这里？"贾似道羞惭得无言以对。孙嵘叟、王应麟上奏说贾似道家藏有皇上才能使用的东西，有造反的意图，请求处斩。诏旨派人去审问，尚未追到。八月，贾似道行至漳州木绵庵，郑虎臣屡次示意让他自杀，他不听，说："太皇答应我不受死刑，有诏书我就死。"郑虎臣道："我为天下人杀贾似道，就是死了又有何憾！"便拽拉死了他。

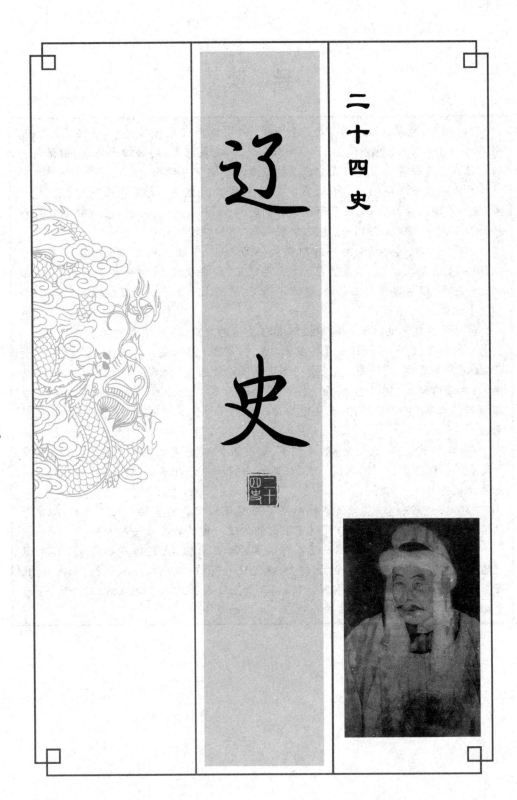

二十四史

辽史

导　读

　　《辽史》为元脱脱等人所撰之纪传体史书,中国历代官修正史《二十五史》之一。全书共一百十六卷,包括本纪三十卷,志三十二卷,表八卷,列传四十五卷,国语解一卷。记载了契丹贵族在我国北方建立的辽政权二百多年的历史。

　　元顺帝至正三年(1343年),在脱脱的主持下,《辽史》由廉惠山海牙、王沂、徐昺、陈绎曾四人分工负责,用了十一个月的时间,全书告成。《辽史》主要依据辽耶律俨的《实录》和金陈大任的《辽史》,兼采他书,稍加整理修订。

　　《辽史》本纪起自辽太祖耶律阿保机(907~926年在位),终于天祚帝耶律延禧(1101~1125年在位)。保大五年(1125年),宋、金夹攻辽,天祚帝被金俘虏,辽政权灭亡。同年,辽将耶律大石称帝,建立了西辽,传国七十多年。西辽这段历史《辽史》却没有记载。

　　契丹贵族建立的政治和军事组织有它自己的特点,适应这些特点,《辽史》不拘泥前史的例目,新创了《营卫》《兵卫》二志。《营卫志》叙述了辽政权的"营卫""行营"概况和部落建置、分布,以及契丹族"有事以攻为务,闲暇则以畋[tián 田]渔为生"的生活情形。《兵卫志》分置"兵制""御帐亲军""卫骑军""大首领部族军""众部族军""五京乡丁"等纲目,扼要地叙述了辽的军事组织。这种记述方法是很有特色的。

　　在《二十五史》中,《辽史》的表较多,有些表,如《游幸表》《部族表》等都是前史所没有的。这些表占用的篇幅不多,记载的人物和事件却不少,对纪、传部分起了一定的补充作用。

　　《辽史》最后一卷是《国语解》,对书中用契丹语记载的官制、宫卫、部族、地名等做了注释,给人们阅读《辽史》提供了很大的方便。但译音存在一些讹舛。

　　人们向来批评《辽史》粗疏,没有作认真的加工。但是,它仍是研究辽史不可缺少的资料。辽政权有过严厉的管制令,规定辽人著作,只能在辽境刊行,如果传出,罪至处死。这就严重阻碍了书籍的传播,再加上辽人著述本来就很少,所以这部《辽史》是比较系统地记载辽政权兴亡的独一无二的史书。

天祚皇帝本纪

【题解】

辽国末代皇帝天祚(1075~1125 年),名延禧,父亲是道宗长子耶律浚。幼年时先后被封为梁王、燕国王;曾任太尉、中书令、尚书令、总管北南院枢密使事、天下兵马大元帅。1101 年其祖父道宗耶律洪基逝世时,其父早已在著名的"昭怀太子之诬"案件中被奸臣所害,故延禧奉遗诏继承皇位,时年二十六岁,定年号为乾统。

天祚

辽代后期,国势日衰。贵族统治集团日益腐朽;庸君宠信奸臣,相互残害,内部斗争不断加剧;各族人民在封建统治压榨下不堪其苦,武装起义彼伏此起。天祚继位后的最初十几年间,终日打猎钓鱼,游历避暑,祭祠神庙,参拜祖陵;国家政事不修。及至向他禀报女真起兵,他于射猎中仍漫不经心。在以后几年女真人建立金国后的不断进攻中,辽军屡战屡败。特别是他宠信皇戚元妃的哥哥萧奉先。萧为了排除异己,使天祚将颇受国人信赖的亲生长子晋王耶律敖卢斡治死,导致全国上下离心离德;继而奉先为庇护其弟免遭战败之罪,诱天祚赦恶诛良,造成人心涣散,军无斗志。在金兵强大进攻面前,统治集团内部四分五裂,或叛辽降金,或独树一帜。各族人民群众又到处燃起武装起义的熊熊烈火,女真族的反辽斗争是民族起义中最强劲的一支。最后天祚四处逃亡,终于在 1125 年被金兵俘获,病故身亡,在位 25 年。

同属辽国后裔的耶律淳、耶律雅里及耶律大石,在天祚到处流离逃亡中,都曾经过诸多龌龊而自立为王,建立历史上称之为北辽和西辽的国家。北辽仅仅数月,西辽在我国西北部维持了八十七年。

【原文】

天祚皇帝,讳延禧,字延宁,小字阿果。道宗之孙,父顺宗大孝顺圣皇帝,母贞顺皇后萧氏。大康元年生。六岁封梁王,加守太尉,兼中书令。后三年,进封燕国王。大安七年,总北南院枢密使事,加尚书令,为天下兵马大元帅。

寿隆七年正月甲戌,道宗崩,奉遗诏即皇帝位于柩前。君臣上尊号曰天祚皇帝。

二月壬辰朔,改元乾统,大赦。诏为耶律乙辛所诬陷者,复其官爵,籍没者出之,流放者还之。乙未,遣使告哀于宋及西夏、高丽。乙巳,以北府宰相萧兀纳为辽兴军节度使,加守太傅。

三月丁卯,诏有司以张孝杰家属分赐群臣。甲戌,召僧法颐放戒于内庭。夏四月,

旱。

六月庚寅朔,如庆州。甲午,宋遣王潜等来吊祭。丙申,高丽、夏国各遣使慰奠。戊戌,以南府宰相斡特剌兼南院枢密使。庚子,追谥懿德皇后为宣懿皇后。壬寅,以宋魏国王和鲁斡为天下兵马大元帅。乙巳,以北平郡王淳进封郑王。丁未,北院枢密使耶律阿思加于越。辛亥,葬仁圣大孝文皇帝、宣懿皇后于庆陵。

秋七月癸亥,阻卜、铁骊来贡。

八月甲寅,谒庆陵。

九月壬申,谒怀陵。乙亥,驻跸藕丝淀。

冬十月壬辰,谒乾陵。甲辰,上皇考昭怀太子谥曰大孝顺圣皇帝,庙号顺宗,皇妣曰贞顺皇后。

十二月戊子,以枢密副使张琳知枢密院事,翰林学士张奉珪参知政事兼同知枢密院事。癸巳,宋遣黄实来贺即位。丁酉,高丽、夏国并遣使来贺。乙巳,诏先朝已行事,不得陈告。

初,以杨割为生女真部节度使,其俗呼为太师。是岁杨割死,传于兄之子乌雅束,束死,其弟阿骨打袭。

二年春正月,如鸭子河。

二月辛卯,如春州。

三月,大寒,冰复合。

夏四月辛亥,诏诛乙辛党,徙其子孙于边;发乙辛、得里特之墓,剖棺,戮尸;以其家属分赐被杀之家。

五月乙丑,斡特剌献耶睹刮等部捷。

六月壬辰,以雨罢猎,驻跸散水原。丙午,夏国李乾顺复遣使请尚公主。丁未,南院大王陈家奴致仕。壬子,李乾顺为宋所攻,遣李造福、田若水求援。

闰月庚申,策贤良。壬申,降惠妃为庶人。

秋七月,猎黑岭,以霖雨,给猎人马。阻卜来侵,斡特剌等战败之。

冬十月乙卯,萧海里叛,劫乾州武库器甲。命北面林牙郝家奴捕之,萧海里亡入陪术水阿典部。丙寅,以南府宰相耶律斡特剌为北院枢密使,参知政事牛温舒知南院枢密使事。

十一月乙未,郝家奴以不获萧海里,免官。壬寅,以上京留守耶律慎思为北院枢密副使。有司请以帝生日为天兴节。

三年春正月辛巳朔,如混同江。女真函萧海里首,遣使来献。戊申,如春州。

二月庚午,以武清县大水,弛其陂泽之禁。

夏五月戊子,以猎人多亡,严立科禁。乙巳,清暑赤勒岭。丙午,谒庆陵。

六月辛酉,夏国王李乾顺复遣使请尚公主。

秋七月,中京雨雹,伤稼。

冬十月甲辰,如中京。

己未,吐番遣使来贡。

庚申,夏国复遣使求援。己巳,有事于观德殿。

十一月丙申,文武百官加上尊号曰惠文智武圣孝天祚皇帝,大赦,以宋魏国王和鲁斡为皇太叔,梁王挞鲁进封燕国王,郑王淳为东京留守,进封越国王,百官各进一阶。丁酉,以惕隐耶律何鲁扫古为南院大王。戊戌,以受尊号,告庙。乙巳,谒太祖庙,追尊太祖之高祖曰昭烈皇帝,庙号肃祖,妣曰昭烈皇后;曾祖曰庄敬皇帝,庙号懿祖,妣曰庄敬皇后。召监修国史耶律俨纂太祖诸帝《实录》。

十二月戊申,如藕丝淀。

是年,放进士马恭回等百三人。

四年春正月戊子,幸鱼儿泺。壬寅,猎木岭。癸卯,燕国王挞鲁薨。

二月丁丑,鼻骨德遣使来贡。

夏六月甲辰,驻跸旺国崖。甲寅,夏国遣李造福、田若水求援。癸亥,吐蕃遣使来贡。

秋七月,南京蝗。庚辰,猎南山。癸未,以西北路招讨使萧得里底、北院枢密副使耶律慎思并知北院枢密使事。辛卯,以同知南院枢密使事萧敌里为西北路招讨使。

冬十月己酉,凤凰见于漷阴。己未,幸南京。

十一月乙亥,御迎月楼,赐贫民钱。

十二月辛丑,以张琳为南府宰相。

五年春正月乙亥,夏国遣李造福等来求援,且乞伐宋。庚寅,以辽兴军节度使萧常哥为北府宰相。丁酉,遣枢密直学士高端礼等讽宋罢伐夏兵。

二月癸卯,微行,视民疾苦。丙午,幸鸳鸯泺。

三月壬申,以族女南仙封成安公主,下嫁夏国王李乾顺。

夏四月甲申,射虎炭山。

五月癸卯,清暑南崖。壬子,宋遣曾孝广、王戬报聘。

六月甲戌,夏国遣使来谢,及贡方物。己丑,幸候里吉。

秋七月,谒庆陵。

九月辛亥,驻跸藕丝淀。乙卯,谒乾陵。

冬十一月戊戌,禁商贾之家应进士举。丙辰,高丽三韩国公王颙薨,子俣遣使来告。十二月己巳,夏国复遣李造福、田若水求援。癸酉,宋遣林洙来议与夏约和。

六年春正月辛丑,遣知北院枢密使事萧得里底、知南院枢密使事牛温舒使宋,讽归所侵夏地。

夏五月,清暑散水原。

六月辛巳,夏国遣李造福等来谢。

秋七月癸巳,阻卜来贡。甲午,如黑岭。庚子,猎鹿角山。

冬十月乙亥,宋与夏通好,遣刘正符、曹穆来告。庚辰,以皇太叔、南京留守和鲁斡兼惕隐,东京留守、越国王淳为南府宰相。

十一月乙未,以谢家奴为南院大王,马奴为奚六部大王。丙申,行柴册礼。戊戌,大赦。以和鲁斡为义和仁圣皇太叔,越国王淳进封魏国王,封皇子敖卢斡为晋王,习泥烈为饶乐郡王。己亥,谒太祖庙。甲辰,祠木叶山。

十二月己巳,封耶律俨为漆水郡王,馀官晋爵有差。

七年春正月,钩鱼于鸭子河。

二月,驻跸大鱼泺。

夏六月,次散水原。

秋七月,如黑岭。

冬十月,谒乾陵,猎医巫间山。

是年,放进士李石等百人。

八年春正月,如春州。

夏四月丙申,封高丽王俣为三韩国公,赠其父颙为高丽国王。

五月,清暑散水原。

六月壬辰,西北路招讨使萧敌里率诸蕃来朝。丙申,射柳祈雨。壬寅,夏国王李乾顺以成安公主生子,遣使来告。丁未,如黑岭。

秋七月戊辰,以雨罢猎。

冬十二月己卯,高丽遣使来谢。

九年春正月丙午朔,如鸭子河。

二月,如春州。

三月戊午,夏国以宋不归地,遣使来告。

夏四月壬午,五国部来贡。

六月乙亥,清暑特礼岭。

秋七月,陨霜,伤稼。甲寅,猎于候里吉。

八月丁酉,雪,罢猎。

冬十月癸酉,望祠木叶山。丁丑,诏免今年租税。

十二月甲申,高丽遣使来贡。

是年,放进士刘桢等九十人。

十年春正月辛丑,预行立春礼。如鸭子河。

二月庚午朔,驻跸大鱼泺。

夏四月丙子,五国部长来贡。丙戌,预行再生礼。癸巳,猎于北山。

六月甲戌,清暑玉丘。癸未,夏国遣李造福等来贡。甲午,阻卜来贡。

秋七月辛丑,谒庆陵。

闰月辛亥,谒怀陵。己未,谒祖陵。壬戌,皇太叔和鲁斡薨。

九月甲戌,免重九节礼。

冬十月,驻跸藕丝淀。

十二月己酉,改明年元。

是岁,大饥。

天庆元年春正月,钓鱼于鸭子河。

二月,如春州。

三月乙亥,五国部长来贡。

夏五月,清暑散水原。

秋七月,猎。

冬十月,驻跸藕丝淀。

二年春正月己未朔，如鸭子河。丁丑，五国部长来贡。

二月丁酉，如春州，幸混同江钓鱼，界外生女真酋长在千里内者，以故事皆来朝。适遇"头鱼宴"，酒半酣，上临轩，命诸酋次第起舞；独阿骨打辞以不能。谕之再三，终不从。他日，上密谓枢密使萧奉先曰："前日之燕，阿骨打意气雄豪，顾视不常，可托以边事诛之。否则，必贻后患。"奉先曰："粗人不知礼仪，无大过而杀之，恐伤向化之心。假有异志，又何能为？"其弟吴乞买、粘罕、胡舍等尝从猎，能呼鹿，刺虎，搏熊。上喜，辄加官爵。

夏六月庚寅，清暑南崖。甲午，和州回鹘来贡。戊戌，成安公主来朝。甲辰，阻卜来贡。

秋七月乙丑，猎南山。

九月己未，射获熊，燕群臣，上亲御琵琶。初，阿骨打混同江宴归，疑上知其异志，遂称兵，先并旁近部族。女真赵三、阿鹘产拒之，阿骨打虏其家属。二人走诉咸州，详稳司送北枢密院。枢密使萧奉先作常事以闻上，仍送咸州诘责，欲使自新。后数召，阿骨打竟称疾不至。

冬十月辛亥，高丽三韩国公王俣之母死，来告，即遣使致祭，起复。是月，驻跸奉圣州。

十一月乙卯，幸南京。丁卯，谒太祖庙。

是年，放进士韩昉等七十七人。

三年春正月丙寅，赐南京贫民钱。丁卯，如大鱼泺。甲戌，禁僧尼破戒。丙子，猎狗牙山，大寒，猎人多死。

三月，籍诸道户，徙大牢古山围场地居民于别土。阿骨打一日率五百骑突至咸州，吏民大惊。翌日，赴详稳司，与赵三等面折庭下。阿骨打不屈，送所司问状。一夕遁去，遣人诉于上，谓详稳司欲见杀，故不敢留。自是召不复至。

夏闰四月，李弘以左道聚众为乱，肢解，分示五京。

六月乙卯，斡朗改国遣使来贡良犬。丙辰，夏国遣使来贡。

秋七月，幸秋山。

九月，驻跸藕丝淀。

十一月甲午，以三司使虞融知南院枢密使事，西南面招讨使萧乐古为南府宰相。

十二月庚戌，高丽遣使来谢致祭。癸丑，回鹘遣使来贡。甲寅，以枢密直学士马人望参知政事。丙辰，知枢密院事耶律俨薨。癸亥，高丽遣使来谢起复。

四年春正月，如春州。初，女真起兵，以纥石烈部人阿疏不从，遣其部撒改讨之。阿疏弟狄故保来告，诏谕使勿讨，不德，阿疏来奔。至是女真遣使来索，不发。

夏五月，清暑散水原。

秋七月，女真复遣使取阿疏，不发，乃遣侍御阿息保问境上多建城堡之故。女直以慢语答曰："若还阿疏，朝贡如故；不然，城未能已。"遂发浑河北诸军，益东北路统军司。阿骨打乃与弟粘罕、胡舍等谋，以银术割、移烈、娄室、阇母等为帅，集女真诸部兵，擒辽障鹰官。及攻宁江州，东北路统军司以闻。时上在庆州射鹿，闻之略不介意，遣海州刺史高仙寿统渤海军应援。萧挞不也遇女直，战于宁江东，败绩。

冬十月壬寅朔，以守司空萧嗣先为东北路都统，静江军节度使萧挞不也为副，发契丹奚军三千人,中京禁兵及土豪两千人,别选诸路武勇二千馀人,以虞候崔公义为都押官,控鹤指挥刑颖为副,引军屯出河店。两军对垒,女真军潜渡混同江,掩击辽众。萧嗣先军溃,崔公义、邢颖、耶律佛留、萧葛十等死之,其获免者十有七人。萧奉先惧其弟嗣先获罪,辄奏东征溃军所至劫掠,若不肆赦,恐聚为患。上从之,嗣先但免官而已。诸军相谓曰:"战则有死而无功,退则有生而无罪。"故士无斗志,望风奔溃。

十一月壬辰,都统萧敌里等营于斡邻泺东,又为女真所袭,士卒死者甚众。甲午,萧敌里亦坐免官。辛丑,以西北路招讨使耶律斡里朵为行军都统,副点检萧乙薛、同知南院枢密使事耶律章奴副之。

十二月,咸、宾、祥三州及铁骊、兀惹皆叛入女真。乙薛往援宾州,南军诸将实娄、特烈等往援咸州,并为女真所败。

五年春正月,下诏亲征,遣僧家奴持书约和,斥阿骨打名。阿骨打遣赛刺复书,若归叛人阿疏,迁黄龙府於别地,然后议之。都统耶律斡里朵等与女真兵战于达鲁古城,败绩。

二月,饶州渤海古欲等

辽人出行图

反,自称大王。

三月,以萧谢佛留等讨之。遣耶律张家奴等六人赍书使女真,斥其主名,冀以速降。

夏四月癸丑,萧谢佛留等为渤海古欲所败,以南面副部署萧陶苏斡为都统,赴之。五月,陶苏斡及古欲战,败绩。张家奴等以阿骨打书来,复遣之往。

六月己亥朔,清暑特礼岭。壬子,张家奴等还,阿骨打复书,亦斥名谕之使降。癸丑,以亲征谕诸道。丙辰,陶苏斡招获古欲等。癸亥,以惕隐耶律末里为北院大王。是月,遣萧辞刺使女真,以书辞不屈见留。

秋七月辛未,宋遣使致助军银绢。丙子,猎于岭东。是月,都统斡里朵等与女真战于白马泺,败绩。

八月申子,罢猎,趋军中。以斡里朵等军败,免官。丙寅,以围场使阿不为中军都统,耶律张家奴为都监,率番、汉兵十万;萧奉先充卫营都统,诸行营都部署耶律章奴为副,以精兵二万为先锋。馀分五部为正军,贵族子弟千人为硬军,扈从百司为护卫军,北出骆驼口;以都点检萧胡觌姑为都统,枢密直学士柴谊为副,将汉步骑三万,南出宁江州。自长春州分道而进,发数月粮,期必灭女真。

九月丁卯朔,女真军陷黄龙府。己巳,知北院枢密使萧得里底出为西南面招讨使。辞刺还,女真复遣赛刺以书来报:若归我叛人阿疏等,既当班师。上亲征。粘罕、兀术等以书来上,阳为卑哀之辞,实欲求战。书上,上怒,下诏有"女真作过,大军剪除"之语。女

真主聚众，黎面仰天恸哭曰："始与汝等起兵，盖苦契丹残忍，欲自立国。今主上亲征，奈何？非人死战，莫能当也。不若杀我一族，汝等迎降，转祸为福。"诸军皆曰："事已至此，惟命是从。"乙巳，耶律章奴反，奔上京，谋迎立魏国王淳。上遣驸马萧昱领兵诣广平淀护后妃，行宫小底乙信持书驰报魏国王。时章奴先遣王妃亲弟萧谛里以所谋说魏国王。王曰："此非细事，主上自有诸王当立，北、南面大臣不来，而汝言及此，何也？"密令左右拘之。有顷，乙信等赍御札至，备言章奴等欲废立事。魏国王立斩萧谛里等首以献，单骑间道诣广平淀待罪。上遇之如初。章奴知魏国王不听，率麾下掠庆、饶、怀、祖等州，结渤海群盗，众至数万，趋广平淀犯行宫。顺国女真阿鹘产以三百骑一战而胜，擒其贵族二百余人，并斩首以徇。其妻子配役绣院，或散诸近侍为婢，馀得脱者皆奔女真。章奴诈为使者，欲奔女真，为逻者所获，缚送行在，腰斩于市，剖其心以献祖庙，肢解以徇五路。

冬十一月，遣驸马萧特末、林牙萧察剌等将骑兵五万、步卒四十万、亲军七十万至驼门。

十二月乙巳，耶律张家奴叛。戊申，亲战于护步答冈，败绩，尽亡其辎重。己未，锦州刺史耶律术者叛应张家奴。庚申，北面林牙耶律马哥讨张家奴。癸亥，以北院宣徽使萧韩家奴北院枢密使事，南院宣徽使萧特末为汉人行宫都部署。

六年春正月丙寅朔，东京夜有恶少年十余人，乘酒执刃，逾垣入留守府，问留守萧保先所在："今军变，请为备。"萧保先出，刺杀之。户部使大公鼎闻乱，即摄留守事，与副留守高清明集奚、汉兵千人，尽捕其众，斩之，抚定其民。东京故渤海地，太祖力战二十余年乃得之。而萧保先严酷，渤海苦之，故有是变。其裨将渤海高永昌潜号，称隆基元年。遣萧乙薛、高兴顺招之，不从。

闰月己亥，遣萧韩家奴、张琳讨。戊午，贵德州守将耶律余睹以广州渤海叛附永昌，我师击败之。

二月戊辰，侍御司徒挞不也等讨张家奴，战于祖州，败绩。乙酉，遣汉人行宫都部署萧特末率诸将讨张家奴。戊子，张家奴诱饶州渤海及中京贼侯概等万馀人，攻陷高州。

三月，东面行军副统酬斡等擒侯概于川州。

夏四月戊辰，亲征张家奴。癸酉，败之。甲戌，诛叛党，饶州渤海平。丙子，赏平贼将士有差；而萧韩家奴、张琳等复为贼所败。

五月，清暑散水原。女真军攻下沈州，复陷东京，擒高永昌。东京州县族人痕孛、铎剌、吴十、挞不也、道剌、酬斡等十三人皆降女真。

六月乙丑，籍诸路兵，有杂畜十头以上者皆从军。庚辰，魏国王淳进封秦晋国王，为都元帅；上京留守萧挞不也为契丹行宫都部署兼副元帅。丁亥，知北院枢密使事萧韩家奴为上京留守。

秋七月，猎秋山。春州渤海二千余户叛，东北路统军使勒兵追及，尽俘以还。

八月，乌古部叛，遣中丞耶律挞不也等招之。

九月丙午，谒怀陵。

冬十月丁卯，以张琳军败，夺官。庚辰，乌古部来降。

十一月，东面行军副统马哥等攻曷苏馆，败绩。

十二月乙亥，封庶人萧氏为太皇太妃。辛巳，削副统耶律马哥官。

七年春正月甲寅,减厩马粟,分给诸局。是月,女真军攻春州,东北面诸军不战自溃,女古、皮室四部及渤海人皆降,复下泰州。

二月,涞水县贼董庞儿聚众万馀,西京留守萧乙薛、南京统军都监查剌与战于易水,破之。

三月,庞儿党复聚,乙薛复击破之于奉圣州。

夏五月庚寅,东北面行军诸将涅里、合鲁、涅哥、虚古等弃市。乙巳,诸围场隙地,纵百姓樵采。

六月辛巳,以同知枢密院事余里也为北院大王。

秋七月癸卯,猎秋山。

八月丙寅,猎狨斯哪里山,命都元帅秦晋王赴沿边,会四路兵马防秋。

九月,上自燕至阴凉河,置怨军八营:募自宜州者曰前宜、后宜,自锦州者曰前锦、后锦,自乾自显者曰乾曰显,又有乾显大营、岩州营,凡二万八千余人,屯卫州蒺藜山。丁酉,猎辋子山。

冬十月乙卯朔,至中京。

十二月丙寅,都元帅秦晋国王淳遇女真军,战于蒺藜山,败绩。女真复拔显州旁近州郡。庚午,下诏自责。癸酉,遣夷离毕查剌与大公鼎诸路募兵。丁丑,以西京留守萧乙薛为北府宰相,东北路行军都统奚霞末知奚六部大王事。

是岁,女真阿骨打用铁州杨朴策,即皇帝位,建元天辅,国号金。杨朴又言,自古英雄开国或受禅,必求大国封册,遂遣使议和,以求封册。

八年春正月,幸鸳鸯泺。丁亥,遣耶律奴哥等使金议和。庚寅,保安军节度使张崇以双州二百户降金。东路诸州盗贼蜂起,掠民自随以充食。

二月,耶律奴哥还自金,金主复书曰:"能以兄事朕,岁贡方物,归我上、中京、兴中府三路州县;以亲王、公主、驸马、大臣子孙为质;还我行人及元给信符,并宋、夏、高丽往复书诏、表牒,则可以如约。"

三月甲午,复遣奴哥使金。

夏四月辛酉,以西南面招讨使萧得里底为北院枢密使。

五月壬午朔,奴哥以书来,约不逾此月见报。戊戌,复遣奴哥使金,要以酌中之议。是月,至纳葛泺。贼安生儿、张高儿聚众二十万,耶律马哥等斩生儿于龙化州,高儿亡入懿州,与霍六哥相合。金主遣胡突衮与奴哥持书,报如前约。

六月丁卯,遣奴哥等赍宋、夏、高丽书诏、表牒至金。霍六哥陷海北州,趣义州,军帅回离保等击败之。通、祺、双、辽四州之民八百馀户降于金。

秋七月,猎秋山。金复遣胡突衮来,免取质子及上京、兴中府所属州郡,裁减岁币之数,"如能以兄事联,册用汉仪,可以如约。"

八月庚午,遣奴哥、突迭使金,议册礼。

九月,突迭见留,遣奴哥还,谓之曰:"言如不从,勿复遣使。"

闰九月丙寅,遣奴哥复使金,而萧宝、讹里等十五人各率户降于金。

冬十月,奴哥、突迭持金书来。龙化州张应古等四人率众降金。

十一月,副元帅萧挞不也薨。

十二月甲申，议定册礼，遣奴哥使金。宁昌军节度使刘宏以懿州户三千降金。时山前诸路大饥，乾、显、宜、锦、兴中等路，斗粟直数缣，民削榆皮食之，既而人相食。

是年，放进士王翚等百三人。

九年春正月，金遣乌林答赞谟持书来迎册。

二月，至鸳鸯泺。贼张撒八诱中京射粮军，潜号，南面军帅余睹擒撒八。

三月丁未朔，遣知右夷离毕事萧习泥烈等册金主为东怀国皇帝。己酉，乌林答赞谟、奴哥等先以书报。

夏五月，阻卜补疏只等叛，执招讨使耶律斡里朵，都监萧斜里得死之。

秋七月，猎南山。金复遣乌林答赞谟来，责册文无"兄事"之语，不言"大金"而云"东怀"，乃小邦怀其德之义；及册文有"渠材"二字，语涉轻侮；若"遥芬多戬"等语，皆非善意，殊乖体式。如依前书所定，然后可从。杨询卿、罗子韦率众降金。

八月，以赵王习泥烈为西京留守。

九月，至西京。复遣习泥烈、杨立忠先持册藁使金。

冬十月甲戌朔，耶律陈图奴等二十余人谋反，伏诛。是月，遣使送乌林答赞谟持书以还。

十年春二月，幸鸳鸯泺。金复遣乌林答赞谟持书及册文副本以来，仍责乞兵于高丽。

三月己酉，民有群马者，十取其一，给东路军。庚申，以金人所定"大圣"二字，与先世称号同，复遣习泥烈往议。金主怒，遂绝之。

夏四月，猎胡土白山，闻金师再举，耶律白斯不等选精兵三千以济辽师。

五月，金主亲攻上京，克外郭，留守挞不也率众出降。

六月乙酉，以北府宰相萧乙薛为上京留守、知盐铁内省两司、东北统军司事。

秋，猎沙岭。

冬，复至西京。

保大元年春正月丁酉朔，改元，肆赦。初，金人兴兵，郡县所失几半。上有四子：长赵王，母赵昭容；次晋王，母文妃；次秦王、许王，皆元妃生。国人知晋王之贤，深所属望。元妃之兄枢密使萧奉先恐秦王不得立，潜图之。文妃姊妹三人：长适耶律挞曷里，次文妃，次适余睹。一日，其姊若妹俱会军前，奉先讽人诬驸马萧昱及余睹等谋立晋王，事觉，昱、挞曷里等伏诛，文妃亦赐死；独晋王未忍加罪。余睹在军中，闻之大惧，即率千余骑叛入金。上遣知奚王府事萧遏买、北府宰相萧德恭、大常衮耶律谛里姑、归州观察使萧和尚奴、四军太师萧干将所部兵追之，及诸闾山县。诸将议曰："主上信萧奉先言，奉先视吾辈蔑如也。余睹乃宗室豪俊，常不肯为奉先下。若擒余睹，他日吾党皆余睹也！不若纵之。"还，即绐曰："追袭不及。"奉先既见余睹之亡，恐后日诸校亦叛，遂劝骤加爵赏，以结众心。以萧遏买为奚王，萧德恭试中书门下平章事兼判上京留守事，耶律谛里姑为龙虎卫上将军，萧和尚奴金吾卫上将军，萧干镇国大将军。

二月，幸鸳鸯泺。

夏五月，至曷里狘。

秋七月，猎炭山。

九月，至南京。

冬十月癸亥,以西京留守赵王习泥烈为惕隐。

二年春正月乙亥,金克中京,进下泽州。上出居庸关,至鸳鸯泺。闻余睹引金人娄室字董奄至,萧奉先曰:"余睹乃王子班之苗裔,此来欲立甥晋王耳。若为社稷计,不惜一子,明其罪诛之,可不战而余睹自回矣。"上遂赐晋王死,素服三日,耶律撒八等皆伏诛。王素有人望,诸军闻其死,无不流涕,由是人心解体。余睹引金人逼行宫,上率卫兵五千余骑幸云中,遗传国玺于桑乾河。

二月庚寅朔,日有食之,既。甲午,知北院大王事耶律马哥、汉人行宫都部署萧特末并为都统,太和宫使耶律补得副之,将兵屯鸳鸯泺。己亥,金师败奚王霞末于北安州,遂降其城。

三月辛酉,上闻金师将出岭西,遂趋白水泺。乙丑,群牧使谟鲁斡降金。丙寅,上至女古底仓。闻金兵将近,计不知所出,乘轻骑入夹山,方悟奉先之不忠。怒曰:"汝父子误我至此,今欲诛汝,何益于事! 恐军心忿怨,尔曹避敌苟安,祸必及我,其勿从行。"奉先下马,哭拜而去。行未数里,左右执其父子,缚送金兵。金人斩其长子昂,以奉先及其次子昱械送金主。道遇辽军,夺以归国,遂并赐死。逐枢密使萧得里底。召挞不也典禁卫。丁卯,以北院枢密副使萧僧孝奴知北院枢密使事,同知北院枢密使事萧查剌为左夷离毕。戊辰,同知殿前点检事耶律高八率卫士降金。己巳,侦人萧和尚、牌印郎君耶律晒斯为金师所获。癸酉,以诸局百工多亡,凡扈从不限吏民,皆官之。初,诏留宰相张琳、李处温与秦晋国王淳守燕,处温闻上入夹山,数日不通,即与弟处能、子奭,处假怨军,内结都统萧干,谋立淳。遂与诸大臣耶律大石、左企弓、虞仲文、曹勇义、康公弼集番汉百官、诸军及父老数万人诣淳府。处温邀张琳至,白其事。琳曰:"摄政则可。"处温曰:"天意人心已定,请立班耳。"处温等请淳受礼,淳方出,李奭持赭袍被之,令百官拜舞山呼。淳惊骇,再三辞,不获已而从之。以处温守太尉,左企弓守司徒,曹勇义知枢密院事,虞仲文参知政事,张琳守太师,李处能直枢密院,李奭为少府少监、提举翰林医官,李爽、陈秘十余人曾与大计,并赐进士及第,授官有差。萧干为北枢密使,驸马都尉萧旦知枢密院事。改怨军为常胜军。于是肆赦,自称天锡皇帝,改元建福,降封天祚为湘阴王。遂据有燕、云、平及上京、辽西六路。天祚所有,沙漠已北,西南面、西北路两都招讨府、诸番部族而已。

夏四月辛卯,西南招讨使耶律佛顶降金,云内、宁边、东胜等州皆降。阿疎为金兵所擒。金已取西京,沙漠以南部族皆降。上遂遁於讹莎烈。时北部谟葛失赆马、驼、食羊。

五月甲戌,都统马哥收集散亡,会于沤里谨。丙子,以马哥知北院枢密使事,兼都统。

六月,淳寝疾,闻上传檄天德、云内、朔、武、应、蔚等州,合诸蕃精兵五万骑,约以八月入燕;又遣人问劳,索衣裘、茗药。淳甚惊,命南、北面大臣议。而李处温、萧干等有迎秦拒湘之说,集番汉百官议之。从其议者,东立;惟南面行营都部署耶律宁西立。处温等问故,宁曰:"天祚果能以诸番兵大举夺燕,则是天数未尽,岂能拒之? 否则,秦、湘,父子也,拒则皆拒。自古安有迎子而拒其父者?"处温等相顾微笑,以宁煽乱军心,欲杀之。淳欹枕长叹曰:"彼忠臣也,焉可杀? 天祚果来,吾有死耳,复何面目相见耶!"已而淳死,众乃议立其妻萧氏为皇太后,主军国事。奉遗命,迎立天祚次子秦王定为帝。太后遂称制,改元德兴。处温父子惧祸,南通童贯,欲挟萧太后纳土于宋,北通于金,欲为内应,外以援立大功自陈。萧太后骂曰:"误秦晋国王者,皆汝父子!"悉数其过数十,赐死,裔其子奭而磔之;籍其家,得钱七万缗,金玉宝器称是,为宰相数月之间所取也。谟葛失以兵来援,为金人败于洪灰水,擒其子陀古及其属阿敌音。夏国援兵至,亦为金所败。

秋七月丁巳朔,敌烈部皮室叛,乌古部节度使耶律棠古讨平之,加太子太保。乙丑,上京毛八十率二千户降金。辛未,夏国遣曹价来问起居。

八月戊戌,亲遇金军,战于石辇驿,败绩,都统萧特末及其侄撒古被执。辛丑,会军于欢挞新查刺,金兵追之急,弃辎重以遁。

九月,敌烈部叛,都统马哥克之。

冬十月,金兵攻蔚州,降。

十一月乙丑,闻金兵至奉圣州,遂率卫兵屯于落昆髓。秦晋王淳妻萧德妃五表于金,求立秦王,不许,以劲兵守居庸。及金兵临关,崖石自崩,戍卒多压死,不战而溃。德妃出古北口,趋天德军。

十二月,知金主抚定南京,上遂由扫里关出居四部族详稳之家。

三年春正月丁巳,奚王回离保僭号,称天复元年,命都统马哥讨之。甲子,初,张珏为辽兴军节度副使,民推珏领州事。秦晋王淳既死,萧德妃遣时立爱知平州。珏知辽必亡,练兵畜马,籍丁壮为备。立爱至,珏弗纳。金帅粘罕入燕,首问平州事於故参知政事康公弼。公弼曰:"珏狂妄寡谋,虽有乡兵,彼何能为? 示之不疑,图之未晚。"金人招时立爱赴军前,加珏临海军节度使,仍知平州。既而又欲以精兵三千先下平州,擒张珏。公弼曰:"若加兵,是趣之叛也。"公弼请自往觇之。珏谓公弼曰:"辽之八路,七路已降;独平州未解甲者,防萧干耳。"厚赂公弼而还。公弼复粘罕曰:"彼无足虑。"金人遂改平州为南京,加珏试中书门下平章事,判留守事。庚辰,宜、锦、乾、显、成、川、豪、懿等州相继皆降,上京卢彦伦叛,杀契丹人。

二月乙酉朔,兴中府降金。来州归德军节度使田颢、权隰州刺史杜师回、权迁州刺史高永昌、权润州刺史张成,皆籍所管户降金。丙戌,诛萧德妃,降淳为庶人,尽释其党。癸巳,兴中、宜州复城守。

三月,驻跸于云内州南。

夏四月甲申朔,以知北院枢密使事萧僧孝奴为诸道大都督。丙申,金兵至居庸关,擒耶律大石。戊戌,金兵围辎重于青塚,硬寨太保特母哥窃梁王雅里以遁,秦王、许王、诸妃、公主、从臣皆陷没。庚子,梁宋大长公主特里亡归。壬寅,金遣人来招。癸卯,答言请和。丙午,金兵送族属辎重东行,乃遣兵邀战于白水泺,赵王习泥烈、萧道宁皆被执。上遣牌印郎君谋卢瓦送兔纽金印伪降,遂西遁云内。驸马都尉乳奴诣金降。己酉,金复以书来招,答其书。壬子,金帅书来,不许请和。是月,特母哥挈雅里至,上怒不能尽救诸子,诘之。

五月乙卯,夏国王李乾顺遣使请临其国。庚申,军将耶律敌烈等夜劫梁王雅里奔西北部,立以为帝,改元神历。辛酉,渡河,止于金肃军北。回离保为众所杀。

六月,遣使册李乾顺为夏国皇帝。

秋九月,耶律大石自金来归。

冬十月,复渡河东还,居突吕不部。梁王雅里殁,耶律术烈继之。

十一月,术烈为众所杀。

四年春正月，上趋都统马哥军。金人来攻，弃营北遁，马哥被执。谟葛失来迎，赆马、驼、羊，又率部人防卫。时侍从乏粮数日，以衣易羊。至乌古敌烈部，以都点检萧乙薛知北院枢密使事，封谟葛失为神于越王。特母哥降金。

二月，耶律遥设等十人谋叛，伏诛。

夏五月，金人既克燕，驱燕之大家东徙，以燕空城及涿、易、檀、顺、景、蓟州与宋以塞盟。左企弓、康公弼、曹勇义、虞仲文皆东迁。燕民流离道路，不胜其苦，入平州，言于留守张珏曰："宰相左企弓不谋守燕，使吾民流离，无所安集。公今临巨镇，握强兵，尽忠于辽，必能使我复归乡土，人心亦惟公是望。"珏遂召诸将领议。皆曰："闻天祚兵势复振，出没漠南。公若仗义勤王，奉迎天祚，以图中兴，先责左企弓等叛降之罪而诛之，尽归燕民，使复其业，而以平州归宋，则宋无不接纳，平州遂为藩镇矣。即后日金人加兵，内用平山之军，外得宋为之援，又何惧焉！"珏曰："此大事也，不可草草。翰林学士李石智而多谋，可召与议。"石至，其言与之合。乃遣张谦率五百余骑，传留守令，召宰相左企弓、曹勇义、枢密使虞仲文、参知政事康公弼至滦河西岸，遣议事官赵秘校往数十罪，曰："天祚播迁夹山，不即奉迎，一也；劝皇叔秦晋王僭号，二也；诋讦君父，降封湘阴，三也；天祚遣知阁王有庆来议事而杀之，四也；檄书始至，有迎秦拒湘之议，五也；不谋守燕而降，六也；不顾大义，臣事于金，七也；根括燕财，取悦于金，八也；使燕人迁徙失业，九也；教金人发兵先下平州，十也。尔有十罪，所不容诛。"左企弓等无以对，皆缢杀之。仍称保大三年，画天祚象，朝夕谒，事必告而后行，称辽官秩。

六月，榜谕燕人复业，恒产为常胜军所占者，悉还之。燕民既得归，大悦。翰林学士李石更名安弼，偕故三司使高党往燕山，说宋王安中曰："平州带甲万余，珏有文武材，可用为屏翰；不然，将为肘腋之患。"安中深然之，令安弼与党诣宋。宋主诏帅臣王安中、詹度厚加安抚，与免三年常赋。珏闻之，自谓得计。

秋七月，金人屯来州，阇母闻平州附宋，以二千骑问罪，先入营州。珏以精兵万骑击败之。宋建平州为泰宁军，以珏为节度使，以安弼、党为徽猷阁待制，令宣抚司出银绢数万犒赏。珏喜，远迎。金人谋知，举兵来袭，珏不得归，奔燕。金人克三州，始来索珏，王安中讳之。索急，斩一人貌类者去。金人曰："非珏也，以兵来取。"安中不得已，杀珏，函其首送金。天祚既得林牙耶律大石兵归，又得阴山室韦谟葛失兵，自谓得天助，再谋出兵，复收燕、云。大石林牙力谏曰："自金人初陷长春、辽阳，则车驾不幸广平淀，而都中京；及陷上京，则都燕山；及陷中京，则幸云中；自云中而播迁夹山。向以全师不谋战备，使举国汉地皆为金有。国势至此，而方求战，非计也。当养兵待时而动，不可轻举。"不从。大石遂杀乙薛及坡里括，置北、南面官属，自立为王，率所部西去。上遂率诸军出夹山，下渔阳岭，取天德、东胜、宁边、云内等州。南下武州，遇金人，战于奄遏下水，复溃，直趋山阴。

八月，国舅详稳萧挞不也、笔砚祗候察剌降金。是月，金主阿骨打死。

九月，建州降金。

冬十月，纳突吕不部人讹哥之妻谐葛，以讹哥为本部节度使。昭古牙率众降金。金攻兴中府，降之。

十一月，从引者举兵乱，北护卫太保术者、舍利详稳牙不里等击败之。

十二月，置二总管府。

五年春正月辛巳，党项小斛禄遣人请临其地。戊子，趋天德，过沙漠，金兵忽至。上徒步出走，近侍进珠帽，却之，乘张仁贵马得脱，至天德。己丑，遇雪，无御寒具，术者以貂裘帽进；途次绝粮，术者进麴与枣；欲憩，术者即跪坐，倚之假寐。术者辈惟啮冰雪以济饥。过天德。至夜，将宿民家，绐曰侦骑，其家知之，乃叩马首，跪而大恸，潜宿其家。居数日，嘉其忠，遥授以节度使，遂趋党项。以小斛禄为西南面招讨使，总知军事，仍赐其子及诸校爵赏有差。

二月，至应州新城东六十里，为金人完颜娄室等所获。

八月癸卯，至金。丙午，降封海滨王。以疾终，年五十有四，在位二十四年。金皇统元年二月，改封豫王。五年，葬于广宁府间阳县乾陵傍。

耶律淳者，世号为北辽。淳小字涅里，兴宗第四孙，南京留守、宋魏王和鲁斡之子。清宁初，太后鞠育之。既长，笃好文学。昭怀太子得罪，上欲以淳为嗣。上怒耶律白斯不，知与淳善，出淳为彰圣等军节度使。

天祚即位，进王郑。乾统二年，加越王。六年，拜南府宰相，首议制两府礼仪。上喜，徙王魏。其父和鲁斡薨，即以淳袭父守南京。冬夏入朝，宠冠诸王。

天庆五年，东征，都监章奴济鸭子河，与淳子阿撒等三百余人亡归，先遣敌里等以废立之谋报淳，淳斩敌里首以献，进封秦晋国王，拜都元帅，赐金券，免汉拜礼，不名。许自择将士，乃募燕、云精兵。东至锦州，队长武朝彦作乱，劫淳。淳匿而免，收朝彦诛之。会金兵至，聚兵战于阿里轸斗，败绩，收亡卒数千人拒之。淳入朝，释其罪，诏南京刻石纪功。

保大二年，天祚入夹山，奚王回离保、林牙耶律大石等引唐灵武故事，议欲立淳。淳不从，官属劝进曰："主上蒙尘，中原扰攘，若不立王，百姓何归？宜熟计之。"遂即位。百官上号天锡皇帝，改保大二年为建福元年，大赦。放进士李宝信等一十九人，遥降天祚为湘阴王。以燕、云、平、上京、中京、辽西六路，淳主之；沙漠以北、南北路两都招讨府、诸蕃部族等，仍隶天祚。自此辽国分矣。封其妻普贤女为德妃，以回离保知北院枢密使事，军旅之事悉委大石。又遣使报宋，免岁币，结好。宋人发兵问罪，击败之。寻遣使奉表于金，乞为附庸。事未决，淳病死，年六十。百官伪谥曰孝章皇帝，庙号宣宗，葬燕西香山永安陵。

遗命遥立秦王定以存社稷，德妃为皇太后，称制，改建福为德兴元年，放进士李球等百八人。时宋兵来攻，战败之，由是人心大悦，兵势日振。宰相李纯等潜纳宋兵，居民内应，抱关者被杀甚众。翌日，攻内东门，卫兵力战，宋军大溃，逾城而走，死者相藉。五表于金，求立秦王，不从。而金兵大至，德妃奔天德军，见天祚。天祚怒，诛德妃，降淳庶人，除其属籍。

耶律雅里者，天祚皇帝第二子也，字撒鸾。七岁，欲立为皇太子，别置禁卫，封梁王。保大三年，金师围青塚寨，雅里在军中。太保特母哥挟之出走，间道行至阴山。闻天祚失利趋云内，雅里驰赴。时扈从者千余人，多于天祚。天祚虑特母哥生变，欲诛之。责以不能全救诸王，将讯之。仗剑召雅里问曰："特母哥教汝何为？"雅里对曰："无他言。"乃释之。

天祚渡河奔夏，队帅耶律敌列等劫雅里北走。至沙岭，见蛇横道而过，识者以为不祥。后三日，君僚共立雅里为主。雅里遂即位，改元神历，命士庶上便宜。

雅里性宽大，恶诛杀。获亡者，笞之而已。有自归者，即官之。因谓左右曰："欲附来归；不附则去。何须威逼耶？"每取唐《贞观政要》及林牙资忠所作《治国诗》，令侍从读之。乌古部节度使纠哲、迭烈部统军挞不也、都监突里不等各率其众来附。自是诸部继至。而雅里日渐荒怠，好击鞠。特母哥切谏，乃不复出。以耶律敌列为枢密使，特母哥副之。敌列劾西北路招讨使萧纠里荧惑众心，志有不臣，与其子麻涅并诛之。以遥设为招讨使，与诸部战，数败，杖免官。

从行有疲困者，辄振给之。直长保德谏曰："今国家空虚，赐赉若此，将何以相给耶？"雅里怒曰："昔畋於福山，卿诬猎官，今复有此言。若无诸部，我将何取？"不纳。初，令群牧运盐泺仓粟，而民盗之，议籍以偿。雅里乃自为直：每粟一车，偿一羊；三车一牛；五车一马；八车一驼。左右曰："今一羊易粟二斗且不可得，乃偿一车！"雅里曰："民有则我有。若令尽偿，民何堪？"

后猎查剌山，一日而射黄羊四十，狼二十一，因致疾，卒，年三十。

耶律大石者，世号为西辽。大石字重德，太祖八代孙也。通辽、汉字，善骑射，登天庆五年进士第，擢翰林应奉，寻升承旨。辽以翰林为林牙，故称大石林牙。历泰、祥二州刺史，兴军节度使。

保大二年，金兵日逼，天祚播越，与诸大臣立秦晋王淳为帝。淳死，立其妻萧德妃为太后，以守燕。及金兵至，萧德妃归天祚。天祚怒诛德妃而责大石曰："我在，汝何敢立淳？"对曰："陛下以全国之势，不能一拒敌，弃国远遁，使黎民涂炭。即立十淳，皆太祖子孙，岂不胜乞命於他人耶？"上无以答，赐酒食，赦其罪。

大石不自安，遂杀萧乙薛、坡里括，自立为王，率铁骑二百宵遁。北行三日，过黑水，见白达达详稳床古儿。床古儿献马四百，驼二十，羊若干。西至可敦城，驻北庭都护府，会威武、崇德、会蕃、新、大林、紫河、驼等七州及大黄室韦、敌剌、王纪剌、茶赤剌、也喜、鼻古德、尼剌、达剌乖、达密里、密儿纪、合主、乌古里、阻卜、普速完、唐古、忽母思、奚的、纠而毕十八部王众，谕曰："我祖宗艰难创业，历世九主，历年二百。金以臣属，逼我国家，残我黎庶，屠翦我州邑，使我天祚皇帝蒙尘于外，日夜痛心疾首。我今仗义而西，欲借力诸蕃，翦我仇敌，复我疆宇。惟尔众亦有轸我国家，忧我社稷，思共救君父，济生民於难者乎？"遂得精兵万余，置官吏，立排甲，具器仗。

明年二月甲午，以青牛白马祭天地、祖宗，整旅而西。先遗书回鹘王毕勒哥曰："昔我太祖皇帝北征，过卜古罕城，即遣使至甘州，诏尔祖乌母主曰：'汝思故国耶，朕即为汝复之；汝不能返耶，朕则有之。在朕，犹在尔也。'尔祖即表谢，以为迁国于此，十有余世，军民皆安土重迁，不能复返矣。是与尔国非一日之好也。今我将西至大食，假道尔国，其勿致疑。"毕勒哥得书，即迎至邸，大宴三日。临行，献马六百，驼百，羊三千，愿质子孙为附庸，送至境外。所过，敌者胜之，降者安之。兵行万里，归者数国，获驼、马、牛、羊、财物，不可胜计。军势日盛，锐气日倍。

至寻思干，西域诸国举兵十万，号忽儿珊，来拒战。两军相望二里许。谕将士曰："彼军虽多而无谋，攻之，则首尾不救，我师必胜。"遣六院司大王萧斡里剌、招讨副使耶律松山等将兵二千五百攻其右;枢密副使萧剌阿不、招讨使耶律术薛等将兵二千五百攻其左;自以众攻其中。三军俱进,忽儿珊大败,僵尸数十里。驻军寻思干凡九十日,回回国王来降,贡方物。

又西至起儿漫,文武百官册立大石为帝,以甲辰岁二月五日即位,年三十八,号葛儿罕。复上汉尊号曰天祐皇帝,改元延庆。追谥祖父为嗣元皇帝,祖母为宣义皇后,册元妃萧氏为昭德皇后。因谓百官曰:"朕与卿等行三万里,跋涉沙漠,夙夜艰勤。赖祖宗之福,卿等之力,冒登大位。尔祖尔父宜加恤典,共享尊荣。"自萧斡里剌等四十九人祖父,封爵有差。

延庆三年,班师东归,马行二十日,得善地,遂建都城,号虎思斡耳朵,改延庆为康国元年。三月,以六院司大王萧斡里剌为兵马都元帅,敌剌部前同知枢密院事萧查剌阿不副之,茶赤剌部秃鲁耶律燕山为都部署,护卫耶律铁哥为都监,率七万骑东征。以青斗白马祭天,树旗以誓于众曰:"我大辽自太祖、太宗艰难而成帝业,其后嗣君耽乐无厌,不恤国政,盗贼蜂起,天下土崩。朕率尔众,达至朔漠,期复大业,以光中兴。此非朕与尔世居之地。"申命元帅斡里剌曰:"今汝其往,信赏必罚,与士卒同甘苦,择善水草以立营,量敌而进,毋自取祸败也。"行万余里无所得,牛马多死,勒兵而还。大石曰:"皇天弗顺,数也!"康国十年殂,在位二十年,庙号德宗。

子夷列年幼,遗命皇后权国。后名塔不烟,号感天皇后,称制,改元咸清,在位七年。子夷列即位,改元绍兴。籍民十八岁以上,得八万四千五百户。在位十三年殂,庙号仁宗。

子幼,遗诏以妹普速完权国,称制,改元崇福,号承天太后。后与驸马萧朵鲁不弟朴古只沙里通,出驸马为东平王,罗织杀之。驸马父斡里剌以兵围其宫,射杀普速完及朴古只沙里。普速完在位十四年。

仁宗次子直鲁古即位,改元天禧,在位三十四年。时秋出猎,乃蛮王屈出律以伏兵八千擒之,而据其位。遂袭辽衣冠,尊直鲁古为太上皇,皇后为皇太后,朝夕问起居,以侍终焉。直鲁古死,辽绝。

耶律淳在天祚之世,历王大国,受赐金券,赞拜不名。一时恩遇,无与为比。当天祚播越,以都元帅留守南京,独不可奋大义以激燕民及诸大臣,兴勤王之师,东拒金而迎天祚乎?乃自取之,是篡也。况忍王天祚哉?

大石既帝淳而王天祚矣,复归天祚。天祚责以大义,乃自立为王而去之。幸藉祖宗余威遗智,建号万里之外。难寡母弱子,更继迭承,几九十年,亦可谓难矣。

然淳与雅里、大石之立,皆在天祚之世。有君而复君之,其可乎哉?诸葛武侯为献帝发丧,而后立先主为帝者,不可同年语矣。故著以为戒云。

【译文】

天祚皇帝,名延禧,字延宁,小字阿果。他是道宗的孙子,父亲是顺宗大孝顺圣皇帝,母亲是贞顺皇后萧氏。大康元年生。六岁时封为梁王,加官守太尉,兼任中书令。三年后,晋封为燕国王。大安七年,总管北南院枢密使事务,加官尚书令,任天下兵马大元帅。

寿隆七年正月甲戌日,道宗去世,延禧遵奉遗诏在灵柩前即皇帝位。各大臣奉上的尊号称天祚皇帝。

二月壬辰初一，改年号为乾统，大赦天下。下令为被耶律乙辛诬陷的人恢复官职和爵位，没收的财产发还，流放的召回。乙未日，派遣使臣向南宋及西夏、高丽通报丧事。乙巳日，由北府宰相萧兀纳任辽兴军节度使，加官守太傅。

三月丁卯日，命令有关部门将张孝杰的家属分赐各大臣。甲戌日，召僧法颐和尚在宫内放戒。

夏四月，天旱。

六月庚寅初一，皇帝去庆州。甲午日，宋朝派遣王潜等人来吊祭。丙申日，高丽、夏国各派使者来祭奠慰哀。戊戌日，任命南府宰相斡特剌兼任南院枢密使。庚子日，追奉懿德皇后谥号为宣懿皇后。壬寅日，任命宋魏国王和鲁斡为天下兵马大元帅。乙巳日，将北平郡王耶律淳晋封为郑王。丁未日，北院枢密使耶律阿思加官于越。辛亥日，将仁圣大孝文皇帝和宣懿皇后葬于庆陵。

秋七月癸亥日，阻卜、铁骊前来进贡。

八月甲寅日，皇上参拜庆陵。

九月壬申日，皇上参拜怀陵。乙亥日，驻留藕丝淀。

冬十月壬辰日，参拜乾陵。甲辰日，尊奉皇父昭怀太子谥号为大孝顺圣皇帝，庙号为顺宗；母亲谥号为贞顺皇后。

十二月戊子日，由枢密副使张琳执掌枢密院事务，翰林学士张奉珪为参知政事，兼任同知枢密院事。癸巳日，宋朝派遣黄实来祝贺皇帝即位。丁酉日，诏令凡是先朝已处理过的事，都循例办理不再禀告。

起初，由杨割任生女真部节度使，俗称为太师。当年杨割去世，将官位传给他哥哥的儿子乌雅束，乌雅束又死去，由他兄弟阿骨打承袭。

乾统二年春正月，皇帝去鸭子河。

二月辛卯日，皇帝去春州。

三月，天气甚冷，重又结冰。

夏四月辛亥日，下令处死乙辛党徒，将他们的子孙迁往边疆；挖开乙辛、得里特的坟墓，劈开棺材，杀尸断身；将他们的家产分给被他们杀害的人家。

五月乙丑日，斡特剌献耶睹刮等部的战利品和俘虏。

六月壬辰日，因下雨停止打猎，留住在散水原。丙午日，夏国王李乾顺又派使者来请求娶公主为妻。丁未日，南院大王陈家奴辞官回乡。壬子日，李乾顺遭宋朝攻打，派遣李造福、田若水来请求救援。

闰月庚申日，策试贤良人士。壬申日，将惠妃降为平民。

秋七月，在黑岭打猎，因天降喜雨，赐予猎人马匹。阻卜来进犯，斡特剌等人打败了他们。

冬十月乙卯日，萧海里反叛，抢走乾州武库中的兵器甲服。命令北面林牙郝家奴捉拿，萧海里逃入陪术水阿典部。丙寅日，任命南府宰相斡特剌为北院枢密使，参知政事牛温舒知南院枢密使事。

十一月乙未日，郝家奴因未能将萧海里捉获，免去官职。壬寅日，任命上京留守耶律慎思为北院枢密副使。有关部门奏请将天祚帝生日作为天兴节。

三年春正月辛巳初一,去混同江。女真人将萧海里首级装入盒内,派遣使臣来献。戊申日,去春州。

二月庚午日,鉴于武清县发大水,放宽对该地滩涂湖地的管理禁令。

夏五月戊子日,由于很多猎人逃亡,制定严格的管理法规。乙巳日,皇帝在赤勒岭避暑。丙午日,参拜庆陵。

六月辛酉日,夏国王李乾顺又派使者来求娶公主。

秋七月,中京降冰雹,庄稼受灾。

冬十月甲辰日,去中京。己未日,吐蕃派遣使者前来进贡。庚申日,夏国又派使者来求援。己巳日,在观德殿祭祀。

十一月丙申日,文武百官为皇上加尊号称惠文智武圣孝天祚皇帝。发布大赦令,尊宋魏国王和鲁斡为皇太叔,梁王挞鲁晋封为燕国王,郑王耶律淳任东京留守,进封越国王,百官都晋升一等。丁酉日,由惕隐耶律何鲁古任南院大王。戊戌日,将所受尊号祭告祖庙。乙巳日,晋谒太祖庙,追尊太祖的高祖为昭烈皇帝,庙号肃祖,高祖帝后为昭烈皇后;追奉曾祖为庄敬皇帝,庙号懿祖,曾祖帝后为庄敬皇后。命监修国史耶律俨编写太祖等诸皇帝的《实录》。

十二月戊申日,皇上去藕丝淀。

这一年,录取进士马恭回等一百零三人。

乾统四年春正月戊子日,皇上到鱼儿泺。壬寅日,在木岭打猎。癸卯日,燕国王挞鲁逝世。

二月丁丑日,鼻骨德派使者前来进贡。

夏六月甲辰日,皇帝在旺国崖驻留。甲寅日,夏国派李造福、田若水来求援。癸亥日,吐蕃派使者前来进贡。

秋七月,南京发生蝗灾。庚辰日,皇上在南山打猎。癸未日,由西北路招讨使萧得里底,北院枢密副使耶律慎思共同执掌北院枢密使事务。辛卯日,任命同知南院枢密使事萧敌里为西北路招讨使。

冬十月己酉日,在漷阴县出现凤凰。己未日,皇上到南京。

十一月乙亥日,皇上到迎月楼,向贫民分赐银两。

十二月辛丑日,任命张琳为南府宰相。

五年春正月乙亥日,夏国派李国福等人前来求援,并请求讨伐宋朝。庚寅日,任命辽兴军节度使萧常哥为北府宰相。丁酉日,派遣枢密直学士高端礼等人去婉言劝说宋朝停止攻打夏国。

二月癸卯日,皇帝便装出访,体察民间疾苦。丙午日,到鸳鸯泺。

三月壬申日,将本族姑娘南仙封为成安公主,下嫁给夏国王李乾顺。

夏四月甲申日,皇上在炭山猎虎。

五月癸卯日,在南崖避暑。壬子日,宋朝派曾孝广、王戬前来回访。

六月甲戌日,夏国派使者前来致谢,进贡地方物产。乙丑日,皇上到候里吉。

秋七月,皇上参拜庆陵。

九月辛亥日,驻留藕丝淀。乙卯日,参拜乾陵。

冬十一月戊戌日,禁止商人家属参加进士考试。丙辰日,高丽三韩国公王颙逝世,他儿子王俣派使者前来报丧。

十二月己巳日,夏国又派李造福、田若水来求援。癸酉日,宋朝派林洙来商谈与夏国议和事。

六年春正月辛丑日,派遣知北院枢密使事萧得里底、知南院枢密使事牛温舒出使宋国,婉言劝说宋国归还所侵占的夏国领土。

夏五月,皇上在散水原避暑。

六月辛巳日,夏国派李造福等人来致谢。

秋七月癸巳日,阻卜来进贡。甲午日,皇上去黑岭。庚子日,在鹿角山打猎。

冬十月乙亥日,宋朝与夏国和好,派遣刘正符、曹穆前来通报。庚辰日,任命皇太叔、南京留守和鲁斡兼任惕隐,任命东京留守、越国王耶律淳为南府宰相。

十一月乙未日,任命谢家奴为南院大王,马奴为奚六部大王。丙申日,举行柴册礼。戊戌日,发布大赦令。称和鲁斡为义和仁圣皇太叔,进封越国王耶律淳为魏国王,封皇太子敖卢斡为晋王,习泥烈为饶乐郡王。己亥日,参拜太祖庙。甲辰日,祭祀木叶山。

十二月己巳日,封耶律俨为漆水郡王,其余官员分等第晋升爵位。

七年春正月,在鸭子河钓鱼。

二月,皇上在大鱼泺驻留。

夏六月,在散水原停留。

秋七月,去黑岭。

冬十月参拜乾陵,在医巫闾山打猎。

这一年,录取进士李石等共一百人。

乾统八年春正月,去春州。

夏四月丙申日,封高丽王王俣为三韩国公,赠他父亲王颙为高丽国王。

五月,皇上在散水原避暑。

六月壬辰日,西北路招讨使萧敌里率领各蕃属来朝见皇上。丙申日,举行射柳仪式以求降雨。壬寅日,夏国王李乾顺派使者来报告:成安公主生子。丁未日,皇上去黑岭。

秋七月戊辰日,因下雨未打猎。

冬十二月己卯日,高丽派使者来致谢。

九年春正月丙午初一,去鸭子河。

二月,去春州。

三月戊午日,夏国派使者来通报有关宋朝不归还土地之事。

夏四月壬午日,五国部前来进贡。

六月乙亥日,在特礼岭避暑。

秋七月,下霜,庄稼受损。甲寅日,在候里吉打猎。

八月丁酉日,下雪,未打猎。

冬十月癸酉日,缺木叶山。丁丑日,下令免征今年租税。

十二月甲申日,高丽派使者来进贡。

这一年录取进士刘祯等九十人。

乾统十年春正月辛丑日，举行立春礼。到鸭子河。

二月庚午初一，在大鱼泺驻留。

夏四月丙子日，五国部各酋长来进贡。丙戌日，举行再生礼。癸巳日，在北山打猎。

六月甲戌日，在玉丘避暑，癸未日，夏国派李造福等人来进贡。甲午日，阻卜人来进贡。

秋七月辛丑日，晋谒庆陵。

闰月辛亥日，晋谒怀陵。己未日，晋谒祖陵。壬戌日，皇太叔和鲁斡逝世。

九月甲戌日，未举行重九节礼仪。

冬十月，在藕丝淀驻留。

十二月乙酉日，更改明年年号。

这年，发生了严重饥荒。

天庆元年春正月，在鸭子河钓鱼。

二月，去春州。

三月乙亥日，五国部各酋长前来进贡。

夏五月，在散水原避暑。

秋七月，打猎。

冬十月，在藕丝淀驻留。

二年春正月己未初一，去鸭子河。丁丑日，五国部酋长来进贡。

二月丁酉日，去春州，在混同江钓鱼；边界外生女真族各酋长凡在千里以内的，按惯例都来朝见皇上。正赶上"头鱼宴"，饮酒半醉时，皇上来到大厅里，让各酋长依次表演舞蹈；唯有阿骨打推辞说不会，皇上再三命令他跳舞，但他始终未听从。过后，皇帝私下向枢密使萧奉先说："在前些天的宴会上，阿骨打态度雄傲豪亢，眼神不同凡响，应借边事将他杀掉。如不然则必留后患。"奉先说："他是粗人，不懂得礼节和情谊，没有多大过错而杀了他，恐怕会挫伤人们归顺的心情。即使他有二心，又能有什么作为？"他弟弟吴乞买、粘罕、胡舍等人曾随从皇上打猎，会唤鹿、打虎、捉熊。皇上一高兴，便为他们加官晋爵。

夏六月庚寅日，皇上在南崖避暑。甲午日，和州回鹘人来进贡。戊戌日，成安公主朝见皇上。甲辰日，阻卜来进贡。

秋七月乙丑日，在南山打猎。

九月己未日，打猎，射获熊，设宴招待群臣，亲自弹奏琵琶。原来，阿骨打自从在混同江参加宴会回来，怀疑皇上知道了他的反叛企图，于是调集军队，先吞并了邻近部族。女真人赵三、阿鹘产抗拒，阿骨打掳去他们的家属。两人跑到咸州告状，详稳司将他们送到北枢密院。枢密使萧奉先作为一般事项禀告皇上后，仍交咸州去责问解决，想让阿骨打改过自新。后来几次召见阿骨打，他竟推说有病不来。

冬十月辛亥，高丽三韩国国公王俣的母亲去世，前来报丧，派使者前往吊祭。王俣虽丧期不满，但仍起用担任原职。这个月皇上在奉圣州驻留。

十一月乙卯日，到南京。丁卯日，参拜太祖庙。

这一年录取进士韩昉等七十七人。

三年春正月丙寅日，赐给南京贫民钱两。丁卯日，去大鱼派。甲戌日，严禁和尚尼姑违反教规。丙子日，在狗牙山打猎，天气十分寒冷，很多猎人被冻死。

三月，检查各地户口，将大牢古山猎场地区的住户迁往其他地方。某日阿骨打率领五百骑兵突然来到咸州，官民十分惊慌。第二天，他到详隐司，与赵三等人当面对质，阿骨打不服，被送到主管部门盘查。一天晚上他私自逃走，并派人向皇上禀诉，说详隐司要杀死他，所以不敢留在这里。从此以后，召见他从不再来。

夏闰四月，李弘用妖术惑众作乱，被分尸送往五京示众。

六月乙卯日，斡朗改国派使者来进献良犬。丙辰日，夏国派使者来进贡。

秋七月，到秋山。

九月，在藕丝淀驻留。

十一月甲午日，任命三司使虞融掌管南院枢密使事，西南面招讨使萧乐古任南府宰相。

十二月庚戌日，高丽派使者来感谢辽的吊丧。癸丑日，回鹘派使者来进贡。甲寅日，任命枢密直学士马人望为参知政事。丙辰日，掌管枢密院事耶律俨逝世。癸亥日，高丽派使者来感谢王俣丧期未满，准予复职之事。

四年春正月，皇上去春州。开始，女真起兵时，因纥石烈部的阿疏不同意，女真派所属撒改的军队攻打他。阿疏的弟弟狄故保来报告，皇帝命令女真不要打，但女真人不听，阿疏前来投奔。现在女真派使者来索要回阿疏，未予交还。

夏五月，皇上在散水原避暑。

秋七月，女真又派使者来索阿疏，仍没交出，并派侍御阿息保责问女真在边境上大量修建城堡的原因。女真以傲慢的口气回答说："如果交还阿疏，仍和从前一样朝见进贡。若不然，将不断的修城。"随后辽国调集浑河以北各部军队，加强东北路统军司。阿骨打与他弟弟粘罕、胡舍等人一起谋划，由银术割、移烈、娄室、阇母等人为统帅，调集女真各部军队，先捉去辽国的障鹰官。接着攻打宁江州，东北路统军司来禀报。当时皇上正在庆州打鹿，听到报告没太介意，只派海州刺史高仙寿率领渤海军去支援。萧挞不也与女真军遭遇，在宁江以东开战，辽军战败。

冬十月壬寅初一，守司空萧嗣先任东北路都统，静江军节度使萧挞不也任副都统，派契丹奚军三千人，中京禁卫兵及地方豪强的士卒两千人，另从各路军挑选出英勇武士二千多人，由虞候崔公义任都押官，控鹤指挥邢颖为副都押官，发兵到出河店驻扎。两军对峙，女真军队偷渡混同江，突袭辽兵。萧嗣先的军队被击溃，崔公义、邢颖、耶律佛留、萧曷十等人战死，幸免于死的十七人。萧奉先怕他弟弟被治罪，便禀奏说东征溃散的军队到处抢掠，如不宽赦，唯恐他们聚众酿成祸害。皇上同意了他的意见，萧嗣先只被免去了官职。各部军队中的将士彼此议论说："打仗的战死而无功，败退可以活命并无罪。"因而军队士无斗志，遇敌望风而逃。

十一月壬辰日，都统萧敌里等屯营于斡邻泺以东，又被女真军袭击，死伤士卒很多。甲午日，萧敌里也被免职。辛丑日，任命西北路招讨使耶律斡韩里朵为行军都统，副点检萧乙薛、同知南院枢密使事耶律章奴为副都统。

十二月，咸州、宾州、祥州和铁骊、兀惹等地官兵都反叛逃入女真。萧乙薛前去救援宾州,南军各部将领实娄、特烈等去援救咸州,都被女真人打败。

天庆五年春季正月,发布亲征诏令,派遣僧奴携带书信去女真提出条件讲和,并指名斥责阿骨打。阿骨打派赛剌送来复信,提出如果归还反叛人员阿疏,把黄龙府迁往其他地方,而后才可商谈议和。都统耶律斡里朵等与女真军队在达鲁古城交战,辽军战败。

二月,饶州渤海古欲等人反叛,自称大王。

三月,派萧谢佛留等人征讨反叛人员。派耶律张家奴等六人携带书信去女真,指名斥责他们的主子,希望他们赶快投降。

夏四月癸丑日,萧谢佛留等被渤海古欲打败,由南面副部署萧陶苏斡任都统,前往参战。

五月,陶苏斡与古欲开战,结果大败。张家奴等因为阿骨打复信来,又派他再去见阿骨打。

六月己亥初一,皇上在特礼岭避暑。壬子日,张家奴等人回来,阿骨打复信,也指名斥责,命令投降。癸丑日,通告各地皇上将亲征。丙辰日,陶苏斡招降擒获古欲等人。癸亥日,任命惕隐耶律末里为北院大王。这一月,派萧辞剌出使女真,因所带信件言辞强硬而被扣留。

秋季七月辛未日,宋朝派使臣送来支援军队的银两和布匹。丙子日,皇上在岭东打猎。这个月里,都统斡里朵等人与女真军在白马泺交战,被打败。

八月申子日,皇上停止打猎,赶赴军中。斡里朵等人因作战失利,被免除官职。丙寅日,任命围场使阿不任中军都统,耶律张家奴为都监,统领番军、汉军共十万人;由萧奉先任御营都统,诸行营都部署耶律章奴为副都统,以精锐部队二万人为先遣军。其余兵力划为五部分作为正军,贵族子弟一千人为硬军,朝廷各部门护从人员为护卫军,向北面的骆驼口进发。由都点检萧胡靓姑任都统,枢密直学士柴谊为副都统,率领汉族步兵骑兵共三万人,向南方宁江州进发。从长春州开始分路前进,发给几个月吃用的军粮,决心消灭女真。

九月丁卯初一,女真军队攻陷了黄龙府。己巳日,知北院枢密使萧得里底出任西南面招讨使。辞剌被放回,女真又派赛剌携带书信来报:如果归还我方反叛人员阿疏等,女真军队立即后撤。皇上亲征。粘罕、兀术等写信给皇上,表面上言词谦卑,貌似无奈,实质上是要打仗。将信呈送皇上,皇上大怒,在写下的诏令

契丹武士校箭图

中有"女真人太过分,发兵消灭他们"等语。女真首领集合广大将士,用刀划脸仰面大哭着说:"原来我与你们共同起兵,是由于遭受契丹的残忍欺侮,打算自立国家。现在宗主皇上亲自率兵来征讨,怎么办?除非大家奋死战斗,是阻挡不了的。不如杀了我一家,你

们迎降，这样就可以转祸为福。"各将士都说："事情已到了这般地步，我们听从你的决定。乙巳日，耶律章奴反叛，逃往上京，策划迎立魏国王耶律淳为皇帝。皇上派驸马萧昱率兵到广平淀保护后妃，派行宫小底乙信携带书信急速去告知魏国王。当时章奴曾先派王妃的弟弟萧谛里按他的想法去劝说魏国王。魏国王说："这不是小事，各国王中应该立谁，皇上自有主张，北、南面大臣不来，而由你来谈这样的事，是何道理？"密令左右扣留了他。不久，乙信等人携带皇上亲笔信来到，详细叙述了章奴等人打算废上立王等情况。魏国王立即斩取萧谛里等人的首级送献给皇上，并单人骑马抄近路往广平淀去等待皇上问罪。皇上见了他一如既往。章奴得知魏国王不顺从他的谋划，便率领部下在庆州、饶州、怀州、祖州等地抢劫掠夺，联合渤海的盗匪，人数多达几万人，拥向广平淀，企图进犯行宫。顺国女真阿鹘产率三百名骑兵一举打败匪徒，擒获其中贵族二百多人，将他们斩首示众。把他们妻子儿女分派给绣院做使役，有的分给皇上的侍从人员做奴婢，其余逃脱了的都去投奔女真。章奴冒充使者，打算逃往女真，被巡逻人员捉住，捆绑押送皇上住地，并被当众腰斩，将他的心挖出祭献祖庙，将尸体肢解拿到各地示众。

冬季十一月，派遣驸马萧特末、林牙萧察剌等人率领骑兵五万、步兵四十万、亲军七十万，进至驼门。

十二月乙巳日，耶律张家奴反叛。戊申日，皇上亲自指挥，在护步答冈与女真军作战，战败，武器辎重损失殆尽。己未日，锦州刺史耶律术者叛变加入张家奴一伙。庚申日，北面林牙耶律马哥征讨张家奴。癸亥日，由北院宣徽使萧韩家奴执掌北院枢密使事务，南院宣徽使萧特末任汉人行宫都部署。

天庆六年春正月丙寅初一，在东京夜间有十几名少年无赖趁着酒醉，持刀跳墙进入留守府，打听留守萧保先在何处，说："现在军队已经变乱，你须做准备。"萧保先走出，便被刺杀。户部使大公鼎得知此次事变后，便代行留守职责，与副留守高清明召集了奚兵、汉兵共一千人，捕获了所有作乱人员，全部杀掉，安抚了当地民众。东京是原来渤海的地域，是太祖经过了二十多年的征战才得到的地方。而萧保先在当地施政严厉苛刻，渤海人深受其害，才导致这次事件发生。他的副将渤海高永昌自称帝号，定年号为隆基元年。皇上派萧乙薛、高兴顺去招降，他不接受。

闰月己亥日，派萧韩家奴、张琳去讨伐高永昌。戊午日，贵德州守将耶律余睹占据广州、渤海叛归高永昌，被我军打败。

二月戊辰日，御卫司徒挞不也等人讨伐张家奴，在祖州交战，结果失败。乙酉日，派汉人行宫都部署萧特末率领各将士攻打张家奴。戊子日，张家奴诱使饶州渤海及中京贼寇侯概等一万多人，攻陷了高州。

三月，东面行军副统酬斡等人在川州擒获了侯概。

夏四月戊辰日，皇帝亲征张家奴。癸酉日，打败了他。甲戌日，处死反叛党徒，平定了饶州渤海。丙子日，对参加征讨张家奴战斗的将士按等第给予奖赏；而萧韩家奴、张琳等又被叛贼打败。

五月，皇上在散水原避暑。女真军攻下沈州，又攻陷东京，擒住了高永昌。东京各州县女真族人痕孛、铎剌、吴十、挞不也、道剌、酬斡等十三人都向女真投降。

六月乙丑日，登记各路军队士兵，凡有各种牲畜十头以上的家户都要出人参加军队。

庚辰日，魏国王耶律淳晋封为秦晋国王，任都元帅；上京留守萧挞不也任契丹行宫都部署兼副元帅。丁亥日，知北院枢密使事萧韩家奴任上京留守。

秋季七月，皇上在秋山打猎。春州渤海二千多户居民叛逃，东北路统军使率领军队追赶，全部俘获迁回。

八月，乌古部反叛，派中丞耶律挞不也等去招抚。

九月丙午日，皇上参拜怀陵。

冬季十月丁卯日，张琳因作战失利，被撤销官职。庚辰日，乌古部来投降。

十一月，东面行军副统马哥等人攻打曷苏馆，战败。

十二月乙亥日，封平民萧氏为太皇太妃。辛巳日，免去耶律马哥副统的官职。

七年春正月甲寅日，削减厩马饲料粮食，分给各局。这月内，女真军队攻打春州，东北面各部军队未开始作战即自行溃散，女古、皮室等四部及渤海人都投降了，接着泰州又被攻下。

二月，涞水县贼寇董庞儿聚众一万多人，西京留守萧乙薛、南京统军都监查剌与他在易水交战，击溃了他们。

三月，董庞儿党徒又聚集作乱，萧乙薛又在奉圣州将他们击溃。

夏季五月庚寅日，东北面行军的各将领涅里、合鲁、涅哥、虚古等人被当众处死，陈尸于街市。乙巳日，各围猎场之间的地带，允许百姓砍柴。

六月辛巳日，任命同知枢密院事余里也为北院大王。

秋季七月癸卯日，皇上在秋山打猎。

八月丙寅日，在狄斯哪里山打猎，命令都元帅秦晋王前往边境沿线，会合四路兵马加强警戒，防止外部趁入秋时节进犯。

九月，皇上自燕到阴凉河，建立报怨于女真的怨军八营：士兵从宜州招募来的营叫前宜营、后宜营，从锦州招来的叫前锦营、后锦营，自乾州、显州招来的叫乾营和显营，又有乾显大营、岩州营，共二万八千多人，驻扎在卫州蒺藜山。丁酉日，皇上在辋子山打猎。

冬季十月乙卯初一，皇上到中京。

十二月丙寅日，都元帅秦晋国王耶律淳与女真军相遇，在蒺藜山交战，被战败。女真又攻陷了显州邻近的一些州郡。庚午日，皇上下诏令自责。癸酉日，派夷离毕查剌和大公鼎到各地去招募兵卒。丁丑日，由西京留守萧乙薛任北府宰相，东北路行军都统奚霞末执掌奚六部大王事务。

这一年，女真阿骨打采纳铁州杨朴的谋划，即位为皇帝，年号为天辅，国号金。杨朴又进言说，自古以来英雄开基立国或是受禅即位，都必须先求大国封册承认，于是派使者来议和，以争取册封。

八年春正月，皇上到鸳鸯泺。丁亥日，派耶律奴哥等人出使金国议和。庚寅日，保安军节度使张崇带双州二百户投降金国。东路各州盗贼蜂拥而起，掳掠百姓，以便为自己提供粮食。

二月，耶律奴哥从金国回来，金国国主复信说："如果能以兄长待我，每年进献方地物产，归还上京、中京、与中府三路州县；将亲王、公主、驸马、大臣子孙做人质；放回我方使者及原来给的信符，以及宋、夏、高丽相互来往的书诏、表牒，那么就可以议和。"

三月甲午日，又派奴哥为使者去金国。

夏季四月辛酉日，任命西南面招讨使萧得里底为北枢密院使。

五月壬午初一，奴哥带着书信回来，与对方约定不超过这个月给以答复。戊戌日，又派奴哥出使金国。基本意图是大体上按折中办法与对方商谈。这月内皇上到纳葛泺。贼寇安生儿、张高儿逃入懿州境内，与霍六哥联合。金国君主派胡突衮和奴哥携带书信回来，答复内容与上次所说的相同。

六月丁卯日，派奴哥等人携带宋、夏、高丽的书诏、表牒去金国。霍六哥攻占海北州，向义州进发，军帅回离保等人打败了他。通、祺、双、辽等四个州的民众八百多户向金国投降。

秋季七月，皇上在秋山打猎。金国又派突衮来，说明可不要人质和上京、与中府所属各州郡，减少每年进献的数量，"如果按兄长待我，按照汉制仪礼册封，可以讲和。"

八月庚午日，派奴哥、突迭出使金国、商谈册封仪式事宜。

九月，金国扣留了突迭，只派奴哥回来，他们的说法是："如果不接受所提条件，不必再派使者前来。"

闰九月丙寅日，派奴哥再去金国，而萧宝、讹里等十五人各自带领当地群众向金国投降。

冬季十月，奴哥、突迭带着金国的信件来。龙化州张应古等四人率领民众向金国投降。

十一月，副元帅萧挞不也逝世。

十二月甲申日，商定了册封仪式，派奴哥为使者去金国。宁昌军节度使刘宏带领懿州三千户民众投降金国。这时山前各路发生严重饥荒，乾州、显州、宜州、锦州、与中府等地，一斗谷值好几匹绢，百姓都剥榆树皮吃，后来还发生人吃人的现象。

这一年，录取进士王翚等一百零三人。

九年春季正月，金国派遣乌林答赞谟携带书信来迎取封册。

二月，皇上到鸳鸯泺。寇贼张撒八诱骗中京射粮军，自立为王，南面军帅余睹擒获了张撒八。

三月丁未初一，派遣知右夷离毕事萧习泥烈等人册封金国君主为东怀国皇帝。己酉日，乌林答赞谟、奴哥等人先带信回去报告。

夏五月，阻卜补疏只等人反叛，逮捕了招讨使耶律斡里朵，都监萧斜里得被杀死。

秋七月，皇上在南山打猎。金国又派乌林答赞谟来，责怪封册文字中没有"按兄长对待"这句话，未称作"大金"而说"东怀"，这是指小国怀念辽的恩德的意思；还有册文中有"渠材"两个字，话里有轻蔑的意思，又如"遥芬多戬"等一些话，都不是善意的，文章格式也特别乖僻不当。要按上次信件所确定的内容修改后，才能同意。杨询卿、罗子韦率领部属投降金国。

八月，任命赵王习泥烈为西京留守。

九月，皇上到西京。又派习泥烈、杨立忠先带着册文的草稿去金国。

冬十月甲戌初一，耶律陈图奴等二十多人阴谋反叛，被处以死刑。这月内，派使者送乌林答赞谟带着书信返回金国。

十年春二月，皇上到鸳鸯泺。金又派乌林答赞谟携带信件和册文副本来，还怪罪辽曾向高丽请求援兵。

三月己酉日，凡民众有马群的，每十匹征收一匹，分配给东路军。庚申日，册文中采用金人所提出的"大圣"二字，这与对祖先的称呼相同，又派习泥烈去商谈。金国君主发怒，拒绝谈判。

夏四月，皇上在胡土白山打猎，听说金又发兵，由耶律白斯不等人选派三千精锐部队去支援辽军。

五月，金国君主亲自率军攻打上京，攻破了外城，留守挞不也率领部下出城投降。

六月乙酉日，由北府宰相萧乙薛任上京留守，掌管盐铁内省两司及东北统军司事务。

秋，皇上在沙岭打猎。

冬，皇上又去西京。

保大元年春正月丁酉初一，更改年号，大赦天下。起初，从金人起兵以来，所失守的郡县几乎占一半。皇上有四个儿子：长子赵王，他母亲是赵昭容；二儿子晋王，他母亲是文妃；再以下是秦王、许王，都是元妃所生。全国上下都知道晋王贤良，极负重望。元妃的哥哥枢密使萧奉先担心秦王不能被立为皇太子，便暗地谋划使他得立。文妃姐妹共三人：长女嫁给耶律挞葛里，次女就是文妃，三女嫁给余睹。有一天，他们姐妹都在军营里碰在一起，奉先便暗示别人诬陷驸马萧昱和余睹等人图谋拥立晋王为帝，皇上发觉此事，萧昱和挞葛里等人被杀，文妃也被赐死，唯独对晋王没有忍心治罪。余睹在军队里听说后十分害怕，便带领一千多名骑兵反叛逃去金国。皇上派知奚王府事萧遏买、北府宰相萧德恭、大常衮耶律谛里姑、归州观察使萧和尚奴、四军太师萧干率领所属部队去追击，追到闾山县。各将领商量说："皇上听信萧奉先的话，奉先把我们这些人全然不当一回事。余睹是皇族宗室里的豪爽俊杰人物，平常不肯居萧奉先下。如果我们捉拿住余睹，日后我们这些人就会得到余睹同样下场！不如放过他。"回来后，便谎报说："没有追上。"奉先眼看余睹得以逃走，唯恐日后其他人也叛逃，于是劝皇上大加晋爵封赏，以笼络人心。封萧遏买为奚王，萧德恭为试中书门下平章事兼判上京留守事，耶律谛里姑为龙虎卫上将军，萧和尚奴为金吾卫上将军，萧干为镇国大将军。

二月，皇上到鸳鸯泺。

夏五月，皇上到曷里狨。

秋七月，皇上在炭山打猎。

九月，皇上到南京。

冬十月癸亥，任命西京留守赵王习泥烈为惕隐。

二年春正月乙亥日，金兵攻占中京，接着攻下泽州。皇上出居庸关，到鸳鸯泺。听说余睹带领金国人娄室孛堇突然到来，萧奉先说："余睹是王子班中的后裔，这次来不过是为了立他外甥晋王为帝。如果为祖宗大业着想，要不惜一个儿子，指明他的罪行处死，可以不必打仗，余睹自己就会回去。"于是皇上赐晋王死，晋王在众人中一向很有声望，各地军队听说他被处死，无不泪流满面，哭泣悲伤，由此人心涣散。余睹带领金兵逼近行宫，皇上率领卫队五千多名骑兵到云中，在桑干河遗失了传国玉玺。

二月庚寅初一，发生日全食。甲午日，由知北院大王事耶律马哥、汉人行宫都部署萧特末共同任都统，太和宫使耶律补得为副都统，率领军队驻扎在鸳鸯泺。己亥日，金国军队在北安州打败奚王霞末，并使他驻扎的城市投降。

三月辛酉日，皇上得知金军将从岭西出发，于是移向白水泺。乙丑日，群牧使谟鲁斡投降金国。丙寅日，皇上到女古底仓。听说金兵将要很快到来，不知如何是好，便轻装骑马进入夹山，这时才明白萧奉先的不忠。气恼地说："你们父子误我到这般地步，现在真想杀了你们，可是有什么用！怕的是将士们心感愤懑怨恨，你们避敌苟且偷生，但大祸必然降临到我头上。你们不要再跟我走了。"奉先下马，哭着叩拜而去。没走几里路，左右人逮捕了萧奉先父子俩，捆绑着送交给金兵。金人杀了他的长子萧昂，将萧奉先和他的次子萧昱带上刑具，送往金国君主处。途中遇到辽军，将他们抢到并送回国，随即都被赐死。皇上赶走了枢密使萧得里底。召来挞不也任典禁卫。丁卯日，由北院枢密副使萧僧孝奴掌管北院枢密使事务，同知北院枢密使事萧查剌任左夷离毕。戊辰日，同知殿前点检事耶律高八率领卫士投降金国。己巳日，探子萧和尚、牌印郎君耶律晒斯被金国军队俘获。癸酉日，由于各局百工很多人逃亡，因而凡是当时跟随护从皇上的人，不论是吏是民，都封为官。原来，皇上曾命令宰相张琳、李处温和秦晋国王耶律淳防守燕地。李处温听说皇上进入了夹山，一连几天接不到命令，便和他弟弟处能、儿子奭一起，外部借怨军的力量，内部联合都统萧干，谋划拥立淳为皇帝。于是他和各大臣耶律大石、左企弓、虞仲文、曹勇义、康公弼等召集蕃族、汉族百官、各部军队将士及父老几万人来到耶律淳的府邸。李处温找来张琳，说明了事情的原委。张琳说："临时执政还可以。"李处温说："现在天意人心都已如此，请按班位次序站立吧！"处温等人请淳受朝拜礼，淳刚出来，李奭便拿着赭色皇袍给他披上，让百官叩拜欢呼。淳十分惊异害怕，再三推辞，推不掉只好顺从。于是由李处温任太尉，左企弓任司徒，曹勇义掌管枢密院事，虞仲文为参知政事，张琳任太师，李处能管理枢密院，李奭为少府少监、提举翰林医官，李爽、陈秘等十几人曾经参与商讨大计，都赐给进士及第衔，分别授以官职。萧干任北枢密使，驸马都尉萧旦掌管枢密院事务。将怨军改称为常胜军。于是实行大赦，自称为天锡皇帝，改年号为天福，将天祚降封为湘阴王。占据的疆域有燕、云、平及上京、辽西六路。天祚所有的领土，只有沙漠以北，西南、西北路两都招讨府及各蕃部族。

夏季四月辛卯日，西南面招讨使耶律佛顶投降金国，云内、宁边、东胜等州都相继投降。原金国叛逃人员阿疏被金兵俘获。金已占领西京，沙漠以南各部族都向金投降。皇上随后逃往讹莎烈。这时北部的谟葛失送来马匹、骆驼和食羊。

五月甲戌日，都统马哥收集溃散的军队，在沤里谨集合。丙子日，任命马哥为知北院枢密使事，兼任都统。

六月，耶律淳患病卧床不起，听说天祚皇帝向天德州、云内州、朔州、武州、应州、蔚州等地发出檄文，将集合各蕃族精锐部队五万骑兵，在八月进入燕国，并派人来慰劳，索要布衣皮衣、茶叶药品等。耶律淳很害怕，命令南、北面大臣商讨对策。而李处温和萧干等人的意见是迎应秦王耶律定而抵抗湘阴王天祚，于是召集蕃族及汉族百官商量。同意这一意见的站在东面；只有南面行营都部署耶律宁站在西面。李处温等问他是何道理，耶律宁说："天祚如果真能够带领各蕃族军队大举进攻夺取燕地，就是他作为皇帝的气数未尽，哪能拒绝他？若不然，秦王耶律定和湘阴王天祚也是父子关系，要拒绝就都拒绝，自古以来哪里有迎奉儿子而拒绝他父亲的事？"李处温等人相视微笑，便以耶律宁煽动惑乱军心为由，打算杀了他。耶律淳倚在枕头上长叹说："他是忠臣啊，怎能杀他？如果天祚真回来，我只有死，哪里还有脸面与他相见呢！"此后不久耶律淳死去。于是大家商议拥立他妻子萧氏为皇太后，主持军国大事。遵照耶律淳的遗命，迎立天祚的次子秦王耶律定为皇帝，由太后行使皇帝的权力，改年号为德兴。李处温父子怕遭祸，便南面串通童贯，打算挟持萧太后归顺宋朝；北面与金国串通，打算作为内应。对外，以援立秦王的大功自我表白。萧太后大骂他说"贻误秦晋国王的，都是你们父子！"历数他的几十宗罪过，赐死，将他儿子碎尸；没收他的家产，抄到钱七万串，金制玉制宝器很多，都是在当宰相几个月内搜刮所得。谟葛失派兵来支援，被金兵在洪灰水打败，金兵还抓去了他的儿子陀古和属将阿敌音。夏国的援兵来到，也被金兵打败。

秋季七月丁巳初一，敌烈部皮室反叛，乌古部节度使耶律棠古攻打平定了他，为棠古加官太子太保。乙丑日，上京毛八十率领民众二千户投降金国。辛未日，夏国派使者曹价来问候平安。

八月戊戌日，天祚皇帝与金军遭遇，在石辇驿交战，被打败，都统萧特末及他侄子撒古被俘。辛丑日，将军队集中到欢挞新查剌，金兵追得很紧，辽军扔掉了武器辎重逃走。

九月，敌烈部反叛，都统马哥降服了他们。

冬十月，金兵攻打蔚州，守兵投降。

十一月乙丑日，皇上听说金兵已到奉圣州，便带领卫兵在落昆髓屯营。秦晋王耶律淳的妻子萧德妃曾五次上书金国，请求立秦王为帝，金不允许，萧德妃便派强兵把守居庸关。待金兵来到关下时，山上崖石自行崩落，守关兵卒大多被压死，尚未开战就自行溃散。德妃出古北口，投奔天德军。

十二月，天祚皇帝得知金国君主已在南京稳定了局势，便经扫里关外出，住到四部族详稳的家里。

保大三年春季正月丁巳日，奚王回离保自立称帝，称天复元年。天祚帝命令都统马哥去讨伐他。甲子日，原来，张珏是辽兴军节度副使，民众推举他主持州事。秦晋王耶律淳死后，萧德妃派时立爱去掌管平州。张珏看出辽国必定灭亡，便操练士卒，储备马匹，登记壮丁为后备。时立爱来到后，张珏不接受替代。金国统帅粘罕进入燕地后，首先向原来的参知政事康公弼征询对平州事务的意见。公弼说："张珏狂妄自大，缺乏谋略，即使有些地方武装，他能做出什么大事？可以先稳住使他不生疑，以后再处理他不晚。"金人即将时立爱召回军队，加封张珏为临海军节度使，仍旧主持平州事务。不久金人又想派三千名精兵去攻下平州，捉拿张珏。康公弼说："如果出兵攻打，就会促使他反叛。"公弼表示愿意亲自前往观察情况。张珏向公弼说："辽国八路地区，七路已经投降；唯独平州没有放下武器，只不过是为了防备萧干。"给公弼大量贿赂即返回。公弼回复粘罕说："对他不必担心。"于是金人改平州为南京，为张珏加官试中书门下平章事，判留守事。庚辰日，宜、锦、乾、显、成、川、豪、懿等各州相继投降，上京卢彦伦反叛，杀害契丹人。

二月乙酉日初一，兴中府投降金国。来州归德军节度使田颢、代理隰州刺史杜师回、代理迁州刺史高永昌、代理润州刺史张成，都携领所管辖民户投降金国。丙戌日，处死萧德妃，死去的耶律淳又贬降为普通百姓，他们的党羽全部迁散。癸巳日，收复了兴中府和宜州的城池。

三月，天祚帝驻留在云内州以南。

夏四月甲申初一，任命掌管北院枢密使事萧僧孝奴为诸道大都督。丙申日，金兵到居庸关，擒获耶律大石。戊戌日，金兵将辽军武器给养等围截在青塚，硬寨太保特母哥偷带着梁王雅里逃出，秦王、许王、各妃后、公主和随从大臣均落入敌人之手。庚子日，梁宋大长公主特里逃脱回来。壬寅日，金派人来招降。癸卯日，答复对方请求议和。丙午日，金兵将所获家族皇属和物资往东送去，并派兵在白水泺求战，赵王习泥烈、萧道宁都被俘。皇上派牌印郎君谋卢瓦把带兔纽的金印送给金人假投降，随后向西逃到云内。驸马都尉乳奴去金人哪里投降。己酉日，金又来书招降，回了信。壬子日，金国统帅来信，不答应议和的请求。这月里，特母哥带着雅里来到，皇上对于他没能把所有人都解救出来感到很生气，训斥了他。

五月乙卯日，夏国王李乾顺派使者来请皇上到他们国家去。庚申日，军队将领耶律敌烈等夜间劫持梁王雅里向西北部逃去，拥立雅里为皇帝，改年号为神历。辛酉日，渡过黄河，停留在金肃军以北。回离保被他的属下官民杀死。

六月，派使者册封李乾顺为夏国皇帝。

秋九月，耶律大石从金国回来。

冬十月，又渡过黄河回到东岸，住在突吕不部。梁王雅里逝世，耶律术烈继承帝位。

十一月，术烈被属下官兵杀死。

保大四年春季正月，天祚皇帝前往都统马哥军中。金人派兵来攻打，皇上放弃军营向北逃去，马哥被敌人俘获。谟葛失前来迎驾，送来马匹、骆驼、羊，又率领所属军队保卫。当时侍从人员连续几天没有粮食，用衣服换羊吃。到了乌古敌烈部，任命都点检萧乙薛为知北院枢密使事，封谟葛失为神于越王。特母哥投降了金人。

二月，耶律遥设等十人阴谋反叛，被处死。

夏季五月，金人占领燕地以后，便强逼燕京的豪门大家东迁，将燕京这一空城和涿、易、檀、顺、景、蓟等州送给宋国作为对修盟的酬谢。左企弓、康公弼、曹勇义、虞仲文都东迁。燕地民众沿途流离失所，痛苦不堪，进入平州后，便向留守张珏说："宰相左企弓不设法守住燕地，使我们百姓颠沛流离，无处安身。您大人占据着重地，拥有强兵，对辽国尽忠，一定能够让我们重新回到故乡本土去，大家都只有指望大人了。"于是张珏召集各将领商量。大家一致说："听说天祚帝已重振军威，在漠南一带出没。大人应当执仗正义，为帝王效力，迎奉天祚，以求重新振兴国邦；首先谴责左企弓等人叛国投敌的罪行，而后处死他们；使燕地民众都返还故里，重新兴家立业；而使平州归顺于宋国，宋决不会不接受，这样平州就成了宋国的藩镇。即使日后金人派兵来攻，我们内可以使用平山的军队，外可以得到宋国的支援，还怕什么呢！"张珏说："这是大事，不能草率。翰林学士李石机智多谋，可找他来商量。"李石来到后，他的说法与大家的意见一致。于是派张谦率领五百多名骑兵，传达留守的命令，召集宰相左企弓、曹勇义、枢密使虞仲文、参知政事康公弼到滦河西岸，派议事官赵秘校去列举他们的十项罪状说："第一，天祚皇帝流离迁徙到夹山，不立即前去奉迎；第二，鼓动皇叔秦晋王耶律淳擅立国号称帝；第三，暴露君王的隐私进行诽谤，并降封为湘阴王；第四，天祚皇帝派知阁王有庆来商量事情而被杀；第五，檄书刚到时有迎立秦王、拒绝湘阴王的论调;第六,不设法防守燕地而投降;第七,不顾大义气节而向金国称臣;第八,搜尽燕地资财去取悦于金;第九,使燕地民众迁徙失业;第十,教唆金人派兵先攻打平州。你们有十大罪行,罪不容诛。"左企弓等人无话可说,全被勒死。仍延用原年号保大三年;画天祚帝像,早晚参拜;凡事必定向皇帝画像禀告以后再施行;官职仍按辽国官制称呼。

六月,张贴皇帝的告示令燕地民众都恢复旧业,房地产业凡被常胜军所占据的,全部归还。燕地民众得以返回故乡,大家兴高采烈。翰林学士李石改名为安弼,带领原来的三司使高党前往燕山,向宋国的王安中游说道:"平州有军队一万多人,张珏有文才武略,可用为镇守一方的长官;不然,他将成为一个掣肘的祸患。"安中觉得很对,便让安弼和高党去见宋国皇帝。宋帝命令帅臣王安中、詹度给以优厚待遇安抚,准许三年内免交一般赋税。张珏得知后,自以为得计。

秋七月,金兵驻扎在来州,阇母得知平州归附了宋国,便率领二千名骑兵来问罪,先进入了营州。张珏派精锐骑兵一万人将他打败。宋国将平州建制为泰宁军,任命张珏为节度使,安弼和高党为徽猷阁待制,命令宣抚司拨出几万银两和绢匹进行犒赏。张珏十分高兴,远出去迎接宋使。金人探知这一消息,便派兵趁机前往袭击,张珏无法返回原处。金兵先攻占了三个州,再提出要张珏,王安中回避不答复。催要得更急,便杀了一个面貌与张珏长得差不多的人送去。金人说这不是张珏,要派兵来捉拿,王安中不得已杀了张珏,把他的首级装入盒内送给金人。天祚有了林牙耶律大石带回的军队,又有了阴山室夷谟葛失的军队,自己说是得到了苍天的助力,又谋划出兵,收复燕地和云州。大石林牙极力劝谏说:"自从金人一开始攻陷长春、辽阳以后,皇上没有前去广平淀,而是退居中京;后来上京陷落,居住在燕山;中京陷落,到了云中;从云中又逃奔到夹山。一向为了保存人员而没有谋划准备打仗,以致全国汉族集居的地区全被金人占据。现在国势到了这般地步,才主动去求战,这不是办法。应该养兵蓄锐,等待时机再行作,不可轻举。"天祚帝不听。耶律大石于是杀死萧乙薛和坡里括,设置北、南面官属,自立为王,率领所属人马向西进发。天祚皇帝便率领各军出夹山,攻下渔阳岭,占据了天德、东胜、宁边、云内等州。往南到武州,与金国军队相遇,在奄遏下水发生战斗,又被打败,一直奔向山阴。

八月,国舅详稳萧挞不也、笔砚祇候察剌投降金人。这月内,金国君主阿骨打死去。

九月,建州向金国投降。

冬季十月,皇上收纳突吕不部人讹哥的妻子谙葛,任命讹哥为本部节度使。昭古牙率领部下投降金国。金兵攻打兴中府,兴中府投降。

十一月,随从皇帝出行人员发生兵变,北护卫太保术者、舍利详稳牙不里等打败叛乱人员。

十二月,设置两个总管府。

保大五年正月辛巳日,党项的小斛禄派人来请天祚皇帝去他所在的地方。戊子日,皇上出发去天德,越过沙漠,金兵忽然到来。皇上徒步逃出,近身侍从人员送上珠帽,皇上不要,骑上张仁贵的马得以逃脱,到达天德。己丑日,遇上天下大雪,没有御寒衣物,术者把貂皮衣帽,送给皇上;途中没有了粮食,术者送上炒面和枣;皇上想休息,术者便跪坐,让皇上倚在他身上小睡。术者一伙人自己只吃冰雪充饥。过了天德。到夜晚,打算住进民家过夜，便谎称是侦察骑兵，当那家人知道了是皇上，便对马首叩拜，跪着号啕大哭，皇上便藏在他家中。住了几天，皇上很赞赏他的忠心，授他为节度使，随兵往党项去了。任命小斛禄为西南面招讨使，总管军事，并对他儿子和军官们按不同等第封赐爵位奖赏。

二月，到应州新城以东六十里处，皇上被金人完颜娄室等人所俘获。

八月癸卯日，天祚到达金国。丙午日，降封他为海滨王。因病去世，时年五十四岁，在皇帝位二十四年。金皇统元年二月，改封豫王。五年，葬在广宁府间阳县辽景宗乾陵的近旁。

耶律淳，他所建立的国家被称为北辽。耶律淳小字叫涅里，是兴宗的第四个孙子，是南京留守、宋魏王和鲁斡的儿子。清宁初年，他由太后抚养。长大以后，爱文学。昭怀太子因故获罪，皇上本打算由耶律淳做继承人。但皇上对耶律白斯很不满，而且知道他与耶律淳要好，于是把耶律淳派出担任彰圣等军的节度使。

天祚即皇位后，进封耶律淳为郑国王。乾统二年，加封越王。六年，任命他为南府宰相，他第一次提出南北两府礼仪制式。皇帝很高兴，改封为魏国王。他父亲和鲁斡死后，即由他承袭父位留守南京。每年冬夏季回到朝廷，在各国王中他最受皇帝宠爱。

天庆五年，辽军东征，派都监耶律章奴去支援鸭子河，他与耶律淳的儿子阿撒等三百多人逃跑回来，并先派萧敌里等人把打算废除天祚、立淳王为帝的谋划报告了耶律淳，耶律淳当即杀了萧敌里，将他的首级献给天祚帝，由此耶律淳被进封为秦晋国王，任命为都元帅，赏赐金券，见皇帝免行汉制拜礼，不必通报姓名。皇上允许他自己选择将士，于是在燕地和云州招募精兵。向东行进至锦州，队长武朝彦叛乱，劫持了耶律淳，淳隐藏起来而未被劫走，后来擒获了朝彦处死。这时正好金兵来到，于是集结军队在阿里轸斗交战，耶律淳被打败，搜集几千名散兵继续抵抗。耶律淳回到朝廷，皇上赦免了他的战败之罪，并诏令在南京刻石立碑纪念这次功绩。

保大二年，天祚移入夹山，奚王回离保、林牙耶律大石等人援引唐代灵武的事例，商量拥立耶律淳为帝。淳不同意，所属官员劝进说："现在国君流亡失位，中原局势混乱，如果国不立王，百姓听从谁呢？应该予以认真考虑。"于是耶律淳即皇帝位。百官奉尊号为天锡皇帝，改保大二年为建福元年，实行大赦。录取进士李宝信等一十九人，降封天祚为湘阴王。把燕、云、平、上京、中京、辽西等六路，作为耶律淳的疆土；沙漠以北、南北路两都招讨府、各蕃部族等，仍隶属于天祚。从此辽国分裂。耶律淳封他妻子普贤女为德妃，任命回离保为知北院枢密使事，军队事务全部委托给耶律大石。又派遣使者通报宋国，免去每年交付的银两，愿友好相交。宋人发兵问罪，被耶律淳打败。不久派使者去向金国上书，乞求作为它的附庸国。事情尚无结果，耶律淳因病去世，时年六十岁。百官奉上谥号为孝章皇帝，庙号宣宗，葬在燕京以西香山的永安陵。

耶律淳遗命立秦王耶律定继承皇统，德妃成为皇太后，代皇帝摄理国事，改建福年号为德兴元年，录取进士李球等一百零八人。这时宋国派兵来攻打，他们打败了宋兵，于是大家十分兴奋，兵势日渐兴盛。宰相李纯等人暗地里接纳宋兵，居民又在内部接应，把守城门的许多士兵被杀死。第二天，宋兵攻打内东门，防卫的士兵顽强作战，宋军大败，纷纷爬过城墙逃跑，死尸遍地。德妃曾五次上书金国，请求允立秦王耶律定为帝，金国未同意。随之大批金兵来到,德妃逃奔天德军,见到天祚皇帝。天祚很生气,处死了德妃,将耶律淳的名份降为普通百姓,从皇族中除名。

耶律雅里,是天祚皇帝的第二个儿子,字撒鸾。七岁时,打算立他为皇太子,单独安排护卫,封为梁王。

保大三年,金兵包围了青塚寨,当时雅里在军中。太保特母哥带他逃出,沿小路走到阴山。听说天祚帝打仗失败,正赶向云内,雅里也快马奔赴哪里。那时他的护从人员有一千多人,比天祚的还多。天祚唯恐特母哥发生变故,打算处死他,责怪他为何不能救出皇族所有各王,准备审讯他。皇上手持宝剑先招来雅里问话:"特母哥曾教你做什么?"雅里回答说:"他什么也没说。"于是放了他们。

天祚渡过黄河逃往夏国,队帅耶律敌列等人劫持雅里向北去。到沙岭,遇见蛇横道爬过,懂得事故的人认为这是不祥的征兆。三天以后,僚属们共同拥立雅里为帝。于是雅里即皇帝位,改年号为神历,命令官民向皇上提出自己认为应办的事。

雅里性情宽厚大度,讨厌打杀。捉住逃跑的人,打一顿了事。逃跑后自己回来的,便给他官做。因此,向左右人说:"愿意来跟从我们的就来,不愿意来的就走,何必威逼强迫呢? 他经常拿出唐代的《贞观政要》和林牙资忠所做的《治国诗》,让侍从人员读。乌古部节度使纠哲、迭烈部统军挞不也,都察突里不等人都率领部下来归附,从此许多部属相继来到。而雅里却越来越荒废政务,喜好以踢球为乐。特母哥恳切规劝,仍然不再出来执掌政事。任命耶律敌列为枢密使,特母哥为副使。敌列弹劾西北路招讨使萧纠里迷惑人心,有背叛君主的图谋,把他和他的儿子一起处死。任命遥设为招讨使,与来犯的军队作战,几次被打败,用木棍痛打后免去官职。

随从行军的人中有疲乏困倦的人,便发给钱物。直长保德劝谏说:"目前国家空虚,总是这样赏赐,以后用什么东西给呢?"雅里生气地说:"过去我在福山打猎,你就诬告狩猎官,现在又说这样的话。如果没有这些部属,我的东西又从哪儿来呢?"没有接受劝说。起初,雅里命令群牧运来盐泺仓储备的粮食,被民众偷窃,商量要他们用东西赔偿。雅里便亲自计算值多少钱:每一车粮食,赔偿一只羊;三车粮食赔一头牛,五车粮食赔一匹马,八车赔一匹骆驼。左右人员说:"现在一只羊换二斗米还换不来,竟用一支羊赔偿一车米!"雅里说:"百姓有了我才有。如果让他们全数赔偿,百姓怎么受得了?"

后来在查刺山打猎,一天打到黄羊四十只,狼二十一只,累得生了病,随即逝世,享年三十岁。

耶律大石,他所建立的国家被称为西辽。大石字重德,是太祖第八代孙。他懂辽、汉文字,擅长于骑马射箭,考取天庆五年进士,提升为翰林应奉,不久又升为承旨。辽称翰林为林牙,所以称他为大石林牙。他历任泰、祥州刺史,辽兴军节度使。

保大二年,金兵日益逼近,天祚流亡他乡,大石与各位大臣拥立秦晋王耶律淳为帝。耶律淳死后,立他妻子萧德妃为太后,以防守燕地。到金兵来到时,萧德妃投奔天祚。天祚发怒处死德妃而责备大石说:"我还在,你怎敢拥立耶律淳?"大石答道:"您以全国的力量,不能抵抗一下敌人,放弃国家远逃,使黎民百姓遭受涂炭。即使立十个耶律淳,都是太祖的子孙,难道不比乞命于别人更好吗?"皇上无言以对,设酒食招待,赦他无罪。

大石自觉不安,便杀死萧乙薛、坡里括,自立为王,夜里带领二百名精壮骑兵逃走。

向北走了三天,渡过黑水,见到白达达详隐床古儿。床古儿赠献马四百匹,骆驼二十头和一些羊。往西走到可敦城,在北庭都护府停留,集合威武、崇德、会蕃、新、大林、紫河、驼等七州和大黄室韦、敌剌、王纪剌、茶赤束、也喜、鼻古德、尼剌、达剌乖、达密里、密儿纪、合主、乌古里、阻卜、普速完、唐古、忽母思、奚的、纠而毕等十八部的各首领,训示说:"我的祖宗艰难创业,已经历九代皇帝,历时二百年。金作为辽的陪臣属国,竟逼我国家,残害我黎民百姓,屠杀践踏我州地城池,使我天祚皇帝流离失所,日夜痛心疾首。现在我仰仗道义西来,想借助各番邦的力量,消灭我的仇敌,恢复我国疆域。你们众位之中,有为我的国家感到痛心,为我的祖宗社稷忧伤,愿意共同救助君主父王,拯救生民于危难之中的人吗?"于是得到精兵一万多人,设置了官吏,建立了护卫兵甲,置备了仪仗器物。第二年二月甲午日,大石用青牛白马祭奠天地、祖宗,整饬军队向西进发。先派人送信给回鹘王毕勒哥说:"从前我太祖皇帝北征,曾经过卜古罕城,当时就曾派使者到甘州,诏示你的祖上乌母主说:'你思念故国么,我这就为你恢复;你不能返回故国么,可是我有它。在我手中,就等于在你手中。'于是你祖上即上表感谢,说你们国家迁到了这里,至今已有十几代,军民都已在此安居乐业,不愿再回去了。因此我们与你们国家之间并非一日之好。现在我要西去大食,从你们国家通过,请不必疑心。"毕勒哥接到信,便迎接大石到府邸,大宴三天。临离开时,赠献马六百匹,骆驼一百头,羊三千只;表示愿做附庸,以子孙做人质;并陪送到境外。西行所经地区,抗拒的被打败,降服的给予安抚。大军行进万里,好几个国家归附,得到骆驼、马匹、牛、羊、财物,不计其数。军队的气势越来越盛,锐气连日倍增。

到寻思干,西域各国调集军队十万人,号称忽儿珊,前来阻击作战。双方军队相隔二里左右。大石训示将士们说:"他们的军队虽多但无谋略,我们一进攻,他们首尾不能相互救援,我军必胜。"于是派六院司大王萧斡里剌、招讨副使耶律松山等率领二万五千名兵士攻敌人的右翼;枢密副使萧剌阿不、招讨使耶律术薛等率领兵士二千五百人攻打左翼;大石本人率领大部分军队攻打中部。三军同时并进,忽儿珊大败,死尸遍布几十里。大石的军队在寻思干驻扎达九十天,回回国王来投降,进贡地方物产。

继续向西进军到起儿漫,文武百官册立大石为皇帝,在甲辰年二月五日即位,当时大石年三十八岁,尊号葛尔罕。接着又奉上按汉制定的尊号,称为天祐皇帝,改年号为延庆。追奉祖父谥号为嗣元皇帝,祖母为宣义皇后,册封元妃萧氏为昭德皇后。于是向百官说:"我与你们各位行军三万里,跋涉沙漠,昼夜艰辛努力。托祖宗的福泽,大家的力量,我贸然登上皇位。对你们的祖先父母也应给以抚恤典祭,共享尊荣。"对自萧斡里剌以下四十九人的祖先父母,按等级封赐爵位。

延庆三年,大石带领军队向东返回,骑马走了二十天,遇到一处条件好的地方,便在哪里建立新城,称作虎思斡耳朵,改年号延庆为康国元年。三月,任命六院司大王萧斡里剌为兵马都元帅,敌剌部原来的同知枢密院事萧查剌阿不为副元帅,茶赤剌部秃鲁耶律燕山为都部署,护卫耶律铁哥为都监,率领七万骑兵东征。大石用青牛白马祭天,树旗向大家发誓说:"我大辽自太祖,太宗历尽艰难而创成帝业,后来继业的君主贪图享乐无休无厌,不体察国家政事,以至盗贼蜂起,天下土崩瓦解。我带领你们大家,远征到北方不毛之地,为的是恢复祖宗大业,以光耀中兴盛世。这里并非我和你们世代居留之地。"严词命令元帅斡里剌说:"这次派你去,赏罚要说到做到,要与士卒同甘共苦,选择水草条件好的地方扎营,根据敌人的力量强弱进兵,不要自吃败仗而遭祸。"行军一万多里毫无所得,牛马死亡很多,只能收兵而回。大石说:"皇天不依从我,这是天数阿!"康国十年大石逝世,在位二十年,庙号德宗。

大石的儿子夷列年幼,大石曾留下命令由皇后代主国政。皇后名叫塔不烟,号感天皇后。她行使皇帝权力,改年号为咸清,在位七年。儿子夷列即皇帝位,改纪元为绍兴。统计年满十八岁以上的民众,共八万四千五百户。夷列在位十三年后去世,庙号仁宗。

夷列的儿子年幼,根据遗书让夷列的妹妹普速完掌管国事,行使皇帝权力,改年号为崇福,称号为承天皇后。后来她与驸马萧朵鲁不的弟弟朴古只沙里私通,把驸马派出任东平王,并罗织罪名杀了他。驸马的父亲斡里剌派兵包围了她住的宫室,用箭射死了普速完和朴古只沙里。普速完在位十四年。

仁宗夷列的次子直鲁古即皇帝位,改年号为天禧,在位三十四年。秋天时节外出打猎,乃蛮王屈出律用早已埋伏好的八千名士兵逮捕了他,而占据了他的皇位。于是承袭了辽国的事业,尊奉直鲁古为太上皇,皇后为皇太后,早晚前去问安,一直侍奉到死。直鲁古去世,辽国灭绝。

在天祚当皇帝时,耶律淳多次被封为大国国王,受赐金券,朝见皇帝不必通名。当时对他的恩宠和优厚待遇,无与伦比。当天祚流亡时,让他担任都元帅留守南京,难道他就不能发扬大义的精神,以激励燕地的民众和各大臣,组织效忠皇帝的军队,东去抗拒金兵,而迎回天祚吗?可是他却自己占据了皇位,这是篡位。更何况他还忍心降封天祚为国王啊!

大石既然曾拥立耶律淳为皇帝,而且参与降封天祚为王,又归附天祚。天祚以大义之词责备他,他便自立为王而离去。有幸凭借祖宗的余威和传给他的知识,在万里以外建国立号。后来虽是寡居的母妇和幼小的儿子,仍然承继更迭,延续近九十年,也可以说是不容易啊!

然而耶律淳和雅里、大石的自立为帝,都是在天祚皇帝尚在位的时候。已有君主而再立君主,这可以吗?这与诸葛武侯先为汉献帝发丧,而后立先主为帝,真是不可同日而语。所以著史者以为应引以为戒。

太祖淳钦皇后述律氏传

【题解】

辽太淳钦皇后述律氏(879~958),名平,小名月理朵。其先为回鹘人。有雄略,佐辽太祖建国,加号地皇后。太祖卒,称制摄军国事。太宗即位,被尊为皇太后。太宗卒,立少子李胡,与皇孙兀欲(世宗)争位。世宗即位,被迁于祖州(今内蒙古巴林左旗西南)。穆宗时卒。

【原文】

太祖淳钦皇后述律氏，讳平，小字月理朵。其先回鹘人糯思，生魏宁舍利，魏宁生慎思梅里，慎思生婆姑梅里，婆姑娶匀德恝王女，生后于契丹右大部。婆姑名月椀，仕遥辇氏为阿扎割只。

契丹人引马图

后简重果断，有雄略。尝至辽、土二河之会，有女子乘青牛车，仓促避路，忽不见。未几，童谣曰：青牛妪，曾避路。盖谚谓地祇为青牛妪云。

太祖即位，群臣上尊号曰地皇后。神册元年，大册，加号应天大明地皇后。行兵御众，后尝与谋。太祖尝渡碛击党项，黄头、臭泊二室韦乘虚袭之；后知，勒兵以待，奋击，大破之，名震诸夷。

时晋王李存勖欲结援，以叔母事后。幽州刘守光遣韩延徽求援，不拜，太祖怒，留之使牧马。后曰："守节不屈，贤者也。宜礼用之。"太祖乃召延徽与语，大悦，以为谋主。吴主李升献猛火油，以水沃之愈炽。太祖选三万骑以攻幽州。后曰："岂有试油而攻人国者？"指帐前树曰："无皮可以生乎？"太祖曰："不可。"后曰："幽州之有土有民，亦犹是耳。吾以三千骑掠其四野，不过数年，困而归我矣，何必为此？万一不胜，为中国笑，吾部落不亦解体乎！"其平渤海，后与有谋。

太祖崩，后称制，摄军国事。及葬，欲以身殉，亲戚百官力谏，因断右腕纳于枢。太宗即位，尊为皇太后。会同初，上尊号曰广德至仁昭烈崇简应天皇太后。

初，太祖尝谓太宗必兴我家，后欲令皇太子倍避之，太祖册倍为东丹王。太祖崩，太宗立，东丹王避之唐。太后常属意于少子李胡。太宗崩，世宗即位于镇阳，太后怒，遣李胡以兵逆击。李胡败，太后亲率师遇于潢河之横渡。赖耶律屋质谏，罢兵。迁太后于祖州。

应历三年崩，年七十五，祔祖陵，谥曰贞烈。重熙二十一年，更今谥。

【译文】

太祖淳钦皇后述律氏,名字叫平,小名月理朵。她的祖先是回鹘人糯思。糯思生舍利官魏宁,魏宁生梅里官慎思,慎思生梅里官婆姑。婆姑娶匀德恝王的女儿为妻,在契丹右大部生下了述律皇后。婆姑又有一个名字叫月椀。他在遥辇可汗时代做官,任阿扎割只。

述律皇后性情宽简,稳重果断,有雄才大略。曾经到辽、土两条河合流的地方,遇到一个乘青牛车的妇女。这个妇女一看见述律皇后就仓皇躲避,忽然就不见了。过了不久,童谣流传说:"青牛婆婆,曾经让路"当时的俗谚,把地神称为青牛婆婆。

太祖即位,群臣给述律皇后上尊号为地皇后。神册元年,举行大册礼,加号应天大明地皇后。统军打仗等事务,述律皇后都曾参与谋划。一次太祖越过沙漠攻打党项,黄头、臭泊两部室韦乘虚前来偷袭。述律皇后得知,部署军队做好准备,突然出击,大败敌军。她的声名由此远震周边部族。

当时晋王李存勖打算结好契丹作为声援,以叔母的礼节侍奉述律皇后。割据幽州的刘守光派韩延徽前来求援,见了太祖不下拜。太祖大怒,把韩延徽扣留起来,让他去放马。述律皇后说:"这个人坚守臣节不屈服,是一位贤士。应当加以尊礼重用。"太祖于是召见韩延徽,交谈之后,大为高兴,就用他充当自己的谋士。吴皇帝李昪献上猛火油,用水去浇它,火烧得更猛烈。太祖于是挑选了三万名骑兵,打算带着猛火油进攻幽州。述律皇后说:"哪有为试验油而攻打别人国家的道理?"又指着帐篷前面的树说:"它没有了树皮能活吗?"太祖说:"不能。"述律皇后说:"幽州有土地,有百姓,也和这棵树一样。我们只要派三千骑兵到他们的土地上抄掠,用不了几年,他们就会陷入困境,向我们投降,又何必大举进攻呢?万一没有获胜,被中原人所耻笑,我们的部落不是也会解体吗?"后来太祖征服渤海,述律皇后也参与了作战谋划。

太祖驾崩,述律皇后临朝称制,代行军国大事。太祖下葬的时候,述律皇后打算亲自殉葬,亲戚百官都极力劝谏,于是砍下右手放在棺材当中。太宗即位,尊奉她为皇后。会同初年,上尊号为广德至仁昭烈崇简应天皇太后。

起初,太祖曾经说太宗一定会振兴本家族,述律皇后就打算让皇太子耶律倍让位给太宗。太祖册封耶律倍为东丹王。太祖驾崩,太宗登基,东丹王躲避到后唐。此后述律皇太后十分希望幼子李胡能够继位。太宗驾崩,东丹王的儿子世宗在镇阳即位。太后发怒,派李胡率兵前去迎击。李胡兵败,太后亲自统军队在黄河的横渡与世宗相遇。幸亏耶律屋质进谏,方才罢兵。世宗把太后迁徙到祖州。

穆宗应历三年,述律皇太后驾崩,终年七十五岁。合葬于祖陵,谥号为贞烈。兴宗重熙二十一年改为现在的谥号淳钦。

韩延徽传

【题解】

韩延徽(881~959),字藏明,幽州安次(今属河北)人。辽太祖的佐命功臣之一。有才学,深得燕帅刘仁恭赏识。刘守光为燕帅时,韩延徽奉使契丹,辽太祖留为参军事。建策筑城郭,分市里,以居俘降的汉人。又为定配偶,教垦种,建都邑宫殿,制定制度,多所谋划。并在征服党项、室韦各部的过程中出了大力。逃归后唐省亲,又归辽。辽太祖仍然信任他,赐名"匣列"(契丹语,意为复来),为守政事令、崇文馆大学士。天赞四年(925)从征渤海,以功拜左仆射。太宗时,封鲁国公,仍为政事令,改南京三司使。世宗时,迁南府宰相。穆宗应历年间致仕,九年(959)去世。追赠尚书令,永世为"崇文令公"。

【原文】

韩延徽,字藏明,幽州安次人。父梦殷,累官蓟、儒、顺三州刺史。延徽少英,燕帅刘仁恭奇之,召为幽都府文学、平州录事参军,同冯道祗侯院,授幽州观察度支使。

后守光为帅,延徽来聘,太祖怒其不屈,留之。述律后谏曰:"彼秉节弗挠,贤者也,奈何因辱之?"太祖召与语,合上意,立命参军事。攻党项、室韦,服诸部落,延徽之筹居多。乃请树城郭,分市里,以居汉人之降者。又为定配偶,教垦艺,以生养之。以故逃亡者少。

居久之,慨然怀其乡里,赋诗见意,遂亡归唐。已而与他将王缄有隙,惧及难,乃省亲幽州,匿故人王德明舍。德明问所适,延徽曰:"吾将复走契丹。"德明不以为然。延徽笑曰:"彼失我,如失左右手,其见我必喜。"既至,太祖问故。延徽曰:"忘亲非孝、弃君非忠。臣虽挺身逃,臣心在陛下。臣是以复来。"上大悦,赐名曰:"匣列"。"匣列",辽言"复来"也。即命为守政事令、崇文馆大学士,中外事悉令参决。

天赞四年,从征渤海,大湮譔乞降,既而复叛,与诸将破其城,以功拜左仆射。又与康默记攻长岭府,拔之。师还,太祖崩,哀动左右。

太宗朝,封鲁国公,仍为政事令。使晋还,改南京三司使。

世宗朝,迁南府宰相,建政事省,设张理具,称尽力吏。天禄五年六月,河东使请行册礼,帝诏延徽定其制,延徽奉一遵太宗山册帝礼,从之。

应历中,致仕。子德枢镇东平,诏许每岁东归省。九年卒,年七十八。上闻震悼,赠尚书令,葬幽州之鲁郭,世为崇文令公。

初,延徽南奔,太祖梦白鹤自帐中出,比还复入帐中。诘旦,谓侍臣曰:"延徽至矣。"己而果然。太祖初元,庶事草创,凡营都邑,建宫殿,正君臣,定名分,法度井井,延徽力也,为佐命功臣之一。

【译文】

韩延徽,字藏明,幽州安次人。父亲韩梦殷,相继担任蓟、儒、顺三州的刺史。韩延徽从小就很出众,燕京统帅刘仁恭认为他不同凡响,召他为幽都府文学、平州录事参军,与冯道同在祗侯院,被任命为幽州观察度支使。

后来刘守光担任统帅,韩延徽奉使契丹,辽太祖恼怒他不屈服,扣留了他。述律后劝阻道:"他奉使我国,不屈不挠,是个贤明的人才,为什么要难为和羞辱他呢?"太祖找他谈话,他的话很符合太祖的心意,立即任命他为参军事。攻打党项、室韦,降服各部落,韩延徽的谋划居多。继而请求建立城郭,划分市井乡里,以安置归降的汉人。又为他们选定配偶,教他们农耕技术,让他们生息繁衍。因此逃亡的人很少。

韩延徽在辽朝居住了很长时间,感慨地怀念起自己的家乡,赋诗以表达这种心情,于是逃回后唐。不久,他与另一个将领王缄有矛盾,怕招来祸患,于是到幽州看望亲友,藏在老友王德明家里。王德明问他要到哪里去,韩延徽说:"我将重回契丹。"王德明不以为然。韩延徽笑道:"他们失去了我,就好象失去了左右手,所以见了我一定很高兴。"回到契丹后,太祖问他为什么跑了。韩延徽说:"忘掉亲人是不孝,抛弃君王是不忠。我虽然引身逃回去,但心中想着陛下。所以我又回来了。"太祖非常高兴,赐名叫匣列。"匣列",契丹语是"又来"的意思。立即任命他为守政事令、崇文馆大学士,朝廷内外的事情都让他参与决断。

天赞四年,跟随辽太祖征讨渤海,渤海王大湮谋请求投降。不久又再次背叛,韩延徽与其他将领一起攻破他的城池,因战功被拜为左仆射。又与康默记一起攻打长岭府,占领了这座城池。队伍返回,太祖逝世,韩延徽哀恸欲绝,左右部属为之感动。

太宗时,韩延徽被封为鲁国公,仍担任政事令。出使后晋归来,改任南京三司使。

世宗时,改任南府宰相,设置政事省,从设立到管理完善,可以说是用尽了心力。天禄五年六月,河东刘崇派使节请求为他举行册封典礼,世宗下诏令韩延徽拟定礼仪,韩延徽上奏请求全部遵照太宗册封后晋皇帝的礼仪,世宗同意了他的请求。

辽穆宗应历年间,韩延徽退休。他的儿子韩德枢镇守东平,皇帝下诏准许他每年东归探望父亲。应历九年,韩延徽去世,终年七十八岁。穆宗听说后震惊哀悼,赠官为尚书令,安葬在幽州的鲁郭,永世为"崇文令公"。

起初,韩延徽南归后唐,太祖梦见一只白鹤从帐中飞出;等到他归来,太祖又梦见白鹤飞回帐中。第二天早晨,太祖对侍臣说:"韩延徽回来了。"不久,果然灵验。太祖初年,许多事情刚刚开始,凡是营造都城、修建宫殿、端正君臣之间的名分、确定各项制度,使法纪制度井井有条,都是韩延徽出的力,是辽朝的佐命大臣之一。

耶律休哥传

【题解】

耶律休哥(?~998),辽朝大将。字逊宁,契丹族。辽保宁十一年(979),宋军进攻幽州,他奉命率三万精骑往救,在高梁河大败宋军。同年十月,跟随南京留守韩匡嗣攻打满城,他识破宋军诈降之计,全师而还,以功封北院大王。次年,又与宋军激战于瓦桥关,还

师后被授予辽国最高荣衔于越称号。辽统和四年(986),宋将曹彬率十万大军北伐,他又一次大败宋军于涿州,以功封宋国王。休哥身经百战,料敌如神,是辽朝的一代名将。

【原文】

耶律休哥,字逊宁。祖释鲁,隋国王。父绾思,南院夷离堇。休哥少有公辅器。初乌古、室韦二部叛,休哥从北府宰相萧干讨之。应历末,为惕隐。

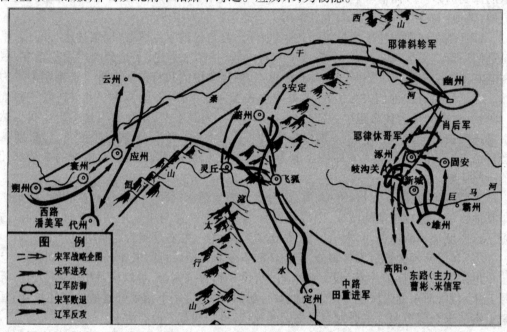

辽宋第二次幽州之战作战经过示意图

乾亨元年,宋侵燕,北院大王奚底、统军使萧讨古等败绩,南京被围。帝命休哥代奚底,将五院军往救。遇大敌于高梁河,与耶律斜轸分左右翼,击败之。追杀三十余里,斩首万余级,休哥被三创。明旦,宋主遁去,休哥以创不能骑,轻车追至涿州,不及而还。

是年冬,上命韩匡嗣、耶律沙伐宋,以报围城之役。休哥率本部兵从匡嗣等战于满城。翌日将复战,宋人请降,匡嗣信之。休哥曰:"彼众整而锐,必不肯屈,乃诱我耳。宜严兵以待。"匡嗣不听。休哥引兵凭高而视,须臾南兵大至,鼓噪疾驰。匡嗣仓卒不知所为,士卒弃旗鼓而走,遂败绩。休哥整兵进击,敌乃却。诏总南面戍兵,为北院大王。

明年,车驾亲征,围瓦桥关。宋兵来救,守将张师突围出。帝亲督战,休哥斩师,余众退走入城。宋阵于水南。将战,帝以休哥马介独黄,虑为敌所识,乃赐玄甲、白马易之。休哥率精骑渡水,击败之,追至莫州。横尸满道,载矢俱罄,生获数将以献。帝悦,赐御马、金盂,劳之曰:"尔勇过于名,若人人如卿,何忧不克?"师还,拜于越。

圣宗即位,太后称制,令休哥总南面军务,以便宜从事。休哥均戍兵,立更休法,劝农桑,修武备,边境大治。统和四年,宋复来侵,其将范密、杨继业出云州;曹彬、米信出雄、易,取歧沟、涿州,陷固安,置屯。时北南院、奚部兵未至,休哥力寡,不敢出战。夜以轻骑出两军间,杀其单弱以胁余众;昼则以精锐张其势,使彼劳于防御,以疲其力。又设伏林莽,绝其粮道。曹彬等以粮运不继,退保白沟。月余,复至。体哥以轻兵薄之,伺彼蓐食,击其离伍单出者,且战且却。由是南军自救不暇,结方阵,堑地两边而行。军渴乏井,漉淖而饮,凡四日始达于涿。闻太后军至,彬等冒雨而遁。太后益以锐卒,追及之。彼力穷,环粮车自卫,休哥围之。至夜,彬、信以数骑亡去,余众悉溃。追至易州东,闻宋师尚有数万,濒沙河而饔,促兵往击之。宋师望尘奔窜,堕岸相蹂死者过半,沙河为之不流。太后旋斾,休哥收宋尸为京观。封宋国王。

又上言,可乘宋弱,略地至河为界。书奏,不纳。及太后南征,休哥为先锋,败宋兵于望都。时宋将刘廷让以数万骑并海而出,约与李敬源合兵,声言取燕。休哥闻之,先以兵扼其要地。会太后军至,接战,杀敬源,廷让走瀛洲。七年,宋遣刘廷让等乘暑潦来攻易州,诸将惮之,独休哥率锐卒逆击于沙河之北,杀伤数万,获辎重不可计,献于朝。太后嘉其功,诏免拜、不名。自是宋不敢北向,时宋人欲止儿啼,乃曰:"于越至矣!"

休哥以燕民疲弊,省赋役,恤孤寡,戒戍兵无犯宋境,虽马牛逸于北者悉还之。远近向化,边鄙以安,十六年,薨。是夕,雨木冰。圣宗诏立祠南京。

休哥智略宏远,料敌如神。每战胜,让功诸将,故士卒乐为之用。身更百战,未尝杀一无辜。二子:高八,官至节度使;高十,终于越。孙马哥。

【译文】

耶律休哥,字逊宁。他的祖父耶律释鲁,被封为隋国王;父亲耶律绾思,官至南院夷离堇。休哥少年时就具有三公和辅相的才识和气度。当初乌古和室韦两个部落叛乱,休哥跟随北府宰相萧干征讨他们。应历末年,担任惕隐。

乾亨元年,宋军进攻燕州,北院大王奚底、统军使萧讨古等兵败失利,南京被围困。皇帝命令休哥代替奚底,率领五院军前去援救。在高梁河与宋军大部队遭遇,他与耶律斜轸分兵为左右二翼,击败宋军,追杀赶奔了三十余里,斩首一万余级,休哥身负三处伤。次日清晨,宋军主帅逃去,休哥因为受伤不能骑马,乘一辆轻车一路追到涿州,没赶上敌军就回来了。

这年冬天,皇帝命令韩匡嗣、耶律沙讨伐宋,以报复宋军包围南京之役。休哥率本部兵马跟从韩匡嗣等人在满城作战。第二天正要再次开战,宋人请求投降,匡嗣相信了他们。休哥说:"宋军部伍整齐,兵锋正锐,一定不会轻易屈服,这只是诱骗我们罢了,应当严阵以待。"匡嗣不听。休哥率部登上高处观察敌情,一会儿,大批宋军赶到,击鼓呐喊,快速进击,匡嗣仓促之间不知所措,士兵们丢弃了大旗、战鼓而逃散,辽军失败。休哥指挥本部完整的队伍出击,宋军才退却。皇帝下诏任命他总领南面戍兵,封为北院大王。

第二年,皇帝亲自出征,辽军包围了瓦桥关。宋军前来援救,瓦桥关守将张师率兵突围而出,皇帝亲自督战,休哥斩杀了张师,余下的宋兵又逃回关里。宋军在河水南面摆开阵势,将要交战时,皇帝看到唯独休哥的战马和铠甲都是黄色的,担心被敌军认出,就赐给他黑甲、白马换了下来。休哥率领精锐骑兵渡河,击败了宋军,一直追到莫州。杀得尸首堆满于道路,靮箭都用光了,生擒了宋军几员战将回来献给皇帝。皇帝十分高兴,赏赐给他御马、金盂,并慰劳他说:"你的勇猛超过了你的名声,假若人人都像你一样,还担忧什么不能被攻克?"回师后,授予他于越的称号。

圣宗即位后，太后临朝行使皇帝权力，命令休哥总督南面军务，并授予他临机处置的权力。休哥平均安排了各地戍兵，设立更休法，奖励农业生产，整治武备，边境一带呈现出一派安定繁荣的景象。统和四年，宋军再次前来进攻，他们的将领范密、杨继业兵出云州；曹彬、米信兵出雄州、易州，夺取了歧沟、涿州，攻陷了固安并屯兵驻守。当时，北南院、奚部的部队没有赶到，休哥兵单将寡，不敢出战。夜间派轻装骑兵出没于两军交界地带，捕杀单个和老弱的宋兵来威吓其他人；白天则用精锐士兵虚张声势，使宋军忙于应付防守，借此消耗他们的战斗力。又在树林草丛中设下伏兵，阻截宋军的粮道。曹彬等人因为粮草供应不上，退保白沟，一个多月后，再次赶来。休哥派轻骑兵迫近他们，趁他们临时休息吃饭时，击杀那些离开队伍单独出来的人，一边战斗一边退却。因此宋军自救不暇，就集结成方阵，在队伍两侧边挖战壕边行进。士兵渴了却没有水井，就趴在烂泥塘边喝水，这样共走了四天才进抵涿州。听说太后的军队赶到，曹彬等人冒雨而逃。太后增派精锐的士兵，追赶上了他们。宋军精疲力竭，就把兵车联在一起依托据守，休哥包围了他们。到了晚上，曹彬、米信率数骑逃走，其余的宋军全都溃散。休哥追到易州东边，得知宋军还有数万人马，正在沙河岸边生火做饭，休哥当即指挥部队前往进攻他们。宋军望见尘土飞扬便四处逃散，掉下河岸相互践踏而死的人超过一半，尸首把沙河水都堵塞住了。太后回师，休哥收殓宋兵尸体筑成一座大墓，以示军功，被封宋国王。

休哥又一次上书说，可以乘宋朝衰弱，南下攻略，使黄河成为宋、辽的边界线。此书奏上后，没有被采纳。等到太后南下征伐，休哥担任先锋，在望都击败了宋军。当时宋将刘廷让率领数万名骑兵并海而出，与李敬源约定会师，扬言要攻取燕州。休哥听说后，首先派兵扼守住宋军所要经过的要害之地。等到太后率大部队赶到，休哥与宋军交战，杀死李敬源，刘廷让逃向瀛洲。七年，宋朝派刘廷让等人乘夏季大雨天气前来攻打易州，诸将对他非常畏惧。只有休哥率精锐士兵在沙河北侧迎头拦击，打死打伤了数万人，缴获辎重不可胜计，进献给朝廷。太后称赞他的功劳，下诏令他今后入朝不必行跪拜之礼，不用称名。自此以后，宋军不敢北上。当时宋朝人想止住小孩子啼哭，就说："于越来了！"

休哥认为燕州的人民穷乏困苦，便减免租赋和徭役，抚恤孤寡人家，告诫戍兵不要侵犯宋朝边境，即使是牛马跑到北面来也要全部送还过去。远近的人民仰慕他的教化，偏僻之地得以安宁。十六年，休哥去世。这天晚上，天降大雨，树木结冰。圣宗下诏在南京为他立祠。

休哥谋略宏大深远，料算敌情如有神助一般。每次作战胜利，常常把功劳推让给手下诸将，所以将士们都乐意为他效力。他身经百战，从没有杀一个无辜的人。他有两个儿子：耶律高八，官至节度使；耶律高十，最后也被封为于越。孙子耶律马哥。